R 플렉스
통계데이터 분석과 시각화

논문작성을 위한 데이터 처리 실무예제

R 플렉스 통계데이터 분석과 시각화

논문작성을 위한 데이터 처리 실무예제

양오석 지음 *with* 우영목 | 양윤호

JIPHIL MEDIA (주)지필미디어

R-플렉스

R통계데이터분석과 시각화

발 행 일 2021년 8월 20일
저 자 양오석 with 우영목, 양윤호
발 행 인 김성남
발 행 처 (주)지필미디어

주 소 경기도 파주시 문발로 115 세종벤처타운 404호
전 화 (031) 957-4504
팩 스 (031) 957-4503
이 메 일 jiphil@hanmail.net
홈페이지 www.jiphil.co.kr
등록번호 제 312-1997-000043호 (1997년 07월 16일)

I S B N 979-11-86674-84-0 / 93320
가 격 32,000원

프롤로그

필자가 R이라는 프로그램에 관심을 갖게 된 것은 아들 윤호가 런던으로 대학을 가면서 기술경영(Management Science)을 전공하게 되면서부터이다. 그 전까지 필자는 스타타(Stata)의 매력에 푹 빠져 있던 연구자였다. 필자는 학부생 수준에서 쉽게 다가갈 수 있는 통계책을 집필한 바 있다. 1980년대 처음 통계를 접했던 필자는 당시 5.25인치 크기의 부채 같은 산화철로 만든 디스크 수십장으로 된 SPSS 패키지를 기억한다. 컴퓨터 기술세대는 겨우 286이었던 시절로, 디스크 드라이브 두 개가 일층과 이층으로 나란히 있고 각 드라이브에는 잠금쇠가 달려 있었다. SPSS 패키지 디스크를 일층과 이층으로 번갈아 오가며 집어 넣고는 통계 패키지를 배웠던 기억이 새롭다.

R이라는 패키지는 STATA나 파이썬(Python)과는 다른 매력을 지니고 있다. SPSS의 사용 편리성과 SAS의 다기능을 가진 것이 Stata라면, R은 정형/비정형 데이터 수집에 뛰어난 기능을 갖고 있어 알고리즘에 감각이 있는 사람이라면 다양한 프로그램을 연동시켜 깡통처럼 활용하면 좋을 듯하다. 파이썬이 대세라고는 하지만 파이썬은 엄격한 통계분석에는 어울리지 않는 특성을 지니며 세밀한 통계 기능을 갖추고 있지 못한 부분이 있다. 세련된 알고리즘 처리는 파이썬으로 하고, 투박하지만 엄격한 통계는 R을 사용하는 것이 맞다. "하우즈만은 R로 하는 것이 옳다!" 이 말을 알아듣는 사람은 R과 파이썬을 자유자재로 다룰 줄 아는 사람이다. "R을 왜 해? 파이썬을 써야지!" 이 말을 하는 사람은 R과 파이썬을 둘 다 잘 모르는 사람임에 틀림없다.

지금은 4차 산업혁명 시대를 논하는 시점이 되었다. 빅데이터, 인공지능, 블록체인 등등 새롭고 놀라운 주제어들이 주변을 꽉 채우고 있다. 우리 연구자들은 물론 사회생활을 준비하는 학생들에게 어렵고 도전적인 과제를 남겨주는 무섭고 두려운 개념들이다. 그렇다고 그냥 주저 앉아 있어도 된다는 뜻도 아니며, 그럴 수도 없다. 본 저자도 인공지능 파이썬 고급과정을 수료하고 이제 마이크로소프트 교육과정을 수강하고 있다. 수강 목적은 상경계열 학생들이 자신의 전공분야를 살리면서 지향해야 할 빅데이터 분석과 인공지능 활용을 위한 방향을 설정하는데 도움이 되는 지도교수가 되기 위함이다. 상경계열 학생들이 단순히 컴공 전공자들을 따라가려는 모습은 바람직해 보이지도 않고 자신의 장점을 아쉽게 스스로 포기하는 것 같아 매우 안타깝다.

함께 이 책을 준비한 두 젊은이들의 노력과 지원에 감사의 말을 전한다. 두 청년들은 지금 자신의 미래를 준비하며 도광양회(韜光養晦, 자신의 재능이나 명성을 드러내지 않고 참고 기다린다)와 같은 시간을 걷고 있다. 세상이 던져주는 질문에 답하면서 또는 세상에 질문을 던지면서 묵묵히 걷고 있는 두 청년들에게 자신의 땀 방울을 흘린 이 책이 삶의 무게를 덜어 줄 또 다른 성공스토리를 말해 주는 포트폴리오가 되기를 바란다.

*이 책에 사용된 일부 데이터는 저자가 집필한 Stata 사용법 책에서 활용된 데이터이며, 일부 데이터는 인터넷 등에서 제공된 공개 데이터 자료임을 밝혀둔다. 또한 해석이나 설명에 있어서 Stata 사용법 책에서 제시된 내용과 일부 일치함을 밝혀둔다. 이는 동일한 데이터 자료를 사용하여 분석처리를 할 때 도출되는 결과는 동일해야 하며, 단지 사용하는 프로그램이나 패키지에 따라 처리 방식이 다를 뿐임을 확인하기 위함이다. 또한 실제로 저자가 게재한 연구논문에 사용된 데이터 자료를 제공함으로써, 독자들이 연구논문을 작성하는데 필요한 실제 데이터 자료를 처리해 봄으로써 독자들이 자신의 연구논문을 작성하는데 구체적으로 도움이 되도록 하기 위함이다. 실습데이터는 출판사 홈페이지 www.jiphil.co.kr에 제공되어 있다.

2021년 여름을 준비하며

춘천 국사봉 아래 스벅에서

양 오 석

목차

목차

RStudio 설치하기

RStudio를 설치하려면 우선 R 프로그램을 먼저 설치해야 한다. 해당 사이트인 https://ftp.harukasan.org/CRAN/로 들어가서 무료 오픈 소스인 R 최신판을 다운로드 받아 설치하도록 하자. 설치하고 나서 R 프로그램을 실행하면 64비트와 32비트를 선택하도록 되어 있다. 자신의 컴퓨터에 맞게 선택해야 한다. 필자의 경우 64비트 윈도우 버전으로 설치하였다.

R 설치

[처리결과화면: 1]

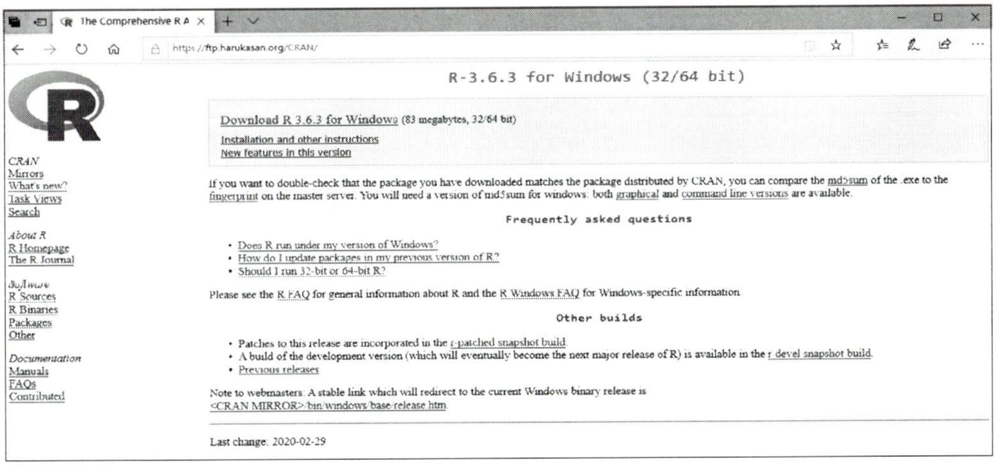

Chapter 1. 중급 기초 : R송 달송 R 권리

1. 중급 명령어

1.1 일반

1) 난수 생성하기: runif( )

Q. 기본 데이터 없이 난수를 생성해서 처리를 하려면 어떻게 하나요?

사용하고자 하는 기초 데이터가 없는 상태에서 난수를 생성해서 특정한 현상을 관찰하고자 할 때 필요한 것이 난수 생성이다. 난수 생성 명령어는 "runif"이고, 필요한 지시어는 숫자의 범위를 지정해 주는 것이다. 연구자의 연구 목적에 맞게 숫자 범위를 최저치와 최고치 지시어를 통해 지정해 주어야 한다. 여기서는 2000~10000 사이의 숫자를 지정해 주도록 하자. 총 난수 생성은 3만개로 정하도록 한다. 생성된 난수를 저장할 변수명은 "distri"로 임의로 정하도록 하자.

명령어

```
> 새로생성할변수명 <- runif(생성할난수갯수, min 최저치, max=최고치)
> distri <- runif(30000, min=2000, max=10000)
```

```
> distri <- runif(30000, min=2000, max=10000)
```

[처리결과화면]

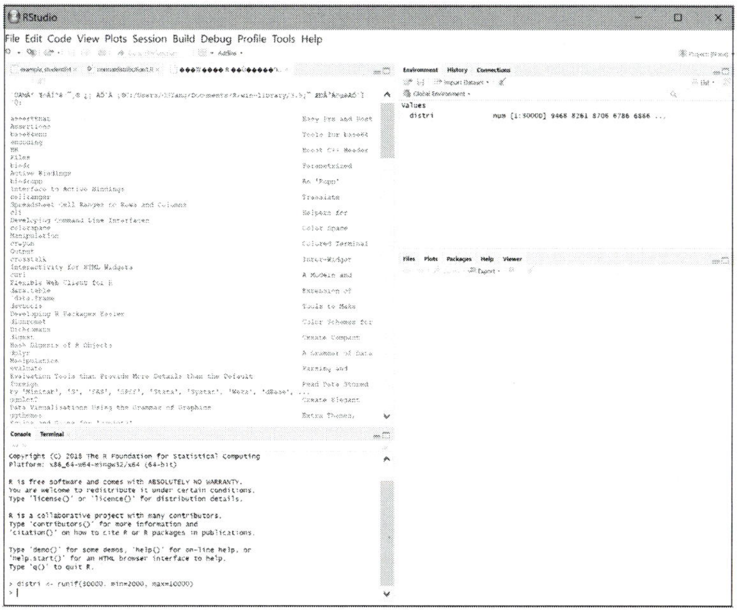

해석

처리 결과 화면을 보면 오른쪽 상단에 "distri"라는 변수가 생성되고 그 안에 주어진 범위 내 난수들이 생성되어 있음을 볼 수 있다.

이제 이렇게 생성된 난수들을 정수로 바꾸도록 하자. 이는 연산을 빠르게 실행하기 위함이다.

명령어

```
> 새로생성한변수명 <- as.integer(새로생성한변수명)

> distri <- as.integer(distri)
```

```
> distri <- as.integer(distri)
```

[처리결과화면]

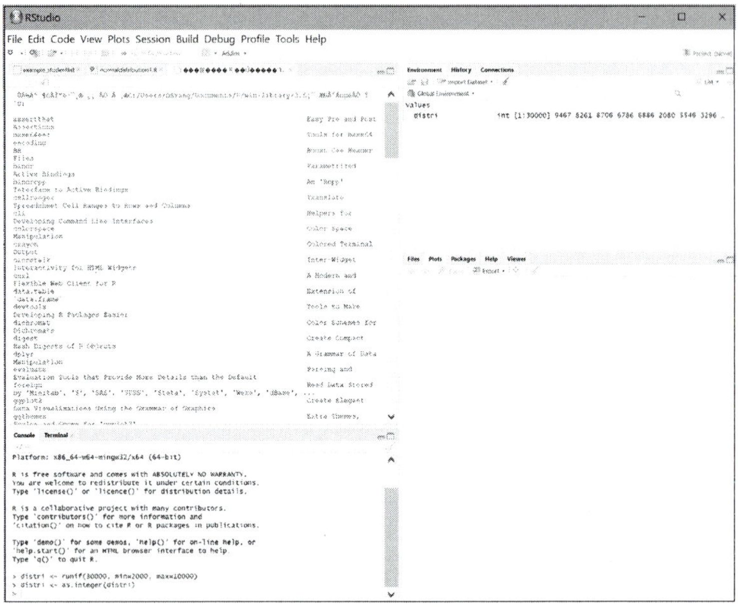

해석

처리 결과 화면을 보면 오른쪽 상단에 "distri"라는 변수가 생성되고 그 안에 주어진 범위 내 생성된 난수들이 모두 정수로 변환되어 있음을 볼 수 있다.

2) 데이터셋 만들기: mutate( ), order( ), length( )

① 단순히 id 번호를 순서대로 나열하기: mutate( )

가지고 있는 데이터셋에 id 번호가 필요할 때가 있다. 단순히 1~n번까지 숫자만 붙여주면 되는 작업이다. 이 작업은 매우 쉽다. 사용할 함수는 mutate( )이고 필요한 패키지는 dplyr이다. 데이터셋을 만들어서 연습해보자. aaa, bbb, ccc 각 소그룹별로 각각 다섯 개의 난수를 생성하고, 난수 변수명은 val로 하자.

명령어

```
> library(dplyr)
> set.seed(100)
> df <- data.frame(cat = c(rep("aaa", 5), rep("bbb", 5), rep("ccc", 5)), val = runif
(15)) # 변수명: cat, val
> df %>%
```

```
+   mutate(id = 1:n())
```

```
> library(dplyr)

다음의 패키지를 부착합니다: 'dplyr'

The following objects are masked from 'package:stats':

    filter, lag

The following objects are masked from 'package:base':

    intersect, setdiff, setequal, union
> set.seed(100)
> df <- data.frame(cat = c(rep("aaa", 5), rep("bbb", 5), rep("ccc", 5)), val = runif
(15))
> df %>%
+   mutate(id = 1:n())
   cat        val id
1  aaa 0.30776611  1
2  aaa 0.25767250  2
3  aaa 0.55232243  3
4  aaa 0.05638315  4
5  aaa 0.46854928  5
6  bbb 0.48377074  6
7  bbb 0.81240262  7
8  bbb 0.37032054  8
9  bbb 0.54655860  9
10 bbb 0.17026205 10
11 ccc 0.62499648 11
12 ccc 0.88216552 12
13 ccc 0.28035384 13
14 ccc 0.39848790 14
15 ccc 0.76255108 15
```

해석

처리 결과 화면을 보면, id 변수가 생성되었고, 소그룹에 상관없이 숫자가 1~15까지 적혀 있음을 볼 수 있다.

[처리결과화면]

Filter

	cat	val
1	aaa	0.30776611
2	aaa	0.25767250
3	aaa	0.55232243
4	aaa	0.05638315
5	aaa	0.46854928
6	bbb	0.48377074
7	bbb	0.81240262
8	bbb	0.37032054
9	bbb	0.54655860
10	bbb	0.17026205
11	ccc	0.62499648
12	ccc	0.88216552
13	ccc	0.28035384
14	ccc	0.39848790
15	ccc	0.76255108

Showing 1 to 15 of 15 entries, 2 total columns

② 각 소그룹 안에서 수치 정렬하기: order( )

자 이제 cat를 기준으로 각 cat 그룹 안에서 val 수치를 작은 것에서 큰 수치 순서대로 정렬시켜보자. 명령어 내용은 우선 cat을 기준으로 순서대로 하고(즉 a, b, c 순서로), 다음으로 val의 수치를 작은 것에서 큰 수치로 정렬한다(즉 a에서 수치가 정렬되고, 이후 b에서 수치가 정렬되고, 다음에는 c에서 수치가 정렬되는 순서).

명령어

```
> set.seed(100)
> df <- data.frame(cat = c(rep("aaa", 5), rep("bbb", 5), rep("ccc", 5)), val = runif(1
5))
> View(df)
```

```
> set.seed(100)
> df <- data.frame(cat = c(rep("aaa", 5), rep("bbb", 5), rep("ccc", 5)), val = runif
(15))
> View(df)
```

명령어

```
> df <- df[order(df$cat, df$val), ]
> View(df)
```


```
> df <- df[order(df$cat, df$val), ]
> View(df)
```


[처리결과화면]

(처리전)

	cat	val
1	aaa	0.30776611
2	aaa	0.25767250
3	aaa	0.55232243
4	aaa	0.05638315
5	aaa	0.46854928
6	bbb	0.48377074
7	bbb	0.81240262
8	bbb	0.37032054
9	bbb	0.54655860
10	bbb	0.17026205
11	ccc	0.62499648
12	ccc	0.88216552
13	ccc	0.28035384

Showing 1 to 15 of 15 entries, 2 total columns

(처리후)

	cat	val
4	aaa	0.05638315
2	aaa	0.25767250
1	aaa	0.30776611
5	aaa	0.46854928
3	aaa	0.55232243
10	bbb	0.17026205
8	bbb	0.37032054
6	bbb	0.48377074
9	bbb	0.54655860
7	bbb	0.81240262
13	ccc	0.28035384
14	ccc	0.39848790
11	ccc	0.62499648

Showing 1 to 15 of 15 entries, 2 total columns

해석

처리 결과 화면을 보면, 각 소그룹(aaa, bbb, ccc) 내에서 val 수치가 작은 것에서 큰 수치 순서대로(오름차순) 정렬되어 있음을 볼 수 있다.

③ 각 소그룹 안에서 수치 순서 부여하기: length( )

이번에는 각 소그룹 안에서 순서를 보여주는 숫자를 자동으로 부여해보자. 위 데이터셋의 경우 aaa에 다섯 개 순서의 수치가 있고, bbb에도, ccc에도 각각 다섯 개 순서의 수치가 있다. 각 수치에 순서를 나타내는 1~5의 숫자를 반복해서 기입되도록 명령어를 작성해보자.

명령어

```
> df$num <- 1
```

```
> df$num <- 1
```

[처리결과화면]

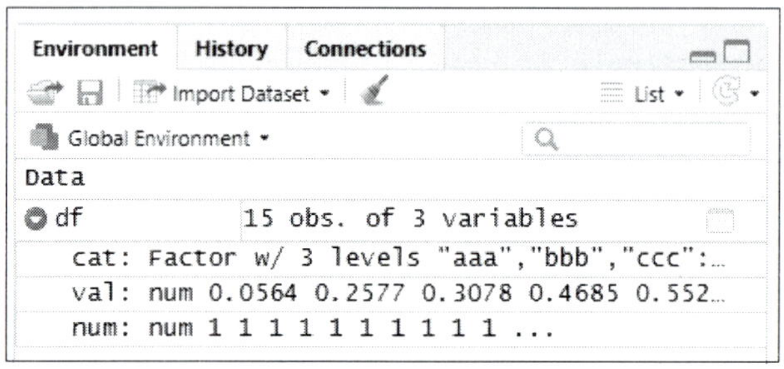

명령어

```
> for (i in 2:(length(df[,1]))) {
+   if (df[i,"cat"]==df[(i-1),"cat"]) {
+     df[i,"num"]<-df[i-1,"num"]+1
+   }
+ }
```

```
> for (i in 2:(length(df[,1]))) {
+   if (df[i,"cat"]==df[(i-1),"cat"]) {
+     df[i,"num"]<-df[i-1,"num"]+1
+   }
+ }
```

[처리결과화면]

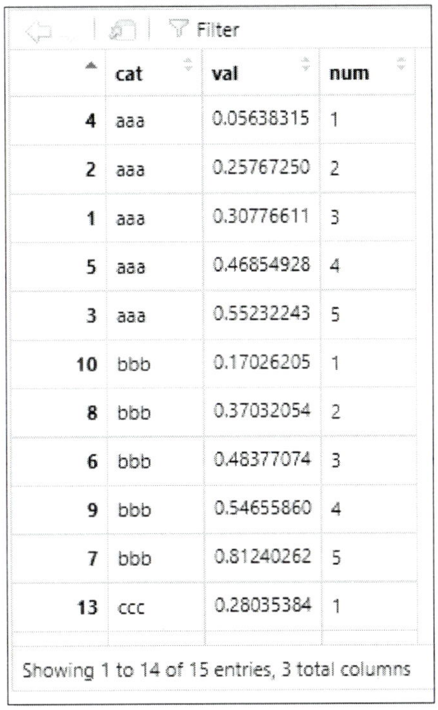

	cat	val	num
4	aaa	0.05638315	1
2	aaa	0.25767250	2
1	aaa	0.30776611	3
5	aaa	0.46854928	4
3	aaa	0.55232243	5
10	bbb	0.17026205	1
8	bbb	0.37032054	2
6	bbb	0.48377074	3
9	bbb	0.54655860	4
7	bbb	0.81240262	5
13	ccc	0.28035384	1

Showing 1 to 14 of 15 entries, 3 total columns

[처리결과화면]

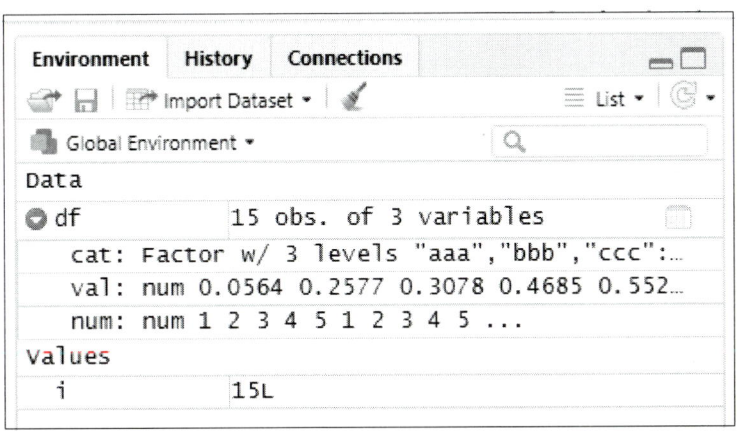

이상과 같은 작업을 좀 더 간편한 명령어로 처리해보자. 사용할 함수는 sequence( ), rle( ) 함수이다. 여기서 주의할 점은 해당 변수가 요인변수일 경우 as.character( ) 함수를 처리해야 한다는 점이다.

명령어

```
> df$num <- sequence(rle(df$cat)$lengths)
> df$num <- sequence(rle(as.character(df$cat))$lengths)
> View(df)
```

```
> df$num <- sequence(rle(df$cat)$lengths)
Error in rle(df$cat) :
  'x'는 반드시 atomic 타입으로 이루어진 벡터이어야 합니다
> df$num <- sequence(rle(as.character(df$cat))$lengths)
> View(df)
```

해석

처리 결과 화면을 보면, as.character( ) 함수 처리 전에는 에러 메시지가 뜬다.

[처리결과화면]

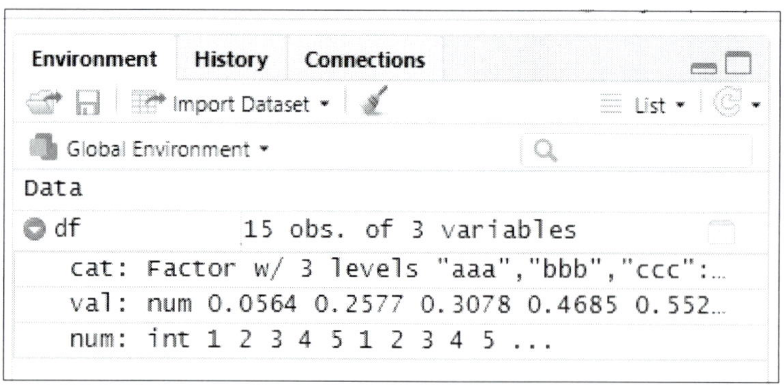

[처리결과화면]

Filter

	cat	val	num
4	aaa	0.05638315	1
2	aaa	0.25767250	2
1	aaa	0.30776611	3
5	aaa	0.46854928	4
3	aaa	0.55232243	5
10	bbb	0.17026205	1
8	bbb	0.37032054	2
6	bbb	0.48377074	3
9	bbb	0.54655860	4
7	bbb	0.81240262	5
13	ccc	0.28035384	1

Showing 1 to 14 of 15 entries, 3 total columns

해석

처리 결과 화면을 보면, 각 소그룹(aaa, bbb, ccc) 내에서 val 수치가 작은 것에서 큰 수치 순서대로 정렬되어 있음을 볼 수 있다.

자 이번에는 또 다른 명령어 구조를 살펴보자. 처리할 내용은 위와 동일하다. 사용할 함수는 unique( ), seq_len( ), sum( ) 함수이다.

명령어

```
> for (i in unique(df$cat)) df$num[df$cat == i] <- seq_len(sum(df$cat == i))
> df
```

```
> for (i in unique(df$cat)) df$num[df$cat == i] <- seq_len(sum(df$cat == i))
> df
   cat        val num
```

```
1  aaa 0.30776611   1
2  aaa 0.25767250   2
3  aaa 0.55232243   3
4  aaa 0.05638315   4
5  aaa 0.46854928   5
6  bbb 0.48377074   1
7  bbb 0.81240262   2
8  bbb 0.37032054   3
9  bbb 0.54655860   4
10 bbb 0.17026205   5
11 ccc 0.62499648   1
12 ccc 0.88216552   2
13 ccc 0.28035384   3
14 ccc 0.39848790   4
15 ccc 0.76255108   5
```

해석

처리 결과 화면을 보면, 각 소그룹(aaa, bbb, ccc) 내에서 val 수치가 작은 것에서 큰 수치 순서대로 정렬되어 있음을 볼 수 있다.

자 이번에는 또 다른 명령어 구조를 살펴보자. 패키지 dplyr이 필요하니 우선 이를 설치하고 불러오자. 이후 사용할 함수는 arrange( ), group_by( ), mutate( ) 함수와 옵션 row_number( )이다.

명령어

```
> library(dplyr)
> df %>%
+   arrange(cat, val) %>%
+   group_by(cat) %>%
+   mutate(id = row_number())
```

```
> library(dplyr)

다음의 패키지를 부착합니다: 'dplyr'
```

```
The following objects are masked from 'package:stats':

    filter, lag

The following objects are masked from 'package:base':

    intersect, setdiff, setequal, union

> df %>%
+   arrange(cat, val) %>%
+   group_by(cat) %>%
+   mutate(id = row_number())
# A tibble: 15 x 3
# Groups:   cat [3]
   cat       val    id
   <fct>  <dbl> <int>
 1 aaa   0.0564     1
 2 aaa   0.258      2
 3 aaa   0.308      3
 4 aaa   0.469      4
 5 aaa   0.552      5
 6 bbb   0.170      1
 7 bbb   0.370      2
 8 bbb   0.484      3
 9 bbb   0.547      4
10 bbb   0.812      5
11 ccc   0.280      1
12 ccc   0.398      2
13 ccc   0.625      3
14 ccc   0.763      4
15 ccc   0.882      5
```

해석

처리 결과 화면을 보면, 각 소그룹(aaa, bbb, ccc) 내에서 val 수치가 작은 것에서 큰 수치 순서대로 정렬되어 있음을 볼 수 있다.

[처리결과화면]

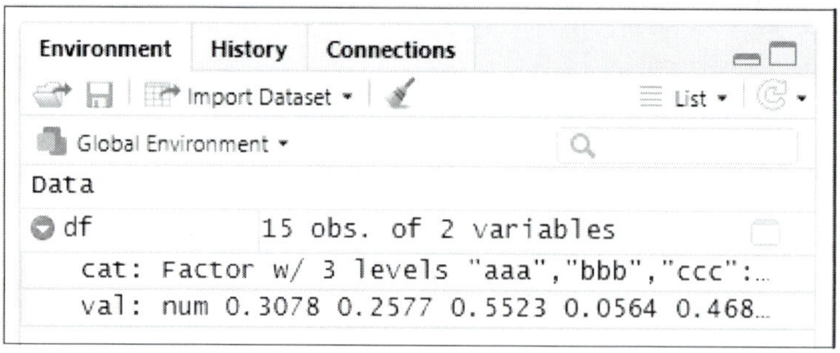

해석

처리 결과 화면을 보면, 본 데이터셋에는 변화가 없다.

작업한 데이터셋을 data.table( ) 함수를 사용하여 저장해보자. 이 작업은 패키지 data.table이 필요하니 우선 이를 설치하고 불러오자.

명령어

```
> library(data.table)
> df <-data.table(df %>%
+                    arrange(cat, val) %>%
+                    group_by(cat) %>%
+                    mutate(id = row_number())
+                 )
```

```
> library(data.table)
data.table 1.12.8 using 2 threads (see ?getDTthreads).  Latest news: r-datatable.co
m

다음의 패키지를 부착합니다: 'data.table'

The following objects are masked from 'package:dplyr':

    between, first, last

> df <-data.table(df %>%
+                    arrange(cat, val) %>%
+                    group_by(cat) %>%
```

```
+                    mutate(id = row_number())
+                  )
```

[처리결과화면]

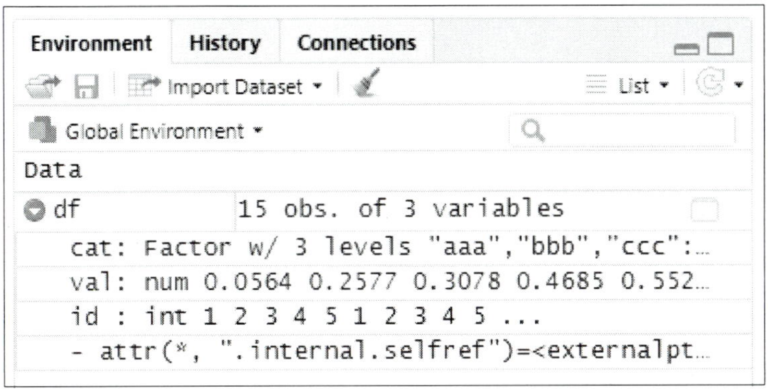

자 이번에는 또 다른 방법으로 위와 같은 작업을 시행해보자. 이 작업은 패키지 data.table이 필요하니 우선 이를 설치하고 불러오자. 또한 사용할 함수는 rank( )와 list( ), order( ) 이다. 무엇보다 중요한 것은 작업할 데이터셋이 data.table( ) 함수로 처리된 상태에서 이루어져야 한다는 점이다. 따라서 data.table( ) 함수로 df 데이터셋을 변환시키자.

명령어

```
> dt <-data.table(df)
```

```
> dt <-data.table(df)
```

[처리결과화면]

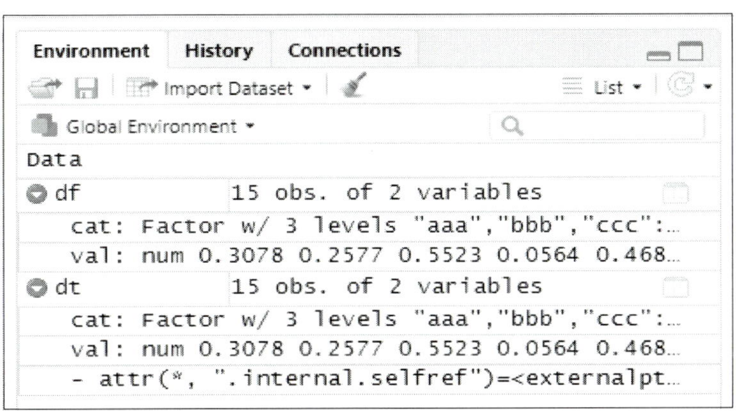

해석

처리 결과 화면을 보면, 각 소그룹(aaa, bbb, ccc) 내에서 val 수치가 작은 것에서 큰 수치 순서대로 정렬되어 있음을 볼 수 있다.

명령어

```
> dt[, .(val
+         , num = rank(val))
+     , by = list(cat)][order(cat, num),]
```

```
> dt[, .( val
+          , num = rank(val))
+     , by = list(cat)][order(cat, num),]
    cat        val num
 1: aaa 0.05638315   1
 2: aaa 0.25767250   2
 3: aaa 0.30776611   3
 4: aaa 0.46854928   4
 5: aaa 0.55232243   5
 6: bbb 0.17026205   1
 7: bbb 0.37032054   2
 8: bbb 0.48377074   3
 9: bbb 0.54655860   4
10: bbb 0.81240262   5
11: ccc 0.28035384   1
12: ccc 0.39848790   2
13: ccc 0.62499648   3
14: ccc 0.76255108   4
15: ccc 0.88216552   5
```

해석

처리 결과 화면을 보면, 각 소그룹(aaa, bbb, ccc) 내에서 val 수치가 작은 것에서 큰 수치 순서대로 정렬되어 있음을 볼 수 있다.

※수치 정렬을 큰 것에서 작은 것 순서로 할 때※

지금까지는 수치를 작은 것에서 큰 것 순서로 정렬했다. 이와 반대로 큰 것에서 작은 것 순서로 하는 방법은 매우 간단한다. 동일한 구조에 해당 변수 앞에 "-(네거티브 부호)"만 붙여주면 된다.

명령어

```
> dt[, .( val
+         , num = rank(-val))
+    , by = list(cat)][order(cat, num),]
```

[처리결과화면]

```
> dt[, .( val
+         , num = rank(-val))
+    , by = list(cat)][order(cat, num),]
    cat        val num
 1: aaa 0.55232243   1
 2: aaa 0.46854928   2
 3: aaa 0.30776611   3
 4: aaa 0.25767250   4
 5: aaa 0.05638315   5
 6: bbb 0.81240262   1
 7: bbb 0.54655860   2
 8: bbb 0.48377074   3
 9: bbb 0.37032054   4
10: bbb 0.17026205   5
11: ccc 0.88216552   1
12: ccc 0.76255108   2
13: ccc 0.62499648   3
14: ccc 0.39848790   4
15: ccc 0.28035384   5
```

해석

처리 결과 화면을 보면, 각 소그룹(aaa, bbb, ccc) 내에서 val 수치가 큰 것에서 작은수치 순서대로 정렬되어 있음을 볼 수 있다.

위에 작업한 내용을 처리할 수 있는 방법은 그 밖에도 더 있다. 사용할 함수는 mutate( )이다.

명령어

```
> df %>%
+   group_by(cat) %>%
+   mutate(num = 1:n())
```

```
> df %>%
+   group_by(cat) %>%
+   mutate(num = 1:n())
# A tibble: 15 x 3
# Groups:   cat [3]
   cat      val   num
   <fct>  <dbl> <int>
 1 aaa   0.308      1
 2 aaa   0.258      2
 3 aaa   0.552      3
 4 aaa   0.0564     4
 5 aaa   0.469      5
 6 bbb   0.484      1
 7 bbb   0.812      2
 8 bbb   0.370      3
 9 bbb   0.547      4
10 bbb   0.170      5
11 ccc   0.625      1
12 ccc   0.882      2
13 ccc   0.280      3
14 ccc   0.398      4
15 ccc   0.763      5
```

3) 시계열 데이터 만들기: set.seed( ) + rnorm( )

통계 실습을 위해 제공되는 데이터 자료가 없어도 난수로 된 시계열 데이터를 내가 스스로 만들 수 있다. 방식은 두 단계로 나뉘는데, 첫 번째로 랜덤으로 정규분포 샘플을 추출하고, 두 번째로 ts( ) 함수식을 이용해서 시계열 데이터를 만든다.

① 랜덤으로 정규분포 샘플 추출하기: rnorm( )

랜덤으로 1000개의 정규분포 샘플을 추출하라는 명령어를 내려보자. 명령어는 rnorm( ) 함수식이며, 추출된 자료를 저장하는 새로운변수명은 "data"로 하자.

여기서 잠깐, 랜덤 숫자가 새로운 것이 반복되어 나타나게 되는데, 이를 방지하기위해 set.seed( ) 함수식으로 첫 시작수를 지정해 주도록 하자. 명령어는 다음과 같다.

명령어

```
> set.seed(1234)
> 새로생성될변수명 <- rnorm(추출할샘플수)

> data <- rnorm(1000)
```

[처리결과화면]

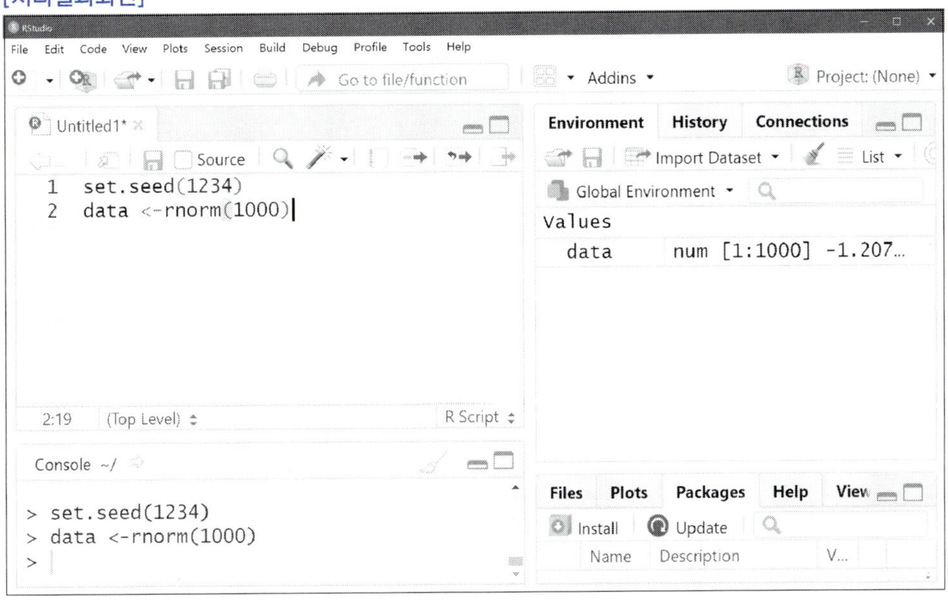

해석

처리 결과 화면을 보면 오른쪽 상단에 data라는 새로운 변수가 추가로 생성되어 있음을 볼 수 있다.

처리된 data 변수의 내용을 확인하기 위해 다음과 같이 명령어를 처리하면 data 변수가 갖고 있는 자료를 보여준다.

명령어

> data

[처리결과화면]

```
Console   Terminal ×
~/

R version 3.5.0 (2018-04-23) -- "Joy in Playing"
Copyright (C) 2018 The R Foundation for Statistical Computing
Platform: x86_64-w64-mingw32/x64 (64-bit)

R is free software and comes with ABSOLUTELY NO WARRANTY.
You are welcome to redistribute it under certain conditions.
Type 'license()' or 'licence()' for distribution details.

R is a collaborative project with many contributors.
Type 'contributors()' for more information and
'citation()' on how to cite R or R packages in publications.

Type 'demo()' for some demos, 'help()' for on-line help, or
'help.start()' for an HTML browser interface to help.
Type 'q()' to quit R.

> data=rnorm(1000)
> data
   [1] -2.1585157932 -0.6637061490 -0.1626129148 -0.7439547527  0.8496525686
   [6]  0.4687012987  0.0528992633  0.2957063051 -0.1285863798 -0.0843013041
  [11] -0.5387418878  0.2919148438  1.2815216722  0.2515287022 -2.1477966611
  [16]  0.0249364898  0.3755916835  0.6931705649  0.5784664619  0.4475480608
  [21]  0.6293450821 -1.7780703326  0.4561899087 -1.5271306720 -0.9626998318
  [26] -0.0688851862 -0.5500626618  0.2855364726  0.8448208733  1.0048348966
  [31]  0.7253009826 -0.3077296217 -0.9843209901  1.6863128165 -1.2832547542
  [36] -0.5568914728  1.3237992655  0.9726286476 -1.0509913272 -1.3290717470
  [41]  0.7345777224  1.6281585754 -0.3416790021  0.0361336553  1.1660120786
  [46] -0.0710559521  0.3641561332 -0.1653582903 -0.3693428661 -0.8503610452
  [51]  1.5523626536 -0.1210887734  0.9979256109  0.0839516874 -1.1186896931
  [56] -0.4318300149 -1.3393167664 -1.1415140019 -0.6471203424 -1.8839524450
  [61]  1.1916352241 -0.6113133200  0.3512250106 -0.0381153178  0.7011023210
  [66] -1.0231770404  0.6198373913  0.6380022131 -0.8001500838  0.6779986713
  [71]  0.8926943676  0.3064101928 -0.6881469377 -0.6280379183 -0.7320340754
  [76]  0.9861522416  1.0332276295  0.1018990736  0.3548409987  0.5221731086
  [81] -0.5160695098  0.7492887552 -0.1423653445  0.6493729260  0.5410632296
  [86]  0.1765981207  0.7532970549  0.2443288968 -0.9222319973 -0.9566567367
  [91]  0.2900506708  1.7734254770  0.8854434286 -0.5298213257  0.0745985803
  [96] -0.4895302481  0.1039425432 -0.4053127742 -1.1006093079  1.3912413553
 [101]  0.6218503839  3.8958772975 -1.7022463517 -1.1660239248  0.1012871903
 [106]  1.7099078225  1.1844961410 -0.3577786915 -0.4076896692  0.8015171921
 [111]  1.6178026623  0.8863676894  0.8435403546  1.4281649174  0.8936966752
 [116] -0.7893417192  0.8359295393 -0.5411122136  1.0611066305 -0.8061493770
 [121]  0.1039957414  2.3378958185  1.2757753963 -0.9556636854 -1.6873456029
 [126]  1.8269973518 -1.0379781642 -0.0053926088  0.2644657892 -0.6843706470
 [131] -1.0954876743 -1.5066852621  1.2876479149  0.2660436402  1.5454621855
 [136]  0.3976683212 -0.5474591045  0.0534397375 -1.1346431553  0.1809638667
 [141]  0.5972613191 -2.4897684640 -1.8351681643  0.2024183871  0.9732354859
 [146]  0.8635463315 -0.6460521691 -0.0656848512  0.6339094437  0.7311553371
 [151]  1.0496442600  0.6758674946 -0.5012537656 -1.5782719207 -1.5745791781
 [156] -1.8437714001 -0.3787916368  0.4787783241  1.2417513119  0.4941623081
```

해석

처리 결과 화면을 보면 [1] ~[156]까지 생성된 자료를 보여 주고 있다. 여기서는 화면 할애상 나머지를 생략하였는데 그 아래 쪽에는 [157]~[996]까지의 자료가 도출되어 있다. [1] 다음에 [6]으로 나오는 것은 [1] 행에 모두 다섯 개의 정규분포 샘플이 추출되어 명기되어 있기 때문에 두 번째 행은 여섯 번째 샘플이 시작되고 있고 두 번째 행에도 역시 총 다섯 개의 샘플이 추출되어 있다. 세 번째 행은 당연히 [11]로 표기된다. 그 아래는 [16]....이런 식으로 표기되어 있다.

② 시계열 자료 만들기: ts( )

자 이제, 시계열 자료를 만들어 보자. 새로생성될 변수명은 "timeseries"로 하고, ts( ) 함수식을 사용하여, 시작 날짜를 2000년 1월로 하고, 기간을 한 달 씩 총 12개월로 생성하도록 처리해 보자. 랜덤으로 정규분포 샘플을 추출한 변수명은 앞서 작업이 이루어진 "data"이다. 여기서 헷갈릴 수 있는 것이 frequency는 계절성 패턴이 반복되기 전까지의 관측값의 수이다. 즉 "data"가 연단위면 "1", 분기단위면 "4", 월단위면 "12", 주단위면 "52"로 설정해준다. 아래 예시에서는 월단위 데이터이기 때문에 "12"로 지정하였다.

명령어

```
> 새로생성할변수명=ts(랜덤정규분포샘플추출한변수명, start=c(시작연도, 시작분기), frequenc
y=단위)
> timeseries=ts(data, start=c(2000, 1), frequency=12)
```


```
> timeseries=ts(data, start=c(2000, 1), frequency=12)
```


[처리결과화면]

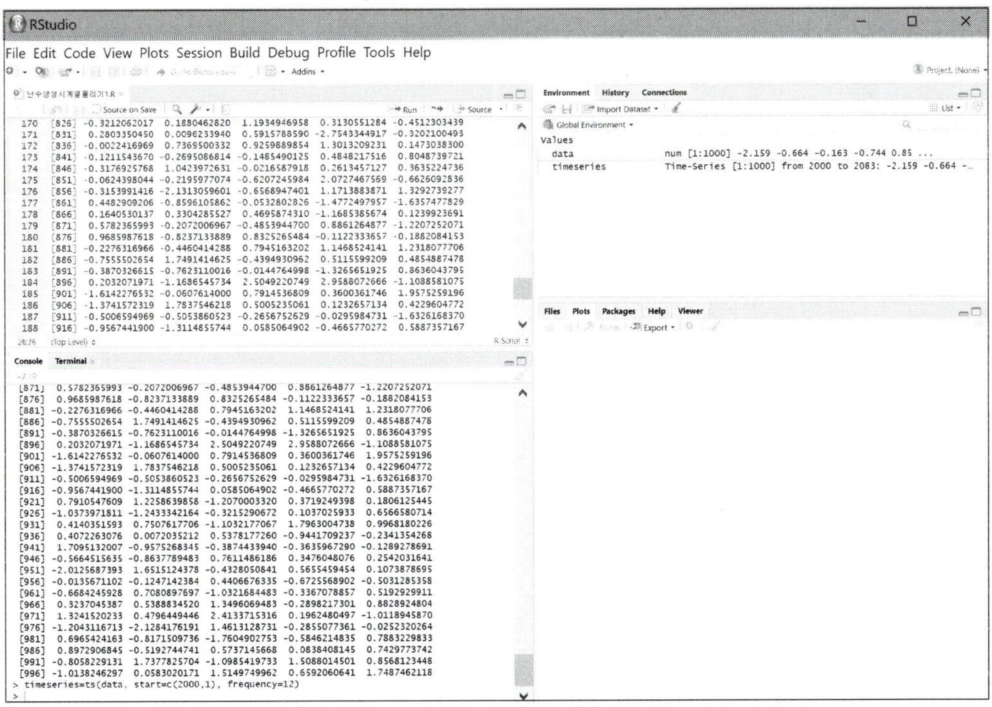

해석

처리된 timeseries 변수의 내용을 확인하기 위해 다음과 같이 명령어를 처리하면 timeseries 변수가 갖고 있는 자료를 보여준다.

명령어

```
> timeseries
```

[처리결과화면]

```
Console   Terminal ×
~/
 [981]  0.6965424163 -0.8171509736 -1.7604902753 -0.5846214835  0.7883229833
 [986]  0.8972906845 -0.5192744741  0.5737145668  0.0838408145  0.7429773742
 [991] -0.8058229131  1.7377825704 -1.0985419733  1.5088014501  0.8568123448
 [996] -1.0138246297  0.0583020171  1.5149749962  0.6592060641  1.7487462118
> timeseries=ts(data, start=c(2000,1), frequency=12)
> timeseries
               Jan           Feb           Mar           Apr           May
2000 -2.1585157932 -0.6637061490 -0.1626129148 -0.7439547527  0.8496525686
2001  1.2815216722  0.2515287022 -2.1477966611  0.0249364898  0.3755916835
2002 -0.9626998318 -0.0688851862 -0.5500626618  0.2855364726  0.8448208733
2003  1.3237992655  0.9726286476 -1.0509913272 -1.3290717470  0.7345777224
2004 -0.3693428661 -0.8503610452  1.5523626536 -0.1210887734  0.9979256109
2005  1.1916352241 -0.6113133200  0.3512250106 -0.0381153178  0.7011023210
2006 -0.6881469377 -0.6280379183 -0.7320340754  0.9861522416  1.0332276295
2007  0.5410632296  0.1765981207  0.7532970549  0.2443288968 -0.9222319973
2008  0.1039425432 -0.4053127742 -1.1006093079  1.3912413553  0.6218503839
2009 -0.4076896692  0.8015171921  1.6178026623  0.8863676894  0.8435403546
2010  0.1039957414  2.3378958185  1.2757753963 -0.9556636854 -1.6873456029
2011  1.2876479149  0.2660436402  1.5454621855  0.3976683212 -0.5474591045
2012  0.9732354859  0.8635463315 -0.6460521691 -0.0656848512  0.6339094437
2013 -0.3787916368  0.4787783241  1.2417513119  0.4941623081 -0.4152552346
2014  0.4497595003 -0.2042505121  1.5816301301  0.3235550878  0.1702553479
2015  1.6294024571  1.2493840954  0.0233975562  0.3355436871 -0.3737546087
2016 -0.7158331724  1.1746623349  0.0840725801 -0.1248736063  0.5276783401
2017  2.2028536114 -0.0560019499 -0.2018640590  0.0582019072 -0.0450179034
2018 -2.2107789636  0.5450924091  0.2155955093 -0.0429334724 -0.0768701743
2019  2.5267970814  0.1261282413 -2.6266000195  0.1293128166  0.5231088169
2020  0.8051686203  0.3463338286 -0.4160773221 -1.5112545741  0.3000511522
```

!

```
2078  0.0072035212  0.5378177260 -0.9441709237 -0.2341354268  1.7095132007
2079  0.3476048076  0.2542031641 -2.0125687393  1.6515124378 -0.4328050841
2080 -0.6684245928  0.7080897697 -1.0321684483 -0.3367078857  0.5192929911
2081  2.4133715316  0.1962480497 -1.0118945870 -1.2043116713 -2.1284176191
2082  0.7883229833  0.8972906845 -0.5192744741  0.5737145668  0.0838408145
               Jun           Jul           Aug           Sep           Oct
2000  0.4687012987  0.0528992633  0.2957063051 -0.1285863798 -0.0843013041
2001  0.6931705649  0.5784664619  0.4475480608  0.6293450821 -1.7780703326
2002  1.0048348966  0.7253009826 -0.3077296217 -0.9843209901  1.6863128165
2003  1.6281585754 -0.3416790021  0.0361336553  1.1660120786 -0.0710559521
2004  0.0839516874 -1.1186896931 -0.4318300149 -1.3393167664 -1.1415140019
2005 -1.0231770404  0.6198373913  0.6380022131 -0.8001500838  0.6779986713
2006  0.1018990736  0.3548409987  0.5221731086 -0.5160695098  0.7492887552
2007 -0.9566567367  0.2900506708  1.7734254770  0.8854434286 -0.5298213257
2008  3.8958772975 -1.7022463517 -1.1660239248  0.1012871903  1.7099078225
2009  1.4281649174  0.8936966752 -0.7893417192  0.8359295393 -0.5411122136
2010  1.8269973518 -1.0379781642 -0.0053926088  0.2644657892 -0.6843706470
2011  0.0534397375 -1.1346431553  0.1809638667  0.5972613191 -2.4897684640
2012  0.7311553371  1.0496442600  0.6758674946 -0.5012537656 -1.5782719207
2013  1.4324054485 -2.4040944135  0.5323484213 -0.6526630765 -1.4364680350
2014 -0.2690160161  0.3311795061 -0.7742448186 -0.1198164052 -0.1475869504
2015 -0.2241378586 -0.7546464997  2.2469858207  0.8503501824 -0.2864591340
2016  1.0062264057  0.2178086216  1.5464892160  0.8432090168 -0.9653581323
2017  1.5884953871 -1.1278637509  1.2216609890  1.1505738029 -0.1480054429
2018  0.4375403261  0.9533392945  1.3913623196 -0.2563238159 -0.2548034828
2019 -0.1798944838  0.9490476545 -0.0476751647 -0.7031529450 -1.1035511863
2020 -0.8797097145  2.9174928223 -1.7220480645  1.1386337587 -1.4248162337
2021 -0.2105315554 -0.5274945557 -0.7088033935 -0.7673803191  1.2488443671
```

```
2079  0.5655459454  0.1073878695 -0.0135671102 -0.1247142384  0.4406676335
2080  0.3237045387  0.5388834520  1.3496069483 -0.2898217301  0.8828924804
2081  1.4013128731  0.2855077361 -0.0252320264  0.6965474163 -0.8171509736
2082  0.7429773742 -0.8058229131  1.7377825704 -1.0985419733  1.5088014501
               Nov           Dec
2000 -0.5387418878  0.2919148438
2001  0.4561899087 -1.5271306720
2002 -1.2832547542 -0.5568914728
2003  0.3641561332 -0.1653582903
2004 -0.6471203424 -1.8839524450
2005  0.8926943676  0.3064101928
2006 -0.1423653445  0.6493729260
2007  0.0745985803 -0.4895302481
2008  1.1844961410 -0.3577786915
2009  1.0611066305 -0.8061493770
2010 -1.0954876743 -1.5066852621
2011 -1.8351681643  0.2024183871
2012 -1.5745791781 -1.8437714001
2013 -0.3586731776 -0.1921462077
2014 -0.6316152476 -0.0265361955
2015 -2.3908676780 -0.1547727084
2016  0.8644453576  1.3506953323
2017  1.0485119827 -0.5926182969
2018 -0.6986120775  1.8961189672
2019 -1.0459308382 -0.7036484069
2020 -1.6029768557  0.2043572320
2021 -1.0702890293 -0.7395063167
2022 -0.8712058948 -0.6185741480
```

```
Console   Terminal ×
~/
2057  0.9471795852  0.0380927982
2058  0.4681863073 -0.6735762299
2059 -0.4706112838 -1.2016698140
2060  0.6141851703  0.2026828928
2061 -0.3250982088  0.0515355723
2062  0.8103755161 -1.7608177208
2063  0.3708136037 -0.3386358111
2064  1.6075756124 -0.4595493978
2065  2.5970616696  0.7942902166
2066 -1.3787411117  0.6204836625
2067 -0.6048683183 -0.9254783373
2068  0.1880462820  1.1934946958
2069  1.3013209231  0.1473038300
2070 -0.0624398044 -0.2195977074
2071 -0.0532802826 -1.4772497957
2072 -1.2207252071  0.9685987618
2073  1.7491414625 -0.4394930962
2074  2.9588072666 -1.1088581075
2075 -0.5006594969 -0.5053860523
2076 -1.2070003320  0.3719249398
2077  0.9968180226  0.4072263076
2078 -0.8637789483  0.7611486186
2079 -0.6725568902 -0.5031285358
2080  1.3241520233  0.4796449446
2081 -1.7604902753 -0.5846214835
2082  0.8568123448 -1.0138246297
 [ reached getOption("max.print") -- omitted 1 row ]
>
```

해석

처리 결과 화면을 보면 2000년부터 2082년까지 1개월씩 증가하며 총 12개월에 대한 자료가 생성되어 있음을 알 수 있다. 즉 2000~2082년까지 매년 12개월의 자료가 생성되었다.

처리된 timeseries 변수를 가지고 그래프를 나타내 보자. 그래프는 plot( ) 함수식을 사용하며, win.graph( )를 사용하여 그릴 때와 이를 사용하지 않고 그릴 때 결과물이 다르다.

명령어

```
> win.graph( )
> plot(생성한시계열변수명)
[
> plot(timeseries)
```

```
> win.graph( )
> plot(timeseries)
```

[처리결과화면: plot(timeseries) 처리]

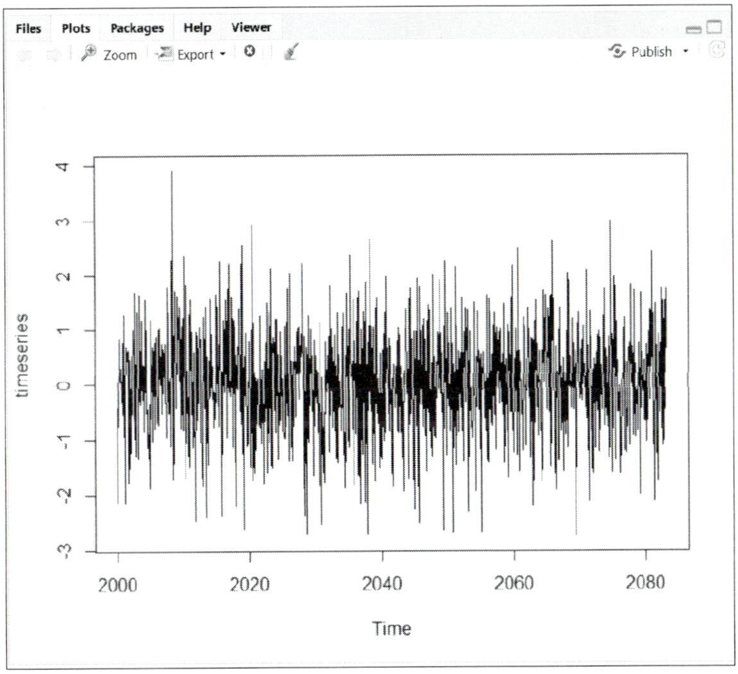

[처리결과화면: win.graph( )로 처리]

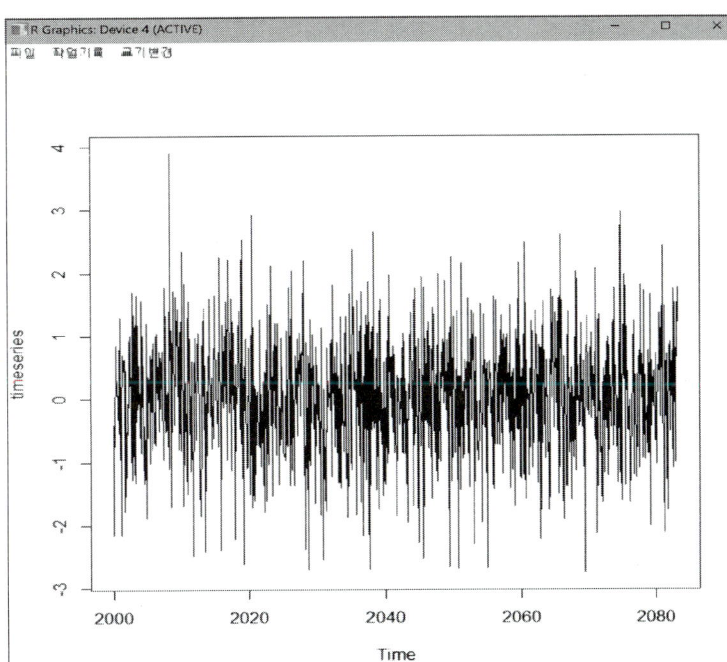

해석

처리 결과 화면을 보면, 안정적인 시계열 자료의 전형적인 예를 보여주고 있다. 이런 모양을 그리는 시계열 자료는 트렌드가 관찰되지 않아 안정적인 것으로 판단할 수 있다.

※트렌드※

다음 그림처럼 데이터의 플롯을 그려 보았을 때, 상하로 상승과 하락을 보이는 데이터의 시계열 흐름이 전체적으로 우상향 곡선을 그리고 있다. 이와 같은 시간 흐름에 따른 시계열 자료의 흐름이 특정한 양상을 보여줄 때 우리는 '트렌드(trend)'가 있다고 말한다. 이와 같은 트렌드는 시계열 자료의 안정성을 해친다.

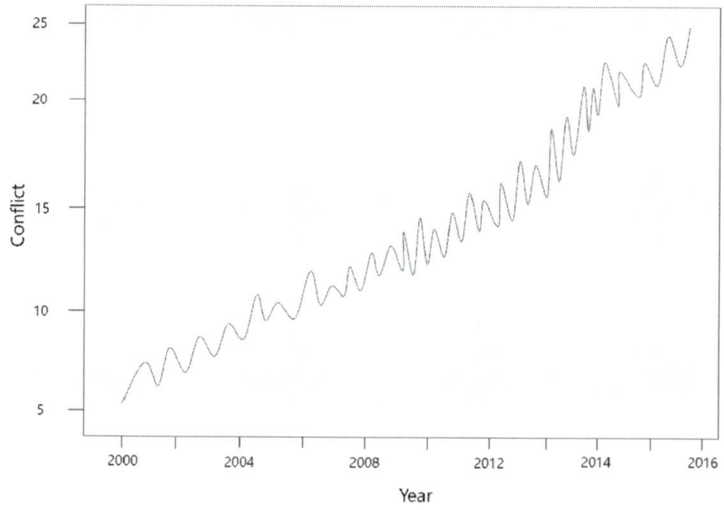

4) 예측값 저장하기: lm( ) + predict( )

회귀분석 모형을 처리하면 각 변수에 대한 회귀계수가 추정되어 도출된다. 이 회귀계수 값을 사용하여 예측값을 추정할 수 있다. 예측치를 실측치와 비교하는 경우 특히 이 기술이 필요하다.

우선 연습 데이터인 OLS_4.dta(Stata 자료)를 사용하여 다중선형회귀분석을 돌리고, 각 변수의 회귀계수 값을 도출하도록 하자. 회귀분석처리파일명을 "Reg1"으로 결정하고, 회귀분석 처리 명령어인 lm( ) 함수식을 사용하여, 종속변수 roa, 독립변수(debtratio+institutionalinvestors_5per_nu, TMT_stock_ratio_B, foreign_insti_investor_ratio)에 대해 다중선형회귀분석을 실시하자.

각 독립변수를 추가할 때는 "+"를 사용하여 명령어를 작성하면 된다. 데이터파일명은

"OLS_4"이다.

명령어

```
> library(haven)
> 반환화일명 <-read_dta("C:/Users/작업디렉토리/실습데이터파일명")
> 회귀분석처리파일명 <- lm(종속변수~독립변수1+독립변수2+독립변수3, data=데이터파일명)

> OLS_4 <-read_dta("C:/Users/media/OLS_4.dta")
> Reg1 <- lm(LN_Sales~roa+debtratio+institutionalinvestors_5per_nu
+TMT_stock_ratio_B+foreign_insti_investor_ratio, data=OLS_4)
```

```
> library(haven)
> OLS_4 <-read_dta("C:/Users/media/OLS_4.dta")
> Reg1 <- lm(LN_Sales~roa+debtratio+institutionalinvestors_5per_nu+TMT_stock_rat
io_B+foreign_insti_investor_ratio, data=OLS_4)
```

자 이제 추정된 각 변수의 회귀계수 값을 저장해 보자. 저장할 변수명은 y_predict로 정하자. 관련 명령어는 predict( ) 함수식이다. 회귀분석처리파일명은 Reg1 그대로이다. 예측구간을 상한과 하한을 부여해서 나타내도록 명령어를 작성하자.

명령어

```
> 저장할파일명 <- predict(회귀분석처리파일명)

> y_predict <- predict(Reg1, newdata=OLS_4, interval="predict")
```

```
> y_predict <- predict(Reg1, newdata=OLS_4, interval="predict")
```

[처리결과화면]

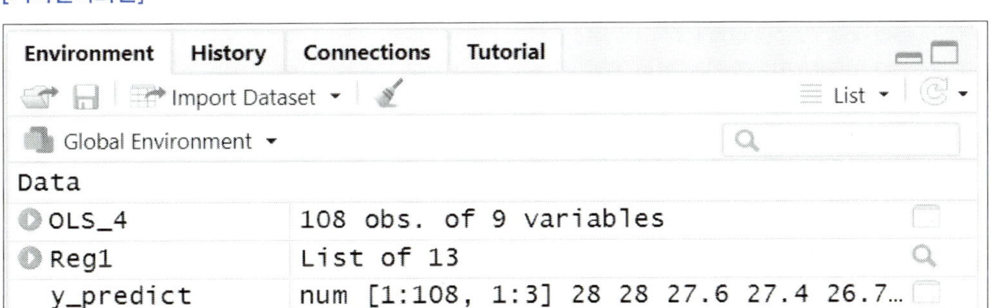

해석

처리 결과 화면을 보면 오른쪽 상단에 다중선형회귀분석을 처리한 결과가 "Reg1"이라는 변수로 생성되어 저장되어 있음을 알 수 있다. 또한 y_predict라는 새로운 변수가 생성되어 있음을 볼 수 있다. 이 변수 안에 추정된 회귀계수가 저장되어 있다.

저장된 예측값(y_predict) 상태를 눈으로 직접 확인하고 싶으면, 해당 변수에 저장된 값들을 보여달라는 명령어를 다음과 같이 실행하면 된다.

명령어

```
> 저장한파일명

> y_predict
```

```
> y_predict
         fit      lwr      upr
1   28.02433 26.30236 29.74631
2   27.95649 26.26829 29.64470
3   27.57047 25.89397 29.24697
4   27.36969 25.69011 29.04928
5   26.66415 24.99228 28.33601
6   26.65101 24.98309 28.31893
7   27.56479 25.85538 29.27421
8   26.79142 25.08936 28.49347
9   26.56672 24.85100 28.28245
10        NA       NA       NA
11        NA       NA       NA
12        NA       NA       NA

(중간생략)

97  25.25461 23.54151 26.96772
98  25.18202 23.49598 26.86805
99  25.31779 23.64831 26.98727
100 25.34202 23.65886 27.02518
101 25.31336 23.63194 26.99477
102 25.42227 23.74065 27.10389
103 25.52818 23.85048 27.20587
104 25.36790 23.68626 27.04953
```

```
105 25.25869 23.58337 26.93402
106       NA       NA       NA
107       NA       NA       NA
108       NA       NA       NA
```

이번에는 예측값과 실측치를 비교해 보자. 비교를 쉽게 하기 위해 한 곳에 예측값과 실측치를 모아보자. 앞서 예측구간 상하한값을 기준으로 측정하게 된다. 데이터프레임으로 전환하는 작업이 수반된다. 실측치는 OLS_$ 데이터셋 안의 LN_Sales값이다. 사용할 함수는 cbind( )이다.

명령어

```
> y_predict <-as.data.frame(y_predict)
> y_predict <- cbind(y_predict, OLS_4$LN_Sales)
```


```
> y_predict <-as.data.frame(y_predict)
> y_predict <- cbind(y_predict, OLS_4$LN_Sales)
```


[처리결과화면]

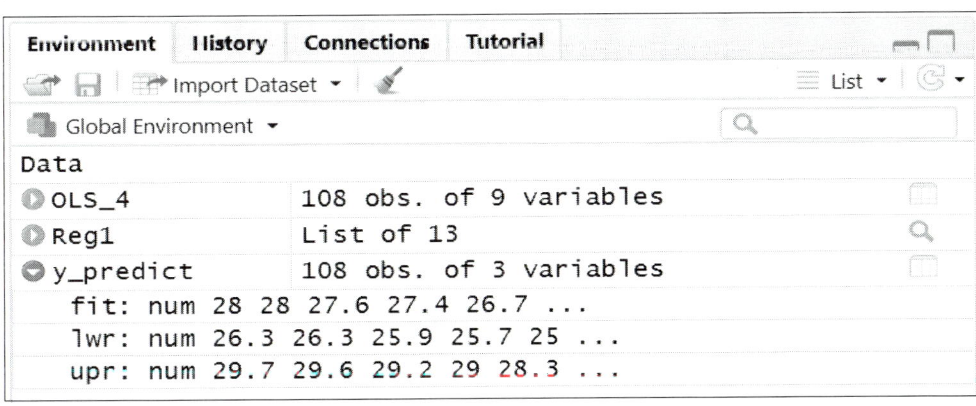

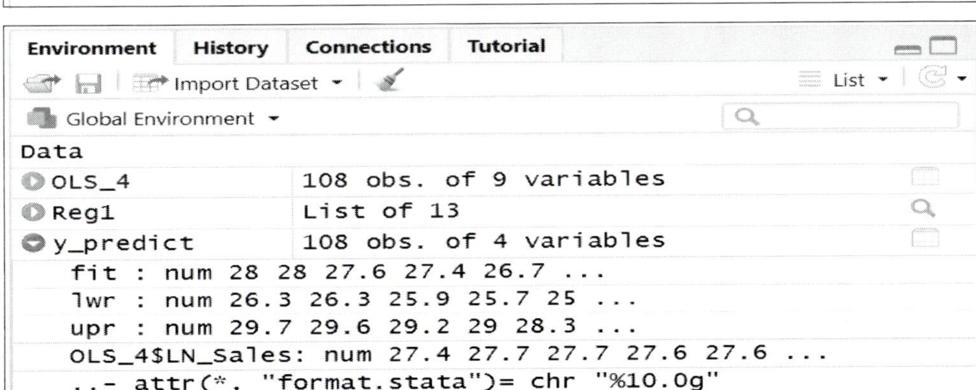

[처리결과화면]

	fit	lwr	upr
1	28.02433	26.30236	29.74631
2	27.95649	26.26829	29.64470
3	27.57047	25.89397	29.24697
4	27.36969	25.69011	29.04928
5	26.66415	24.99228	28.33601
6	26.65101	24.98309	28.31893
7	27.56479	25.85538	29.27421
8	26.79142	25.08936	28.49347
9	26.56672	24.85100	28.28245
10	NA	NA	NA
11	NA	NA	NA
12	NA	NA	NA

Showing 1 to 13 of 108 entries, 3 total columns

	fit	lwr	upr	OLS_4$LN_Sales
1	28.02433	26.30236	29.74631	27.45
2	27.95649	26.26829	29.64470	27.72
3	27.57047	25.89397	29.24697	27.69
4	27.36969	25.69011	29.04928	27.60
5	26.66415	24.99228	28.33601	27.60
6	26.65101	24.98309	28.31893	27.66
7	27.56479	25.85538	29.27421	27.79
8	26.79142	25.08936	28.49347	27.93
9	26.56672	24.85100	28.28245	28.05
10	NA	NA	NA	28.19
11	NA	NA	NA	28.32
12	NA	NA	NA	28.39

Showing 1 to 13 of 108 entries, 4 total columns

예측력을 확인하기 위해 예측구간 상하한 값 안에 들어오면 TRUE, 그렇지 않으면 FALSE로 판단해서 나타내도록 명령어를 작성해보자. TRUE, FALSE가 들어갈 항목으로 tf를 명명하고, 그 안에 TRUE, FALSE를 표현하게 하자.

명령어

```
> tf <- NA
> y_predict <-cbind(y_predict, tf)
```

```
> tf <- NA
> y_predict <-cbind(y_predict, tf)
```

[처리결과화면]

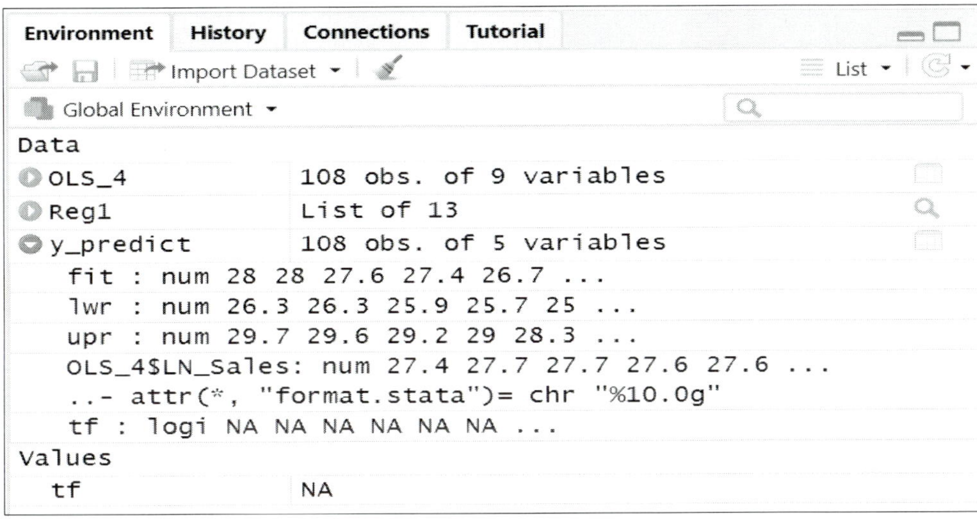

명령어

```
> y_predict$tf[y_predict$'OLS_4$LN_Sales'>=y_predict$lwr & y_predict$'OLS_4$LN_S
ales'<=y_predict$upr] <- T
> y_predict$tf[is.na(y_predict$tf)] <- F
```


```
> y_predict$tf[y_predict$'OLS_4$LN_Sales'>=y_predict$lwr & y_predict$'OLS_4$LN_S
ales'<=y_predict$upr] <- T
> y_predict$tf[is.na(y_predict$tf)] <- F
```


[처리결과화면]

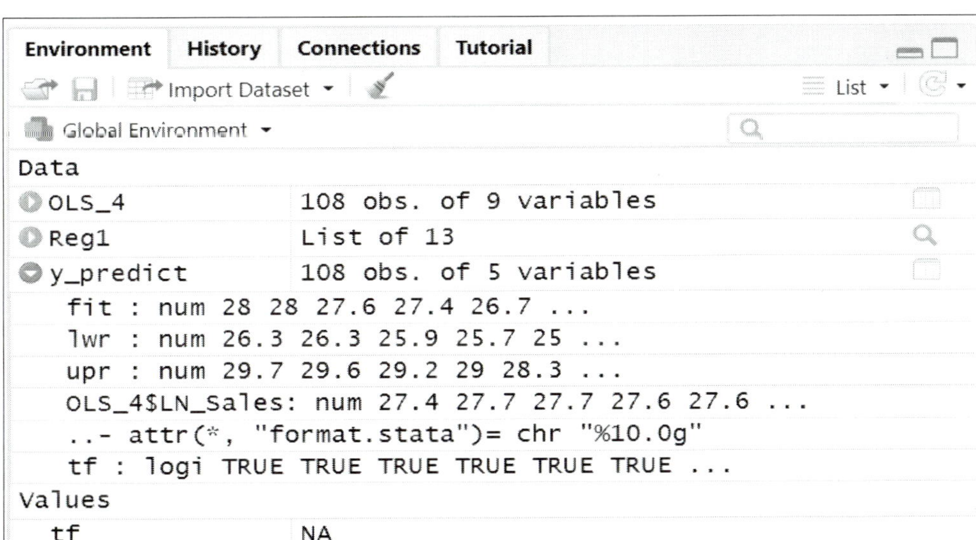

[처리결과화면]

	fit	lwr	upr	OLS_4$LN_Sales	tf
1	28.02433	26.30236	29.74631	27.45	TRUE
2	27.95649	26.26829	29.64470	27.72	TRUE
3	27.57047	25.89397	29.24697	27.69	TRUE
4	27.36969	25.69011	29.04928	27.60	TRUE
5	26.66415	24.99228	28.33601	27.60	TRUE
6	26.65101	24.98309	28.31893	27.66	TRUE
7	27.56479	25.85538	29.27421	27.79	TRUE
8	26.79142	25.08936	28.49347	27.93	TRUE
9	26.56672	24.85100	28.28245	28.05	TRUE
10	NA	NA	NA	28.19	FALSE
11	NA	NA	NA	28.32	FALSE
12	NA	NA	NA	28.39	FALSE

Showing 1 to 13 of 108 entries, 5 total columns

해석

처리화면을 보면, 조건에 맞는 경우는 TURE, 그렇지 않은 경우에는 FALSE가 들어 있음을 알 수 있다.

이제 마지막으로 예측력을 측정해보자. 예측력 측정식은 다음과 같다.

명령어

```
> sum(y_predict$tf=="TRUE")/dim(y_predict)[1]
```

```
> sum(y_predict$tf=="TRUE")/dim(y_predict)[1]
[1] 0.712963
```

해석

처리화면을 보면, 예측력이 0.71%로 꽤 높은 수준을 보여주고 있다.

5) 변수생성(빈칸) 후 빈칸 채우기: within( )

데이터셋에서 특정한 항목을 새로운 형태로 저장하려면 어떻게 하면 될까요? 예를 들어 텍스트로 된 변수 데이터를 일정한 수치형 데이터로 전환해야 할 필요가 있을때 어떻게 하면 될까?

우선 연습 데이터인 KIS_2012_배포용(서비스업)_정렬.csv를 사용하여 텍스트로 된 region 변수를 수치로 바꾸어 저장시켜보자. 데이터셋의 첫줄이 변수명이므로 이를 분명히 지정해 주어야 한다. 이를 위한 명령어는 header=T 이다.

명령어

```
> setwd("C:/Users/OSYang/")
> data <-read.csv(file.choose(), header=T) #파일선택할 수 있는 명령어: 폴더에서 KIS_201
2_배포용(서비스업).csv를 클릭
```

```
> setwd("C:/Users/OSYang/")
> data <-read.csv(file.choose()) #파일선택할 수 있는 명령어 - 잘 됨: KIS_2012_배포용(서
비스업).csv 클릭
```

이제 연습을 위해 변수 가운데 region에 명시된 지역별 정보를 tara라는 새로운 변수로 저장해보자. 저장할 내용은 지역별 수치이고, 각 지역별로 수치를 임의로 부여하고 해당 수치를 tara에 저장하라는 명령어를 작성해 보자. 우선 변수 region에 들어 있는 텍스트를 확인해 보자.

명령어

```
> data$region
```

```
> data$region
   [1] 강원도   강원도   강원도   강원도   강원도   강원도   강원도   강원도   강원도   강원도
 강원도   강원도   강원도   강원도
  [15] 강원도   강원도   강원도   강원도   강원도   강원도   강원도   강원도   강원도   강원도
 강원도   강원도   강원도   강원도
  [29] 강원도   강원도   강원도   강원도   강원도   강원도   강원도   강원도   강원도   강원도
 강원도   강원도   강원도   강원도
  [43] 강원도   강원도   강원도   강원도   강원도   강원도   강원도   강원도   강원도   강원도
```

```
  강원도    강원도    강원도    강원도
(중략)
[911] 경상북도 경상북도 경상북도 경상북도 경상북도 경상북도 경상북도 경상북도 경상북도 경상북도
경상북도 경상북도 경상북도 경상북도
 [925] 경상북도 경상북도 경상북도 경상북도 경상북도 경상북도 경상북도 경상북도 경상북도 경상북
도 경상북도 경상북도 경상북도 경상북도
 [939] 경상북도 경상북도 경상북도 경상북도 경상북도 경상북도 경상북도 경상북도 경상북도 경상북
도 경상북도 경상북도 경상북도 경상북도
 [953] 경상북도 경상북도 경상북도 경상북도 경상북도 경상북도 경상북도 경상북도 경상북도 경상북
도 경상북도 경상북도 경상북도 경상북도
 [967] 경상북도 경상북도 경상북도 경상북도 경상북도 경상북도 경상북도 경상북도 경상북도 경상북
도 경상북도 경상북도 경상북도 경상북도
 [981] 경상북도 경상북도 경상북도 경상북도 경상북도 경상북도 경상북도 경상북도 경상북도 경상북
도 경상북도 경상북도 경상북도 경상북도
 [995] 경상북도 경상북도 경상북도 경상북도 경상북도 경상북도
 [ reached getOption("max.print") -- omitted 3018 entries ]
16 Levels: 강원도 경기도 경상남도 경상북도 광주광역시 대구광역시 대전광역시 부산광역시 서울특
별시 울산광역시 인천광역시 ... 충청북도
```

이제 새로운 변수인 tara를 생성해서 빈칸으로 남겨두고, 각 지역별로 하나의 수치를 부여하여 새로운 변수인 tara의 빈칸에 채워넣으라는 명령어를 작성해 보자. 사용할 함수는 within( )이다. 각 지역별 배당할 수치는 다음 명령어 내용을 참조하자.

명령어

```
> data <- within(data,
                 {
                   tara = character(0)
                   tara[region == "서울특별시"] = "11"
                   tara[region == "부산광역시"] = "21"
                   tara[region == "대구광역시"] = "22"
                   tara[region == "인천광역시"] = "23"
                   tara[region == "광주광역시"] = "24"
                   tara[region == "대전광역시"] = "25"
                   tara[region == "울산광역시"] = "26"
                   tara[region == "경기도"] = "31"
                   tara[region == "강원도"] = "32"
                   tara[region == "충청북도"] = "33"
                   tara[region == "충청남도"] = "34"
                   tara[region == "전라북도"] = "35"
                   tara[region == "전라남도"] = "36"
```

```
                tara[region == "경상북도"] = "37"
                tara[region == "경상남도"] = "38"
                tara[region == "제주도"] = "39"
                tara = factor(tara, level = c("11", "21", "22", "23", "24", "25",
"26", "31", "32", "33", "34", "35", "36", "37", "38", "39"))
              }
```

```
> data <- within(data,
+              {
+                tara = character(0)
+                tara[region == "서울특별시"] = "11"
+                tara[region == "부산광역시"] = "21"
+                tara[region == "대구광역시"] = "22"
+                tara[region == "인천광역시"] = "23"
+                tara[region == "광주광역시"] = "24"
+                tara[region == "대전광역시"] = "25"
+                tara[region == "울산광역시"] = "26"
+                tara[region == "경기도"] = "31"
+                tara[region == "강원도"] = "32"
+                tara[region == "충청북도"] = "33"
+                tara[region == "충청남도"] = "34"
+                tara[region == "전라북도"] = "35"
+                tara[region == "전라남도"] = "36"
|                tara[region -- "경상북도"] - "37"
+                tara[region == "경상남도"] = "38"
+                tara[region == "제주도"] = "39"
+              tara = factor(tara, level = c("11", "21", "22", "23", "24", "25",
"26", "31", "32", "33", "34", "35", "36", "37", "38", "39"))
+              }
+ )
```

이제 새로 생성된 tara 내용을 확인해보자.

명령어

```
> data$tara
```

```
> data$tara
  [1] 32 32 32 32 32 32 32 32 32 32 32 32 32 32 32 32 32 32 32 32 32 32 32 32
32 32 32 32 32 32 32 32 32 32 32 32 32 32 32 32 32
 [43] 32 32 32 32 32 32 32 32 32 32 32 32 32 32 32 32 32 32 32 32 32 32 32 32
```

```
32 32 32 32 32 32 32 32 32 32 32 32 32 32 32 32 32
  [85] 32 32 32 31 31 31 31 31 31 31 31 31 31 31 31 31 31 31 31 31 31 31 31 31 31
31 31 31 31 31 31 31 31 31 31 31 31 31 31 31 31 31
 [127] 31 31 31 31 31 31 31 31 31 31 31 31 31 31 31 31 31 31 31 31 31 31 31 31 31
31 31 31 31 31 31 31 31 31 31 31 31 31 31 31 31 31
 [169] 31 31 31 31 31 31 31 31 31 31 31 31 31 31 31 31 31 31 31 31 31 31 31 31 31
31 31 31 31 31 31 31 31 31 31 31 31 31 31 31 31 31
 [211] 31 31 31 31 31 31 31 31 31 31 31 31 31 31 31 31 31 31 31 31 31 31 31 31 31
31 31 31 31 31 31 31 31 31 31 31 31 31 31 31 31 31
(중략)
[841] 38 38 38 38 38 38 38 38 37 37 37 37 37 37 37 37 37 37 37 37 37 37 37 37 37
37 37 37 37 37 37 37 37 37 37 37 37 37 37 37 37 37
 [883] 37 37 37 37 37 37 37 37 37 37 37 37 37 37 37 37 37 37 37 37 37 37 37 37 37
37 37 37 37 37 37 37 37 37 37 37 37 37 37 37 37 37
 [925] 37 37 37 37 37 37 37 37 37 37 37 37 37 37 37 37 37 37 37 37 37 37 37 37 37
37 37 37 37 37 37 37 37 37 37 37 37 37 37 37 37 37
 [967] 37 37 37 37 37 37 37 37 37 37 37 37 37 37 37 37 37 37 37 37 37 37 37 37 37
37 37 37 37 37 37 37 37 37
 [ reached getOption("max.print") -- omitted 3018 entries ]
Levels: 11 21 22 23 24 25 26 31 32 33 34 35 36 37 38 39
```

작업이 완성되었으면 최종 데이터셋을 작업디렉토리에 저장하도록 하자. 저장할 파일명은 KIS_2012_배포용(서비스업)_정렬_tara추가.csv이다.

명령어

```
> setwd("C:/Users/OSYang")
> write.csv(data, "KIS_2012_배포용(서비스업)_정렬_tara추가.csv")
```

```
> setwd("C:/Users/OSYang")
> write.csv(data, "KIS_2012_배포용(서비스업)_정렬_tara추가.csv")
```

6) 변수 레벨(level) 조정하기: subset( )

특정 모형을 처리하다 보면 특정 변수의 레벨(level)이 안맞을 때가 있다. 특히 레벨이 처리할 수 있는 수준보다 많은 경우인데, 이때는 할 수 없이 레벨 수를 줄이는 수밖에 없다. 문제는 어떤 레벨을 줄이냐이다. 이를 위해 우선 변수들 상황을 살펴보도록 하자. 실습데이터 apptrain2_st.csv를 불러와 상호작용항 Interaction1을 먼저 만들자(Reviews_st*Polarity_st).

명령어

```
> setwd("C:/Users/yangohsuk/") #작업디렉토리 지정: 이는 작업자마다 다르다
> apptrain2_st <-read.csv(file.choose()) #파일선택할 수 있음: 폴더를 찾아 해당 파일을 클릭
> attach(apptrain2_st) #작업화일 고정
> apptrain2_st$Interaction1 <-Reviews_st*Polarity_st #두 항목을 곱해서 새로운 변수 Interaction1을 저장
```


```
> setwd("C:/Users/yangohsuk/") #작업디렉토리 지정: 이는 작업자마다 다르다
> apptrain2_st <-read.csv(file.choose()) #파일선택할 수 있음: 폴더를 찾아 해당 파일을 클릭
> attach(apptrain2_st) #작업화일 고정
> apptrain2_st$Interaction1 <-Reviews_st*Polarity_st #두 항목을 곱해서 새로운 변수 Interaction1을 저장
```


[처리결과화면: 상호작용 만들기 전]

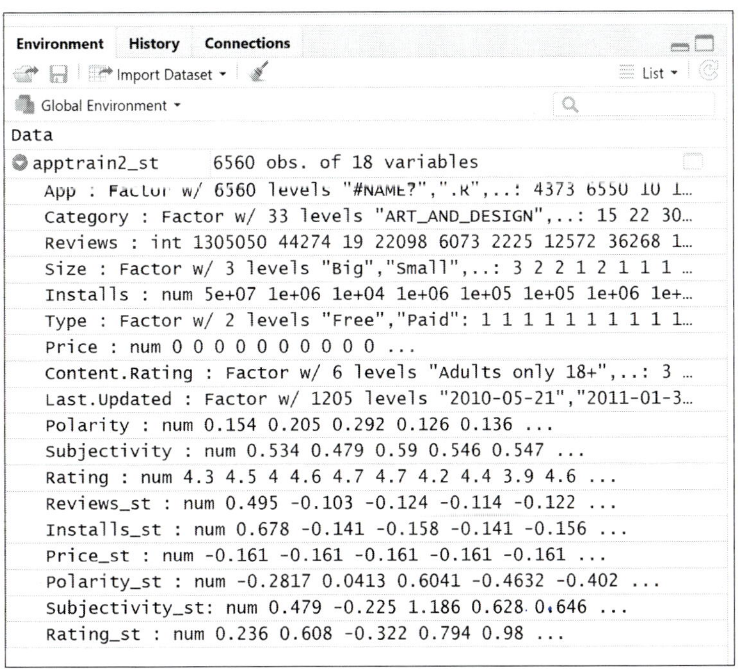

[처리결과화면: 상호작용 만들기 후]

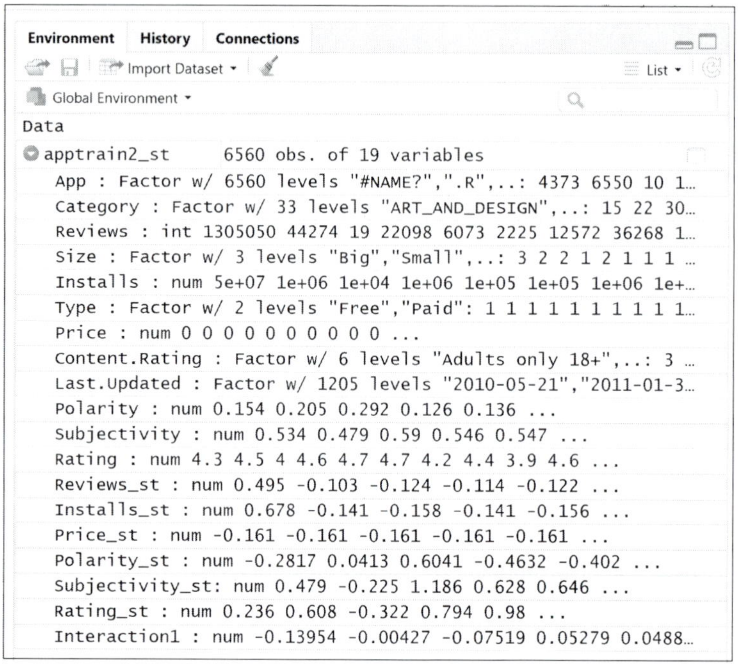

여기서 훈련셋을 다시 train셋으로 나누도록 하자. 나누는 방식은 총 6560 관측치에서 3280개 관측치로 나누라는 명령어를 처리해보자(train=sample(6560, 3280)). 나누어서 train이라는 파일로 저장한다(이때 나눈 데이터는 values로 형성된다). 나눈 후 연습용 기초 회귀식대로 한번 통계 처리를 실행해보자. 그러면 에러 메시지가 나올 것이다.

명령어

```
> set.seed(1)
> train=sample(6560, 3280)
> library(tree)
> treetrain1=tree(High ~ Reviews_st + Installs_st + Price_st + Polarity_st + Subjec
tivity_st + Interaction1 + Category + Size + Type + Content.Rating, apptrain2_st,
subset=train) #final choice
```

```
> set.seed(1)
> train=sample(6560, 3280)
> library(tree)
Warning message:
패키지 'tree'는 R 버전 3.5.2에서 작성되었습니다
> treetrain1= tree(High ~ Reviews_st + Installs_st + Price_st + Polarity_st + Subjec
```

```
tivity_st + Interaction1 + Category + Size + Type + Content.Rating, apptrain2_st,
subset=train) #final choice
Error in tree(High ~ Reviews_st + Installs_st + Price_st + Polarity_st +  :
  factor predictors must have at most 32 levels
```

해석

처리화면을 보면, 레벨이 32개만 허용된다는 메시지가 나온다. 이는 특정 변수가 33 레벨을 넘고 있음을 시사해 준다.

이에 특정 변수를 찾아 레벨을 감소시키는 작업을 진행해보자. 이를 위해 table( ) 함수를 사용하여 변수 Category를 살펴보자(Category 변수가 레벨이 많기 때문).

명령어

```
> attach(apptrain2_st) #작업화일 고정
> table(Category)
```

```
> attach(apptrain2_st)
The following object is masked _by_ .GlobalEnv:

    High

> table(Category)
Category
      ART_AND_DESIGN   AUTO_AND_VEHICLES              BEAUTY
                  49                  59                  34
 BOOKS_AND_REFERENCE            BUSINESS              COMICS
                 136                 211                  44
       COMMUNICATION              DATING           EDUCATION
                 205                 108                  95
       ENTERTAINMENT              EVENTS              FAMILY
                  82                  36                1284
             FINANCE      FOOD_AND_DRINK                GAME
                 237                  76                 730
  HEALTH_AND_FITNESS      HOUSE_AND_HOME  LIBRARIES_AND_DEMO
                 196                  50                  52
           LIFESTYLE MAPS_AND_NAVIGATION             MEDICAL
                 237                  95                 232
```

```
NEWS_AND_MAGAZINES            PARENTING    PERSONALIZATION
               164                   40                239
       PHOTOGRAPHY         PRODUCTIVITY           SHOPPING
               211                  241                144
            SOCIAL               SPORTS              TOOLS
               163                  208                575
  TRAVEL_AND_LOCAL        VIDEO_PLAYERS            WEATHER
               150                  119                 58
```

해석

처리화면을 보면, 각 항목의 숫자가 나온다. 그 가운데 Beauty가 가장 작은 34를 기록했다. 이에 Beauty를 제거함으로써 전체 레벨을 32로 떨어뜨려 보자.

여러 항목 가운데 Beauty가 가장 작은 34를 기록했다. 이에 Beauty를 제거함으로써 전체 레벨을 32로 떨어뜨려 보자. 사용할 함수는 subset( )이다. 처리를 진행한 후 결과 확인을 위해 다시 table(Category)를 작성해보자.

명령어

```
> attach(apptrain2_st) #작업화일 고정
> apptrain2_st <- subset(apptrain2_st, Category != "BEAUTY") # Category에서 BEAUTY
가 아닌 행만 추출
> table(Category)
```

```
> attach(apptrain2_st)
The following object is masked _by_ .GlobalEnv:

    High

The following objects are masked from apptrain2_st (pos = 3):

    App, Category, Content.Rating, High, Installs, Installs_st,
    Interaction1, Last.Updated, Polarity, Polarity_st, Price,
    Price_st, Rating, Rating_st, Reviews, Reviews_st, Size,
    Subjectivity, Subjectivity_st, Type

> apptrain2_st <- subset(apptrain2_st, Category != "BEAUTY") # Category에서 BEAUTY가
```

아닌 행만 추출

```
> table(Category)
Category
ART_AND_DESIGN      AUTO_AND_VEHICLES    BEAUTY      BOOKS_AND_REFERENCE  BUSINESS      COMICS         COMMUNICATION
             49                   59          0                  136           211           44                205
DATING              EDUCATION            ENTERTAINMENT  EVENTS            FAMILY        FINANCE        FOOD_AND_DRINK
            108                   95         82                   36          1284          237                 76
GAME                HEALTH_AND_FITNESS   HOUSE_AND_HOME  LIBRARIES_AND_DEMO  LIFESTYLE  MAPS_AND_NAVIGATION MEDICAL
            730                  196         50                   52           237           95                232
NEWS_AND_MAGAZINES  PARENTING            PERSONALIZATION  PHOTOGRAPHY     PRODUCTIVITY  SHOPPING       SOCIAL
            164                   40        239                  211           241          144                163
SPORTS              TOOLS                TRAVEL_AND_LOCAL  VIDEO_PLAYERS  WEATHER
            208                  575        150                  119            58
```

해석

처리화면을 보면, BEAUTY의 관측치가 0값으로 나온 것을 볼 수 있다. 반면 훈련데이터셋 (apptrain2_st.csv) 내용을 보여주는 우측 상단 공간에서는 Category가 여전히 33 levels 라고 나와 있다.

이제 Category 레벨을 조정한 데이터셋을 저장하고, 저장한 데이터셋을 다시 불러들이자 (컴퓨터의 상황에 따라 데이터셋을 별도로 저장해서 불러오지 않아도 바로 다음 단계로 분석처리를 넘어갈 수도 있다). 새로 불러들일 파일명은 apptrain2_st로 하자.

명령어

```
> setwd("C:/Users/OSYang/") #작업디렉토리 지정
> write.csv(apptrain2_st, file = "apptrain2Category_st.csv", row.names = F)#save
new dataset to working directory
> apptrain2_st <-read.csv(file.choose()) #파일선택할 수 있는 명령어 - apptrain2Catego
ry_st.csv 불러오기
```

```
> setwd("C:/Users/OSYang/") #작업디렉토리 지정
> write.csv(apptrain2_st, file = "apptrain2Category_st.csv", row.names = F)#save
new dataset to working directory
```

```
> apptrain2_st <-read.csv(file.choose()) #파일선택할 수 있는 명령어 - apptrain2Categor
y_st.csv 불러오기
```

[처리결과화면]

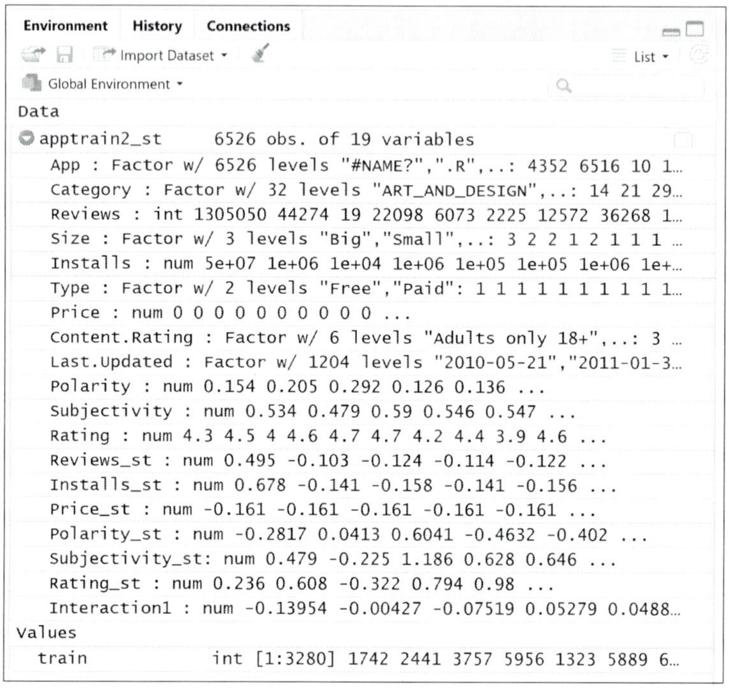

해석

처리화면을 보면, Category의 레벨이 33이었던 것이 32로 하락되어 있음을 볼 수 있다.

자 이제 다시 훈련셋을 train셋으로 나누도록 하자. 나누는 방식은 앞서 동일하게 총 6526 관측치에서 3280개 관측치만 비복원추출하라는 명령어를 처리해보자(train=sample(6526, 3280)). 나누어서 train이라는 파일로 저장한다(이때 나눈 데이터는 values로 형성된다). 그리고 필요한 패키지인 tree도 불러오자.

명령어

```
> set.seed(1)
> train=sample(656, 3280)
> library(tree)
```

```
> attach(apptrain2_st)
The following objects are masked from apptrain2_st (pos = 3):

    App, Category, Content.Rating, Installs, Installs_st, Interaction1, Last.Upda
ted, Polarity, Polarity_st, Price, Price_st,
    Rating, Rating_st, Reviews, Reviews_st, Size, Subjectivity, Subjectivity_st,
Type

The following objects are masked from apptrain2_st (pos = 4):

    App, Category, Content.Rating, Installs, Installs_st, Interaction1, Last.Upda
ted, Polarity, Polarity_st, Price, Price_st,
    Rating, Rating_st, Reviews, Reviews_st, Size, Subjectivity, Subjectivity_st,
Type

The following objects are masked from apptrain2_st (pos = 6):

    App, Category, Content.Rating, Installs, Installs_st, Interaction1, Last.Upda
ted, Polarity, Polarity_st, Price, Price_st,
    Rating, Rating_st, Reviews, Reviews_st, Size, Subjectivity, Subjectivity_st,
Type

The following objects are masked from apptrain2_st (pos = 7):

    App, Category, Content.Rating, Installs, Installs_st, Last.Updated, Polarity,
Polarity_st, Price, Price_st, Rating, Rating_st,
    Reviews, Reviews_st, Size, Subjectivity, Subjectivity_st, Type

The following objects are masked from apptrain2_st (pos = 8):

    App, Category, Content.Rating, Installs, Installs_st, Interaction1, Last.Upda
ted, Polarity, Polarity_st, Price, Price_st,
    Rating, Rating_st, Reviews, Reviews_st, Size, Subjectivity, Subjectivity_st,
Type

The following objects are masked from apptrain2_st (pos = 9):

    App, Category, Content.Rating, Installs, Installs_st, Interaction1, Last.Upda
ted, Polarity, Polarity_st, Price, Price_st,
    Rating, Rating_st, Reviews, Reviews_st, Size, Subjectivity, Subjectivity_st,
Type

The following objects are masked from apptrain2_st (pos = 10):
```

```
    App, Category, Content.Rating, Installs, Installs_st, Interaction1, Last.Upda
ted, Polarity, Polarity_st, Price, Price_st,
    Rating, Rating_st, Reviews, Reviews_st, Size, Subjectivity, Subjectivity_st,
Type

The following objects are masked from apptrain2_st (pos = 12):

    App, Category, Content.Rating, Installs, Installs_st, Last.Updated, Polarity,
Polarity_st, Price, Price_st, Rating, Rating_st,
    Reviews, Reviews_st, Size, Subjectivity, Subjectivity_st, Type

> set.seed(1)
> train=sample(6560, 3280)
```

이 상태에서 최종적으로 앞서 실패한 기초회귀식을 돌려보자.

명령어

```
> treetrain1=tree(Rating_st ~ Reviews_st + Installs_st + Price_st + Polarity_st +
Subjectivity_st + Interaction1 + Category + Size + Type + Content.Rating, apptrain2
_st, subset=train) #final choice
```

```
> treetrain1=tree(Rating_st ~ Reviews_st + Installs_st + Price_st + Polarity_st +
Subjectivity_st + Interaction1 + Category + Size + Type + Content.Rating, apptrain2_
st, subset=train) #final choice
```

7) 함수 만들기: function( )

특정한 계산식을 만들어야 할 때가 있다. 예를 들어 동일한 코드를 반복적으로 실행하는 명령어를 작성할 때 일일히 하는 것보다는 하나의 식을 만들어서 이를 불러와서 실행시키는 것이 편리하다. 가능하면 중복을 피하고 한번 작성해 둔 것을 재사용할 수 있다면 그 만큼 편리하지 싶다. 이에 사용되는 함수는 function( )이다. 명령어는 내용에 따라 일반적으로 두 줄 이상이 되는데, 이를 위해 { }를 사용하고, 그밖에 함께 사용되는 여러 가지 함수들(예, print(), sprintf(), return(), do.call() 등)이 존재한다.

우선 특정한 문자를 표현하는 명령어를 작성해보자. 사용할 핵심 함수는 function(name)이고, 사용할 추가 함수는 print( )와 sprintf( )이다. 함수식을 저장할 파일명은 say.hello로 하자. “Hello, UCL!”과 “Hello, SOAS!”라는 문구를 뒷부분 이름만 지정하면 되도록 작성해 보자.

명령어

```
> 함수식저장할파일명 <- function(name)
+ {
+   print(sprintf("내용 %s", name))
+ }
> say.hello("지정할이름")

> say.hello <- function(name)
+ {
+   print(sprintf("Hello %s", name))
+ }
> say.hello("UCL")

> say.hello("SOAS")
```

```
> say.hello <- function(name)
+ {
+   print(sprintf("Hello %s", name))
+ }
> say.hello("UCL")
[1] "Hello UCL"
> say.hello("SOAS")
[1] "Hello SOAS"
```

[처리결과화면]

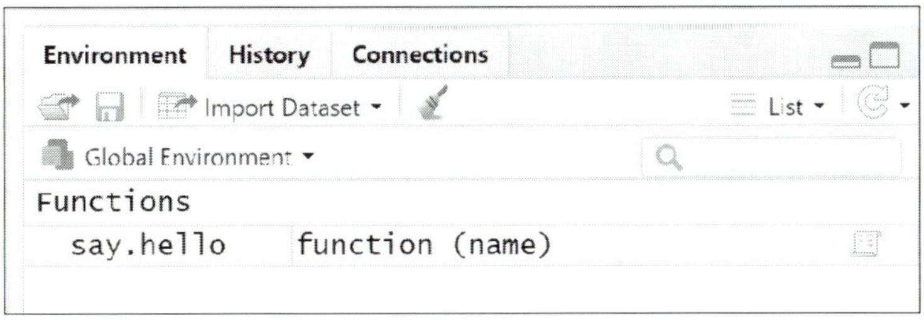

해석

처리화면을 보면, R 화면 오른쪽 상단에 say.hello가 형성되어 있음을 볼 수 있다. 내용은

function ( )이라고 나와 있다.

이번에는 특수 입력 문자를 복수로 지정해 보자. 방법은 매우 간단해서, 앞서 사용한 명령어에서 %s를 열심히 반복해서 사용하면 된다. 함수식을 저장할 파일명은 그대로 say.hello로 하고, “Hello, UCL!”과 “Hello, SOAS!”라는 문구를 한번에 나타나도록 작성해 보자.

명령어

```
> 함수식저장할파일명 <- function(first, last)
+ {
+   print(sprintf("내용 %s %s", first, last))
+ }
> say.hello("이름1", "이름2")

> say.hello <- function(first, last)
+ {
+   print(sprintf("Hello %s %s", first, last))
+ }
> say.hello("UCL", "SOAS")
```

```
> say.hello <- function(first, last)
+ {
+   print(sprintf("Hello %s %s", first, last))
+ }
> say.hello("UCL", "SOAS")
[1] "Hello UCL SOAS"
```

[처리결과화면]

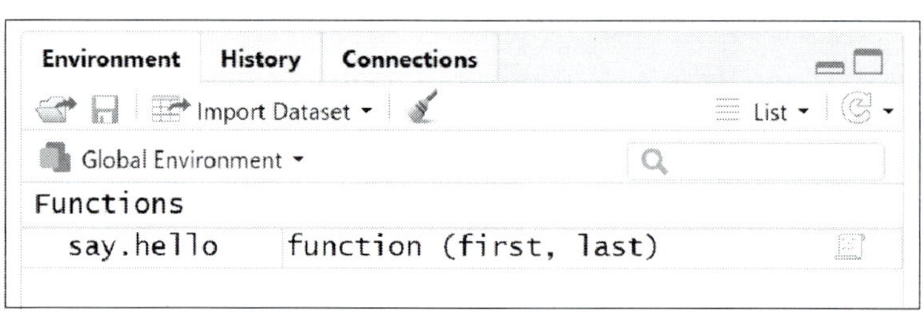

해석

처리화면을 보면, say.hello 함수식이 first, last를 품을 수 있도록 명시되어 있다.

이번에는 특수 입력 문자 하나를 디폴트로 고정시켜 보자. 이 방법 역시 매우 간단해서, 앞서 사용한 명령어에서 function( ) 함수 안에서 특정한 이름을 " "로 지정해주면 된다. 여기서는 last를 "SOAS"로 지정해주는 연습을 해보자.

명령어

```
> 함수식저장할파일명 <- function(first, last="고정시킬이름")
+ {
+   print(sprintf("내용 %s %s", first, last))
+ }
> say.hello("이름1")

> say.hello <- function(first, last="SOAS")
+ {
+   print(sprintf("Hello %s %s", first, last))
+ }
> say.hello("UCL")
```

```
> say.hello <- function(first, last="SOAS")
+ {
+   print(sprintf("Hello %s %s", first, last))
+ }
> say.hello("UCL")
[1] "Hello UCL SOAS"
```

[처리결과화면]

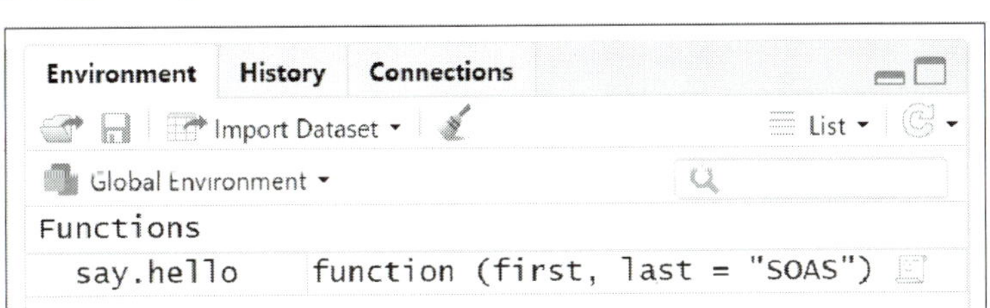

해석

처리화면을 보면, 두 개의 이름 중에 last가 "SOAS"로 고정(디폴트) 지정되어 있음을 볼 수 있다.

이번에는 do.call( ) 함수를 연습해보자. 이 함수는 list를 사용하여 함수의 인자를 제공한다. 자료 벡터와 실행할 함수를 작성해보자. 내용은 1~20의 평균을 구하고 합을 구하고 표준편차를 구하라는 명령어를 작성해보자. 여기서 func=mean(평균), sum(합), sd(표준편차) 등의 추가 항목을 사용할 수 있다. 물론 func= 항목 대신 데이터셋을 제공할 때 직접 명령어를 추가해도 계산된다.

명령어

```
> 함수식저장할파일명 <- function(x, func=내용)
+ {
+   do.call(func, args=list(x))
+ }
> double.sum(시작숫자:끝숫자)
또는
> double.sum(시작숫자:끝숫자,내용)

> double.sum <- function(x, func=mean)
+ {
+   do.call(func, args=list(x))
+ }
> double.sum(1:20) 또는  #평균 구하기
> double.sum(1:20,mean) #평균 구하기
> double.sum(1:20,sum) #합 구하기
> double.sum(1:20,sd) #표준편차 구하기
```

```
> double.sum <- function(x, func=mean)
+ {
+   do.call(func, args=list(x))
+ }
> double.sum(1:20)
[1] 10.5
> double.sum(1:20,mean)
[1] 10.5
> double.sum(1:20,sum)
[1] 210
> double.sum(1:20,sd)
[1] 5.91608
```

해석

처리화면을 보면, 1~20까지의 데이터셋에 대한 평균, 합, 표준편차를 구해 값을 반환하고 있음을 알 수 있다.

자 이제 마지막 마무리 연습을 해보자. 앞서 다룬 함수는 결국 사용자가 특정한 호출값을 계산하기 위해 미리 추정식을 만들어두고 이를 불러와서 작업을 실행하기 위해 작성하는 것이다. 함수식을 작성하고 자동으로 추정 값을 리턴시킬 수도 있지만, 정확하게는 return( ) 명령어를 통해 리턴할 값을 지정하는 것이 좋다. 연습을 위해 두 개의 데이터셋(dt1.과 dt.2)을 만들어 사용해보자.

명령어

```
> 함수식저장할파일명 <- function(x)
+ {
+   if 내용1 return
+   return(내용2)
+ }
> double.num(x값 또는 데이터)

> double.num <- function(x)
+ {
+   if (any(is.na(x))) return #NA가 있으면 함수 종료, NA 반환
+   return(sum(x)/length(x))
+ }
> dt.1 <- c(9,16,25,3)
> dt.2 <- c(9,16,25,NA,3)
> double.num(dt.1)
> double.num(dt.2)
```

```
> double.num <- function(x)
+ {
+   if (any(is.na(x))) return #NA가 있으면 함수 종료, NA 반환
+   return(sum(x)/length(x))
+ }
> dt.1 <- c(9,16,25,3)
> dt.2 <- c(9,16,25,NA,3)
> double.num(dt.1)
```

```
[1] 13.25
> double.num(dt.2)
[1] NA
```

해석

처리화면을 보면, dt.1을 사용할 경우 sum(x)/length(x) 값이 리턴되고, dt.2를 사용할 경우 NA값이 존재할 경우 함수를 종료하고 NA 값을 반환하라는 명령어대로 결과가 처리되었음을 알 수 있다.

[처리결과화면]

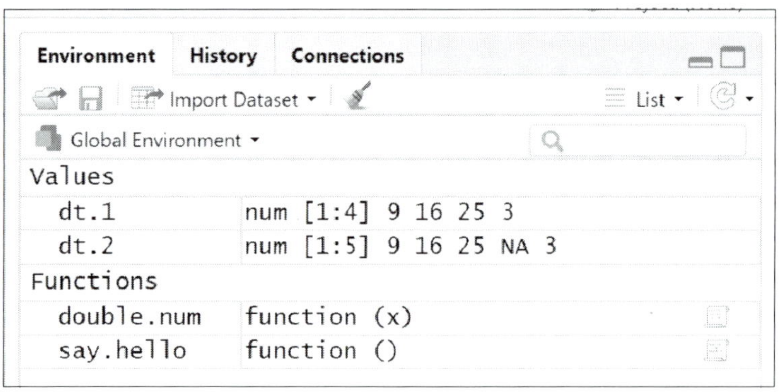

해석

처리화면을 보면, double.num( ) 함수가 만들어지고, 데이터셋 dt.1과 dt.2가 형성되어 있음을 볼 수 있다.

함수 만드는 기초를 연습했으니, 연습 삼아 블랙숄즈(black-scholes)를 구하는 함수를 한번 만들어보자. 참고로 블랙숄즈 계산은 금융에서 옵션 가격을 평가하는데 이용하는 모형이다.

명령어

```
bs<-function(type,S,K,sigma,t,r){
  d1 <- (log(S/K) + (r+(sigma^2)/2)*t) / (sigma*sqrt(t))
  d2 <- (log(S/K) + (r-(sigma^2)/2)*t) / (sigma*sqrt(t))
  if (type=='call') val <- pnorm(d1)*S - pnorm(d2)*K*exp(-r*t) # 'call'일 때 계산,
```

```
'put'일 때 계산
  else if (type=='put') val <- pnorm(-d2)*K*exp(-r*t) - pnorm(-d1)*S # pnorm: 정규분
포의 cdf, exp: exponential-e (지수함수)
  val # 콜옵션일 때 d1쪽에서 d2쪽을 빼주고, 풋옵션일 때에는 d2쪽에서 d1쪽을 뺀다
}
```

```
# 유럽식 콜옵션, 풋옵션의 블랙-숄즈(bs) 가격 구하기
#function bs: type='call' or 'put', S=현재주가, K=행사가격, sigma=변동성(표준편차), t=
만기, r=무위험이자율
bs<-function(type,S,K,sigma,t,r){
  d1 <- (log(S/K) + (r+(sigma^2)/2)*t) / (sigma*sqrt(t))
  d2 <- (log(S/K) + (r-(sigma^2)/2)*t) / (sigma*sqrt(t))
  if (type=='call') val <- pnorm(d1)*S - pnorm(d2)*K*exp(-r*t) # 'call'일 때 계산,
'put'일 때 계산
  else if (type=='put') val <- pnorm(-d2)*K*exp(-r*t) - pnorm(-d1)*S # pnorm: 정규분
포의 cdf, exp: exponential-e (지수함수)
  val # 콜옵션일 때 d1쪽에서 d2쪽을 빼주고, 풋옵션일 때에는 d2쪽에서 d1쪽을 뺀다
}
```

해석

function()을 통해 각 자리에 무슨 값을 넣어야 하는지를 type, S, K 등을 포함시켰고 괄호 '{'로 시작하여 포함한 변수를 계산하는 함수식을 넣어주었다. 또한 콜옵션(call), 풋옵션(put)일 때의 계산값을 다르게 지정해주기 위해 if 조건문을 활용하기도 하였다. 마지막으로 함수식을 마무리 해줄 때는 괄호 '}'로 마무리 해주면된다.

8) 문자열 추출하기: require( ) + require(stringr) + data.frame( ) + as.numeric( ) + str_sub( )

특정한 문자열을 하나하나 파트별로 분해해야 할 때가 있다. 이럴 때 사용하는 도구가 stringr 패키지이다. 여기서는 위키백과가 제공하는 미국 대통령 자료를 분해해 보자.

① 문자열 자료 가져오기: require( ) + readHTMLTable( )

우선 자료를 다운로드 하기 위해 필요한 패키지 XML을 설치하고 불러오자. 이후 URL을 지정하고 readHTMLTable 함수를 사용하여 해당 자료를 불러들이자. 반환할 파일명은 presidents로 하자. URL은 다음과 같다:

"http://www.loc.gov/rr/print/list/057_chron.html"

명령어

```
> require(XML)
> theURL <- "http://www.loc.gov/rr/print/list/057_chron.html"
> presidents <- readHTMLTable(theURL, which=3, as.data.frame=T,
+                             skip.rows=1, header=T,
+                             stringsAsFactors=F)
```

```
> require(XML)
필요한 패키지를 로딩중입니다: XML

> theURL <- "http://www.loc.gov/rr/print/list/057_chron.html"
> presidents <- readHTMLTable(theURL, which=3, as.data.frame=T,
+                             skip.rows=1, header=T,
+                             stringsAsFactors=F)
```

[처리결과화면]

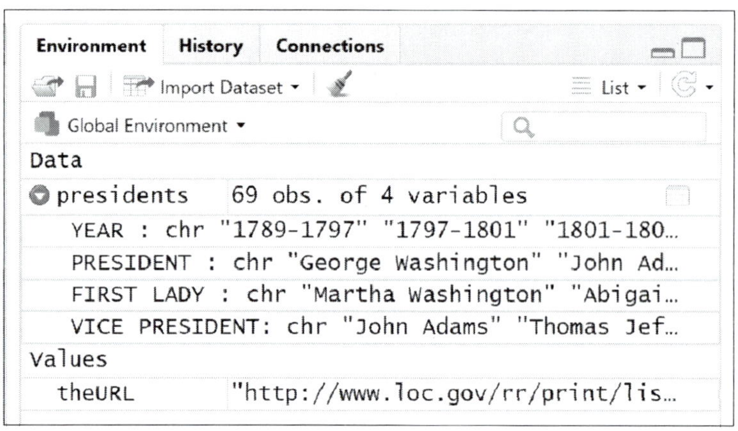

해석

처리화면을 보면, 총 네개의 변수 "YEAR", "PRESIDENT", "FIRST LADY", "VICE PRESIDENT"가 있는 것을 알 수 있다.

자 이제 자료를 불러왔으니 천천히 자료를 하나하나 들여다보자. 우선 head( ), tail() 함수를 통해 데이터의 앞부분과 꼬리부분을 살펴봄으로써 대략적인 데이터의 특징을 살펴보자.

명령어

```
> head(파일명)
```

```
> head(presidents)
```

```
> head(presidents)
       YEAR        PRESIDENT
1 1789-1797 George Washington
2 1797-1801        John Adams
3 1801-1805  Thomas Jefferson
4 1805-1809  Thomas Jefferson
5 1809-1812     James Madison
6 1812-1813     James Madison

                               FIRST LADY
1
                        Martha Washington
2
                            Abigail Adams
3 [Martha Wayles Skelton Jefferson \n    died before Jefferson assumed office;\nno
image of her in P&P collections]
4
                                see above
5
                           Dolley Madison
6
                           Dolley Madison
    VICE PRESIDENT
1       John Adams
2 Thomas Jefferson
3       Aaron Burr
4   George Clinton
5   George Clinton
6    office vacant
```

명령어

```
> tail(파일명)
```

```
> tail(presidents)
```

```
> tail(presidents)                                                              YEAR
64                                                                         2009-2017
65                                                                     2017-
66 Presidents: Introduction (Rights/Ordering\n    Info.) | Adams\n        - Cleveland
| Clinton - Harding Harrison\n        - Jefferson | Johnson - McKinley | Monroe\n
        - Roosevelt | Taft - Trump | Tyler\n          - WilsonList of names, Alphabetic
ally | List\n        of names, Chronologically
67First Ladies: Introduction\n     (Rights/Ordering Info.) | Adams\n       - Coolidge
| Eisenhower - HooverJackson\n              - Pierce |  Polk - Wilson | List\n
          of names, Alphabetically
68
Vice Presidents: Introduction (Rights/Ordering Info.) | Adams - Coolidge | Curtis
- Hobart Humphrey - Rockefeller | Roosevelt - WilsonList of names, Alphabetically
| List of names, Chronologically
69    Top\n             of Page
         PRESIDENT     FIRST LADY  VICE PRESIDENT
64    Barack Obama Michelle Obama Joseph R. Biden
65 Donald J. Trump  Melania Trump      Mike Pence
66            <NA>           <NA>            <NA>
67            <NA>           <NA>            <NA>
68            <NA>           <NA>            <NA>
69            <NA>           <NA>            <NA>
```

② 연도자료 분리하기: str_split(string= , pattern="-")

열람한 자료 내용에서 우선 임기 시작연도와 임기 완료연도를 분리해보자. 필요한 함수는 str_split( ) 함수인데 이 함수는 stringr패키지 안에 포함되어 있다. 이를 사용하여 하이픈으로 표현된 임기연도를 분할하자. 여기서 불필요한 내용을 삭제하고 첫 64개 행의 자료만을 사용하기로 한다.

명령어

```
> presidents <- presidents[1:64,] #presidents 자료를 64행 까지만 다시 저장
> require(stringr)
```

```
> presidents <- presidents[1:64,]
> require(stringr)
필요한 패키지를 로딩중입니다: stringr
```

[처리결과화면]

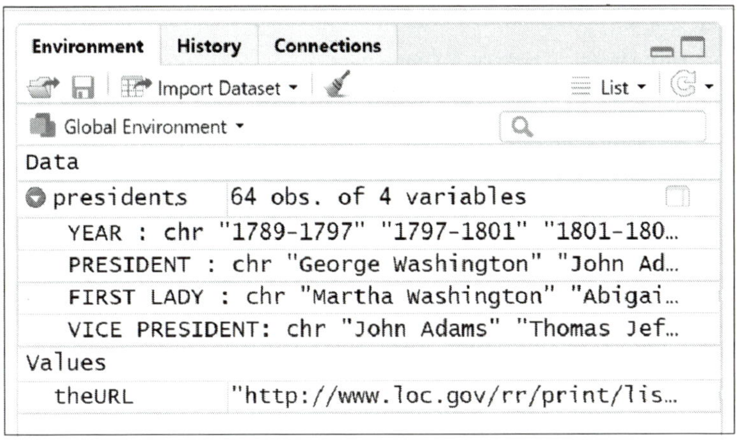

해석

처리화면을 보면, 앞서 불러온 자료가 69 obs. of 4 variables였던 것이 64 obs. of 4 variables로 바뀌어 있음을 알 수 있다.

이제 str_split( ) 함수를 사용하여 임기연도(YEAR)를 시작연도와 완료연도로 분류하여 저장해 보자. 저장할 파일명은 yearlist로 하자. 여기서 "YEAR" 변수의 특징이 중간에 "-"를 포함하고 있기 때문에 이 dash 문자를 기준으로 바꾸어 주어야 한다. 따라서 pattern="-"이라고 함수 안에 지정해 주시라!

명령어

```
> yearlist <-str_split(string=presidents$YEAR, pattern="-")
```


```
> yearlist <-str_split(string=presidents$YEAR, pattern="-")
```

[처리결과화면]

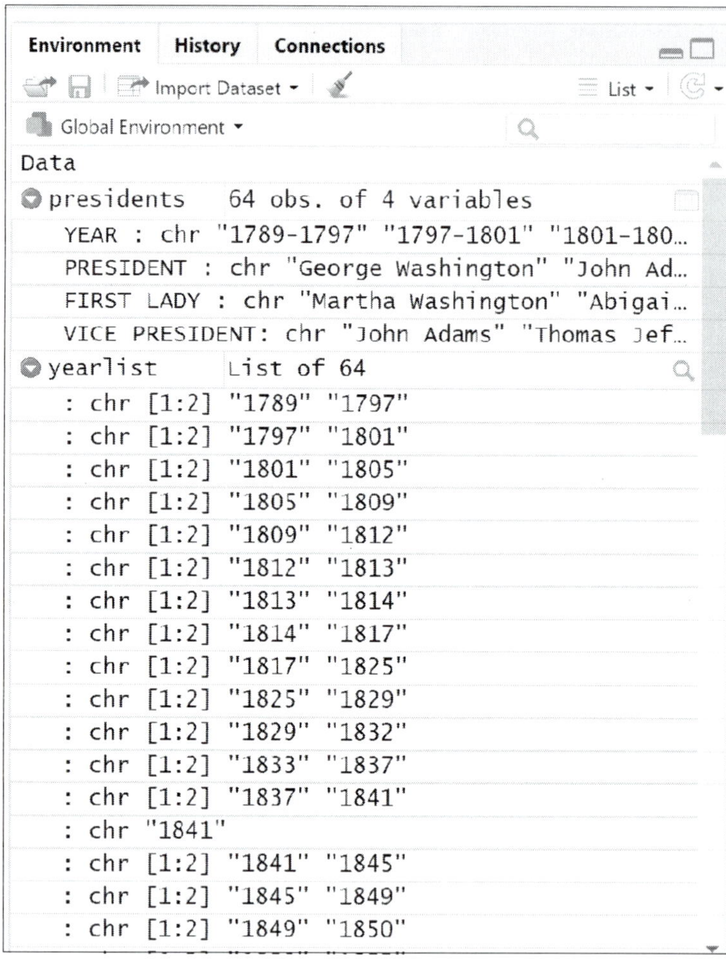

해석

처리화면을 보면, 임기연도가 시작연도와 완료연도로 분류되어 저장되어 있음을 볼 수 있다.

③ 분리된 연도자료 행렬자료로 전환하기: data.frame(Reduce(rbind,))

이번에는 분류된 연도를 하나의 데이터 항목, 즉 행렬로 저장해야 한다. 현재 데이터 yearlist가 list 형식으로 되어있기 때문에 이러한 형식의 데이터 내에서 연산을 한번에 하기 위해서는 Reduce() 함수를 사용하면 노가다할 필요가 없다. 사용할 함수는 data.frame( )과 Reduce( )이고, 추가 항목으로 rbind를 사용한다. 저장할 파일명은 yearMatrix로 하자. 처리 후 head( ) 함수를 사용하여 처리내용을 확인하자.

명령어

```
> yearMatrix <- data.frame(Reduce(rbind, yearlist))
> head(yearMatrix)
```

```
> yearMatrix <- data.frame(Reduce(rbind, yearlist))
> head(yearMatrix)
       X1   X2
init 1789 1797
X    1797 1801
X.1  1801 1805
X.2  1805 1809
X.3  1809 1812
X.4  1812 1813
```

[처리결과화면]

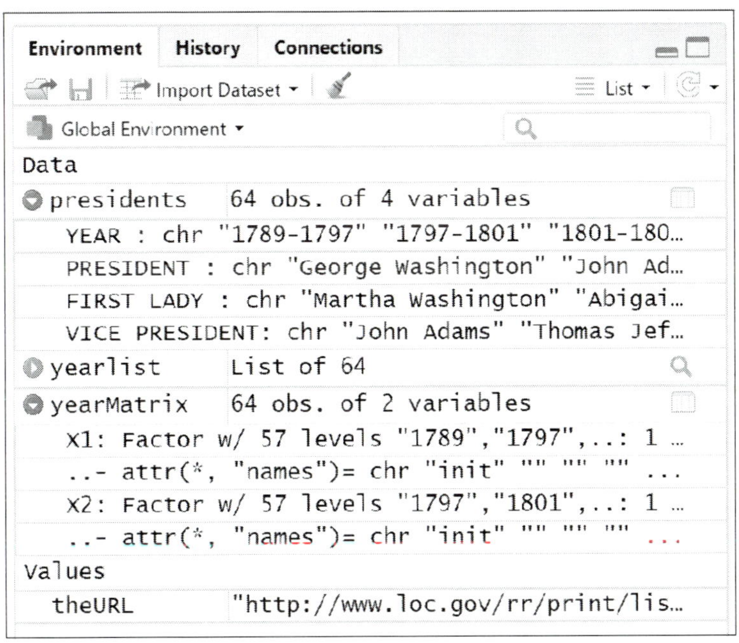

해석

처리화면을 보면, 데이터 yearMatrix가 64개의 관측치, 2개의 변수를 가진 행렬로써 존재하게 됨을 알 수 있다.

이렇게 분류된 시작연도와 완료연도를 이번에는 하나의 행렬로 저장하도록 하자. 여기서 사용할 함수는 c( )이다.

명령어

```
> names(yearMatrix) <- c("Start", "Stop")
> head(yearMatrix)
```

```
> names(yearMatrix) <- c("Start", "Stop")
> head(yearMatrix)
     Start Stop
init  1789 1797
X     1797 1801
X.1   1801 1805
X.2   1805 1809
X.3   1809 1812
X.4   1812 1813
```

[처리결과화면]

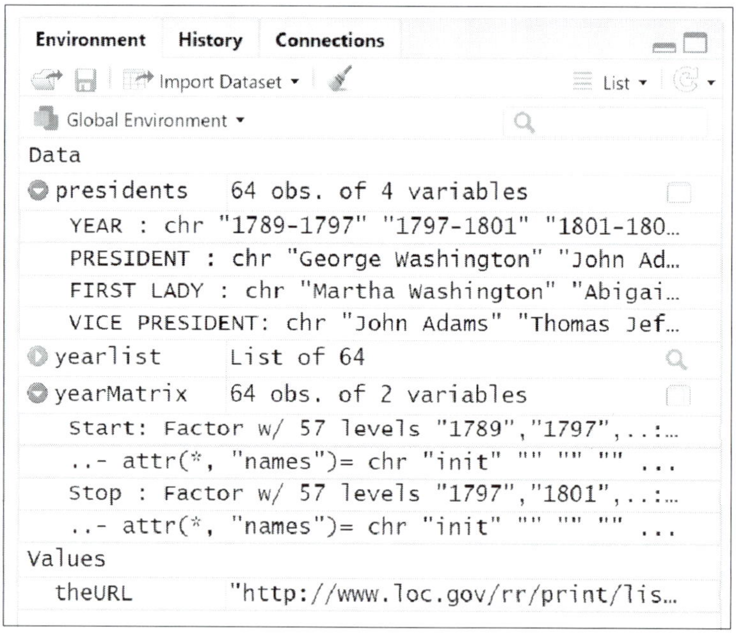

해석

처리화면을 보면, 앞서 생성된 x1, x2와 같은 항목이 start, stop 항목으로 변경되어 있음을 볼 수 있다.

이제 생성된 행렬자료인 yearMatrix를 presidents 데이터셋에 추가해 보자. 여기서 사용할 함수는 cbind( )이다.

명령어

```
> presidents <- cbind(presidents, yearMatrix)
```

```
> presidents <- cbind(presidents, yearMatrix)
```

[처리결과화면]

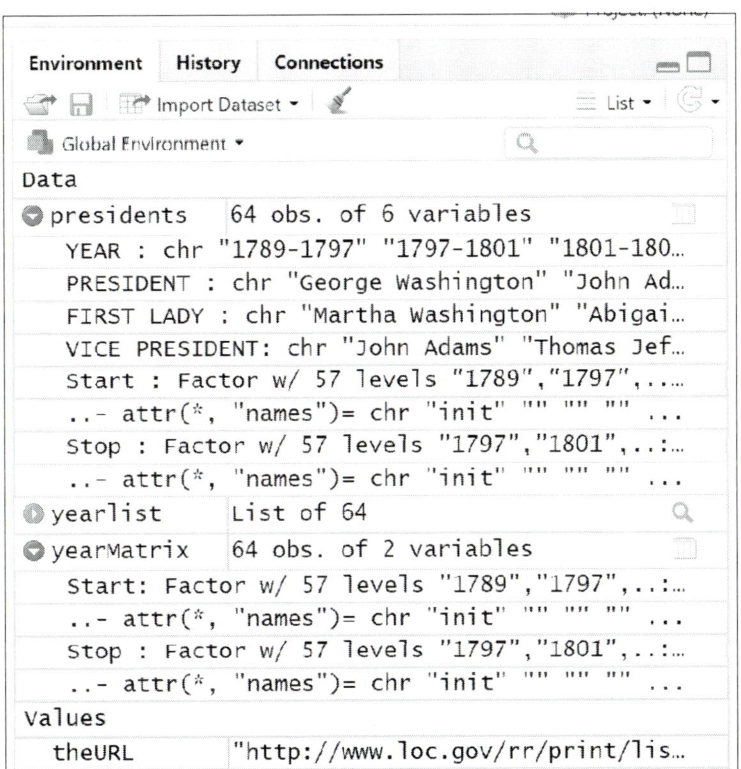

해석

처리화면을 보면, presidents 데이터셋에 Start와 Stop 항목이 새롭게 생성된 것을 볼 수 있다.

이제 factor 형태로 저장된 연도 자료를 수치형 자료로 전환시키도록 하자. 여기서 사용할 함수는 as.numeric( )이고, 추가적으로 as.character( )를 같이 사용하도록 한다.

명령어

```
> presidents$Start <- as.numeric(as.character(presidents$Start))
> presidents$Stop <- as.numeric(as.character(presidents$Stop))
```


```
> presidents$Start <- as.numeric(as.character(presidents$Start))
> presidents$Stop <- as.numeric(as.character(presidents$Stop))
```


[처리결과화면]

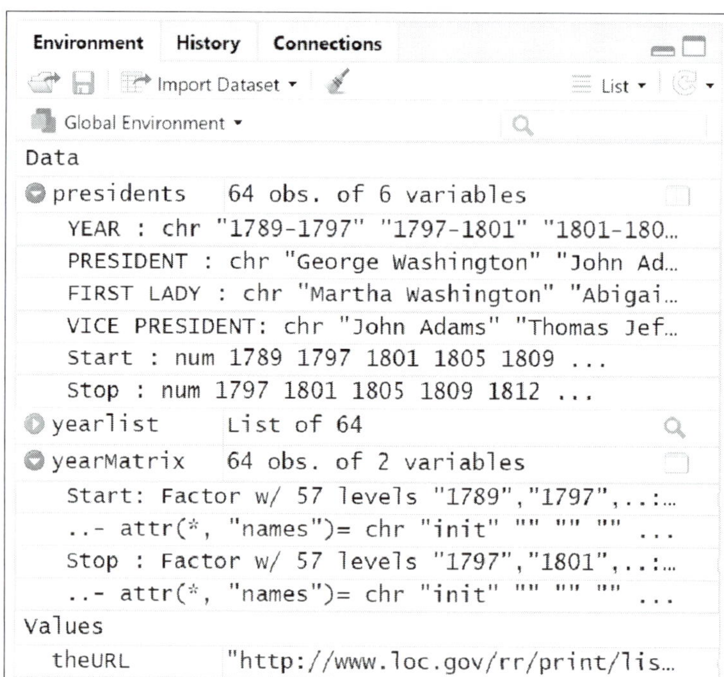

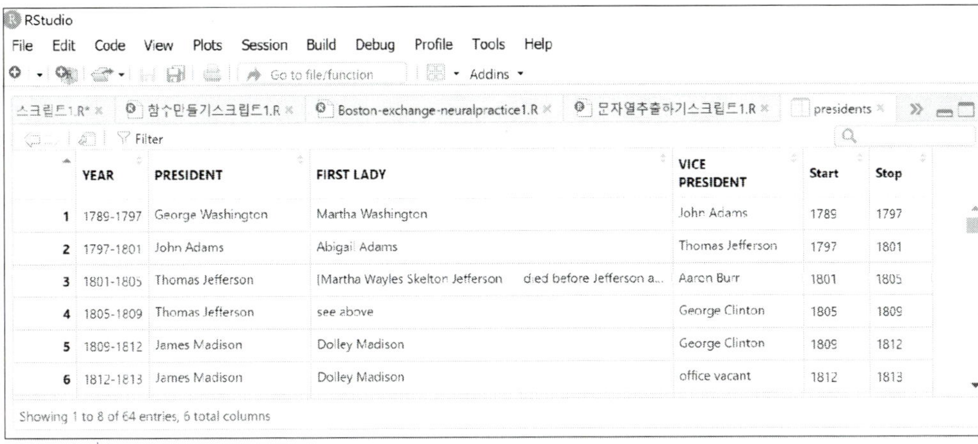

	YEAR	PRESIDENT	FIRST LADY		VICE PRESIDENT	Start	Stop
1	1789-1797	George Washington	Martha Washington		John Adams	1789	1797
2	1797-1801	John Adams	Abigail Adams		Thomas Jefferson	1797	1801
3	1801-1805	Thomas Jefferson	[Martha Wayles Skelton Jefferson	died before Jefferson a...	Aaron Burr	1801	1805
4	1805-1809	Thomas Jefferson	see above		George Clinton	1805	1809
5	1809-1812	James Madison	Dolley Madison		George Clinton	1809	1812
6	1812-1813	James Madison	Dolley Madison		office vacant	1812	1813

Showing 1 to 8 of 64 entries, 6 total columns

해석

처리화면을 보면, Start와 Stop 항목이 factor 형에서 수치형(num)으로 전환되었음을 볼 수 있다. 두번째 화면은 전환된 데이터셋을 클릭하면 볼 수 있는 자료 상태이다. 맨 오른쪽 끝에 Start와 Stop 항목이 분류되어 차분하게 수치형 자료로 들어 있음을 알 수 있다.

④ 특정 문자 선택하기: str_sub(string= , start=1, end=3)

앞서 정리된 데이터셋(presidents)을 사용하여 특정 문자를 선택하는 연습을 실행해 보자. 우선 대통령 이름이 길기 때문에 이를 간략하게 줄여서 앞에 나온 3글자만 새로 저장해 보자. 사용할 함수는 str_sub( )이다.

명령어

```
> str_sub(string=presidents$PRESIDENT, start=1, end=3)
```

```
> str_sub(string=presidents$PRESIDENT, start=1, end=3)
 [1] "Geo" "Joh" "Tho" "Tho" "Jam" "Jam" "Jam" "Jam" "Jam" "Joh" "And" "And" "Mar"
"Wil" "Joh"
[16] "Jam" "Zac" "Mil" "Fra" "Fra" "Jam" "Abr" "Abr" "And" "Uly" "Uly" "Uly" "Rut"
"Jam" "Che"
[31] "Gro" "Gro" "Ben" "Gro" "Wil" "Wil" "Wil" "The" "The" "Wil" "Wil" "Woo" "War"
"Cal" "Cal"
[46] "Her" "Fra" "Fra" "Fra" "Har" "Har" "Dwi" "Joh" "Lyn" "Lyn" "Ric" "Ric" "Ger"
"Jim" "Ron"
[61] "Geo" "Bil" "Geo" "Bar"
```

이번에는 대통령 임기 가운데 매 십년 단위의 첫 해, 즉 0001년도에 임기가 시작된 대통령만 추출하라는 명령어를 작성해보자. 이는 곧 끝자리가 0인 연도에 대통령에 당선된 경우만을 의미한다. 사용할 함수는 str_sub( )이다. 최종 결과물을 YEAR, PRESIDENT, Start, Stop 변수로만 나타내도록 명령어를 작성해보자.

명령어

```
> presidents[str_sub(string=presidents$Start, start=4,
+                    end=4)==1, c("YEAR","PRESIDENT","Start", "Stop")]
```

```
> presidents[str_sub(string=presidents$Start, start=4,
+                    end=4)==1, c("YEAR","PRESIDENT","Start", "Stop")]
        YEAR              PRESIDENT Start Stop
3  1801-1805       Thomas Jefferson  1801 1805
14      1841 William Henry Harrison  1841 1841
15 1841-1845             John Tyler  1841 1845
22 1861-1865        Abraham Lincoln  1861 1865
29      1881      James A. Garfield  1881 1881
30 1881-1885      Chester A. Arthur  1881 1885
37      1901       William McKinley  1901 1901
38 1901-1905     Theodore Roosevelt  1901 1905
43 1921-1923      Warren G. Harding  1921 1923
48 1941-1945  Franklin D. Roosevelt  1941 1945
53 1961-1963        John F. Kennedy  1961 1963
60 1981-1989         Ronald Reagan   1981 1989
63 2001-2009         George W. Bush  2001 2009
```

9) 문자열에서 특정 패턴 찾기: str_detect(string= , pattern=" ")

문자열에서 특정한 패턴을 찾는 작업은 흔한 일이다. 이 경우 정규표현식을 사용하면 작업이 손쉬운데 특정한 계산식을 만들어야 할 때가 있다. 예를 들어 앞서 사용한 자료를 통해 John이라는 대통령을 찾아보자. 사용할 함수는 str_detect( )이고, 반환 파일명은 JohnPresident로 하고, 결과물을 YEAR, PRESIDENT, Start, Stop 자료만의 형태로 나타내도록 명령어를 작성해보자.

명령어

```
> JohnPresident <- str_detect(string=presidents$PRESIDENT, pattern="John")
> presidents[JohnPresident, c("YEAR","PRESIDENT","Start","Stop")]
```

```
> JohnPresident <- str_detect(string=presidents$PRESIDENT, pattern="John")
> presidents[JohnPresident, c("YEAR","PRESIDENT","Start","Stop")]
        YEAR         PRESIDENT Start Stop
2  1797-1801        John Adams  1797 1801
10 1825-1829 John Quincy Adams  1825 1829
15 1841-1845        John Tyler  1841 1845
24 1865-1869    Andrew Johnson  1865 1869
53 1961-1963   John F. Kennedy  1961 1963
54 1963-1965 Lyndon B. Johnson  1963 1965
55 1965-1969 Lyndon B. Johnson  1965 1969
```

여기서 주의할 점은 정규표현식은 대소문자를 구별한다는 사실이다. 따라서 John뿐만 아니라 john도 결과에 포함시키려면 대소문자 구별을 하지 않는다는 추가 항목인 ignore.case를 사용해야 한다. 따라서 이러한 조건을 원한다면 patter="John"을 ignore.case(pattern="John")으로 바꾸어주자.

10) 회귀식 만들기: (formula= ~ , data=)

① 종속변수와 독립변수 지정

연구 분석에 사용되는 회귀식은 다양한 방법으로 표현될 수 있다. 종속변수와 독립변수를 지정하고 회귀식을 처리하는 방법을 연습해보자. 사용할 데이터셋은 R에서 기본적으로 제공되는 mtcars이다. 여러 변수 가운데 mpg를 종속변수로 하고, cyl, disp, hp, drat, wt, qsec, vs, am, gear, carb 등을 독립변수로 하는 다중회귀식을 처리해보자. 종속변수와 독립변수 지정은 "~"와 "+"를 사용한다.

명령어

```
> head(mtcars)
> lm(mpg~cyl+disp+hp+drat+wt+qsec+vs+am+gear+carb, data=mtcars)
```

```
> head(mtcars)
                   mpg cyl disp  hp drat    wt  qsec vs am gear carb
Mazda RX4         21.0   6  160 110 3.90 2.620 16.46  0  1    4    4
Mazda RX4 Wag     21.0   6  160 110 3.90 2.875 17.02  0  1    4    4
Datsun 710        22.8   4  108  93 3.85 2.320 18.61  1  1    4    1
Hornet 4 Drive    21.4   6  258 110 3.08 3.215 19.44  1  0    3    1
Hornet Sportabout 18.7   8  360 175 3.15 3.440 17.02  0  0    3    2
Valiant           18.1   6  225 105 2.76 3.460 20.22  1  0    3    1
> lm(mpg~cyl+disp+hp+drat+wt+qsec+vs+am+gear+carb, data=mtcars)

Call:
lm(formula = mpg ~ cyl + disp + hp + drat + wt + qsec + vs +
    am + gear + carb, data = mtcars)

Coefficients:
(Intercept)          cyl         disp           hp         drat           wt
     qsec           vs
   12.30337     -0.11144      0.01334     -0.02148      0.78711     -3.71530
  0.82104      0.31776
         am         gear         carb
    2.52023      0.65541     -0.19942
```

해석

처리 결과 화면을 보면, 변수가 mpg, cyl, disp, hp, drat, wt, qsec, vs, am, gear, carb 등이 있다. 이 가운데 mpg를 종속변수로 하고 wt를 독립변수로 한 회귀식을 처리한 결과 탄력성이 -5.344로 나타났다.

② 모든 독립변수를 한번에 지정

앞에서 실행한 명령어를 매우 짧게 표현하는 방법도 있다. 바로 "."이다. "."은 "자신"을 의미하기도 하지만 "모두"를 의미하기도 한다.

명령어

```
> lm(mpg~ ., data=mtcars)
```

```
> lm(mpg~ ., data=mtcars)
```

```
Call:
lm(formula = mpg ~ ., data = mtcars)

Coefficients:
(Intercept)          cyl         disp           hp         drat           wt
      qsec           vs
  12.30337     -0.11144      0.01334     -0.02148      0.78711     -3.71530
   0.82104      0.31776
        am         gear         carb
   2.52023      0.65541     -0.19942
```

해석

처리 결과 화면을 보면, 앞선 실행결과와 동일함을 알 수 있다.

③ 특정 독립변수만 제외

여러 변수 가운데 한두개를 빼는 것이 코딩 속도를 높일 수 있는 경우도 있다. 이 경우에는 ". -"를 사용하면 된다. 연습으로 cyl을 뺀 나머지를 모두 독립변수로 상정해보자.

명령어

```
> lm(mpg~ . - cyl, data=mtcars)
```

```
> lm(mpg~ . - cyl, data=mtcars)

Call:
lm(formula = mpg ~ . - cyl, data = mtcars)

Coefficients:
(Intercept)         disp           hp         drat           wt         qsec
        vs           am
  10.96007      0.01283     -0.02191      0.83520     -3.69251      0.84244
   0.38975      2.57743
      gear         carb
   0.71155     -0.21958
```

해석

처리 결과 화면을 보면, "전체에서 cyl만 빼고 모두 독립변수로 상정한다"는 명령어를 처리하였다.

④ 절편이 0인 모델 적합

이번에는 절편이 0인 모델로 적합, 즉 절편항을 제외시킨 회귀식을 처리하는 방법을 연습해보자. 이를 위해서는 ". - 1" 또는 ". + 0"을 사용한다.

명령어

```
> lm(mpg~ . - 1, data=mtcars)
또는
> lm(mpg~ . + 0, data=mtcars)
```

```
> lm(mpg~ . - 1, data=mtcars)

Call:
lm(formula = mpg ~ . - 1, data = mtcars)

Coefficients:
     cyl      disp        hp      drat        wt      qsec        vs        am
    gear      carb
 0.35083   0.01354  -0.02055   1.24158  -3.82613   1.19140   0.18972   2.83222
 1.05426  -0.26321
> lm(mpg~ . + 0, data=mtcars)

Call:
lm(formula = mpg ~ . + 0, data = mtcars)

Coefficients:
     cyl      disp        hp      drat        wt      qsec        vs        am
    gear      carb
 0.35083   0.01354  -0.02055   1.24158  -3.82613   1.19140   0.18972   2.83222
 1.05426  -0.26321
```

해석

처리 결과 화면을 보면, 절편항(intercept)이 사라진 것을 볼 수 있다.

⑤ 상호작용항 지정

이번에는 상호작용항(조절변수)을 만들어보자. 상호작용항은 두 가지 방법으로 표현할 수 있다. 예를 들어 wt와 cyl을 상호작용항으로 만들어보자.

명령어

```
> JohnPresident <- str_detect(string=presidents$PRESIDENT, pattern="John")
> lm(mpg~cyl+disp+hp+drat+wt+qsec+vs+am+gear+carb+wt:cyl, data=mtcars)
```

```
> lm(mpg~cyl+disp+hp+drat+wt+qsec+vs+am+gear+carb+wt:cyl, data=mtcars)

Call:
lm(formula = mpg ~ cyl + disp + hp + drat + wt + qsec + vs +
    am + gear + carb + wt:cyl, data = mtcars)

Coefficients:
(Intercept)          cyl         disp           hp         drat           wt
      qsec           vs
  25.194963    -2.455271     0.004617    -0.024417     0.380865   -10.803352
  0.994343     0.365762
         am         gear         carb       cyl:wt
   0.674658     1.644552    -0.038582     1.029314
```

해석

처리 결과 화면을 보면, 마지막에 조절변수에 대한 값이 추가된 것을 볼 수 있다.

한편 모든 독립변수에 대해 가능한 모든 상호작용항을 투입하고자 할 경우에는 "*"을 사용하면 간편하다. 이 방법을 쓰지 않으면 formula가 너무 길어지게 된다. 여기서는 연습으로 wt, cyl, gear을 독립변수로 하는 경우로 좁혀서 간단하게만 살펴보자.

명령어

```
> lm(mpg ~ wt * cyl * gear, data = mtcars)
```

```
> lm(mpg ~ wt * cyl * gear, data = mtcars)

Call:
lm(formula = mpg ~ wt * cyl * gear, data = mtcars)

Coefficients:
(Intercept)           wt          cyl         gear       wt:cyl      wt:gear
 cyl:gear  wt:cyl:gear
    47.3853     -10.4502      -0.8957       2.2704       0.5459       0.3527
  -0.8794       0.1001
```

해석

처리 결과 화면을 보면, 모든 변수에 대해 조절변수가 생성된 것을 볼 수 있다.

⑥ 파생변수 지정

새로운 파생변수를 회귀식에 독립변수로 포함시키고 싶을 때는 I( ) 함수를 사용하면 된다. 연습을 위해 "hp+sqrt(wt)-carb"로 계산된 변수를 파생변수로 추가해보자.

명령어

```
> lm(mpg~cyl+disp+hp+drat+wt+qsec+vs+am+gear+carb+I(hp + sqrt(wt) - carb), data=m
tcars)
```

```
> lm(mpg~cyl+disp+hp+drat+wt+qsec+vs+am+gear+carb+I(hp + sqrt(wt) - carb), data=m
tcars)

Call:
lm(formula = mpg ~ cyl + disp + hp + drat + wt + qsec + vs +
    am + gear + carb + I(hp + sqrt(wt) - carb), data = mtcars)

Coefficients:
             (Intercept)                      cyl                     disp
```

```
             hp
               4.762e+01                      5.850e-01                     -8.546e-04
          4.453e+01
                    drat                             wt                           qsec
             vs
               5.860e-01                      8.515e+00                      9.420e-01
         -2.548e-01
                      am                        gear                     carb   I(hp +
sqrt(wt) - carb)
               9.362e-01                      1.203e+00                     -4.492e+01
         -4.454e+01
```

해석

처리 결과 화면을 보면, 파생변수인 I(hp + sqrt(wt) - carb)가 투입되어 처리되었음을 볼 수 있다.

11) 반복 처리: for( )

① 단순 for 구문

코딩을 하다보면 for문을 안쓸래야 안쓸수가 없다. 반복문은 여러 번 반복해야 하는 작업들을 한 번에 하게 해주는 구문이다. 가장 많이 쓰는 구문은 for문이 있는데 이에 대해 알아보자. For 구문 사용을 위한 출발점은 역시 구구단 연습이다. 우선 3단을 for 구문으로 표현해보고, 익숙해지면 전체 구구단을 표현해보자. 내용을 살펴보면, 1~9까지 j가 순서대로 돌아가고, 이 j는 result=3*j에 투입되어 3*1, 3*2, 3*3....3*9로 순서대로 처리된다. 이후 print 명령어를 통해 result가 모두 출력된다.

명령어

```
> for(j in 1:9){
+   result=3*j
+   print(result)
+ }
```

```
> for(j in 1:9){
```

```
+   result=3*j
+   print(result)
+ }
[1] 3
[1] 6
[1] 9
[1] 12
[1] 15
[1] 18
[1] 21
[1] 24
[1] 27
```

이번에는 구구단 전체를 표현해보자. 이를 위해 for 구문이 두 개가 필요하다. 하나는 1~9가 반복되고, 다른 하나는 2~9가 반복되는게 필요하다. 두 for 구문이 처리되고 그 결과를 구구단 형식으로 나타내도록 명령어를 작성해보자.

명령어

```
> for(i in 2:9){
+   for(j in 1:9){
+     print(paste(i, "*", j, "=", i*j))
+   }
+ }
```

```
> for(i in 2:9){
+   for(j in 1:9){
+     print(paste(i, "*", j, "=", i*j))
+   }
+ }
[1] "2 * 1 = 2"
[1] "2 * 2 = 4"
[1] "2 * 3 = 6"
[1] "2 * 4 = 8"
[1] "2 * 5 = 10"
[1] "2 * 6 = 12"
[1] "2 * 7 = 14"
[1] "2 * 8 = 16"
[1] "2 * 9 = 18"
(중간생략)
```

```
[1] "8 * 1 = 8"
[1] "8 * 2 = 16"
[1] "8 * 3 = 24"
[1] "8 * 4 = 32"
[1] "8 * 5 = 40"
[1] "8 * 6 = 48"
[1] "8 * 7 = 56"
[1] "8 * 8 = 64"
[1] "8 * 9 = 72"
[1] "9 * 1 = 9"
[1] "9 * 2 = 18"
[1] "9 * 3 = 27"
[1] "9 * 4 = 36"
[1] "9 * 5 = 45"
[1] "9 * 6 = 54"
[1] "9 * 7 = 63"
[1] "9 * 8 = 72"
[1] "9 * 9 = 81"
```

[처리결과화면]

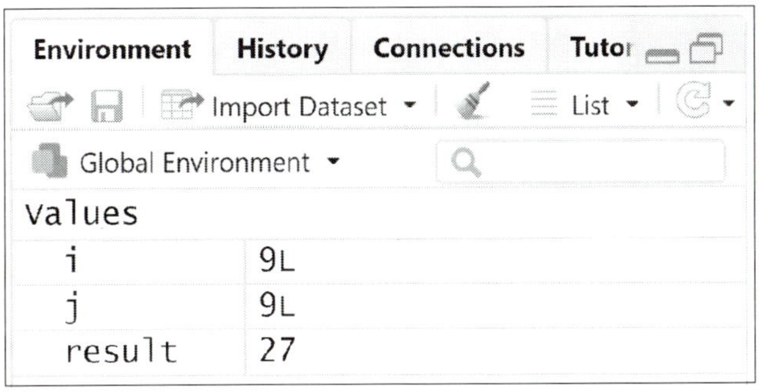

② 복합 for 구문

자 이제 간단한 구구단으로 for 구문을 연습했으니 중급 수준으로 넘어가보자. 우선 필요한 패키지와 실습데이터(demo.dta)를 작업디렉토리로부터 불러오자.

명령어

```
> library(dplyr)
> library(haven)
> demo <-read_dta("C:/Users/ADMIN/Documents/R/demo.dta")
```

```
> library(dplyr)
Attaching package: 'dplyr'
The following objects are masked from 'package:stats':
    filter, lag
The following objects are masked from 'package:base':
    intersect, setdiff, setequal, union
> library(haven)
> demo <- read_dta("C:/Users/ADMIN/Documents/R/demo.dta")
```

다음으로 반복문을 실행하기 전에 얻고 싶은 값이 어디에 위치해 있는지 확인해보자. 반복문은 구조가 복잡하기 때문에 만들기가 쉽지 않다. 먼저 자신이 가지고 있는 데이터 구조에서 필요한 값의 위치를 파악해주고 for 구문을 만들 때 이용하면 된다.

필자는 OLS 회귀분석을 통해 나온 결과물에서 FX의 pvalue 따로 가져와 원데이터에 결합해주고 싶다. 하지만 결정적으로 for구문을 이용하는 이유는 "co_code"별로 각각 회귀분석을 돌려주려고 하기 때문이다. 이럴 때 필요한 것이 for구문이라고 할 수 있다. 그러므로 먼저 FX 변수의 p-value 값 위치를 알아보자.

명령어

```
> lm <- lm(ri~rm+FX, demo)
> summary(lm)
> summary(lm)$coefficients[3, 4]
> library(dplyr)
```

```
> lm <- lm(ri~rm+FX, demo) # OLS Regression
> summary(lm)

Call:
lm(formula = ri ~ rm + FX, data = demo)

Residuals:
      Min        1Q    Median        3Q       Max
-0.149883 -0.010301 -0.000886  0.008469  0.150397

Coefficients:
              Estimate Std. Error t value Pr(>|t|)
(Intercept) 0.0007463  0.0002796   2.669  0.00763 **
rm          0.4872612  0.0346679  14.055  < 2e-16 ***
```

```
FX          -0.1537150  0.0741581  -2.073  0.03823 *
---
Signif. codes:  0 '***' 0.001 '**' 0.01 '*' 0.05 '.' 0.1 ' ' 1

Residual standard error: 0.02151 on 5917 degrees of freedom
Multiple R-squared:  0.03309,     Adjusted R-squared:  0.03276
F-statistic: 101.2 on 2 and 5917 DF,  p-value: < 2.2e-16

> summary(lm)$coefficients[3, 4] # extracting p-value: 3번째 변수(FX)의 4번째 값(p-va
lue)
[1] 0.03823402
```

자 이제 원하는 값들의 위치를 알았으니 for구문을 만들어보자. 필자는 for구문을 이용하여 방금 말한 beta값과 p-value 값을 저장하려고 한다. 값을 누적시켜서 저장할 것이기 때문에 먼저 공벡터(Null vector)를 만들어 주자. 그 다음 for구문을 본격적으로 만들기 시작하는데 i in unique(demo$co_code)를 통해서 i 가 co_code의 중복되지 않은 값을 반복해서 쓰도록 설정하자. 이를 통해 아래서 선형회귀를 실행할 때, subset()을 이용하여 demo의 원하는 값만 가지고 회귀분석이 가능하다. 또한 앞에서 확인했던 것처럼 beta값과 p-value 값을 저장해주고(이는 계속 누적되어 저장된다) for구문을 마무리 한다. 다음으로 누적해서 저장한 각각의 벡터들을 cbind()를 이용해 결합해주고, 이를 원데이터와 머징해준다. 머징할 때는 merge() 함수를 이용하여 "co_code"를 기준으로 머징해주어야 한다. 왜냐하면 원데이터와 data_cb의 데이터는 서로 데이터 크기 및 행의 개수가 다르기 때문이다.

명령어

```
> demo <- arrange(demo, co_code, date)
co_code <- c(); year <- c(); month <- c(); beta <- c(); pvalue <- c()
> for(i in unique(demo$co_code)){
    lm <- lm(ri~rm+FX, subset(demo, co_code==i))
    beta <- c(beta, lm$coefficients[3])
    pvalue <- c(pvalue, summary(lm)$coefficients[3, 4])
    co_code <- c(co_code, i)
}
> data_cb <- cbind(beta, pvalue, co_code)
> demo1_mg <- merge(demo, data_cb, by=c("co_code"))
> demo1_mg <- arrange(demo1_mg, co_code, date)
> str(demo1_mg)
```

```
> demo <- arrange(demo, co_code, date) # Sorting
> co_code <- c(); year <- c(); month <- c(); beta <- c(); pvalue <- c() # NULL vectors
> for(i in unique(demo$co_code)){
+   lm <- lm(ri~rm+FX, subset(demo, co_code==i))
+   beta <- c(beta, lm$coefficients[3]) # cumulative
+   pvalue <- c(pvalue, summary(lm)$coefficients[3, 4])
+   co_code <- c(co_code, i)
+ }
> data_cb <- cbind(beta, pvalue, co_code)
> demo1_mg <- merge(demo, data_cb, by=c("co_code")) # merging by "co_code"
> demo1_mg <- arrange(demo1_mg, co_code, date) # Sorting
> str(demo1_mg)
'data.frame':    5920 obs. of  10 variables:
 $ co_code: num  1 1 1 1 1 1 1 1 1 1 ...
 $ date   : Date, format: "2012-01-02" "2012-01-03" "2012-01-04" "2012-01-05" ...
 $ year   : num  2012 2012 2012 2012 2012 ...
 $ month  : num  1 1 1 1 1 1 1 1 1 1 ...
 $ day    : num  2 3 4 5 6 9 10 11 12 13 ...
 $ rm     : num  0.000345 0.026851 -0.0049 -0.001329 -0.011053 ...
 $ ri     : num  0.00123 0.01102 0.00484 0.02892 -0.00703 ...
 $ FX     : num  -0.00354 0.00191 -0.00398 -0.00304 0.00253 ...
 $ beta   : num  0.0924 0.0924 0.0924 0.0924 0.0924 ...
 $ pvalue : num  0.574 0.574 0.574 0.574 0.574 ...
```

자, 앞에서 확인한건 회사별로 회귀분석을 하기위한 for구문 구축 과정이였다. 그럼 연도별로도 각각 회귀분석을 돌리고싶을 땐 어떻게 해야 할까? 이것도 우리가 여지껏 했던 것과 같은 맥락으로 보면된다. 다만 문제는 for구문을 두번 돌려야 한다는 것이다. "co_code"의 유일한(unique) 값이 차례로 반복될 수 있게, 그리고 "year"의 유일한 값이 차례로 반복될 수 있게 말이다.

명령어

```
> demo <- arrange(demo, co_code, date)
> co_code <- c(); year <- c(); month <- c(); beta <- c(); pvalue <- c()
> for(i in unique(demo$co_code)){
    for(j in unique(demo$year)){
      lm <- lm(ri~rm+FX, subset(demo, co_code==i & year==j))
      beta <- c(beta, lm$coefficients[3])
      pvalue <- c(pvalue, summary(lm)$coefficients[3, 4])
      co_code <- c(co_code, i)
```

```
      year <- c(year, j)
    }
}
> data_cb <- cbind(beta, pvalue, co_code, year)
> demo2_mg <- merge(demo, data_cb, by=c("co_code", "year"))
> demo2_mg <- arrange(demo2_mg, co_code, date)
> str(demo2_mg)
```

```
> demo <- arrange(demo, co_code, date) # Sorting
> co_code <- c(); year <- c(); month <- c(); beta <- c(); pvalue <- c() # NULL vectors
> for(i in unique(demo$co_code)){
+   for(j in unique(demo$year)){
+     lm <- lm(ri~rm+FX, subset(demo, co_code==i & year==j))
+     beta <- c(beta, lm$coefficients[3]) #cumulative
+     pvalue <- c(pvalue, summary(lm)$coefficients[3, 4])
+     co_code <- c(co_code, i)
+     year <- c(year, j)
+   }
+ }
> data_cb <- cbind(beta, pvalue, co_code, year)
> demo2_mg <- merge(demo, data_cb, by=c("co_code", "year")) #merging by "co_code",
"year"
> demo2_mg <- arrange(demo2_mg, co_code, date) # Sorting
> str(demo2_mg)
'data.frame':    5920 obs. of  10 variables:
 $ co_code: num  1 1 1 1 1 1 1 1 1 1 ...
 $ year   : num  2012 2012 2012 2012 2012 ...
 $ date   : Date, format: "2012-01-02" "2012-01-03" "2012-01-04" "2012-01-05" ...
 $ month  : num  1 1 1 1 1 1 1 1 1 1 ...
 $ day    : num  2 3 4 5 6 9 10 11 12 13 ...
 $ rm     : num  0.000345 0.026851 -0.0049 -0.001329 -0.011053 ...
 $ ri     : num  0.00123 0.01102 0.00484 0.02892 -0.00703 ...
 $ FX     : num  -0.00354 0.00191 -0.00398 -0.00304 0.00253 ...
 $ beta   : num  0.111 0.111 0.111 0.111 0.111 ...
 $ pvalue : num  0.759 0.759 0.759 0.759 0.759 ...
```

[처리결과화면]

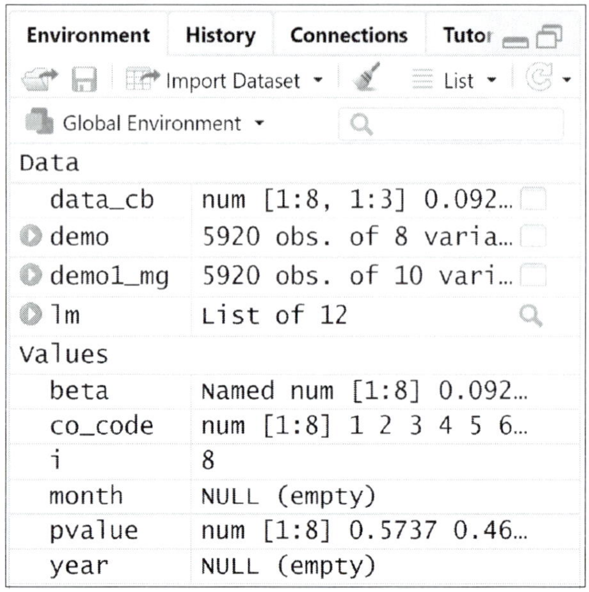

이번이 진짜 마지막 반복문이다! 마지막으로 3차원 반복문도 도전해보자구. 이번에는 월별로 각각 회귀분석을 하고자 하는데 우리가 가지고 있는 데이터는 연도(year), 월(month)가 존재하기 때문에 가능하다. month에 대한 for구문을 한번 더 구축해주고 이를 돌린 다음 마무리 해보자.

명령어

```
> demo <- arrange(demo, co_code, date)
> co_code <- c(); year <- c(); month <- c(); beta <- c(); pvalue <- c()
> for(i in unique(demo$co_code)){
    for(j in unique(demo$year)){
      for(k in unique(demo$month)){
        lm <- lm(ri~rm+FX, subset(demo, co_code==i & year==j & month==k))
        beta <- c(beta, lm$coefficients[3])
        pvalue <- c(pvalue, summary(lm)$coefficients[3, 4])
        co_code <- c(co_code, i)
        year <- c(year, j)
        month <- c(month, k)
    }
  }
}
> data_cb <- cbind(beta, pvalue, co_code, year, month)
```

```
> demo3_mg <- merge(demo, data_cb, by=c("co_code", "year", "month"))
> demo3_mg <- arrange(demo3_mg, co_code, date)
> str(demo3_mg)
```

```
> demo <- arrange(demo, co_code, date) # Sorting
> co_code <- c(); year <- c(); month <- c(); beta <- c(); pvalue <- c() # NULL vectors
> for(i in unique(demo$co_code)){
+   for(j in unique(demo$year)){
+     lm <- lm(ri~rm+FX, subset(demo, co_code==i & year==j))
+     beta <- c(beta, lm$coefficients[3]) #cumulative
+     pvalue <- c(pvalue, summary(lm)$coefficients[3, 4])
+     co_code <- c(co_code, i)
+     year <- c(year, j)
+   }
+ }
> data_cb <- cbind(beta, pvalue, co_code, year)
> demo2_mg <- merge(demo, data_cb, by=c("co_code", "year")) #merging by "co_code",
"year"
> demo2_mg <- arrange(demo2_mg, co_code, date) # Sorting
> str(demo2_mg)
'data.frame':	5920 obs. of  10 variables:
 $ co_code: num  1 1 1 1 1 1 1 1 1 1 ...
 $ year   : num  2012 2012 2012 2012 2012 ...
 $ date   : Date, format: "2012-01-02" "2012-01-03" "2012-01-04" "2012-01-05" ...
 $ month  : num  1 1 1 1 1 1 1 1 1 1 ...
 $ day    : num  2 3 4 5 6 9 10 11 12 13 ...
 $ rm     : num  0.000345 0.026851 -0.0049 -0.001329 -0.011053 ...
 $ ri     : num  0.00123 0.01102 0.00484 0.02892 -0.00703 ...
 $ FX     : num  -0.00354 0.00191 -0.00398 -0.00304 0.00253 ...
 $ beta   : num  0.111 0.111 0.111 0.111 0.111 ...
 $ pvalue : num  0.759 0.759 0.759 0.759 0.759 ...
```

[처리결과화면]

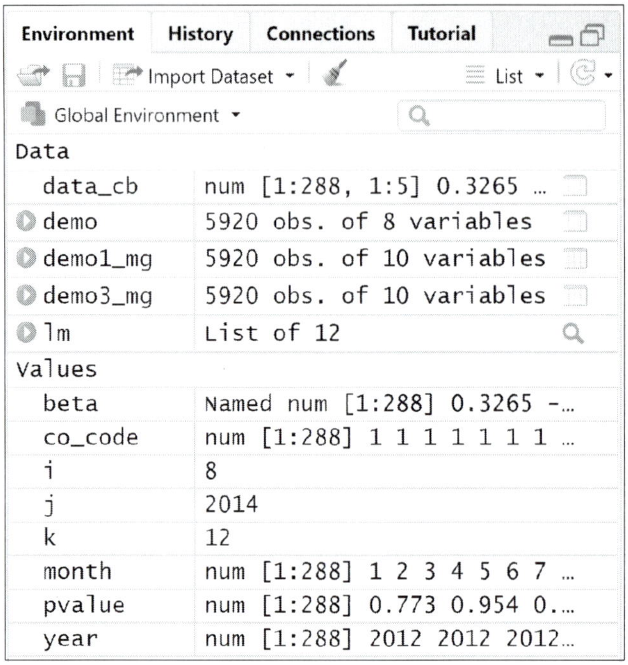

1.2 중급 데이터 전처리

1) 데이터 분할

① 데이터 분할: createDataPartition( )

데이터 분리는 일반적으로 70대 30의 비율로 이루어진다. 실습데이터(turkey2021_final.xlsx)를 불러와서 이를 연습해보자.

명령어

```
> library(readr)
> library(haven)
> library(readxl)
> setwd("C:/Users/media/")
> apptrain <- read_excel("C:/Users/media/터키2021_final.xlsx")
```

```
> library(readr)
> library(haven)
```

```
> library(readxl)
> setwd("C:/Users/media/")
> apptrain <- read_excel("C:/Users/media/터키2021_final.xlsx")
```

이제 데이터 분할에 필요한 패키지를 설치하고 불러들이자. 필요한 패키지는 caret이다. 이후 set.seed(1000)으로 난수를 생성하고, createDataPartition( ) 함수를 사용하여 70%의 데이터를 훈련셋으로 하고, 나머지를 검정셋으로 만들라는 명령어를 작성하자.

명령어

```
> install.packages("caret")
> library
```

```
> install.packages("caret")
WARNING: Rtools is required to build R packages but is not currently installed. Pleas
e download and install the appropriate version of Rtools before proceeding:

https://cran.rstudio.com/bin/windows/Rtools/
Installing package into 'C:/Users/media/Documents/R/win-library/4.0'
(as 'lib' is unspecified)
trying URL 'https://cran.rstudio.com/bin/windows/contrib/4.0/caret_6.0-86.zip'
Content type 'application/zip' length 6252894 bytes (6.0 MB)
downloaded 6.0 MB

package 'caret' successfully unpacked and MD5 sums checked

The downloaded binary packages are in
      C:\Users\media\AppData\Local\Temp\RtmpKM15Fa\downloaded_packages
> library(caret) #데이터분리 패키지 불러오기
Loading required package: lattice
Loading required package: ggplot2
```

이제 pc1_vd를 중심으로 70% 훈련 데이터셋과 30% 검정 데이터셋으로 분할해보자.

명령어

```
> set.seed(1000)
> intrain <-createDataPartition(y=apptrain$pc1_vd, p=0.7, list=FALSE)
> train <-apptrain[intrain,]> test <-apptrain[-intrain,]
```

```
> View(train)
> View(test)
```

```
> set.seed(1000)
> intrain <-createDataPartition(y=apptrain$pc1_vd, p=0.7, list=FALSE)
> train <-apptrain[intrain,]
Warning message:
The `i` argument of ``[`()` can't be a matrix as of tibble 3.0.0.
Convert to a vector.
This warning is displayed once every 8 hours.
Call `lifecycle::last_warnings()` to see where this warning was generated.
> test <-apptrain[-intrain,]
> View(train)
> View(test)
```

[처리결과화면: train]

	Date	pc1_vd	pc2_vd	pc1_vmd	pc2_vmd	TED	VIX	FXVol	EMBI	IRS	Eurostox	Crude
1	6/1/2004	-0.0218750	-0.0157479	0.0383602	0.0563576	NA	NA	NA	NA	NA	NA	
2	6/3/2004	-0.0631470	0.1382119	-0.0045242	-0.1594351	0.0200000	0.9500008	NA	1.3616940	NA	6.5700680	
3	6/4/2004	-0.1976172	0.2350621	-0.1203430	-0.1427484	0.0137500	-0.2500000	NA	0.5790100	NA	31.1501500	
4	6/10/2004	-0.3357534	0.4806963	-0.4219581	-0.2172945	0.0412500	-0.3500004	0.00	-0.4822083	NA	12.7900400	
5	6/11/2004	-0.4208620	0.5446706	-0.3111481	-0.2143829	0.0512500	0.0000000	0.00	0.0700989	NA	-3.1298830	
6	6/15/2004	-0.3749750	0.5913634	-0.3819978	-0.2912442	0.0187500	-1.0200000	-0.50	1.9454960	NA	26.4099100	
7	6/16/2004	-0.4919157	0.6414499	-0.4904404	-0.2202330	-0.0262499	-0.2600002	0.00	0.1508026	NA	21.4699700	
8	6/17/2004	-0.5370641	0.6903671	-0.6005806	-0.2304636	0.0162499	0.3599997	-0.50	0.9342041	NA	0.0100098	
9	6/21/2004	-0.7154398	0.7690040	-0.5877731	-0.0558890	0.0093801	0.2700005	0.00	0.5813293	NA	-5.5000000	
10	6/22/2004	-0.7705283	0.7886315	-0.6885346	-0.0311578	0.0000000	-0.9499998	-1.00	-0.0771179	NA	-34.1301300	
11	6/23/2004	-0.8251493	0.8462152	-0.5864266	-0.0164753	0.0106200	-0.3300009	-0.25	0.4131165	NA	11.1999500	

Showing 1 to 12 of 2,244 entries, 17 total columns

[처리결과화면: test]

	Date	pc1_vd	pc2_vd	pc1_vmd	pc2_vmd	TED	VIX	FXVol	EMBI	IRS	Eurostox	Cr
1	6/2/2004	-0.0165696	-0.0193436	-0.2167708	-0.0345403	0.0131201	-0.2199993	NA	0.5093079	NA	16.8598600	
2	6/7/2004	-0.1945724	0.2648535	-0.1638289	-0.1477259	0.0262500	-1.3900000	NA	3.2535100	NA	31.9399400	
3	6/8/2004	-0.2198884	0.4011350	-0.3197379	-0.1812507	0.0100000	-0.3800001	NA	-0.2326050	NA	0.5500488	
4	6/9/2004	-0.2893794	0.3688493	-0.5009502	-0.1435555	0.0175000	0.3800001	0.0000000	-0.7041016	NA	-12.9702100	
5	6/14/2004	-0.5170755	0.5793204	-0.4323158	-0.1972585	0.0212500	1.0300000	6.7100000	-3.1631010	NA	-37.7800300	
6	6/18/2004	-0.6173144	0.6957871	-0.6495836	-0.1567111	0.0000000	-0.1599998	-0.5000000	1.4000850	NA	14.9001500	
7	7/13/2004	-1.1172150	1.2380850	-0.4190496	0.6130179	0.0000000	-0.5000000	0.0000000	1.0366210	NA	3.0798340	
8	7/19/2004	-1.1856240	1.2783570	-0.2946408	0.9393432	0.0000000	0.8299999	-0.7500000	-0.1801147	NA	-15.5800800	
9	7/21/2004	-1.1453720	1.3097860	-0.2908754	0.8722981	0.0174999	2.2400000	0.2500000	-3.7133180	NA	20.7500000	
10	7/22/2004	-1.0814720	1.3888150	-0.4988400	0.6964998	0.0100000	-0.6599998	0.5000000	0.9633179	NA	-48.4699700	
11	7/23/2004	-1.0504520	1.3763780	-0.3287888	0.5432781	0.0000000	0.7500000	0.0000000	-0.0212097	NA	-7.0000000	

Showing 1 to 12 of 960 entries, 17 total columns

해석

처리 결과 화면을 보면, train 데이터는 2,244 entries, test 데이터는 960 etnries로 분할됨을 알 수 있다.

② 데이터 분할: sample( )

또 다른 방식으로 데이터를 훈련셋과 검정셋으로 나눌 수 있다. 사용할 함수는 sample( ) 이다.

명령어

```
> set.seed(1)
> train=sample(3204,2242) #2242개 비복원 추출
> test=apptrain[-train,] #method 1 - final choice => 데이터프레임 형태로 자동으로 생성됨
```


```
> set.seed(1)
> train=sample(3204,2242) #2242개 비복원 추출
> test=apptrain[-train,] #method 1 - final choice => 데이터프레임 형태로 자동으로 생성됨
```


[처리결과화면]

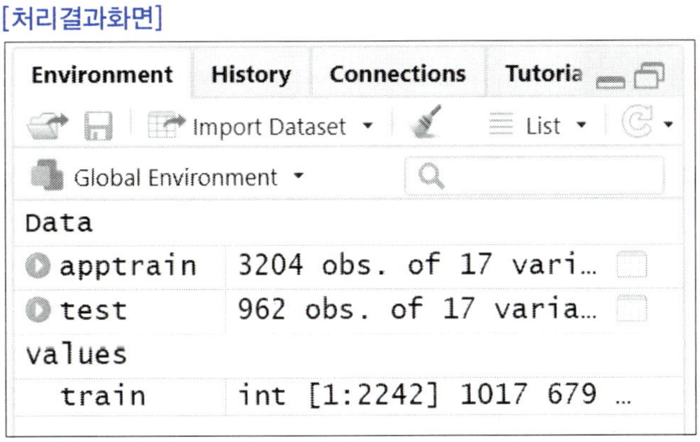

2) 특정 기호 제거하기: gsub("[ ]")

처리하려는 데이터에 불필요한 기호들(예, 5000000+, 10000+)이 있는 경우가 있다. 데이터 처리를 위해서는 이러한 기호들을 제거해야 한다. 이를 위한 작업을 연습해보자. 우선 연습데이터(apptrain1.csv)를 작업디렉토리로부터 불러오자.

명령어

```
> setwd("C:/Users/OSYang/")
> apptrain1 <-read.csv("C:/Users/OSYang/apptrain1.csv")
```


```
> setwd("C:/Users/OSYang/")
> apptrain1 <-read.csv("C:/Users/OSYang/apptrain1.csv")
```


[처리결과화면]

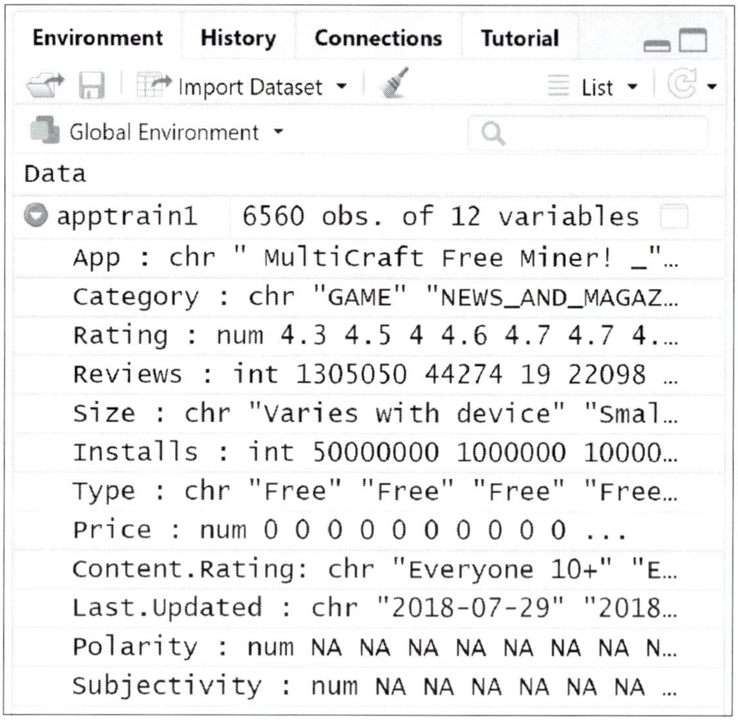

불러온 데이터셋을 View( ) 함수를 사용해서 열람해보면 다음과 같다.

[처리결과화면: View(apptrain1)]

	App	Category	Rating	Reviews	Size	Installs	Type
1	MultiCraft Free Miner! _	GAME	4.3	1305050	Varies with device	5e+07	Free
2	棘匀棘龜	NEWS_AND_MAGAZINES	4.5	44274	Small	1e+06	Free
3	_ Smart Ruler _ cm/inch measuring for homework!	TOOLS	4.0	19	Small	1e+04	Free
4	_ WhatsLov: Smileys of love, stickers and GIF	SOCIAL	4.6	22098	Big	1e+06	Free
5	__ + __L___쇈_	FAMILY	4.7	6073	Small	1e+05	Free
6	_뷘 Astrology - Min Thein Kha BayDin	LIFESTYLE	4.7	2225	Big	1e+05	Free
7	_BB Scotty	MAPS_AND_NAVIGATION	4.2	12572	Big	1e+06	Free
8	_iku AR Camera_ikuture	FAMILY	4.4	36268	Big	1e+06	Free
9	_melina .cz inzer갔ty inzerce	SHOPPING	3.9	117	Small	1e+04	Free
10	쩔Es Vegan?	FOOD_AND_DRINK	4.6	438	Small	1e+04	Free
11	.R	TOOLS	4.5	259	Small	1e+04	Free
12	[BN] Blitz	SPORTS	3.2	4	Small	1e+02	Free
13	[root] Pry-Fi	TOOLS	3.9	6736	Small	5e+05	Free
14	[ROOT] X Privacy Installer	TOOLS	4.2	12147	Small	1e+06	Free
15	[Sub/EMUI] P Pro - EMUI 8.1/8.0/5.X Theme	PERSONALIZATION	4.0	13	Big	1e+02	Paid
16	[Substratum] K-Manager for K-Klock	PERSONALIZATION	4.5	14	Small	1e+03	Free

Showing 1 to 19 of 6,560 entries, 12 total columns

해석

처리 결과 화면을 보면, 변수 Installs에 수치들이 5e+07, 1e+06 등의 방식으로 처리되어 있음을 볼 수 있다. 이 수지는 원래 50000000+, 1000000+, 10000+ 등의 형식으로 "~~~이상"이라는 수치를 보여주고 있다.

이제 변수 Installs에 있는 "+" 기호를 제거해서 숫자만 남기는 연습을 해보자. 사용할 함수는 gsub( )이다. 데이터셋에서 해당 변수를 직접 지정해주고 작업을 수행해보자. 지정할 기호는 gsub("[ ]") 안에 직접 알려주어야 한다.

명령어

```
> apptrain1$Installs <- gsub("[+]", "", apptrain1$Installs)
> View(apptrain1)
```


```
> apptrain1$Installs <- gsub("[+]", "", apptrain1$Installs)
> View(apptrain1)
```

[처리결과화면]

Filter

	App	Category	Rating	Reviews	Size	Installs	Type
1	MultiCraft Free Miner! _	GAME	4.3	1305050	Varies with device	50000000	Free
2	稼与稼鍋	NEWS_AND_MAGAZINES	4.5	44274	Small	1000000	Free
3	_ Smart Ruler __ cm/inch measuring for homework!	TOOLS	4.0	19	Small	10000	Free
4	_ WhatsLov: Smileys of love, stickers and GIF	SOCIAL	4.6	22098	Big	1000000	Free
5	__ヤ__L___섄_	FAMILY	4.7	6073	Small	100000	Free
6	__뷘 Astrology - Min Thein Kha BayDin	LIFESTYLE	4.7	2225	Big	100000	Free
7	_BB Scotty	MAPS_AND_NAVIGATION	4.2	12572	Big	1000000	Free
8	_iku AR Camera_ikuture	FAMILY	4.4	36268	Big	1000000	Free
9	_melina .cz inzer쵔ty inzerce	SHOPPING	3.9	117	Small	10000	Free
10	젍Es Vegan?	FOOD_AND_DRINK	4.6	438	Small	10000	Free
11	.R	TOOLS	4.5	259	Small	10000	Free
12	[BN] Blitz	SPORTS	3.2	4	Small	100	Free
13	[root] Pry-Fi	TOOLS	3.9	6736	Small	500000	Free
14	[ROOT] X Privacy Installer	TOOLS	4.2	12147	Small	1000000	Free
15	[Sub/EMUI] P Pro - EMUI 8.1/8.0/5.X Theme	PERSONALIZATION	4.0	13	Big	100	Paid
16	[Substratum] K-Manager for K-Klock	PERSONALIZATION	4.5	14	Small	1000	Free

Showing 1 to 19 of 6,560 entries, 12 total columns

해석

처리 결과 화면을 보면, 변수 Installs에 수치들이 5e+07, 1e+06 등의 방식(원래 50000000+, 1000000+, 10000+ 등의 형식으로 "~~~이상"이라는 수치)으로 저장되어 있던 자료들이 "+"를 제거한 수치 상태로 새로 저장되어 있음을 볼 수 있다.

3) 결측치 채우기: mice( )

① complete로 결측치 채우기

이제 결측치 impute 값으로 결측치를 채워보자. 데이터셋 5개가 있으니 아무거나 사용해도 된다. 여기서는 연습으로 두번째 imputed 데이터셋을 사용하여 결측치를 채워보자.

명령어

```
> completeData <- complete(imputed_Data, 2)
```

```
> completeData <- complete(imputed_Data, 2)
```

명령어

```
> summary(completeData)
```

```
> summary(completeData)
  Sepal.Length    Sepal.Width     Petal.Length
 Min.   :4.300   Min.   :2.000   Min.   :1.000
 1st Qu.:5.100   1st Qu.:2.800   1st Qu.:1.600
 Median :5.800   Median :3.000   Median :4.350
 Mean   :5.851   Mean   :3.068   Mean   :3.745
 3rd Qu.:6.400   3rd Qu.:3.400   3rd Qu.:5.100
 Max.   :7.900   Max.   :4.400   Max.   :6.900
  Petal.Width        Species
 Min.   :0.1   setosa    :50
 1st Qu.:0.3   versicolor:49
 Median :1.3   virginica :51
 Mean   :1.2
 3rd Qu.:1.8
 Max.   :2.5
```

채운 데이터셋을 대상으로 결측치 개수를 뽑아보자. 당연히 결측치를 채웠으니 결측치가 없어야 정상이다.

명령어

```
> sum(is.na(completeData)) #결측치 총 개수
```

```
> sum(is.na(completeData)) #결측치 총 개수
[1] 0
```

이번에는 세번째 데이터셋을 사용하여 결측치를 채운 뒤, 결측치 개수를 확인해보자. 당연히 같은 결과가 도출되어야 정상이다.

명령어

```
> completeData <- complete(imputed_Data, 3)
> sum(is.na(completeData)) #결측치 총 개수
```

```
> completeData <- complete(imputed_Data, 3)
> sum(is.na(completeData)) #결측치 총 갯수 => [1] 0
[1] 0
```

자 이제 다섯개 데이터셋 결과물 모두를 작업디렉토리에 저장시켜보자.

명령어

```
> completeData1 <- complete(imputed_Data, 1)
> completeData2 <- complete(imputed_Data, 2)
> completeData3 <- complete(imputed_Data, 3)
> completeData4 <- complete(imputed_Data, 4)
> completeData5 <- complete(imputed_Data, 5)
> setwd("C:/Users/media/")
> write.csv(completeData1, file="completeData1.csv", quote=FALSE)
> write.csv(completeData2, file="completeData2.csv", quote=FALSE)
> write.csv(completeData3, file="completeData3.csv", quote=FALSE)
> write.csv(completeData4, file="completeData4.csv", quote=FALSE)
> write.csv(completeData5, file="completeData5.csv", quote=FALSE)
```

```
> completeData1 <- complete(imputed_Data, 1)
> completeData2 <- complete(imputed_Data, 2)
> completeData3 <- complete(imputed_Data, 3)
> completeData4 <- complete(imputed_Data, 4)
> completeData5 <- complete(imputed_Data, 5)
> setwd("C:/Users/media/")
> write.csv(completeData1, file="completeData1.csv", quote=FALSE)
> write.csv(completeData2, file="completeData2.csv", quote=FALSE)
> write.csv(completeData3, file="completeData3.csv", quote=FALSE)
> write.csv(completeData4, file="completeData4.csv", quote=FALSE)
> write.csv(completeData5, file="completeData5.csv", quote=FALSE)
```

[처리결과화면]

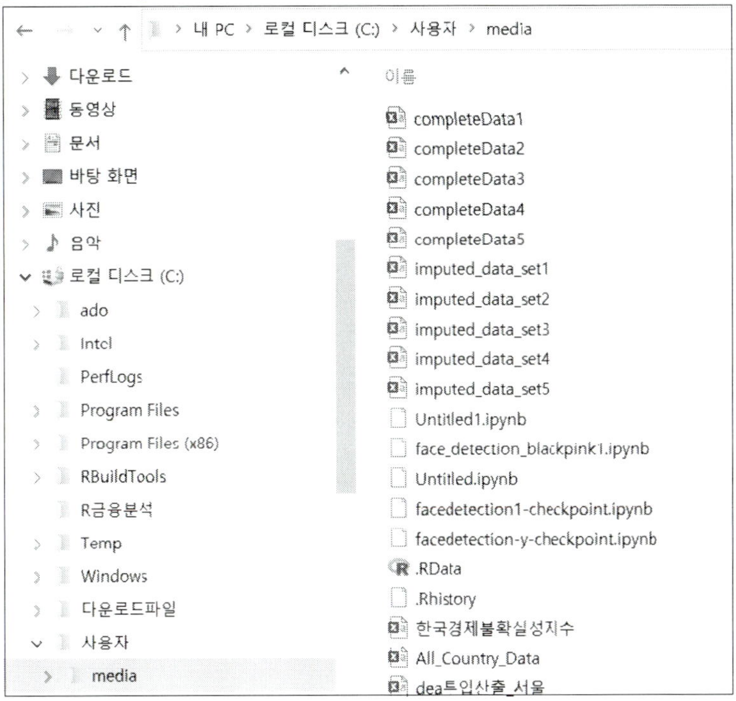

[처리결과화면: 5번 데이터셋]

	A	B	C	D	E	F
1		Sepal.Leng	Sepal.Widt	Petal.Leng	Petal.Widt	Species
2	1	5.1	3.5	1.4	0.2	setosa
3	2	4.9	3	1.4	0.2	setosa
4	3	4.7	3.2	1.3	0.2	setosa
5	4	4.6	3.1	1.5	0.2	setosa
6	5	5	3.6	1.4	0.2	setosa
7	6	5.6	3.9	1.7	0.4	setosa
8	7	4.6	3.3	1.4	0.3	setosa
9	8	5	3.4	1.5	0.2	setosa
10	9	4.4	2.9	1.4	0.2	setosa
11	10	4.9	3.3	1.5	0.1	setosa
12	11	5.4	3.7	1.5	0.2	setosa
13	12	4.8	3	1.6	0.2	setosa
14	13	4.8	3	1.4	0.1	setosa
15	14	4.3	2.8	1.1	0.1	setosa
16	15	5.8	4	1.2	0.2	setosa
17	16	5.7	4.4	1.7	0.4	setosa
18	17	5.4	3.9	1.3	0.4	setosa
19	18	5.1	3.5	1.5	0.3	setosa
20	19	5.7	3.8	1.7	0.3	setosa

[처리결과화면: 1번 데이터셋]

	A	B	C	D	E	F
1		Sepal.Lenç	Sepal.Widt	Petal.Leng	Petal.Widt	Species
2	1	5.1	3.5	1.4	0.2	setosa
3	2	4.9	3	1.4	0.2	setosa
4	3	4.7	3.2	1.3	0.2	setosa
5	4	4.6	3.1	1.5	0.2	setosa
6	5	5	3.6	1.6	0.2	setosa
7	6	5.5	3.9	1.7	0.4	setosa
8	7	4.6	3.4	1.4	0.3	setosa
9	8	5	3.4	1.5	0.2	setosa
10	9	4.4	2.9	1.4	0.2	setosa
11	10	4.9	3.5	1.5	0.1	setosa
12	11	5.4	3.7	1.5	0.2	setosa
13	12	4.8	3.1	1.6	0.2	setosa
14	13	4.8	3	1.4	0.1	setosa
15	14	4.3	3	1.1	0.1	setosa
16	15	5.8	4	1.2	0.2	setosa
17	16	5.7	4.4	1.3	0.4	setosa
18	17	5.4	3.9	1.3	0.4	setosa
19	18	5.1	3.5	1.5	0.3	setosa
20	19	5.7	3.8	1.7	0.3	setosa

해석

다섯 번째 결과물과 첫 번째 결과물을 살펴보면 같은 것 같지만, 잘 살펴보면 부분부분 수치가 다르다는 것을 알 수 있다.

이번에는 오리지널 데이터와 imputed 데이터를 비교해보자. 다른 변수에 대한 Species의 산포도를 그려보자.

명령어

```
> xyplot(imputed_Data, Species~Sepal.Length+Sepal.Width+Petal.Length+Petal.Widt
h, pch=18, cex=1)
```

```
> xyplot(imputed_Data, Species~Sepal.Length+Sepal.Width+Petal.Length+Petal.Widt
h, pch=18, cex=1)
```

[처리결과화면]

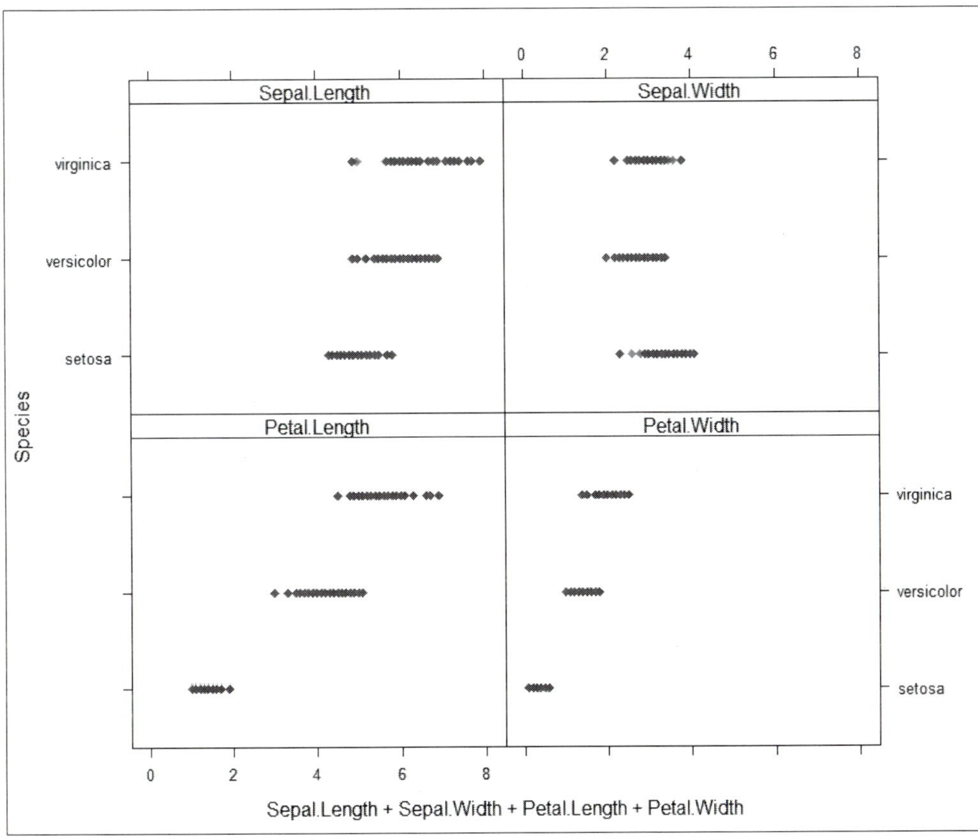

해석

처리결과화면을 살펴보면, imputed 값이 관측치(파란색으로 표시)와 매칭되는 것을 볼 수 있다. 따라서 imputed 값이 'plausible values'임을 말해준다.

또 다른 시각화를 연습해보자. 사용할 함수는 stripplot( )이며 여기서는 개별 포인트마다 변수의 분포를 보여준다.

명령어

```
> stripplot(imputed_Data, pch=20, cex=1.2)
```

```
> stripplot(imputed_Data, pch=20, cex=1.2)
```

[처리결과화면]

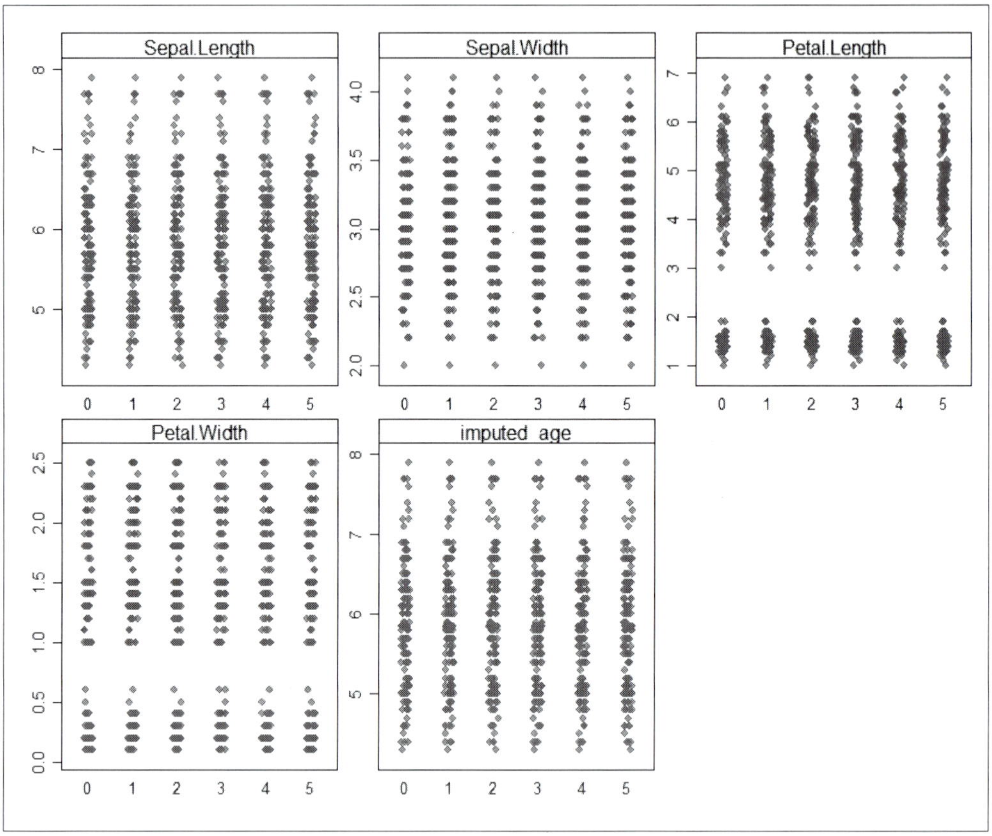

② Amelia로 결측치 처리하기

또 다른 결측치 처리 방법인 Amelia 방식을 연습해보자. 우선 관련된 필요한 패키지를 설치하고 불러오자.

명령어

```
> install.packages("Amelia")
> library(Amelia)
```

```
> install.packages("Amelia")
Installing package into 'C:/Users/media/Documents/R/win-library/4.0'
(as 'lib' is unspecified)
```

```
trying URL 'https://cran.rstudio.com/bin/windows/contrib/4.0/Amelia_1.7.6.zip'
Content type 'application/zip' length 1996895 bytes (1.9 MB)
downloaded 1.9 MB

package 'Amelia' successfully unpacked and MD5 sums checked

The downloaded binary packages are in
      C:\Users\media\AppData\Local\Temp\Rtmpct9vCU\downloaded_packages
> library(Amelia)
Loading required package: Rcpp
##
## Amelia II: Multiple Imputation
## (Version 1.7.6, built: 2019-11-24)
## Copyright (C) 2005-2021 James Honaker, Gary King and Matthew Blackwell
## Refer to http://gking.harvard.edu/amelia/ for more information
##
Warning message:
package 'Amelia' was built under R version 4.0.4
```

이제 amelia( ) 함수를 사용해서 impute를 실행시켜보자. 5개 데이터셋으로 impute를 실행하라는 명령어를 작성해보자.

명령어

```
> amelia_fit <-amelia(iris.mis, m=5, parallel="multicore", noms="Species")
```

```
> amelia_fit <-amelia(iris.mis, m=5, parallel="multicore", noms="Species")
-- Imputation 1 --

  1  2  3  4  5  6  7

-- Imputation 2 --

  1  2  3  4  5  6  7

-- Imputation 3 --

  1  2  3  4  5  6

-- Imputation 4 --
```

```
  1  2  3  4  5  6  7
-- Imputation 5 --
  1  2  3  4  5  6  7
```

결과물로 도출된 imputed 결과물을 열람해보자. 다섯 개의 데이터셋 중에 5번째 데이터셋을 열람하자.

명령어

```
> amelia_fit$imputations[[5]]
```

```
> amelia_fit$imputations[[5]]
    Sepal.Length Sepal.Width Petal.Length Petal.Width    Species
1       5.100000    3.500000     1.400000   0.2000000     setosa
2       4.900000    3.000000     1.400000   0.2000000     setosa
3       4.700000    3.200000     1.300000   0.2000000     setosa
4       4.600000    3.100000     1.500000   0.2000000     setosa
5       5.000000    3.600000     1.182507   0.2000000     setosa
                          (중간생략)
146     6.700000    3.000000     5.200000   2.3000000  virginica
147     6.300000    2.500000     5.000000   1.9000000  virginica
148     6.500000    3.000000     5.200000   2.0000000  virginica
149     6.200000    3.400000     5.400000   2.4324049  virginica
150     6.098377    3.000000     5.100000   1.8000000  virginica
```

이번에는 첫 번째 데이터셋을 열람해보자. 그리고 나서 최종 작업 파일을 작업디렉토리에 저장하자.

명령어

```
> amelia_fit$imputations[[1]]
```

```
> amelia_fit$imputations[[1]]
    Sepal.Length Sepal.Width Petal.Length Petal.Width    Species
1       5.100000    3.500000     1.400000  0.20000000     setosa
2       4.900000    3.000000     1.400000  0.20000000     setosa
```

```
3       4.700000   3.200000    1.300000  0.20000000      setosa
4       4.600000   3.100000    1.500000  0.20000000      setosa
5       5.000000   3.600000    1.425726  0.20000000      setosa
                          (중간생략)
146     6.700000   3.000000    5.200000  2.30000000   virginica
147     6.300000   2.500000    5.000000  1.90000000  versicolor
148     6.500000   3.000000    5.200000  2.00000000   virginica
149     6.200000   3.400000    5.400000  1.99571000   virginica
150     6.825498   3.000000    5.100000  1.80000000   virginica
```

명령어

```
> setwd("C:/Users/media/")
> write.amelia(amelia_fit, file.stem="imputed_data_set")
```


```
> setwd("C:/Users/media/")
> write.amelia(amelia_fit, file.stem="imputed_data_set")
```


[처리결과화면]

해석

처리결과화면을 살펴보면, 작업디렉토리에 총 다섯개의 imputed 결과물이 csv 파일 형태로 저장되어 있음을 볼 수 있다.

[처리결과화면: 다섯 번째 산출물]

	A	B	C	D	E	F
1		Sepal.Lenc	Sepal.Widt	Petal.Leng	Petal.Widt	Species
2	1	5.1	3.5	1.4	0.2	setosa
3	2	4.9	3	1.4	0.2	setosa
4	3	4.7	3.2	1.3	0.2	setosa
5	4	4.6	3.1	1.5	0.2	setosa
6	5	5	3.6	1.18251	0.2	setosa
7	6	5.93008	3.9	1.7	0.50774	setosa
8	7	4.6	3.29302	1.4	0.3	setosa
9	8	5	3.4	1.5	0.2	setosa
10	9	4.4	2.9	1.4	0.19981	setosa
11	10	4.9	3.42107	1.5	0.1	setosa
12	11	5.4	3.7	1.5	0.2	setosa
13	12	4.8	3.22802	1.6	0.2	setosa
14	13	4.8	3	1.4	0.1	setosa
15	14	4.3	3.15539	1.1	0.1	setosa
16	15	5.8	4	1.2	0.2	setosa
17	16	5.7	4.4	1.88089	0.4	setosa
18	17	5.4	3.9	1.3	0.4	setosa
19	18	5.1	3.5	1.91744	0.3	setosa
20	19	5.7	3.8	1.7	0.3	setosa

[처리결과화면: 첫번째 산출물]

	A	B	C	D	E	F
1		Sepal.Lenc	Sepal.Widt	Petal.Leng	Petal.Widt	Species
2	1	5.1	3.5	1.4	0.2	setosa
3	2	4.9	3	1.4	0.2	setosa
4	3	4.7	3.2	1.3	0.2	setosa
5	4	4.6	3.1	1.5	0.2	setosa
6	5	5	3.6	1.42573	0.2	setosa
7	6	4.71887	3.9	1.7	0.30487	setosa
8	7	4.6	3.30277	1.4	0.3	setosa
9	8	5	3.4	1.5	0.2	versicolor
10	9	4.4	2.9	1.4	-0.03853	setosa
11	10	4.9	2.97168	1.5	0.1	setosa
12	11	5.4	3.7	1.5	0.2	setosa
13	12	4.8	3.18686	1.6	0.2	setosa
14	13	4.8	3	1.4	0.1	setosa
15	14	4.3	3.07282	1.1	0.1	setosa
16	15	5.8	4	1.2	0.2	setosa
17	16	5.7	4.4	1.83885	0.4	setosa
18	17	5.4	3.9	1.3	0.4	setosa
19	18	5.1	3.5	1.74995	0.3	setosa
20	19	5.7	3.8	1.7	0.3	setosa

③ missForest로 처리하기

또 다른 결측치 처리 방법인 missForest 방식이 있다. 연습을 위해 설치된 패키지를 불러들이자.

명령어

```
> library(missForest)
```

```
> library(missForest)
Loading required package: randomForest
randomForest 4.6-14
Type rfNews() to see new features/changes/bug fixes.
Loading required package: foreach
Loading required package: itertools
Loading required package: iterators
Warning messages:
1: package 'missForest' was built under R version 4.0.4
2: package 'itertools' was built under R version 4.0.4
```

해석

처리결과화면을 살펴보면, randomForest 패키지가 필요하다는 메시지가 나온다. 따라서 이 패키지를 불러오도록 하자.

앞의 처리 결과에서 알 수 있듯이 패키지 missForest는 randomForest를 필요로 한다. 이는 missForest가 randomForest 알고리즘을 사용하기 때문이다. 이 패키지는 비모수 imputation 방식을 사용한다.

명령어

```
> library(randomForest)
> library(missForest)
```

```
> library(randomForest)
> library(missForest)
```

앞선 작업에서 사용했던 내장 데이터셋 iris를 활용하여 missForest 방식으로 결측치를 처리해보자. 앞선 방식과 동일하게 10%를 결측치로 의도적으로 만든 데이터셋을 사용하자.

명령어

```
> Iris.imp <- missForest(iris.mis)
> Iris.imp <- missForest(iris.mis)
```

```
> iris.imp <-missForest(iris.mis)
  missForest iteration 1 in progress...done!
  missForest iteration 2 in progress...done!
  missForest iteration 3 in progress...done!
  missForest iteration 4 in progress...done!
> iris.imp <-missForest(iris.mis)
  missForest iteration 1 in progress...done!
  missForest iteration 2 in progress...done!
  missForest iteration 3 in progress...done!
  missForest iteration 4 in progress...done!
  missForest iteration 5 in progress...done!
```

[처리결과화면: View(iris.imp)]

Show Attributes

Name	Type	Value
iris.imp	list [2] (S3: missForest)	List of length 2
ximp	list [150 x 5] (S3: data.frame)	A data.frame with 1...
OOBerror	double [2]	0.1409 0.0455

해석

처리결과화면을 살펴보면, imputed values가 ximp 안에 들어 있다.

상기 처리된 결과에서 ximp 안에 들어 있는 imputed values를 열람해보자.

명령어

```
> iris.imp$ximp
```

```
> iris.imp$ximp
    Sepal.Length Sepal.Width Petal.Length Petal.Width
1       5.100000    3.500000     1.400000   0.2000000
2       4.900000    3.000000     1.400000   0.2000000
3       4.484267    3.200000     1.300000   0.2000000
4       4.600000    3.100000     1.500000   0.2000000
5       5.000000    3.600000     3.777500   1.3010000
(중간생략)
147     6.300000    2.500000     5.000000   1.9000000
148     6.500000    3.005692     5.484167   2.0000000
149     6.200000    3.400000     5.400000   2.3000000
150     5.900000    2.792850     5.100000   1.8000000
       Species
1       setosa
2       setosa
(중간생략)
148  virginica
149  virginica
150  virginica
```

[처리결과화면: View(iris.imp)]

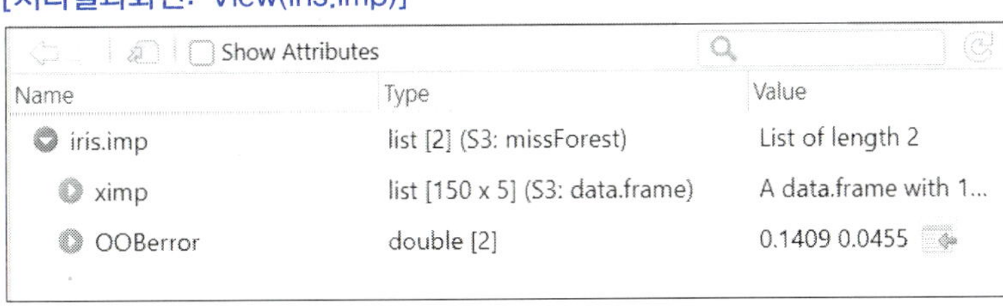

자 여기서 또 다른 수치를 살펴보자. "OOBerror"이라는 항목이 보이는데 이것을 오른쪽 에서 클릭해보자. 자동으로 명령어가 작성되어 다음과 같은 수치를 보여준다.

명령어

```
> iris.imp[["OOBerror"]]
```

```
> iris.imp[["OOBerror"]]
     NRMSE        PFC
0.14093115 0.04545455
```

해석

여기서 보여주는 수치 가운데 NRMSE는 normalized mean squared error이다. 이는 imputing continuous values의 오차이다. PFC는 proportion of falsely classified로, imputing categorical values의 오차이다.

이번에는 실측치 accuracy를 비교해보자. 이를 위해 필요한 수치는 다음과 같은 명령어로 처리하면 된다.

명령어

```
> iris.err <- mixError(iris.imp$ximp, iris.mis, iris)
> iris.err
```

```
> iris.err <- mixError(iris.imp$ximp, iris.mis, iris)
> iris.err
    NRMSE       PFC
0.2422612 0.1111111
```

해석

처리결과화면을 살펴보면, 범주형 변수들은 11%의 에러로 imputed되었음을 말해준다. 또한 continuous 변수들은 24%의 에러로 imputed되었음을 보여준다. 이들 에러를 개선하는 방법으로는 1) 랜덤샘플링되는 변수 숫자인 mtry 수치를 조정하거나, 2) 트리 숫자인 ntree를 조정해서 해결할 수 있다.

④ Hmisc 방법으로 하기

또 다른 결측치 처리 방식인 Hmic가 있다. 필요한 패키지를 먼저 설치하도록 하자.

명령어

```
> install.packages("Hmisc")
> library(Hmisc)
```

```
> install.packages("Hmisc")
Installing package into 'C:/Users/media/Documents/R/win-library/4.0'
(as 'lib' is unspecified)
trying URL 'https://cran.rstudio.com/bin/windows/contrib/4.0/Hmisc_4.5-0.zip'
Content type 'application/zip' length 3246668 bytes (3.1 MB)
downloaded 3.1 MB

package 'Hmisc' successfully unpacked and MD5 sums checked

The downloaded binary packages are in
	C:\Users\media\AppData\Local\Temp\RtmpqQw0cW\downloaded_packages
> library(Hmisc)
Loading required package: lattice
Loading required package: survival
Loading required package: Formula
Loading required package: ggplot2

Attaching package: 'ggplot2'

The following object is masked from 'package:randomForest':

    margin

Attaching package: 'Hmisc'

The following objects are masked from 'package:base':

    format.pval, units

Warning message:
package 'Hmisc' was built under R version 4.0.4
```

같은 데이터셋에 대해 결측치를 impute해보자. 사용할 함수는 aregImpute( ) 함수이다.

명령어

```
> impute_arg <-aregImpute(~Sepal.Length+Sepal.Width+Petal.Length+Petal.Width+Sp
ecies, data=iris.mis, n.impute=5)
```

```
> impute_arg <-aregImpute(~Sepal.Length+Sepal.Width+Petal.Length+Petal.Width+Spe
cies, data=iris.mis, n.impute=5)
```

```
Iteration 8
```

[처리결과화면: View(impute_arg)]

Show Attributes

Name	Type	Value
impute_arg	list [19] (S3: aregImpute)	List of length 19
call	language	aregImpute(formula = ~Sepal.Length + Sepal.Width +...
formula	formula	~Sepal.Length + Sepal.Width + Petal.Length + Petal.W...
match	character [1]	'weighted'
fweighted	double [1]	0.2
pmmtype	double [1]	1
n	integer [1]	150
p	integer [1]	5
na	list [5]	List of length 5
nna	integer [5]	13 14 14 16 18
type	character [5]	's' 's' 's' 's' 'c'
tlinear	logical [1]	TRUE
nk	double [1]	3
cat.levels	list [5]	List of length 5
df	double [5]	2 2 2 2 2
n.impute	double [1]	5
imputed	list [5]	List of length 5
x	NULL	Pairlist of length 0
rsq	double [5]	0.856 0.782 0.981 0.962 0.983
resampacc	list [0]	List of length 0

impute_arg

⑤ mice 방법으로 처리하기

이제 실제 데이터를 사용하여 결측치를 처리해 보자. 이번에 사용할 처리 방식은 mice( ) 함수이다.

명령어

```
> apptrain1 <-read.csv("C:/Users/media/apptrain1.csv")
> View(apptrain1)
```


```
> apptrain1 <-read.csv("C:/Users/media/apptrain1.csv")
> View(apptrain1)
```

[처리결과화면]

Rating	Reviews	Size	Installs	Type	Price	Content.Rating	Last.Updated	Polarity	Subjectivity
4.3	1305050	Varies with device	5e+07	Free	0.00	Everyone 10+	2018-07-29	NA	NA
4.5	44274	Small	1e+06	Free	0.00	Everyone	2018-08-06	NA	NA
4.0	19	Small	1e+04	Free	0.00	Everyone	2017-10-21	NA	NA
4.6	22098	Big	1e+06	Free	0.00	Everyone	2018-07-24	NA	NA
4.7	6073	Small	1e+05	Free	0.00	Mature 17+	2018-02-25	NA	NA
4.7	2225	Big	1e+05	Free	0.00	Everyone	2018-07-26	NA	NA
4.2	12572	Big	1e+06	Free	0.00	Everyone	2018-02-19	NA	NA
4.4	36268	Big	1e+06	Free	0.00	Teen	2017-04-25	NA	NA
3.9	117	Small	1e+04	Free	0.00	Everyone	2018-05-13	NA	NA
4.6	438	Small	1e+04	Free	0.00	Everyone	2017-08-01	NA	NA
4.5	259	Small	1e+04	Free	0.00	Everyone	2014-09-16	NA	NA
3.2	4	Small	1e+02	Free	0.00	Everyone	2018-05-17	NA	NA

Showing 1 to 14 of 6,560 entries, 12 total columns

이제 종속변수(Rating) 없는 예측모델을 만들기 위해서 새로운 데이터셋을 만들도록 하자. 하나는 종속변수(Rating) 없는 데이터셋으로 만들고, 다른 하나는 종속변수만으로 된 데이터셋을 만들자.

명령어

```
> rating <- subset(apptrain1, select = c(Rating))
> apptrain2 <- apptrain1[,-3] #3번째 변수인 Rating을 빼고 나머지만 저장
```

```
> rating <- subset(apptrain1, select = c(Rating))
> apptrain2 <- apptrain1[,-3] #3번째 변수인 Rating을 빼고 나머지만 저장
```

다음에는 필요한 패키지를 불러오자. 설치할 패키지는 mice이다. 또한 추가적으로 사용할 패키지는 randomForest이다.

명령어

```
> library(mice)
> library(randomForest)
```

```
> library(mice)

Attaching package: 'mice'
```

```
The following object is masked from 'package:stats':

    filter

The following objects are masked from 'package:base':

    cbind, rbind

Warning message:
package 'mice' was built under R version 4.0.4
> library(randomForest)
randomForest 4.6-14
Type rfNews() to see new features/changes/bug fixes
```

결측치 채우는 값은 여러가지가 가능하다. 여기서는 평균값으로 채우는 연습을 수행해보자. 우선 연습데이터(apptrain1.csv)를 불러들이자.

명령어

```
> apptrain1 <-read.csv("C:/Users/media/apptrain1.csv")
> View(apptrain1)
```

```
> apptrain1 <-read.csv("C:/Users/media/apptrain1.csv")
> View(apptrain1)
```

[처리결과화면]

Filter

Rating	Reviews	Size	Installs	Type	Price	Content.Rating	Last.Updated	Polarity	Subjectivity
4.3	1305050	Varies with device	5e+07	Free	0.00	Everyone 10+	2018-07-29	NA	NA
4.5	44274	Small	1e+06	Free	0.00	Everyone	2018-08-06	NA	NA
4.0	19	Small	1e+04	Free	0.00	Everyone	2017-10-21	NA	NA
4.6	22098	Big	1e+06	Free	0.00	Everyone	2018-07-24	NA	NA
4.7	6073	Small	1e+05	Free	0.00	Mature 17+	2018-02-25	NA	NA
4.7	2225	Big	1e+05	Free	0.00	Everyone	2018-07-26	NA	NA
4.2	12572	Big	1e+06	Free	0.00	Everyone	2018-02-19	NA	NA
4.4	36268	Big	1e+06	Free	0.00	Teen	2017-04-25	NA	NA
3.9	117	Small	1e+04	Free	0.00	Everyone	2018-05-13	NA	NA
4.6	438	Small	1e+04	Free	0.00	Everyone	2017-08-01	NA	NA
4.5	259	Small	1e+04	Free	0.00	Everyone	2014-09-16	NA	NA
3.2	4	Small	1e+02	Free	0.00	Everyone	2018-05-17	NA	NA

Showing 1 to 14 of 6,560 entries, 12 total columns

자료를 살펴보면 Polarity와 Subjectivity 변수에서 NA가 관찰된다. 각 변수의 평균값을 구해서 NA를 대체하라는 명령어를 내려보자.

명령어

```
> mean(apptrain1$Polarity,na.rm=TRUE)
> mean(apptrain1$Subjectivity, na.rm=TRUE)
```

```
> mean(apptrain1$Polarity,na.rm=TRUE)
[1] 0.1978534
> mean(apptrain1$Subjectivity, na.rm=TRUE)
[1] 0.4964858
```

우선 처리전과 처리후를 비교하기 위해 apptrain1 데이터셋을 apptrain2로 새로 저장한 후 이 데이터셋에 대해 Polarity의 NA값을 Polarity의 평균값으로 채우라는 명령어를 작성하자.

명령어

```
> apptrain2 <-apptrain1
> apptrain2$Polarity[is.na(apptrain2$Polarity)] <- mean(apptrain1$Polarity, na.r
m-TRUC)
```

```
> apptrain2 <-apptrain1
> apptrain2$Polarity[is.na(apptrain2$Polarity)] <- mean(apptrain1$Polarity, na.rm
=TRUE)
```

[처리결과화면]

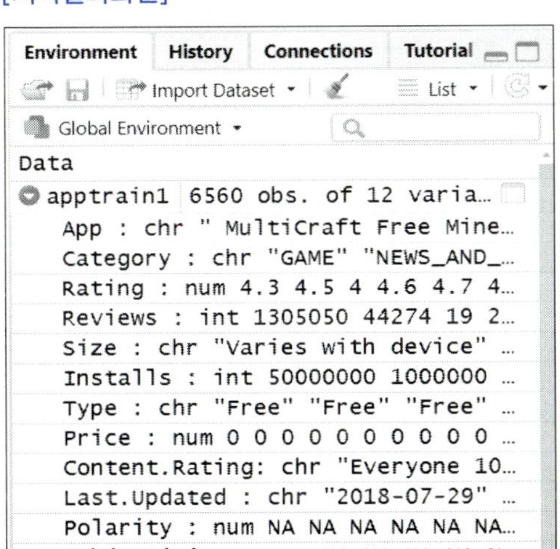

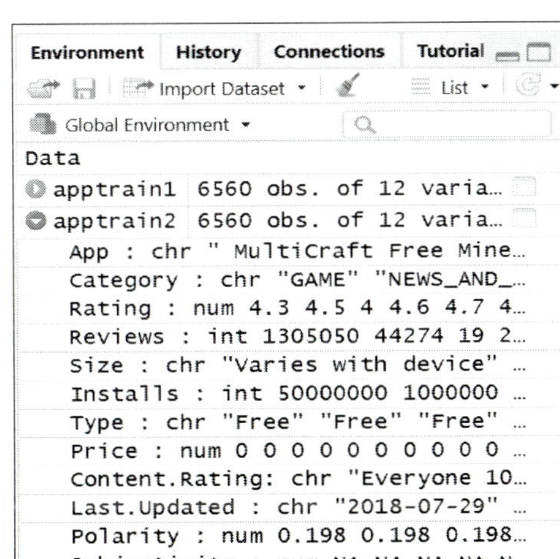

해석

처리결과 화면을 살펴보면, Polarity 변수에서 NA가 사라지고 수치(평균=0.198)로 꽉 차 있음을 볼 수 있다.

이번에는 apptrain2 데이터셋에 대해 Subjectivity의 NA 값을 평균값으로 채우라는 명령어를 작성해보자.

명령어

```
> apptrain2$Subjectivity[is.na(apptrain2$Subjectivity)] <- mean(apptrain1$Subjec
tivity,na.rm=TRUE)
```


```
> apptrain2$Subjectivity[is.na(apptrain2$Subjectivity)] <- mean(apptrain1$Subjec
tivity,na.rm=TRUE)
```


[처리결과화면]

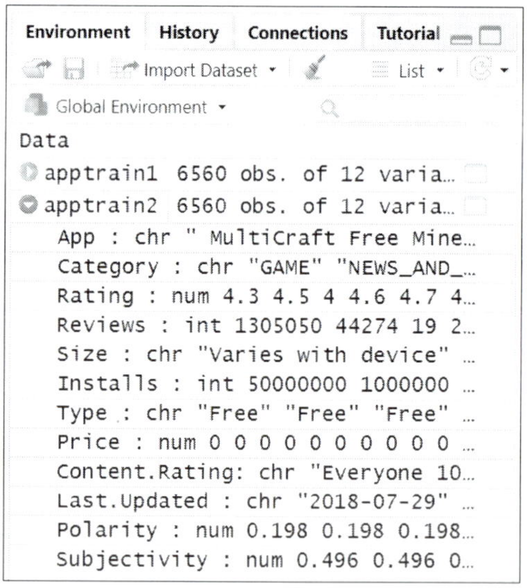

해석

처리결과 화면을 살펴보면, Polarity 변수에서 NA가 사라지고 수치(평균=0.496)로 꽉 차 있음을 볼 수 있다.

이제 결측치 처리전과 처리후 데이터셋을 대상으로 결측치를 카운트해보자.

명령어

```
> sum(is.na(apptrain2)) #결측치 총 갯수 => [1] 0
> sum(is.na(apptrain1)) #결측치 총 갯수 => [1] 11846
```

```
> sum(is.na(apptrain2)) #결측치 총 갯수 => [1] 0
[1] 0
> sum(is.na(apptrain1)) #결측치 총 갯수 => [1] 11846
[1] 11846
```

해석

처리결과 화면을 살펴보면, 결측치 처리전 데이터셋(apptrain1)에는 결측치가 11846개가 있었고, 결측치를 평균값으로 대체한 후 데이터셋(apptrain2)에는 결측치가 없는 것으로 나타났다.

이번에는 mice( ) 함수로 결측치를 채워보자. 앞서 사용한 데이터셋을 그대로 사용하고

명령어

```
> rating <- subset(apptrain1, select = c(Rating))
> apptrain2 <- apptrain1[,-3] #3번째 변수인 Rating을 빼고 나머지만 저장
```

```
> rating <- subset(apptrain1, select = c(Rating))
> apptrain2 <- apptrain1[,-3] #3번째 변수인 Rating을 빼고 나머지만 저장
```

이제 randomforest 모형으로 mice imputation(대체)을 실행하자. 종속변수는 Rating이고, 종속변수를 제외한 나머지 변수로 이루어진 apptrain2 데이터셋에 대해 mice( ) 함수를 실행하자.

명령어

```
> miceMod <- mice(apptrain2[, !names(apptrain2) %in% "Rating"], method="rf")
```

```
> miceMod <- mice(apptrain2[, !names(apptrain2) %in% "Rating"], method="rf")

 iter imp variable
  1   1  Polarity  Subjectivity
  1   2  Polarity  Subjectivity
  1   3  Polarity  Subjectivity
  1   4  Polarity  Subjectivity
  1   5  Polarity  Subjectivity
  2   1  Polarity  Subjectivity
  2   2  Polarity  Subjectivity
  2   3  Polarity  Subjectivity
  2   4  Polarity  Subjectivity
  2   5  Polarity  Subjectivity
  3   1  Polarity  Subjectivity
  3   2  Polarity  Subjectivity
  3   3  Polarity  Subjectivity
  3   4  Polarity  Subjectivity
  3   5  Polarity  Subjectivity
  4   1  Polarity  Subjectivity
  4   2  Polarity  Subjectivity
  4   3  Polarity  Subjectivity
  4   4  Polarity  Subjectivity
  4   5  Polarity  Subjectivity
  5   1  Polarity  Subjectivity
  5   2  Polarity  Subjectivity
  5   3  Polarity  Subjectivity
  5   4  Polarity  Subjectivity
  5   5  Polarity  Subjectivity
Warning message:
Number of logged events: 6
```

결과로 도출된 miceMod에서 imp를 열람해보자.

명령어

```
> miceMod[["imp"]]
```

```
> miceMod[["imp"]]
$App
[1] 1 2 3 4 5
<0 rows> (or 0-length row.names)

$Category
[1] 1 2 3 4 5
<0 rows> (or 0-length row.names)
 (중간생략)
$Polarity
              1           2           3           4           5
1   0.307440422  0.022312568  0.014176835 -0.042331443  0.062002592
2   0.200868352 -0.383333333  0.101482980  0.432587584  0.027082441
3   0.152651515  0.350582873  0.390275974  0.377769969  0.372640925
(중간생략)
233 0.5471371 0.5105452 0.3641821 0.4494172 0.6924203
234 0.5599666 0.0000000 0.6307143 0.5351312 0.4943182
235 0.5792568 0.5106957 0.5067884 0.5669228 0.4679461
 [ reached 'max' / getOption("max.print") -- omitted 5723 rows ]
```

이제 데이터셋을 만들기 위해 completed data를 만들자.

명령어

```
> miceOutput <- complete(miceMod)
> miceOutput<-cbind(miceOutput,rating)
```

```
> miceOutput <- complete(miceMod)
> miceOutput<-cbind(miceOutput,rating)
```

[처리결과화면: View(miceOutput)]

Filter

	Reviews	Size	Installs	Type	Price	Content.Rating	Last.Updated	Polarity	Subjectivity
	1305050	Varies with device	5e+07	Free	0.00	Everyone 10+	2018-07-29	0.307440422	0.5585879
IAGAZINES	44274	Small	1e+06	Free	0.00	Everyone	2018-08-06	0.200868352	0.4446455
	19	Small	1e+04	Free	0.00	Everyone	2017-10-21	0.152651515	0.4597799
	22098	Big	1e+06	Free	0.00	Everyone	2018-07-24	0.337378791	0.4942751
	6073	Small	1e+05	Free	0.00	Mature 17+	2018-02-25	0.353882576	0.6000000
	2225	Big	1e+05	Free	0.00	Everyone	2018-07-26	0.242788462	0.5238509
AVIGATION	12572	Big	1e+06	Free	0.00	Everyone	2018-02-19	0.299594697	0.5297327
	36268	Big	1e+06	Free	0.00	Teen	2017-04-25	0.252471042	0.4932892
	117	Small	1e+04	Free	0.00	Everyone	2018-05-13	0.051088076	0.5073774
RINK	438	Small	1e+04	Free	0.00	Everyone	2017-08-01	0.175630540	0.5733266
	259	Small	1e+04	Free	0.00	Everyone	2014-09-16	0.306650240	0.4954547
	4	Small	1e+02	Free	0.00	Everyone	2018-05-17	0.268899924	0.5990708
	6736	Small	5e+05	Free	0.00	Everyone	2014-02-02	0.249341259	0.3571943
	12147	Small	1e+06	Free	0.00	Everyone	2015-01-25	-0.013141026	0.0000000
TION	13	Big	1e+02	Paid	0.99	Everyone	2018-07-20	0.064586516	0.5189175
TION	14	Small	1e+03	Free	0.00	Everyone	2018-07-31	0.209325830	0.3899495
TION	230	Small	1e+03	Paid	1.49	Everyone	2018-07-20	0.220941901	0.5598440
ION	573	Big	1e+04	Free	0.00	Mature 17+	2018-07-03	0.448062641	0.5618211

Showing 1 to 19 of 6,560 entries, 11 total columns

[처리결과화면: View(miceOutput) 최종]

Filter

Reviews	Size	Installs	Type	Price	Content.Rating	Last.Updated	Polarity	Subjectivity	Rating
1305050	Varies with device	5e+07	Free	0.00	Everyone 10+	2018-07-29	0.307440422	0.5585879	4.3
44274	Small	1e+06	Free	0.00	Everyone	2018-08-06	0.200868352	0.4446455	4.5
19	Small	1e+04	Free	0.00	Everyone	2017-10-21	0.152651515	0.4597799	4.0
22098	Big	1e+06	Free	0.00	Everyone	2018-07-24	0.337378791	0.4942751	4.6
6073	Small	1e+05	Free	0.00	Mature 17+	2018-02-25	0.353882576	0.6000000	4.7
2225	Big	1e+05	Free	0.00	Everyone	2018-07-26	0.242788462	0.5238509	4.7
12572	Big	1e+06	Free	0.00	Everyone	2018-02-19	0.299594697	0.5297327	4.2
36268	Big	1e+06	Free	0.00	Teen	2017-04-25	0.252471042	0.4932892	4.4
117	Small	1e+04	Free	0.00	Everyone	2018-05-13	0.051088076	0.5073774	3.9
438	Small	1e+04	Free	0.00	Everyone	2017-08-01	0.175630540	0.5733266	4.6
259	Small	1e+04	Free	0.00	Everyone	2014-09-16	0.306650240	0.4954547	4.5
4	Small	1e+02	Free	0.00	Everyone	2018-05-17	0.268899924	0.5990708	3.2
6736	Small	5e+05	Free	0.00	Everyone	2014-02-02	0.249341259	0.3571943	3.9
12147	Small	1e+06	Free	0.00	Everyone	2015-01-25	-0.013141026	0.0000000	4.2
13	Big	1e+02	Paid	0.99	Everyone	2018-07-20	0.064586516	0.5189175	4.0
14	Small	1e+03	Free	0.00	Everyone	2018-07-31	0.209325830	0.3899495	4.5
230	Small	1e+03	Paid	1.49	Everyone	2018-07-20	0.220941901	0.5598440	4.4
573	Big	1e+04	Free	0.00	Mature 17+	2018-07-03	0.448062641	0.5618211	4.7
115	Small	1e+04	Free	0.00	Mature 17+	2018-07-13	0.138011629	0.4679461	3.5

Showing 1 to 21 of 6,560 entries, 12 total columns

해석

처리결과 화면을 살펴보면, Polarity와 Subjectivity가 수치로 가득 차 있음을 볼 수 있다.

4) 데이터셋 항목 지정 처리하기

연구자들이 자주 맞닥뜨리는 작업은 하나의 데이터셋 안에 들어 있는 특정한 항목만을 지정해서 처리해야하는 경우이다. 이번에는 여러 가지 경우를 통해 데이터셋 안의 특정 항목만을 끄집어 내서 내가 원하는 결과물이 될 수 있도록 하는데 필요한 기본 작업을 연습해보자.

① 데이터셋의 항목들을 선택해서 지정하기: select(starts_with(" "))

사용할 데이터셋은 '투입산출.csv' 데이터셋이다. 우선 작업디렉토리에서 이 데이터셋을 불러오자.

명령어

```
> library(lpSolveAPI)
> library(ucminf)
> library(quadprog)
> library(Benchmarking)
> library(dplyr)
> set.seed(1004)
> setwd("C:/Users/media/")
> data <- read.csv("투입산출.csv")
```

```
> library(lpSolveAPI)
> library(ucminf)
> library(quadprog)
> library(Benchmarking)
> library(dplyr)

Attaching package: 'dplyr'

The following objects are masked from 'package:stats':

    filter, lag

The following objects are masked from 'package:base':
```

```
    intersect, setdiff, setequal, union

> set.seed(1004)
> setwd("C:/Users/media/")
> data <- read.csv("투입산출.csv")
```

[처리결과화면]

	region	x1	x2	x3	x4	x5	y1	y2	y3	y4
1	서울	0.92	121.4	10310	31.6	1.3	27527	20596	510.7	14.18
2	부산	0.89	42.0	1810	31.6	2.3	3061	2335	100.0	8.13
3	대구	1.11	47.9	1651	34.5	3.7	2612	1938	66.7	5.97
4	인천	0.48	67.2	2469	37.1	1.3	3400	1607	55.6	18.82
5	광주	1.18	51.6	807	32.3	5.3	1694	1722	101.5	7.49
6	대전	13.72	234.0	1420	36.5	0.4	6503	4734	537.5	22.39
7	울산	0.37	67.4	521	35.4	4.0	1269	986	26.8	0.28
8	세종	3.98	154.8	154	9.4	0.1	307	231	1.5	7.53
9	경기	0.58	135.0	15180	41.0	0.5	24820	6751	484.4	52.47
10	강원	0.61	43.8	541	25.0	4.3	1459	1366	22.5	14.92
11	충북	0.83	76.6	1389	36.2	0.9	1861	1003	59.7	34.28
12	충남	0.42	79.6	1681	42.7	3.0	3492	1146	65.8	37.32
13	전북	1.55	49.9	889	16.7	2.0	1860	1455	35.8	3.67
14	전남	0.37	25.0	669	36.3	7.6	1616	438	76.9	0.20
15	경북	0.59	72.3	1683	47.8	4.0	4633	2230	74.8	40.28
16	경남	1.17	58.6	2187	26.5	1.8	3738	1453	140.3	5.70
17	제주	0.62	28.9	149	23.0	6.0	384	319	6.7	1.08

Showing 1 to 17 of 17 entries, 10 total columns

해석

처리 결과 화면을 보면, 1개의 지역변수, 5개의 투입 변수(x1~x5), 4개의 산출 변수(y1~y4)로 구성되어있는 것을 확인할 수 있다.

1단계로 데이터셋(투입산출.csv를 불러온 data)에서 변수 항목들을 선택추출해서 별도로 저장시켜 보자. 투입변수(x1~x5)를 추출해서 inp_var로 저장하고, 산출변수(y1~y4)를 추출해서 out_var로 저장시켜 보자. 간단한 방법과 제법 전문가다운 방법이 있다. 우선 간단한 방법을 연습해보자.

명령어

```
> inp_var <- select(data, 'x1', 'x2', 'x3', 'x4', 'x5')
> out_var <- select(data, 'y1', 'y2', 'y3', 'y4')
```


```
> inp_var <- select(data, 'x1', 'x2', 'x3', 'x4', 'x5')
> out_var <- select(data, 'y1', 'y2', 'y3', 'y4')
```


[처리결과화면]

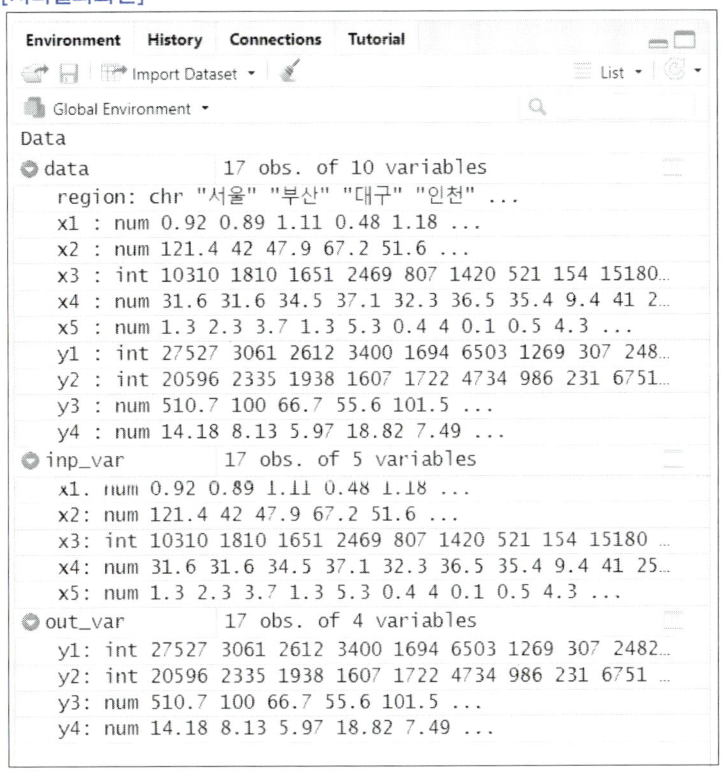

해석

처리 결과 화면을 보면, data에 들어 있는 각종 변수들을 inp_var에서는 x1~x5 변수를, out_var에서는 y1~y4 변수를 별도로 추출해서 저장하고 있음을 볼 수 있다.

다음에는 전문가다운 방법인데 이것은 starts_with(" ") 함수를 사용하는 방법이다. 이 작업에는 library(dplyr)이 필요하다.

명령어

```
> X <- data %>%
+   select(starts_with("x")) %>%
+   as.matrix
> Y <- data %>%
+   select(starts_with("y")) %>%
+   as.matrix
> View(X)
> View(Y)
```


```
> X <- data %>%
+   select(starts_with("x")) %>%
+   as.matrix
> Y <- data %>%
+   select(starts_with("y")) %>%
+   as.matrix
> View(X)
> View(Y)
```


[처리결과화면: View(X)]

Filter

	x1	x2	x3	x4	x5
1	0.92	121.4	10310	31.6	1.3
2	0.89	42.0	1810	31.6	2.3
3	1.11	47.9	1651	34.5	3.7
4	0.48	67.2	2469	37.1	1.3
5	1.18	51.6	807	32.3	5.3
6	13.72	234.0	1420	36.5	0.4
7	0.37	67.4	521	35.4	4.0
8	3.98	154.8	154	9.4	0.1
9	0.58	135.0	15180	41.0	0.5
10	0.61	43.8	541	25.0	4.3
11	0.83	76.6	1389	36.2	0.9
12	0.42	79.6	1681	42.7	3.0
13	1.55	49.9	889	16.7	2.0
14	0.37	25.0	669	36.3	7.6
15	0.59	72.3	1683	47.8	4.0
16	1.17	58.6	2187	26.5	1.8
17	0.62	28.9	149	23.0	6.0

Showing 1 to 17 of 17 entries, 5 total columns

[처리결과화면: View(Y)]

Filter

	y1	y2	y3	y4
1	27527	20596	510.7	14.18
2	3061	2335	100.0	8.13
3	2612	1938	66.7	5.97
4	3400	1607	55.6	18.82
5	1694	1722	101.5	7.49
6	6503	4734	537.5	22.39
7	1269	986	26.8	0.28
8	307	231	1.5	7.53
9	24820	6751	484.4	52.47
10	1459	1366	22.5	14.92
11	1861	1003	59.7	34.28
12	3492	1146	65.8	37.32
13	1860	1455	35.8	3.67
14	1616	438	76.9	0.20
15	4633	2230	74.8	40.28
16	3738	1453	140.3	5.70
17	384	319	6.7	1.08

Showing 1 to 17 of 17 entries, 4 total columns

해석

처리 결과 화면을 보면, 앞서 작업한 input_var, output_var 작업과 동일한 결과를 살펴볼 수 있다.

② 모델 처리 결과 내용에서 세부 항목 추출하기: cbind( )

이번에는 모델 처리를 한 결과로부터 세부 항목을 추출하는 방법을 연습해보자. 연습을 위해 dea모형을 처리하도록 하자. 제시 내용은 CCR모형으로 처리한 DEA 모형이다(자세한 내용은 별도의 DEA 장에서 학습하도록 하고, 여기서는 데이터 처리 연습을 위해 단순 처리하도록 한다). 모델을 처리한 후 처리된 결과물인 model을 열람해보자.

명령어

```
> model <- dea(XREF=inp_var, YREF=out_var, X=inp_var[,], Y=out_var[,], model="inpu
t", RTS="constant")
> model$lambda
```

```
> model <- dea(XREF=inp_var, YREF=out_var, X=inp_var[,], Y=out_var[,], model="inpu
t", RTS="constant")
> model$lambda
                [,1] [,2] [,3] [,4]          [,5]          [,6] [,7] [,8]
 [,9]        [,10]       [,11]
 [1,] 1.000000e+00    0    0    0 0.000000e+00 0.000000e+00    0    0 0.000000e+00
0.000000e+00 0.000000000
(중간생략)
[16,] 0.0000000      0 0.0000000  0.000000e+00     0     0
[17,] 0.0000000      0 0.0000000  0.000000e+00     0     0
```

열람해보면 model은 feasible, thetaOpt, lambda, lambda_sum 정보가 들어 있음을 알 수 있다. 총 4개의 정보이고 이들 정보는 자신의 순서를 갖고 있다. 즉 첫 번째 정보는 feasible, 두번째 정보는 thetaOpt, 세번째 정보는 lambda, 네번째 정보는 lambda_sum이다.

명령어

```
> model
```

```
> model
$feasible
 [1] TRUE TRUE TRUE TRUE TRUE TRUE TRUE TRUE TRUE TRUE TRUE TRUE TRUE TRUE TRUE TRUE
TRUE

$thetaOpt
 [1] 1.0000000 0.8647053 0.5847563 0.7170255 1.0000000 1.0000000 0.8812258 1.00000
00 1.0000000 1.0000000 1.0000000
[12] 1.0000000 0.7070146 1.0000000 1.0000000 0.9451527 0.7643929

$lambda
              [,1] [,2] [,3] [,4]           [,5]            [,6] [,7] [,8]
 [,9]        [,10]       [,11]      [,12]
 [1,] 1.000000e+00    0    0    0 0.000000e+00 0.000000e+00    0    0 0.000000e+00
0.000000e+00 0.000000000 0.0000000
(중간생략)
[14,]      0 1.0000000  0.000000e+00     0     0
[15,]      0 0.0000000  1.000000e+00     0     0
[16,]      0 0.0000000  0.000000e+00     0     0
[17,]      0 0.0000000  0.000000e+00     0     0

$lambda_sum
 [1] 1.0000000 0.4177404 0.3340452 0.5305951 1.0000000 1.0000000 0.1906353 1.00000
00 1.0000000 1.0000000 1.0000000
[12] 1.0000000 0.3661242 1.0000000 1.0000000 0.4972629 0.1583706
```

[처리결과화면: View(model)]

Show Attributes

Name	Type	Value
model	list [4]	List of length 4
feasible	logical [17]	TRUE TRUE TRUE TRUE TRUE TRUE ...
thetaOpt	double [17]	1.000 0.865 0.585 0.717 1.000 1.000 ...
lambda	double [17 x 17]	1.00e+00 1.16e-01 6.72e-02 4.10e-02 0.00e+00 6.55e-18 0.00e+00 0.00e+00 0.00e+00 ...
lambda_sum	double [17]	1.000 0.418 0.334 0.531 1.000 1.000 ...

이제 모델 처리 결과물에서 thetaOpt를 첫 번째 변수로 저장하고, 이어서 lambda값을 저장하도록 하자. 반환할 데이터명은 result로 하자. 그리고 thetaOpt와 lambda값이 소수점 아래로 긴 값을 갖고 있으므로 이를 단정하게 정리하는 목적으로 소수점 아래 네자리에서 끊어주도록 하자. 이를 위한 함수는 round(, 4)이다. Result에서 thetaOpt를 찾아보면 모두 17개 밖에 없고(지자체별 하나씩), lambda는 각 지자체별 투입/산출변수별로 하나씩 있는, 즉 벡터 모양으로 추출됨을 알 수 있다.

명령어

```
> model$lambda
> model$thetaOpt
> result <- cbind(round(model$thetaOpt, 4), round(model$lambda, 4))
```

```
> model$lambda
                 [,1] [,2] [,3] [,4]           [,5]           [,6] [,7] [,8]
 [,9]        [,10]       [,11]     [,12]
 [1,] 1.000000e+00    0    0    0 0.000000e+00 0.000000e+00    0    0 0.000000e+00
0.000000e+00 0.000000000 0.0000000
 [2,] 1.157149e-01    0    0    0 0.000000e+00 3.901461e-02    0    0 0.000000e+00
0.000000e+00 0.000000000 0.0000000
(중간생략)
[15,] -3.381291e-18    0    0    0 0.000000e+00 -1.188341e-18    0    0 0.000000e+00
0.000000e+00 0.000000000 0.0000000
[16,] 1.720289e-01    0    0    0 2.744286e-01 4.511776e-02    0    0 0.000000e+00
0.000000e+00 0.005687686 0.0000000
[17,] 2.993002e-04    0    0    0 0.000000e+00 2.877382e-02    0    0 0.000000e+00
1.292975e-01 0.000000000 0.0000000
[,13]     [,14]          [,15] [,16] [,17]
[15,]     0 0.0000000  1.000000e+00     0     0
[16,]     0 0.0000000  0.000000e+00     0     0
[17,]     0 0.0000000  0.000000e+00     0     0
> model$thetaOpt
 [1] 1.0000000 0.8647053 0.5847563 0.7170255 1.0000000 1.0000000 0.8812258 1.00000
00 1.0000000 1.0000000 1.0000000
[12] 1.0000000 0.7070146 1.0000000 1.0000000 0.9451527 0.7643929
> result <- cbind(round(model$thetaOpt, 4), round(model$lambda, 4))
```

[처리결과화면]

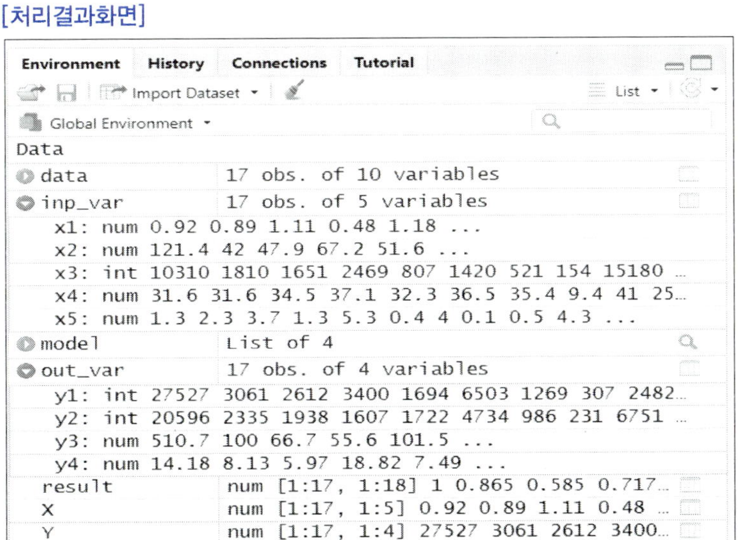

해석

처리 결과 화면을 보면, result의 경우 num 즉 수치형 자료로 채워져 있다고 말하고 있고, 자료의 구조는 열(1:17)과 행(1:18)으로 이루어져 있으며, 열은 총 1~17개, 행은 총 1~18개로 이루어져 있다고 말하고 있다.

[처리결과화면: View(result)]

	V1	V2	V3	V4	V5	V6	V7	V8	V9	V10	V11	V12	V13	V14	V15	V16	V17	V18
1	1.0000	1.0000	0	0	0	0.0000	0.0000	0	0	0.0000	0.0000	0.0000	0.000	0	0.0000	0.0000	0	0
2	0.8647	0.1157	0	0	0	0.0000	0.0390	0	0	0.0000	0.0000	0.0000	0.000	0	0.1242	0.1388	0	0
3	0.5848	0.0672	0	0	0	0.1101	0.0277	0	0	0.0000	0.0641	0.0000	0.000	0	0.0000	0.0649	0	0
4	0.7170	0.0410	0	0	0	0.0000	0.0000	0	0	0.0438	0.0000	0.2288	0.217	0	0.0000	0.0000	0	0
5	1.0000	0.0000	0	0	0	1.0000	0.0000	0	0	0.0000	0.0000	0.0000	0.000	0	0.0000	0.0000	0	0
6	1.0000	0.0000	0	0	0	0.0000	1.0000	0	0	0.0000	0.0000	0.0000	0.000	0	0.0000	0.0000	0	0
7	0.8812	0.0351	0	0	0	0.0000	0.0152	0	0	0.0000	0.1404	0.0000	0.000	0	0.0000	0.0000	0	0
8	1.0000	0.0000	0	0	0	0.0000	0.0000	0	1	0.0000	0.0000	0.0000	0.000	0	0.0000	0.0000	0	0
9	1.0000	0.0000	0	0	0	0.0000	0.0000	0	0	1.0000	0.0000	0.0000	0.000	0	0.0000	0.0000	0	0
10	1.0000	0.0000	0	0	0	0.0000	0.0000	0	0	0.0000	1.0000	0.0000	0.000	0	0.0000	0.0000	0	0
11	1.0000	0.0000	0	0	0	0.0000	0.0000	0	0	0.0000	0.0000	1.0000	0.000	0	0.0000	0.0000	0	0
12	1.0000	0.0000	0	0	0	0.0000	0.0000	0	0	0.0000	0.0000	0.0000	1.000	0	0.0000	0.0000	0	0
13	0.7070	0.0382	0	0	0	0.0000	0.0657	0	0	0.0000	0.2623	0.0000	0.000	0	0.0000	0.0000	0	0
14	1.0000	0.0000	0	0	0	0.0000	0.0000	0	0	0.0000	0.0000	0.0000	0.000	0	1.0000	0.0000	0	0
15	1.0000	0.0000	0	0	0	0.0000	0.0000	0	0	0.0000	0.0000	0.0000	0.000	0	0.0000	1.0000	0	0
16	0.9452	0.1720	0	0	0	0.2744	0.0451	0	0	0.0000	0.0000	0.0057	0.000	0	0.0000	0.0000	0	0
17	0.7644	0.0003	0	0	0	0.0000	0.0288	0	0	0.0000	0.1293	0.0000	0.000	0	0.0000	0.0000	0	0

Showing 1 to 17 of 17 entries. 18 total columns

해석

처리 결과 화면을 보면, 행의 첫 번째는 thethaOpt 값으로 채워져 있고, 이어서 lambda값이 채워져 있음을 볼 수 있다. 그리고 이들 두 값들은 모두 소수점 아래 네자리에서 정리되어 있음을 볼 수 있다.

③ 변수명(행(col)이름)과 객체명(열(row)이름) 바꾸기: colnames( ) & rownames( )

이번에는 data에서 첫 번째 열(row) 자료를 열이름(rownames)으로 저장시켜보자. 이 작업은 통계 처리 과정에서 가장 기본적으로 출발하게 되는 처리 내용이다.

명령어

```
> rownames(result) <- data[[1]] #data의 첫 번째 열(row) 자료를 열이름(rownames)으로
```

```
> rownames(result) <- data[1]] #data의 첫 번째 열(row) 자료를 열이름(rownames)으로
```

[처리결과화면]

Filter

	V1	V2	V3	V4	V5	V6	V7	V8	V9	V10	V11	V12	V13	V14	V15	V16	V17	V18
서울	1.0000	1.0000	0	0	0	0.0000	0.0000	0	0	0.0000	0.0000	0.0000	0.000	0	0.0000	0.0000	0	0
부산	0.8647	0.1157	0	0	0	0.0000	0.0390	0	0	0.0000	0.0000	0.0000	0.000	0	0.1242	0.1388	0	0
대구	0.5848	0.0672	0	0	0	0.1101	0.0277	0	0	0.0000	0.0641	0.0000	0.000	0	0.0000	0.0649	0	0
인천	0.7170	0.0410	0	0	0	0.0000	0.0000	0	0	0.0436	0.0000	0.2286	0.217	0	0.0000	0.0000	0	0
광주	1.0000	0.0000	0	0	0	1.0000	0.0000	0	0	0.0000	0.0000	0.0000	0.000	0	0.0000	0.0000	0	0
대전	1.0000	0.0000	0	0	0	0.0000	1.0000	0	0	0.0000	0.0000	0.0000	0.000	0	0.0000	0.0000	0	0
울산	0.8812	0.0351	0	0	0	0.0000	0.0152	0	0	0.0000	0.1404	0.0000	0.000	0	0.0000	0.0000	0	0
세종	1.0000	0.0000	0	0	0	0.0000	0.0000	0	1	0.0000	0.0000	0.0000	0.000	0	0.0000	0.0000	0	0
경기	1.0000	0.0000	0	0	0	0.0000	0.0000	0	0	1.0000	0.0000	0.0000	0.000	0	0.0000	0.0000	0	0
강원	1.0000	0.0000	0	0	0	0.0000	0.0000	0	0	0.0000	1.0000	0.0000	0.000	0	0.0000	0.0000	0	0
충북	1.0000	0.0000	0	0	0	0.0000	0.0000	0	0	0.0000	0.0000	1.0000	0.000	0	0.0000	0.0000	0	0
충남	1.0000	0.0000	0	0	0	0.0000	0.0000	0	0	0.0000	0.0000	0.0000	1.000	0	0.0000	0.0000	0	0
전북	0.7070	0.0382	0	0	0	0.0000	0.0657	0	0	0.0000	0.2623	0.0000	0.000	0	0.0000	0.0000	0	0
전남	1.0000	0.0000	0	0	0	0.0000	0.0000	0	0	0.0000	0.0000	0.0000	0.000	0	1.0000	0.0000	0	0
경북	1.0000	0.0000	0	0	0	0.0000	0.0000	0	0	0.0000	0.0000	0.0000	0.000	0	0.0000	1.0000	0	0
경남	0.9452	0.1720	0	0	0	0.2744	0.0451	0	0	0.0000	0.0000	0.0057	0.000	0	0.0000	0.0000	0	0
제주	0.7644	0.0003	0	0	0	0.0000	0.0288	0	0	0.0000	0.1293	0.0000	0.000	0	0.0000	0.0000	0	0

Showing 1 to 17 of 17 entries, 18 total columns

해석

처리 결과 화면을 보면, rownames가 1~17이었던 것이 data에서 첫 번째 row 자료인 서울~제주로 바뀌어 있음을 볼 수 있다.

이번에는 result의 행 이름을 첫 번째는 "Efficiency"를 시작으로, 다음에 이어서는 result에서 rownames를 가져다가 result의 col 이름(변수명)으로 바꾸라는 명령어를 작성해보자.

명령어

```
> colnames(result) <- c("Efficiency", rownames(result)) #변수명으로
```


```
> colnames(result) <- c("Efficiency", rownames(result)) #변수명으로
```

[처리결과화면: View(result)]

Filter

	Efficiency	서울	부산	대구	인천	광주	대전	울산	세종	경기	강원	충북	충남	전북	전남	경북	경남	제주
서울	1.0000	1.0000	0	0	0	0.0000	0.0000	0	0	0.0000	0.0000	0.0000	0.000	0	0.0000	0.0000	0	0
부산	0.8647	0.1157	0	0	0	0.0000	0.0390	0	0	0.0000	0.0000	0.0000	0.000	0	0.1242	0.1388	0	0
대구	0.5848	0.0672	0	0	0	0.1101	0.0277	0	0	0.0000	0.0641	0.0000	0.000	0	0.0000	0.0649	0	0
인천	0.7170	0.0410	0	0	0	0.0000	0.0000	0	0	0.0438	0.0000	0.2288	0.217	0	0.0000	0.0000	0	0
광주	1.0000	0.0000	0	0	0	1.0000	0.0000	0	0	0.0000	0.0000	0.0000	0.000	0	0.0000	0.0000	0	0
대전	1.0000	0.0000	0	0	0	0.0000	1.0000	0	0	0.0000	0.0000	0.0000	0.000	0	0.0000	0.0000	0	0
울산	0.8812	0.0351	0	0	0	0.0000	0.0152	0	0	0.0000	0.1404	0.0000	0.000	0	0.0000	0.0000	0	0
세종	1.0000	0.0000	0	0	0	0.0000	0.0000	0	1	0.0000	0.0000	0.0000	0.000	0	0.0000	0.0000	0	0
경기	1.0000	0.0000	0	0	0	0.0000	0.0000	0	0	1.0000	0.0000	0.0000	0.000	0	0.0000	0.0000	0	0
강원	1.0000	0.0000	0	0	0	0.0000	0.0000	0	0	0.0000	1.0000	0.0000	0.000	0	0.0000	0.0000	0	0
충북	1.0000	0.0000	0	0	0	0.0000	0.0000	0	0	0.0000	0.0000	1.0000	0.000	0	0.0000	0.0000	0	0
충남	1.0000	0.0000	0	0	0	0.0000	0.0000	0	0	0.0000	0.0000	0.0000	1.000	0	0.0000	0.0000	0	0
전북	0.7070	0.0382	0	0	0	0.0000	0.0657	0	0	0.0000	0.2623	0.0000	0.000	0	0.0000	0.0000	0	0
전남	1.0000	0.0000	0	0	0	0.0000	0.0000	0	0	0.0000	0.0000	0.0000	0.000	0	1.0000	0.0000	0	0
경북	1.0000	0.0000	0	0	0	0.0000	0.0000	0	0	0.0000	0.0000	0.0000	0.000	0	0.0000	1.0000	0	0
경남	0.9452	0.1720	0	0	0	0.2744	0.0451	0	0	0.0000	0.0000	0.0057	0.000	0	0.0000	0.0000	0	0
제주	0.7644	0.0003	0	0	0	0.0000	0.0288	0	0	0.0000	0.1293	0.0000	0.000	0	0.0000	0.0000	0	0

Showing 1 to 17 of 17 entries. 18 total columns

해석

처리 결과 화면을 보면, col 이름이 v1~v18이었던 것이 첫 번째는 Efficiency로, 그 다음에는 서울~제주까지 result의 rownames인 서울~제주로 대체되었음을 볼 수 있다.

④ 반복적으로 특정 항목을 전치하기(행렬바꾸기): for( )와 t( )

이번에는 데이터셋 안에서 특정 항목을 반복적으로 추출하는 방법을 연습해보자. 우선 앞서 진행한 작업에 이어서 데이터셋 data로부터 자료를 가져와서 전치한 후 전치한 데이터에서 열(객체)에서 첫 번째를 빼고 나머지를 남기고, 행은 i순서대로 반복해서 Values라는 변수로 처리하라는 명령어를 작성해보자. 전치한 자료에서 첫 번째 열(객체)을 빼는 이유는 해당 자료가 region을 보여주는 자료이기 때문에 불필요하기 때문이다. 또한 이에 앞서 binding 데이터셋을 빈칸으로 미리 생성해두고, for 구문으로 작업한 내용을 이 binding 데이터셋에 채워넣도록 명령어를 구성하자. 데이터를 전치하라는 작업은 t( ) 함수를 사용한다.

명령어

```
> binding <- c()
> for(i in 1:dim(result)[1]){ #result의 열과 행 가운데 열 정보만 추출
+  Values = as.numeric(t(data)[-1, i]) #t(): transpose 전치(행렬 바꾸기); 전치한 data
에서 1행(region) 빼기, i는 반복
```

```
+   binding = cbind(binding, Values)
+ }
> View(binding)
```

```
> binding <- c()
> for(i in 1:dim(result)[1]){ #result의 열과 행 가운데 열 정보만 추출
+  Values = as.numeric(t(data)[-1, i])#t(): transpose 전치(행렬 바꾸기); 전치한 data
에서 1행(region) 빼기, i는 반복
+   binding = cbind(binding, Values)
+ }
> View(binding)
```

[처리결과화면]

Filter

	Values	Values	Values	Values	Values	Values	Values	Values	Values	Values	Values	Values	Values	Values	Values	Values
1	0.92	0.89	1.11	0.48	1.18	13.72	0.37	3.98	0.58	0.61	0.83	0.42	1.55	0.37	0.59	1.
2	121.40	42.00	47.90	67.20	51.60	234.00	67.40	154.80	135.00	43.80	76.60	79.60	49.90	25.00	72.30	58.
3	10310.00	1810.00	1651.00	2469.00	807.00	1420.00	521.00	154.00	15180.00	541.00	1389.00	1681.00	889.00	669.00	1683.00	2187.
4	31.60	31.60	34.50	37.10	32.30	36.50	35.40	9.40	41.00	25.00	36.20	42.70	16.70	36.30	47.80	26.
5	1.30	2.30	3.70	1.30	5.30	0.40	4.00	0.10	0.50	4.30	0.90	3.00	2.00	7.60	4.00	1.
6	27527.00	3061.00	2612.00	3400.00	1694.00	6503.00	1269.00	307.00	24820.00	1459.00	1861.00	3492.00	1860.00	1616.00	4633.00	3738.
7	20596.00	2335.00	1938.00	1607.00	1722.00	4734.00	986.00	231.00	6751.00	1366.00	1003.00	1146.00	1455.00	438.00	2230.00	1453.
8	510.70	100.00	66.70	55.60	101.50	537.50	26.80	1.50	484.40	22.50	59.70	65.80	35.80	76.90	74.80	140.
9	14.18	8.13	5.97	18.82	7.49	22.39	0.28	7.53	52.47	14.92	34.28	37.32	3.67	0.20	40.28	5.

Showing 1 to 9 of 9 entries, 17 total columns

⑤ 반복적으로 특정 항목을 추출하기: for( )

또 다른 반복문을 연습해볼까! 앞서 진행한 작업에 이어서 데이터셋 data와 결과물로 도출된 result를 대상으로 동시에 진행하도록 하자. 앞서 처리한 대로 데이터셋 data로부터는 자료를 가져와서 전치(행렬바꾸기)한 후 전치한 데이터에서 열(객체)에서 첫 번째를 빼고(∵ 불필요한 region 자료) 나머지를 남기고, 행은 i순서대로 반복해서 Values라는 변수로 처리하라는 명령어를 작성한다. 한편 result에 대해서는 그 안에 들어 있는 자료 가운데 각 지자체별로 Value, Lambdas를 추출하고, 이 둘을 곱한 값을 Total로 저장하라는 명령어를 작성해 보자. 앞선 처리결과화면을 살펴보면, 열에는 객체명으로 서울~제주 등 지자체 이름이 놓여 있고, 행에는 Efficiency와 서울~제주까지의 지자체명이 나와 있다. 여기서는 서울을 대상으로만 관련 자료를 추출하려고 한다. 따라서 다른 지자체 자료만 매칭시키면 된다. 이를 위해 구체적으로는 result 데이터에서 열(객체)에서는 첫 번째것만(왜냐하면 그게 서울이니까), 행(변수)은 i+1번째(왜냐하면 첫 번째는 불필요한 Efficiency값이니까) 순서대로 반복하라는 명령어가 필요하다.

명령어

```
> for(i in 1:dim(result)[1]){   #result의 열과 행(변수) 가운데 열(객체) 정보만 추출
+   Values = as.numeric(t(data)[-1, i]) # t(): transpose 전치(행렬 바꾸기); 전치한 data에서 1행(region) 빼기, i는 반복
+   Lambdas = as.numeric(result[1, i+1]) #result 열에서 첫번째것만(서울이니까), 행은 i+1번째 순서대로
+   Total = Values*Lambdas
+ }
```

```
> for(i in 1:dim(result)[1]){   #result의 열과 행(변수) 가운데 열(객체) 정보만 추출
+   Values = as.numeric(t(data)[-1, i]) #t(): transpose 전치(행렬 바꾸기); 전치한 data에서 1행(region) 빼기, i는 반복
+   Lambdas = as.numeric(result[1, i+1]) #result 열에서 첫번째것만(서울이니까), 행은 i+1번째 순서대로
+   Total = Values*Lambdas
+ }
```

※dim( )※

결과물로 도출된 result를 대상으로 dim( ) 함수의 기능을 살펴보자. 우선 dim( )은 (열)객체 수와 (행)변수 수를 보여준다. Result의 (열)객체 수는 17개, (행)변수 수는 18개임을 알 수 있다. 한편 dim( )[ ]를 사용하게 되면 [ ] 안에 기재하는 조건에 따라 추출 내용이 달라진다. 예를 들어 dim( )[1]로 처리할 경우에는 열과 행 정보 가운데 열 정보만 추출하게 된다. 또한 dim( )[2]로 처리할 경우에는 행 정보만 추출하게 된다.

명령어

```
> dim(result)
> dim(result)[1]
> dim(result)[2]
```

```
> dim(result) #(열)객체 수와 (행)변수 수를 보여준다
[1] 17 18

> dim(result)[1]
[1] 17

> dim(result)[2]
[1] 18
```

※data[ ]※

기본 data를 대상으로 data[ ]의 기능을 살펴보자. [ ] 안에는 [객체명, 변수명]으로 기록된다.

명령어

```
> data[1,-1] # 1번 객체만, 1번 변수만 빼고 나머지를
> data[1,1] # 1번 객체만, 1번 변수만
> data[,1] # 1번 변수만
> data[-1,1] # 1번객체만 빼고 나머지, 1번 변수만
```

```
> data[1,-1] # 1번 객체만, 1번 변수만 빼고 나머지를
    x1    x2    x3   x4  x5    y1    y2    y3    y4
1 0.92 121.4 10310 31.6 1.3 27527 20596 510.7 14.18
> data[1,1] # 1번 객체만, 1번 변수만
[1] "서울"
> data[,1] # 1번 변수만
 [1] "서울" "부산" "대구" "인천" "광주" "대전" "울산" "세종" "경기" "강원" "충북" "충남
" "전북" "전남"
[15] "경북" "경남" "제주"
> data[-1,1] # 1번객체만 빼고 나머지, 1번 변수만
 [1] "부산" "대구" "인천" "광주" "대전" "울산" "세종" "경기" "강원" "충북" "충남" "전북
" "전남" "경북"
[15] "경남" "제주"
```

[View(data)]

Filter

	region	x1	x2	x3	x4	x5	y1	y2	y3	y4
1	서울	0.92	121.4	10310	31.6	1.3	27527	20596	510.7	14.18
2	부산	0.89	42.0	1810	31.6	2.3	3061	2335	100.0	8.13
3	대구	1.11	47.9	1651	34.5	3.7	2612	1938	66.7	5.97
4	인천	0.48	67.2	2469	37.1	1.3	3400	1607	55.6	18.82
5	광주	1.18	51.6	807	32.3	5.3	1694	1722	101.5	7.49
6	대전	13.72	234.0	1420	36.5	0.4	6503	4734	537.5	22.39
7	울산	0.37	67.4	521	35.4	4.0	1269	986	26.8	0.28
8	세종	3.98	154.8	154	9.4	0.1	307	231	1.5	7.53
9	경기	0.58	135.0	15180	41.0	0.5	24820	6751	484.4	52.47
10	강원	0.61	43.8	541	25.0	4.3	1459	1366	22.5	14.92
11	충북	0.83	76.6	1389	36.2	0.9	1861	1003	59.7	34.28
12	충남	0.42	79.6	1681	42.7	3.0	3492	1146	65.8	37.32
13	전북	1.55	49.9	889	16.7	2.0	1860	1455	35.8	3.67
14	전남	0.37	25.0	669	36.3	7.6	1616	438	76.9	0.20
15	경북	0.59	72.3	1683	47.8	4.0	4633	2230	74.8	40.28
16	경남	1.17	58.6	2187	26.5	1.8	3738	1453	140.3	5.70
17	제주	0.62	28.9	149	23.0	6.0	384	319	6.7	1.08

[처리결과화면]

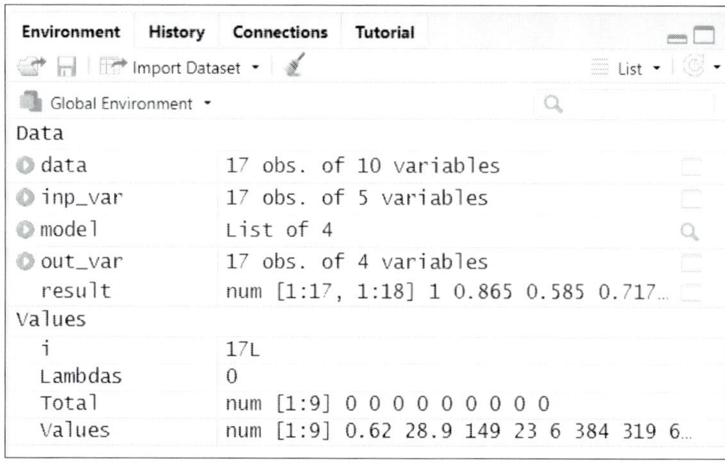

해석

처리 결과 화면을 보면, i=17L로 나와 있는데 이는 객체가 모두 17개임을 표현한다. 또한 lambdas는 수치형(num)으로 1:9개의 값이 있고, Values도 수치형(num)으로 1:9개의 값이 있다. 그리고 이들 두개를 곱한 값인 Total이 수치형(num)으로 1:9개의 값이 있음을 볼 수 있다.

이번에는 binding 빈 데이터셋을 만들어 놓고, for 구문을 처리해보자. 이때 for 구문 안에 binding = cbind(binding, Values, Lambdas, Total)를 삽입해 두고 처리하도록 하자.

명령어

```
> binding <- c()
> for(i in 1:dim(result)[1]){ #result의 열(객체)과 행(변수) 가운데 열(객체) 정보만 추출
+  Values = as.numeric(t(data)[-1, i]) #t(): transpose 전치(행렬 바꾸기); 전치한 data
에서 1행(region) 빼기, i는 반복
+   Lambdas = as.numeric(result[1, i+1]) #result 열에서 첫번째것만(서울이니까), 행은
i+1번째 순서대로
+   Total = Values*Lambdas
+   binding = cbind(binding, Values, Lambdas, Total)
+ }
```

```
> binding <- c()
```

```
> for(i in 1:dim(result)[1]){ #result의 열(객체)과 행(변수) 가운데 열(객체) 정보만 추출
+   Values = as.numeric(t(data)[-1, i]) #t(): transpose 전치(행렬 바꾸기); 전치한 data
에서 1행(region) 빼기, i는 반복
+   Lambdas = as.numeric(result[1, i+1]) #result 열에서 첫번째것만(서울이니까), 행은
i+1번째 순서대로
+   Total = Values*Lambdas
+   binding = cbind(binding, Values, Lambdas, Total)
+ }
```

[처리결과화면]

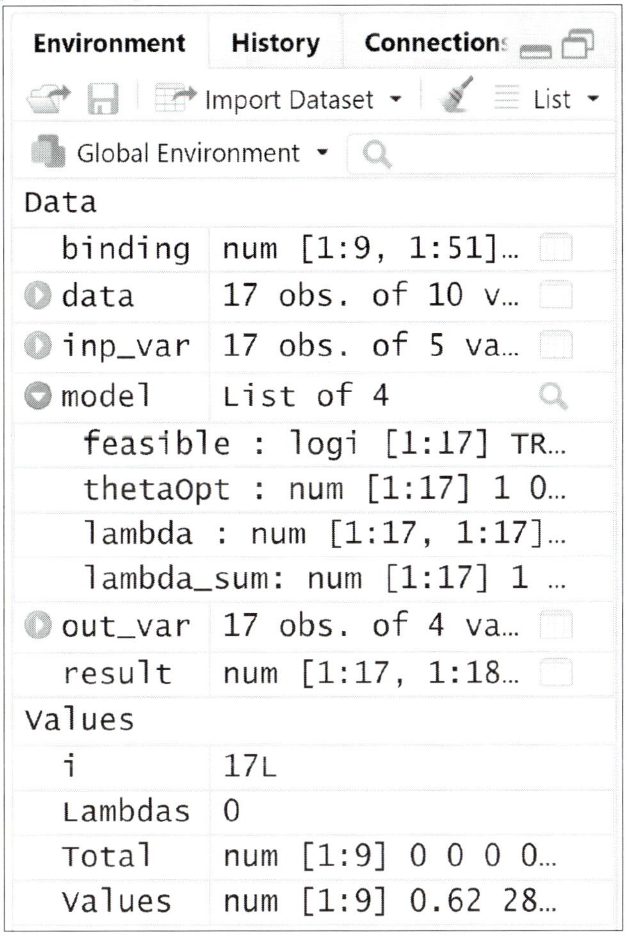

[처리결과화면: View(binding)]

Filter Cols: « < 1 - 50 > »

	Values	Lambdas	Total	Values	Lambdas	Total	Values	Lambdas	Total	Values	Lambdas	Total	Values	Lambdas	Total	Values	Lambdas	Total
1	0.92	1	0.92	0.89	0	0	1.11	0	0	0.48	0	0	1.18	0	0	13.72	0	0
2	121.40	1	121.40	42.00	0	0	47.90	0	0	67.20	0	0	51.60	0	0	234.00	0	0
3	10310.00	1	10310.00	1810.00	0	0	1651.00	0	0	2469.00	0	0	807.00	0	0	1420.00	0	0
4	31.60	1	31.60	31.60	0	0	34.50	0	0	37.10	0	0	32.30	0	0	36.50	0	0
5	1.30	1	1.30	2.30	0	0	3.70	0	0	1.30	0	0	5.30	0	0	0.40	0	0
6	27527.00	1	27527.00	3061.00	0	0	2612.00	0	0	3400.00	0	0	1694.00	0	0	6503.00	0	0
7	20596.00	1	20596.00	2335.00	0	0	1938.00	0	0	1607.00	0	0	1722.00	0	0	4734.00	0	0
8	510.70	1	510.70	100.00	0	0	66.70	0	0	55.60	0	0	101.50	0	0	537.50	0	0
9	14.18	1	14.18	8.13	0	0	5.97	0	0	16.82	0	0	7.49	0	0	22.39	0	0

Showing 1 to 9 of 9 entries, 51 total columns

해석

처리 결과 화면을 보면, 객체로는 총 9개(이는 투입,산출변수 숫자와 동일), 오른쪽으로 가면서 Values, Lambdas, Total이 반복적으로 지자체 총 17개 숫자만큼 상이한 데이터(총 51개 =17개 지자체*각 3개 자료)를 보여주고 있다.

이제 여기에 Total값을 합한 Total_sum을 추가하고, 서울의 투입,산출변수별 value값을 추가하고 이들을 각각 차이값을 구해서 ex_use로 저장해보자.

명령어

```
> Total_sum = apply(binding[, seq(from=3, to=dim(binding)[2], by=3)], 1, sum) # seq
()는 수열을 생성하는 함수 dim(bindig)[2]는 binding의 차원값(r=9, c=54)중 두번째 열길이
54 반환
> ex_use = as.numeric(data[1, -1]) - Total_sum # apply() 는 가로, 혹은 세로의 통계처리
담당
> binding = cbind(binding, Total_sum, Value=as.numeric(data[1, -1]), ex_use) #data
에서 첫번째가 서울이니까 1
```


```
> Total_sum = apply(binding[, seq(from=3, to=dim(binding)[2], by=3)], 1, sum) # seq
()는 수열을 생성하는 함수 dim(bindig)[2]는 binding의 차원값(r=9, c=54)중 두번째 열길이
54 반환
> ex_use = as.numeric(data[1, -1]) - Total_sum # apply() 는 가로, 혹은 세로의 통계처리
담당
> binding = cbind(binding, Total_sum, Value=as.numeric(data[1, -1]), ex_use) #data
에서 첫번째가 서울이니까 1
```

[처리결과화면: binding에 Total_sum 추가]

Total	Values	Lambdas	Total	Values	Lambdas	Total	Values	Lambdas	Total	Total_sum
0	0.59	0	0	1.17	0	0	0.62	0	0	0.92
0	72.30	0	0	58.60	0	0	28.90	0	0	121.40
0	1683.00	0	0	2187.00	0	0	149.00	0	0	10310.00
0	47.80	0	0	26.50	0	0	23.00	0	0	31.60
0	4.00	0	0	1.80	0	0	6.00	0	0	1.30
0	4633.00	0	0	3738.00	0	0	384.00	0	0	27527.00
0	2230.00	0	0	1453.00	0	0	319.00	0	0	20596.00
0	74.80	0	0	140.30	0	0	6.70	0	0	510.70
0	40.28	0	0	5.70	0	0	1.08	0	0	14.18

Showing 1 to 9 of 9 entries, 52 total columns

해석

처리결과화면을 살펴보면, 맨 오른쪽에 Total_sum이 생성되어 있음을 볼 수 있다.

[처리결과화면: binding에 ex_use 추가]

Total	Values	Lambdas	Total	Values	Lambdas	Total	Values	Lambdas	Total	Total_sum
0	0.59	0	0	1.17	0	0	0.62	0	0	0.92
0	72.30	0	0	58.60	0	0	28.90	0	0	121.40
0	1683.00	0	0	2187.00	0	0	149.00	0	0	10310.00
0	47.80	0	0	26.50	0	0	23.00	0	0	31.60
0	4.00	0	0	1.80	0	0	6.00	0	0	1.30
0	4633.00	0	0	3738.00	0	0	384.00	0	0	27527.00
0	2230.00	0	0	1453.00	0	0	319.00	0	0	20596.00
0	74.80	0	0	140.30	0	0	6.70	0	0	510.70
0	40.28	0	0	5.70	0	0	1.08	0	0	14.18

Showing 1 to 9 of 9 entries, 52 total columns

다음에는 서울의 투입, 산출변수랑 region명을 binding 데이터셋에 추가시키자.

명령어

```
> total.binding <- data.frame(V=colnames(data)[-1], region=data[1, 1], binding)
```


```
> total.binding <- data.frame(V=colnames(data)[-1], region=data[1, 1], binding)
```

[처리결과화면: View(total.binding)]

Filter Cols: « < 1 - 50 > »

	V	region	Values	Lambdas	Total	Values.1	Lambdas.1	Total.1	Values.2	Lambdas.2	Total.2
1	x1	서울	0.92	1	0.92	0.89	0	0	1.11	0	
2	x2	서울	121.40	1	121.40	42.00	0	0	47.90	0	
3	x3	서울	10310.00	1	10310.00	1810.00	0	0	1651.00	0	
4	x4	서울	31.60	1	31.60	31.60	0	0	34.50	0	
5	x5	서울	1.30	1	1.30	2.30	0	0	3.70	0	
6	y1	서울	27527.00	1	27527.00	3061.00	0	0	2612.00	0	
7	y2	서울	20596.00	1	20596.00	2335.00	0	0	1938.00	0	
8	y3	서울	510.70	1	510.70	100.00	0	0	66.70	0	
9	y4	서울	14.18	1	14.18	8.13	0	0	5.97	0	

Showing 1 to 9 of 9 entries, 56 total columns

그리고 한 줄 넣기를 하는데, 변수명으로 V와 region을 넣어 주고, 지자체 이름을 넣어주고(data에서 첫번째 행(지자체명) 내용을 3번 반복하라는 명령어), 마지막에 서울을 세번 넣어주라는 명령어를 작성해보자.

명령어

```
> new.binding <- rbind(c("V", "region", rep(data[, 1], each=3), rep(data[1, 1], 3
)), total.binding) #data에서 첫번째가 서울이니까 1
```


```
> new.binding <- rbind(c("V", "region", rep(data[, 1], each=3), rep(data[1, 1], 3
)), total.binding) #data에서 첫번째가 서울이니까 1
```


[처리결과화면]

Filter Cols: « < 1 - 50 > »

	V	region	Values	Lambdas	Total	Values.1	Lambdas.1	Total.1	Values.2	Lambdas.2	Total.2	Values.3	Lambdas.3
1	V	region	서울	서울	서울	부산	부산	부산	대구	대구	대구	인천	인천
2	x1	서울	0.92	1	0.92	0.89	0	0	1.11	0	0	0.48	0
3	x2	서울	121.4	1	121.4	42	0	0	47.9	0	0	67.2	0
4	x3	서울	10310	1	10310	1810	0	0	1651	0	0	2469	0
5	x4	서울	31.6	1	31.6	31.6	0	0	34.5	0	0	37.1	0
6	x5	서울	1.3	1	1.3	2.3	0	0	3.7	0	0	1.3	0
7	y1	서울	27527	1	27527	3061	0	0	2612	0	0	3400	0
8	y2	서울	20596	1	20596	2335	0	0	1938	0	0	1607	0
9	y3	서울	510.7	1	510.7	100	0	0	66.7	0	0	55.6	0
10	y4	서울	14.18	1	14.18	8.13	0	0	5.97	0	0	18.82	0

Showing 1 to 10 of 10 entries, 56 total columns

[처리결과화면]

Filter Cols: « ‹ 7 - 56 › »

Values.15	Lambdas.15	Total.15	Values.16	Lambdas.16	Total.16	Total_sum	Value	ex_use
경남	경남	경남	제주	제주	제주	서울	서울	서울
1.17	0	0	0.62	0	0	0.92	0.92	0
58.6	0	0	28.9	0	0	121.4	121.4	0
2187	0	0	149	0	0	10310	10310	0
26.5	0	0	23	0	0	31.6	31.6	0
1.8	0	0	6	0	0	1.3	1.3	0
3738	0	0	384	0	0	27527	27527	0
1453	0	0	319	0	0	20596	20596	0
140.3	0	0	6.7	0	0	510.7	510.7	0
5.7	0	0	1.08	0	0	14.18	14.18	0

Showing 1 to 10 of 10 entries, 56 total columns

해석

처리결과 화면을 살펴보면, 지자체명이 세 번씩 반복되어 있고, 맨 오른쪽에는 해당 지자체인 '서울'이 세번 명시되어 있다.

5) 오류 발생 시 예외처리하기: tryCatch( )

반복 작업을 위해 for 구문을 사용하다보면 중간에 오류 발생으로 전체 작업이 취소되는 경우가 있다. 이렇게 되면 지금까지 진행한 작업이 한번에 다 소용없게 되는데 중간에 여러 가지 이유로 작업이 이루어지지 않는 경우가 발생해도(예, 날짜가 빠져 있거나) 해당 부분을 생략하고 다음 작업으로 진행될 수 있게 하는 방법은 없을까? 당연히 있다. 중간에 작업이 이루어지지 않는 경우가 발생하면 그 경우만 생략하고 다음 작업으로 진행하라는 명령어를 작성하면 된다. 이를 위해 사용되는 함수가 tryCatch( )이다. 연습을 위해 우선 data.frame( ) 함수로 1~5까지 숫자를 생성하고, 4는 숫자가 아니라 문자로 생성하도록 하자. 생성결과를 반환할 파일명은 number로 하고, 생성후 내용을 str( ) 함수로 확인해보자.

명령어

```
> number = data.frame(1,2,3,"4",5, stringsAsFactors = FALSE)
> str(number)
```

```
> number = data.frame(1,2,3,"4",5, stringsAsFactors = FALSE)
> str(number)
'data.frame':	1 obs. of  5 variables:
 $ X1  : num 1
 $ X2  : num 2
 $ X3  : num 3
 $ X.4.: chr "4"
 $ X5  : num 5
```

[처리결과화면]

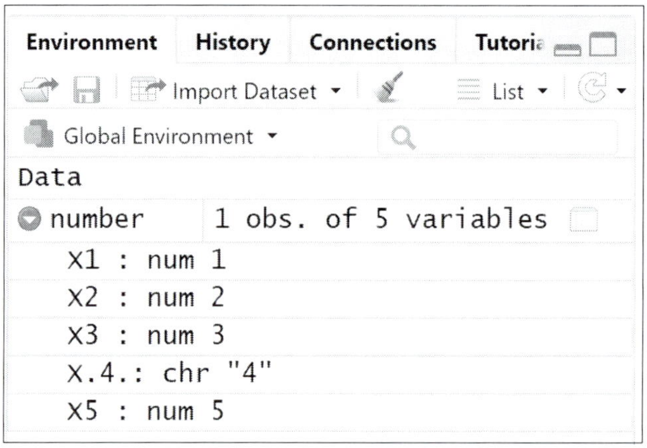

해석

내용을 살펴보면 1~5까지 숫자(num으로 표시)가 생성되었고, 4는 chr로 생성되었음을 알 수 있다.

이제 생성된 숫자들을 차례로 print하라는 명령어를 작성해보자. 사용할 함수는 당연히 for( )이다.

명령어

```
> for (i in number) {
+   print(i^2)
+ }
```

```
> for (i in number) {
+   print(i^2)
+ }
[1] 1
[1] 4
[1] 9
Error in i^2 : non-numeric argument to binary operator
```

해석

처리결과를 살펴보면, “”라는 메시지가 뜬다. 이는 숫자가 아닌 형태의 자료가 있어서 처리가 멈추었다는 의미이다. 명령어가 각 숫자를 제곱하도록 되어 있는데 문자형 자료는 제곱처리가 안되기 때문이다.

위에 생성된 에러 메시지가 안뜨고 잘못된 부분이 있으면 예외처리하고 나머지를 처리하라는 명령어를 작성해보자. 여기에 덧붙여 에러 발생시 해당 순서에 “Error: 해당숫자”라고 프린트하라고 명령어를 덧붙여보자.

명령어

```
> for (i in number) {
+   tryCatch({
+     print(i^2)
+   }, error = function(e) {
+     print(paste('Error:', i)) #"Error: 숫자"라는 형태로 프린트하기
+   })
+ }
```

```
> for (i in number) {
+   tryCatch({
+     print(i^2)
+   }, error = function(e) {
+     print(paste('Error:', i))
+   })
+ }
[1] 1
[1] 4
[1] 9
```

```
[1] "Error: 4"
[1] 25
```

※tryCatch( ) 구조※

오류 발생 예외처리하기는 tryCatch( ) 함수를 사용하며 기본적인 구조는 다음과 같다:

명령어

```
> 결과반환파일명 = tryCatch({
  실행구문코드
}, warning = function(w) {
  경고발생시 실행구문
}, error = function(e) {
  오류발생시 실행구문
}, finally = {
  오류와무관하게 무조건수행할 구문
})
```

해석

구조를 살펴보면 "경고발생시 실행할 구문", "오류발생 시 실행할 구문", "오류와 무관하게 무조건 수행할 구문"으로 되어 있다. 이 가운데 "finally"는 오류와 관계없이 무조건 수행할 구문을 의미한다(이 부분은 생략이 가능함). 또한 for 구문과 혼합해서 사용할 경우 일반적으로 "오류발생 시 실행할 구문"만 흔히 간단하게 사용된다.

간략하게 for 구문과 사용되는 tryCatch( ) 함수의 구조는 다음과 같다:

명령어

```
for (i in 데이터셋) {
  tryCatch({
    실행구문코드
  }, error = function(e) {
    오류발생시 실행구문코드
  })
}
 for (I in number) {
tryCatch({
  실행구문코드
}, warning = function(w) {
  경고발생시 실행구문
}, error = function(e) {
  오류발생시 실행구문
```

```
}, finally = {
  오류와무관하게 무조건수행할 구문
})
```

6) 문자 전환하기: gsub( )

자료에 담겨 있는 내용에서 소문자를 대문자로 바꾸거나 반대로 대문자를 소문자로 바꾸려면 gsub( ) 함수를 사용하면 된다. 우선 연습 데이터를 만들어보자.

명령어

```
> firm=c("R1", "R2", "R3")
> variable=c("C1", "C2", "C3")
> string=c("an apple", "this is an apple", "all apples are delicious")
> analysis6=data.frame(firm, variable, string)
```

이렇게 만든 데이터 내용을 확인해보자.

명령어

```
> analysis6
```

```
> analysis6
  firm variable                   string
1   R1       C1                 an apple
2   R2       C2         this is an apple
3   R3       C3 all apples are delicious
```

해석

처리 결과 화면을 보면, 변수 firm, variable, string에 대해 객체 3개가 매트릭스로 형성되어 있음을 알 수 있다.

① 소문자를 대문자로 전환하기

Analysis6 파일 내용에서 변수 string의 경우 소문자 a가 많이 보인다. 이 소문자 a를 대문자 A로바꾸도록 명령어를 작성해보자. 이때 사용되는 것이 gsub( ) 함수이며, gsub( )의 구성은 gsub("찾을것", "바꿀것", 열지정)이다. 전환 작업을 마친 뒤 파일 내용을 확인해 보자.

명령어

```
> analysis6$string <-gsub("a", "A", analysis6$string)
> analysis6
```

```
> analysis6$string <-gsub("a", "A", analysis6$string)
> analysis6
  firm variable                   string
1   R1       C1                 An Apple
2   R2       C2         this is An Apple
3   R3       C3 All Apples Are delicious
```

해석

처리 결과 화면을 보면, 소문자 a가 모두 대문자 A로 바뀌었음을 알 수 있다.

② 애플을 오렌지로 전환하기

자료에 담겨 있는 내용에서 특정한 단어를 다른 단어로 전환하는 작업도 가능하다. 앞서 다룬 파일을 사용하여 이를 연습해 보자. 방식은 동일하고, 작업을 마친 뒤 전환 결과를 확인해 보자.

명령어

```
> analysis6$string <-gsub("Apple", "Orange", analysis6$string)
```

```
> analysis6$string <-gsub("apple", "orange", analysis6$string)
> analysis6
  firm variable                   string
1   R1       C1                An Orange
2   R2       C2        this is An Orange
3   R3       C3 All Orange Are delicious
```

해석

처리 결과 화면을 보면, apple이 orange로 바뀌었음을 알 수 있다.

③ 같은 문자 중에 특정한 것만 전환하기

자료에 담겨 있는 내용에서 모든 문자를 바꿀게 아니라 특정한 몇 개만 바꾸는 방법도 있다. 앞서 다룬 파일을 사용하여 이를 연습해 보자. 우선 문자열 가장 앞에 등장한 A만 소문자로 전환시켜보자. 데이터 파일(analysis6)을 불러와 작업을 마친 뒤 전환 결과를 확인해 보자.

[약속문자]

작업 내용	명령어
문자열 맨 앞	^ *이 기호는 전환하고자 하는 문자 앞에 사용(예: "^A")
문자열 맨 끝	$ *이 기호는 전환하고자 하는 문자 뒤에 사용(예: "e$")
제거하라	"" *이 기호는 전환하고자 하는 문자에대한 작업표시 다음에 사용(예: "e$", "")

명령어

```
> analysis6$string <-gsub("^A", "a", analysis6$string)
```

```
> analysis6$string <-gsub("^A", "a", analysis6$string)
> analysis6
  firm variable                string
1   R1       C1              an Apple
2   R2       C2      this is An Apple
3   R3       C3 all Apples Are delicious
```

④ 특정한 문자만 제거하기

이번에는 문자열 가장 끝에 있는 e를 찾아 없애라는 명령어를 작성해 보자. 데이터 파일(analysis6)을 불러와 작업을 마친 뒤 전환 결과를 확인해 보자.

명령어

```
> analysis6$string <-gsub("e$", "", analysis6$string)
```

```
> analysis6$string <-gsub("e$", "", analysis6$string)
> analysis6
  firm variable                  string
1   R1        C1                 an Appl
2   R2        C2          this is An Appl
3   R3        C3 all Apples Are delicious
```

해석

처리 결과 화면을 보면, 문자열 가장 끝에 있는 e가 모두 제거되었음을 볼 수 있다.

7) 행렬 전환하기: melt( ), cast( )

자료에 담겨 있는 내용에서 행렬을 오가며 행렬을 바꾸면서 작업을 하고 싶을 때는 melt( ) 함수와 cast( ) 함수를 사용하면 된다. 철을 용광로에서 녹여서 다시 거푸집에 녹인 철물을 넣어 모양을 만든다고 해서 melt( )와 cast( ) 함수라고 한다. 우선 연습 데이터를 불러오자. 패키지 reshape를 설치하고 불러오면 패키지가 제공하는 airquality 데이터셋이 있다(참조: reshape2 패키지도 있음). 이를 불러오자.

데이터셋의 행과 열을 기준으로 정보를 분해하고 싶을 때는 melt( ) 함수를 사용하고, 하나의 기준(예,날짜별, 월별, 변수별)을 중심으로 나누는 작업을 하고 싶을 때는 cast( ) 함수를 사용한다. 이는 단순히 행과 열을 바꾸어 주는 명령어가 아니다. 속칭 melt( ) 함수는 녹이는 작업이고, cast( ) 함수는 모양을 만드는 함수라고 비유하기도 한다.

명령어

```
> install.packages("reshape")
> library(reshape)
```

```
> install.packages("reshape")
WARNING: Rtools is required to build R packages but is not currently installed. Pleas
```

```
e download and install the appropriate version of Rtools before proceeding:
https://cran.rstudio.com/bin/windows/Rtools/
Installing package into 'C:/Users/yangohsuk/Documents/R/win-library/3.5'
(as 'lib' is unspecified)
trying URL 'https://cran.rstudio.com/bin/windows/contrib/3.5/reshape_0.8.8.zip'
Content type 'application/zip' length 168361 bytes (164 KB)
downloaded 164 KB
package 'reshape' successfully unpacked and MD5 sums checked
The downloaded binary packages are in
      C:\Users\yangohsuk\AppData\Local\Temp\RtmpmSWI14\downloaded_packages
> library(reshape)
다음의 패키지를 부착합니다: 'reshape'
The following objects are masked from 'package:reshape2':
    colsplit, melt, recast
```

명령어

```
> install.packages("reshape")
> require(reshape)
> install.packages("reshape2")
> require(reshape2)
```

```
> install.packages("reshape")
WARNING: Rtools is required to build R packages but is not currently installed. Pleas
e download and install the appropriate version of Rtools before proceeding:
https://cran.rstudio.com/bin/windows/Rtools/
Installing package into 'C:/Users/osyan/Documents/R/win-library/3.6'
(as 'lib' is unspecified)
URL 'https://cran.rstudio.com/bin/windows/contrib/3.6/reshape_0.8.8.zip'을 시도합
니다
Content type 'application/zip' length 171259 bytes (167 KB)
downloaded 167 KB
package 'reshape' successfully unpacked and MD5 sums checked
The downloaded binary packages are in
      C:\Users\osyan\AppData\Local\Temp\RtmpqYwnXB\downloaded_packages
> require(reshape)
필요한 패키지를 로딩중입니다: reshape
다음의 패키지를 부착합니다: 'reshape'
The following objects are masked from 'package:plyr':
    rename, round_any
경고메시지(들):
패키지 'reshape'는 R 버전 3.6.2에서 작성되었습니다
```

```
> install.packages("reshape2")
WARNING: Rtools is required to build R packages but is not currently installed. Pleas
e download and install the appropriate version of Rtools before proceeding:
https://cran.rstudio.com/bin/windows/Rtools/
Installing package into 'C:/Users/osyan/Documents/R/win-library/3.6'
(as 'lib' is unspecified)
URL 'https://cran.rstudio.com/bin/windows/contrib/3.6/reshape2_1.4.3.zip'을 시도
합니다
Content type 'application/zip' length 626557 bytes (611 KB)
downloaded 611 KB
package 'reshape2' successfully unpacked and MD5 sums checked
The downloaded binary packages are in
      C:\Users\osyan\AppData\Local\Temp\RtmpqYwnXB\downloaded_packages
> require(reshape2)
필요한 패키지를 로딩중입니다: reshape2
다음의 패키지를 부착합니다: 'reshape2'
The following objects are masked from 'package:reshape':
    colsplit, melt, recast
경고메시지(들):
패키지 'reshape2'는 R 버전 3.6.2에서 작성되었습니다
```

패키지를 설치했으면 이번에는 airquality라는 데이터셋의 내용을 단순 열람해보고, 프레임 데이터 형식으로 불러들이자.

명령어

```
> airquality #단순 열람
> airquality <-airquality #패키지가 제공하는 데이터셋을 프레임 데이터로 불러오기
```

```
> airquality
    Ozone Solar.R Wind Temp Month Day
1      41     190  7.4   67     5   1
2      36     118  8.0   72     5   2
3      12     149 12.6   74     5   3
4      18     313 11.5   62     5   4
5      NA      NA 14.3   56     5   5
6      28      NA 14.9   66     5   6
7      23     299  8.6   65     5   7
8      19      99 13.8   59     5   8
(중략)
141    13      27 10.3   76     9  18
```

```
142    24     238 10.3   68      9  19
143    16     201  8.0   82      9  20
144    13     238 12.6   64      9  21
145    23      14  9.2   71      9  22
146    36     139 10.3   81      9  23
147     7      49 10.3   69      9  24
148    14      20 16.6   63      9  25
149    30     193  6.9   70      9  26
150    NA     145 13.2   77      9  27
151    14     191 14.3   75      9  28
152    18     131  8.0   76      9  29
153    20     223 11.5   68      9  30
> airquality <-airquality
```

[처리결과화면]

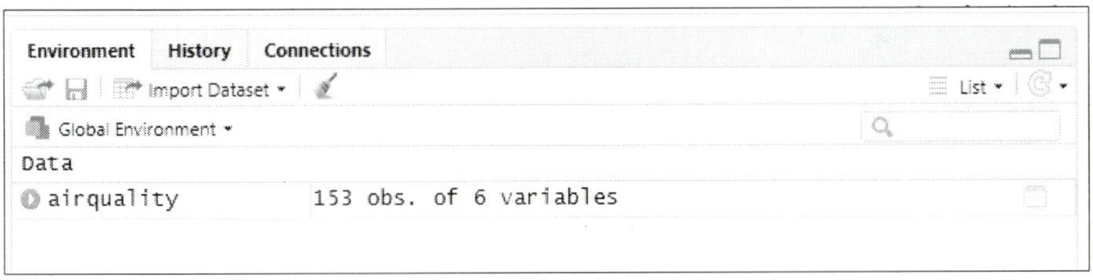

해석

처리 결과 화면을 보면, 6개 변수로 된 153개 관측치 데이터셋임을 보여준다.

① 정렬: melt( )

이렇게 불러들인 데이터셋을 대상으로 Month와 Day를 기준으로 데이터를 다시 형성시키라는 명령어를 작성해보자. 여기서 사용되는 함수는 melt( )이다. 이때 '다시 형성시킨다'는 의미는 단순히 행렬을 바꾸는 것이 아니라 Month와 Day를 기준으로 나머지 변수들을 소위 '뒤로 감춘다(즉 숨어들게 한다)'는 뜻이다. 추가 항목인 id는 데이터를 카테고리로 구분하는 역할을 하는 변수를 지정해준다.

명령어

```
> melting.air <-melt(airquality, id=c("Month", "Day"))
```

```
> melting.air <-melt(airquality, id=c("Month", "Day"))
```

[처리결과화면]

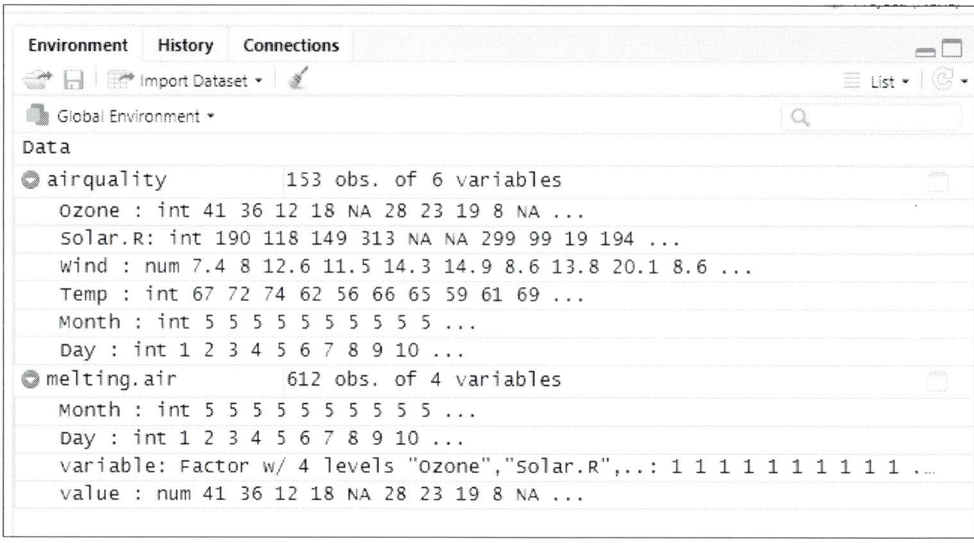

해석

처리 결과 화면을 보면, Ozone, Solar.R, Wind, Temp, Month, Day 순서로 정렬되어 있던 airquality 데이터셋이 Month, Day, variable, value로 구성된채 새롭게 형성되어 있음을 볼 수 있다.

새로 생성시킨 melting.air 데이터셋을 단순 열람해 보자.

명령어

```
> melting.air
```

```
> melting.air
   Month Day variable value
1      5   1    Ozone    41
2      5   2    Ozone    36
3      5   3    Ozone    12
4      5   4    Ozone    18
```

```
5         5  5   Ozone     NA
(중략)
242       7  28  Solar.R   213
243       7  29  Solar.R   275
244       7  30  Solar.R   253
245       7  31  Solar.R   254
246       8   1  Solar.R    83
247       8   2  Solar.R    24
248       8   3  Solar.R    77
249       8   4  Solar.R    NA
250       8   5  Solar.R    NA
 [ reached 'max' / getOption("max.print") -- omitted 362 rows ]
```

해석

처리 결과 화면을 보면, variable 자리에 열의 제목(Ozone)이 일괄적으로 들어가 있고, 열의 값이 value열에 들어가 있음을 볼 수 있다. Variable=ozone가 끝나면 다음에는 variable=Solar.R이 시작된다.

② 정렬: cast( )

이번에는 새로 생성시킨 melting.air 데이터셋을 가지고 Day, Month, variable 순으로 재정렬시켜보자. 앞서 정렬한 melt( ) 방식과 다른 형태로 데이터가 정렬된다. 사용할 함수는 cast( )이다.

명령어

```
> casting.air <-cast(melting.air,Day~Month~variable)
> casting.air
```

```
> casting.air <-cast(melting.air,Day~Month~variable)
> casting.air
, , variable = Ozone

     Month
Day    5  6   7   8  9
  1   41 NA 135  39 96
```

```
  2   36 NA  49   9 78
 (중략)
  30 115 NA  64  84 20
  31  37 NA  59  85 NA

, , variable = Solar.R

    Month
Day   5   6   7   8   9
  1 190 286 269  83 167
  2 118 287 248  24 197
 (중략)
  30 223 138 253 237 223
  31 279  NA 254 188  NA

, , variable = Wind

    Month
Day    5    6    7    8    9
  1  7.4  8.6  4.1  6.9  6.9
  2  8.0  9.7  9.2 13.8  5.1
 (중략)
  30  5.7  8.0  7.4  6.3 11.5
  31  7.4   NA  9.2  6.3   NA

, , variable = Temp

    Month
Day  5  6  7  8  9
  1 67 78 84 81 91
  2 72 74 85 81 92
 (중략)
  31 76 NA 81 94 NA
```

해석

처리 결과 화면을 보면, Day가 행에, 열에 Month가 위치하고 있으며, 각 월별로 날짜가 매트릭스 방식으로 나와 있음을 알 수 있다. 또한 첫번째는 variable=ozone이 나오고, 두번째는 variable= Solar.R, 그리고 나머지가 순서대로 나와 있다.

이번에는 Month를 기준으로 각 변수의 평균값을 구해보자. 사용할 함수는 여전히 cast( )이고, 추가 항목은 mean(평균을 의미) 이다.

명령어

```
> 반환파일명 <- cast(melting.air, 기준변수~variable, 계산지표)

> casting.air2 <- cast(melting.air, Month~variable, mean)
> casting.air2 #단순 열람
```

```
> casting.air2 <- cast(melting.air, Month~variable, mean)
> casting.air2
  Month Ozone  Solar.R      Wind     Temp
1     5    NA       NA 11.622581 65.54839
2     6    NA 190.1667 10.266667 79.10000
3     7    NA 216.4839  8.941935 83.90323
4     8    NA       NA  8.793548 83.96774
5     9    NA 167.4333 10.180000 76.90000
```

해석

처리 결과 화면을 보면, 월별 각 변수의 평균값이 나와 있다. 수치형이 아닌 변수들이나 결측치가 있는 경우는 NA로 나와 있다.

1.3 계산

1) 함수 만들기: =function(x) 계산식

R 프로그램이 모든 수치를 계산해주는 함수를 제공하는 것은 아니다. 따라서 연구자가 임의로 계산을 해야 할 때가 있다. 대표적으로 표준편차를 구하는 함수식은 있지만 표준오차를 구하는 함수식은 저장되어 있지 않다. 이럴때 자주 쓰는 계산식은 함수를 만들어 두면 편리하다. 자 여기서 표준오차를 구하는 식을 함수로 저장해 두는 작업을 실습해보자.

우선 표준편차를 보여주는 함수식은 sd( )이다. 이와 달리 표준오차는 sd(x)/sqrt(length(x)) 식으로 구한다. 왜냐하면 표준오차 공식이 s/이기 때문이다. 이를 함

이 작업의 결과는 사실 논문에서 사용하기에는 너무 복잡하다. 연습데이터(apptrain2_st.csv)를 불러와서 그래프를 그려보자.

명령어

```
> setwd("C:/Users/osyan/") #작업디렉토리 지정 - 작업디렉토리는 작업자마다 다름
> apptrain2 <-read.csv(file.choose()) #파일을 직접 선택할 수 있는 명령어
> plot(apptrain2)
```

```
> setwd("C:/Users/osyan/") #작업디렉토리 지정
> apptrain2 <-read.csv(file.choose()) #파일을 직접 선택할 수 있는 명령어
> plot(apptrain2)
```

[처리결과화면]

이번에는 특정 변수만을 선택해서 관계를 살펴보도록 하자. 연습데이터(apptrain2_st.csv)에서 Rating_st를 종속변수로 하고, Reviews_st, Installs_st, Price_st, Polarity_st, Subjectivity_st 등을 독립변수로 를 선택하고 이들 관계를 보여달라는 명령어를 작성해보자. 변수선택은 순서 번호(18,13,14,15,16,17)를 작성하면 된다. 사용할 함수는 pairs( )와 c( ) 함수이다.

명령어

```
> pairs(apptrain2[,c(18,13,14,15,16,17)])
```


```
> pairs(apptrain2[,c(18,13,14,15,16,17)])
```


[처리결과화면]

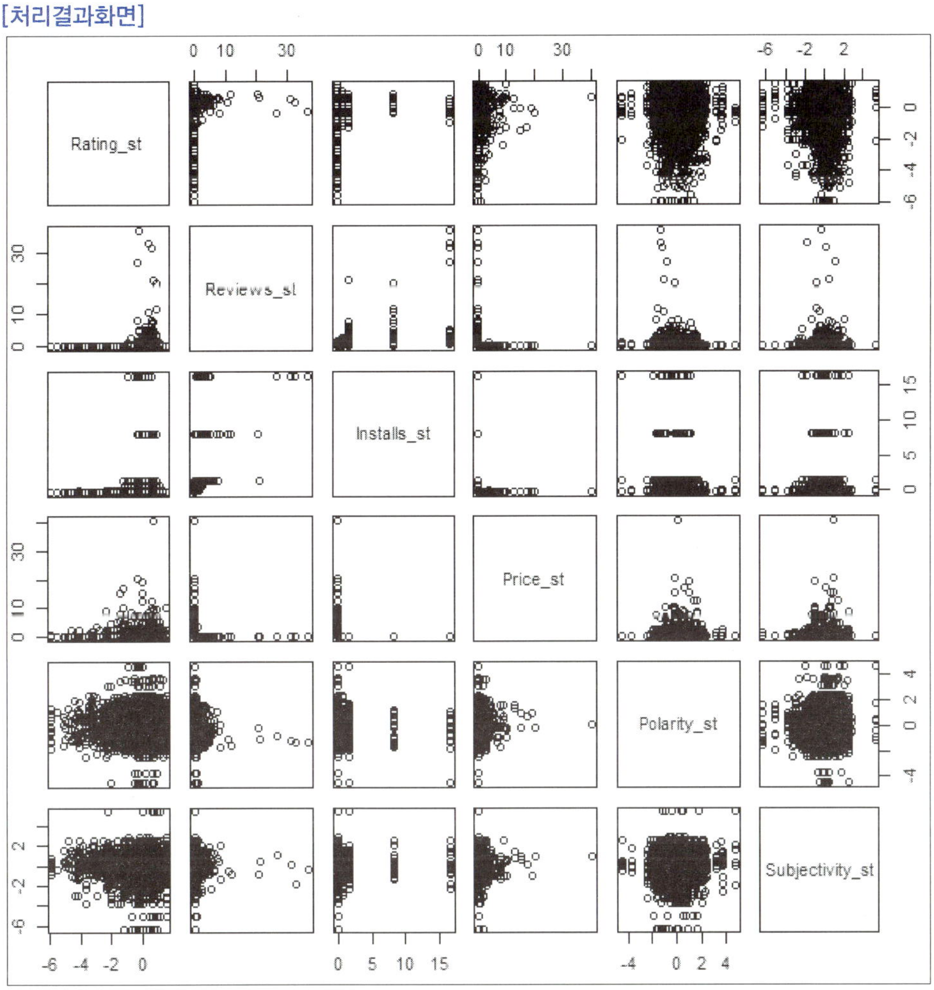

해석

처리 결과 화면을 보면, 좌상단에서 우하단 대각선으로 해당 변수명이 나와 있고, 각 변수 간 단순관계를 보려면 이 대각선을 중심으로 좌측 아래쪽이나 우측 윗쪽 그래프를 참조하면 된다. 본 연구자는 좌측 아래쪽을 주로 사용한다.

이번에는 좀 더 편리하고 친절한 정보를 제공해 주는 단순상관관계 그래프를 도출해보자. 사용할 함수는ggpairs( )이며 이 작업은 특별한 패키지를 필요로 한다. 우선 필요한 패키지를 설치하고 불러오도록 하자. 주의할 것은 아래와같이 경고메시지가 뜰 수 있는데 이는 "Rtools" 패키지를 설치함으로써 해결할 수 있다. R 웹사이트에서 "Rtools" 패키지를 사전에 설치해주자.

명령어

```
> install.packages("ply")
> install.packages("GGally")
> install.packages("ggplot2")
> install.packages("reshape2")
> install.packages("lme4")
> install.packages("boot")
> install.packages("lattice")
```

```
> install.packages("ply")
WARNING: Rtools is required to build R packages but is not currently installed. Pleas
e download and install the appropriate version of Rtools before proceeding:

https://cran.rstudio.com/bin/windows/Rtools/
Installing package into 'C:/Users/osyan/Documents/R/win-library/3.6'
(as 'lib' is unspecified)
Warning in install.packages :
  package 'ply' is not available (for R version 3.6.1)
> install.packages("GGally")
WARNING: Rtools is required to build R packages but is not currently installed. Pleas
e download and install the appropriate version of Rtools before proceeding:

https://cran.rstudio.com/bin/windows/Rtools/
Installing package into 'C:/Users/osyan/Documents/R/win-library/3.6'
(as 'lib' is unspecified)
```

```
URL 'https://cran.rstudio.com/bin/windows/contrib/3.6/GGally_1.4.0.zip'을 시도합
니다
Content type 'application/zip' length 1442463 bytes (1.4 MB)
downloaded 1.4 MB

package 'GGally' successfully unpacked and MD5 sums checked

The downloaded binary packages are in
      C:\Users\osyan\AppData\Local\Temp\RtmpWSDncN\downloaded_packages
> install.packages("ggplot2")
WARNING: Rtools is required to build R packages but is not currently installed. Pleas
e download and install the appropriate version of Rtools before proceeding:

https://cran.rstudio.com/bin/windows/Rtools/
Installing package into 'C:/Users/osyan/Documents/R/win-library/3.6'
(as 'lib' is unspecified)
URL 'https://cran.rstudio.com/bin/windows/contrib/3.6/ggplot2_3.2.1.zip'을 시도합
니다
Content type 'application/zip' length 3975669 bytes (3.8 MB)
downloaded 3.8 MB

package 'ggplot2' successfully unpacked and MD5 sums checked

The downloaded binary packages are in
      C:\Users\osyan\AppData\Local\Temp\RtmpWSDncN\downloaded_packages
> install.packages("reshape2")
WARNING: Rtools is required to build R packages but is not currently installed. Pleas
e download and install the appropriate version of Rtools before proceeding:

https://cran.rstudio.com/bin/windows/Rtools/
Installing package into 'C:/Users/osyan/Documents/R/win-library/3.6'
(as 'lib' is unspecified)
URL 'https://cran.rstudio.com/bin/windows/contrib/3.6/reshape2_1.4.3.zip'을 시도
합니다
Content type 'application/zip' length 626330 bytes (611 KB)
downloaded 611 KB

package 'reshape2' successfully unpacked and MD5 sums checked

The downloaded binary packages are in
      C:\Users\osyan\AppData\Local\Temp\RtmpWSDncN\downloaded_packages
> install.packages("lme4")
WARNING: Rtools is required to build R packages but is not currently installed. Pleas
e download and install the appropriate version of Rtools before proceeding:
```

```
https://cran.rstudio.com/bin/windows/Rtools/
Installing package into 'C:/Users/osyan/Documents/R/win-library/3.6'
(as 'lib' is unspecified)
also installing the dependencies 'minqa', 'nloptr'

URL 'https://cran.rstudio.com/bin/windows/contrib/3.6/minqa_1.2.4.zip'을 시도합니
다
Content type 'application/zip' length 675492 bytes (659 KB)
downloaded 659 KB

URL 'https://cran.rstudio.com/bin/windows/contrib/3.6/nloptr_1.2.1.zip'을 시도합
니다
Content type 'application/zip' length 1072637 bytes (1.0 MB)
downloaded 1.0 MB

URL 'https://cran.rstudio.com/bin/windows/contrib/3.6/lme4_1.1-21.zip'을 시도합니
다
Content type 'application/zip' length 5685589 bytes (5.4 MB)
downloaded 5.4 MB

package 'minqa' successfully unpacked and MD5 sums checked
package 'nloptr' successfully unpacked and MD5 sums checked
package 'lme4' successfully unpacked and MD5 sums checked

The downloaded binary packages are in
      C:\Users\osyan\AppData\Local\Temp\RtmpWSDncN\downloaded_packages
> install.packages("boot")
WARNING: Rtools is required to build R packages but is not currently installed. Pleas
e download and install the appropriate version of Rtools before proceeding:

https://cran.rstudio.com/bin/windows/Rtools/
Installing package into 'C:/Users/osyan/Documents/R/win-library/3.6'
(as 'lib' is unspecified)
URL 'https://cran.rstudio.com/bin/windows/contrib/3.6/boot_1.3-24.zip'을 시도합니
다
Content type 'application/zip' length 640639 bytes (625 KB)
downloaded 625 KB

package 'boot' successfully unpacked and MD5 sums checked

The downloaded binary packages are in
      C:\Users\osyan\AppData\Local\Temp\RtmpQT6sew\downloaded_packages
> install.packages("lattice")
```

```
WARNING: Rtools is required to build R packages but is not currently installed. Pleas
e download and install the appropriate version of Rtools before proceeding:

https://cran.rstudio.com/bin/windows/Rtools/
Installing package into 'C:/Users/osyan/Documents/R/win-library/3.6'
(as 'lib' is unspecified)
URL 'https://cran.rstudio.com/bin/windows/contrib/3.6/lattice_0.20-38.zip'을 시도
합니다
Content type 'application/zip' length 1169923 bytes (1.1 MB)
downloaded 1.1 MB

package 'lattice' successfully unpacked and MD5 sums checked

The downloaded binary packages are in
        C:\Users\osyan\AppData\Local\Temp\RtmpQT6sew\downloaded_packages
```

명령어

```
> require(ggplot2)
> require(GGally)
> require(reshape2)
> require(lme4)
> require(compiler)
> require(parallel)
> require(boot)
> require(lattice)
```

```
> require(ggplot2)
필요한 패키지를 로딩중입니다: ggplot2
경고메시지(들):
패키지 'ggplot2'는 R 버전 3.6.2에서 작성되었습니다
> require(GGally)
필요한 패키지를 로딩중입니다: GGally
Registered S3 method overwritten by 'GGally':
  method from
  +.gg   ggplot2
경고메시지(들):
패키지 'GGally'는 R 버전 3.6.2에서 작성되었습니다
> require(reshape2)
필요한 패키지를 로딩중입니다: reshape2
경고메시지(들):
```

```
패키지 'reshape2'는 R 버전 3.6.2에서 작성되었습니다
> require(lme4)
필요한 패키지를 로딩중입니다: lme4
필요한 패키지를 로딩중입니다: Matrix
경고메시지(들):
패키지 'lme4'는 R 버전 3.6.2에서 작성되었습니다
> require(compiler)
필요한 패키지를 로딩중입니다: compiler
> require(parallel)
필요한 패키지를 로딩중입니다: parallel
> require(boot)
필요한 패키지를 로딩중입니다: boot
경고메시지(들):
패키지 'boot'는 R 버전 3.6.2에서 작성되었습니다
> require(lattice)
필요한 패키지를 로딩중입니다: lattice

다음의 패키지를 부착합니다: 'lattice'

The following object is masked from 'package:boot':

    melanoma

경고메시지(들):
패키지 'lattice'는 R 버전 3.6.2에서 작성되었습니다
```

필요한 패키지를 모두 설치하고 불러 온 뒤, ggpairs( ) 함수를 사용하여 앞서 작업한 동일한 변수에 대해 변수 간 단순관계를 보여달라는 명령어를 작성해보자. 당연히 c( ) 함수도 같이 사용한다.

명령어

```
> win.graph()
> ggpairs(apptrain2[,c(18,13,14,15,16,17)]) #두 변수 간 단순관계
```

```
> win.graph()
> ggpairs(apptrain2[,c(18,13,14,15,16,17)]) #두 변수 간 단순관계 - 내가 수정한 것
 plot: [4,4] [=========================================>---------------------------] 61% est: 1s
```

[처리결과화면: 처리결과 도출된 그래프]

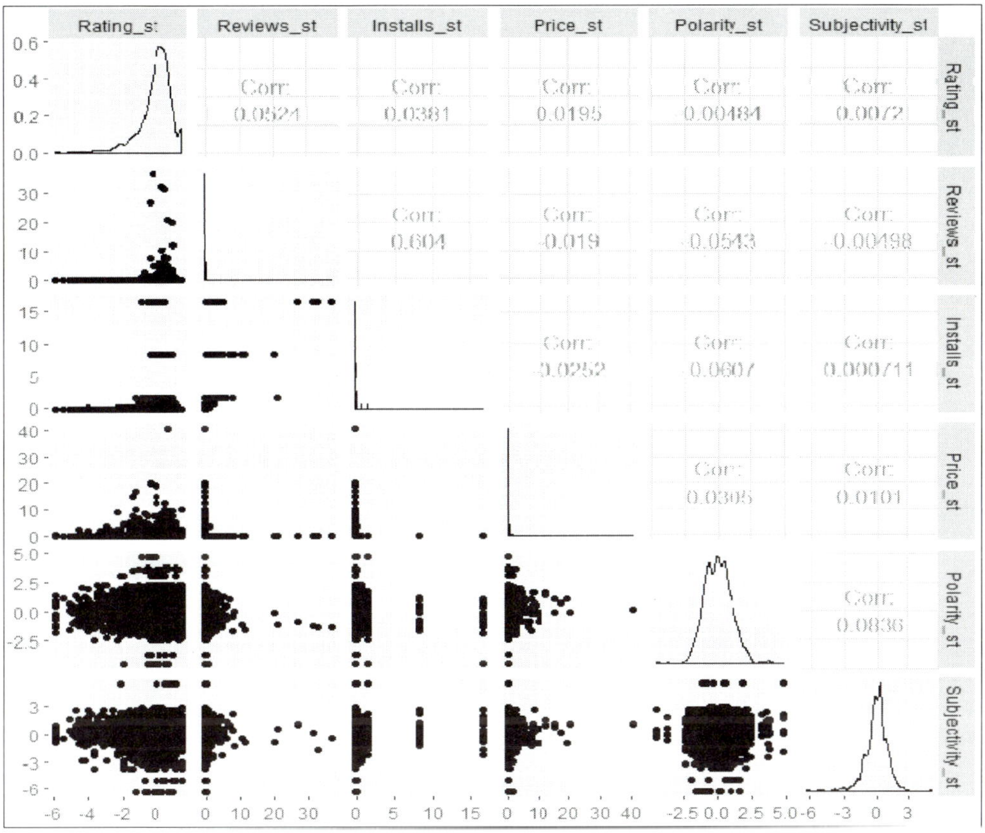

해석

처리 결과 화면을 보면, 상단 가로축과 세로축에 해당 변수명이 나와 있고, 좌상단에서 우하단 대각선으로 해당 변수의 데이터 분포가 나와 있다. 또한 대각선을 중심으로 좌측 아래쪽에는 변수 간 데이터 매트릭스를 보여주는 그래프가 나와 있고, 대각선을 중심으로 우측 윗쪽에는 변수 간 단순상관계수가 수치로 나타나 있다.

이번에는 좀 더 다른 방법으로 시각화를 구현해보자. 사용할 함수는 ggcorr( )이고 우선 전체 변수를 모두 대상으로 하는 명령어를 작성해보고, 이후 앞서 다룬 주요 변수만을 대상으로 지정하는 명령어를 작성해보자. 변수를 지정할 때는 c( ) 함수를 사용하여 변수의 순서 수치를 기재하면 된다. 또한 옵션(palette)으로 그래프의 색깔을 선택할 수 있다. 여기서는 파란색("Blues")을 연습해보자.

명령어

```
> library(ggplot2)
> library(GGally)
> win.graph()
> ggcorr(apptrain2,nbreaks=4, palette="Blues") #전체 변수를 대상으로
> ggcorr(apptrain2[,c(18,13,14,15,16,17)], nbreaks=4, palette="Blues") #두 변수 간
단순관계
```

```
> library(ggplot2)
> library(GGally)
> win.graph()
> ggcorr(apptrain2,nbreaks=4, palette="Blues") #전체 변수를 대상으로
경고메시지(들):
In ggcorr(apptrain2, nbreaks = 4, palette = "Blues") :
  data in column(s) 'App', 'Category', 'Size', 'Type', 'Content.Rating', 'Last.Upd
ated' are not numeric and were ignored
> ggcorr(apptrain2[,c(18,13,14,15,16,17)], nbreaks=4, palette="Blues") #두 변수 간
단순관계
```

[처리결과화면: 전체 변수를 대상으로]

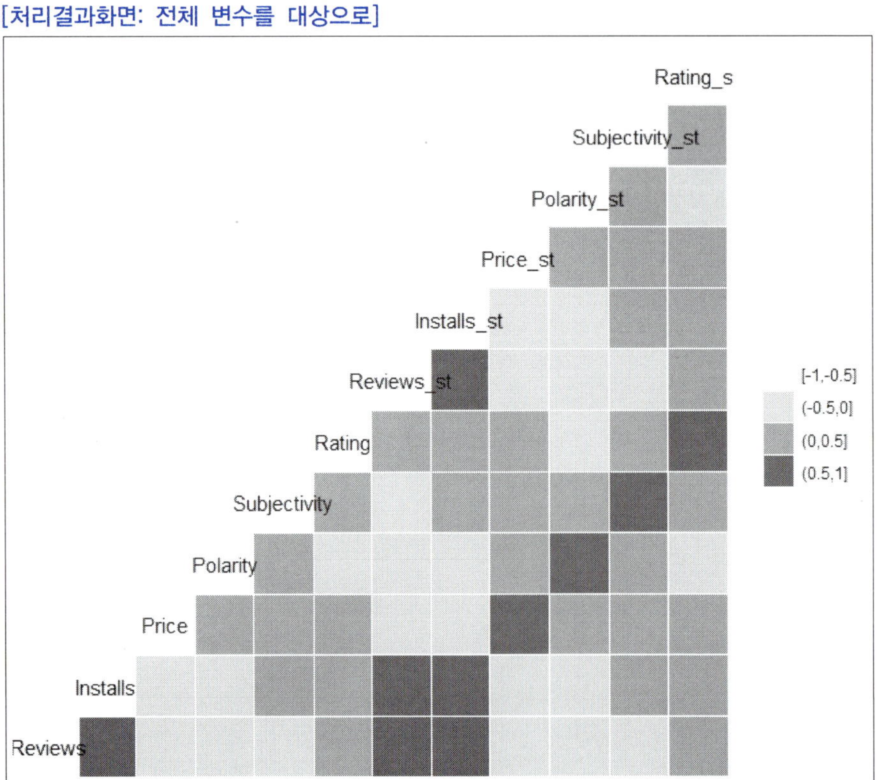

[처리결과화면: 주요 변수를 대상으로 지정]

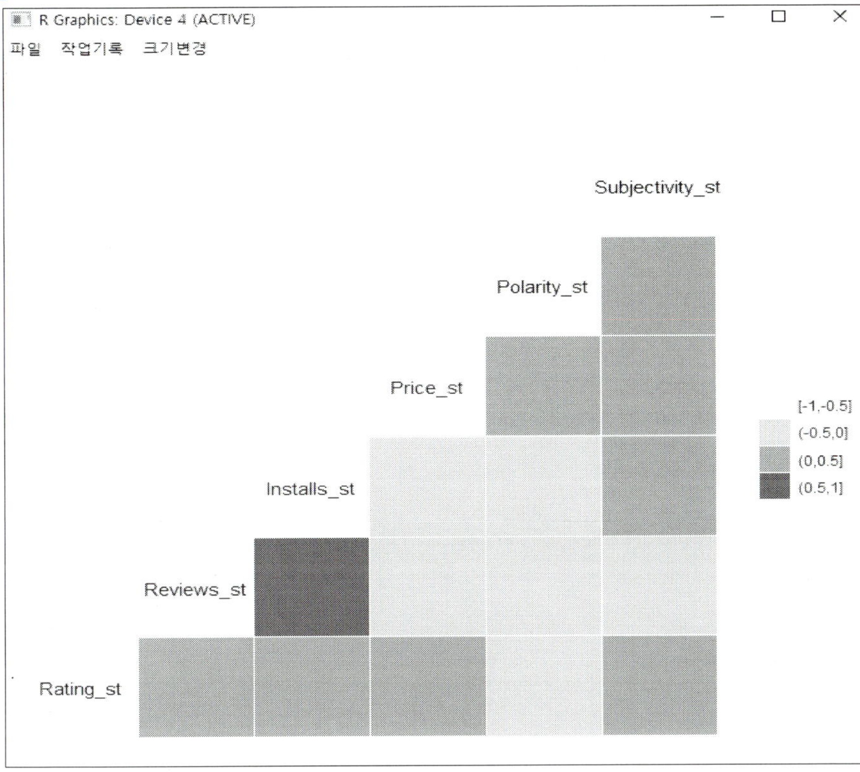

3) 특정 변수의 그래프 그리기: plot(파일명$변수명)

여러 가지 변수가 함께 들어 있는 파일에서 특정 변수에 대한 그래프를 그리는 연습을 해 보자. 우선 제공된 연습파일(FE_RE_hausman_1.dta)을 화면으로 불러오자. R Studio 초기 화면의 오른쪽 상단에 있는 "Import Dataset"에서 "From Stata"를 클릭하여, 연습파일(FE_RE_hausman_1.dta)이 있는 디렉토리를 찾아가 클릭하고, 오른쪽 하단에 있는 "import"를 클릭하면 된다.

이어서 그래프를 그리기 위한 초기 작업으로, 우선 R Graphics를 불러오고, 명령어 plot( ) 함수식을 사용해 보자. 연습을 위해 연습파일 안에 들어 있는 변수 가운데 dum_GDPperCapita와 industry를 사용해 보자.

※$의 비밀※

파일 안에 들어 있는 변수를 선택할 때는 "미국 달러"가 필요하다. 달러 표시 $로 열람할 수 있다는 말이다.

명령어

```
> 파일명$해당변수
```

명령어

```
> win.graph( )
> plot(변수1~변수2)

> win.graph( )
> plot(FE_RE_hausman_1$dum_GDPperCapita~FE_RE_hausman_1$industry)
```

```
> win.graph( )
> plot(FE_RE_hausman_1$dum_GDPperCapita~FE_RE_hausman_1$industry)
```

[처리결과화면]

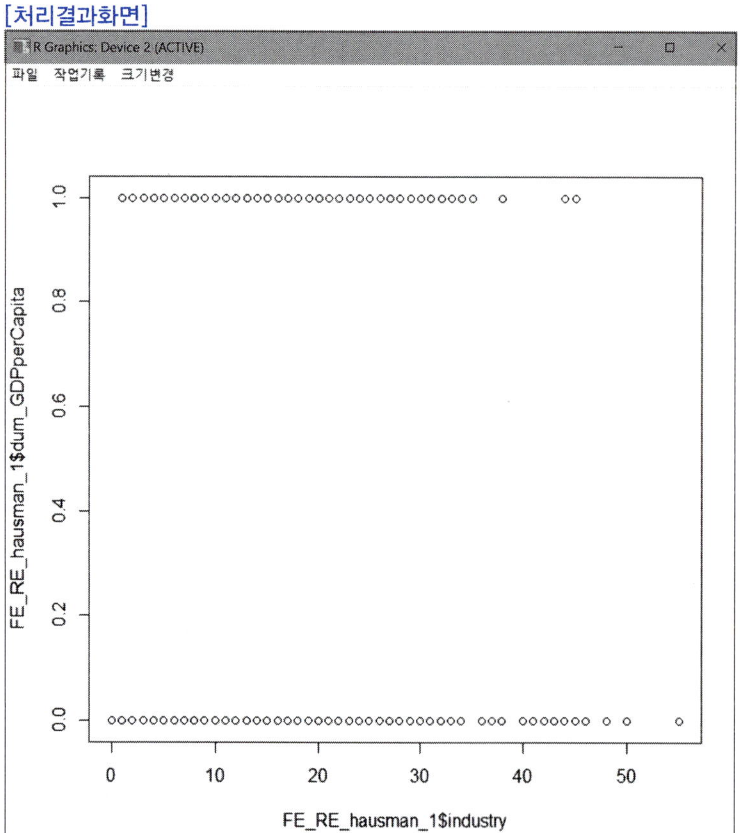

해석

처리 결과 화면을 보면, FE_RE_hausman_1 연습파일 안에 들어 있는 dum_GDPperCapita와 industry를 선택하여 나타낸 그래프가 성공적으로 도출되어 있다. 이 그래프의 모양을 보면 dum_GDPperCapita와 industry가 로짓관계, 즉 0과 1값을 갖는 관계임을 알 수 있다. 즉 industry라는 변수의 변화에 따라 dum_GDPperCapita라는 변수는 0과 1값을 갖는 것으로 나타났다.

① 상관계수 그래프: pairs( ), ggpairs( )

이번에는 상관계수 측정을 위해 그래프를 도출하는 명령어를 실습해 보자. 산포도 그래프가 이를위해 매우 유용하다. 연습 데이터 파일(OLS_4.dta)을 사용하여 Pearson 상관계수 작업을 실습해 보자. 연습파일 OLS_4.dta 파일에서는 변수 LN_Sales(변수순서번호4), roa(변수순서번호5), debtratio(변수순서번호6), institutionalinvestors_5per_nu(변수순서번호7), TMT_stock_ratio_B(변수순서번호8), foreign_insti_investor_ratio(변수순서번호9) 등에 대해 실행해보자. 앞서 실습에서 알 수 있듯이 c( ) 함수를 사용해서 변수명 대신 변수순서번호를 사용하는 것이 매우 편리하다. 사용하는 데이터 파일에 들어 있는 변수들이 모두 숫자로 이루어진 데이터인 경우에는 파일명만으로 모두 처리할 수 있다(예, > pairs(파일명)).

명령어

```
> pairs(파일명[, c(변수순서번호1, 변수순서번호2, 변수순서번호3, 변수순서번호4)])
```

```
> pairs(OLS_4[, c(4, 5, 6, 7, 8, 9)
```

[처리결과화면]

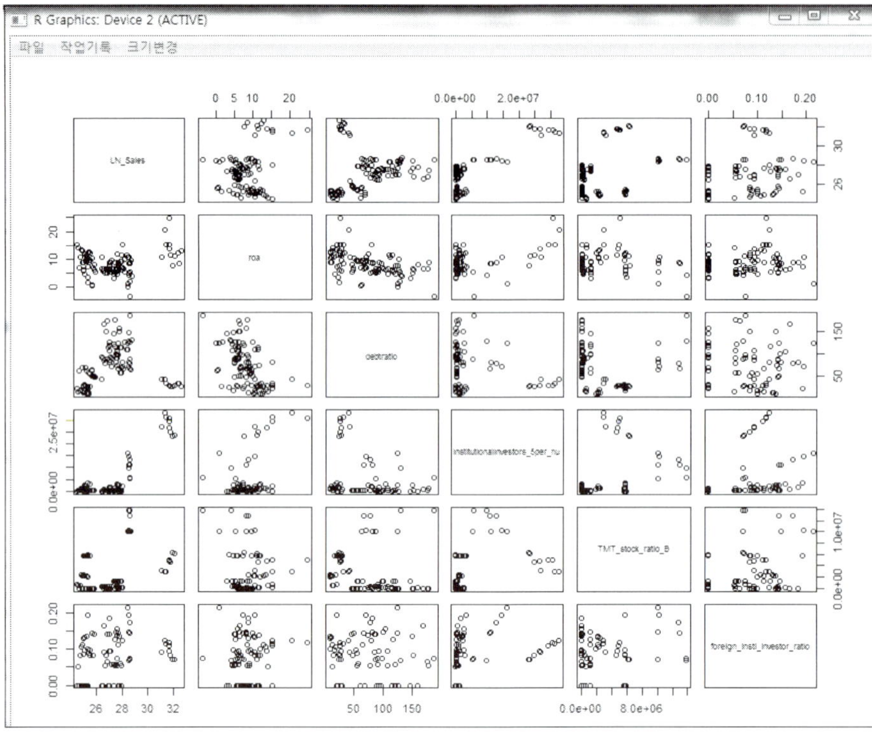

해석

처리 결과 화면을 보면, 여섯 개의 예측변수에 대해 각각 한 쌍씩 짝을 이루어 해당 두 변수 간의 상관관계를 그래프로 보여주고 있다. 왼쪽상단에서 오른쪽하단으로 이어지는 대각선 상에 여섯 개의 변수명이 나타나 있다. 이를 기준으로 각 쌍을 이루는 관계를 그래프로 나타내고 있다.

문제는 관계 그래프가 왼쪽 하단과 오른쪽 상단에 동시에 나타나 있어 어떤 그래프가 무엇을 보여주는지 혼란스럽다. 이에 필자가 일일이 확인 한 결과, 다음 처리 결과 화면에서 보여주는 내용과 같다. 우선 ❶은 x축 roa와 y축 LN_Sales 간 관계 그래프이고, ❷는 x축 debtratio와 y축 LN_Sales 간 관계 그래프이다. 따라서 전체 산포도 그래프를 보는 방법은, 대각선에 나와 있는 변수명을 기준으로 오른쪽 상단에 나와 있는 그래프(그림에서 파란색 연한 음영으로 표시한 영역)를 보면 된다. ❸은 x축 institutionalinvestors_5per_nu와 y축 LN_Sales 간 관계 그래프이고, ❹는 x축 TMT_stock_ratio_B와 y축 LN_Sales 간 관계를 나타내는 그래프이고, ❺는 x축 foreign_insti_investor_ratio와 y축 LN_Sales 간 관계 그래프이다. 또한 debtratio(y축)와 foreign foreign_insti_investor_ratio(x축) 간 관계를 보려면 그래프 ⑥을 참조하면 된다.

[처리결과화면]

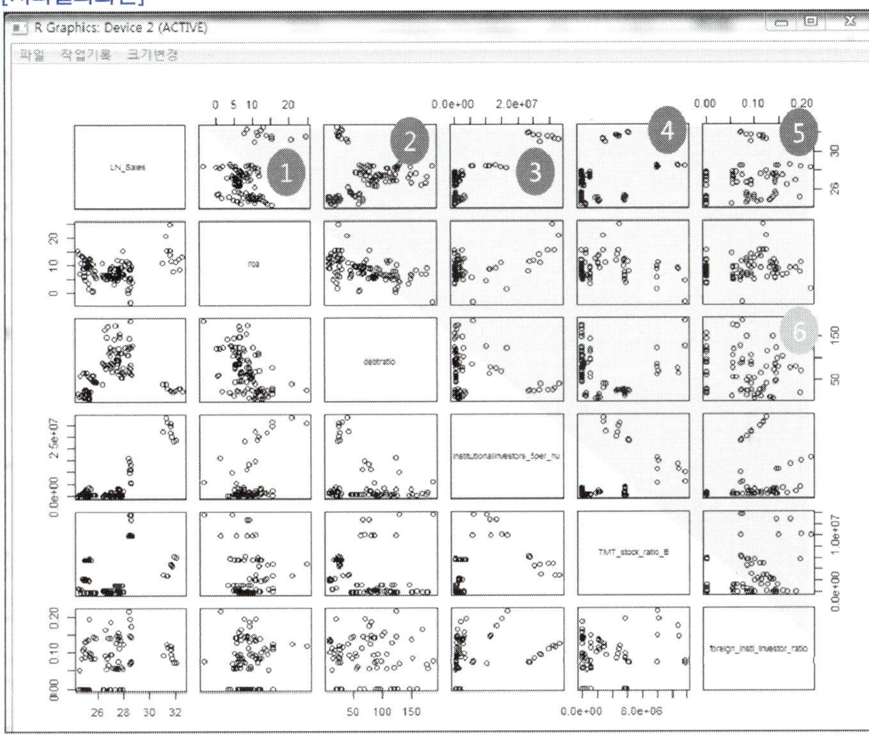

한편 특정한 변수 간의 상관관계를 보고 싶을 때는 해당 변수만을 사용하는 명령어를 작성한다. LN_Sales(변수순서번호 4), roa(변수순서번호5), debtratio(변수순서번호6)에 대해 실습해 보자. 그리고 그래프를 비교해 보기 위해 plot( ) 함수로 그린 그래프를 도출해보자. 여기서 편리함을 위해 attach( ) 함수를 사용하여 실습파일(OLS_4.dta)을 고정 지정해 주도록 하자. 또한 LN_Sales를 y축 변수로 지정하도록 한다.

명령어

```
> attach(파일명)
> pairs(파일명[, c(변수순서번호1, 변수순서번호2)
> plot(y축변수1~x축변수1)

> attach(OLS_4)
> pairs(OLS_4[, c(4, 5)])
```

```
> plot(LN_Sales~roa)
> pairs(OLS_4[, c(4, 6)])
> plot(LN_Sales~debtratio)
```

```
> attach(OLS_4)
> pairs(OLS_4[, c(4, 5)])
> plot(LN_Sales~roa)
> pairs(OLS_4[, c(4, 6)])
> plot(LN_Sales~debtratio)
```

[처리결과화면]

(a) pairs( ) 그래프

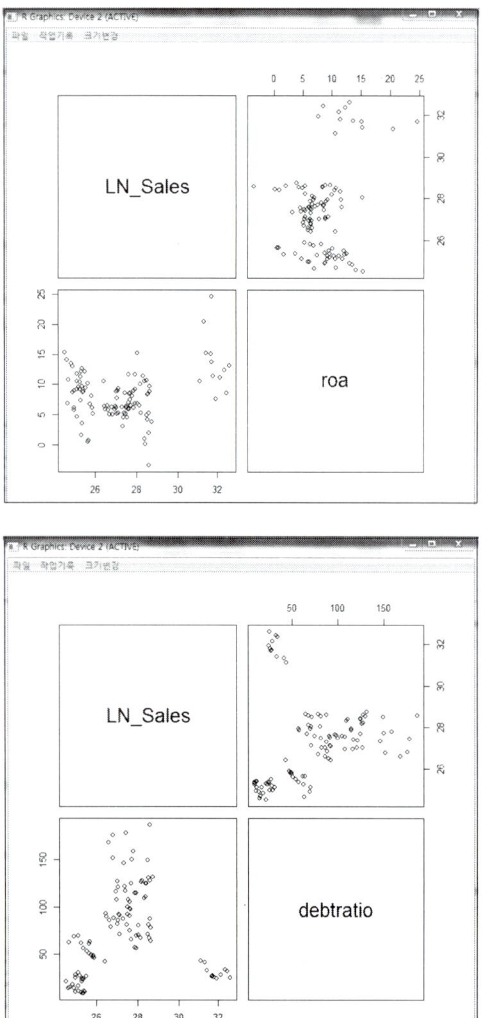

(b) plot( ) 그래프

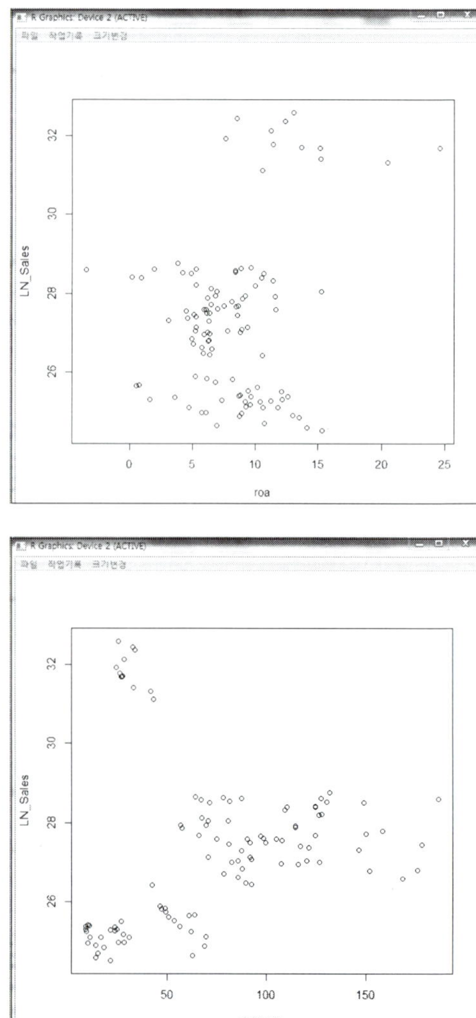

② **상관계수 히트맵: ggplot( ) + geom_tile( )**

이번에는 상관계수들의 히트맵을 만들어보자. 상관계수의 히트맵은 상관계수 데이터를 melt하여 수치 크기에 따라 색깔을 다르게 하는 방식으로 이루어진다. 이를 위해 필요한 패키지를 설치하고 불러오자. 연습은 실습데이터(OLS_4.dta)로 한다. 패키지 haven을 사용하여 작업디렉토리(이는 연구자에 따라 다르다)로부터 스타타 데이터를 불러오자.

명령어

```
> library(haven)
> setwd("C:/Users/osyan/") #작업디렉토리 지정(연구자마다 다름)
> 저장파일명 <- read_dta("불러올파일명")

> library(haven)
> setwd("C:/Users/osyan/")
> OLS_4 <- read_dta("OLS_4.dta")
```

```
> library(haven)
경고메시지(들):
패키지 'haven'는 R 버전 3.6.2에서 작성되었습니다
> setwd("C:/Users/osyan/")
> OLS_4 <- read_dta("OLS_4.dta")
```

추가적인 패키지도 불러오자. 필요한 패키지로 reshape2와 scales를 불러오자. 혹시 설치되어 있지 않다면 install.packages("reshape2")와 install.packages("scales")를 사용하여 설치한 후 library 또는 require 명령어를 통해 설치한 패키지를 불러들이자.

명령어

```
> require(reshape2)
> require(scales)
```

```
> require(reshape2)
필요한 패키지를 로딩중입니다: reshape2
경고메시지(들):
패키지 'reshape2'는 R 버전 3.6.2에서 작성되었습니다
> require(scales)
필요한 패키지를 로딩중입니다: scales
```

```
경고메시지(들):
패키지 'scales'는 R 버전 3.6.2에서 작성되었습니다
```

패키지가 준비되었으면 이제 데이터셋에 들어 있는 변수 가운데 수치형만 가능하니, 수치형 변수인 4~9번 변수에 대한 상관관계 행렬을 생성하고, 이를 다시 긴(long) 형식으로 melt 하자.

명령어

```
> 저장할파일명1 <-cor(파일명[,c(변수순서번호1, 변수순서번호2, 변수순서번호3)])
> 저장할파일명2 <-melt(저장할파일명1,varnames=c("x","y"),
+                  value.name="문자열")

> econCor <-cor(OLS_4[,c(4,5,6,7,8,9)])
> econMelt <-melt(econCor,varnames=c("x","y"),
+                  value.name="Correlation")
```


```
> econCor <-cor(OLS_4[,c(4,5,6,7,8,9)])
> econMelt <-melt(econCor,varnames=c("x","y"),
+                  value.name="Correlation")
```


[처리결과화면]

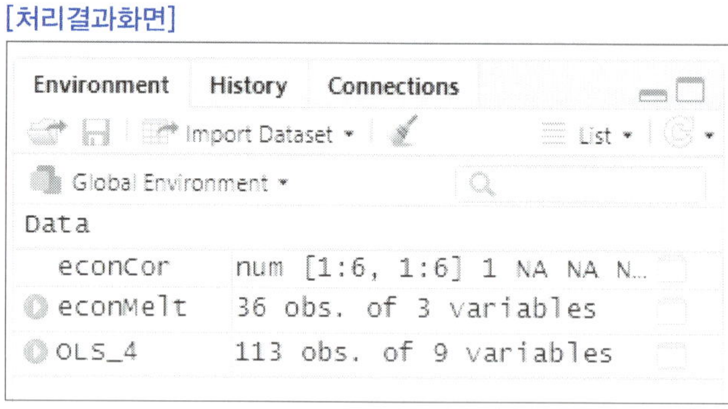

긴 형식으로 melt한 자료를 다시 상관관계에 따라 정렬하고 melt된 데이터를 확인하자.

명령어

```
> 저장할파일명2 <-econMelt[order(저장할파일명2$Correlation),]
> 저장할파일명2
```

```
> econMelt <-econMelt[order(econMelt$Correlation),]
> econMelt
```

```
> econMelt <-econMelt[order(econMelt$Correlation),]
> econMelt
                               x                              y Correlation
1                       LN_Sales                       LN_Sales           1
8                            roa                            roa           1
15                     debtratio                      debtratio           1
22 institutionalinvestors_5per_nu institutionalinvestors_5per_nu           1
29              TMT_stock_ratio_B              TMT_stock_ratio_B           1
36   foreign_insti_investor_ratio   foreign_insti_investor_ratio           1
2                            roa                       LN_Sales          NA
3                      debtratio                       LN_Sales          NA
4  institutionalinvestors_5per_nu                       LN_Sales          NA
5               TMT_stock_ratio_B                       LN_Sales          NA
6    foreign_insti_investor_ratio                       LN_Sales          NA
7                       LN_Sales                            roa          NA
9                      debtratio                            roa          NA
10 institutionalinvestors_5per_nu                            roa          NA
11              TMT_stock_ratio_B                            roa          NA
12   foreign_insti_investor_ratio                            roa          NA
13                      LN_Sales                      debtratio          NA
14                           roa                      debtratio          NA
16 institutionalinvestors_5per_nu                      debtratio          NA
17              TMT_stock_ratio_B                      debtratio          NA
18   foreign_insti_investor_ratio                      debtratio          NA
19                      LN_Sales institutionalinvestors_5per_nu          NA
20                           roa institutionalinvestors_5per_nu          NA
21                     debtratio institutionalinvestors_5per_nu          NA
23              TMT_stock_ratio_B institutionalinvestors_5per_nu          NA
24   foreign_insti_investor_ratio institutionalinvestors_5per_nu          NA
25                      LN_Sales              TMT_stock_ratio_B          NA
26                           roa              TMT_stock_ratio_B          NA
27                     debtratio              TMT_stock_ratio_B          NA
28 institutionalinvestors_5per_nu              TMT_stock_ratio_B          NA
30   foreign_insti_investor_ratio              TMT_stock_ratio_B          NA
31                      LN_Sales   foreign_insti_investor_ratio          NA
32                           roa   foreign_insti_investor_ratio          NA
33                     debtratio   foreign_insti_investor_ratio          NA
34 institutionalinvestors_5per_nu   foreign_insti_investor_ratio          NA
35              TMT_stock_ratio_B   foreign_insti_investor_ratio          NA
```

다 되었으면 ggplot으로 시각화 작업을 진행하자. 여기서는 ggplot의 구성에 따른 시각화 상태 변화를 보기 위해 단계별로 점검하도록 한다.

명령어

```
> ggplot(저장할파일명2,aes(x=x,y=y))+geom_tile(aes(fill=Correlation))

> ggplot(econMelt,aes(x=x,y=y))+geom_tile(aes(fill=Correlation))
```

```
> ggplot(econMelt,aes(x=x,y=y))+geom_tile(aes(fill=Correlation))
```

[처리결과화면]

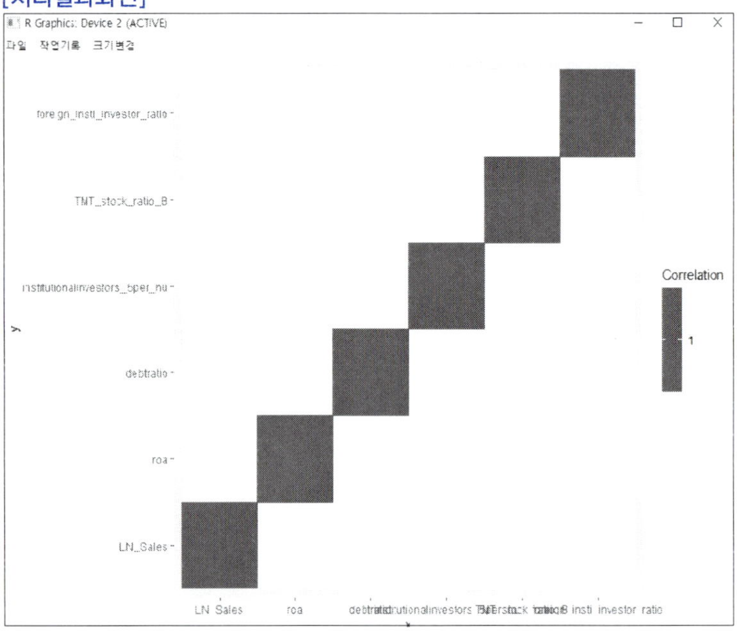

명령어

```
> ggplot(저장할파일명2, aes(x=x,y=y))+geom_tile(aes(fill=Correlation))+scale_fill
_gradient2(low="색깔1",mid="색깔2",
+                    high="색깔3",guide=guide_colorbar(ticks=FALSE,barheight=10),limi
ts=c(-1,1))

> ggplot(econMelt,aes(x=x,y=y))+geom_tile(aes(fill=Correlation))+scale_fill_gra
dient2(low="red",mid="white",
+                    high="steelblue",guide=guide_colorbar(ticks=FALSE,barheight=10),
limits=c(-1,1))
```

```
> ggplot(econMelt,aes(x=x,y=y))+geom_tile(aes(fill=Correlation))+scale_fill_gra
dient2(low="red",mid="white",
+                    high="steelblue",guide=guide_colorbar(ticks=FALSE,barheight=10),
limits=c(-1,1))
```

[처리결과화면]

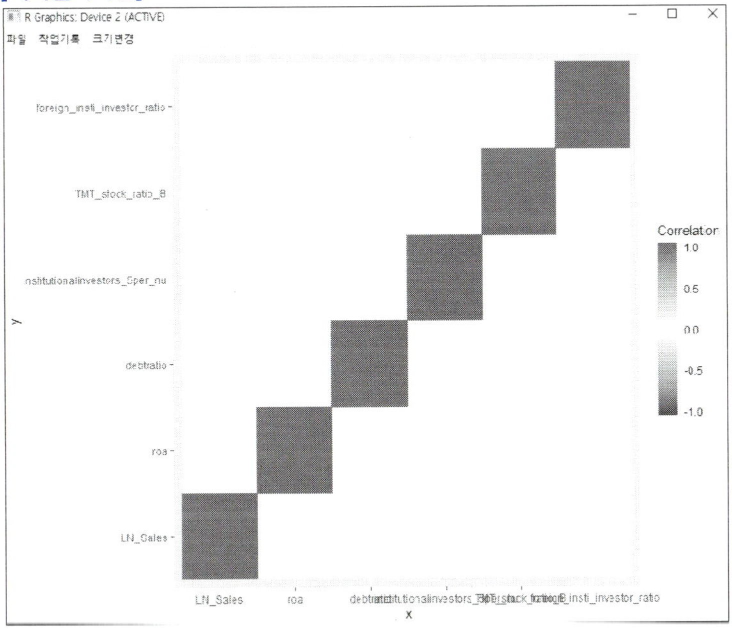

또 다른 양식으로 그래프를 도출할 수도 있다.

명령어

```
> ggplot(저장할파일명2,aes(x=x,y=y))+geom_tile(aes(fill=Correlation))+
+   scale_fill_gradient2(low=muted("색깔1"),mid="색깔2",high="색깔3",guide=guide_c
olorbar(ticks=FALSE,barheight=10),limits=c(-1,1))+
+   theme_minimal()+
+   labs(x=NULL,y=NULL)

> ggplot(econMelt,aes(x=x,y=y))+geom_tile(aes(fill=Correlation))+
+   scale_fill_gradient2(low=muted("red"),mid="white",high="steelblue",guide=gui
de_colorbar(ticks=FALSE,barheight=10),limits=c(-1,1))+
+   theme_minimal()+
+   labs(x=NULL,y=NULL)
```

```
> ggplot(econMelt,aes(x=x,y=y))+geom_tile(aes(fill=Correlation))+
+   scale_fill_gradient2(low=muted("red"),mid="white",high="steelblue",guide=gui
de_colorbar(ticks=FALSE,barheight=10),limits=c(-1,1))+
+    theme_minimal()+
+    labs(x=NULL,y=NULL)
```

[처리결과화면]

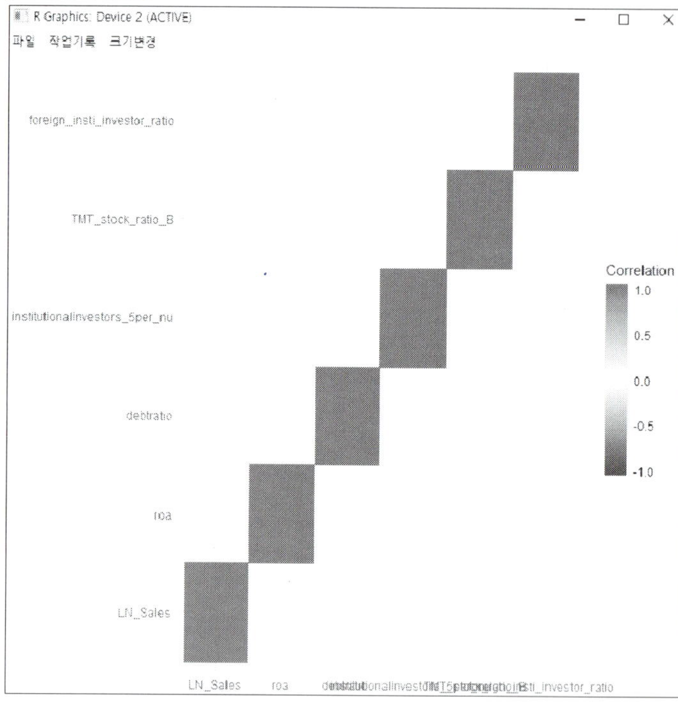

해석

처리 결과 화면을 살펴보면, 왼쪽아래에서 오른쪽상단으로의 대각선에 파란색 네모칸이 존재하고, 나머지 칸은 모두 회색으로 표시되어 있음을 볼 수 있다. 이 대각선은 각 변수가 자신과 갖는 상관관계 값(1)을 보여준다. 나머지 회색칸은 NA값 때문인 것으로 판단된다. NA값이 아니라 수치였다면 오른쪽 색인에 나와 있는 수치에 따른 상이한 색깔들로 표시되었을 것이다.

③ 상관관계 히트맵 실습: economics 데이터셋

실습데이터로 보여준 히트맵 시각화 결과물이 화려하지 못하니, 패키지 ggplot2가 제공하는 데이터셋 중에 economics를 사용하여 변수 간 상관관계 히트맵을 그려보자. 우선 패키지로 시작하고, 내장되어 있는 데이터셋 economics를 불러오자.

명령어

```
> library(ggplot2)
> require(reshape2)
> require(scales)
> economics #내장 데이터셋
```

```
> library(ggplot2)
> require(reshape2)
> require(scales)
> economics
# A tibble: 574 x 6
   date         pce    pop psavert uempmed unemploy
   <date>     <dbl>  <dbl>   <dbl>   <dbl>    <dbl>
 1 1967-07-01  507. 198712    12.6     4.5     2944
 2 1967-08-01  510. 198911    12.6     4.7     2945
 3 1967-09-01  516. 199113    11.9     4.6     2958
 4 1967-10-01  512. 199311    12.9     4.9     3143
 5 1967-11-01  517. 199498    12.8     4.7     3066
 6 1967-12-01  525. 199657    11.8     4.8     3018
 7 1968-01-01  531. 199808    11.7     5.1     2878
 8 1968-02-01  534. 199920    12.3     4.5     3001
 9 1968-03-01  544. 200056    11.7     4.1     2877
10 1968-04-01  544  200208    12.3     4.6     2709
# ... with 564 more rows
```

※패키지에 내장된 데이터셋 확인※

패키지 ggplot2에 내장되어 있는 데이터셋 목록을 확인해보자.

명령어

```
> data(package="ggplot2")
```

[처리결과화면]

```
Data sets in package 'ggplot2':

diamonds                Prices of over 50,000 round cut diamonds
economics               US economic time series
economics_long          US economic time series
faithfuld               2d density estimate of Old Faithful data
luv_colours             'colors()' in Luv space
midwest                 Midwest demographics
mpg                     Fuel economy data from 1999 to 2008 for 38 popular models of
                        cars
msleep                  An updated and expanded version of the mammals sleep dataset
presidential            Terms of 11 presidents from Eisenhower to Obama
seals                   Vector field of seal movements
txhousing               Housing sales in TX
```

해석

명령어를 실행한 처리 결과를 살펴보면, 여러가지 데이터셋이 내장되어 있으며, 그 가운데 economics 데이터셋을 볼 수 있다.

다음에는 앞서 실습한 순서대로, 상관관계 행렬을 생성하고, 이를 다시 긴(long) 형식으로 melt하고, 다시 상관관계에 따라 재정렬하자.

명령어

```
> econCor <-cor(economics[,c(2,4:6)])
> econMelt <-melt(econCor,varnames=c("x","y"),
+                  value.name="Correlation")
> econMelt <-econMelt[order(econMelt$Correlation),]
> econMelt
```

```
> econCor <-cor(economics[,c(2,4:6)])
> econMelt <-melt(econCor,varnames=c("x","y"),
+                  value.name="Correlation")
> econMelt <-econMelt[order(econMelt$Correlation),]
> econMelt
          x        y Correlation
2   psavert      pce  -0.7928546
5       pce  psavert  -0.7928546
7   uempmed  psavert  -0.3251377
10  psavert  uempmed  -0.3251377
8  unemploy  psavert  -0.3093769
14  psavert unemploy  -0.3093769
4  unemploy      pce   0.6145176
```

```
13       pce unemploy   0.6145176
3    uempmed      pce   0.7269616
9        pce  uempmed   0.7269616
12 unemploy  uempmed   0.8693097
15   uempmed unemploy   0.8693097
1        pce      pce   1.0000000
6    psavert  psavert   1.0000000
11   uempmed  uempmed   1.0000000
16 unemploy unemploy   1.0000000
```

[처리결과화면]

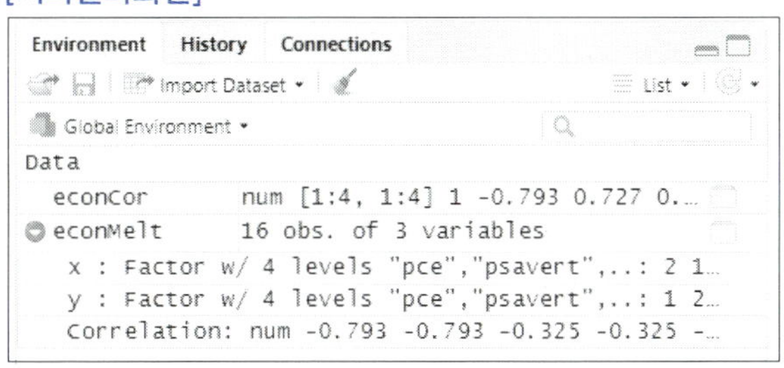

이제 다 되었으면 ggplot으로 상관계수의 히트맵 시각화를 완성하자.

명령어

```
> win.graph()
> ggplot(파일명,aes(x=x,y=y))+geom_tile(aes(fill=Correlation))+
+  scale_fill_gradient2(low=muted("색깔1"),mid="색깔2",high="색깔3",guide=guide_c
olorbar(ticks=FALSE,barheight=10),limits=c(-1,1))+
+   theme_minimal()+
+   labs(x=NULL,y=NULL)

> win.graph()
> ggplot(econMelt,aes(x=x,y=y))+geom_tile(aes(fill=Correlation))+
+  scale_fill_gradient2(low=muted("red"),mid="white",high="steelblue",guide=gui
de_colorbar(ticks=FALSE,barheight=10),limits=c(-1,1))+
+   theme_minimal()+
+   labs(x=NULL,y=NULL)
```

```
> win.graph()
> ggplot(econMelt,aes(x=x,y=y))+geom_tile(aes(fill=Correlation))+
+  scale_fill_gradient2(low=muted("red"),mid="white",high="steelblue",guide=gui
```

```
de_colorbar(ticks=FALSE,barheight=10),limits=c(-1,1))+
+    theme_minimal()+
+    labs(x=NULL,y=NULL)
```

[처리결과화면]

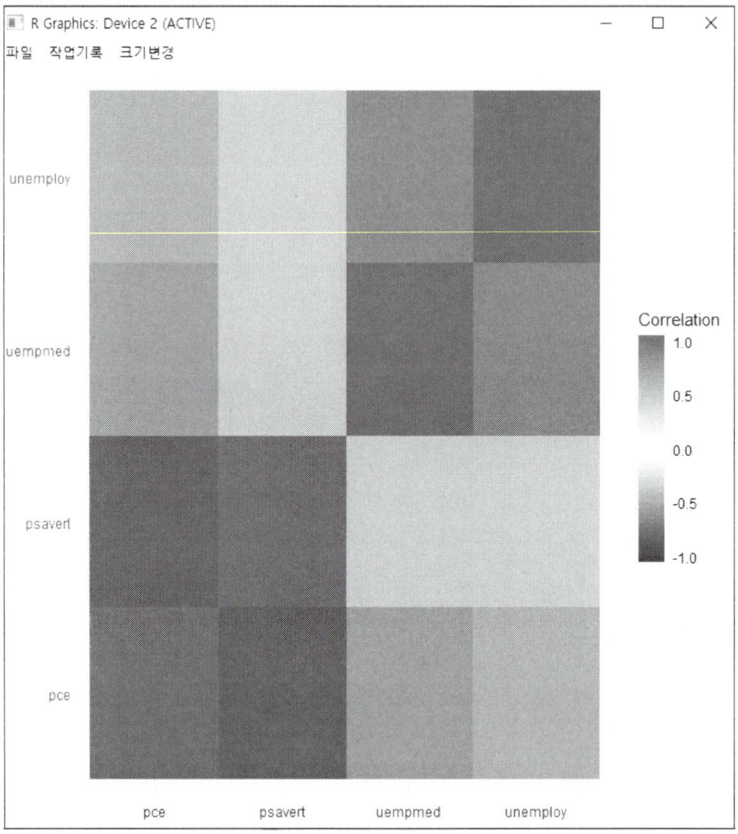

해석

처리 결과 화면을 살펴보면, 앞서 도출된 결과와 다르게 색깔이 예쁘게 표시되고 있다. 왼쪽 아래에서 오른쪽상단으로의 진한 파란색 대각선은 각 변수가 자신과 갖는 상관관계 값(1)을 보여준다. 나머지 칸은 파란색이 상관계수에 따라 진하기가 다르다. 오른쪽 색인에 나와 있는 수치에 따른 상이한 색깔들로 표시된 것이다. 심지어 어떤 칸은 붉은 색 계열로 나타나 있다. X축과 Y축은 명칭이 생략되어 있고, 각 변수의 행렬 칸에서 두 변수 간 상관계수의 수치를 색깔로 표시한 히트맵이다.

4) 두 변수 간 기본 관계 그래프 그리기: plot(변수1~변수2)

우선 R에 탑재되어 있는 데이터 파일 "cars"를 불러와서 연습해 보자. 데이터를 불러오는 명령어는 data( ) 함수식과 attach( ) 함수식이 있다. 패키지는 "datasets"이다. 여기서는 attach( ) 함수식을 사용하도록 하자.

명령어

```
> attach(파일명)

> attach(cars)
```

```
> attach(cars)
```

◐를 클릭하여 cars 파일에 들어 있는 변수를 확인하면 speed와 dist 변수가 저장되어 있음을 볼 수 있다.

[처리결과화면]

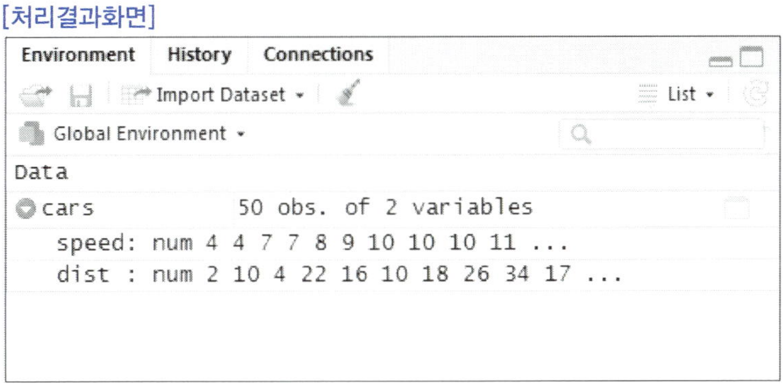

자 이제 speed와 dist 간 관계에 대한 기초 그래프를 작업해 보자. 명령어는 plot( ) 함수식이다.

명령어

```
> plot(y축변수~x축변수)

> plot(dist~speed)
```

```
> plot(dist~speed)
```

[처리결과화면]

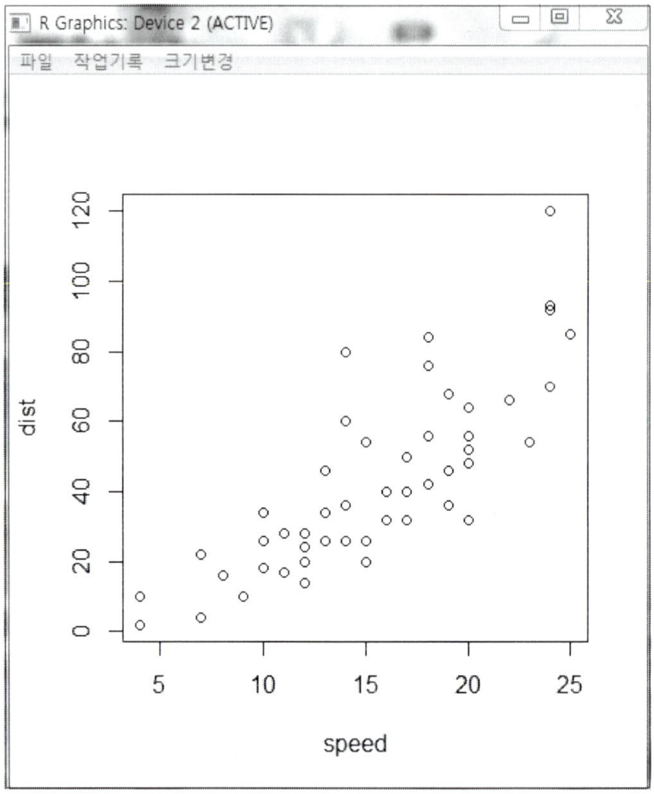

해석

처리 결과 화면을 보면, x축 speed와 y축 dist에 대한 관계를 나타내는 산포도 그래프가 생성되어 있음을 볼 수 있다.

5) 변수들 간 단순상관관계 그래프(scatter plot matrix) 그리기: round( ) + plot( )

이번에는 실제 연구논문을 작성하는 과정에서 그리게 될 좀 더 발전된 모양의 그래프 처리를 연습해 보자. 사용할 데이터는 18개 증권사의 재무지표 자료이다(실습파일 secu1). 자료 안에는 총자본순이익율, 자기자본순이익율, 자기자본회전율, 자기자본비율, 부채비율 등의 데이터가 들어 있다. 실습파일 secu1에 대해 각 변수들 간 단순상관관계를 구하고 이를 반올

림을 하여 각 단순상관관계에 대한 scatter plot matrix 그래프를 그려보자. 함수는 cor( )과 round( )이다. 사용할 파일은 secu1이다. 우선 데이터 파일을 불러온 뒤 다음과 같이 단순상관관계를 구하고 반올림을 하라는 명령어를 처리해 보자.

명령어

```
> round(cor(파일명[, -1]), digits=3)

> round(cor(secu1[, -1]), digits=3)
```

```
> round(cor(secu1[, -1]), digits=3)
       V1_s   V2_s   V3_s   V4_s   V5_s
V1_s  1.000  0.617  0.324  0.355  0.014
V2_s  0.617  1.000 -0.512 -0.466  0.423
V3_s  0.324 -0.512  1.000  0.937 -0.563
V4_s  0.355 -0.466  0.937  1.000 -0.540
V5_s  0.014  0.423 -0.563 -0.540  1.000
```

여기서 round( ) 처리한 자료를 파일명 secu1_round로 저장하자. 사용할 함수는 as.data.frame( )이다.

명령어

```
> 저장할파일명 <- as.data.frame(저장대상작업파일명)

> secu1_round <-as.data.frame(secu1_round)
```

```
> secu1_round <-as.data.frame(secu1_round)
```

이제 파일 secu1_round에 대해 scatter plot matrix 그래프를 그려보자.

명령어

```
> plot(파일명[, -1])

> plot(secu1[, -1])
```

```
> plot(secu1[, -1])
```

[처리결과화면]

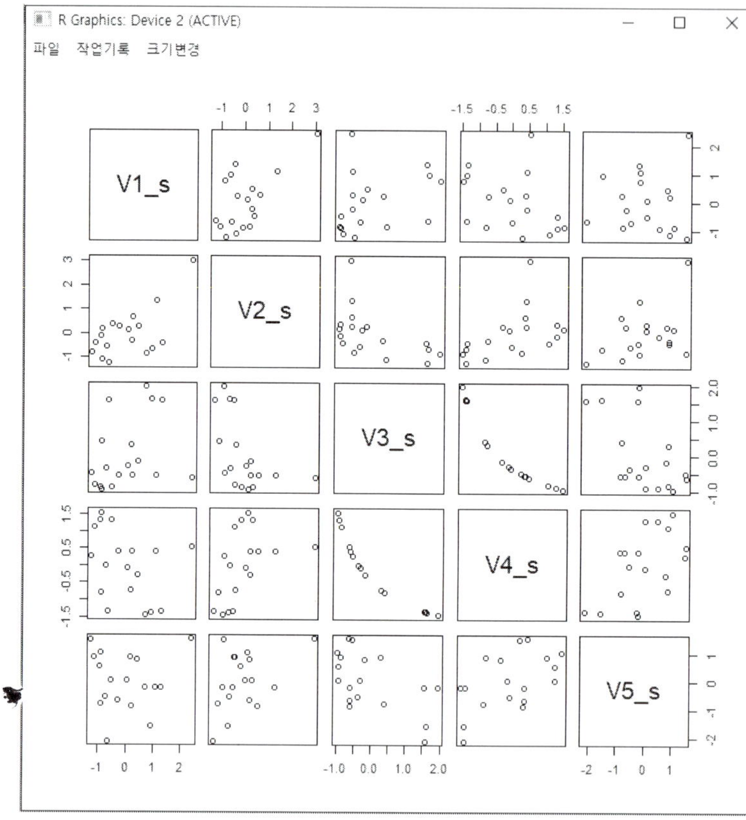

6) 사사분면 구분을 위한 그래프 추가 하기: abline( )

앞서 도출한 그래프에 사사분면을 구분하기 위한 그래프를 추가해 보자. 이 작업은 관찰 대상을 네 가지 유형으로 구분할 때 필요한 작업이다. 즉 사사분면으로 구분하게 되면 두 개의 기준(x축과 y축을 대표하는 두 개의 변수)을 중심으로 네 가지 유형으로 그룹핑이 가능해진다. abline( ) 함수식이다. 여러 가지 방식 가운데 수평선과 수직선을 그려서 네 가지 유형으로 구분할 수 있는 그룹핑을 위한 작업을 실습해 보자. 여기서는 x축의 평균값과 y축의 평균값을 사용하여 사사분면으로 나누어 보자. 평균값을 사용하려면 함수식 mean( )이 필요하다. 옵션에서 v는 수직선으로 x축 위에 그려지게 되고, h는 수평선으로 y축 위에 그려지게 된다. x축 위에 그릴 수직선은 빨간색(red), y축 위에 그릴 수평선은 파란색(blue)으로 그려보자. 수직선과 수평선의 굵기는 디폴트의 3배(lwd=3)로 그려보자.

[abline( ) 모수]

모수	기능
abline(a, b)	절편이 a, 기울기가 b인 직선
abline(coef=)	절편과 기울기로 이루어진 벡터(coef)
abline(h=)	수평선. Y값
abline(v=)	수직선. X값
abline(reg=)	회귀직선. 함수 lm( )과 연계

명령어

```
> abline(v=mean(x축변수), lwd=숫자, col="색깔") 또는 v=숫자
> abline(h=(y축변수), lwd=숫자, col="색깔") 또는 h=숫자

> abline(v=mean(speed), lwd=3, col="red")
> abline(h=mean(dist), lwd=3, col="blue")
```

```
> abline(v=mean(speed), lwd=3, col="red")
> abline(h=mean(dist), lwd=3, col="blue")
```

[처리결과하면]

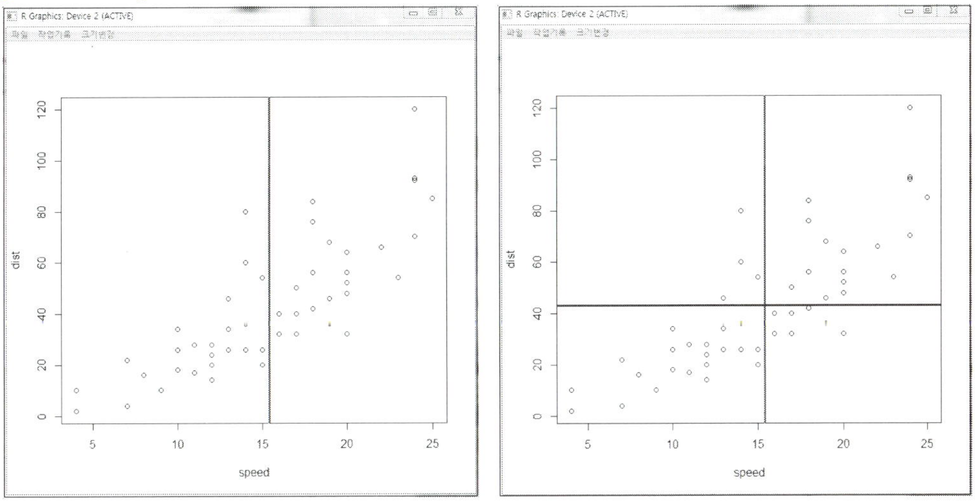

7) 두 변수 간 회귀직선 그래프 추가 하기: abline( ) + lm( )

이 그래프에 두 변수 간 회귀직선을 파란색으로 추가해 보자. 명령어는 abline( ) 함수식과 lm( ) 함수식이다.

명령어

```
> abline(lm(y축변수~x축변수), col="색깔")

> abline(lm(dist~speed), col="blue")
```

```
> abline(lm(dist~speed), col="blue")
```

[처리결과화면]

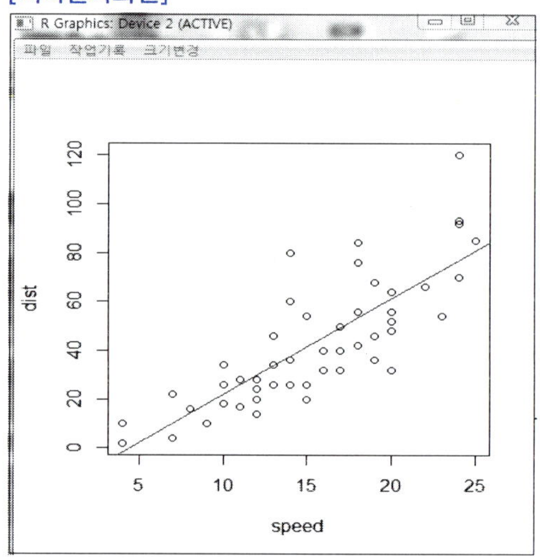

8) 그래프 타이틀 추가 하기: title( )

자 이제 생성된 그래프에 타이틀을 추가해 보자. 명령어는 title( ) 함수식이다. 타이틀은 “Figure 1. The Relationship between Speed and Distance of Cars”로 하자.

명령어

```
> title("타이틀명")

> title("Figure 1. The Relationship between Speed and Distance of Cars")
```

```
> title("Figure 1. The Relationship between Speed and Distance of Cars")
```

[처리결과화면]

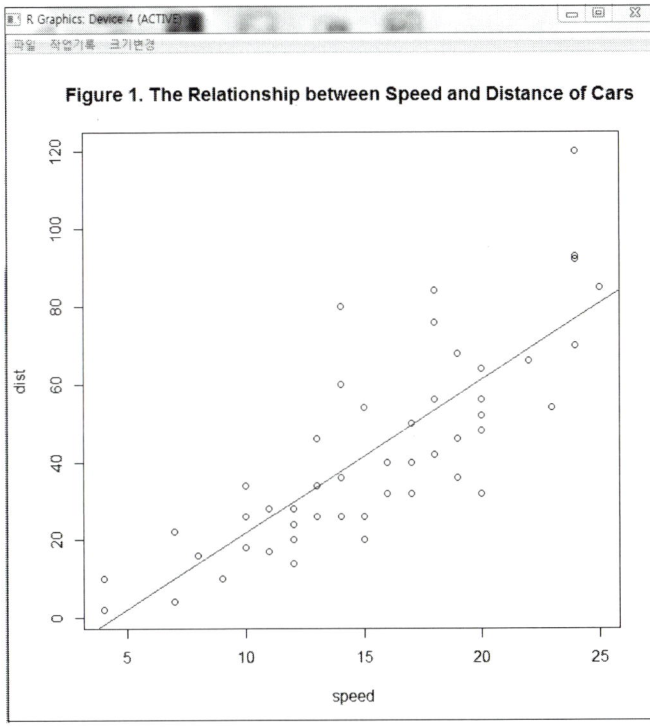

9) 비모수 회귀곡선 추가 하기: locss( )

자 이제 생성된 그래프에 비모수 회귀곡선을 추가해 보자. 명령어는 loess( ) 함수식이다. 우선 비모수 회귀 결과를 저장한 뒤 그 결과를 lines( ) 함수식을 사용하여 추가하도록 만든다. 비모수 회귀 결과를 할당할 파일명은 "fit1"으로 정하자. 색깔은 빨간색(red)으로 나타내 보자.

명령어

```
> 비모수회귀결과저장할파일명=loess(y축변수~x축변수)
> lines(x축변수, 비모수회귀결과저장할파일명$fitted, col="색깔")

> fit1=loess(dist~speed)
> lines(speed, fit1$fitted, col="red")
```

```
> fit1=loess(dist~speed)
> lines(speed, fit1$fitted, col="red")
```

[처리결과화면]

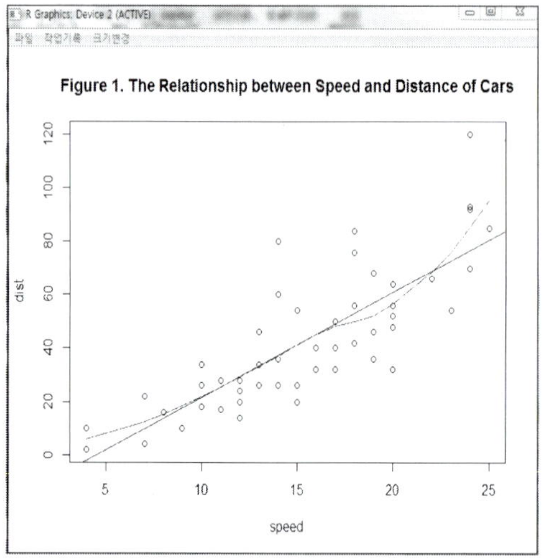

[처리결과화면: 비모수 회귀곡선 추정 결과 내용 열람]

```
Environment   History   Connections
Import Dataset ▾                      List ▾
Global Environment ▾
Data
fit1          List of 18
   n : int 50
   fitted : num [1:50] 5.89 5.89 12.5 12.5 ...
   residuals: Named num [1:50] -3.894 4.106...
   ..- attr(*, "names")= chr [1:50] "1" "2"...
   enp : num 4.78
   s : num 15.3
   one.delta: num 44.3
   two.delta: num 44
   trace.hat: num 5.24
   divisor : num 1
   robust : num [1:50] 1 1 1 1 1 1 1 1 1 1 ...
   pars :List of 10
   ..$ span : num 0.75
   ..$ degree : int 2
   ..$ normalize : logi TRUE
   ..$ parametric : logi FALSE
   ..$ drop.square: logi FALSE
   ..$ surface : chr "interpolate"
   ..$ cell : num 0.2
   ..$ family : chr "gaussian"
   ..$ trace.hat : chr "exact"
   ..$ iterations : int 1
   kd :List of 5
   ..$ parameter: Named int [1:7] 1 50 2 19...
   .. ..- attr(*, "names")= chr [1:7] "d" "...
   ..$ a : int [1:19] 1 1 1 1 1 1 1 1 0 1 ...
   ..$ xi : num [1:19] 15 12 19 10 14 17 22...
   ..$ vert : num [1:2] 3.9 25.1
```

해석

RStudio 화면의 오른쪽 상단에 있는 "fit1"파일의 를 클릭하면, 상세 추정 내용을 열람할 수 있다. 열람 내용 가운데 두 번째 행에 "fitted"라는 내용이 있고, 이 내용에 담겨 있는 수치들을 비모수 회귀곡선 자료로 사용하게 된다. 앞서 추가한 빨간 색 비모수 회귀곡선은 바로 이 fitted 자료를 사용하여 그린 것이다.

자 이번에는 비모수 회귀곡선을 완만한 곡선으로 표시해보자. 명령어는 loess.smooth( ) 함수식이다. 색깔은 녹색(green)으로 나타내 보자. 비모수 회귀 추정 결과를 저장할 파일명은 "fit2"로 정하자. 여기서 주의할 점은 loess.smooth( ) 함수식은 loess( ) 함수식과 달리, x축 변수와 y축 변수를 직접 명시해준다는 사실이다. 추가되는 비모수 회귀곡선은 녹색으로 표기해 보자.

명령어

```
> 비모수회귀결과저장할파일명=loess.smooth(y축변수, x축변수)
> lines(비모수회귀결과저장할파일명$x, 비모수회귀결과저장할파일명$y, col="색깔")

> fit2=loess.smooth(dist, speed)
> lines(fit2$x, fit2$y, col="green")
```


```
> fit2=loess.smooth(dist, speed)
> lines(fit2$x, fit2$y, col="green")
```


[처리결과화면]

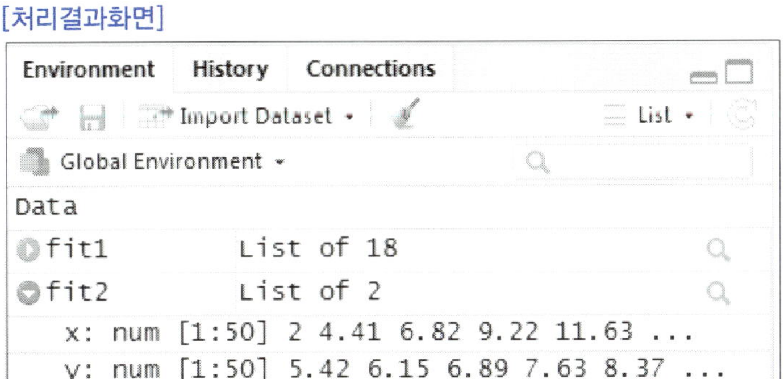

해석

처리 결과 화면을 보면, fitted 값 등 복잡한 내용을 보여주던 fit1과 달리, x축 값과 y축 값에 대한 간편한 내용만을 보여주고 있음을 알 수 있다.

[처리결과화면]

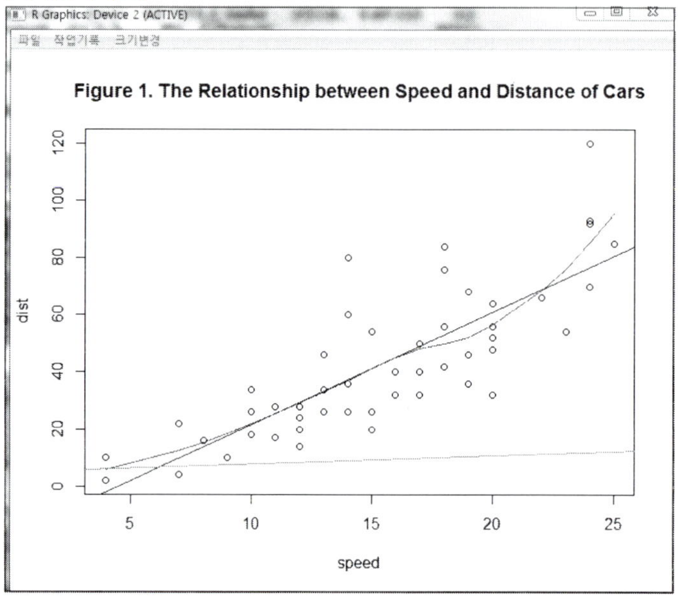

10) 범례 추가 하기: legend( )

자 이제 생성된 그래프에 범례를 추가해 보자. 명령어는 legend( ) 함수식이다. 우선 범례를 위치시킬 지점을 선택 해야 한다. 옵션으로는 “bottomright”, “bottom”, “bottomleft”, “left”, “topleft”, “top”, “topright”, “right”, “center” 등이 있다. 여기서는 “topright”로 연습해 보자.

명령어

```
> legend("위치옵션", c(범례 내용))

> legend("topright", c("blue=linear regression", "red=nonparametric regression",
"green=smooth nonparametric"))
```

```
> legend("topright", c("blue=linear regression", "red=nonparametric regression",
"green=smooth nonparametric"))
```

[처리결과화면]

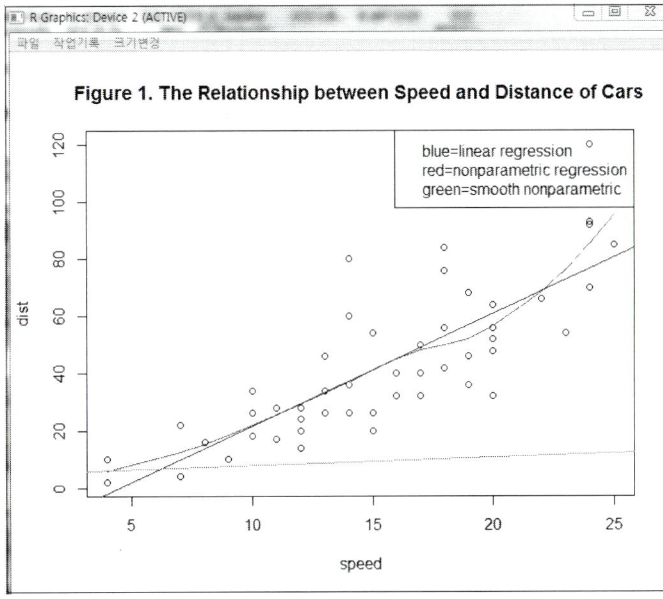

11) 그래픽 모수와 그래프 모양 바꾸기: par( )

자 이제 생성된 그래프의 모양을 바꾸는 방법을 연습해 보자. 그래프 그리기에서모양을 바꿀 때는 그래픽 모수를 이용한다. 그래픽 모수를 이용하여 그래프를 수정하는 방법은 다시 두 가지 방식으로 세분되는데, 하나는 함수 par( )를 이용하는 것이고, 다른 하나는 각 그래프 함수에서 직접 모수를 수정하는 것이다. 여기서는 par( ) 함수식을 사용하여 그래프 모양을 바꾸어 보자.

앞서 도출한 speed-dist 관계를 나타내는 산포도 그래프를 수정해 보자. 그래프 모양을 "비어 있는 원" 대신 "속이 찬 원"으로 바꾸고, 점과 선을 모두 이용하여 "점들을 순서대로 선으로 연결(type="b")"시켜 보자. 또한 선은 "점선(lty=3)"으로 나타내고, 그래프에 점을 나타낼 때 사용되는 기호의 종류로는 "속이 찬 원(pch=19)"으로 나타내 보자.

[그래프 그리기에 필요한 그래픽 모수]

모수	기능
lty	선의 종류: 숫자로 나타내며 1~6이 있음. 또는 지정된 문자로 나타낼 수 있음("solid", "dashed", "dotted", "dotdash", "longdash", "twodash") 1 ———————————— 2 - - - - - - - - - - - - - - - - 3 ------------------------------------ 4 -·-·-·-·-·-·-·-·-·-·-·-·-·-·-·-

모수	기능
	5 ────────────── 6 ━━━━━━━━━━━━━━
lwd	선의 굵기: 1=디폴트, 2=2배, 3=3배...
type	type='b' 선과 점을 모두 사용하라 type='h' 히스토그램 수직선 그래프 type='l' 선 그래프. 함수 lines( )의 디폴트 값 사용 type='n' 그래프 없음(no plotting) type='o' 선과 점이 겹치는(overlapped) 그래프 type='p' 점(points) 그래프. 함수 plot( ), points( ) 디폴트 값 사용 type='s' 계단식(step) 그래프
pch	기호의 종류: 숫자로 나타내며 0~25가 있음. 0 □ 1(디폴트) ○ 2 △ 3 + 4 x 5 ◇ 6 ▽ 7 8 9 10 11 12 13 14 15 ■ 16 ● 17 ▲ 18 ◆ 19 ● 20 ● 21 ○ 22 □ 23 ◇ 24 △ 25 ▽
cex	기호의 크기: 숫자로 나타내며 1=디폴트, 2=2배, 3=3배...

col	657개의 색깔을 지정하는 문자로 구성.
	①숫자로 지정하는 방식: 매우 제한된 색깔만 사용 가능
	흰색(col=0), 검은색(col=1), 빨간색(col=2), 녹색(col=3), 파란색(col=4), 청록색(col=5), 자주색(col=6), 노란색(col=7), 회색(col=8) // 검은색(col=9), 빨간색(col=10)...색깔이 순환됨
	②문자로 지정하는 방식
	함수식 colors( )를 실행하면 657개 색깔의 문자가 나옴. 여기서 직접 문자를 확인하고 사용.
	col="red", col="blue" 등등
	[처리결과화면]
	> colors()
	[1] "white" "aliceblue"
	[3] "antiquewhite" "antiquewhite1"
	[5] "antiquewhite2" "antiquewhite3"
	[7] "antiquewhite4" "aquamarine"
	[9] "aquamarine1" "aquamarine2"
	(중간 생략)
	[639] "turquoise4" "violet"
	[641] "violetred" "violetred1"
	[643] "violetred2" "violetred3"
	[645] "violetred4" "wheat"
	[647] "wheat1" "wheat2"
	[649] "wheat3" "wheat4"
	[651] "whitesmoke" "yellow"
	[653] "yellow1" "yellow2"
	[655] "yellow3" "yellow4"
	[657] "yellowgreen"

모수	기능
	※색깔 만들기 옵션 col.lab　xy축 라벨의 색깔 col.main　그래프 주제목의 색깔 col.sub　그래프 부제목의 색깔

우선 앞서 실행한 그래프를 삭제시키지 않도록 그래픽 모수를 저장하도록 한다. 이렇게 하면 앞서 실행한 그래프 결과값을 저장해 둘 수 있어 앞서 실행한 그래프로 되돌아갈 수 있다. 명령어는 par( ) 함수식이다. 그리고 수정가능한 모수만 저장하라는 "no.readonly=TRUE" 옵션이 필요하다. 저장해둘 파일명은 "par1"으로 하자.

명령어

```
> 저장할파일명=par(no.readonly=TRUE)

> par1=par(no.readonly=TRUE)
```

```
> par1=par(no.readonly=TRUE)
```

다음으로 선과 점을 모두 사용해서(type='b'), 선과 점을 점선(lty=3)으로 이어주고, 점의 기호는 '속이 찬 원 19번(pch=19)'으로 나타내라는 명령어를 처리해 보자. 그리고 최종적으로 원래의 모수 값으로 복귀(par(모수를저장한파일명))시켜 보자. 여기서 모수를 저장한 파일명은 앞서 실행한 대로 "par1"이다.

명령어

```
> par(lty=숫자, pch=숫자)
> plot(y축변수~x축변수, type='유형', 데이터파일명)

> par(lty=3, pch=19)
> plot(dist~speed, type='b', cars)
```

```
> par(lty=3, pch=19)
> plot(dist~speed, type='b', cars)
```

[처리결과화면]

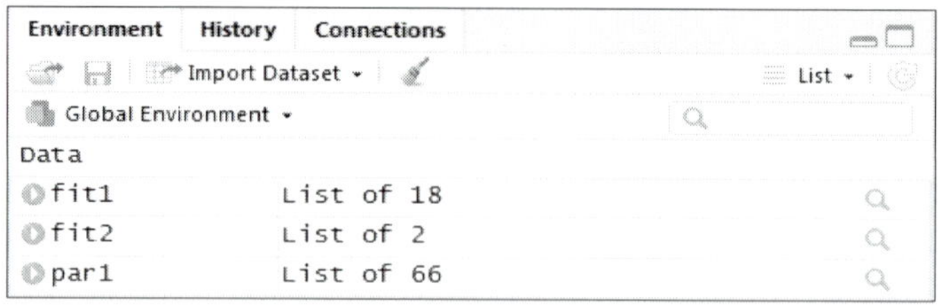

해석

처리 결과 화면을 보면, RStudio 화면의 오른쪽 상단에 모수를 저장한 파일 par1이 새로 생성되었음을 볼 수 있다.

[처리결과화면]

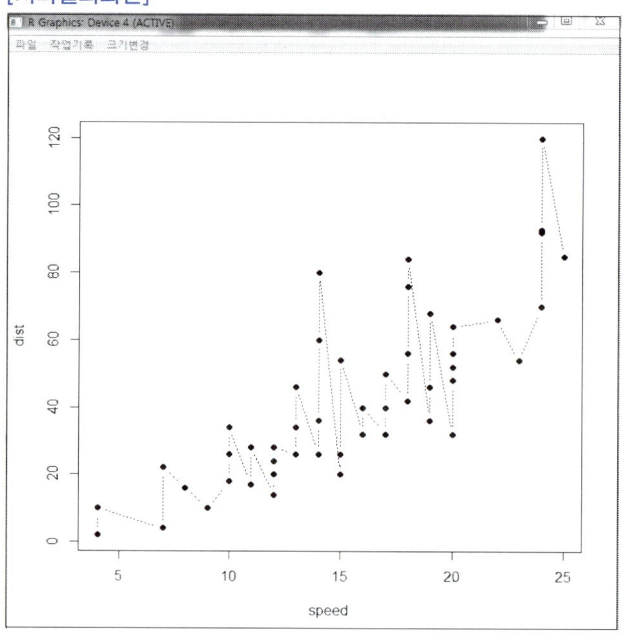

해석

처리 결과 화면을 보면, 의도했던 대로 속이 찬 원점으로 표시되었고, 점과 점을점선으로 순서대로 이어주고 있다. 끝으로 작업을 마치고 원래의 모수로 되돌아가려면 다음과 같이 명령어를 처리하면 된다: > par(par1)

자 이제 지금까지 실습한 내용들을 한꺼번에 나타나게 하는 두 번째 방법을 연습해 보자. 명령어는 plot( ) 함수식이다. 우선 R Graphics를 불러 오는 > win.graph( )를 먼저 실행시키자.

명령어

```
> win.graph( )
> plot(y축변수~x축변수, type='유형', lty=숫자, pch=숫자, 데이터파일명)

> win.graph( )
> plot(dist~speed, type='b', lty=3, pch=19, cars)
```

```
> win.graph( )
> plot(dist~speed, type='b', lty=3, pch=19, cars)
```

[처리결과화면]

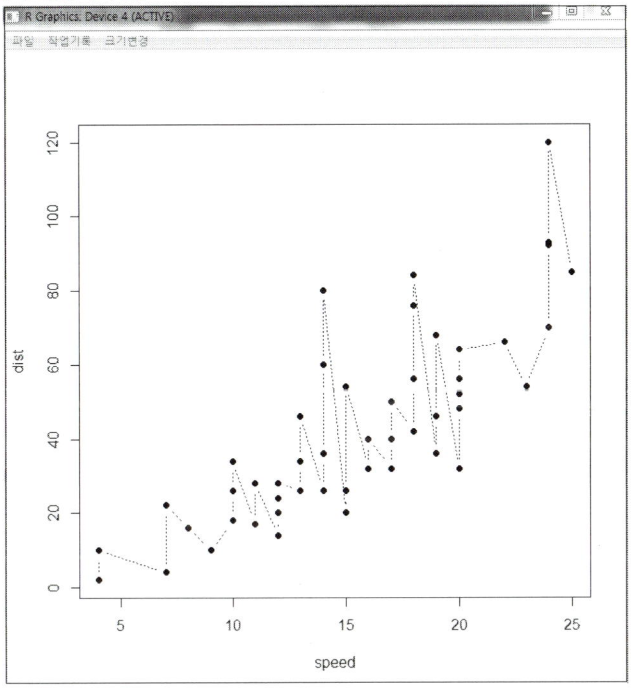

해석

처리 결과 화면을 보면, 앞서 실행한 그래프와 동일한 그래프가 도출된다.

12) 그래프 축 형태 바꾸기: axis( )

자 이제 생성된 그래프의 축 형태를 바꾸는 연습을 해보자.

[그래프 축 바꾸기에 필요한 모수 : 지시사항과 지시내용]

모수	기능
side	그래프의 각 변을 숫자로 표시. side=1(밑변), side=2(왼쪽변), side=3(윗변), side=4(오른쪽변)
at	축의 눈금을 표시할 장소를 지정. at=x, at=y
labels	눈금의 라벨을 지정하는 문자형 벡터
lty	축을 그리는 선의 유형
col	축을 그리는 선과 눈금의 색깔
las	눈금 라벨의 방향. 디폴트는 축과 수평(0), 축과 수직(2)
tck	눈금의 길이. 디폴트(-0.01), 눈금 제거(0), 격자선(1) ※ 양수는 그래프 안쪽에, 음수는 그래프 바깥쪽에 눈금을 작성한다.

우선 도출된 그래프에서 x축과 y축을 삭제해 보자. 이에 필요한 명령어는 axes=FALSE이다.

명령어

```
> plot(y축변수~x축변수, 데이터파일명, axes=FALSE)

> plot(dist~speed, cars, axes=FALSE)
```

```
> plot(dist~speed, cars, axes=FALSE)
```

[처리결과화면]

[처리 전]

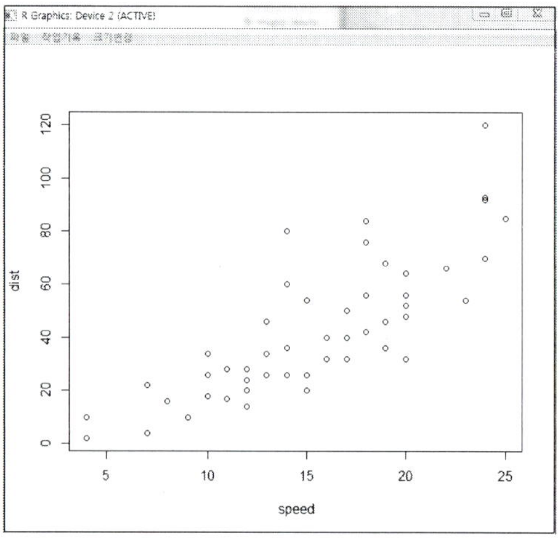

[처리 후]

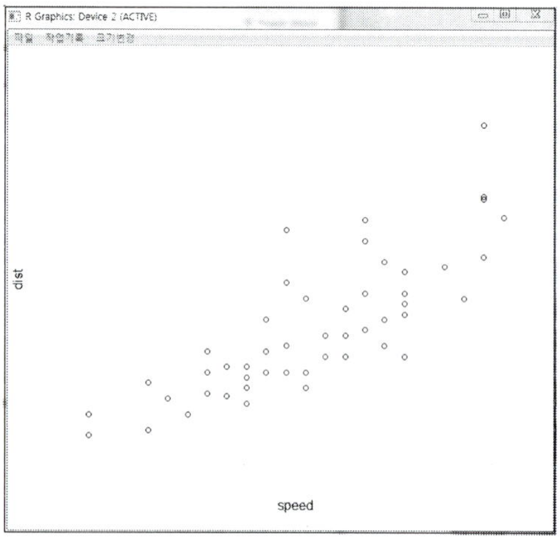

이번에는 각 축에 원하는 눈금을 만들어 보자. 이에 필요한 명령어는 seq( ) 함수식과 axis( ) 함수식이다. x축은 0~30으로 하고 간격은 5로 하자. y축은 0~130으로 하고 간격은 10으로 하자. 사각 변은 제거하고 x축과 y축만 나타내고, 즉 밑변(side=1)과 왼쪽변(side=2)만 나타낸다. 밑변(x축)에는 눈금을 축과 수평(las=0)으로 나타내고, 축의 안쪽에 눈금을 표시한다. 왼쪽변(y축)에는 눈금을 축과 수직(las=2)으로 나타내고, 축의 바깥쪽에 눈금을 표시한다.

명령어

```
> x=seq(시작수, 끝수, by=단위) ; y=seq(시작수, 끝수, by=단위)
> plot(y축변수~x축변수, 데이터파일명, axes=FALSE)
> axis(side=숫자, at=x, labels=x, las=숫자, tck=숫자)
> axis(side=숫자, at=y, labels=y, las=숫자, tck=숫자)

> x=seq(0, 30, by=5) ; y=seq(0, 130, by=10)
> plot(dist~speed, cars, axes=FALSE)
> axis(side=1, at=x, labels=x, las=0, tck=.01)
> axis(side=2, at=y, labels=y, las=2, tck=-.01)
```

```
> x=seq(0, 30, by=5) ; y=seq(0, 130, by=10)
> plot(dist~speed, cars, axes=FALSE)
> axis(side=1, at=x, labels=x, las=0, tck=.01)
> axis(side=2, at=y, labels=y, las=2, tck=-.01)
```

[처리결과화면: x축]

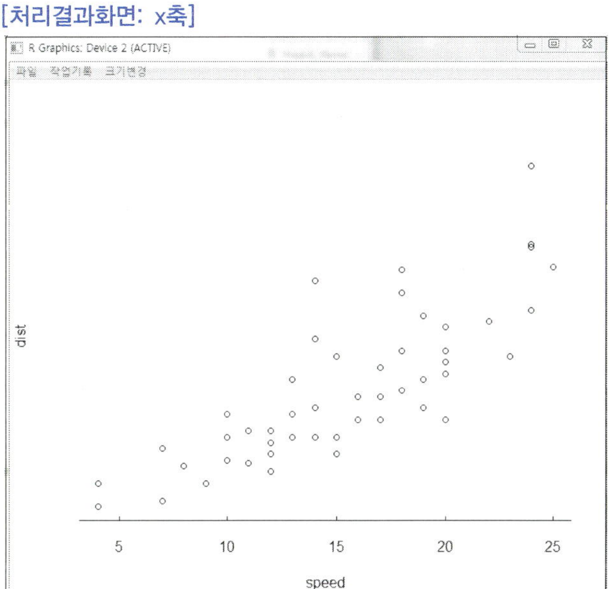

[처리결과화면: y축]

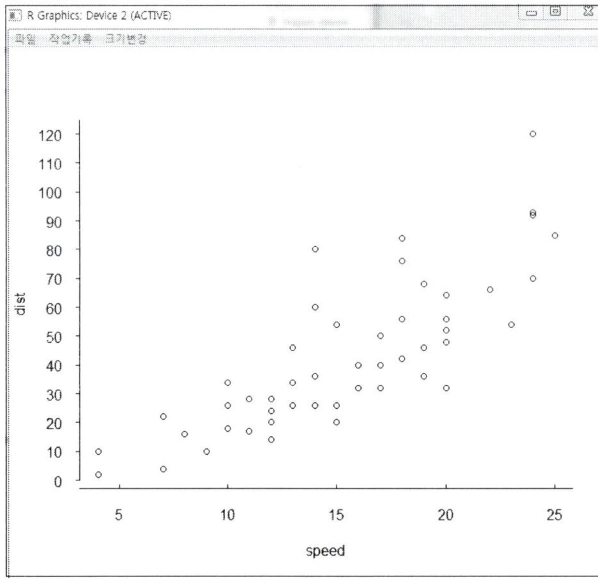

13) 각 객체의 라벨 달아주기: text( ) + rownames( )

자료를 사용하여 생성시킨 그래프에 각 객체의 라벨을 달아주는 작업도 필요하다. 이 작업을 연습하기 위해 제공된 데이터 자료인 state.x77을 사용하도록 하자. 우선 state.x77의 내용을 열람해 보자.

명령어

```
> state.x77
```

```
> state.x77
            Population Income Illiteracy Life Exp Murder
Alabama           3615   3624        2.1    69.05   15.1
Alaska             365   6315        1.5    69.31   11.3
Arizona           2212   4530        1.8    70.55    7.8
Arkansas          2110   3378        1.9    70.66   10.1
California       21198   5114        1.1    71.71   10.3
Colorado          2541   4884        0.7    72.06    6.8
Connecticut       3100   5348        1.1    72.48    3.1
Delaware           579   4809        0.9    70.06    6.2
Florida           8277   4815        1.3    70.66   10.7
(중간 생략)
HS Grad  Frost  Area
```

```
Alabama           41.3    20  50708
Alaska            66.7   152 566432
Arizona           58.1    15 113417
Arkansas          39.9    65  51945
California        62.6    20 156361
Colorado          63.9   166 103766
Connecticut       56.0   139   4862
Delaware          54.6   103   1982
Florida           52.6    11  54090
Georgia           40.6    60  58073
(중간 생략)
Vermont           57.1   168   9267
Virginia          47.8    85  39780
Washington        63.5    32  66570
West Virginia     41.6   100  24070
Wisconsin         54.5   149  54464
Wyoming           62.9   173  97203
```

해석

처리 결과 화면을 보면, 미국 50개 주에 대한 Population, Income, literacy, Life Exp, Murder, HS Grad, Frost, Area 등 8개 변수에 대한 수치를 제공하고 있다.

여기서 8개 변수 가운데 Income(소득)과 HS Grad(고등학교 졸업생 비율) 간 관계를 산점도 그래프로 그리고 라벨을 붙여 보자. 이를 위해 우선 x축의 변수를 선정하고, y축의 변수를 선정해주어야 한다. 사용할 변수는 해당 변수의 순서 번호를 적어주면 된다. 예를 들어 두 번째 변수이면 2, 여섯 번째 변수이면 6으로 한다. 이 작업에서 대상 변수인 Income(소득)과 HS Grad(고등학교 졸업생 비율)는 각각 변수순서번호가 2와 6이다.

명령어

```
> x=파일명[, 변수순서번호]
> y=파일명[, 변수순서번호]

> x=state.x77[, 2]
> y=state.x77[, 6]
```

```
> x=state.x77[, 2]
> y=state.x77[, 6]
```

[처리결과화면]

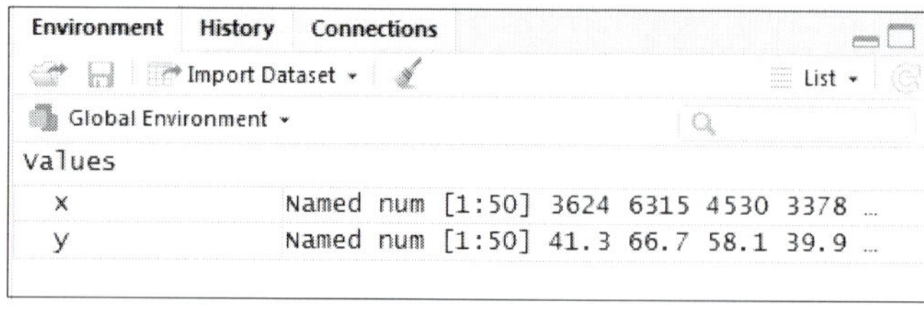

이번에는 x축 이름은 “Income”, y축 이름은 “HS Grad”로 하고, 기호의 종류는 19번(속이 찬 원), 기호의 크기는 디폴트의 0.5배(cex=0.5)로 하자.

명령어

```
> plot(x, y, pch=번호, cex=숫자, xlab="명칭1", ylab="명칭2")

> plot(x, y, pch=19, cex=0.5, xlab="Income", ylab="HS Grad")
```



```
> plot(x, y, pch=19, cex=0.5, xlab="Income", ylab="HS Grad")
```


[처리결과화면]

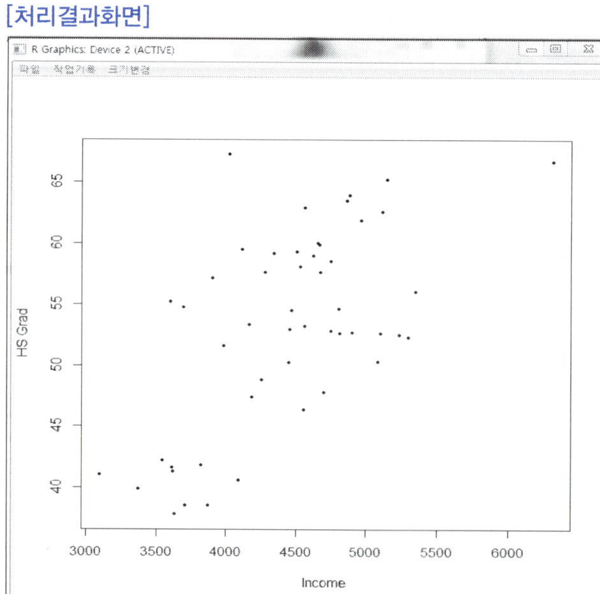

자 이제 최종적으로 각 객체에 라벨을 부여해 보도록 하자. 지금 사용하는 데이터 파일에서 해당 라벨은 rownames( ) 함수식으로 지정할 수 있다(∵ rownames가 라벨에 해당). 또한 라벨은 긴 것보다 짧은 것이 바람직하므로 이를 위해 abbreviate( ) 함수식을 사용하여 문자열을 단축시킬 수 있다. 또한 옵션으로 "minlength=숫자"를 통해 단축된 문자열의 최소 문자 개수를 지정할 수 있다. 여기서는 연습을 위해 최소 문자 개수를 2로 해 보자(이 옵션은 최소한의 문자 개수를 지정하는 것이지 모든 라벨이 해당 문자 개수로 통일되는 것이 아님을 명심해야 한다).

명령어

```
> text(x, y, labels=abbreviate(rownames(데이터파일명), minlength=숫자)

> text(x, y, labels=abbreviate(rownames(state.x77), minlength=2)
```

```
> text(x, y, labels=abbreviate(rownames(state.x77), minlength=2)
```

[처리결과화면]

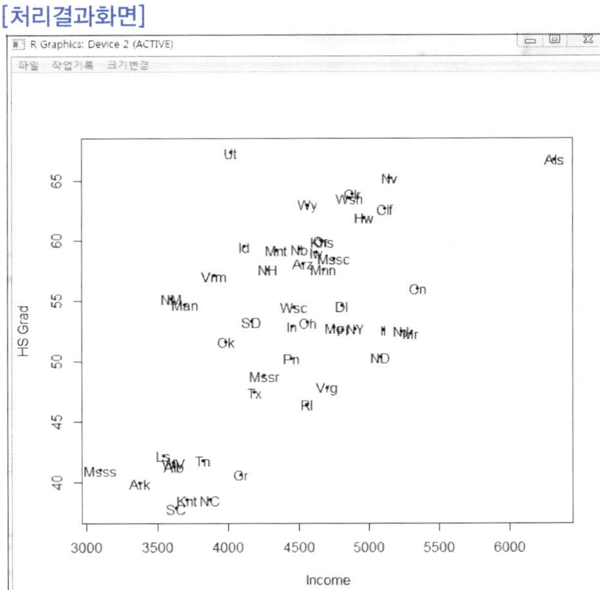

해석

처리 결과 화면을 보면, 어떤 라벨은 3자 또는 4자이지만 라벨이 최소 2개의 문자로 이루어져 있음을 알 수 있다.

14) 그래프에 원하는 문자 추가하기(내부마진에 추가): mtext( ) + outer=FALSE

이번에는 자료를 사용하여 생성시킨 그래프에 원하는 문자를 첨부시켜 보자. 앞서 사용한 제공된 데이터 자료인 state.x77을 사용하도록 하자. 문자를 추가할 면을 지정하고(side=), 추가되는 문자와 그래프 영역 간 간격을 지정하고(line=)[2], 추가되는 문자열의 정렬 방향을 지정해주고(adj=), 외부마진에 문자를 추가할 수 있게 해주는 옵션(outer=TRUE)을 적어주면 된다(이와 달리 outer=FALSE를 지정하면 내부마진에 문자가 추가되며, 옵션 outer는 outer=FALSE가 디폴트이다). 자 이제 그래프 오른쪽 위쪽(내부마진 내, adj=1)[3]에 "Significance of Education"이라는 문자를 추가해 보자.

명령어

```
mtext("문자내용", side=번호, line=숫자, cex=숫자, adj=숫자)
```

```
> mtext("Significance of Education", side=3, line=1, cex=2, adj=1)
```

```
> mtext("Significance of Education", side=3, line=1, cex=2, adj=1)
```

[처리결과화면]

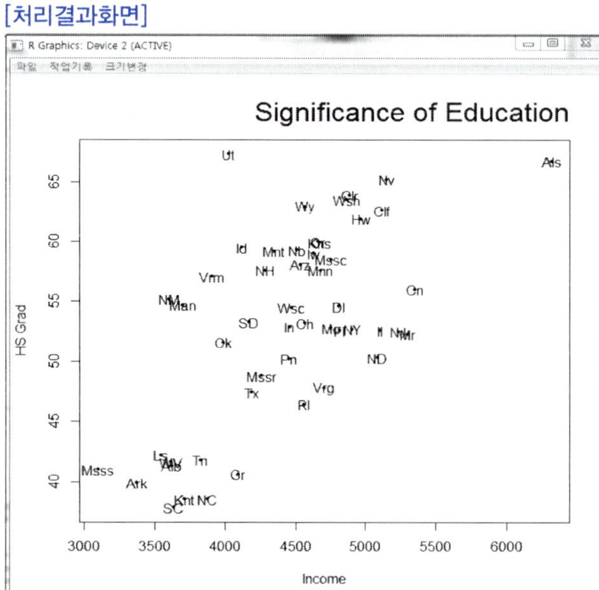

---

2 일반적으로 cex=1 크기의 문자열 한 줄이 들어 갈 수 있는 공간을 지정해 준다(line=1).

3 왼쪽 아래쪽에 문자를 추가하고 싶으면 문자 정렬방식을 지정하는 옵션 adj=0을 사용한다.

15) 계수 플롯 그리기: coefplot( )

연구 모형 분석 결과를 계수 플롯으로 나타내는 그래프를 그려 보자. 사용되는 패키지는 coefplot이며 이를 우선 설치하고, 연구 모형 분석 결과를 저장한 파일( )에 대해 계수 플롯 그래프를 도출하라는 명령어를 작성하도록 하자. 당연히 그래프 도출을 위해 win.graph( )를 선행하도록 한다.

명령어

```
> install.packages("coefplot")
> require(coefplot)
> win.graph()
```

```
> install.packages("coefplot")
Installing package into 'C:/Users/User/Documents/R/win-library/3.5'
(as 'lib' is unspecified)
also installing the dependency 'dygraphs'
trying URL 'https://cran.rstudio.com/bin/windows/contrib/3.5/dygraphs_1.1.1.6.zip'
Content type 'application/zip' length 441890 bytes (431 KB)
downloaded 431 KB
trying URL 'https://cran.rstudio.com/bin/windows/contrib/3.5/coefplot_1.2.6.zip'
Content type 'application/zip' length 139497 bytes (136 KB)
downloaded 136 KB
package 'dygraphs' successfully unpacked and MD5 sums checked
package 'coefplot' successfully unpacked and MD5 sums checked
The downloaded binary packages are in
      C:\Users\User\AppData\Local\Temp\RtmpoNtGqW\downloaded_packages
> require(coefplot)
필요한 패키지를 로딩중입니다: coefplot
Warning message:
패키지 'coefplot'는 R 버전 3.5.1에서 작성되었습니다
> win.graph()
```

여기서는 연습을 위해 실습예제 파일 OLS_4.dta를 불러와서, 종속변수 LN_Sales에 대해 나머지 예측변수들에 대해 OLS 모형을 처리하고, 그 결과를 Reg1 파일에 저장한 후, 도출된 계수에 대해 계수 플롯을 그리도록 명령어를 작성해 보자.

명령어

```
> 저장할파일명1 <-read_dta("자료가있는폴더위치")
> 저장할파일명2 <- lm(종속변수~독립변수1+독립변수2+독립변수3+독립변수4+독립변수5, data=처
리할파일명1)  #처리할파일명1=저장할파일명1
> coefplot(처리할파일명2) #처리할파일명2=저장할파일명2
```

```
> OLS_4 <-read_dta("C:/Users/User/OLS_4.dta")
> Reg1 <- lm(LN_Sales~roa+debtratio+institutionalinvestors_5per_nu
+TMT_stock_ratio_B+foreign_insti_investor_ratio, data=OLS_4)
> coefplot(Reg1)
```

```
> OLS_4 <- read_dta("C:/Users/User/OLS_4.dta")
> Reg1 <- lm(LN_Sales~roa+debtratio+institutionalinvestors_5per_nu+
TMT_stock_ratio_B+foreign_insti_investor_ratio, data=OLS_4)
> coefplot(Reg1)
```

[처리결과화면]

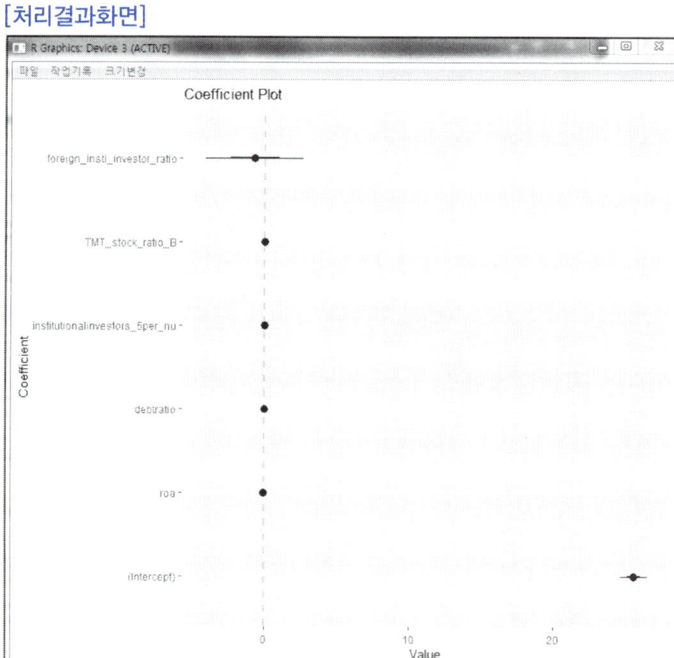

해석

처리 결과 화면을 보면, LN_Sales에 대해 대부분의 예측변수들이 0.~의 계수를 보이는 가운데, foreign_insti_investor_ratio만이 기준선 0값선 왼쪽에 위치함으로써 계수가 음수(-)를 보이

고 있다. 상수인 Intercept는 기준선 0값선 오른쪽에 위치함으로써 양수(+)를 보이고 있다.

1.2 그래프 종류와 색깔

1) 여러 가지 직선 그래프: lines( )

일반 직선 그래프를 배워보자. 사용하고자 하는 데이터 자료는 제공되고 있는 Orange 파일이다. 우선 이 파일의 내용을 열람해 보자.

명령어

```
> Orange
```

```
> Orange
   Tree  age circumference
1     1  118            30
2     1  484            58
3     1  664            87
4     1 1004           115
5     1 1231           120
6     1 1372           142
7     1 1582           145
8     2  118            33
9     2  484            69
10    2  664           111
11    2 1004           156
12    2 1231           172
13    2 1372           203
14    2 1582           203
15    3  118            30
16    3  484            51
17    3  664            75
18    3 1004           108
19    3 1231           115
20    3 1372           139
21    3 1582           140
22    4  118            32
23    4  484            62
```

```
24    4  664         112
25    4 1004         167
26    4 1231         179
27    4 1372         209
28    4 1582         214
29    5  118          30
30    5  484          49
31    5  664          81
32    5 1004         125
33    5 1231         142
34    5 1372         174
35    5 1582         177
```

해석

처리 결과 화면을 보면, 총 35개 객체에 대해 Tree, age, circumference라는 세 개의 변수 데이터가 저장되어 있음을 볼 수 있다.

다음에는 기초 작업으로 선형 그래프를 도출해 보자. 나타내고자 하는 선형 그래프는 Tree의 변화를 age와 circumference로 설명하는 것이다. 즉 age와 circumference의 변화, 그리고 Tree의 변화를 단순하게 그 흐름을 살펴보는 것이다. 이를 위해 필요한 기초 작업으로는 우선 제공된 Orange 파일에서 변수 Tree의 값을 새로운 파일명(orangetree)으로 별도로 저장(데이터 성격은 numeric)하고, age와 circumference를 각각 xrange와 yrange라는 파일명에 별도로 저장하는 것이다. 그리고 명령어 작업을 시작하기 전에 당연히 R Graphics를 불러 오는 > win.graph( )를 먼저 실행시키자.

명령어

```
> win.graph( )
> par(mfrow=c(1, 1))
> 저장할파일명1 <-as.numeric(파일명$변수명1)
> 저장할파일명2 <-range(파일명$변수명2)
> 저장할파일명3 <-range(파일명$변수명3)

> win.graph( )
> par(mfrow=c(1, 1))
> orangetree <-as.numeric(Orange$Tree)
```

```
> xrange <-range(Orange$age)
> yrange <-range(Orange$circumference)
```

```
> win.graph( )
> par(mfrow=c(1, 1))
> orangetree <-as.numeric(Orange$Tree)
> xrange <-range(Orange$age)
> yrange <-range(Orange$circumference)
```

[처리결과화면]

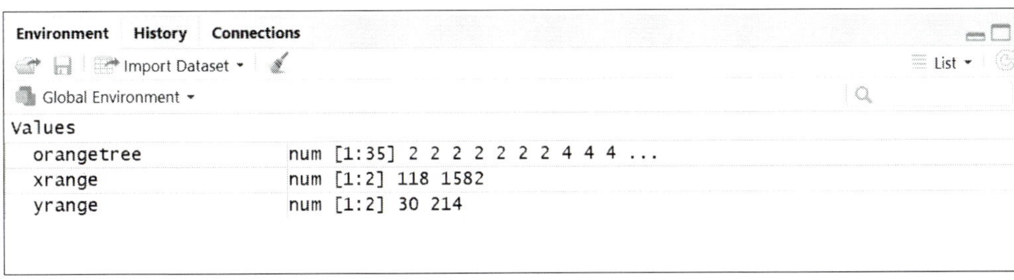

자 이제 기초 선형 그래프를 plot( ) 함수식을 사용하여 나타내 보자. 각 축의 type은 “n”으로 하고, x축 이름은 “Age(days)”, y축 이름은 “Circumference(mm)”으로 한다.

명령어

```
> plot(x축range, y축range, type="선택형", xlab="이름문자", ylab="이름문자")
```

```
> plot(xrange, yrange, type="n", xlab="Age(days)", ylab="Circumference(mm)")
```

[처리결과화면]

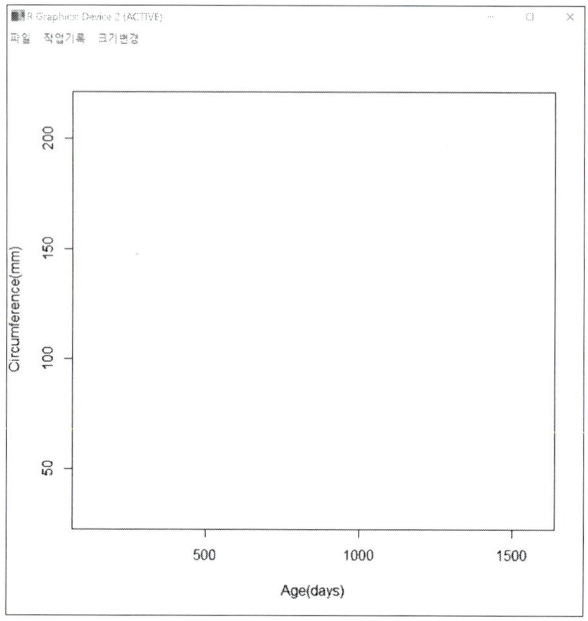

[처리결과화면]

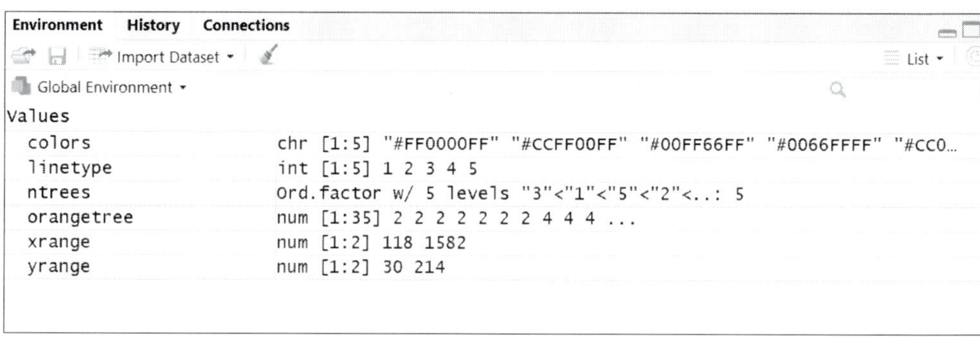

[관련 함수 및 옵션]

모수	기능
seq( )	seq(시작수, 끝수, by=간격) 또는 seq(from=수, to=수, by=간격): 시작수~끝수 사이의 숫자를 '간격'에 따라 나열해 준다
subset( )	파일에서 원하는 데이터 추출하기 subset(추출대상, 추출조건, …)
type="b"	선과 점을 연결
max( )	최대치 계산 평균 mean( ) 중앙값(중위수) median( ) 표준편차 sd( ) 분산 var( ) 최소치 min( )

모수	기능
	최대값과 최소값 range( ) 중간 50% 값 IQR *# Interquartile Range* 분위수 quantile( ) + probs=(분위1, 분위2, 분위3) *# 하위 10%(0.1), 하위 25%(0.25), 중간 50%(0.5), 상위 25%(0.75), 상위 10%(0.9)* 합 sum( ) 관측치 length( )

주: R은 명령어 다음에 나오는 "# -------"를 명령어 함수 인식에서 스스로 제외시킨다. 따라서 필요한 메모를 #과 함께 명령어 오른쪽에 적어 둘 수 있다.

2) 파이 그래프: pie( ) + pie3D( )

① 파이 차트: 퍼센트

pie 그래프의 모든 것을 배워보자. 우선 기초 작업으로 신흥시장 5개국(Brazil, Mexico, India, China, Vietnam)의 수출 다각화 현황을 파이 그래프로 나타내 보자. 데이터 자료는 임의로 작업하기로 한다. 라벨은 각 국가명과 수출 다각화에 관한 퍼센티지를 추가하고, 색깔은 rainbow로 라벨 숫자만큼 다른 색깔로 나타내라는 명령어를 작성해 보자.

작업순서를 정리하자면 다음과 같다:

[파이 그래프 작업 순서]

순서	내용	필요한 함수식
1	구분하고자 하는 대상별 데이터 자료 만들기(파일명 slice1)	c( ) 함수식
2	라벨 국가명 만들기(파일명 label1)	c( ) 함수식
3	퍼센티지 작업(파일명 pct)	round( ) 함수식
4	라벨에 퍼센티지 추가	paste( ) 함수식
5	라벨에 % 기호 추가	paste( ) 함수식 + 옵션 sep=" "
6	파이 그래프 나타내기 + 제목 추가	pie( ) 함수식 + 옵션 main="제목명" ※pie3D( ) 함수식

명령어 작업을 시작하기 전에 당연히 R Graphics를 불러 오는 > win.graph( )를 먼저 실행시키자.

명령어

```
> win.graph( )
> 저정할데이타파일명<-c(숫자1, 숫자2, 숫자3, 숫자4, 숫자5)
> 저장할라벨파일명<-c("국가1", "국가2", "국가3", "국가4", "국가5")
> 저장할퍼센티지파일명<-round(저장할데이타파일명/sum(저장할데이타파일명)*100)
> 저장할라벨파일명<-paste(저장할라벨파일명, 저장할퍼센티지파일명)
> 저장할라벨파일명<-paste(저장할라벨파일명, "%", sep="")
> pie(저장할데이타파일명, labels=저장할라벨파일명, col=rainbow(length(저장할라벨파일명)), main="그래프 제목")
```

```
> win.graph( )
> slice1<-c(10, 12, 4, 16, 8)
> label1<-c("Brazil", "Mexico", "India", "China", "Vietnam")
> pct<-round(slice1/sum(slice1)*100)
> label1<-paste(label1, pct)
> label1<-paste(label1, "%", sep="")
> pie(slice1, labels=label1, col=rainbow(length(label1)), main="Figure 1. Export Diversification of Emerging Markets")
```


```
> win.graph( )
> slice1<-c(10, 12, 4, 16, 8)
> label1<-c("Brazil", "Mexico", "India", "China", "Vietnam")
> pct<-round(slice1/sum(slice1)*100)
> label1<-paste(label1, pct)
> label1<-paste(label1, "%", sep="")
> pie(slice1, labels=label1, col=rainbow(length(label1)), main="Figure 1. Export Diversification of Emerging Markets")
```


[처리결과화면]

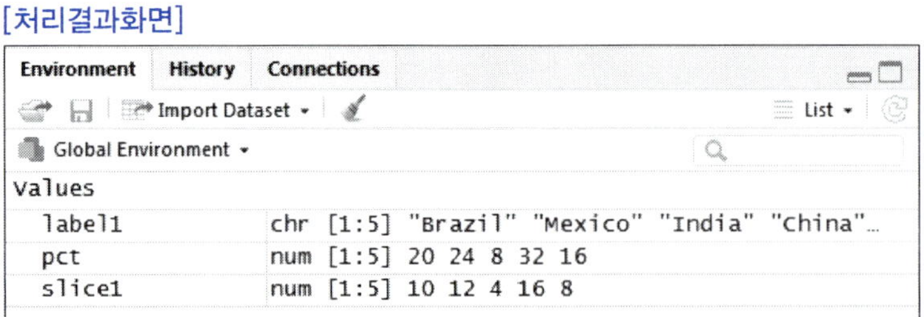

해석

처리 결과 화면을 보면, 기초 데이타 파일(slice1), 라벨명 파일(label1), 기초데이타로 계산한 퍼센티지 파일(pct)이 생성되어 있음을 알 수 있다.

[처리결과화면]

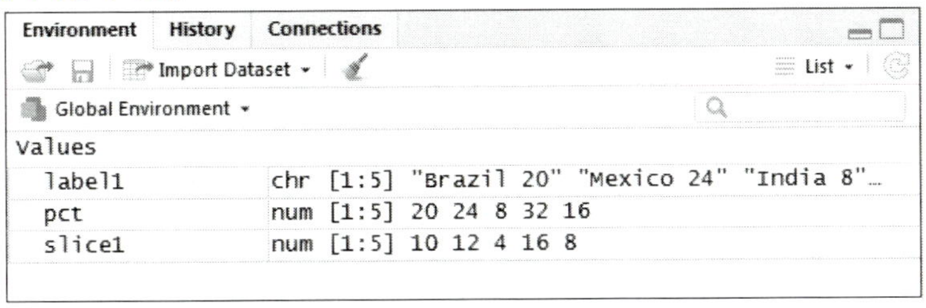

해석

처리 결과 화면을 보면, 라벨명 파일(label1)에 변화가 있음을 볼 수 있다. 명령어 처리대로 라벨명 파일이 "국가명 + 퍼센티지 숫자"로 바뀌었다.

[처리결과화면]

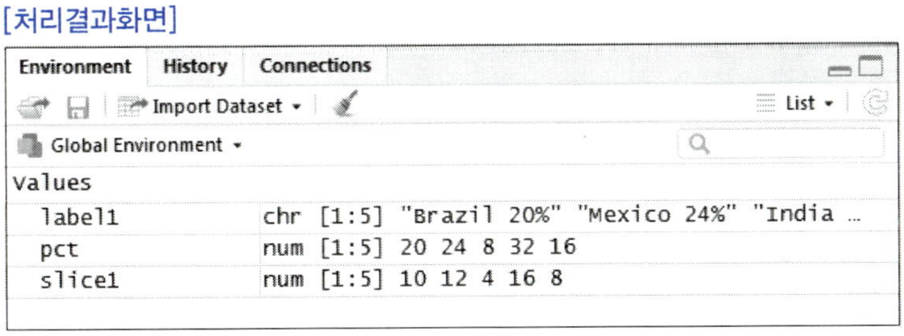

해석

처리 결과 화면을 보면, 라벨명 파일(label1)에 "국가명 + 퍼센티지 숫자 + %"가 새로운 양식으로 바뀌었음을 볼 수 있다.

[처리결과화면]

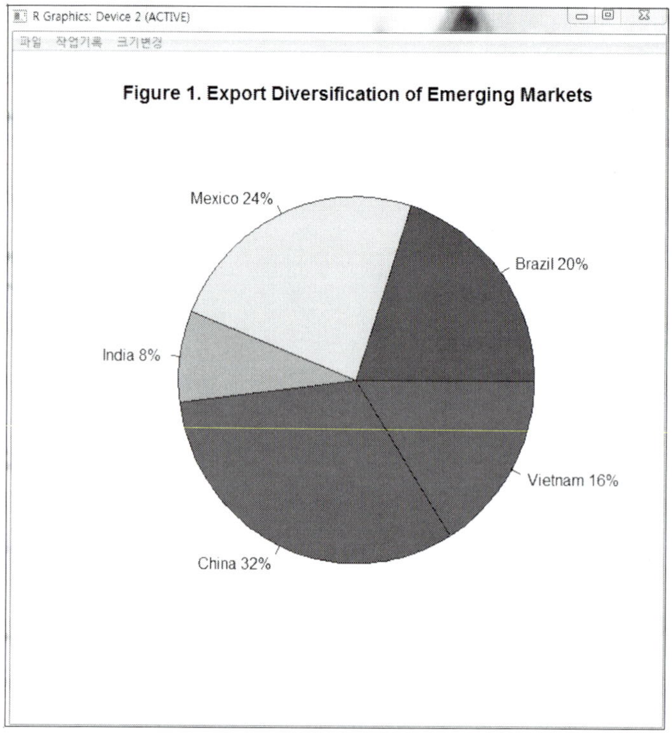

해석

처리 결과 화면을 보면, 그래프에 "국가명 + 퍼센티지 숫자 + %"라는 양식으로 파이 그래프가 만들어졌고, 각 국가별로 색깔이 다르게 표현되어 있음을 알 수 있다.

② 3D 파이 차트: 퍼센트

자 이번에는 3D pie 그래프로 바꾸어 보자. 앞서 작업한 데이터를 그대로 사용하기로 한다. 이 작업은 우선 "plotrix"라는 패키지가 필요하다. 해당 패키지를 설치하는 작업을 우선 실행하자.

명령어

```
> install.packages("plotrix")
> library(plotrix)
```

```
> install.packages("plotrix")
```

```
Installing package into 'C:/Users/User/Documents/R/win-library/3.5'
(as 'lib' is unspecified)
trying URL 'https://cran.rstudio.com/bin/windows/contrib/3.5/plotrix_3.7-3.zip'
Content type 'application/zip' length 1055537 bytes (1.0 MB)
downloaded 1.0 MB
package 'plotrix' successfully unpacked and MD5 sums checked
The downloaded binary packages are in
      C:\Users\User\AppData\Local\Temp\Rtmp08gbgb\downloaded_packages
> library(plotrix)
Warning message:
패키지 'plotrix'는 R 버전 3.5.1에서 작성되었습니다
```

이제 앞서 연습한 내용을 사용하여 3D 파이 그래프를 나타내라는 명령어를 작성해 보자. 주요 명령어는 pie3D( ) 함수식이며, 새로운 옵션으로 explode=0.1이 필요하다. R Graphics를 불러오는 win.graph( ) 함수식을 실행하는 것은 이제 기본이 되었을 것이다.

명령어

```
> win.graph( )
> 저정할데이타파일명<-c(숫자1, 숫자2, 숫자3, 숫자4, 숫자5)
> 저장할라벨파일명<-c("국가1", "국가2", "국가3", "국가4", "국가5")
> 저장할퍼센티지파일명<-round(저장할데이타파일명/sum(저장할데이타파일명)*100)
> 저장할라벨파일명<-paste(저장할라벨파일명, 저장할퍼센티지파일명)
> 저장할라벨파일명<-paste(저장할라벨파일명, "%", sep="")
> pie3D(저장할데이타파일명, labels=저장할라벨파일명, explode=숫자, col=rainbow(length
(저장할라벨파일명)), main="그래프 제목")

> win.graph( )
> slice1<-c(10, 12, 4, 16, 8)
> label1<-c("Brazil", "Mexico", "India", "China", "Vietnam")
> pct<-round(slice1/sum(slice1)*100)
> label1<-paste(label1, pct)
> label1<-paste(label1, "%", sep="")
> pie3D(slice1, labels=label1, explode=0.1, col=rainbow(length(label1)), main="Fi
gure 1. Export Diversification of Emerging Markets")
```

```
> win.graph( )
> slice1<-c(10, 12, 4, 16, 8)
> label1<-c("Brazil", "Mexico", "India", "China", "Vietnam")
```

```
> pct<-round(slice1/sum(slice1)*100)
> label1<-paste(label1, pct)
> label1<-paste(label1, "%", sep="")
> pie3D(slice1, labels=label1, explode=0.1, col=rainbow(length(label1)), main="Fi
gure 1. Export Diversification of Emerging Markets")
```

[처리결과화면]

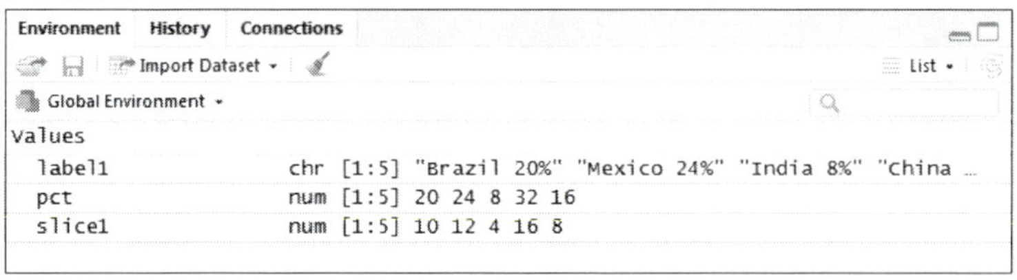

[처리결과화면]

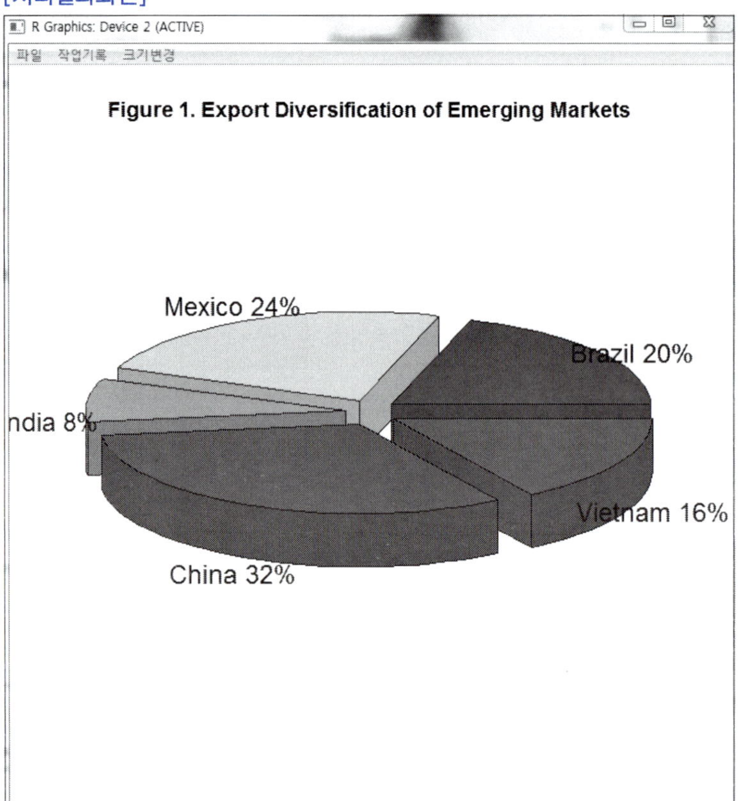

③ 그래프 색깔 바꾸기: col=1: 16

그래프를 그리다보면 색깔을 세밀하게 표현해야 할 때가 있다. 자 이제 어떻게 색깔을 배정할 수 있는지 상세한 방법을 연습해 보도록 하자.

우선 특정한 여러 가지 색깔을 지정해주고 자동으로 색깔을 배정하도록 명령어를 작성해 보자. 그래프는 pie 그래프이며, 색깔은 1~16번 색깔을 사용하도록 하자(앞서 설명한 바와 같이 색깔을 번호로 지정하게 되면 9 이상의 숫자부터는 1번 검은색부터 8번 회색까지의 색깔이 반복되어 배정된다). 16개의 색깔을 배정하려면 당연히 파이 그래프의 조각도 16 조각(rep(1, 16))으로 나누어야겠지!?!? 명령어 작업을 시작하기 전에 당연히 R Graphics를 불러오는 > win.graph( )를 먼저 실행시키자. 파이 그래프의 조각(여기서는 16 조각)을 나누는 명령어는 rep(1, 16)이다.

명령어

```
> win.graph( )
> pie(rep(1, 조각수), col=시작번호: 끝번호)

> pie(rep(1, 16), col=1: 16)
```

```
> pie(rep(1, 16), col=1: 16)
```

[처리결과화면]

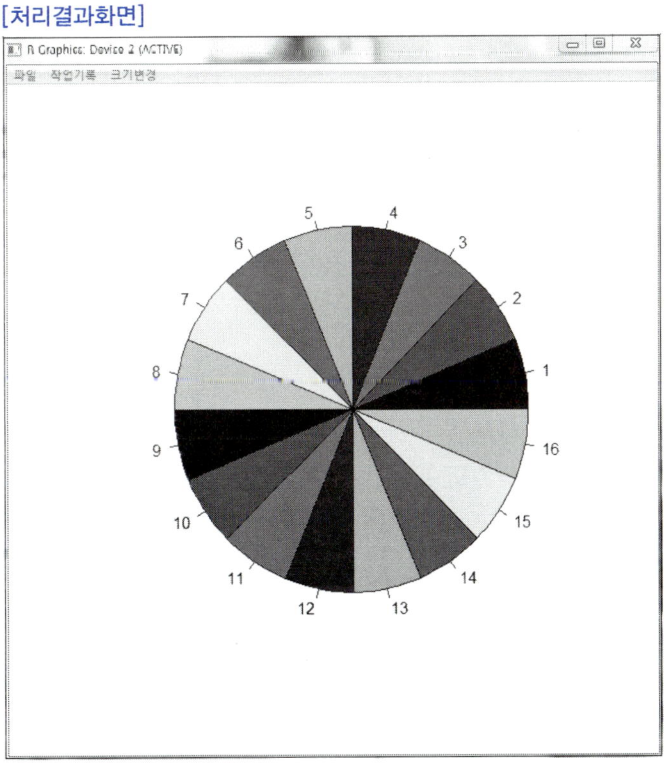

이번에는 특정 색깔에 인접한 색을 RGB 방식으로 표현하는 벡터를 생성시켜 보자. 앞서 다룬 바와 같이 파이 그래프의 조각(여기서는 16 조각)을 나누는 명령어는 rep(1, 16)이다. 여기에 rainbow(10), heat.colors(10), terrain.colors(10), topo.colors(10) 옵션을 구성해 보자. 숫자 10은 특정 색깔에 인접한 10개의 색깔을 사용하라는 명령어이다.

명령어

```
> win.graph( )
> pie(rep(1, 조각수), col=색깔정보(사용할인접색깔갯수))

> pie(rep(1, 16), col=rainbow(10))
> pie(rep(1, 16), col=heat.colors(10))
> pie(rep(1, 16), col=terrain.colors(10))
> pie(rep(1, 16), col=topo.colors(10))
```

```
> pie(rep(1, 16), col=rainbow(10))
> pie(rep(1, 16), col=heat.colors(10))
> pie(rep(1, 16), col=terrain.colors(10))
> pie(rep(1, 16), col=topo.colors(10))
```

[처리결과화면]

[rainbow(10)]

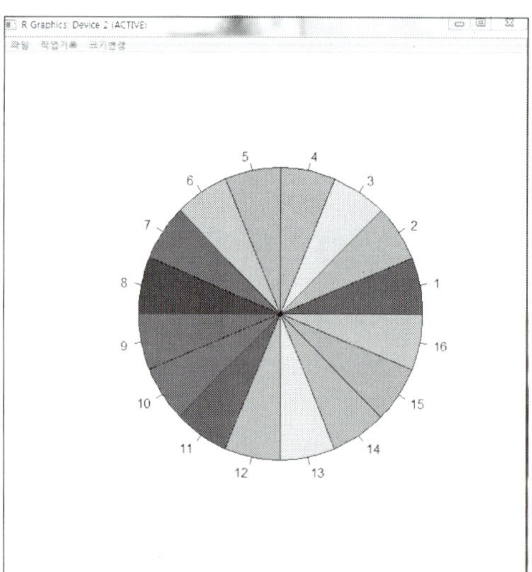

[heat.colors(10)]

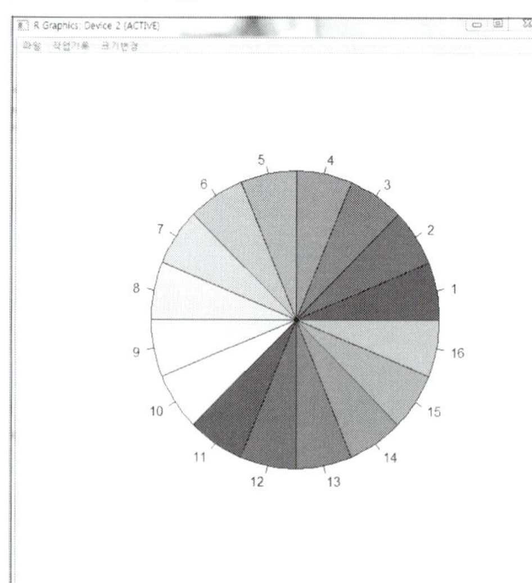

[terrain.colors(10)]

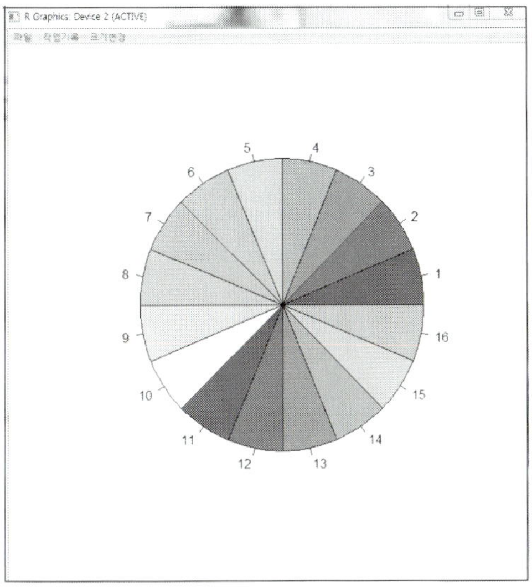

[heat.colors(10)]

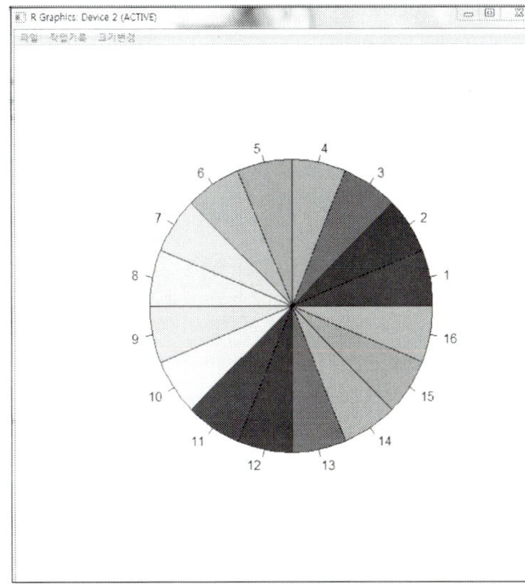

3) 히스토그램 그래프:

hist( ), ggplot( )+geom_histogram( ), ggplot( )+geom_density( )

① ggplot2 히스토그램 그래프: ggplot()+geom_histogram( )

패키지 ggplot2를 설치하고 제공되는 diamonds 데이터를 사용하여 산점도 그래프를 그려보자. 우선 패키지 설치 명령어를 작성하고 diamonds 데이터를 불러오자.

명령어

```
> install.packages("ggplot2")
> library(ggplot2) 또는 require(ggplot2)
```

```
> install.packages("ggplot2")
Installing package into 'C:/Users/User/Documents/R/win-library/3.5'
(as 'lib' is unspecified)
trying URL 'https://cran.rstudio.com/bin/windows/contrib/3.5/ggplot2_3.0.0.zip'
Content type 'application/zip' length 3580328 bytes (3.4 MB)
downloaded 3.4 MB

package 'ggplot2' successfully unpacked and MD5 sums checked

The downloaded binary packages are in
        C:\Users\User\AppData\Local\Temp\RtmpspdgLD\downloaded_packages
```

```
> require(ggplot2)
필요한 패키지를 로딩중입니다: ggplot2
Warning message:
패키지 'ggplot2'는 R 버전 3.5.1에서 작성되었습니다
```

자 이제 ggplot2에서 제공하는 diamonds 데이터를 불러들인다.

명령어

```
> data(diamonds)
> head(diamonds)
```

```
> data(diamonds)
> head(diamonds)
# A tibble: 6 x 10
  carat cut       color clarity depth table price     x     y     z
  <dbl> <ord>     <ord> <ord>   <dbl> <dbl> <int> <dbl> <dbl> <dbl>
1 0.23  Ideal     E     SI2      61.5    55   326  3.95  3.98  2.43
2 0.21  Premium   E     SI1      59.8    61   326  3.89  3.84  2.31
3 0.23  Good      E     VS1      56.9    65   327  4.05  4.07  2.31
4 0.290 Premium   I     VS2      62.4    58   334  4.2   4.23  2.63
5 0.31  Good      J     SI2      63.3    58   335  4.34  4.35  2.75
6 0.24  Very Good J     VVS2     62.8    57   336  3.94  3.96  2.48
```

그래프를 그리기 위해서는 win.graph( )를 먼저 실행하자. 이후에는 특정 변수값의 분포를 보여주는 히스토그램과, 해당 그래프를 좀 더 쉽게 표현하는 ggplot2를 이용하여 diamonds 파일에 들어 있는 carat 분포를 그려 비교해 보자. 앞선 작업은 hist( ) 함수이고, 후자는 geom_histogram( ) 함수이다.

명령어

```
> win.graph()
> hist(diamonds$carat, main="Carat Histogram", xlab="Carat")
> ggplot(data=diamonds)+geom_histogram(aes(x=carat))
```

```
> win.graph()
```

```
> hist(diamonds$carat, main="Carat Histogram", xlab="Carat")
> ggplot(data=diamonds)+geom_histogram(aes(x=carat))
```

[처리결과화면]

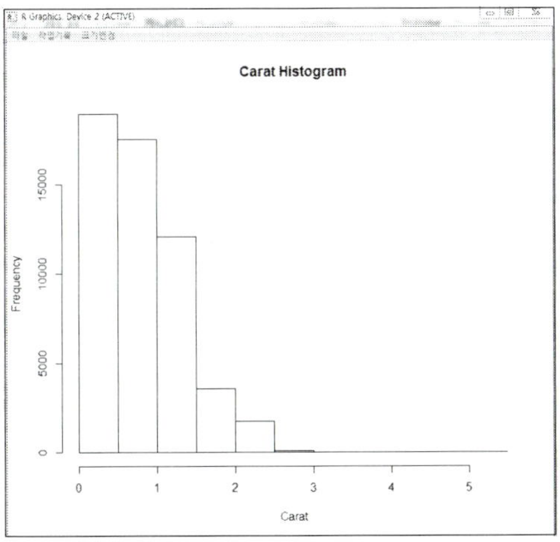

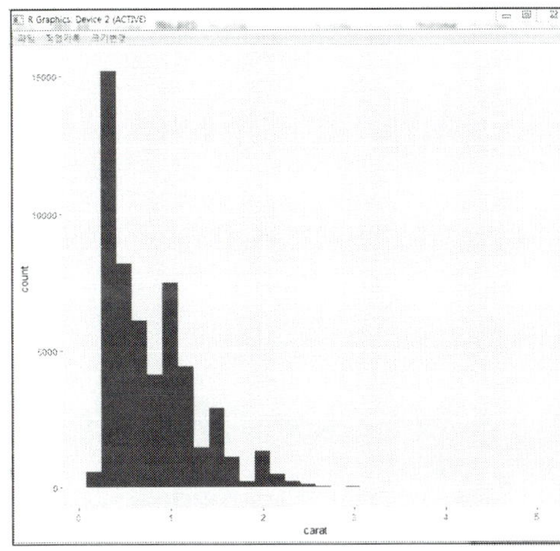

② 밀도 플롯(density plot): ggplot( )+geom_density( )

이번에는 ggplot2가 제공하는 밀도 플롯(density plot) 그래프를 그려보자. 사용할 명령어는 geom_density( )이며, 색깔을 채울 경우 추가 옵션으로 fill="색깔"을 사용하면 된다.

명령어

```
> ggplot(data=diamonds)+geom_density(aes(x=carat))
> ggplot(data=diamonds)+geom_density(aes(x=carat), fill="blue")
```

```
> ggplot(data=diamonds)+geom_density(aes(x=carat))
> ggplot(data=diamonds)+geom_density(aes(x=carat), fill="blue")
```

[처리결과화면]

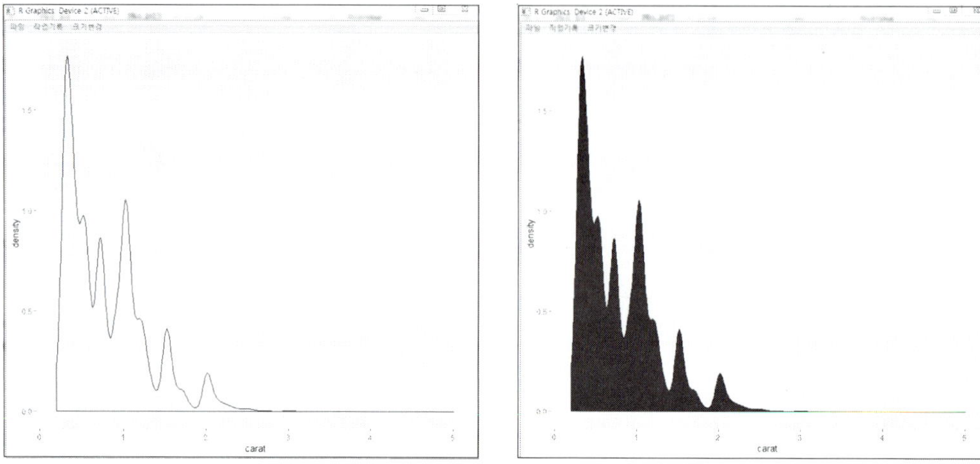

③ 레벨별 플롯(faceted plot): facet_wrap( ), facet_grid( )

지금까지 그린 플롯 그래프를 기준 변수의 레벨별로 나누어 그릴 수도 있다. 사용할 명령어는 facet_wrap(~변수1)와 facet_grid(변수1~변수2)이다. 전자는 하나의 변수를 레벨로 하는 것이고, 후자는 두 개 이상의 변수를 레벨로 한다.

명령어

```
> ggplot(data=diamonds)+geom_histogram(aes(x=carat))+facet_wrap(~color)
> ggplot(data=diamonds)+geom_density(aes(x=carat))+facet_wrap(~color)
> ggplot(data=diamonds)+geom_density(aes(x=carat), fill="blue")+facet_wrap(~col
or)
```

```
> ggplot(data=diamonds)+geom_histogram(aes(x=carat))+facet_wrap(~color)
> ggplot(data=diamonds)+geom_density(aes(x=carat))+facet_wrap(~color)
> ggplot(data=diamonds)+geom_density(aes(x=carat), fill="blue")+facet_wrap(~color)
```

[처리결과화면]

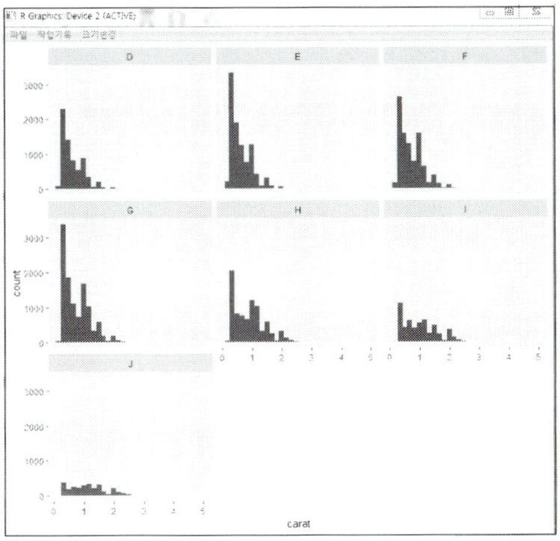

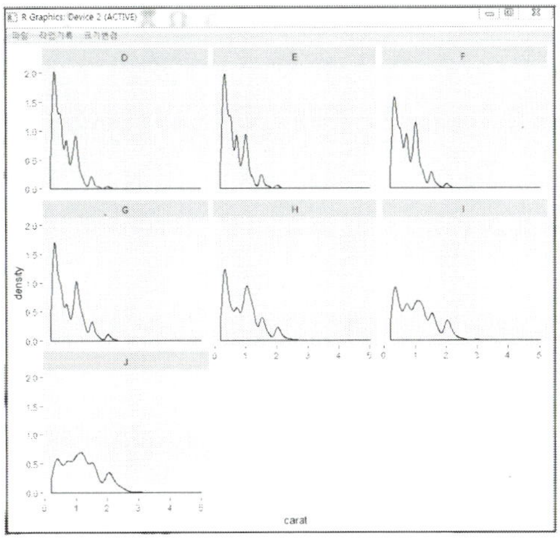

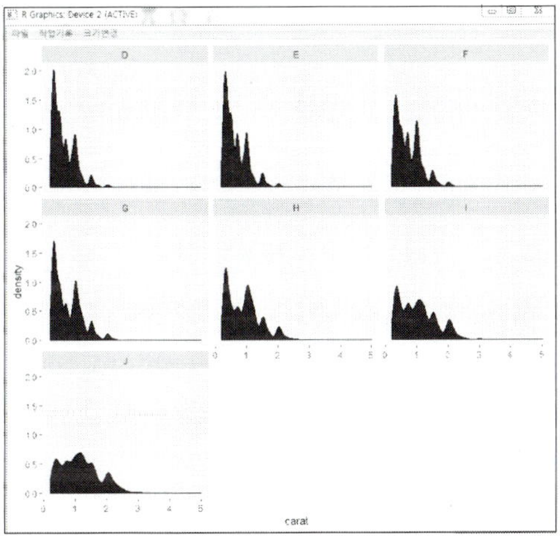

다음에는 두 개 이상의 변수를 레벨로 하는 facet_grid( )를 사용하여 cut과 clarity를 선정해서 그리드를 나타내보자.

명령어

```
> ggplot(data=diamonds)+geom_histogram(aes(x=carat))+facet_grid(cut~clarity)
> ggplot(data=diamonds)+geom_density(aes(x=carat))+facet_grid(cut~clarity)
```


```
> ggplot(data=diamonds)+geom_histogram(aes(x=carat))+facet_grid(cut~clarity)
> ggplot(data=diamonds)+geom_density(aes(x=carat))+facet_grid(cut~clarity)
```

[처리결과화면]

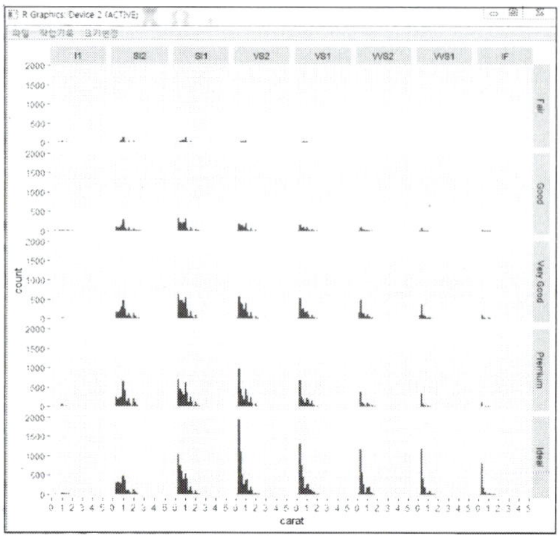

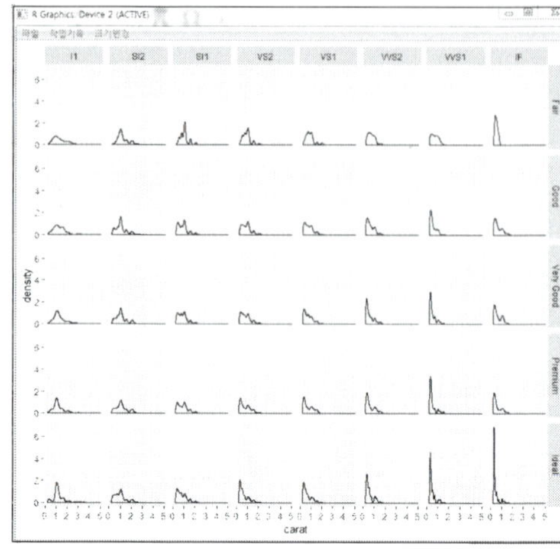

해석

처리 결과 화면을 보면, 분리된 세트를 위한 별도의 페인(pane)이 생성되어 있음을 볼 수 있다. 여기서 말하는 페인이란 상단에 박스(회색)로 표시된 I1, SI2, SI1, VS2 등과, 오른쪽에 표시된 Fair, Good, VeryGood, Premium, Ideal 등의 표시를 의미한다. 한 예로 행렬좌표처럼 I1과 Fair가 만나는 지점에 그래프가 하나 있다. Fair, Good, VeryGood, Premium, Ideal 등의 페인은 cut의 페인이고, I1, SI2, SI1, VS2 등은 clarity의 페인이다.

4) 산점도 그래프: plot( ), geom_point( ), facet_wrap( ), facet_grid( ), theme_economist( ), theme_excel( ), theme_tufte( ), theme_wsj( )

① 기본 산점도 그래프: plot( )

자 이제 패키지 ggplot2를 설치하고 제공되는 diamonds 데이터를 사용하여 산점도 그래프를 그려보자. 산점도 그래프는 두 변수에 관한 하나의 관측값을 나타낸다. 두 변수로는 price와 carat으로 정하자. 그래프를 그리기 위해서는 win.graph( )를 먼저 실행하자.

명령어

```
> win.graph()
> plot(price~carat, data=diamonds)
```

```
> win.graph()
> plot(price~carat, data=diamonds)
```

[처리결과화면]

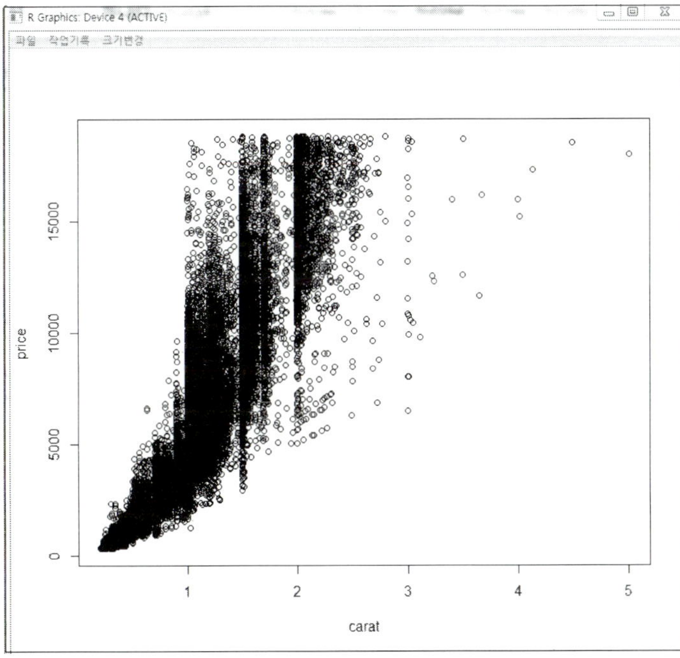

② 색깔변수 산점도 그래프: geom_point( )

다음으로는 기본 산점도 그래프를 보다 세련화된 작업에 투입하기 위해 필요한 조치를 취해보자.우선 세련화 작업에 매번 투입할 수 있는 ggplot 기본 개체를 만들어야한다. 기본 개체를 만들어서 파일명 g에 저장해두자. 매번 꺼내 쓸 수 있도록.

명령어

```
> g <-ggplot(diamonds, aes(x=carat, y=price))
```

```
> g <-ggplot(diamonds, aes(x=carat, y=price))
```

※ggplot( )※

명령어

```
> ggplot(diamonds, aes(x=carat, y=price))
```

[처리결과화면]

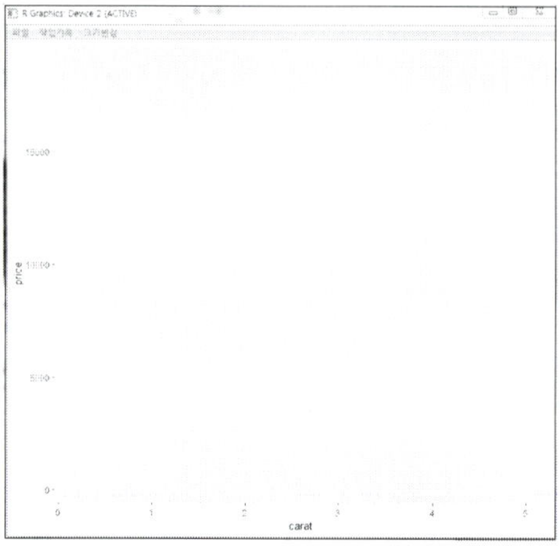

이렇게 저장해 둔 기본 개체를 꺼내서 diamonds 파일에 들어 있는 색깔 변수를 반영하여 그래프를 나타내보자.

명령어

```
> g+geom_point(aes(color=color))
```

```
> g+geom_point(aes(color=color))
```

[처리결과화면]

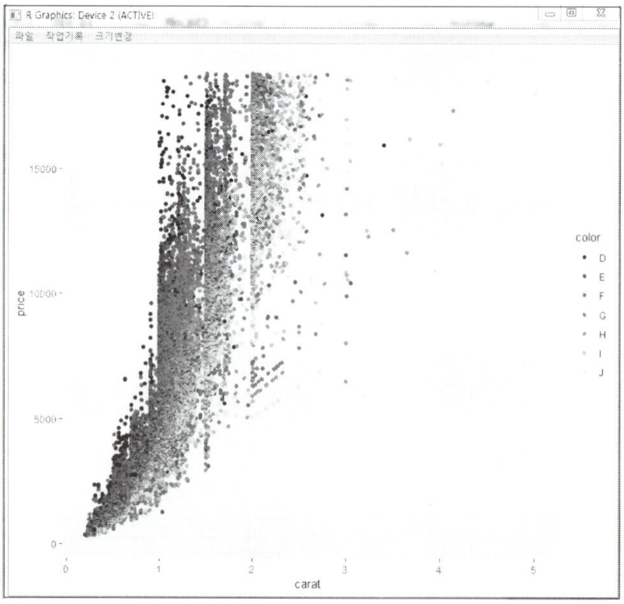

해석

처리 결과 화면을 보면, diamonds 파일에 들어 있는 color 변수에 나와 있는 색깔들, 즉 D, E, F, G, H, I, J가 구체적인 색깔로 표현되어 있음을 볼 수 있다.

③ 레벨별 플롯(faceted plot): facet_wrap( ), facet_grid( )

지금까지 그린 플롯 그래프를 기준 변수의 레벨별로 나누어 그릴 수도 있다. 사용할 명령어는 facet_wrap(~변수1)와 facet_grid(변수1~변수2)이다. 전자는 하나의 변수를 레벨로 하는 것이고, 후자는 두 개 이상의 변수를 레벨로 한다.

명령어

```
> g+geom_point(aes(color=color))+facet_wrap(~color)
> g+geom_point(aes(color=color))+facet_grid(cut~clarity)
```


```
> g+geom_point(aes(color=color))+facet_wrap(~color)
> g+geom_point(aes(color=color))+facet_grid(cut~clarity)
```


[처리결과화면]

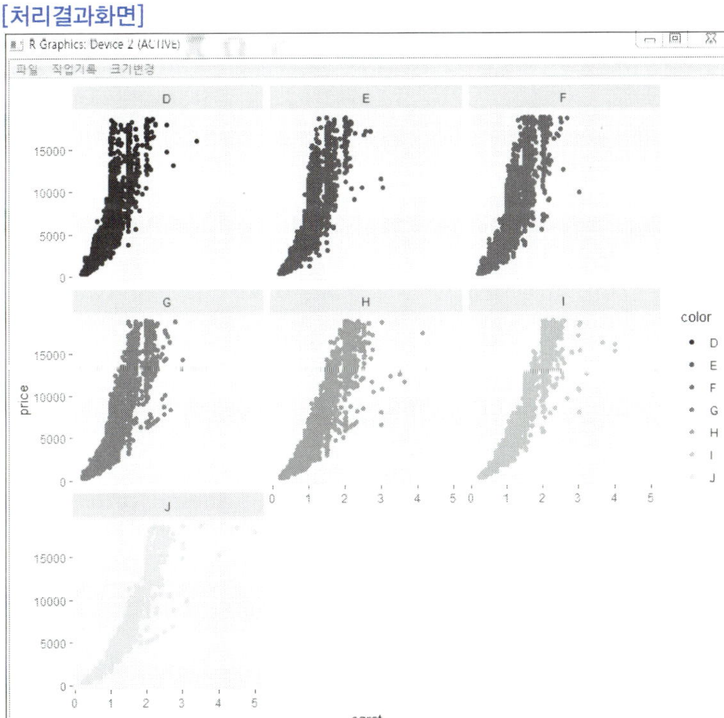

해석

처리 결과 화면을 보면, color를 기준 변수로 레벨별로 구분되어 그래프가 세분화 되어 있다.

[처리결과화면]

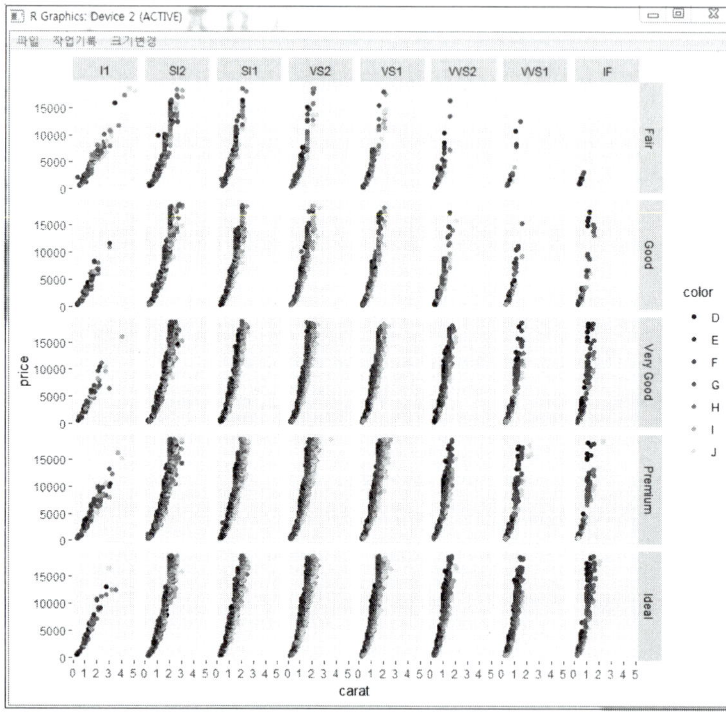

해석

처리 결과 화면을 보면, cut(맨 오른쪽 상하에 페인이 제시됨: Fair, Good, VeryGood 등)과 clarity(맨 상단 좌우로 페인이 제시됨: I1, SI2, SI1)를 기준 변수로 레벨별로 구분되어 그래프가 세분화 되어 있다.

④ **테마 그래프: theme_economist( ), theme_excel( ), theme_tufte( ), theme_wsj( )**

이제부터는 지금까지 그린 플롯 그래프를 테마별로 그래프를 그려보는 연습을 해보자. 여기서 말하는 테마란 이코노미스트 그래프, 엑셀 그래프, 교수 터프티 그래프, 월스트리트저널 그래프를 말한다. 각 그래프는 독특한 스타일을 지닌다. 앞서 연습한 ggplot(diamonds, aes(x=carat, y=price))에 색깔변수를 반영한 기본 개체를 g2로 저장하고, 개체를 불러와 각 테마별 그래프를 도출해보자. 이를 위해 우선 ggthemes 패키지를 불러오자.

명령어

```
> require(ggthemes)
```

```
> require(ggthemes)
필요한 패키지를 로딩중입니다: ggthemes
Warning message:
패키지 'ggthemes'는 R 버전 3.5.1에서 작성되었습니다
```

명령어

```
> g2 <-ggplot(diamonds, aes(x=carat, y=price))+geom_point(aes(color=color))
> g2+theme_economist()+scale_colour_economist()
> g2+theme_excel()+scale_colour_excel()
> g2+theme_tufte()
> g2+theme_wsj()
```

```
> g2 <-ggplot(diamonds, aes(x=carat, y=price))+geom_point(aes(color=color))
> g2+theme_economist()+scale_colour_economist()
> g2+theme_excel()+scale_colour_excel()
> g2+theme_tufte()
> g2+theme_wsj()
```

[처리결과화면: theme_economist]

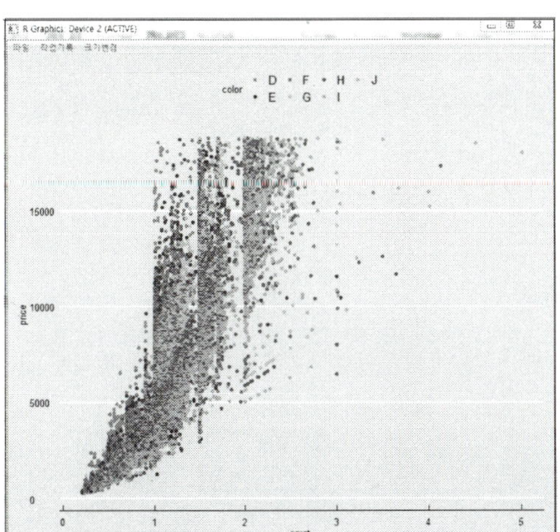

[처리결과화면: theme_excel]

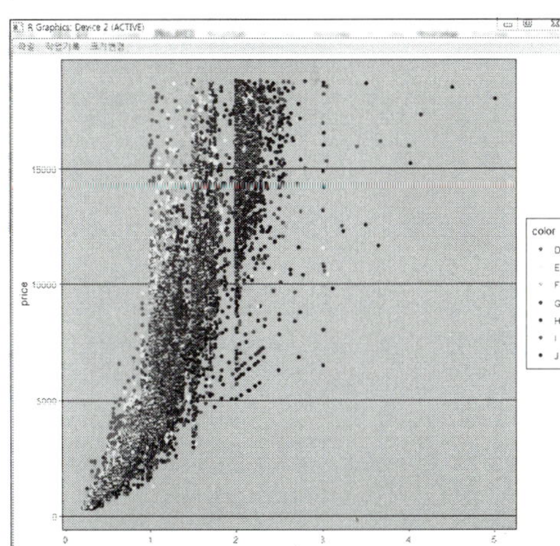

[처리결과화면: theme_tufte]

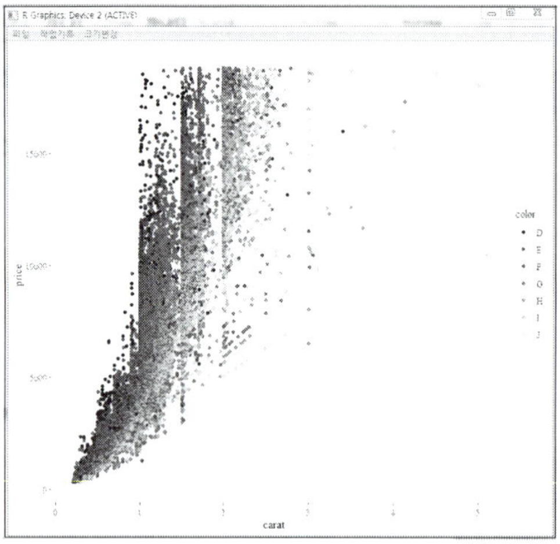

[처리결과화면: theme_wsj]

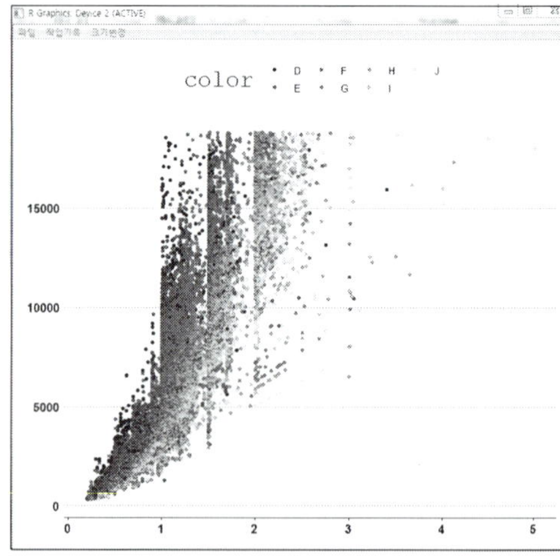

※또다른 변용/혼용※

테마별 그래프를 두 개로 혼용하면 또 다른 변형이 태어난다. 예를 들어 이코노미스트와 엑셀을 혼합해서 표현해 보자.

명령어

```
> g2+theme_economist()+scale_colour_excel()
```

[처리결과화면]

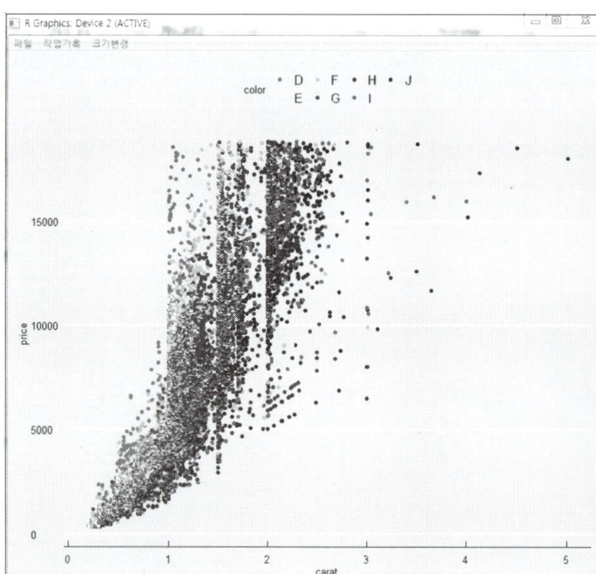

5) 박스 플롯과 바이올린 플롯: geom_boxplot( ), geom_violin( )

① 박스 플롯(box plot): geom_boxplot( )

특정한 변수 A의 각 레벨에 대한 한 변수 B의 여러 가지 박스플롯을 표현해보자. 박스플롯은 y값을 사용하는 1차원 형태이다. 사용할 명령어는 geom_boxplot( )이며, 여기서는 diamonds 파일에 들어 있는 변수 cut의 레벨에 대한 변수 carat의 여러 가지 박스플롯을 그려보자.

명령어

```
> ggplot(diamonds, aes(y=carat, x=cut))+geom_boxplot()
```


```
> ggplot(diamonds, aes(y=carat, x=cut))+geom_boxplot()
```


[처리결과화면]

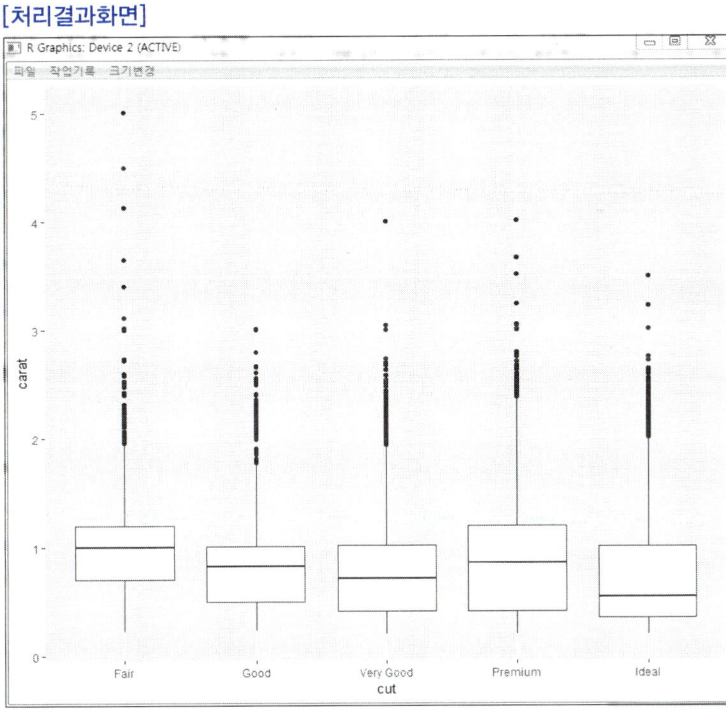

해석

처리 결과 화면을 보면, cut(맨 하단에 페인이 제시됨: Fair, Good, VeryGood 등)을 기준 변수로 레벨별로 구분되어 carat의 여러 가지 박스플롯 그래프가 세분화 되어 있다.

※ggplot(diamonds, aes(y=carat, x=1))+geom_boxplot( )※

박스플롯은 y값을 사용하는 1차원 형태이지만, 일부 x값도 필요하다. 따라서 기본형을 그릴 때는x=1을 사용한다.

명령어

```
> ggplot(diamonds, aes(y=carat, x=1))+geom_boxplot()
```

[처리결과화면]

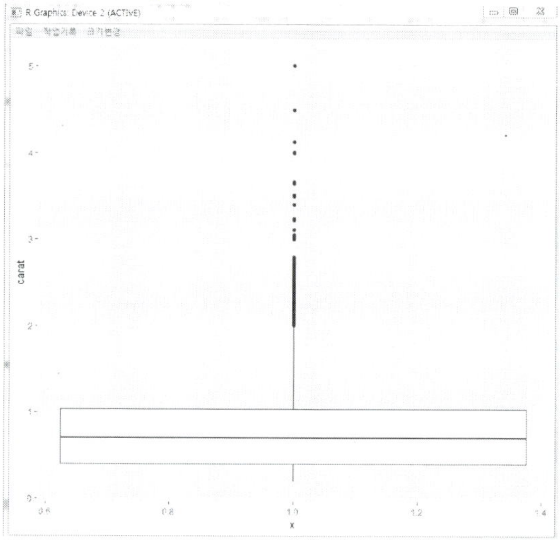

이번에는 geom_point( )를 사용하여 색깔을 입히고, facet_wrap( )와 facet_grid( )를 사용하여 레벨별 플롯(faceted plot)을 도출해 보자. 전자는 하나의 변수를 레벨로 하는 것이고, 후자는 두 개 이상의 변수를 레벨로 한다. 이 작업을 위해 우선 ggplot(diamonds, aes(y=carat, x=cut))+geom_boxplot( )을 처리한 결과를 g3로 저장하고, g3를 불러들여 facet_wrap( )와 facet_grid( )를 사용하여 레벨별 플롯을 그려보자.

명령어

```
> g3 <-ggplot(diamonds, aes(y=carat, x=cut))+geom_boxplot()
> g3+geom_point(aes(color=color))+facet_wrap(~color)
> g3+geom_point(aes(color=color))+facet_grid(cut~clarity)
```


```
> g3 <-ggplot(diamonds, aes(y=carat, x=cut))+geom_boxplot()
> g3+geom_point(aes(color=color))+facet_wrap(~color)
> g3+geom_point(aes(color=color))+facet_grid(cut~clarity)
```

[처리결과화면: facet_wrap(~color)]

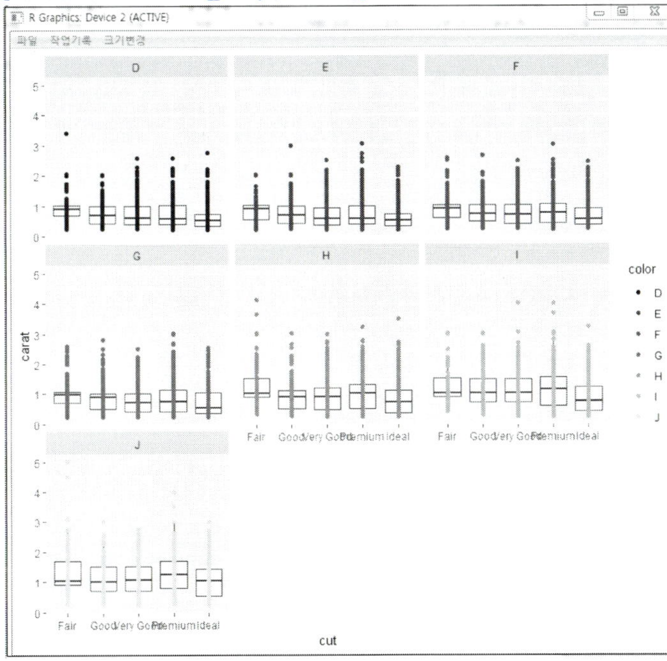

해석

처리 결과 화면을 보면, color를 기준 변수로 레벨별로 구분되어 그래프가 세분화 되어 있다.

[처리결과화면: facet_grid(cut~clarity)]

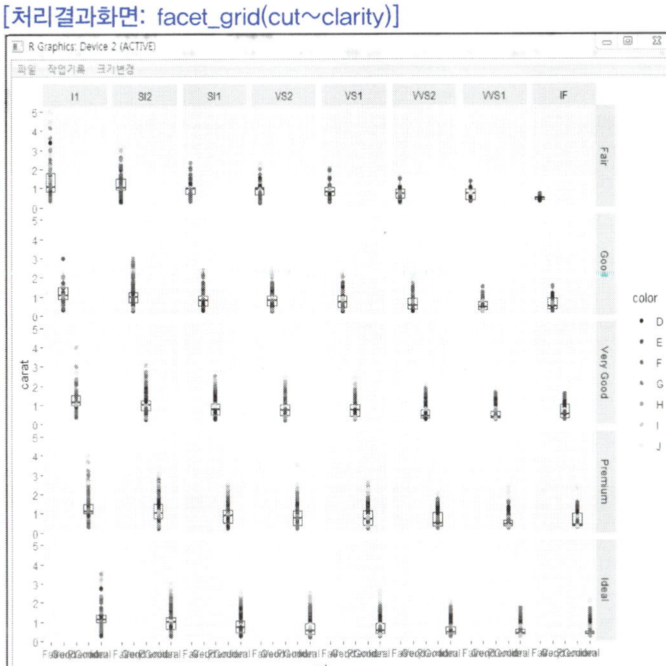

해석

처리 결과 화면을 보면, cut(맨 오른쪽 상하에 페인이 제시됨: Fair, Good, VeryGood 등)과 clarity(맨 상단 좌우로 페인이 제시됨: I1, SI2, SI1)를 기준 변수로 레벨별로 구분되어 그래프가 세분화 되어 있다.

② **바이올린 플롯(violin plot): geom_violin( )**

이번에는 더 많은 정보를 제공하기 위해 바이올린 플롯을 사용해보자. 박스 플롯도 많은 정보를 제공해주지만 바이올린 플롯은 박스플롯보다 더 많은 정보를 제공해준다. 왜냐하면 박스플롯은 직선으로 표현되는 반면 바이올린 플롯은 곡선으로 표현되기 때문이다.

명령어

```
> ggplot(diamonds, aes(y=carat, x=cut))+geom_violin()
```



```
> ggplot(diamonds, aes(y=carat, x=cut))+geom_violin()
```


[처리결과화면]

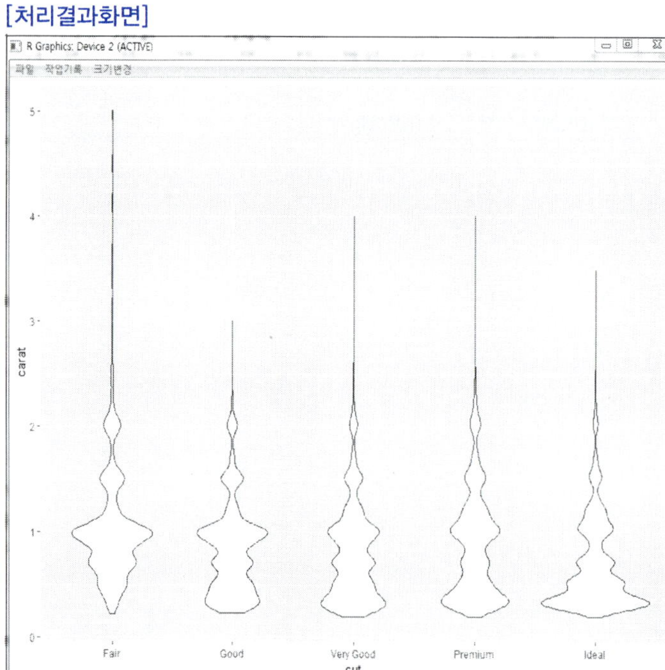

이번에는 geom_point( )를 사용하여 색깔을 입히고, facet_wrap( )와 facet_grid( )를 사용하여 레벨별 플롯(faceted plot)을 도출해 보자. 이 작업을 위해 우선 ggplot(diamonds, aes(y=carat, x=cut))+geom_violin( )을 처리한 결과를 g4로 저장하고, g4를 불러들여 facet_wrap( )와 facet_grid( )를 사용하여 레벨별 플롯을 그려보자.

명령어

```
> g4 <-ggplot(diamonds, aes(y=carat, x=cut))+geom_violin()
> g4+geom_point(aes(color=color))+facet_wrap(~color)
> g4+geom_point(aes(color=color))+facet_grid(cut~clarity)
```


```
> g4 <-ggplot(diamonds, aes(y=carat, x=cut))+geom_violin()
> g4+geom_point(aes(color=color))+facet_wrap(~color)
> g4+geom_point(aes(color=color))+facet_grid(cut~clarity)
```


[처리결과화면: facet_wrap]

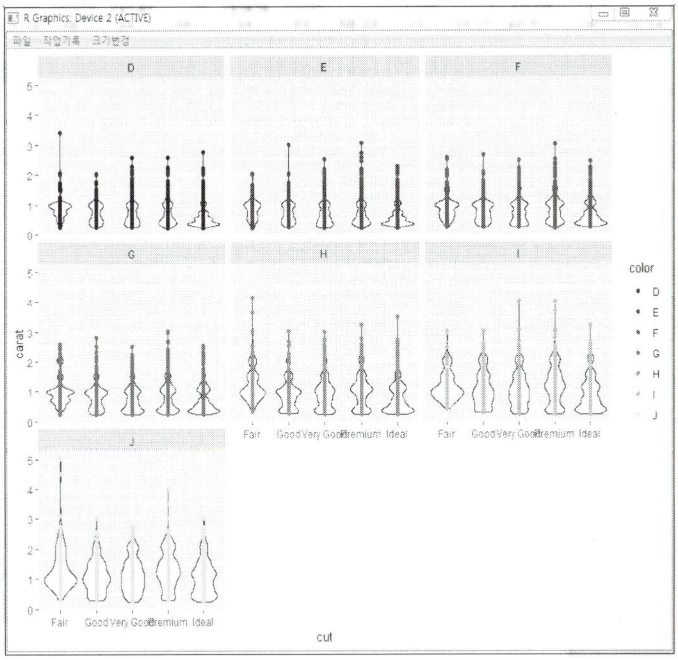

[처리결과화면: facet_grid]

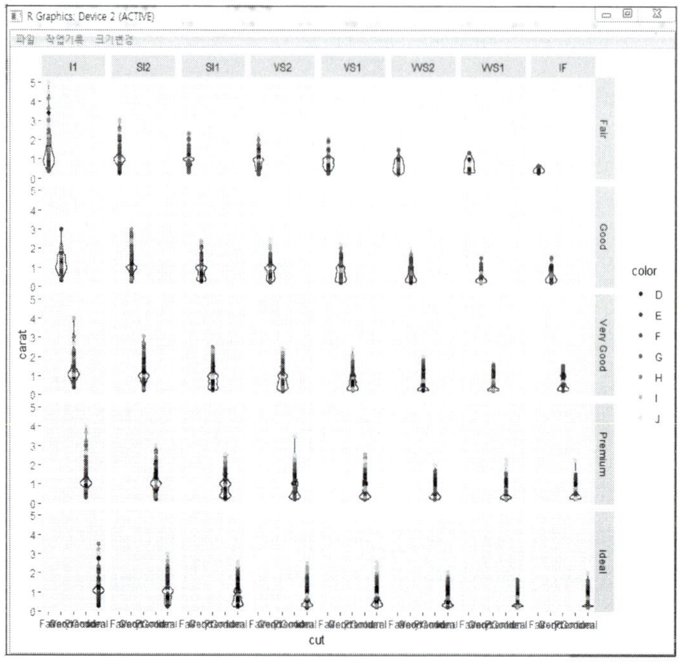

③ 추가 작업: 순서에 따라 결과가 달라지는 그래프: geom_point( )+geom_violin( )

추가작업으로 geom_point()와 geom_violin()을 동시에 사용하되, 순서를 바꾸게 되면 도출되는그래프 모양이 달라진다. 원리는 먼저 내려진 명령어를 처리하여 그림을 그린 뒤, 이어지는 명령어를 수행하여 도출된 그림으로 덮어버린다.

명령어

```
> ggplot(diamonds, aes(y=carat, x=cut))+geom_point()+geom_violin()
> ggplot(diamonds, aes(y=carat, x=cut))+geom_violin()+geom_point()
```



```
> ggplot(diamonds, aes(y=carat, x=cut))+geom_point()+geom_violin()
> ggplot(diamonds, aes(y=carat, x=cut))+geom_violin()+geom_point()
```

[처리결과화면: geom_point()+geom_violin()]

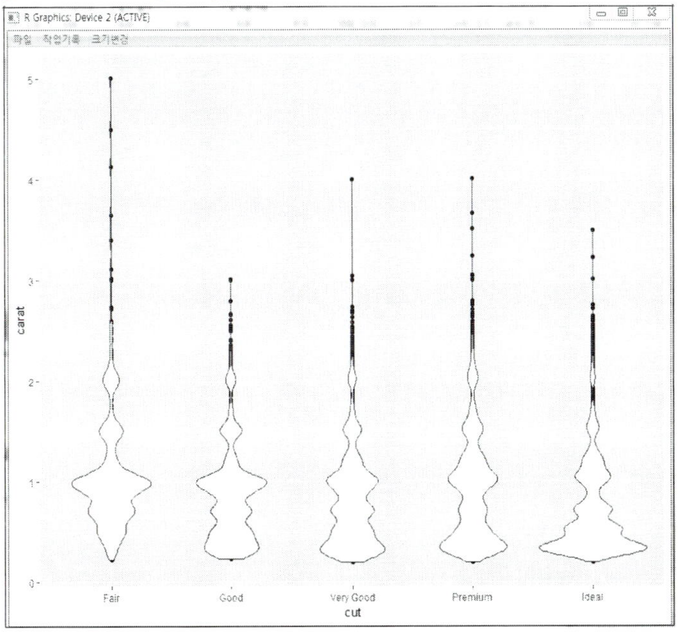

해석

처리 결과 화면을 보면, 데이터 점들이 바이올린 아래 감춰져 있는 것으로 나타나 있다. cut(아래 하단에 페인이 제시됨: Fair, Good, VeryGood 등)을 기준 변수로 레벨별로 구분되어 carat의 여러 가지 바이올린 플롯 그래프가 세분화 되어 있다.

[처리결과화면: geom_violin()+geom_point()]

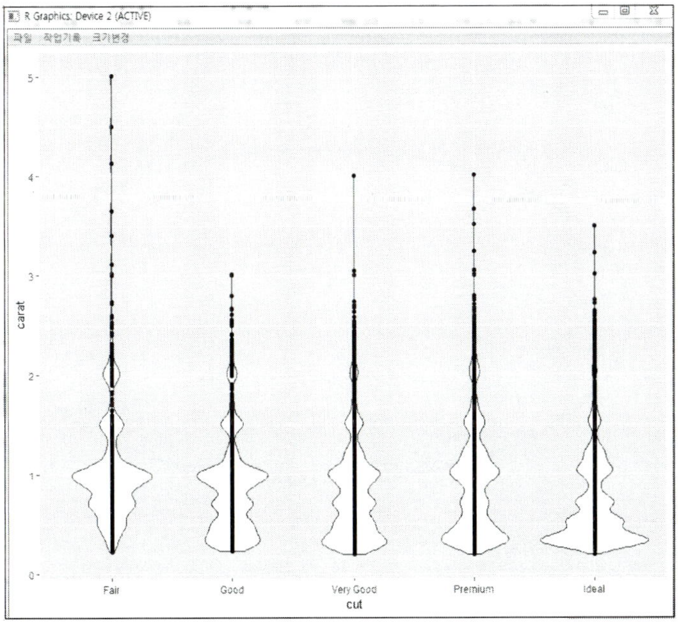

해석

처리 결과 화면을 보면, 바이올린 위로 데이터 점들이 나타나 있다. cut(아래 하단에 페인이 제시됨: Fair, Good, VeryGood 등)을 기준 변수로 레벨별로 구분되어 carat의 여러 가지 바이올린 플롯 그래프가 세분화 되어 있다.

6) 트리그래프 & 트리맵: treegraph( ), treemap( )

큰 가지 아래 작은 가지가 이어져 있는 모양을 띤 데이터셋은 어떻게 시각화 할 수 있을까? 즉 학술적으로 이야기하자면 개별 항목이 몇 가지 Factor로 구성되어 있는 데이터 구조를 갖추고 있을 때 데이터셋을 표현하는 방식을 연습해 보자.

① 트리그래프: treegraph( )

다음 그림은 블록체인 기술 분류 체계를 한 눈에 보여주는 treegraph이다. 이와 같은 treegraph는 treemap이라는 패키지에 들어 있다.

[블록체인 기술 분류 체계]

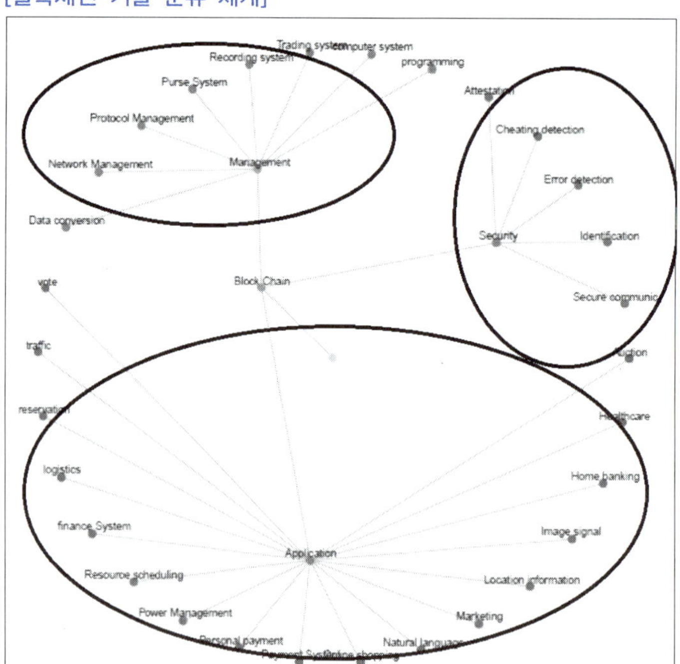

작업을 위해 우선 treemap이라는 패키지를 설치하고 이를 불러오도록 하자.

명령어

```
> install.packages("패키지명")
> library(패키지명)
```

```
> install.packages("treemap")
Installing package into 'C:/Users/User/Documents/R/win-library/3.5'
(as 'lib' is unspecified)
trying URL 'https://cran.rstudio.com/bin/windows/contrib/3.5/treemap_2.4-2.zip'
Content type 'application/zip' length 286909 bytes (280 KB)
downloaded 280 KB

package 'treemap' successfully unpacked and MD5 sums checked

The downloaded binary packages are in
      C:\Users\User\AppData\Local\Temp\RtmpmMToC4\downloaded_packages
> library(treemap)
Warning message:
패키지 'treemap'는 R 버전 3.5.1에서 작성되었습니다
```

다음으로는 준비된 제공된 데이터 셋인 business 데이터셋을 불러와서 속성을 살펴보도록 하자. 데이터셋을 불러오는 명령어는 data( ) 함수이고, 속성을 보여달라는 명령어는 str( ) 함수이다.

명령어

```
> data(데이터셋명)
> str(데이터셋명)

> data(business)
> str(business)
```

```
> data(business)
> str(business)
'data.frame':	603 obs. of  9 variables:
 $ NACE1        : Factor w/ 21 levels "A - Agriculture, forestry and fishing",..: 1 1 1 1 1 1 1 1 1 1 ...
 $ NACE2        : Factor w/ 86 levels "01 - Crop and animal production, hunting and related service activities",..: 1 1 1 1 1 1 1 1 1 1 1 ...
 $ NACE3        : Factor w/ 267 levels "01.1 - Growing of non-perennial crops",..:
```

```
1 1 1 1 2 2 2 2 2 2 ...
 $ NACE4        : Factor w/ 603 levels "01.1.1 - Growing of cereals (except rice),
leguminous crops and oil seeds",..: 1 2 3 4 5 6 7 8 9 10 ...
 $ NACE.code     : Factor w/ 603 levels "0111","0113",..: 1 2 3 4 5 6 7 8 9 10 ...
 $ turnover      : num  NA NA NA NA NA NA NA NA NA NA ...
 $ employees     : num  NA NA NA NA NA NA NA NA NA NA ...
 $ turnover.prev : num  NA NA NA NA NA NA NA NA NA NA ...
 $ employees.prev: num  NA NA NA NA NA NA NA NA NA NA ...
```

이번에는 데이터셋(여기서는 파일명이 business)의 내용을 들여다보자. 데이터를 보여달라는 명령어는 데이터셋 파일명 그대로이다.

명령어

> 데이터셋명

> business

```
> business
                                                                    NACE1
4                                        A - Agriculture, forestry and fishing
5                                        A - Agriculture, forestry and fishing
6                                        A - Agriculture, forestry and fishing
7                                        A - Agriculture, forestry and fishing
9                                        A - Agriculture, forestry and fishing
10                                       A - Agriculture, forestry and fishing
11                                       A - Agriculture, forestry and fishing
12                                       A - Agriculture, forestry and fishing
13                                       A - Agriculture, forestry and fishing
14                                       A - Agriculture, forestry and fishing
16                                       A - Agriculture, forestry and fishing
18                                       A - Agriculture, forestry and fishing
19                                       A - Agriculture, forestry and fishing
20                                       A - Agriculture, forestry and fishing
21                                       A - Agriculture, forestry and fishing
중간 생략
139        1420 1.674711e+02     6.0000  1.083474e+01        1.0000
141        1431 7.018969e+02    10.0000  7.757643e+02       10.0000
142        1439 5.792040e+02    14.0000  2.365310e+02        9.0000
145        1511 1.495042e+04   141.0000  2.139192e+04      170.0000
146        1512 9.974029e+03   113.0000  1.237936e+04       93.0000
148        1520 1.627275e+04   102.0000  1.516164e+04      103.0000
151        1610 8.917602e+04   524.0000  1.279254e+05      692.0000
155        1621 8.096012e+03    54.0000  1.115480e+04       63.0000
```

```
156        1622 2.302757e+05   917.3571  2.571301e+05        944.2732
157        1623 2.176630e+05  2229.0000  2.835132e+05       2761.0000
160        1624 3.063814e+04   261.0000  3.809862e+04        275.0000
161        1629 9.181014e+04   586.0000  1.097645e+05        773.0000
164        1711 1.145997e+03    10.0000  1.816817e+03         10.0000
165        1712 2.584257e+05   938.0000  3.588700e+05       1147.0000
170        1721 3.994084e+05  3098.0000  4.949612e+05       3422.0000
173        1722 6.013223e+04   207.0000  5.230107e+04        175.0000
174        1723 2.017697e+04   184.0000  2.733079e+04        240.0000
175        1724 9.467338e+03    81.0000  1.258116e+04         94.0000
176        1729 1.118500e+05   963.0000  7.243422e+04        698.0000
179        1811 4.477398e+04   321.0000  3.411375e+04        226.0000
180        1812 4.497294e+05  4272.0000  5.104914e+05       4767.0000
187        1813 2.149902e+04   328.0000  2.192145e+04        308.0000
188        1814 3.115695e+04   396.0000  2.822008e+04        327.0000
190        1820 9.613103e+04  1220.0000  1.047494e+05       1209.0000
 [ reached getOption("max.print") -- omitted 492 rows ]
```

이어서 treegraph를 그려보자. 우선 그래프를 그리려면 현재 RStudio 화면에서도 그릴 수 있지만 전용 도화지인 win.graph( )를 불러와서 그리면 더욱 편리하다.

명령어

```
> win.graph()
```

[처리결과화면]

전용 도화지인 win.graph( )를 불러온 뒤, treegraph( ) 함수를 사용해서 business 데이터셋에 들어 있는 내용들을 한 눈에 나타내 보자. 몇 가지 양식이 가능한데 우선 라벨을 보여주지 않는 양식(show.labels=FALSE)으로 표현해 보자. 인덱스는 business 데이터셋 내용에서 확인한 NACE1, NACE2, NACE3, NACE4 등이다. Treegraph는 index=c( ) 함수를 이용하여 가지의 수를 결정하고, show.labels=TRUE 또는 FALSE를 통해 라벨을 보여줄 것인지 감출 것인지를 결정하고, truncate.labels=c( ) 함수를 통해 라벨의 글자 수를 조절할 수 있다.

명령어

```
> treegraph(데이터셋명, index=c("인덱스1", "인덱스2", "인덱스3", "인덱스4"), show.labe
ls=TRUE 또는 FALSE)

> treegraph(business, index=c("NACE1", "NACE2", "NACE3", "NACE4"), show.labels=FA
LSE)
```

```
> treegraph(business, index=c("NACE1", "NACE2", "NACE3", "NACE4"), show.labels=FA
LSE)
```

[처리결과화면]

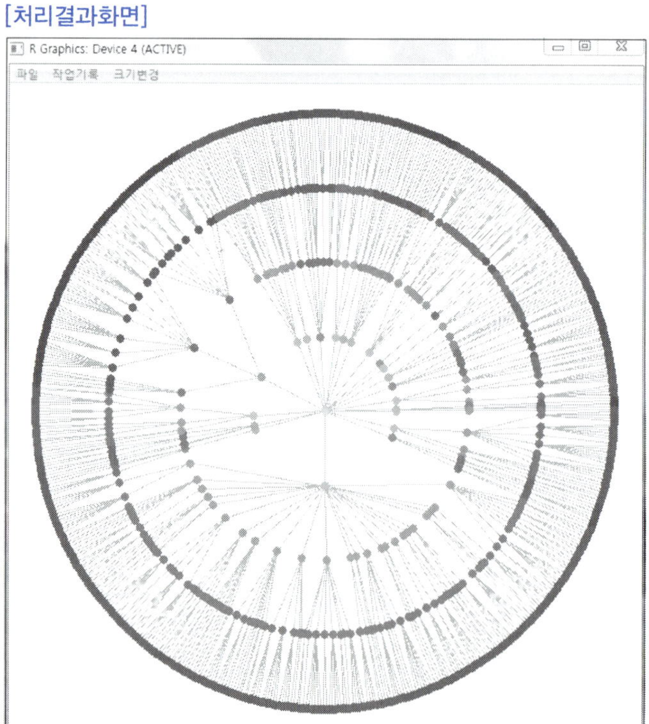

해석

처리 결과 화면을 보면, 객체간 연결을 보여주는 매우 복잡한 treegraph가 나타나 있다. 즉 큰 가지 아래 작은 가지가 이어져 있는 모양이다. 이를 좀 더 학술적으로 이야기하자면 개별 항목이 몇가지 Factor로 구성되어 있는 데이터 구조를 갖추고 있다. 이를 좀더 간소화하여 핵심 내용을 파악할 필요가 있다.

이번에는 좀 더 간소화된 형태로 treegraph를 표현해 보자. 가능한 양식 가운데 라벨을 보여주는 양식(show.labels=TRUE)으로 하되, 절삭시켜 표현해 보자(여기서는 라벨 2, 4, 6으로: truncate.labels=c(2,4,6)). 인덱스는 앞에서와 동일하게 business 데이터셋 내용에서 확인한 NACE1, NACE2, NACE3, NACE4 등이다. 그리고 NACE1의 내용 가운데 F – Construction만 보여달라는 명령어를 내려보자. 우선 그 전에 앞서 business 데이터셋의 NACE1에 어떤 것들이 들어 있는지 살펴보자.

명령어

```
> 데이터셋명$변수명

> business$NACE1
```

```
> business$NACE1
  [1] A - Agriculture, forestry and fishing
  [2] A - Agriculture, forestry and fishing
  [3] A - Agriculture, forestry and fishing
  [4] A - Agriculture, forestry and fishing
  [5] A - Agriculture, forestry and fishing
중간 생략
[289] F - Construction
[290] F - Construction
[291] F - Construction
중간 생략
[600] T - Activities of households as employers; undifferentiated goods
[601] T - Activities of households as employers; undifferentiated goods
[602] T - Activities of households as employers; undifferentiated goods
[603] U - Activities of extraterritorial organisations and bodies
21 Levels: A - Agriculture, forestry and fishing B - Mining and quarrying ... U -
Activities of extraterritorial organisations and bodies
```

해석

처리 결과 화면을 보면, A – Agriculture, forestry and fishing을 시작으로 NACE1 인덱스에는 다양한 산업들로 채워져 있다.

NACE1에 들어 있는 산업 가운데 F – Construction만 보여달라는 명령어를 내려보자. Treegraph는 index=c( ) 함수를 이용하여 가지의 수를 결정하고, show.labels=TRUE 또는 FALSE를 통해 라벨을 보여줄 것인지 감출 것인지를 결정하고, truncate.labels=c( ) 함수를 통해 라벨의 글자 수를 조절할 수 있다. 여기서는 truncate.labels=c(2,4,6)으로 라벨 글자 수를 조절해 보자(이를 설정하지 않으면 라벨이 모두 표시된다).

명령어

```
> treegraph(데이터셋명[데이터셋명$인덱스1=="인덱스1내용",], index=c("인덱스2", "인덱스3", "인덱스4"), show.labels=TRUE, truncate.labels=c(2,4,6))

> treegraph(business[business$NACE1=="F - Construction",], index=c("NACE2", "NACE3", "NACE4"), show.labels=TRUE, truncate.labels=c(2,4,6))
```


```
> treegraph(business[business$NACE1=="F - Construction",], index=c("NACE2", "NACE3", "NACE4"), show.labels=TRUE, truncate.labels=c(2,4,6))
```


[처리결과화면]

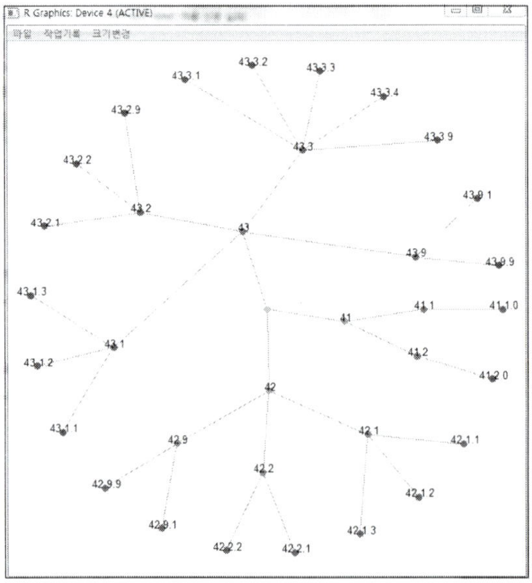

② 트리맵: treemap( )

다음 그림은 어떤 데이터셋의 그룹별 비중을 한 눈에 보여주는 treemap이다.

[그룹별 비중]

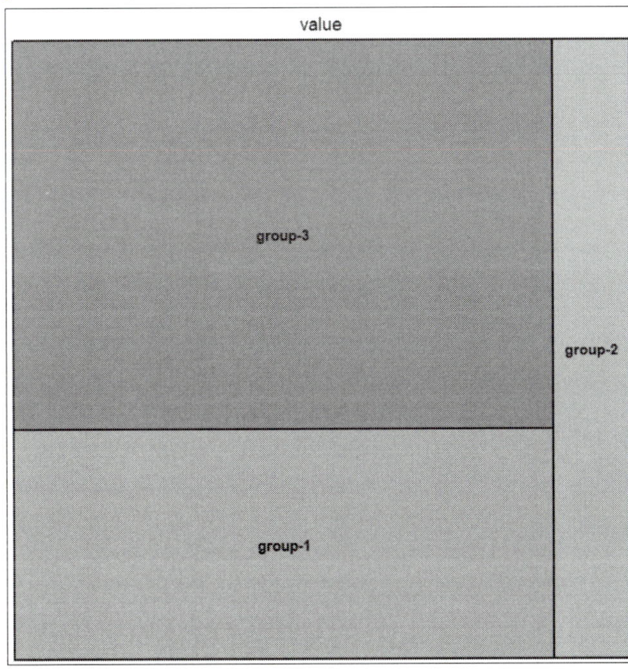

작업을 위해 우선 데이터셋을 만들어보자. 데이터셋 생성 작업은 c( ) 함수와 data.frame( ) 함수를이용해서 세 개의 그룹(group-1, group-2, group-3)과 각 그룹의 데이터값으로 13, 5, 22를 투입하도록 하자. 그룹 구분을 위한 작업 파일명은 "group"으로 하고, 데이터 부여를 위한 파일명은 "value"로 하자. 그리고 이들 그룹과 각 그룹의 데이터를 합쳐서 최종적으로 생성시킬 파일명은 "data"로 하자.

명령어

```
> 그룹파일명=c("그룹명1", "그룹명2", "그룹명3") #변수명 만들기
> 데이터파일명=c(수치,수치,수치) #변수별 데이터 부여하기
> 최종데이터셋명=data.frame(그룹파일명, 데이터파일명) #만든 변수와 변수별 데이터로
데이터셋 만들기

> group=c("group-1", "group-2", "group-3") #변수명 만들기
> value=c(13,5,22) #변수별 데이터 부여하기
```

```
> data=data.frame(group, value) #만든 변수와 변수별 데이터로 데이터셋 만들기
```

```
> group=c("group-1", "group-2", "group-3") #변수명 만들기
> value=c(13,5,22) #변수별 데이터 부여하기
> data=data.frame(group, value) #만든 변수와 변수별 데이터로 데이터셋 만들기
```

이렇게 데이터셋을 생성시킨 다음에, 그래프를 그릴 도화지(win.graph())를 불러와서, treemap( ) 함수를 사용하여 트리맵을 나타내 보자.

명령어

```
> win.graph()  #그래프 그릴 도화지 불러오기
> treemap(최종데이터셋,
        index="그룹파일명 또는 변수명",
        vSize="데이터파일명",
        type="유형"
        )
```

```
> win.graph()
> treemap(data,
+          index="group",
+          vSize="value",
+          type="index"
+          )
```


```
> win.graph()
> treemap(data,
+          index="group",
+          vSize="value",
+          type="index"
+          )
```

[처리결과화면]

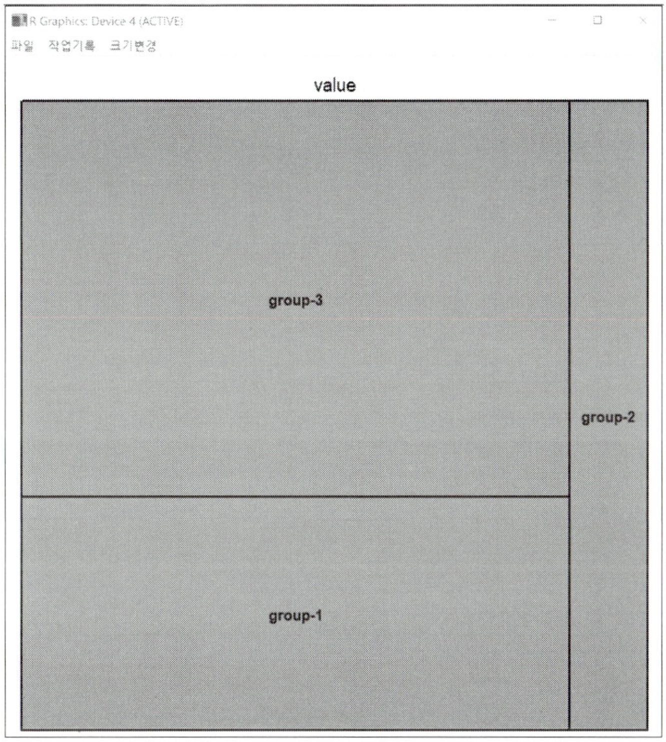

해석

처리 결과 화면을 보면, 오른쪽에 group-2가, 왼쪽 상단에 group-3이, 왼쪽 하단에 group-1이 위치해 있음을 알 수 있다. 각 그룹의 면적은 13, 5, 22로 크기(value)에 비례하여 표시되고 있다.

이번에는 앞서 사용한 business 데이터셋을 사용하여 treemap을 그려보자. 대상은 NACE1이고, vSize는 employees를 선택해보자. 이로써 NACE1에 포함되어 있는 산업분야별 고용자 수의 크기를 비교해 볼 수 있다.

명령어

```
> win.graph()  #그래프 그릴 도화지 불러오기
> treemap(최종데이터셋,
        index="그룹파일명 또는 변수명",
        vSize="데이터파일명",
        type="유형"
```

```
        )

> treemap(business,
+         index="NACE1",
+         vSize="employees",
+         type="index"
+ )
> data=as.matrix(mtcars) # the mtcars dataset
```


```
> treemap(business,
+         index="NACE1",
+         vSize="employees",
+         type="index"
+ )
> data=as.matrix(mtcars) # the mtcars dataset
```


[처리결과화면]

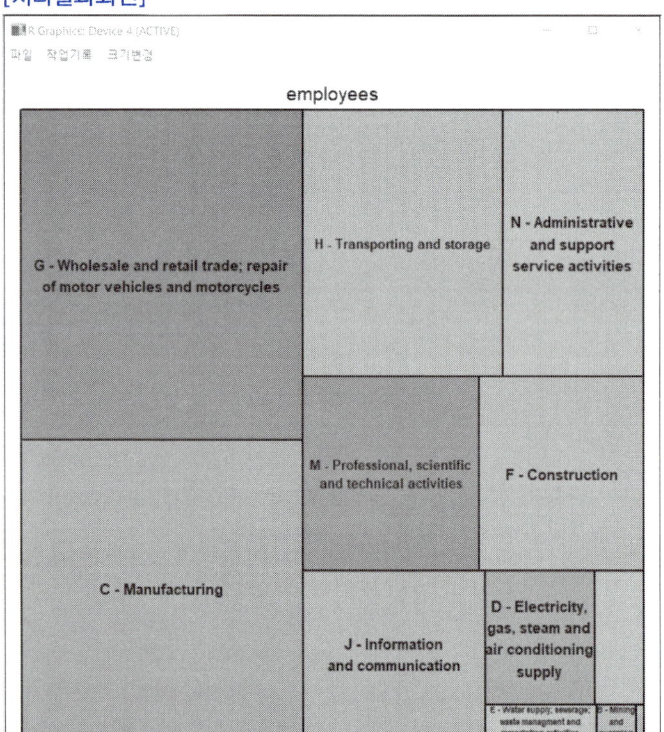

7) 히트맵: heatmap( )

자료 mtcars를 사용하여 데이터셋(파일명은 data_cars)을 생성하여 heatmap을 그려보자. 사용할 함수는 as.matrix( )이다. 함수 head( )를 이용하여 내용을 살펴볼 수 있다.

명령어

```
> win.graph()  #그래프 그릴 도화지 불러오기
> 생성할파일명=as.matrix(mtcars)
> head(생성한파일명)

> data_cars=as.matrix(mtcars) # the mtcars dataset
> head(data_cars)
```

```
> data_cars=as.matrix(mtcars) # the mtcars dataset
> head(data_cars)
                   mpg cyl disp  hp drat    wt  qsec vs am gear carb
Mazda RX4         21.0   6  160 110 3.90 2.620 16.46  0  1    4    4
Mazda RX4 Wag     21.0   6  160 110 3.90 2.875 17.02  0  1    4    4
Datsun 710        22.8   4  108  93 3.85 2.320 18.61  1  1    4    1
Hornet 4 Drive    21.4   6  258 110 3.08 3.215 19.44  1  0    3    1
Hornet Sportabout 18.7   8  360 175 3.15 3.440 17.02  0  0    3    2
Valiant           18.1   6  225 105 2.76 3.460 20.22  1  0    3    1
```

이제 heatmat( ) 함수를 사용하여 기본형 히트맵과 'scale'을 사용하여 정규화(normalize) 시킨 히트맵을 그려보자.

명령어

```
> heatmap(데이터셋명) #default heatmap
> heatmap(데이터셋명, scale="column") #use 'scale' to normalize

> heatmap(data_cars) #default heatmap
> heatmap(data_cars, scale="column") #use 'scale' to normalize
```

```
> heatmap(data_cars) #default heatmap
> heatmap(data_cars, scale="column") #use 'scale' to normalize
                   mpg cyl disp  hp drat    wt  qsec vs am gear carb
Mazda RX4         21.0   6  160 110 3.90 2.620 16.46  0  1    4    4
Mazda RX4 Wag     21.0   6  160 110 3.90 2.875 17.02  0  1    4    4
Datsun 710        22.8   4  108  93 3.85 2.320 18.61  1  1    4    1
Hornet 4 Drive    21.4   6  258 110 3.08 3.215 19.44  1  0    3    1
Hornet Sportabout 18.7   8  360 175 3.15 3.440 17.02  0  0    3    2
Valiant           18.1   6  225 105 2.76 3.460 20.22  1  0    3    1
```

[처리결과화면]

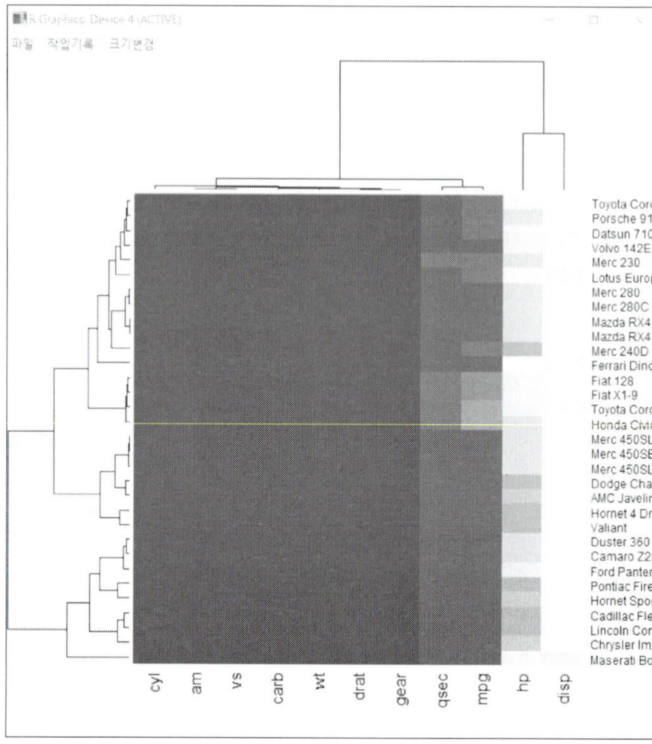

[처리결과화면]

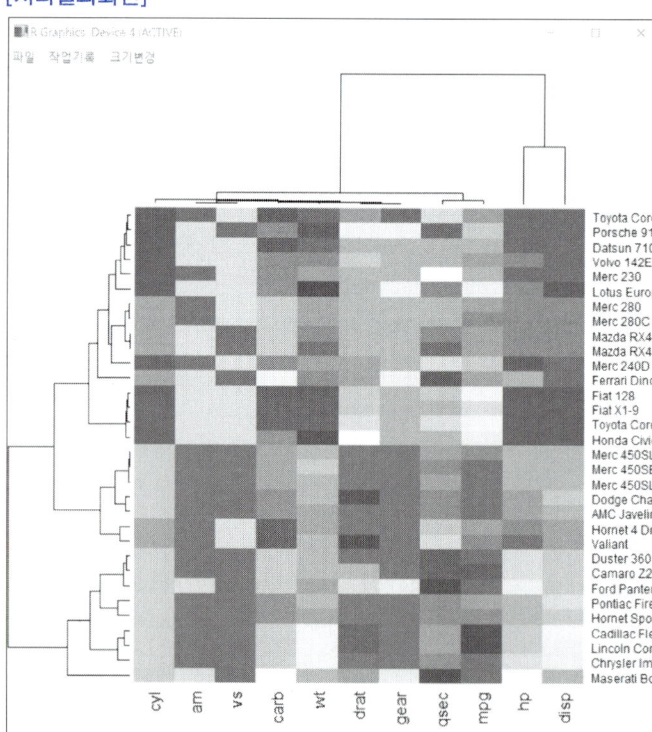

명령어

```
> heatmap(data_cars, Colv = NA, Rowv = NA, scale="column") # No dendrogram nor reord
ering for neither column or row
```


```
> heatmap(data_cars, Colv = NA, Rowv = NA, scale="column") # No dendrogram nor reorde
ring for neither column or row
```


[처리결과화면]

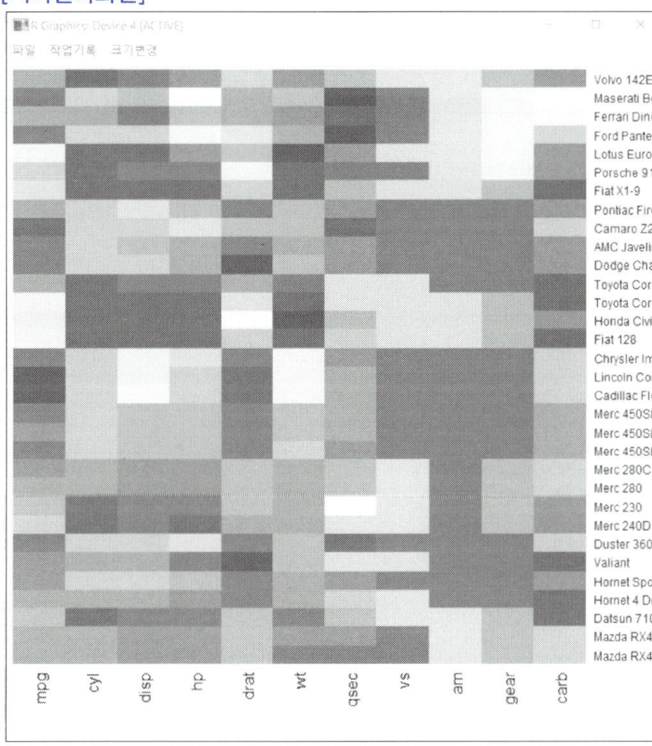

8) 텍스트 데이터 시각화: wordcloud( )

텍스트를 시각화하는 머신러닝 언어처리 방식을 연습해 보자. 언어처리는 조사, 명사, 동사를 구분하고, 맥락을 이해해야 한다. 또한 문장마다 사용되는 단어의 뉘앙스를 해석해야 한다. 이번에는 마틴 루터 킹 연설문을 사용하여 언어처리 방식을 연습해보자.

① 언어처리

텍스트를 시각화하는 머신러닝 언어처리 방식을 연습해 보자. 우선 몇 가지 패키지를 설치해야 한다. 형태소분석을 위한 NLP, 텍스트 마이닝을 위한 tm, 단어를 뭉쳐주는 SnowballC,

글씨 색깔을 만들어줄 RColorBrewer, 마지막으로 wordcloud 등 필요한 모든 것을 설치 해주자.

명령어	기능
Install.packages(NLP)	형태소 분석
Install.packages(tm)	텍스트 마이닝
Install.packages(SnowballC)	단어 뭉치기
Install.packages(RColorBrewer)	글씨 색깔
Install.packages(wordcloud)	Wordcloud 그림 생성
Install.packages(tm)	텍스트 전처리

명령어

```
> install.packages("패키지명")
> library("패키지명")

> install.packages("NLP")
> install.packages("tm")
> install.packages("SnowballC")
> install.packages("RColorBrewer")
> install.packages("wordcloud")
> library("NLP")
> library("tm")
> library("SnowballC")
> library("RColorBrewer")
> library("wordcloud")
```

```
> install.packages("wordcloud")
Installing package into 'C:/Users/User/Documents/R/win-library/3.5'
(as 'lib' is unspecified)
trying URL 'https://cran.rstudio.com/bin/windows/contrib/3.5/wordcloud_2.6.zip'
Content type 'application/zip' length 596357 bytes (582 KB)
downloaded 582 KB

package 'wordcloud' successfully unpacked and MD5 sums checked

The downloaded binary packages are in
      C:\Users\User\AppData\Local\Temp\RtmpSq9cSb\downloaded_packages
```

```
> install.packages("SnowballC")
Installing package into 'C:/Users/User/Documents/R/win-library/3.5'
(as 'lib' is unspecified)
trying URL 'https://cran.rstudio.com/bin/windows/contrib/3.5/SnowballC_0.5.1.zip
'
Content type 'application/zip' length 3082565 bytes (2.9 MB)
downloaded 2.9 MB

package 'SnowballC' successfully unpacked and MD5 sums checked

The downloaded binary packages are in
      C:\Users\User\AppData\Local\Temp\RtmpSq9cSb\downloaded_packages

> library("NLP")
Warning message:
패키지 'NLP'는 R 버전 3.5.1에서 작성되었습니다
> library("tm")
Warning message:
패키지 'tm'는 R 버전 3.5.1에서 작성되었습니다
> library("RColorBrewer")
> library("SnowballC")
Error in library("SnowballC") :
  'SnowballC'이라고 불리는 패키지가 없습니다
> library("wordcloud")
Warning message:
패키지 'wordcloud'는 R 버전 3.5.1에서 작성되었습니다
> library("SnowballC")
```

이렇게 패키지 설치가 끝나면, 작업할 파일을 불러와 텍스트로 전환하는 작업으로 넘어간다.

여기서는 http://...에서 "martin-luther-king-i-have-a-dream-speech.txt"를 불러와 파일명 filePath로 저장해보자. 그리고나서 저장된 파일 filePath를 txt 파일로 대체하자. 다음에는 단어들을 vector로 바꾼 뒤(VectorSource( ) 함수) 한 덩어리로 뭉치는 Corpus( ) 작업을 실시하고, 이를 docs 파일명으로 저장하자. 이렇게 일련의 작업이 끝나면 최종적으로 데이터 작업이 잘 되었는지 내용을 확인해보자(inspect( ) 함수).

명령어	기능
〈-readLines( )	파일명을 txt로 바꾸기
〈-Corpus	단어들을 뭉태기로 만들기
VectorSource( )	단어들을 vector로 바꾸기
〈-tm_map(, PlainTextDocument)	특정 함수를 이용하여 문서 변환
PlainTextDocument	Text 문서로 변경
inspect( )	데이터(연설 내용) 확인

명령어

```
filePath<-"http://www.sthda.com/sthda/RDoc/example-files/martin-luther-king-i
-have-a-dream-speech.txt"
> text<-readLines(filePath)
> docs<-Corpus(VectorSource(text))
> inspect(docs)
```

```
> filePath<-"http://www.sthda.com/sthda/RDoc/example-files/martin-luther-king-i
-have-a-dream-speech.txt"
> text<-readLines(filePath)
> docs<-Corpus(VectorSource(text))
> inspect(docs)
<<SimpleCorpus>>
Metadata:  corpus specific: 1, document level (indexed): 0
Content:  documents: 46

 [1]
 [2] And so even though we face the difficulties of today and tomorrow, I still have
a dream. It is a dream deeply rooted in the American dream.
 [3]
 [4] I have a dream that one day this nation will rise up and live out the true meaning
of its creed:
 [5]
 [6] We hold these truths to be self-evident, that all men are created equal.
 [7]
 [8] I have a dream that one day on the red hills of Georgia, the sons of former
slaves and the sons of former slave owners will be able to sit down together at the
table of brotherhood.
 [9]
[10] I have a dream that one day even the state of Mississippi, a state sweltering
with the heat of injustice, sweltering with the heat of oppression, will be transform
```

ed into an oasis of freedom and justice.
[11]
[12] I have a dream that my four little children will one day live in a nation where they will not be judged by the color of their skin but by the content of their charact er.
[13]
[14] I have a dream today!
[15]
[16] I have a dream that one day, down in Alabama, with its vicious racists, with its governor having his lips dripping with the words of interposition and nullificat ion, one day right there in Alabama little black boys and black girls will be able to join hands with little white boys and white girls as sisters and brothers.
[17]
[18] I have a dream today!
[19]
[20] I have a dream that one day every valley shall be exalted, and every hill and mountain shall be made low, the rough places will be made plain, and the crooked places will be made straight; and the glory of the Lord shall be revealed and all flesh shall see it together.
[21]
[22] This is our hope, and this is the faith that I go back to the South with.
[23]
[24] With this faith, we will be able to hew out of the mountain of despair a stone of hope. With this faith, we will be able to transform the jangling discords of our nation into a beautiful symphony of brotherhood. With this faith, we will be able to work together, to pray together, to struggle together, to go to jail together, to stand up for freedom together, knowing that we will be free one day.
[25]
[26] And this will be the day, this will be the day when all of God s children will be able to sing with new meaning:
[27]
[28] My country tis of thee, sweet land of liberty, of thee I sing.
[29] Land where my fathers died, land of the Pilgrim s pride,
[30] From every mountainside, let freedom ring!
[31] And if America is to be a great nation, this must become true.
[32] And so let freedom ring from the prodigious hilltops of New Hampshire.
[33] Let freedom ring from the mighty mountains of New York.
[34] Let freedom ring from the heightening Alleghenies of Pennsylvania.
[35] Let freedom ring from the snow-capped Rockies of Colorado.
[36] Let freedom ring from the curvaceous slopes of California.
[37]
[38] But not only that:
[39] Let freedom ring from Stone Mountain of Georgia.
[40] Let freedom ring from Lookout Mountain of Tennessee.

```
[41] Let freedom ring from every hill and molehill of Mississippi.
[42] From every mountainside, let freedom ring.
[43] And when this happens, when we allow freedom ring, when we let it ring from
every village and every hamlet, from every state and every city, we will be able
to speed up that day when all of God s children, black men and white men, Jews and
Gentiles, Protestants and Catholics, will be able to join hands and sing in the words
of the old Negro spiritual:
[44] Free at last! Free at last!
[46] Thank God Almighty, we are free at last!
```

다음에는 텍스트 내용 중에 불필요한 것들을 제거하는 작업이 필요하다(저장할 파일명은 toSpace). 즉 단어가 아닌 내용들(특수문자, 마침표, stopwords, 정관사, 과거형, 진행형, 숫자,)을 제거해야 한다. Stopwords란 i.e., etc. 등을 의미한다. 또한 대문자를 소문자로 바꾸는 작업도 필요하다.

명령어	기능	비고(사례)
〈-content_transformer( )	내용	
gsub( )	특정 조건에 맞는 글자 추출	
〈-tm_map( )	지정하는 특수 문자 제거	
removePunctuation	마침표 제거	
removeWords	단어 제거	
stopwords('english')	영어 문장에 들어가는 i.e., etc. 같은 표현 제거	*영어 i.e., etc. 같은 문자를 제거해라* 〉파일명 〈-tm_map(파일명, removeWords, stopwords('english')
removeNumbers	번호(숫자) 제거	
contents_transformer(tolower)	대문자를 소문자로 바꾸기	
〈-c('the', 'this', stopwords('english')	영어에서 the, this 제거하기	〉excludes 〈- c('the', 'this', stopwords('english') 〉jeopCorpus 〈-tm_map(jeopCorpus, removeWords, excludes)
stripWhitespace	두개 이상의 공백을 하나의 공백으로 변환	〉 docs 〈- tm_map(docs, stripWhitespace)
stemDocument	'ed', 'ing' 같은 과거형, 진행형 등을 제거	〉jeopCorpus 〈-tm_map(jeopCorpus,

명령어	기능	비고(사례)
		stemDocument)
wordcloud( ) 안의 옵션		
max.words=100	최대 100개의 단어를 선택	
min.freq=5	최소 5번 이상 나온 단어	
random.order=FALSE	제일 많이 나온 단어가 먼저 나오도록 지정	많이 나온 단어가 문제가 안된다면 TRUE로 지정하면 됨
rot.per=0.1	세로로 나오는 단어의 비율	
colors=brewer.pal(8, "Dark2")	빈도에 따라 다른 색이 나오게	지정 안하면 검은색 글자만 나옴

명령어

```
> toSpace <- content_transformer(function (x , pattern ) gsub(pattern, " ", x))
> docs <- tm_map(docs, toSpace, "/")
> docs <- tm_map(docs, toSpace, "@")
> docs <- tm_map(docs, toSpace, "\\|")
> docs <- tm_map(docs, content_transformer(tolower))
> docs <- tm_map(docs, removeNumbers)
> docs <- tm_map(docs, removeWords, stopwords("english"))
> docs <- tm_map(docs, removePunctuation)
> docs <- tm_map(docs, stripWhitespace)
> docs <- tm_map(docs, stemDocument)
```

```
> toSpace <- content_transformer(function (x , pattern ) gsub(pattern, " ", x))
> docs <- tm_map(docs, toSpace, "/")
Warning message:
In tm_map.SimpleCorpus(docs, toSpace, "/") : transformation drops documents
> docs <- tm_map(docs, toSpace, "@")
Warning message:
In tm_map.SimpleCorpus(docs, toSpace, "@") : transformation drops documents
> docs <- tm_map(docs, toSpace, "\\|")
Warning message:
In tm_map.SimpleCorpus(docs, toSpace, "\\|") :
  transformation drops documents
> docs <- tm_map(docs, content_transformer(tolower))
Warning message:
In tm_map.SimpleCorpus(docs, content_transformer(tolower)) :
  transformation drops documents
> docs <- tm_map(docs, removeNumbers)
```

```
Warning message:
In tm_map.SimpleCorpus(docs, removeNumbers) :
  transformation drops documents
> docs <- tm_map(docs, removeWords, stopwords("english"))
Warning message:
In tm_map.SimpleCorpus(docs, removeWords, stopwords("english")) :
  transformation drops documents
> docs <- tm_map(docs, removePunctuation)
Warning message:
In tm_map.SimpleCorpus(docs, removePunctuation) :
  transformation drops documents
> docs <- tm_map(docs, stripWhitespace)
Warning message:
In tm_map.SimpleCorpus(docs, stripWhitespace) :
  transformation drops documents
> docs <- tm_map(docs, stemDocument)
Warning message:
In tm_map.SimpleCorpus(docs, stemDocument) : transformation drops documents
```

주) \\는 "＼＼"가 워드에서 표기된 것임

② 추가옵션

이제 추가 옵션을 작업해 보자. Term-Document 매트릭스를 만들려고 한다. 이 매트릭스는 상위 10개 단어와 그 단어가 몇 번 나왔는지 간단한 표를 생성해 준다.

[추가 옵션]

명령어	기능	비고(사례)
〈-TermDoculmentMatrix( )	행에 단어들을, 열에 문서들을 나열한 행렬	
〈-as.matrix( )	행렬로 변환	
〈-sort(rowSums( ), decreasing=TRUE)	빈도수를 기준으로 내림차순 정렬	
〈-data.frame( )	데이터프레임으로 변환	
findFreqTerms(, lowfreq=n)	최소 n번 나온 단어들 목록을 생성	
findAssocs(, terms="특정단어", corlimit=상관관계 최소값)	특정단어와 함께 나온 빈도를 지정	
Barplot( )	자주 나온 단어 목록을 뽑아서 그래프로 표현	상위 10개 단어가 몇 번 등장했는지를 보여주는 그래프를 도출. 〉Barplot(d[1:10,]$freq,

명령어	기능	비고(사례)
		l a s = 2 , names.arg=d[1:10,]$word, col="lightblue", main="Most Frequent Words", ylab="Word Frequencies")
savePlot( )	결과를 그림 파일로 저장	결과를 그림화일로저장하되, 파일명은martinking, 유형은 png파일로 저장. savePlot("martinking.png",type="png")

명령어

```
> dtm <- TermDocumentMatrix(docs)
> m <- as.matrix(dtm)
> v <- sort(rowSums(m), decreasing=TRUE)
> d <- data.frame(word = names(v), freq=v)
> head(d, 10)
```

```
> dtm <- TermDocumentMatrix(docs)
> m <- as.matrix(dtm)
> v <- sort(rowSums(m),decreasing=TRUE)
> d <- data.frame(word = names(v),freq=v)
> head(d, 10)
            word freq
will        will   17
freedom  freedom   13
ring        ring   12
dream      dream   11
day          day   11
let          let   11
everi      everi    9
one          one    8
abl          abl    8
togeth    togeth    7
```

해석

처리 결과 화면을 보면, 상위 10개 단어와 그 단어가 몇 번 나왔는지 빈도수가 간단하게 나타나 있다.

※제공되는 색상타입 모두 보기※

엑셀 엑셀 자료를 불러 올때는 첫 번째 줄이 변수명임을 명심해서 header=TRUE, stringsAsFactors=FALSE 옵션을 꼭 사용하도록 하자. 특히 통계 처리를 위한 데이터 파일을 불러올 때 이 작업은 반드시 필요하다. 연습데이터(US_Foreign_Aid_90s.csv)를 사용해 불러오기를 실습해보자.

명령어

```
>library(RColorBrewer)
>windows()
>display.brewer.all()
```

[처리결과화면]

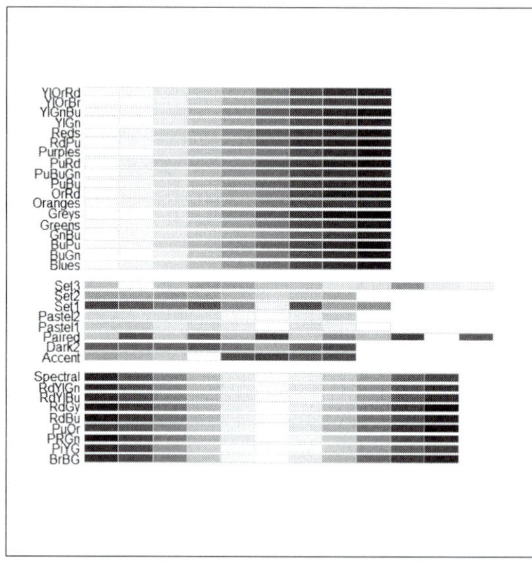

해석

명령어를 실행한 처리 결과를 살펴보면, header=TRUE, stringsAsFactors=FALSE 옵션을 사용한 경우(위쪽 결과)에는 Country.Name과 Program.Name이 chr 양식으로 인식되었고, 옵션을 사용하지 않은 경우(아래쪽 결과)에는 두 변수가 Factor 양식으로 인식되었음을 볼 수 있다.

이제 마지막으로 완성된 데이터 작업을 wordcloud( ) 함수를 사용하여 그림으로 표현해 보자. 최대 200개 단어를 고르고(max.words=200), 최소 1번 이상 나온 단어로(min.freq=1), 제일 많이 나온 단어가 먼저 나오게 지정하고(random.order=FALSE), 세로로 나오는 단어 비율을 35%로 하고(rot.per=0.35), 단어 색깔을 빈도수에 따라 다르게 나타나도록(colors=brewer.pal(8, "Dark2")) 옵션을 설정하자.

명령어

```
> set.seed(1234)
> win.graph()
> wordcloud(words = d$word, freq = d$freq, min.freq = 1,
+           max.words=200, random.order=FALSE, rot.per=0.35,
+           colors=brewer.pal(8, "Dark2"))
```


```
> set.seed(1234)
> win.graph()
> wordcloud(words = d$word, freq = d$freq, min.freq = 1,
+           max.words=200, random.order=FALSE, rot.per=0.35,
+           colors=brewer.pal(8, "Dark2"))
```


[처리결과화면]

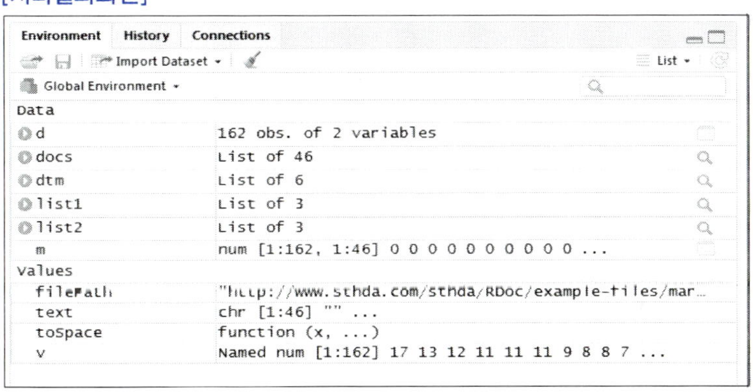

[처리결과화면]

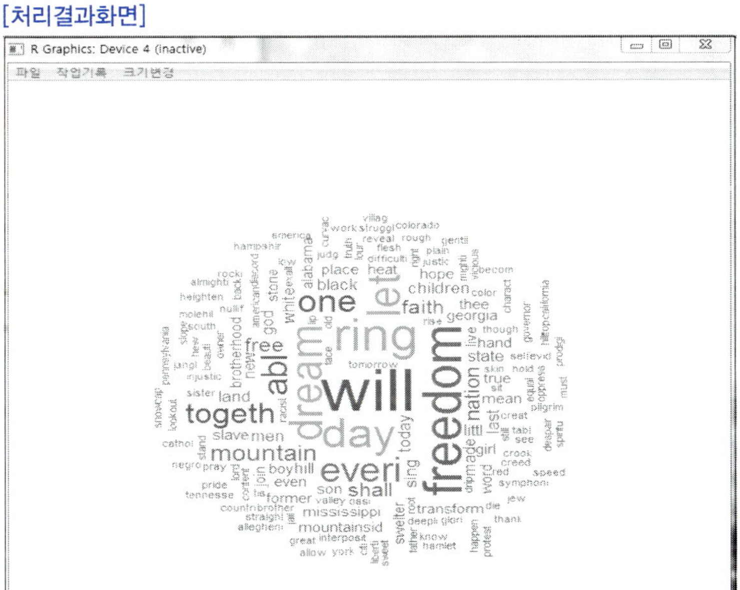

이제 완성된 wordcloud를 저장해보자. 간단히 win.graph( ) 화면에서 저장할 수도 있고, 명령어를 통해 저장할 수도 있다. 명령어로 저장하는 방식은 다음 두 가지이다. 첫번째 방식에서는 저장할 그림이 작업디렉토리 속에 있는 또 다른 폴더에 저장이 되고 이를 찾기가 쉽지 않다. 반면 두번째 방식에서는 작업디렉토리에서 찾기 쉽도록 작업자가 디렉토리를 지정해주는 방식이다. 여기서는 png 확장자로 하되, 그림 파일명은 martinking.png로 한다.

명령어

```
> savePlot("martinking.png", type="png") 또는
> savePlot("C:/Users/User/martinking.png", type="png")
```

```
> savePlot("martinking.png", type="png")
> savePlot("C:/Users/User/martinking.png", type="png")
```

추가적으로 상위 10개 단어가 몇 번 등장하는지, 즉 빈도수를 보여주는 막대 그래프를 그려보자. 이 작업에는 barplot( ) 함수를 사용한다. 그래프 제목은 "Most Frequent Words"로 하고, Y축 이름은 "Word Frequencies"로 하자. 막대그래프 색깔은 lightblue로 한다.

명령어

```
> win.graph()
> barplot(d[1:10,]$freq, las=2, names.arg=d[1:10,]$word, col="lightblue", main="M
ost Frequent Words", ylab="Word Frequencies")
```

```
> win.graph()
> barplot(d[1:10,]$freq, las=2, names.arg=d[1:10,]$word, col="lightblue", main="M
ost Frequent Words", ylab="Word Frequencies")
```

[처리결과화면]

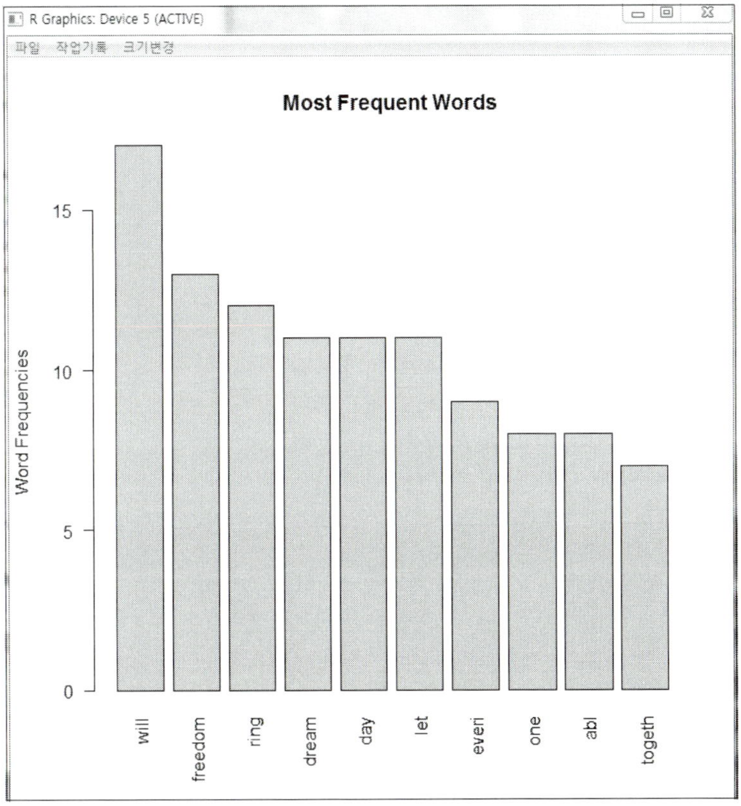

9) 지도 그리기: addTiles( ) + addMarkers( )

지도그리기의 기초를 시작해보자. 시작은 leaflet으로 그리기이다. leaflet을 작동시키기 위해 선조치로 패키지를 설치하도록 하자. 이 작업은 github에서 시작해야 한다.

명령어

```
> devtools::install_github("rstudio/leaflet")
```

```
> devtools::install_github("rstudio/leaflet")
Downloading GitHub repo rstudio/leaflet@master
These packages have more recent versions available.
Which would you like to update?

 1:   colorspace  (1.3-2   -> 1.4-0  ) [CRAN]
 2:   digest      (0.6.15  -> 0.6.18 ) [CRAN]
 3:   htmlwidgets (1.2     -> 1.3    ) [CRAN]
 4:   httpuv      (1.4.4.2 -> 1.4.5.1) [CRAN]
```

```
 5:   later        (0.7.3   -> 0.7.5  ) [CRAN]
 6:   markdown     (0.8     -> 0.9    ) [CRAN]
 7:   pillar       (1.2.3   -> 1.3.1  ) [CRAN]
 8:   pkgconfig    (2.0.1   -> 2.0.2  ) [CRAN]
 9:   R6           (2.2.2   -> 2.3.0  ) [CRAN]
10:   Rcpp         (0.12.17 -> 1.0.0  ) [CRAN]
11:   rlang        (0.2.1   -> 0.3.1  ) [CRAN]
12:   scales       (0.5.0   -> 1.0.0  ) [CRAN]
13:   shiny        (1.1.0   -> 1.2.0  ) [CRAN]
14:   stringi      (1.1.7   -> 1.2.4  ) [CRAN]
15:   tibble       (1.4.2   -> 2.0.1  ) [CRAN]
16:   xtable       (1.8-2   -> 1.8-3  ) [CRAN]
17:   yaml         (2.1.19  -> 2.2.0  ) [CRAN]
18:   CRAN packages only
19:   All
20:   None
Enter one or more numbers separated by spaces, or an empty line to cancel
```

이 상태에서 all을 의미하는 19를 입력하면 다음과 같이 설치된다.

```
1: 19
colorspace  (1.3-2   -> 1.4-0  ) [CRAN]
digest      (0.6.15  -> 0.6.18 ) [CRAN]
htmlwidgets (1.2     -> 1.3    ) [CRAN]
httpuv      (1.4.4.2 -> 1.4.5.1) [CRAN]
later       (0.7.3   -> 0.7.5  ) [CRAN]
markdown    (0.8     -> 0.9    ) [CRAN]
pillar      (1.2.3   -> 1.3.1  ) [CRAN]
pkgconfig   (2.0.1   -> 2.0.2  ) [CRAN]
R6          (2.2.2   -> 2.3.0  ) [CRAN]
raster      (NA      -> 2.8-4  ) [CRAN]
Rcpp        (0.12.17 -> 1.0.0  ) [CRAN]
rlang       (0.2.1   -> 0.3.1  ) [CRAN]
scales      (0.5.0   -> 1.0.0  ) [CRAN]
shiny       (1.1.0   -> 1.2.0  ) [CRAN]
stringi     (1.1.7   -> 1.2.4  ) [CRAN]
tibble      (1.4.2   -> 2.0.1  ) [CRAN]
xtable      (1.8-2   -> 1.8-3  ) [CRAN]
yaml        (2.1.19  -> 2.2.0  ) [CRAN]
Installing 18 packages: colorspace, digest, htmlwidgets, httpuv, later, markdown,
pillar, pkgconfig, R6, raster, Rcpp, rlang, scales, shiny, stringi, tibble, xtable,
yaml
```

```
Installing packages into ‘C:/Users/User/Documents/R/win-library/3.5’
(as ‘lib’ is unspecified)
Error: (converted from warning) package ‘httpuv’ is in use and will not be installed
In addition: Warning messages:
1: In untar2(tarfile, files, list, exdir) :
  skipping pax global extended headers
2: In untar2(tarfile, files, list, exdir) :
  skipping pax global extended headers
```

이번에는 leaflet 패키지를 설치해야 한다. 패키지를 설치한 후 불러오도록 하자.

명령어

```
> install.packages("leaflet")
> library(leaflet)
```

```
> install.packages("leaflet")
Installing package into ‘C:/Users/User/Documents/R/win-library/3.5’
(as ‘lib’ is unspecified)
also installing the dependencies ‘raster’, ‘scales’

trying URL 'https://cran.rstudio.com/bin/windows/contrib/3.5/raster_2.8-4.zip'
Content type 'application/zip' length 3767267 bytes (3.6 MB)
downloaded 3.6 MB

trying URL 'https://cran.rstudio.com/bin/windows/contrib/3.5/scales_1.0.0.zip'
Content type 'application/zip' length 1066244 bytes (1.0 MB)
downloaded 1.0 MB

trying URL 'https://cran.rstudio.com/bin/windows/contrib/3.5/leaflet_2.0.2.zip'
Content type 'application/zip' length 2349656 bytes (2.2 MB)
downloaded 2.2 MB

package ‘raster’ successfully unpacked and MD5 sums checked
package ‘scales’ successfully unpacked and MD5 sums checked
package ‘leaflet’ successfully unpacked and MD5 sums checked

The downloaded binary packages are in
      C:\Users\User\AppData\Local\Temp\RtmpUzJxrD\downloaded_packages
> library(leaflet)
Warning message:
```

```
패키지 'leaflet'는 R 버전 3.5.2에서 작성되었습니다
```

이제 패키지가 준비되었으니, 지도를 나타내고 그 위에 pin으로 특정한 위치를 표시해보자. 준비된 자료를 통해 연습을 해보자.

명령어

```
> m <- leaflet()
> m <- addTiles(m)
> m <- addMarkers(m, lng=174.768, lat=-36.852, popup="The birthplace of R")
```

```
> m <- leaflet()
> m <- addTiles(m)
> m <- addMarkers(m, lng=174.768, lat=-36.852, popup="The birthplace of R")
```

[처리결과화면]

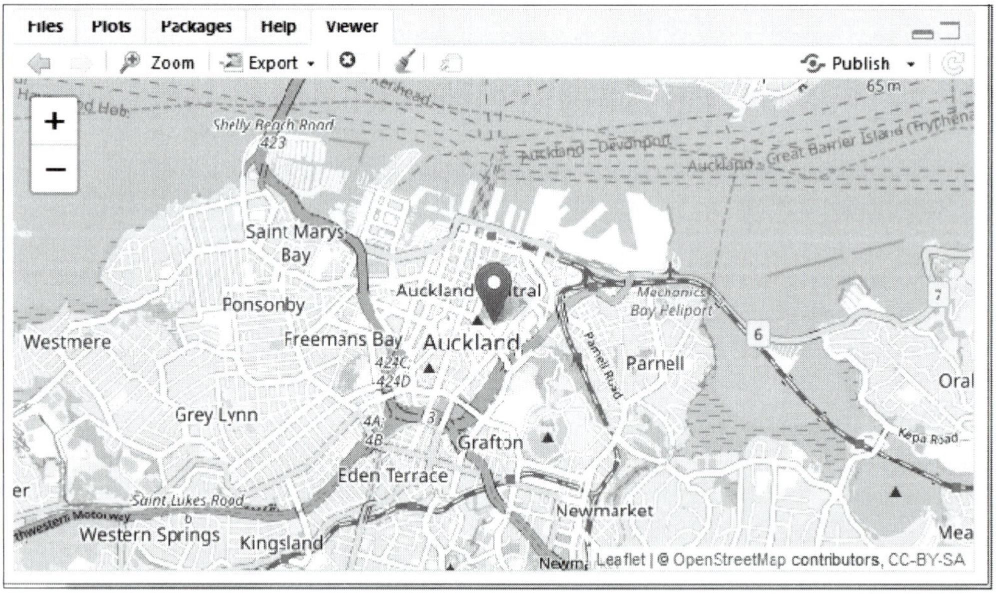

2. 그래프 그리기 중급

1) 정규분포 그래프 그리기: rnorm

① 난수생성으로 정규분포 그래프 그리기: integer( ) + for( ) + table( ) + plot( ) + hist( )

앞서 연습한 난수 생성 방법을 활용하여 정규분포 그래프를 그려보자. 난수 생성 방법으로 생성된 난수를 가지고 샘플링을 우선 실시한다. 여기서는 10000개를 샘플링 해보자. 샘플링 한 값을 저장할 변수명은 samples로 하자. 모두 10000개의 샘플링을 처리할 것이라고 샘플링크기(즉 아직 샘플링 한 값을 저장하는 것이 아니라)를 지정해 주는 작업이다. 구체적으로 샘플링해서 최종 처리하여 저장하게 되는 값은 다음 단계에서 for 구문을 사용하여 처리하게 된다.

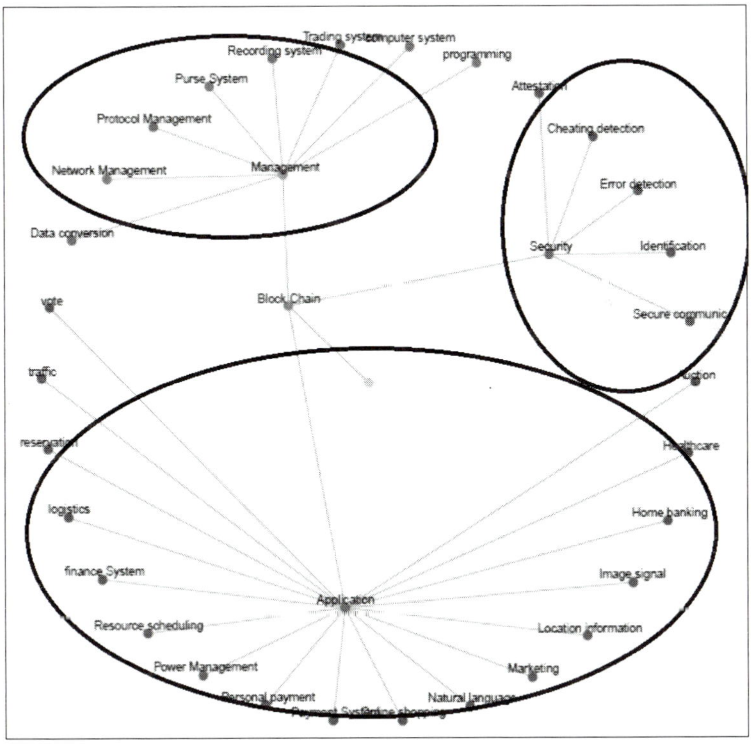

명령어

```
> 샘플링저장변수명 <- integer(샘플링갯수)

> samples <- integer(10000)
```

```
> samples <- integer(10000)
```

[처리결과화면]

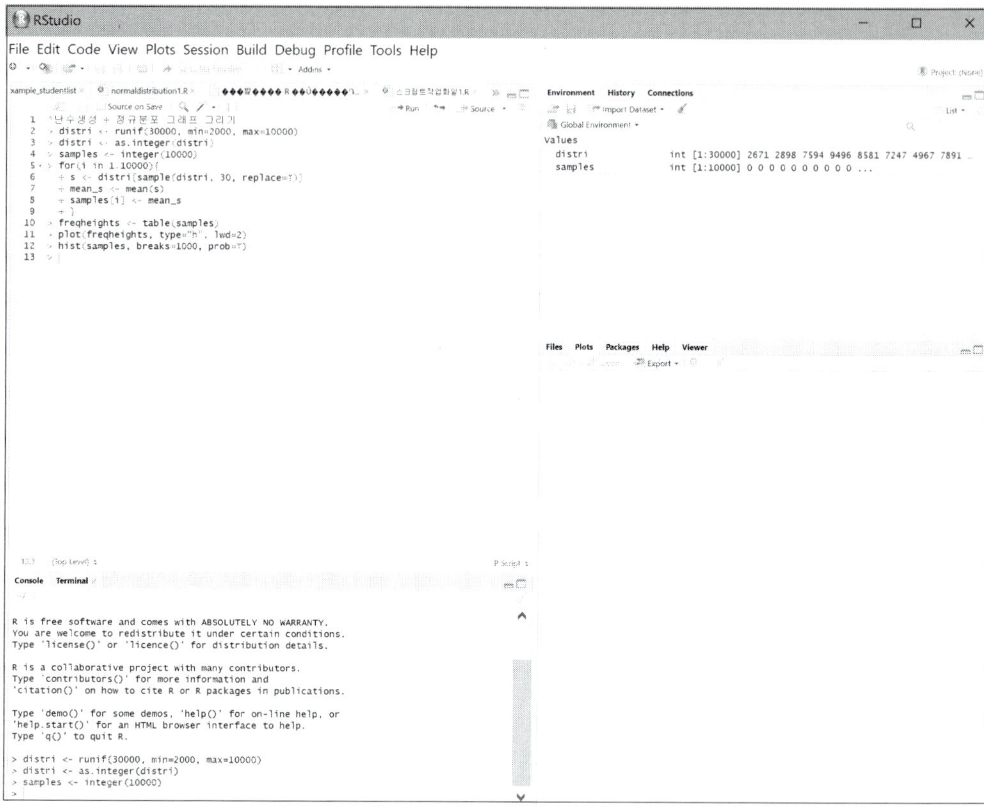

다음에는 for 구문을 사용해서 30개씩 표본추출을 실행하여 평균을 구하고 samples 변수명에 저장하도록 명령어를 작성해 보자. 평균을 구할 때는 mean( ) 함수식을 사용하고, 표본추출을 위해서는 sample( ) 함수식을 사용한다. sample( ) 함수식을 통해 최종 계산된 값을 저장할 변수명은 s로 한다.

명령어

```
> for(i in 1: 샘플링갯수) {
 + 생성변수명 <- 난수저장변수명[sample(난수저장변수명, 표본추출단위수, replace=T)]
 + 표본추출평균저장변수명 <- mean(s)
 + 샘플링저장변수명[i] <- 표본추출평균저장변수명
 + }
```

```
> for(i in 1: 10000) {
+ s <- distri[sample(distri, 30, replace=T)]
+ mean_s <- mean(s)
+ samples[i] <- mean_s
+ }
```


```
> for(i in 1: 10000) {
+ s <- distri[sample(distri, 30, replace=T)]
+ mean_s <- mean(s)
+ samples[i] <- mean_s
+ }
```


[처리결과화면]

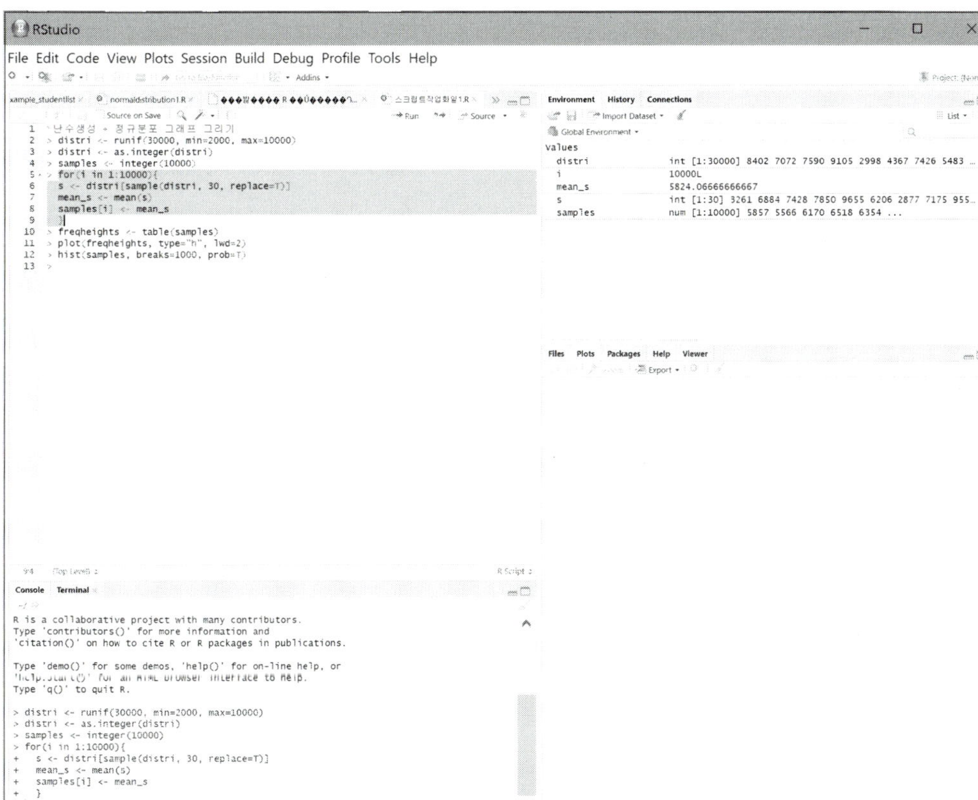

해석

처리 결과 화면을 보면, 오른쪽 상단에 i, mean_s(표본추출평균저장변수), s(sample( ) 함수식에 따라 계산된 결과물을 저장한 변수) 등의 변수가 추가로 생성되어 있음을 알 수 있다.

이제 정규분포를 나타내기 위해 필요한 도수를 구해야 한다. 도수는 table( ) 함수식을 사용하여 구할 수 있다. 구한 값을 저장할 변수명은 freqheights로 하자.

명령어

```
> 새로저장할변수명 <- table(값이저장된변수명)

> freqheights <- table(samples)
```

```
> freqheights <- table(samples)
```

[처리결과화면]

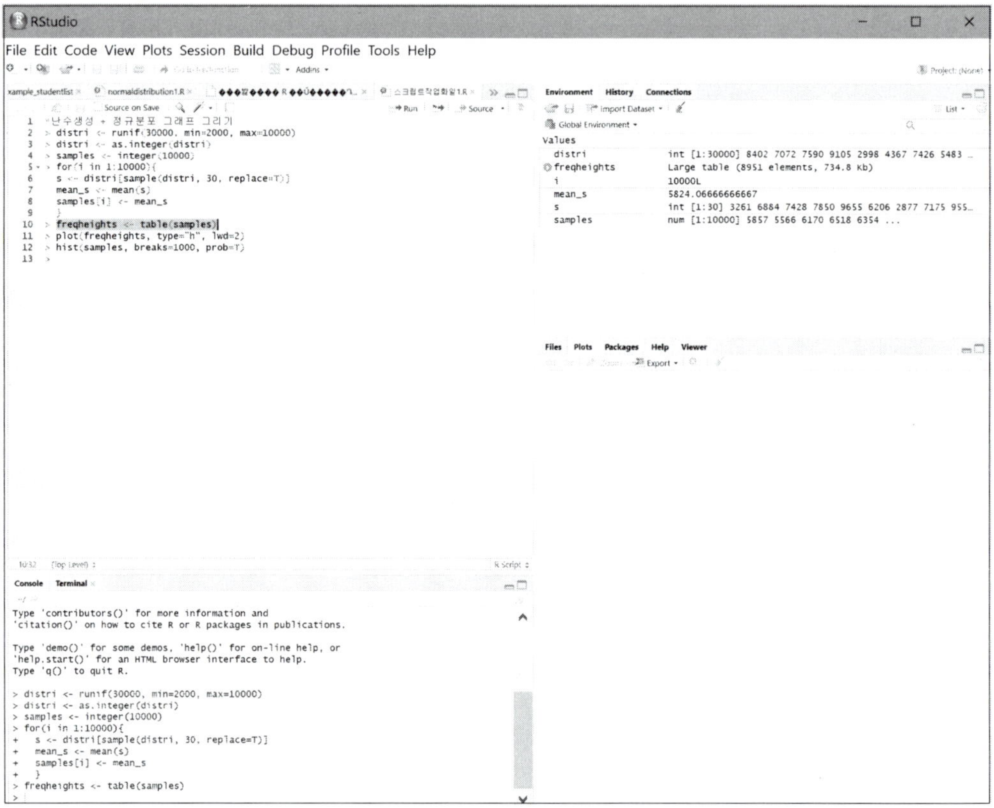

자 이제 마지막으로, 도수를 이용하여 정규분포 그래프를 도출해 보자. 그래프 명령어는 plot이고, 타입으로는 막대그래프를 의미하는, 즉 히스토그램을 위한 “h”를 선택해 보자. 막대그래프는 넓이가 필요하므로 여기서는 “2”로 지정해보자.

명령어

```
> plot(도수변수명, type="그래프유형", lwd=넓이숫자)

> plot(freqheights, type="h", lwd=2)
```

```
> plot(freqheights, type="h", lwd=2)
```

[처리결과화면]

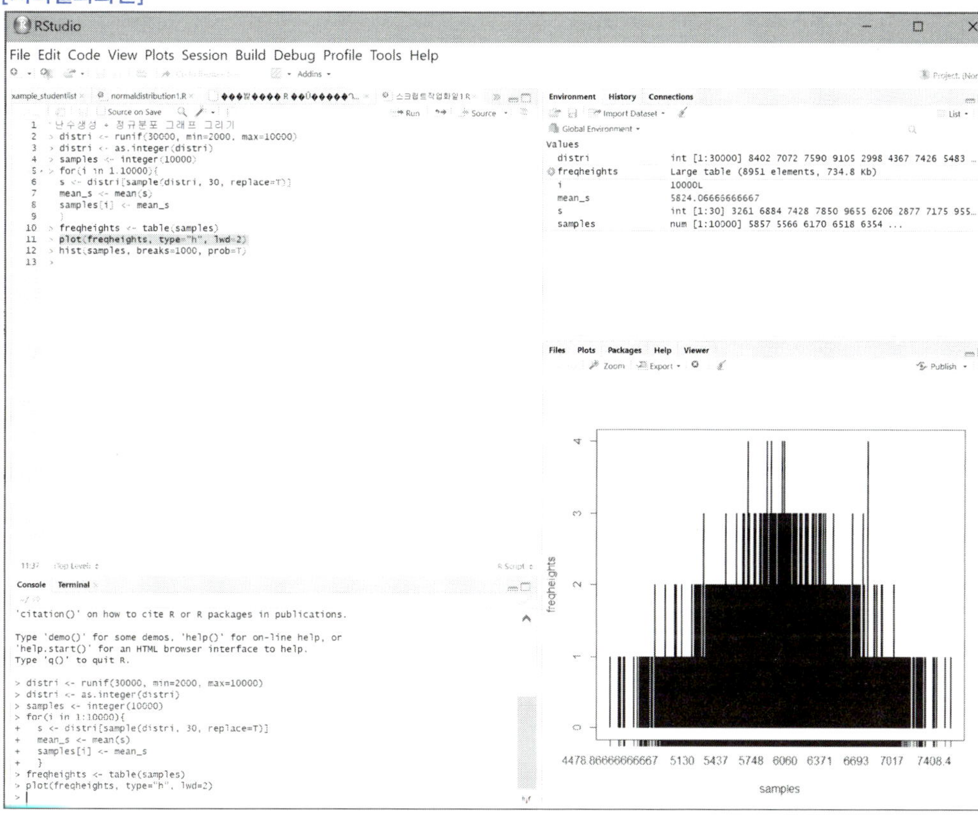

이렇게 도출된 그래프는 정수에 기반 한 도수를 사용하여 나타낸 그래프이다. 즉 아직 확률을 보여 주는 그래프가 아니다. 이제 최종적으로 확률에 기반 한 정규분포 그래프를 그려보자. 확률 개념으로 넘어 가려면 일반 도수가 아니라 상대도수 값을 사용해야 한다. 그래프 명령어는 히스토그램을 위한 hist( ) 함수이고, prob 옵션으로 상대도수를 표시해준다. breaks 옵션을 1,000개로 지정해보자.

명령어

```
> hist(샘플링저장변수명, breaks=갯수, prob=T)

> hist(samples, breaks=1000, prob=T)
```

```
> hist(samples, breaks=1000, prob=T)
```

[처리결과화면]

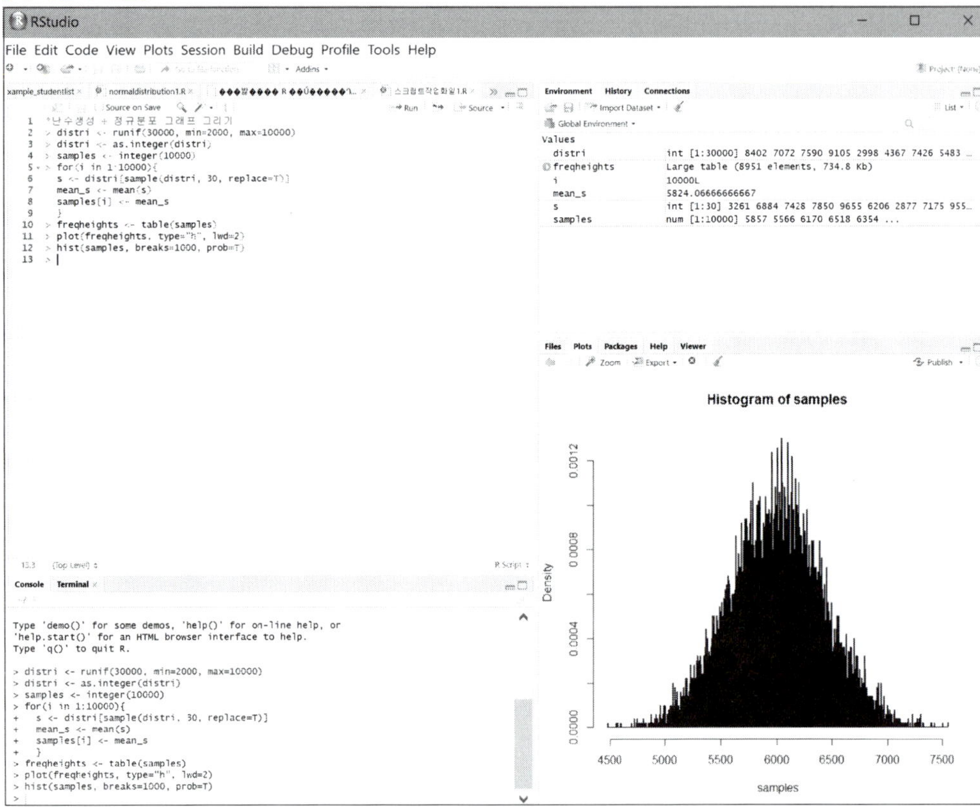

② rnorm( ) 함수로 정규분포 그래프 그리기: set.seed( ) + rnorm( ) + sample( ) + table( ) + plot( ) + hist( )

integer( ) 함수식으로 for 구문을 사용하여 난수를 생성하고 정규분포 자료를 추출하는 방법과 달리, rnorm( ) 함수식을 직접 사용하여 정규분포 그래프를 그려보도록 하자.

우선 반복해서 새로운 랜덤 넘버가 나오지 않도록 초기값을 지정해 주고 작업을 시작하도록 하자. 명령어는 set.seed(1234)이다. 초기값을 지정해주면 여러번 시뮬레이션을 돌리더라도 항상 같은 결과를 얻을 수 있다.

명령어

```
> set.seed(1234)
```

다음으로 rnorm( ) 함수식을 사용하여 랜덤으로 1000개의 정규분포 난수 샘플을 추출하자. 추출한 난수 샘플을 저장할 변수명은 data1으로 결정하자.

명령어

```
생성할변수명=rnorm(추출난수샘플수)
```

```
> data1=rnorm(1000)
```

```
> data1=rnorm(1000)
```

[처리결과화면]

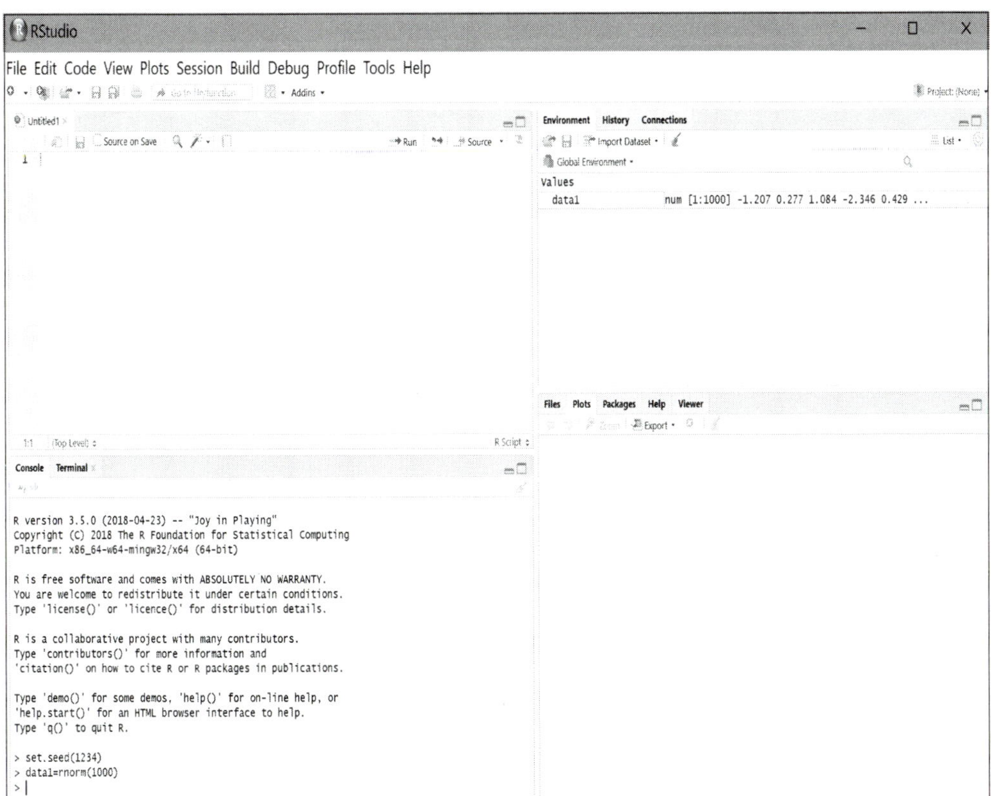

난수생성 시 생각해 볼 점

난수를 생성할 때 생각해 볼 몇 가지 포인트가 있다. 우선 통계학은 기본적으로 정규분포를 가정한다는 점을 감안하여 rnorm( ) 함수식을 사용하는 것이 바람직해 보인다. 둘째, 초기값을 지정해줌으로써 여러 번 시뮬레이션을 돌리더라도 항상 같은 결과를 보여줄 수 있도록 set.seed(1234)를 지정하자. 셋째, 난수 생성 조건을 작성할 때 평균값을 신중히 생각해서 지정하고, 표준편차 역시 신중하게 지정해주자. 예를 들어 '키'에 대해 난수 생성을 할 경우 한국의 경우 평균값을 175로 지정하고, 표준편차를 5로 정하는 경우가 있는데 이는 매우 신중한 선택이라고 판단된다(명령어: > height=rnorm(n=1000000, mean=175, sd=5).[4]

※ 여기에 기술된 내용은 통계학에서 약속된 것이 아니라, 순전히 필자가 경험적으로 독자들에게 제언하는 것들이다.

추출된 난수샘플이 저장된 data1의 상황을 살펴보고 싶으면 다음과 같이 명령하면 된다.

명령어

```
> data1
```

```
> data1
```

[처리결과화면]

```
Console   Terminal
~/
Type 'contributors()' for more information and
'citation()' on how to cite R or R packages in publications.

Type 'demo()' for some demos, 'help()' for on-line help, or
'help.start()' for an HTML browser interface to help.
Type 'q()' to quit R.

> set.seed(1234)
> data1=rnorm(1000)
> data1
   [1] -1.207065749  0.277429242  1.084441177 -2.345697703  0.429124689  0.506055892 -0.57
4739960
   [8] -0.546631856 -0.564451999 -0.890037829 -0.477192700 -0.998386445 -0.776253895  0.06
4458817
  [15]  0.959494059 -0.110285494 -0.511009506 -0.911195417 -0.837171680  2.415835178  0.13
4088220
  [22] -0.490685897 -0.440547872  0.459589441 -0.693720247 -1.448204910  0.574755721 -1.02
3655723
  [29] -0.015138300 -0.935948601  1.102297546 -0.475593079 -0.709440038 -0.501258061 -1.62
9093469
  [36] -1.167619262 -2.180039649 -1.340993192 -0.294293859 -0.465897540  1.449496265 -1.06
8642724
  [43] -0.855364634 -0.280623002 -0.994340076 -0.968514318 -1.107318193 -1.251985886 -0.52
3828119
  [50] -0.496849957 -1.806031257 -0.582075925 -1.108889624 -1.014962009 -0.162309524  0.56
3055819
  [57]  1.647817473 -0.773353424  1.605909629 -1.157808548  0.656588464  2.548991071 -0.03
4760390
  [64] -0.669633580 -0.007604756  1.777084448 -1.138607737  1.367827179  1.329564791  0.33
6472797
  [71]  0.006892838 -0.455468738 -0.366523933  0.648286568  2.070270861 -0.153398412 -1.39
0700947
  [78] -0.723581777  0.258261762 -0.317059115 -0.177789958 -0.169994077 -1.372301886 -0.17
3787170
```

4 여기서 유의할 점은 연구자가 난수생성 조건으로 평균값을 지정해 주었다고 해서 생성된 난수 집단의 평균값이 그대로 나타나는 것은 아니라는 점이다. 난수생성 이후 평균값을 구해보면 연구자가 지정한 평균값과 다르게 나타날 수 있다. 이는 연구자가 지정한 평균값은 시뮬레이션 평균값이지 모집단의 평균값이 아니기 때문이다.

해석

처리 결과 화면을 보면 [1] ~[78]까지 생성된 자료를 보여 주고 있다. 여기서는 화면 할애상 나머지를 생략하였는데 그 아래 쪽에는 [85]~[995]까지의 자료가 도출되어 있다. [1] 다음에 [8]으로 나오는 것은 [1] 행에 모두 일곱 개의 정규분포 샘플이 추출되어 명기되어 있기 때문에 두 번째 행은 여덟 번째 샘플이 시작되고 있고 두 번째 행에도 역시 총 일곱 개의 샘플이 추출되어 있다. 세 번째 행은 당연히 [15]로 표기된다. 그 아래는 [22]....이런 식으로 표기되어 있다.

다음으로는 추출한 정규분포 난수샘플 가운데 분석에 사용할 샘플을 추출해야 한다. 저장할 변수명은 samples로 결정하자. 사용할 명령어는 sample( )이고, 추출할 샘플 수는 100개로 하자. 추가적으로 300개를 추출하라는 samples1도 만들어 보자.

명령어

```
> 생성할변수명=sample(추출샘플수) 또는 생성할변수명 <-sample(추출샘플수)

> samples=sample(100)
> samples1=sample(300)
```

```
> samples=sample(100)
> samples1=sample(300)
```

이제 정규분포를 나타내기 위해 필요한 도수를 구해야 한다. 도수는 table( ) 함수식을 사용하여 구할 수 있다. 구한 값을 저장할 변수명은 freqheights로 하자.

명령어

```
> 새로저장할변수명 <- table(값이저장된변수명)

> freqheights <- table(samples)
```

```
> freqheights <- table(samples)
```

[처리결과화면]

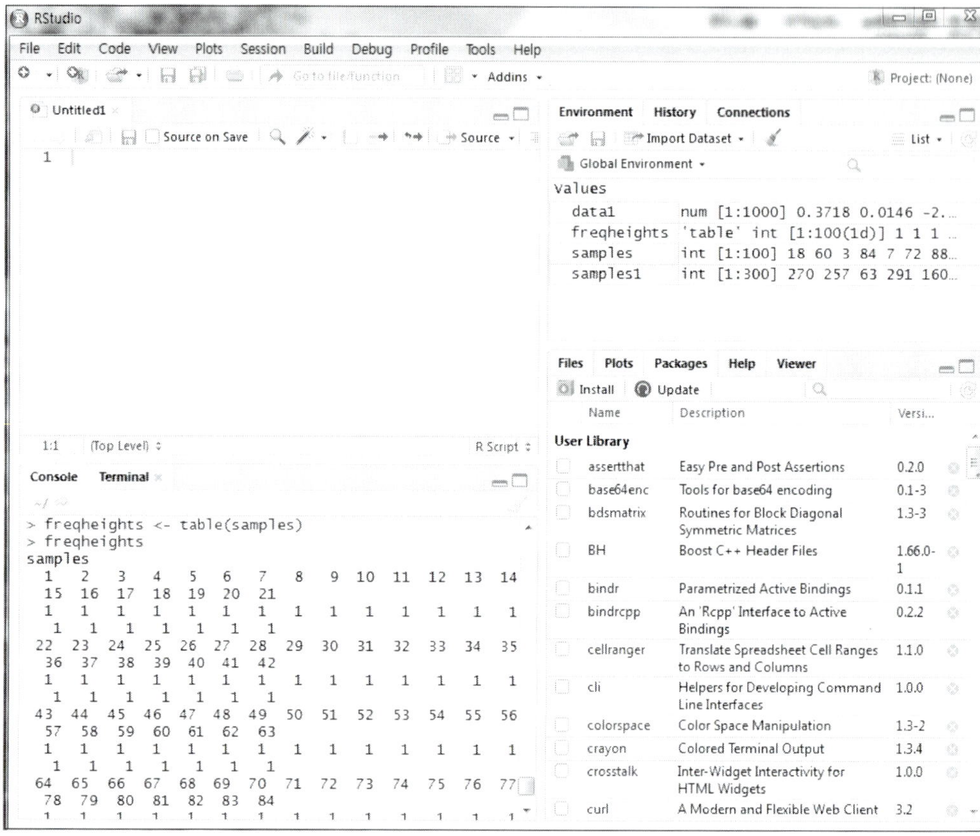

해석

처리 결과 화면을 보면, 오른쪽 상단에 freqheights가 생성되어 있고, samples도 생성되어 있음을 볼 수 있다. 샘플 숫자를 300개로 한 "samples1"도 추가적으로 작업한 결과, 오른쪽 상단에 함께 생성되어 있는 것으로 나타났다.

자 이제 마지막으로, 도수를 이용하여 정규분포 그래프를 도출해 보자. 그래프 명령어는 plot이고, 타입으로는 막대그래프를 의미하는, 즉 히스토그램을 위한 "h"를 선택해 보자. 막대그래프는 넓이가 필요하므로 여기서는 "2"로 지정해보자.

명령어

```
> plot(도수변수명, type="그래프유형", lwd=넓이숫자)

> plot(freqheights, type="h", lwd=2)
```

```
> plot(freqheights, type="h", lwd=2)
```

[처리결과화면]

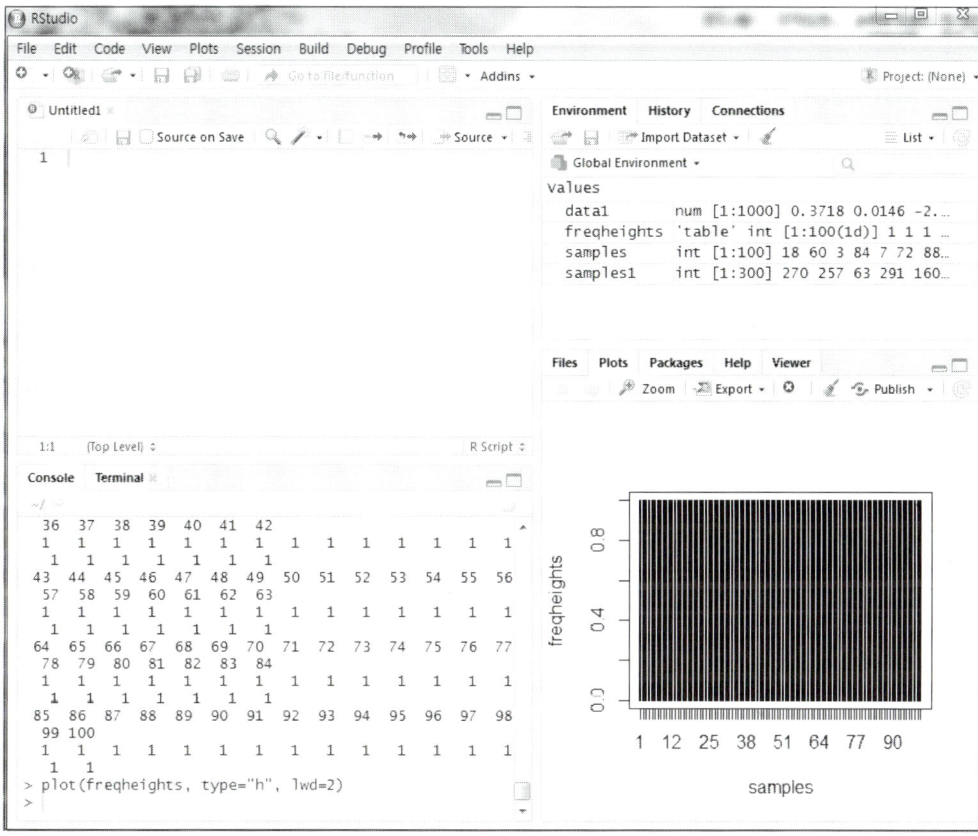

해석

처리 결과 화면을 보면, 오른쪽 하단에 그래프가 나타나 있음을 볼 수 있다.

이렇게 도출된 그래프는 정수에 기반 한 도수를 사용하여 나타낸 그래프이다. 즉 아직 확률을 보여 주는 그래프가 아니다. 이제 최종적으로 확률에 기반 한 정규분포 그래프를 그려 보자. 확률 개념으로 넘어 가려면 일반 도수가 아니라 상대도수 값을 사용해야 한다. 그래프 명령어는 히스토그램을 위한 hist( ) 함수이고, prob 옵션으로 상대도수를 표시해준다. breaks 옵션을 300개로 지정해보자. 아래 그림은 breaks 옵션을 300개로 할 때와 100개로 할 때로 구분하여 보여주고 있다.

명령어

```
> hist(샘플링저장변수명, breaks=갯수, prob=T)
```

```
> hist(data1, breaks=300, prob=T)
```

```
> hist(data1, breaks=300, prob=T)
```

[처리결과화면: breaks 300]

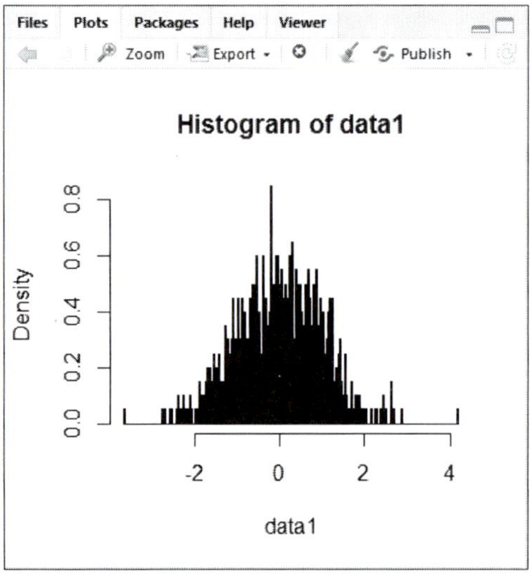

[처리결과화면: breaks 100]

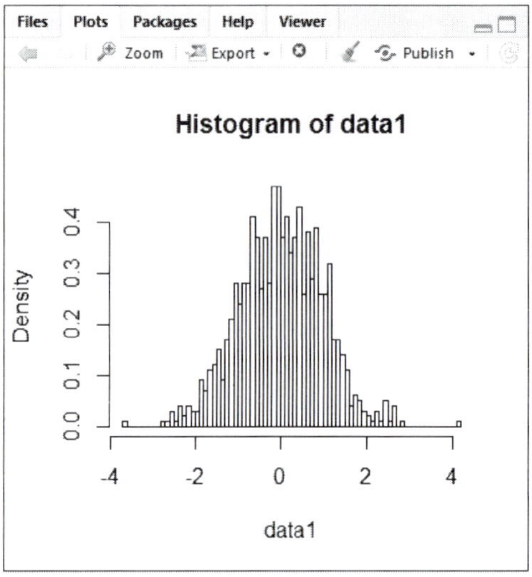

앞서 도출한 그래프를 RStudio 기본 화면에서 작업하지 않고, R Graphics에서 별도로 작업을 해보자. 우선 명령어 win.graph( )를 실행하여 R Graphics 창을 열어야 한다.

명령어

```
> win.graph( )
> hist(data1, breaks=300, prob=T)
```

```
> win.graph( )
> hist(data1, breaks=300, prob=T)
```

[처리결과화면: breaks 300]

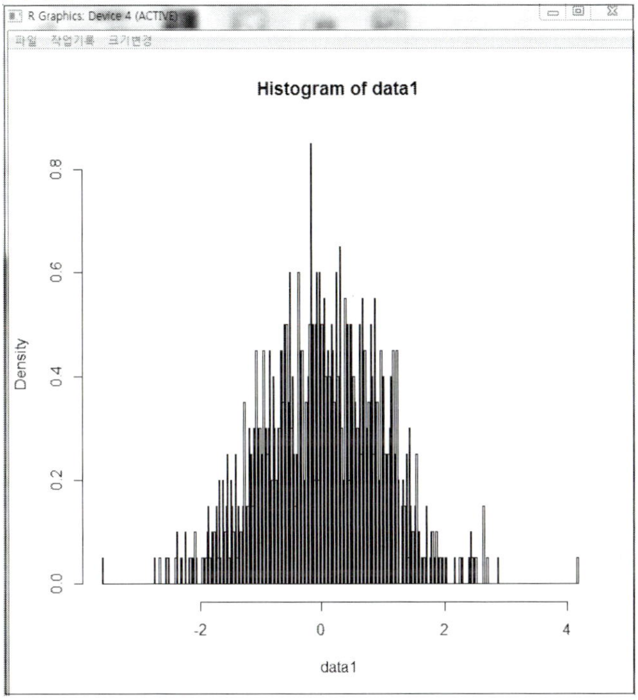

③ 정규분포 누적확률 영역 그래프 그리기: dnorm( ) + plot( ) + polygon( )

난수를 생성해서 정규분포 그래프를 그리는 연습을 통해 그래프 그리기 기초 실력을 쌓아 보자. 단순 난수가 아니라 정규분포를 따르는 난수를 생성하기 위해 dnorm( ) 함수식을 사용한다. "d"는 density의 이니셜이고, "norm"은 정규분포(normal distribution)의 이니셜이다.

정규분포 그래프를 그리기 위해서는 확률밀도함수 값이 필요하다. 평균(mean)이 0이고, 표준편차(s.d.)가 1인 정규분포를 상정하고, x 변수에 대한 확률밀도함수 값을 반환하라(반환해서 y 변수에 저장하라)는 명령어를 작성해 보자. 시자정수와 끝나는 정수는 각각 -5와 5로 정해보자.

※dnorm( ) 함수식※

dnorm(x, mean=0, sd=1)

또는 dnorm(x, 0, 1)

x 변수 변화에 대해 평균 0, 표준편차 1인 수를 추출하여 반환하라는 명령

명령어

```
> x <- (시작정수: 끝나는정수)
> y <- dnorm(x, 평균, 표준편차)
> plot(x, y, type="타입약어")

> x <- (-5: 5)
> y <- dnorm(x, 0, 1)
> plot(x, y, type="l")
```


```
> x <- (-5: 5)
> y <- dnorm(x, 0, 1)
> plot(x, y, type="l")
```


[처리결과화면]

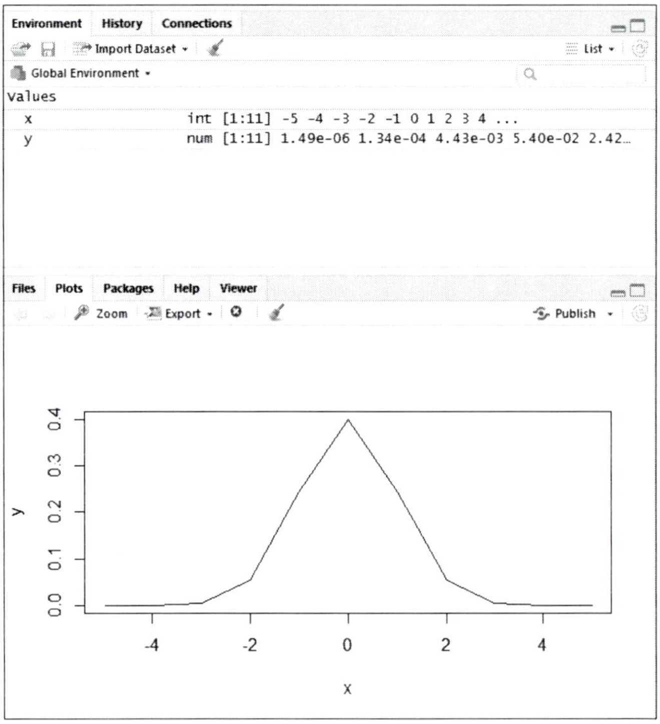

해석

처리 결과 화면을 보면, 오른쪽 상단에 x와 y라는 새로운 변수가 생성되어 있고,오른쪽 하단에는 정규분포 그래프가 도출된 것을 볼 수 있다.

여기서 정규분포 그래프가 딱딱한 선으로 나타난 것은 정규분포를 따르는 난수 추출 갯수가 적기 때문이다. 꺾인 선을 부드러운 곡선으로 나타내려면 추출 갯수를 늘리면 된다(대수의 법칙 참조 요망). 이를 위해 이번에는 추출 갯수를 대폭 늘려보자.

명령어

```
> x <- (시작정수: 끝나는정수)/10
> y <- dnorm(x, 평균, 표준편차)
> plot(x, y, type="타입약어")

> x <- (-100: 100)/10
> y <- dnorm(x, 0, 1)
> plot(x, y, type="l")
```

```
> x <- (-100: 100)/10
> y <- dnorm(x, 0, 1)
> plot(x, y, type="l")
```

[처리결과화면]

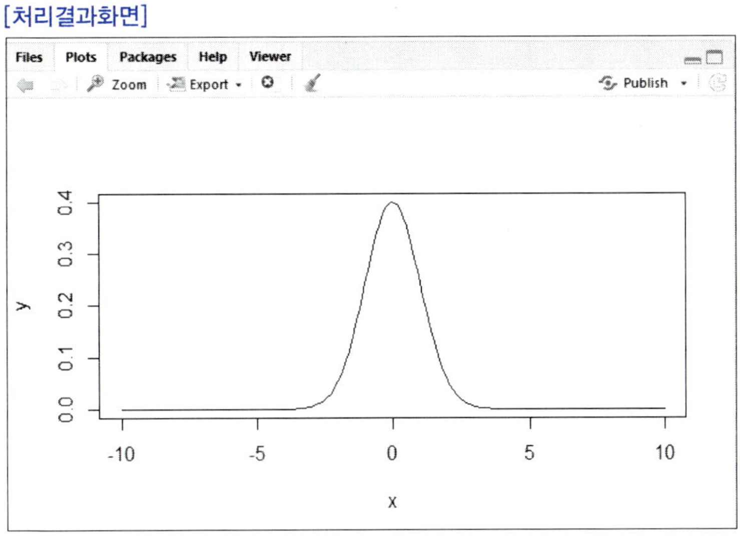

이번에는 -500~500 사이의 숫자를 추출하여 정규분포 그래프 선의 변화를 살펴보도록 하자.

명령어

```
> x <- (시작정수: 끝나는정수)/10
> y <- dnorm(x, 평균, 표준편차)
```

```
> plot(x, y, type="타입약어")

> x <- (-500: 500)/100
> y <- dnorm(x, 0, 1)
> plot(x, y, type="l")
```

```
> x <- (-500: 500)/100
> y <- dnorm(x, 0, 1)
> plot(x, y, type="l")
```

[처리결과화면]

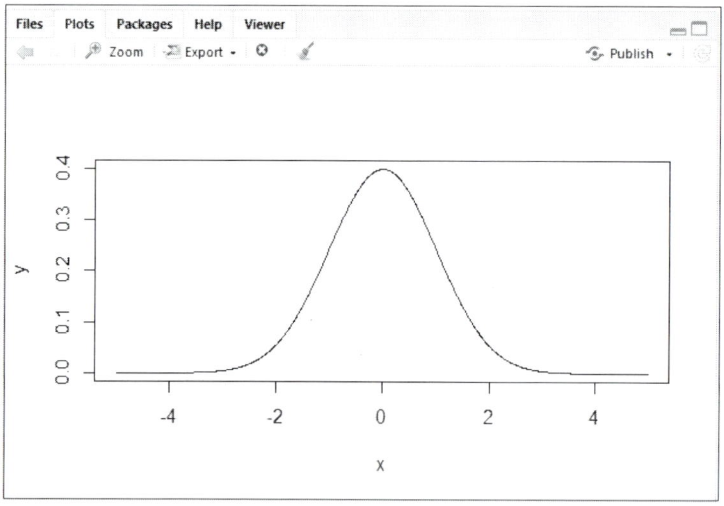

이번에는 그래프에 색깔을 입혀보자. 그래프 유형은 선 그래프("l"), 그래프의 넓이는 3, 색깔은 파란색("blue")으로 만들어보자.

명령어

```
> x <- (시작정수:끝나는정수)/100
> y <- dnorm(x, 평균, 표준편차)
> plot(x, y, type="타입약어", lwd=넓이숫자, col="색깔")

> x <- (-500: 500)/100
> y <- dnorm(x, 0, 1)
> plot(x, y, type="l", lwd=3, col="blue")
```

```
> x <- (-500: 500)/100
> y <- dnorm(x, 0, 1)
> plot(x, y, type="l", lwd=3, col="blue")
```

[처리결과화면]

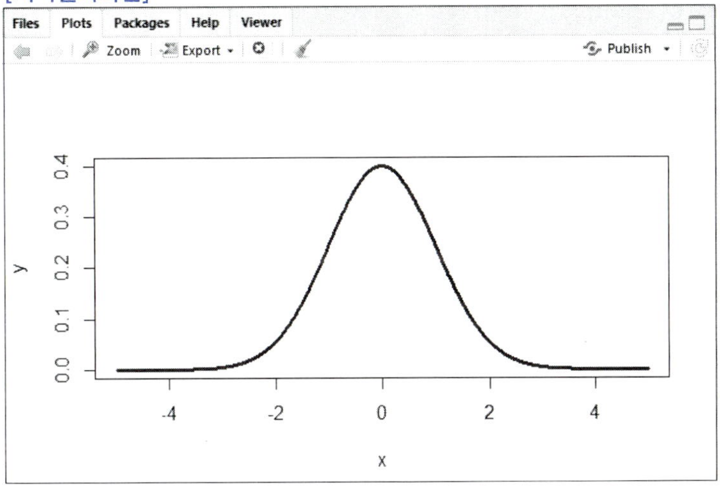

이번에는 점들을 연결하여 다각형을 그려주는 polygon( ) 함수식을 사용하여 누적확률값에 해당하는 영역을 색깔로 나타내보자. x, y, u, v 등의 변수명은 연구자가 임의로 이름을 정할 수 있다. 여기서는 일반적으로 사용하는 변수명으로 단순히 x, y, u, v를 사용하고자 한다.

명령어

```
> x <- (시작정수: 끝나는정수)/100
> y <- dnorm(x, 평균, 표준편차)
> plot(x, y, type="타입약어", lwd=넓이숫자, col="색깔")
> u <- (시작정수: 끝나는정수)/100
> v <- dnorm(u, mean=0, sd=1)
> polygon(c(-5, u, 1), c(0, v, 0), col="색깔")
```

```
> x <- (-500: 500)/100
> y <- dnorm(x, 0, 1)
> plot(x, y, type="l", lwd=3, col="blue")
> u <- (-500: 500)/100
> v <- dnorm(u, mean=0, sd=1)
> polygon(c(-5, u, 1), c(0, v, 0), col="yellow")
```

```
> x <- (-500: 500)/100
> y <- dnorm(x, 0, 1)
> plot(x, y, type="l", lwd=3, col="blue")
> u <- (-500: 500)/100
> v <- dnorm(u, mean=0, sd=1)
> polygon(c(-5, u, 1), c(0, v, 0), col="yellow")
```

[처리결과화면]

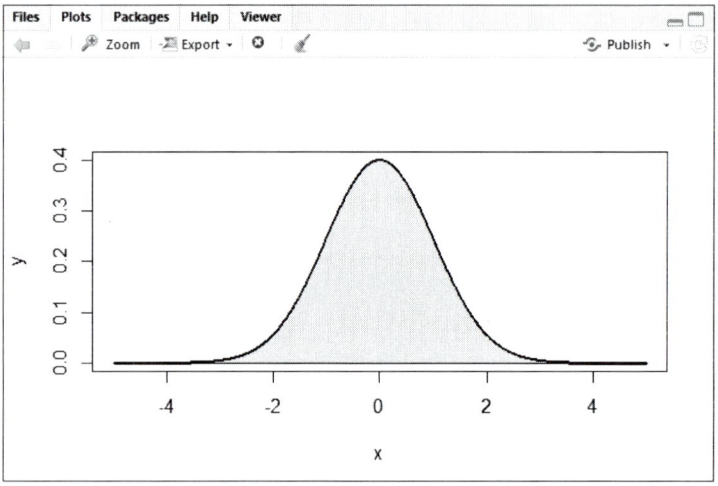

이번에는 점들을 연결하여 다각형을 그려주는 polygon( ) 함수식을 사용하여 누적확률값을 나타내는 영역을 조금 더 좁혀보자. 이를 위해 u에 반환할 정수값을 -500~100으로 정해보자. 색깔은 "red"로 나타내보자.

명령어

```
> x <- (시작정수: 끝나는정수)/100
> y <- dnorm(x, 평균, 표준편차)
> plot(x, y, type="타입약어", lwd=넓이숫자, col="색깔")
> u <- (시작정수: 끝나는정수)/100
> v <- dnorm(u, mean=0, sd=1)
> polygon(c(-5, u, 1), c(0, v, 0), col="색깔")

> x <- (-500: 100)/100
> y <- dnorm(x, 0, 1)
> plot(x, y, type="l", lwd=3, col="blue")
> u <- (-500: 500)/100
> v <- dnorm(u, mean=0, sd=1)
> polygon(c(-5, u, 1), c(0, v, 0), col="red")
```

```
> x <- (-500: 100)/100
> y <- dnorm(x, 0, 1)
> plot(x, y, type="l", lwd=3, col="blue")
> u <- (-500: 500)/100
> v <- dnorm(u, mean=0, sd=1)
> polygon(c(-5, u, 1), c(0, v, 0), col="red")
```

[처리결과화면]

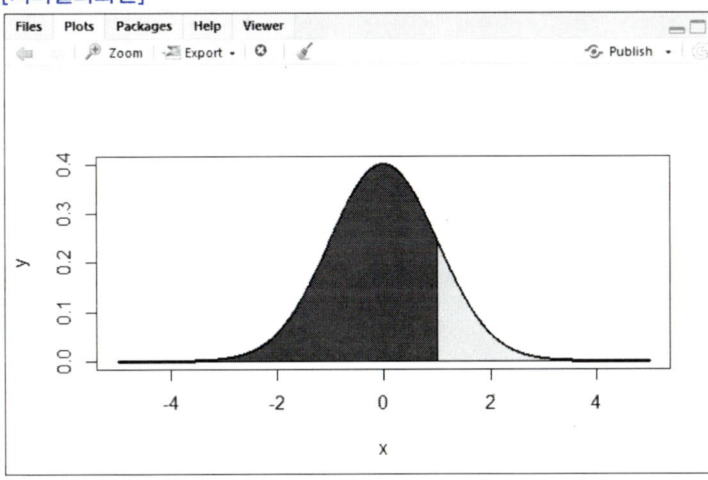

해석

처리 결과 화면을 보면, 앞서 처리한 노란색으로 표시된 누적확률값을 나타내는영역에 더하여, -500~100의 누적확률값을 나타내는 영역에 해당되는 좁은 영역이 빨간색으로 표시되어 있음을 볼 수 있다.

2) 다중회귀분석을 위한 멀티플 시계열 자료 그래프 그리기

① 변수별 시계열 그래프 생성: plot( )

단순회귀분석이 아니라 다중회귀분석에는 변수가 여러 개로 구성되어 있다. 자 이제 변수가 여러 개로 구성된 시계열 자료를 다루는 방법을 연습해 보도록 하자. 우선 시계열 자료를 위한 패키지를 설치하도록 하자.

명령어

```
> install.packages("tseries")
> library(tseries)
```

[처리결과화면: 정상적으로 처리된 경우]

```
> install.packages("tseries")
Installing package into ‘C:/Users/media/Documents/R/win-library/4.0’
(as ‘lib’ is unspecified)
trying URL 'https://cran.rstudio.com/bin/windows/contrib/4.0/tseries_0.10-48.zip
'
Content type 'application/zip' length 409374 bytes (399 KB)
downloaded 399 KB

package ‘tseries’ successfully unpacked and MD5 sums checked

The downloaded binary packages are in
      C:\Users\media\AppData\Local\Temp\Rtmpiyw7uH\downloaded_packages
> library(tseries)
Registered S3 method overwritten by 'quantmod':
  method            from
  as.zoo.data.frame zoo
    ‘tseries’ version: 0.10-48
    ‘tseries’ is a package for time series analysis and computational finance.
    See ‘library(help="tseries")’ for details.
Warning message:
package ‘tseries’ was built under R version 4.0.5
```

해석

처리 결과 화면을 살펴보면 정상적으로 패키지가 설치되었음을 알 수 있다. 라이브러리로 불러와도 안정적으로 불려와진다.

[처리결과화면: 문제 발생 경우]

```
> install.packages("tseries")
Installing package into ‘C:/Users/OSYang/Documents/R/win-library/3.5’
(as ‘lib’ is unspecified)
also installing the dependencies ‘xts’, ‘TTR’, ‘quadprog’, ‘zoo’, ‘quantmod’

trying URL 'https://cran.rstudio.com/bin/windows/contrib/3.5/xts_0.11-0.zip'
Content type 'application/zip' length 952505 bytes (930 KB)
downloaded 930 KB

trying URL 'https://cran.rstudio.com/bin/windows/contrib/3.5/TTR_0.23-3.zip'
Content type 'application/zip' length 777566 bytes (759 KB)
downloaded 759 KB

trying URL 'https://cran.rstudio.com/bin/windows/contrib/3.5/quadprog_1.5-5.zip'
Content type 'application/zip' length 301971 bytes (294 KB)
downloaded 294 KB

trying URL 'https://cran.rstudio.com/bin/windows/contrib/3.5/zoo_1.8-3.zip'
Content type 'application/zip' length 1100166 bytes (1.0 MB)
downloaded 1.0 MB

trying URL 'https://cran.rstudio.com/bin/windows/contrib/3.5/quantmod_0.4-13.zip'
Content type 'application/zip' length 942380 bytes (920 KB)
downloaded 920 KB

trying URL 'https://cran.rstudio.com/bin/windows/contrib/3.5/tseries_0.10-45.zip'
Content type 'application/zip' length 414773 bytes (405 KB)
downloaded 405 KB

package ‘xts’ successfully unpacked and MD5 sums checked
package ‘TTR’ successfully unpacked and MD5 sums checked
package ‘quadprog’ successfully unpacked and MD5 sums checked
package ‘zoo’ successfully unpacked and MD5 sums checked
package ‘quantmod’ successfully unpacked and MD5 sums checked
package ‘tseries’ successfully unpacked and MD5 sums checked

The downloaded binary packages are in
        C:\Users\OSYang\AppData\Local\Temp\RtmpErgYGN\downloaded_packages
```

해석

처리 결과 화면을 보면, 안정적인 시계열 자료의 전형적인 예를 보여주고 있다. 이런 모양을 그리는 시계열 자료는 트렌드가 관찰되지 않아 안정적인 것으로 판단할 수 있다.

때로는 tseries 패키지가 제공하는 기초자료의 위치를 확인해 주는 작업이 필요하다. 명령어는 library( ) 함수식이다. 데이터가 있는 지정 폴더는 연구자의 컴퓨터 작업 상태에 따라 모두 다르다. 따라서 연구자가 직접 확인해서 정확히 지정해 주어야 한다(이는 패키지를 설치할 때 제공되는 자료의 위치를 일러주기 때문에 처리되는 결과에서 정확히 확인할 수 있다). 앞서 처리한 화면을 살펴보면 tseries를 설치한 위치를 설명해 주고 있다.

```
Installing package into 'C:/Users/OSYang/Documents/R/win-library/3.5' (as 'lib' i
s unspecified)
```

명령어

```
> library("패키지명", lib.loc="데이터가있는지정폴더")

> library("tseries", lib.loc="C:/Users/OSYang/Documents/R/win-library/3.5")
```

```
> library("tseries", lib.loc="C:/Users/OSYang/Documents/R/win-library/3.5")

    'tseries' version: 0.10-45

    'tseries' is a package for time series analysis and computational
    finance.

    See 'library(help="tseries")' for details.

Warning message:
패키지 'tseries'는 R 버전 3.5.1에서 작성되었습니다
```

이제 ice.river 자료를 불러와서 작업을 해보자. data( ) 함수식을 사용한다.

명령어

```
> data(파일명)
```

```
> data(ice.river)
```

```
> data(ice.river)
```

[처리결과화면]

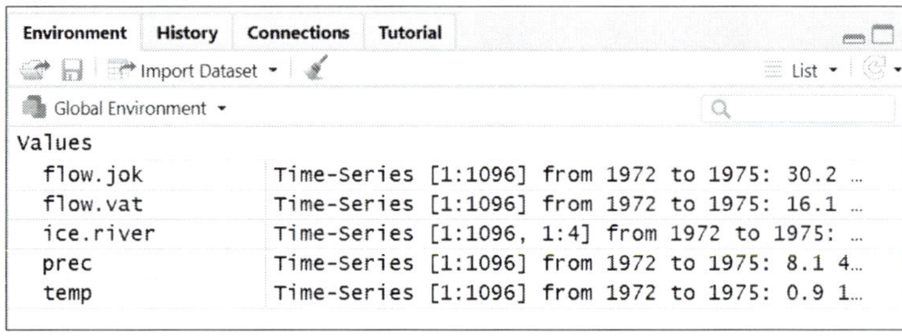

해석

처리 결과 화면을 보면, 오른쪽 상단에 시계열 데이터가 탑재되어 있음을 알 수 있다.

ice.river 자료를 직접 열어 보고 싶으면 다음과 같이 명령어를 처리하면 된다.

명령어

```
> ice.river
```

```
> ice.river
Time Series:
Start = c(1972, 1)
End = c(1975, 1)
Frequency = 365
         flow.vat flow.jok prec  temp
1972.000    16.10     30.2  8.1   0.9
1972.003    19.20     29.0  4.4   1.6
1972.005    14.50     28.4  7.0   0.1
1972.008    11.00     27.8  0.0   0.6
1972.011    13.60     27.8  0.0   2.0
1972.014    12.50     27.8  0.0   0.8
1972.016    10.50     27.8  1.9   1.4
1972.019    10.10     27.8  1.2   1.3
1972.022     9.68     27.8  0.0   2.2
```

```
1972.025      9.02      27.3  0.1   0.1
1972.027      8.80      27.3  0.0   3.0
1972.030      8.58      27.3  0.2  -0.2
1972.033      8.14      26.2  1.8  -2.6
1972.036      7.50      25.2  0.2  -3.8
1972.038      7.92      26.7  0.2   0.9
1972.041      7.92      26.7  0.2   1.9

중간 생략

1972.633      7.71      41.0 14.8   3.5
1972.636      8.14      40.2  5.4   4.2
1972.638      7.50      37.6  0.1   5.0
1972.641      7.71      46.2  5.3   5.2
1972.644      7.71      45.4  0.2   5.5
1972.647      7.71      45.4  0.3   3.6
1972.649      7.71      39.6  0.2   3.4
1972.652      8.14      40.2  5.0   6.5
1972.655      9.02      46.2  4.9   6.4
1972.658      9.02      47.7  2.1   8.8
1972.660      9.02      59.1  6.0   6.1
1972.663      9.24      58.3  3.9   4.3
1972.666      8.58      48.5  0.2   4.5
1972.668      9.02      56.6  7.5   6.9
1972.671      8.58      56.6  0.6   4.8
1972.674      7.50      44.7  0.0   5.8
1972.677      8.80      50.9  0.4   6.0
1972.679      9.46      58.3  1.8   2.6
1972.682      8.14      44.7  0.1  -1.7
 [ reached getOption("max.print") -- omitted 846 rows ]
```

해석

처리 결과 화면을 보면, 1972년~1975년 자료이며, 365일 일별 자료임을 말해준다. 총 4개의 변수(flow.vat, flow.jok, prec, temp)로 이루어져 있다고 보여준다.

멀티플 시계열 데이터의 안정성을 확인하기 위해 플롯을 그려보자.

명령어

```
> win.graph( )
```

```
> plot(파일명)

> win.graph( )
> plot(ice.river)
```

```
> win.graph( )
> plot(ice.river)
```

[처리결과화면]

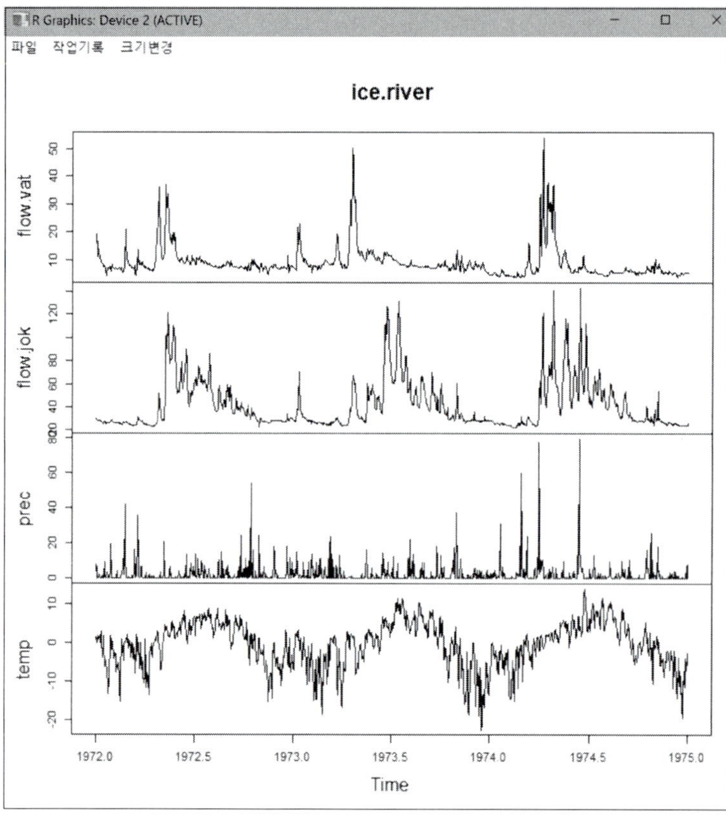

해석

처리 결과 화면을 보면, 1972년~1975년 자료이며, 총 4개의 변수(flow.vat, flow.jok, prec, temp)에 대한 365일 일별 자료가 그래프로 나타나고 있다. 그래프는 변수 숫자만큼 생성된다.

② 변수별 시계열 그래프 합치기: plot(, plot.type="single")

이번에는 이렇게 각각 도출된 4개의 그래프를 하나의 그래프에 합쳐서 나타내 보자.

명령어

```
> win.graph( )
> plot(파일명[, 1:2], plot.type="single")

> win.graph( )
> plot(ice.river[, 1:2], plot.type="single")
```

```
> win.graph( )
> plot(ice.river[, 1:2], plot.type="single")
```

[처리결과화면]

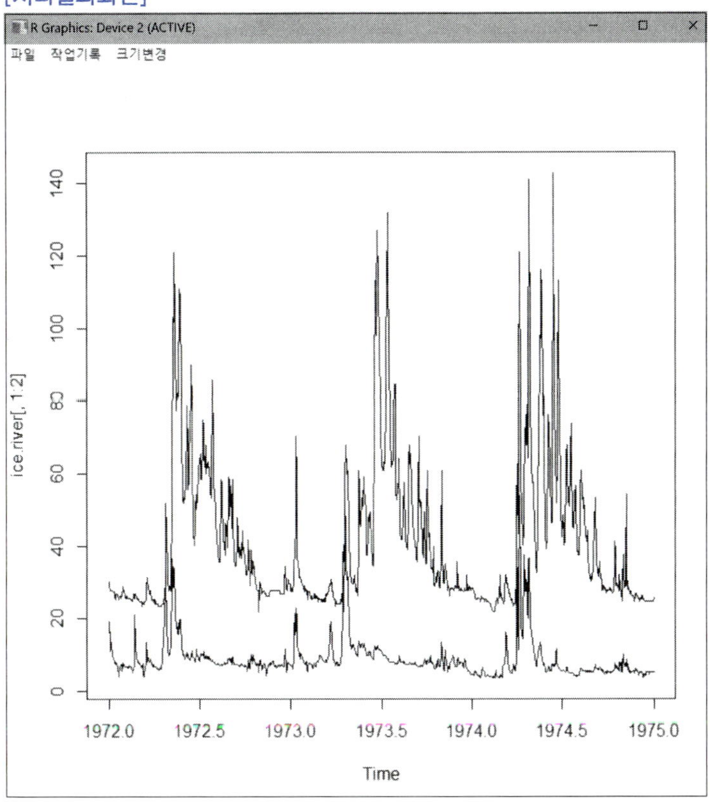

③ 그래프 색깔 입히기: plot(, col=1: 2)

처리된 그래프에 색깔을 입혀 보자.

명령어

```
> win.graph( )
```

```
> plot(ice.river[, 1:2], plot.type="single", lty=1:2, col=1:2, ylab="flows")
```

```
> win.graph( )
> plot(ice.river[, 1:2], plot.type="single", lty=1:2, col=1:2, ylab="flows")
```

[처리결과화면]

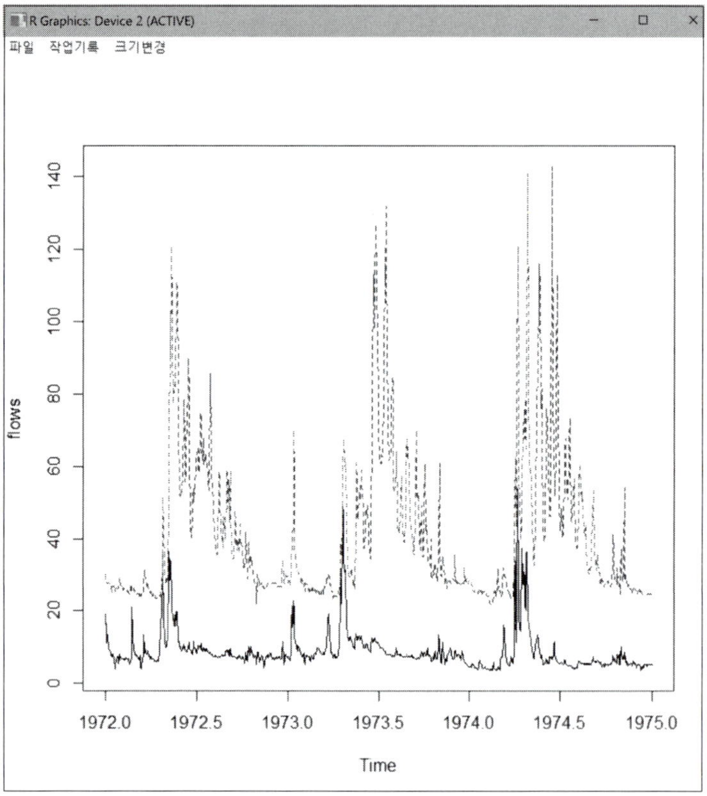

3) 보다 정교한 그래프 그리기: ggplot( ), ggplot2( )

명령어 install.packages("패키지")를 사용하여 설치한 패키지들 중에서 ggplot2를 사용하여 보다 정교한 그래프를 그려보자. 우선 win.graph( )를 실행시키고 ggplot2 패키지와 scales를 불러 들인다.

명령어

```
> win.graph( )
> library(ggplot2)
> library(scales)
```

```
> library(ggplot2)
Warning message:
패키지 'ggplot2'는 R 버전 3.5.1에서 작성되었습니다
> library(scales)
Warning message:
패키지 'scales'는 R 버전 3.5.1에서 작성되었습니다
```

다음에는 R에 제공되어 있는 "fig04-19_carbon-dioxide-data"를 사용하여 data.frame( ) 함수식으로 자료를 생성시켜보자. 자료 생성을 위한 자세한 지시 사항은 다음과 같다.

[지시 사항](스크립트파일: 트렌드그래프그리기-카본2.R)

지시 사항	처리 명령어
①"fig04-19_carbon-dioxide-data"를 this_base에 저장	this_base <- "fig04-19_carbon-dioxide-data"
②"fig04-19_carbon-dioxide-data"에 들어 있는 자료로 co2 변수 만들기 & co2 변수는 숫자형 ③"fig04-19_carbon-dioxide-data"에 들어 있는 자료로 date 변수 만들기 & date 변수는 seq( ) 함수식으로 1959-01-01부터 매달, 12개월씩, 총 39년 자료 생성 ④co2변수와 date 변수를 my_data에 저장	my_data <- data.frame(co2 = as.numeric(co2), date = seq(as.Date("1959-01-01"), by = "month", length.out = 12 * 39))
⑤생성된 my_data에서 1991-01-01 이후 자료는 삭제	my_data <- subset(my_data, date < as.Date("1991-01-01"))
⑥생성된 my_data에서 5년 단위로 date를 구분하고, 시작연도는 1960-01-01로, 끝연도는 1997-12-01로, datebreaks에 저장	datebreaks <- seq(as.Date("1960-01-01"), as.Date("1997-12-01"), by = "5 year")
⑦my_data 자료를 사용하여 x축은 date, y축은 co2로 해서 aes & 그래프는 선형으로 & 선형그래프를 부드럽게 하는데 method는 loess로, 표준오차는 FALSE로, colour는 블랙으로 해서 p로 저장해라	p <- ggplot(my_data, aes(x = date, y = co2)) + geom_line( ) + stat_smooth(method = "loess", se = FALSE, colour = "black") +
⑧x축은 date를 표기하는데 breaks는 앞서 실행한 datebreaks를 사용 & labels는 연도로 표기 & date를 제한하고자 하며 1960-01-01을 시작으로 1990-12-01을 끝으로 제한	scale_x_date(breaks = datebreaks, labels = date_format("%Y"), limits = c(as.Date("1960-01-01"), as.Date("1990-12-01"))) +
⑨y축은 breaks로 시작 320, 끝 350, 증가단위 10으로 하고 & 표기 제한으로 최저 310, 최고 360으로 하고 & expand는 0 & y축은 Carbon Dioxide(ppm)으로 표기하라는 명령	scale_y_continuous(breaks = seq(320, 350, 10), limits = c(310, 360), expand = c(0, 0)) + labs(y = "Carbon Dioxide (ppm)") +

지시 사항	처리 명령어
⑩그래프타이틀을 Fig. 4.19 Carbon Dioxide Data로 하라는 명령	ggtitle("Fig. 4.19 Carbon Dioxide Data") +
⑪배경화면을 하얀색으로 바꾸고 panel.grid.major 설정으로 주 구분선, panel.grid.minor는 보조 구분선을 다룬다. plot.title에서 시각화 제목을 지어주고 axis.title.x, axis.title.y로 축의 이름을 설정해준다.	theme_bw() + theme(panel.grid.major = element_blank(), panel.grid.minor = element_blank(), plot.title = element_text(size = rel(1.2), face = "bold", vjust = 1.5), axis.title.x = element_blank())

명령어

```
> 새로저장할파일명 <- "데이터파일명"
> this_base <- "fig04-19_carbon-dioxide-data"
```

```
> this_base <- "fig04-19_carbon-dioxide-data"
```

[처리결과화면]

해석

처리 결과 화면을 보면, RStudio 화면 오른쪽 상단에 this_base라는 파일(Values)이 나타나 있음을 볼 수 있다.

다음에는 ②“fig04-19_carbon-dioxide-data”에 들어 있는 자료로 co2 변수 만들기 & co2 변수는 숫자형, ③“fig04-19_carbon-dioxide-data”에 들어 있는 자료로 date 변수 만들기 & date 변수는 seq( ) 함수식으로 1959-01-01부터 매달, 12개월씩, 총 39년 자료 생성, ④co2변수와 date 변수를 my_data에 저장하라는 명령어를 종합적으로 내려 보자. 이 과정에는 data.frame( ) 함수식과 seq( ) 함수식을 사용한다.

명령어

```
> 저장할파일명 <- data.frame(변수명1 = as.numeric(변수명1), date = seq(as.Date("시작연
도-월-일"), by = "시간단위", length.out = 총시간단위수 * 총연도수))
```

```
> my_data <- data.frame(co2 = as.numeric(co2), date = seq(as.Date("1959-01-01"),
by = "month", length.out = 12 * 39))
```

```
> my_data <- data.frame(
+   co2 = as.numeric(co2),
+   date = seq(as.Date("1959-01-01"), by = "month", length.out = 12 * 39))
```

[처리결과화면]

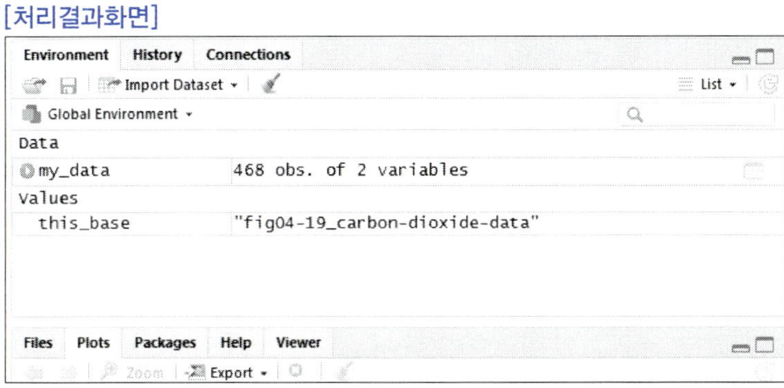

해석

처리 결과 화면을 보면, RStudio 화면 오른쪽 상단에 my_data라는 파일(Data)이 나타나 있음을 볼 수 있다.

처리 결과 생성된 my_data 자료 내용을 열람하면 다음과 같다.

명령어

```
> my_data
```

[처리결과화면]

```
> my_data
       co2       date
1   315.42 1959-01-01
2   316.31 1959-02-01
3   316.50 1959-03-01
4   317.56 1959-04-01
5   318.13 1959-05-01
6   318.00 1959-06-01
7   316.39 1959-07-01
8   314.65 1959-08-01
9   313.68 1959-09-01
10  313.18 1959-10-01
11  314.66 1959-11-01
12  315.43 1959-12-01
13  316.27 1960-01-01
14  316.81 1960-02-01
15  317.42 1960-03-01
16  318.87 1960-04-01
17  319.87 1960-05-01
18  319.43 1960-06-01
19  318.01 1960-07-01
20  315.74 1960-08-01
21  314.00 1960-09-01
22  313.68 1960-10-01
23  314.84 1960-11-01
24  316.03 1960-12-01
25  316.73 1961-01-01
26  317.54 1961-02-01
27  318.38 1961-03-01
28  319.31 1961-04-01
29  320.42 1961-05-01
30  319.61 1961-06-01
31  318.42 1961-07-01
32  316.63 1961-08-01
33  314.83 1961-09-01
34  315.16 1961-10-01
35  315.94 1961-11-01
36  316.85 1961-12-01
37  317.78 1962-01-01
38  318.40 1962-02-01
```

```
424 361.25 1994-04-01
425 361.67 1994-05-01
426 360.94 1994-06-01
427 359.55 1994-07-01
428 357.49 1994-08-01
429 355.84 1994-09-01
430 356.00 1994-10-01
431 357.59 1994-11-01
432 359.05 1994-12-01
433 359.98 1995-01-01
434 361.03 1995-02-01
435 361.66 1995-03-01
436 363.48 1995-04-01
437 363.82 1995-05-01
438 363.30 1995-06-01
439 361.94 1995-07-01
440 359.50 1995-08-01
441 358.11 1995-09-01
442 357.80 1995-10-01
443 359.61 1995-11-01
444 360.74 1995-12-01
445 362.09 1996-01-01
446 363.29 1996-02-01
447 364.06 1996-03-01
448 364.76 1996-04-01
449 365.45 1996-05-01
450 365.01 1996-06-01
451 363.70 1996-07-01
452 361.54 1996-08-01
453 359.51 1996-09-01
454 359.65 1996-10-01
455 360.80 1996-11-01
456 362.38 1996-12-01
457 363.23 1997-01-01
458 364.06 1997-02-01
459 364.61 1997-03-01
460 366.40 1997-04-01
461 366.84 1997-05-01
462 365.68 1997-06-01
463 364.52 1997-07-01
464 362.57 1997-08-01
465 360.24 1997-09-01
466 360.83 1997-10-01
467 362.49 1997-11-01
468 364.34 1997-12-01
>
```

해석

처리 결과 화면을 보면, 1959년 1월 1일부터 1997년 12월 1일까지, 주어진 명령어처럼 월별 자료로(즉 일별자료는 생성하지 않고), 총 39년 자료가 생성되어 있음을 볼 수 있다.

이어서 ⑤생성된 my_data에서 1991-01-01 이후 자료는 삭제하라는 명령어를 내려 보자. 이 작업은 data.frame( ) 함수식과 subset( ) 함수식을 사용한다.

명령어

```
> 저장한파일명 <- subset(저장한파일명, data 등호 as.Date("연도-월-일"))

> my_data <- subset(my_data, data < as.Date("1991-01-01"))
```

```
> my_data <- subset(my_data, date < as.Date("1991-01-01"))
```

처리 결과 생성된 my_data 자료 내용을 열람하면 다음과 같다.

명령어

```
> my_data
```

[처리결과화면]

```
> my_data
        co2       date
1    315.42 1959-01-01
2    316.31 1959-02-01
3    316.50 1959-03-01
4    317.56 1959-04-01
5    318.13 1959-05-01
6    318.00 1959-06-01
7    316.39 1959-07-01
8    314.65 1959-08-01
9    313.68 1959-09-01
10   313.18 1959-10-01
11   314.66 1959-11-01
12   315.43 1959-12-01
13   316.27 1960-01-01
14   316.81 1960-02-01
15   317.42 1960-03-01
16   318.87 1960-04-01
17   319.87 1960-05-01
18   319.43 1960-06-01
19   318.01 1960-07-01
20   315.74 1960-08-01
21   314.00 1960-09-01
22   313.68 1960-10-01
23   314.84 1960-11-01
24   316.03 1960-12-01
25   316.73 1961-01-01
26   317.54 1961-02-01
27   318.38 1961-03-01
28   319.31 1961-04-01
29   320.42 1961-05-01
30   319.61 1961-06-01
31   318.42 1961-07-01
```

```
340 350.80 1987-04-01
341 351.66 1987-05-01
342 351.07 1987-06-01
343 349.33 1987-07-01
344 347.92 1987-08-01
345 346.27 1987-09-01
346 346.18 1987-10-01
347 347.64 1987-11-01
348 348.78 1987-12-01
349 350.25 1988-01-01
350 351.54 1988-02-01
351 352.05 1988-03-01
352 353.41 1988-04-01
353 354.04 1988-05-01
354 353.62 1988-06-01
355 352.22 1988-07-01
356 350.27 1988-08-01
357 348.55 1988-09-01
358 348.72 1988-10-01
359 349.91 1988-11-01
360 351.18 1988-12-01
361 352.60 1989-01-01
362 352.92 1989-02-01
363 353.53 1989-03-01
364 355.26 1989-04-01
365 355.52 1989-05-01
366 354.97 1989-06-01
367 353.75 1989-07-01
368 351.52 1989-08-01
369 349.64 1989-09-01
370 349.83 1989-10-01
371 351.14 1989-11-01
372 352.37 1989-12-01
373 353.50 1990-01-01
374 354.55 1990-02-01
375 355.23 1990-03-01
376 356.04 1990-04-01
377 357.00 1990-05-01
378 356.07 1990-06-01
379 354.67 1990-07-01
380 352.76 1990-08-01
381 350.82 1990-09-01
382 351.04 1990-10-01
383 352.69 1990-11-01
384 354.07 1990-12-01
>
```

해석

처리 결과 화면을 보면, 1959년 1월 1일부터 1997년 12월 1일까지 생성된 원 데이터에서, 주어진 명령어처럼 1991-01-01 이전 자료만 절단하여 사용할 수 있도록 데이터가 정리되어 있음을 볼 수 있다.

이어서 ⑥생성된 my_data에서 5년 단위로 date를 구분하고, 시작연도는 1960-01-01로, 끝연도는 1997-12-01로, datebreaks에 저장하라는 명령어를 내려 보자. 이 작업은 seq( ) 함수식과 옵션 as.Date("연도-월-일")을 사용한다.

명령어

```
> 저장할변수명 <- seq(as.Date("시작연도-월-일"), as.Date("끝연도-월-일"), by = "시간단위
")
```

```
> datebreaks <- seq(as.Date("1960-01-01"), as.Date("1997-12-01"), by = "5 year")
```

```
> datebreaks <- seq(as.Date("1960-01-01"), as.Date("1997-12-01"), by = "5 year")
```

[처리결과화면]

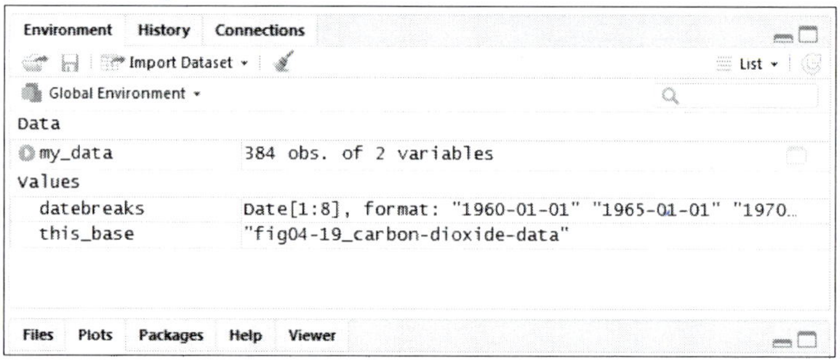

해석

처리 결과 화면을 보면, datebreaks라는 파일(Values)이 생성되었음을 볼 수 있다. 또한 1959년 1월 1일부터 1997년 12월 1일까지 생성된 원 데이터에서, 주어진 명령어처럼 5년 단위(즉 1960, 1965, 1970, ...)로 데이터가 정리되어 있음을 볼 수 있다.

이어서 ⑦my_data 자료를 사용하여 x축은 date, y축은 co2로 해서 aes & 그래프는 선형으로 & 선형그래프를 부드럽게 하는데 method는 loess로, 표준오차는 FALSE로, colour는 블랙으로, ⑧x축은 date를 표기하는데 breaks는 앞서 실행한 datebreaks를 사용 & labels는 연도로 표기 & date를 제한하고자 하며 1960-01-01을 시작으로 1990-12-01을 끝으로 제한, ⑨y축은 breaks로 시작 320, 끝 350, 증가단위 10으로 하고 & 표기 제한으로 최저 310, 최고 360으로 하고 & expand는 0 & y축은 Carbon Dioxide(ppm)으로 표기하라는 명령, ⑩그래프타이틀을 Fig. 4.19 Carbon Dioxide Data로 하라는 명령, ⑪그래프 배경을 하얀색으로 하고, ⑫x축은 이름을 비워두고, ⑬각종 글씨체와 크기를 설정하는 명령어를 내려 보자.

이 작업에는 많은 함수식과 옵션들이 사용된다.

[함수식과 옵션]

명령어	내용
aes( )	x축, y축을 어떤 값으로 쓸 건지 지정해주고 색깔, 크기, 투명도, 선패턴, 라벨을 써줘
geom_line( )	회귀곡선을 꾸며줘.
Stat_smooth( )	추세선을 그려줘.
Method=""	어떤 방법으로 할거야?
Se=FALSE	표준오차는 표시하지 않아도 돼.
Color=""	색깔을 지정해.
Scale_x_date( )	날짜를 설정해줘.
Date_format("")	어떤 형식으로 날짜를 지정해라.
C( )	( ) 안에 지정한 대로 자료를 생성해라
As.Date("시작연도-월-일"), as.Date("끝연도-월-일")	시작연도-월-일부터 끝연도-월-일까지의 날짜 자료를 취해라
Seq(최저치, 최고치, 증가단위)	최저치에서 최고치까지 증가단위에 맞추어 자료를 생성해라
Breaks= , limits= , expand=	
Labs(y="축이름")	y축에 "축이름"으로 표기해라
Ggtitle("그래프타이틀")	작성한 그래프 이름을 "그래프타이틀"로 표기해라
Theme_bw( )	그래프의 배경을 하얀색으로 해.
Element_blank( )	비워두기
Element_text( )	글씨체, 크기 등 설정

명령어

```
> p <- ggplot(my_data, aes(x = date, y = co2)) +
  geom_line() +
  stat_smooth(method = "loess", se = FALSE, colour = "색깔") +
  scale_x_date(breaks = datebreaks, labels = date_format("날짜형식"),
               limits = c(as.Date("시작연도-월-일"), as.Date("끝연도-월-일"))) +
  scale_y_continuous(breaks = seq(최저치, 최고치, 증가단위), limits = c(최저치, 최고
치),
                     expand = c(0, 0)) +
  labs(y = "축이름") +
  ggtitle("그래프타이틀") +
  theme_bw() +
  theme(panel.grid.major = element_blank(),
        panel.grid.minor = element_blank(),
```

```
        plot.title = element_text(size = rel(1.2), face = "bold", vjust = 1.5),
        axis.title.x = element_blank())

> p <- ggplot(my_data, aes(x = date, y = co2)) +
  geom_line() +
  stat_smooth(method = "loess", se = FALSE, colour = "black") +
  scale_x_date(breaks = datebreaks, labels = date_format("%Y"),
               limits = c(as.Date("1960-01-01"), as.Date("1990-12-01"))) +
  scale_y_continuous(breaks = seq(320, 350, 10), limits = c(310, 360),
                     expand = c(0, 0)) +
  labs(y = "Carbon Dioxide (ppm)") +
  ggtitle("Fig. 4.19 Carbon Dioxide Data") +
  theme_bw() +
  theme(panel.grid.major = element_blank(),
        panel.grid.minor = element_blank(),
        plot.title = element_text(size = rel(1.2), face = "bold", vjust = 1.5),
        axis.title.x = element_blank())
```

```
> p <- ggplot(my_data, aes(x = date, y = co2)) +
+   geom_line() +
+   stat_smooth(method = "loess", se = FALSE, colour = "black") +
+   scale_x_date(breaks = datebreaks, labels = date_format("%Y"),
+                limits = c(as.Date("1960-01-01"), as.Date("1990-12-01"))) +
+   scale_y_continuous(breaks = seq(320, 350, 10), limits = c(310, 360),
+                      expand = c(0, 0)) +
+   labs(y = "Carbon Dioxide (ppm)") +
+   ggtitle("Fig. 4.19 Carbon Dioxide Data") +
+   theme_bw() +
+   theme(panel.grid.major = element_blank(),
+         panel.grid.minor = element_blank(),
+         plot.title = element_text(size = rel(1.2), face = "bold", vjust = 1.5),
+         axis.title.x = element_blank())
```

[처리결과화면]

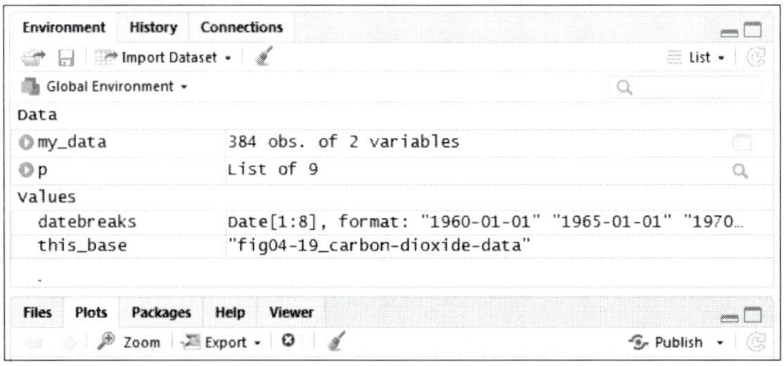

해석

처리 결과 화면을 보면, p라는 파일(Data)이 생성되었고, 그 안에는 "List of 9"이 담겨 있음을 볼 수 있다. 여기서 "List of 9"이란 p에 저장하라는 명령어의 구성요소가 총 9개로 되어 있음을 의미한다. 실제로 앞서 명령어를 처리하는 과정을 살펴보면 "+"로 구성된 명령어 처리 그룹이 모두 9개임을 알 수 있다.

자 이제 이렇게 생성시켜서 p에 저장한 그래프를 눈에 볼 수 있게 도출해 보자. 그래프 그리기에 필요한 win.graph( )를 사용한다.

명령어

```
> win.graph( )
> p
```

```
> win.graph()
> p
Warning messages:
1: Removed 12 rows containing non-finite values (stat_smooth).
2: Removed 12 rows containing missing values (geom_path).
```

[처리결과화면]

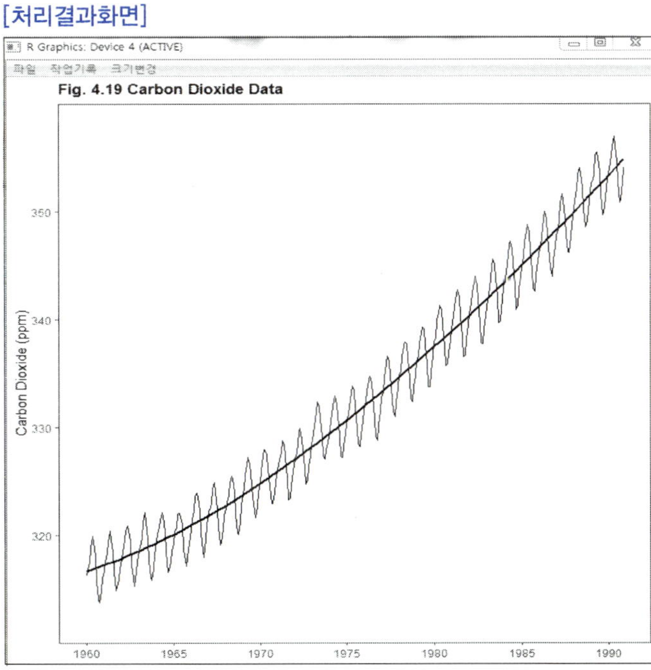

4) 논문 작성에 필요한 비주얼화: ggpairs( ), ggplot( )

지금까지 연습한 그래프 그리기를 기초로 이제 연구논문 작성에 필요한 그래프 그리기를 종합적으로 연습해 보자. 즉 자료의 비주얼화를 말한다. 비주얼화는 분포를 이해하고, 코딩 에러를 감지하게 하며, 변수들 간 관계를 감지하게 해준다. 특정 두 변수 간 관계가 밀접함을 보고 둘 중 하나만을 연구모형에 포함시키도록 안내해주며, 특정 변수 간 곡선형 관계가 존재할 것이라는 예측을 가능케 해준다. 연구자는 비주얼화된 자료를 보고 예측변수들의 독립성을 확인해야 한다.

연구논문을 위한 데이터 자료의 비주얼화는 순차적으로 이루어진다. 우선 예측변수 간 단순상관관계를 확인하고, 결과치를 저장한 다음, 이를 시각화한다.

① 예측변수 간 단순상관관계 비주얼화: ggpairs( )

우선 작업에 필요한 추가적인 패키지들을 설치하도록 한다. 설치가 완료되었으면 아래와 같은 패키지들을 전부 불러 들인다. 일부 패키지는 연구자의 컴퓨터 상황에 따라 설치되거나 설치되지 않은 항목이 다를 수 있다. 따라서 설치되지 않은 패키지는 설치를 우선 하고 library( ) 또는 require( ) 함수를 이용해서 패키지를 불러들이도록 한다. 특정 패키지가 설치되어 있지 않다는 메시지를 보고 연구자가 설치되지 않은 패키지를 설치하면 된다.

명령어

```
 install.packages("plyr")
> install.packages("GGally")

> require(ggplot2)
> require(GGally)
> require(reshape2)
> require(lme4)
> require(compiler)
> require(parallel)
> require(boot)
> require(lattice)
```

```
> install.packages("plyr")
Installing package into 'C:/Users/User/Documents/R/win-library/3.5'
(as 'lib' is unspecified)
```

```
trying URL 'https://cran.rstudio.com/bin/windows/contrib/3.5/plyr_1.8.4.zip'
Content type 'application/zip' length 1295676 bytes (1.2 MB)
downloaded 1.2 MB

package 'plyr' successfully unpacked and MD5 sums checked

The downloaded binary packages are in
      C:\Users\User\AppData\Local\Temp\Rtmp27uESc\downloaded_packages
> install.packages("GGally")
Installing package into 'C:/Users/User/Documents/R/win-library/3.5'
(as 'lib' is unspecified)
also installing the dependencies 'progress', 'reshape'

trying URL 'https://cran.rstudio.com/bin/windows/contrib/3.5/progress_1.2.0.zip'
Content type 'application/zip' length 75710 bytes (73 KB)
downloaded 73 KB

trying URL 'https://cran.rstudio.com/bin/windows/contrib/3.5/reshape_0.8.7.zip'
Content type 'application/zip' length 169110 bytes (165 KB)
downloaded 165 KB

trying URL 'https://cran.rstudio.com/bin/windows/contrib/3.5/GGally_1.4.0.zip'
Content type 'application/zip' length 1435735 bytes (1.4 MB)
downloaded 1.4 MB

package 'progress' successfully unpacked and MD5 sums checked
package 'reshape' successfully unpacked and MD5 sums checked
package 'GGally' successfully unpacked and MD5 sums checked

The downloaded binary packages are in
      C:\Users\User\AppData\Local\Temp\Rtmp27uESc\downloaded_packages

> require(ggplot2)
필요한 패키지를 로딩중입니다: ggplot2
Warning message:
패키지 'ggplot2'는 R 버전 3.5.1에서 작성되었습니다
> require(GGally)
필요한 패키지를 로딩중입니다: GGally
Warning message:
패키지 'GGally'는 R 버전 3.5.1에서 작성되었습니다
> require(reshape2)
필요한 패키지를 로딩중입니다: reshape2
Warning message:
패키지 'reshape2'는 R 버전 3.5.1에서 작성되었습니다
```

```
> require(lme4)
> require(compiler)
> require(parallel)
> require(boot)
> require(lattice)
```

이번 실습에서는 치료 결과와 폐암 환자의 삶의 질을 연구하는 목적으로, 치료 후 환자와 물리적 요소 중 어떤 것이 폐암 치료(차도)에 관계가 있는지를 확인하려는 데이터 자료를 사용해보자. 이를 위해 UCLA에서 제공하는 공개 파일 hdp를 불러오자.

명령어

```
> hdp <- read.csv("https://stats.idre.ucla.edu/stat/data/hdp.csv")
```

```
> hdp <- read.csv("https://stats.idre.ucla.edu/stat/data/hdp.csv")
```

[처리결과화면]

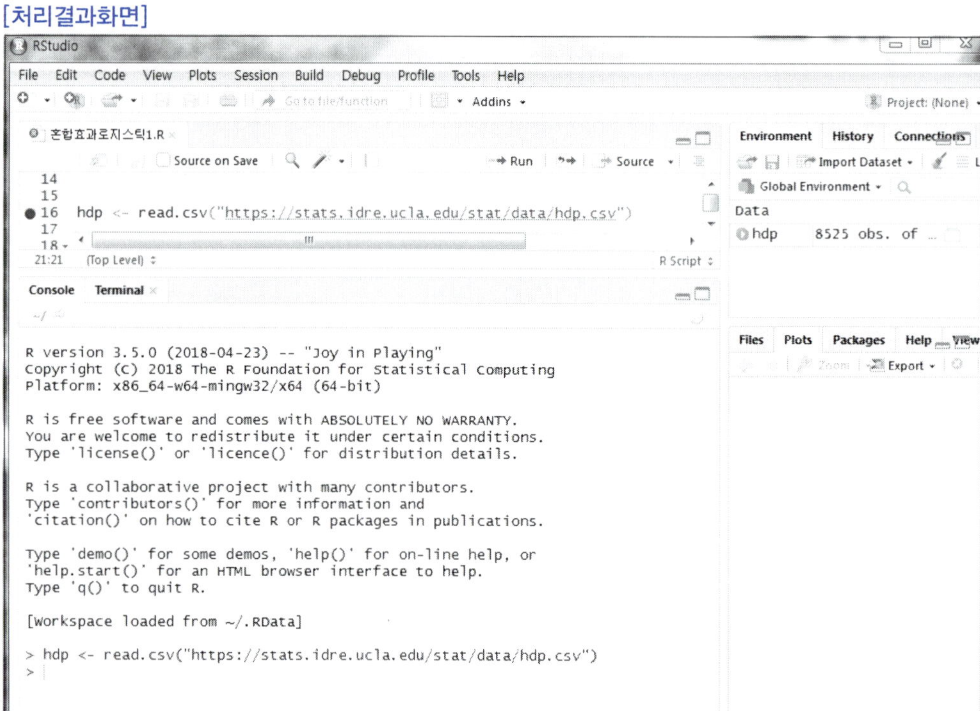

데이터 파일 hdp에서 변수 IL6, CRP, LengthofStay, Experience 등을 예측변수로 취하여 각 변수들간 단순상관관계를 비주얼화 해보자. 사용할 함수는 c( )이다.

명령어

```
> win.graph()
> ggpairs(hdp[, c("IL6", "CRP", "LengthofStay", "Experience")])
```


```
> win.graph()
> ggpairs(hdp[, c("IL6", "CRP", "LengthofStay", "Experience")])
```


[처리결과화면]

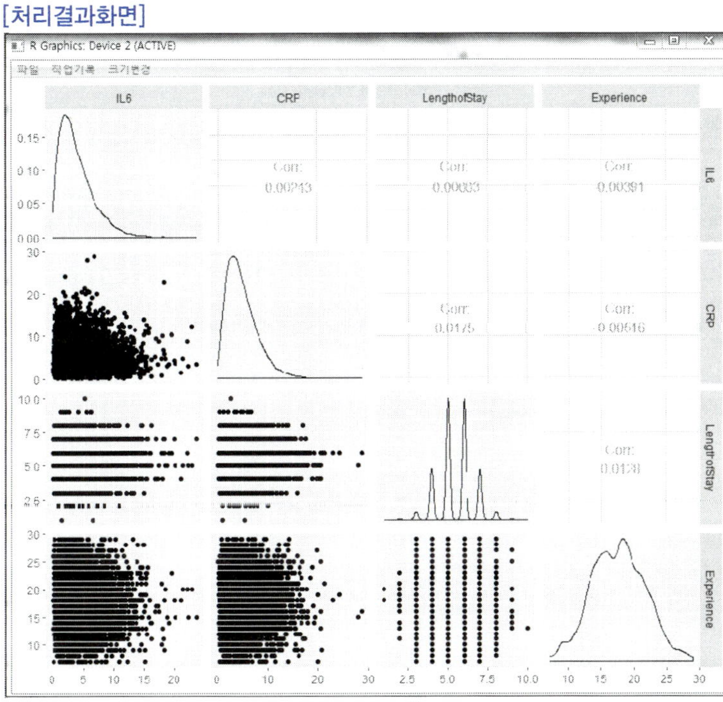

해석

처리 결과 화면을 보면, 연속형 예측변수 간 강한 선형관계가 관찰되지 않는다. 자신과의 교차점에 위치한 그래프는 단순상관관계값 1을 대표하며, 해당 위치에는 해당 변수의 데이터 분포 상황을 보여주고 있다.

각각의 교차점에 위치하고 있는 그래프들은 각각 두 변수 간 관계를 보여준다. 불행히도 각 그래프는 강한 선형관계를 보여주지 않는다. 여기서 말하는 강한 선형관계란 그래프로 표현하자면 다음과 같다:

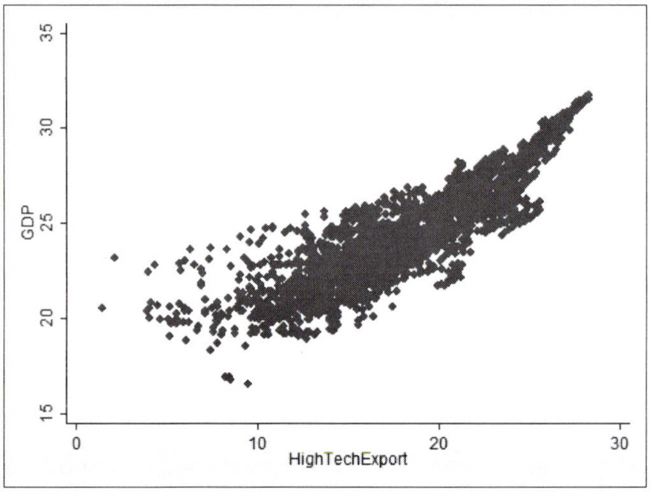

이 그림에서 볼 수 있듯이 두 변수 간 관계를 나타내는 자료들이 은하수처럼 왼쪽하단에서 오른쪽상단으로 우상향으로 자료가 분포해 있다. 이런 유형이 강한 선형관계를 보여주는 그래프이다.

② **버블 플롯(bubble plot): scale_size_area( )**

자 이제 CancerStage를 버블 플롯으로 표현해 보자. 각 버블의 크기는 관측치와 비례한다.

명령어

```
> ggplot(hdp, aes(x = CancerStage, y = LengthofStay))
+   stat_sum(aes(size = ..n.., group = 1))
+   scale_size_area(max_size=10)
```


```
> ggplot(hdp, aes(x = CancerStage, y = LengthofStay))
+   stat_sum(aes(size = ..n.., group = 1))
+   scale_size_area(max_size=10)
```

[처리결과화면]

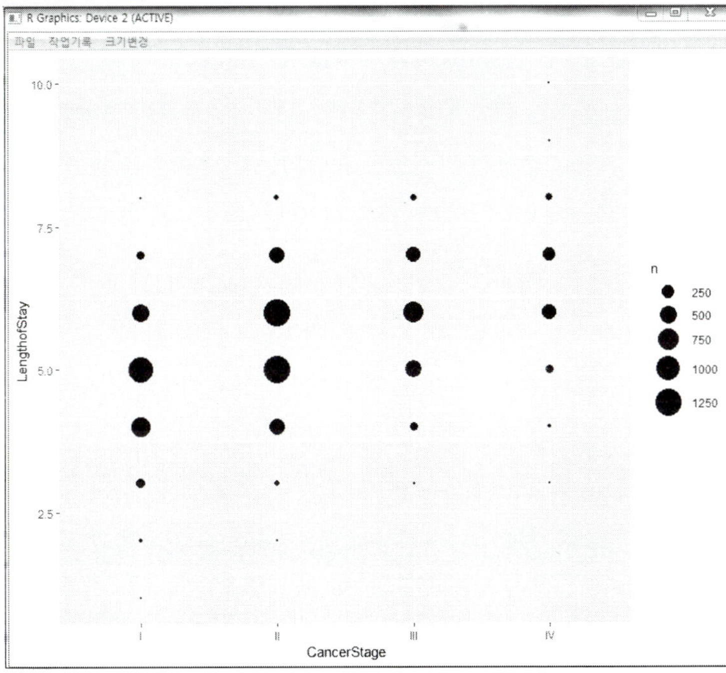

[지시사항과 지시내용]

지시사항	지시내용
`ggplot(hdp, aes(x - CancerStage, y - LengthofStay))`	그래픽을 위한 input data frame을 선언. 모든 순차적 층(layers)을 거쳐 공통되도록 플롯 미학 세트를 명시(오버라이드되지 않으면).
`stat_sum(aes(size = ..n.., group = 1))`	변형된 geom_point(). 각 로케이션에서관측치 수를 세며, 포인트 영역에 그 수치를 표시. 이산(discrete) 데이타나 오버플로팅이 있을 때 유용.
`Scale_size_area(..., max_size=6)`	포인트의 영역을 인식. 최적 인지를 제공. 0값은 크기 0으로 표시.
`scale_x_date(breaks = datebreaks, labels = date_format("%Y"),` `+ limits = c(as.Date("1960-01-01"), as.Date("1990-12-01")))`	3개의 날짜/시간 클라스를 위한 디폴트 스케일. 보통 자동으로 추가된다. 상세히는 scale_*_date는 class Date를, scale_*_datetime은 datetimes(class POSIXct)를, scale_*_time은 times(class hms)를 위함.
`scale_y_continuous(breaks = seq(320, 350, 10), limits = c(310, 360),` `+ expand = c(0, 0))`	연속형 x와 y에 대한 디폴트 스케일. 일반적으로 사용되는 전환을 위해 3가지 변형이 존재: scale_*_log10, scale_*_sqrt, scale_*_reverse.
`stat_smooth(method = "loess", se = FALSE, colour = "black")`	오버플롯팅의 존재를 확인하게 해줌. 이에는 geom_smooth와 stat_smooth가 효과적. 비표준 geom의 결과를 보여주고 싶지 않다면 geom_smooth를 사용.
`geom_line()`	데이터에 나와 있는 관측치를 x축의 변수 순서와 연결시킨다.

③ 바이올린 플롯(violin plot): geom_jitter( ) + geom_violin( )

연속형 예측변수를 위해 지터(jittered)가 있는 데이터 값으로 바이올린 플롯을 사용해보자. 박스 플롯도 많은 정보를 제공해주지만 바이올린 플롯은 박스플롯보다 더 많은 정보를 제공해준다. 왜냐하면 박스플롯은 직선으로 표현되는 반면 바이올린 플롯은 곡선으로 표현되기 때문이다. 지나친 플롯팅을 줄이고 값을 더 잘 볼 수 있도록 알파 투명성 외에도 소규모 랜덤 잡음을 추가(기본적으로 x축에)한다. 지터 점이 기초자료를 보는데 도움이 되지만 분포를 정확히 감지하는데 어려움을 준다. 이에 바이올린 플롯을 추가한다. 바이올린 플롯은 폴로팅 축 주변에 반영된 Kernel Density Plots이다. 기초자료를 볼 수 있도록 투명성 지터 포인트 꼭대기에 바이올린 플롯을 올린다. 그래도 바이올린 플롯이 여전히 우세하다. IL6와 CRP 변수가 skewed distributions을 보이기 때문에 y축에 대해 제곱근 스케일을 사용했다.[5] 그 결과 여전히 긴 오른쪽 꼬리가 보이긴 하지만, 대체로 분포가 정규분포이자 대칭성을 보이게 되었다.

명령어

```
> tmp <- melt(hdp[, c("CancerStage", "IL6", "CRP")], id.vars="CancerStage")
> ggplot(tmp, aes(x = CancerStage, y = value))
+   geom_jitter(alpha = .1)
+   geom_violin(alpha = .75)
+   facet_grid(variable ~ .)
+   scale_y_sqrt()
```


```
> tmp <- melt(hdp[, c("CancerStage", "IL6", "CRP")], id.vars="CancerStage")
> ggplot(tmp, aes(x = CancerStage, y = value))
+   geom_jitter(alpha = .1)
+   geom_violin(alpha = .75)
+   facet_grid(variable ~ .)
+   scale_y_sqrt()
```


5 제곱근 스케일: 스케일만 전환되고 값은 그대로 유지된다. 이는 스코어의 제곱근보다는 실제 스코어를 보고 해석할 수 있게 해준다.

[지시사항과 지시내용]

지시사항	지시내용
`geom_jitter(alpha = .1)`	이는 geom_point(position="jitter")의 단축명령어. 작은 양의 랜덤 variation을 각 점의 위치에 추가한다. 이는 더 작은 데이타셋에 들어 있는 불연속성(discreteness)로 인한 오버플롯팅을 다루는데 유용하다.
`geom_violin(alpha = .75)`	연속형 분포를 콤팩트하게 표현하는 방법. 이는 geom_boxplot()와 geom_density()의 혼합이다. boxplot과 같은 방식으로 표현된 반사된 density 플롯이다.
`facet_grid(variable ~ .)`	행렬로 된 변수로 정의된 패널 매트릭스를 형성한다. 두 개의 discrete 변수가 있을 때 그리고 모든 변수의 조합이 데이터 안에 있을 때 가장 유용하다.
`scale_y_sqrt()`	데이터를 로그, sqrt 등의 scale 함수로 데이터를 변환해준다.

[처리결과화면]

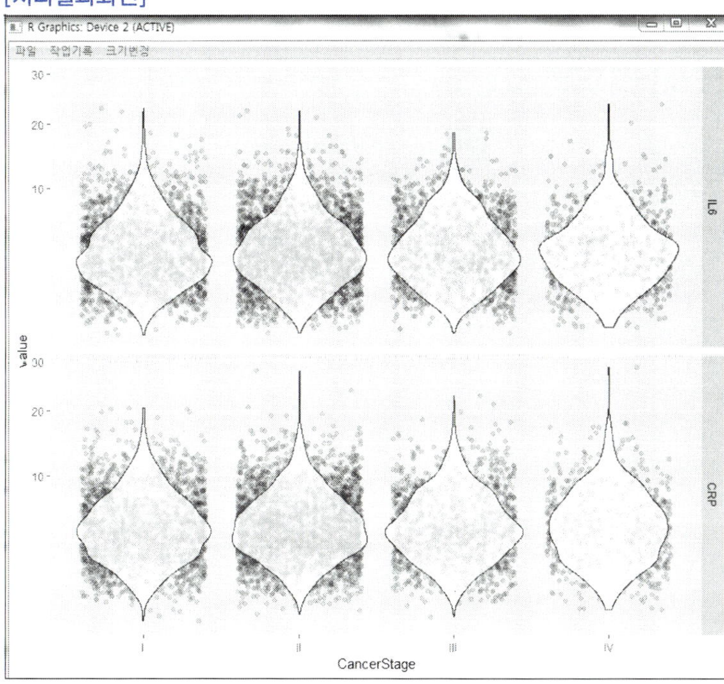

해석

처리 결과 화면을 보면, 바이너리 변수가 연속형 변수 수준에 따라 어떻게 변하는지 보기가 어렵다. 이에 바이너리 산출물 각 수준에 따라 연속형 변수의 분포를 살펴볼 수 있도록 그래프를 바꿔보도록 하자.

④ 박스 플롯(box plot): geom_boxplot( )

일반적으로 통계에서 아웃라이어(outlier)는 '이상치'라는 별명을 갖고 있다. 아웃라이어는 평균을 크게 변하게 만든다는 점에서 제거되거나, 고려 대상에서 배제하는 것이 일반적이다.[6] 이와 같은 아웃라이어는 찾는 방법은 Grubb's Test, Robust Test, 그래프로 관찰하기 등이 있다. 여기서 그래프로 아웃라이어를 찾는 방법으로 대표적인 작업이 Box Plot이다. Box Plot은 4분위수 가운데 Q1(25%)과 Q3(75%)을 기준으로 표시해준다. 그래프에서 보여주는 굵은 선은 4분위수 가운데 50%(중앙값)에 해당된다. 이로써 IQR, 즉 interquartile range(Q3 – Q1로 구하며, 이들 두 4분위수 간 퍼진 정도를 측정)를 그래프로 보여주는 셈이다.

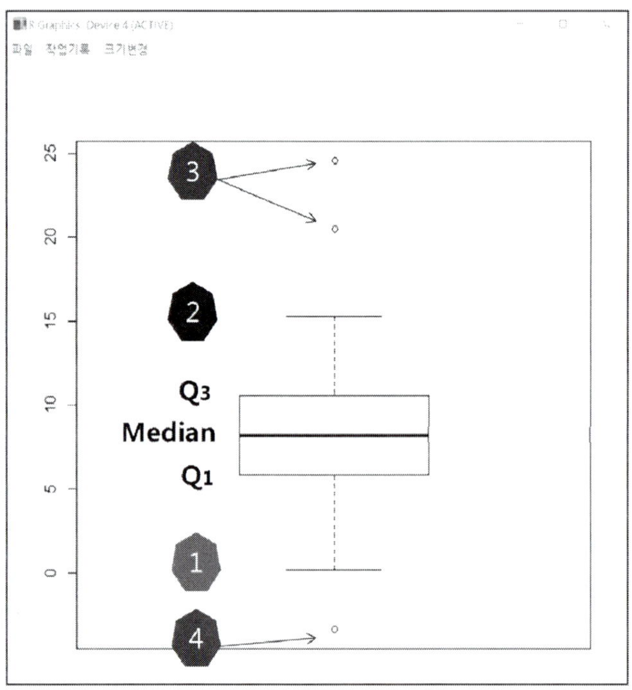

그래프 그림에서 살펴보면, 중앙에 있는 박스는 4분위수 가운데 Q_1(25%)과 Median(중앙값), 그리고 Q_3(75%)을 나타낸다. ❶은 수용가능한 분포 상의 해당 변수의 최저치를 나타내고, ❷는 수용가능한 분포 상의 최고치를 나타낸다. ❸과 ❹는 이상치를 나타낸다.

자 이제, 평균과 멀리 떨어져 있어 평균에 영향을 주는 데이터들을 찾아보자. 여기서는 변수 LN_Sales, roa, debtratio, TMT_stock_ratio_B 등에 대해 연습해 보자. 잠깐 여기서 기

---

6 아웃라이어를 무조건적인 제거대상으로 보지 않고, 오히려 아웃라이어가 왜 발생했는지, 아웃라이어가 데이터에 어떤 영향을 미치는지를 궁금해 한다.

억할 것은 botplot( ) 함수는 NA값을 기본적으로 제거한다. 따라서 na.rm=T 옵션을 작성하지 않아도 된다. 사용하는 파일에 들어 있는 변수들이 모두 숫자로 이루어진 데이터일 경우에는 전체 변수에 대해 "> boxplot(파일명)"으로만 처리해도 개별 변수에 대한 Box Plot 그래프가 도출된다. 여기서는 실습데이터 파일(OLS_4.dta)에 들어 있는 변수가 모두 숫자로 이루어진 데이터는 아니기 때문에(일부 데이터는 명목형이다) 별도의 변수명을 지정해 주어야 한다.

명령어

```
boxplot(파일명$변수명)
```

```
> boxplot(OLS_4$LN_Sales)
> boxplot(OLS_4$roa)
> boxplot(OLS_4$debtratio)
> boxplot(OLS_4$TMT_stock_ratio_B)
> boxplot(OLS_4$TMT_stock_ratio_B)
```

```
> boxplot(OLS_4$LN_Sales)
> boxplot(OLS_4$roa)
> boxplot(OLS_4$debtratio)
> boxplot(OLS_4$TMT_stock_ratio_B)
```

[처리결과화면]

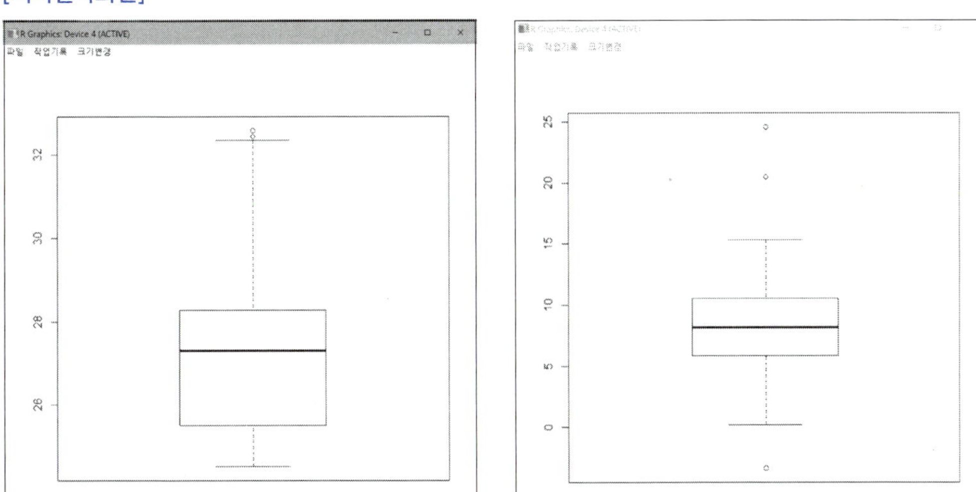

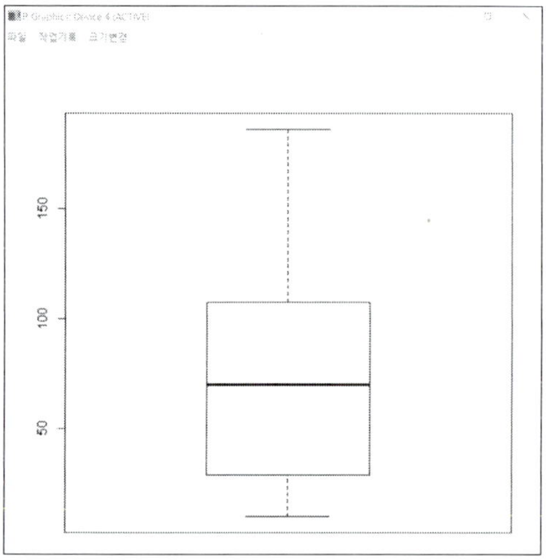

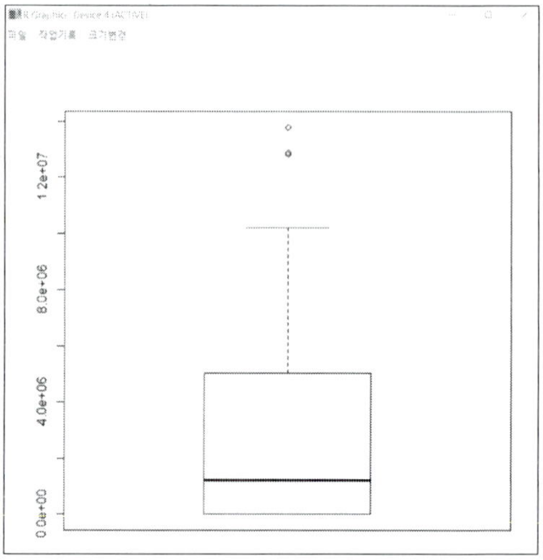

해석

처리 결과 화면을 보면, 박스 안의 굵은 선은 중앙값(4분위수 중 50%)을 나타내고, 아래선은 4분위수 중 25%(Q_1), 윗선은 4분위수 중 75%(Q_3)을 나타낸다. 여기서 일반적인 눈으로 살펴보자면 왼쪽 상단 그래프에서는 이상치가 32 이상에서 발견되고, 왼쪽 하단 그래프에서는 이상치가 발견되지 않았다. 오른쪽 상단 그래프에서는 이상치가 20, 25에서, 그리고 음수 쪽에서 발견되었고, 오른쪽 하단 그래프에서는 1.2e+07 이상에서 이상치가 발견되었다.

지금까지 각각의 변수에 대해 Box Plot 그래프를 도출한 것과 달리 모든 변수(단 숫자로 된 데이터이어야함)를 한꺼번에 나타나게 해보자. 여기서는 해당 변수의 순서번호를 파악해야 한다. 연습데이터 OLS_4.dta에 들어 있는 숫자로 된 변수들에 대해 실습해보자. 각 변수의 순서번호는 LN_Sales(변수순서번호4), roa(변수순서번호5), debtratio(변수순서번호6), institutionalinvestors_5per_nu(변수순서번호7), TMT_stock_ratio_B(변수순서번호8), foreign_insti_investor_ratio(변수순서번호9) 등이다.

명령어

```
> boxplot(파일명[, c(변수순서번호1, 변수순서번호2, 변수순서번호3, 변수순서번호4)

> boxplot(OLS_4[, c(4, 5, 6, 7, 8, 9)])
```

```
> boxplot(OLS_4[, c(4, 5, 6, 7, 8, 9)])
```

[처리결과화면]

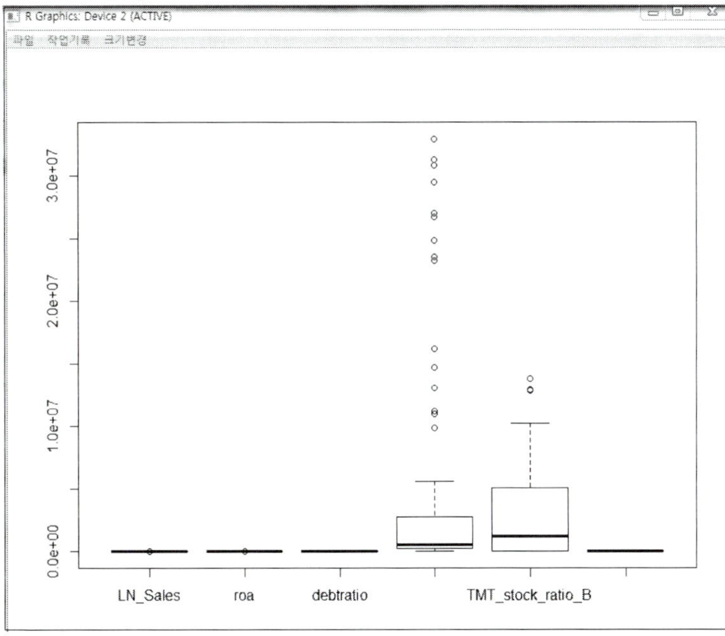

해석

처리 결과 화면을 보면, 각 변수별로 Box Plot 그래프가 나타나 있다. 7번째와 9번째 변수명은 너무 길어서 생략되어 있고, 4번쌔, 5번쌔, 6번째, 9번째 변수는 7번째와 8번째 변수에 비해 측정단위가 크게 달라 제대로 된 박스 형태로 나타나지 않고 축소된 선의 모양으로 나타나고 있다. 앞서 도출한 각 변수의 Box Plot 그래프를 참조하기 바란다. 이와 같은 변수 상태를 보면 연구자로서 모든 변수에 대해 표준화 작업이 필요하다고 판단할 수 있다. 그리고 이상치를 제거하는 것이 바람직한 것으로 보인다.

자 여기서 일반적인 눈으로 볼 것이 아니라, 통계학적으로 아웃라이어를 찾아보도록 하자. 통계에서 이상치는 눈으로 관찰하는 것이 아니라, 수식을 통해 절사분계치를 계산해서 결정한다. 여기서 말하는 수식은 다음과 같다:

하위 절삭치: $Q_1 - 1.5*IQR$

상위 절삭치: $Q_3 + 1.5*IQR$

단, Q_1은 4분위수 중 25%, Q_3은 75%, IQR은 interquartile range($=Q_3 - Q_1$)

이와 같은 수식을 통해 이상치 결정을 위한 절삭치를 계산하게 된다. 연습데이터 파일

OLS_4.dta에 들어 있는 LN_Sales와 roa에 대해 이를 실습해보자. 여기서 fivenum( ) 함수에서 도출되는 다섯 개 통계량 가운데 Q_1은 2번이고, Q_3은 4번이다. 이 정보를 사용해서 명령어를 작성하게 된다.

※fivenum( )으로 도출되는 통계량 정보※

fivenum( ) 함수는 minimum, Q_1(25%), median(=Q_2), Q_3(75%), maximum 등 다섯 가지 통계량을 보여준다. 연습데이터 OLS_4.dta에 들어 있는 LN_Sales 변수에 대해 fivenum( ) 함수를 처리하면 다음과 같은 결과를 보여준다. 여기서 주의할 점은 > attach(OLS_4)를 먼저 처리한 후 변수명만 기재하면 되도록 되어 있다.

```
> fivenum(LN_Sales)
[1] 24.530 25.520 27.315 28.270 32.580
```

결과에서 보여주는 통계량의 순서를 보면 minimum(1번), Q_1(2번), median(3번), Q_3(4번), maximum(5번) 등이다. 이 순서 번호는 fivenum( ) 함수 사용에서 [2], [4] 등의 방식으로 활용된다. 예를 들어 > fivenum(변수명)[2], > fivenum(변수명)[4] 등이다.

명령어

```
> fivenum(OLS_4$LN_Sales)[2] - 1.5*IQR(OLS_4$LN_Sales)
> fivenum(OLS_4$LN_Sales)[4] +1.5*IQR(OLS_4$LN_Sales)
```

해당 파일을 반복해서 지정하지 않으려면 attach( ) 함수를 사용해서 파일을 고정시켜주면 된다. 하위 절삭치를 구하기 위해서는 Q_1(2번)을 상징하는 fivenum(변수명)[2]를 사용하고, 상위 절삭치를 구하기 위해서는 Q_3(4번)을 상징하는 fivenum(변수명)[4]를 사용한다.

명령어

```
> attach(파일명)
> fivenum(변수명)[2] - 1.5*IQR(변수명)
> fivenum(변수명)[4] + 1.5*IQR(변수명)

> fivenum(LN_Sales)[2]-1.5*IQR(LN_Sales)
> fivenum(LN_Sales)[4]+1.5*IQR(LN_Sales)
```

```
> fivenum(LN_Sales)[2]-1.5*IQR(LN_Sales)
[1] 21.44
> fivenum(LN_Sales)[4]+1.5*IQR(LN_Sales)
[1] 32.35
```

해석

처리 결과 화면을 보면, 변수 LN_Sales의 경우 이상치의 하위 절삭치로 21.44(❶), 상위 절삭치로 32.35(❷) 값이 도출되었다. 이를 기준으로 하여 ❸은 이상치를 나타낸다.

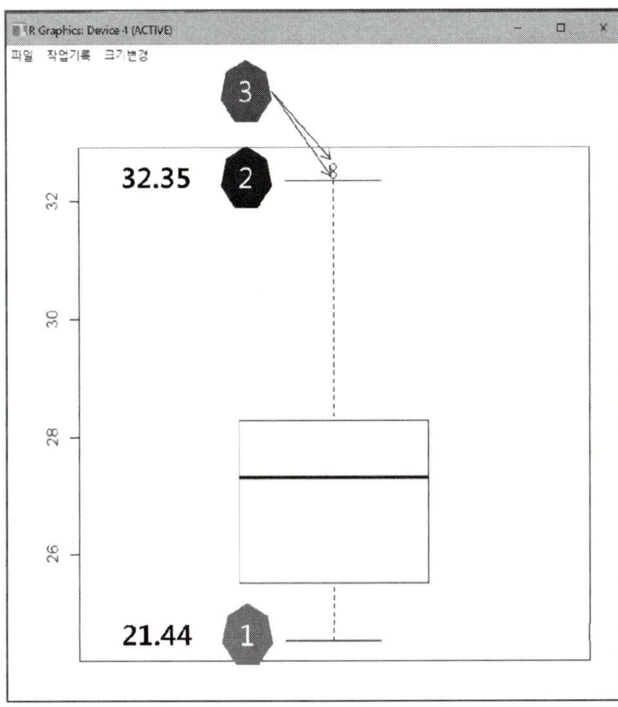

이번에는 다른 변수인 roa에 대해 명령어를 작성해보자. 이 명령어의 경우 NA 값이 관찰되어 NA값을 제거하고 처리하라는 명령어(na.rm=TRUE 또는 na.rm=T)를 추가하도록 하자.

명령어

```
> attach(파일명)
> fivenum(변수명, na.rm=T)[2] - 1.5*IQR(변수명)
> fivenum(변수명, na.rm=T)[4] + 1.5*IQR(변수명)
```

```
> fivenum(roa, na.rm=T)[2]-1.5*IQR(roa)
> fivenum(roa, na.rm=T)[4]+1.5*IQR(roa)
```

```
> fivenum(roa, na.rm=T)[2]-1.5*IQR(roa)
[1] -1.1025
> fivenum(roa, na.rm=T)[4]+1.5*IQR(roa)
[1] 17.5025
```

해석

처리 결과 화면을 보면, 변수 roa의 경우 이상치의 하위 절삭치로 -1.1025(❶), 상위 절삭치로 17.5025(❷) 값이 도출되었다.

이제 최종 박스 플롯을 실행해보자. 사용할 함수는 melt( )와 ggplot( )이고 몇 가지 옵션을 작성해야 한다.

명령어

```
> tmp <- melt(hdp[, c("remission", "IL6", "CRP", "LengthofStay", "Experience")],
id.vars="remission")
> ggplot(tmp, aes(factor(remission), y = value, fill=factor(remission)))
+   geom_boxplot()
+   facet_wrap(~variable, scales="free_y")
```

[지시사항과 지시내용]

지시사항	지시내용
geom_boxplot()	연속형 변수의 분포를 콤팩트하게 보여준다. 다섯개 요약 통계(중앙값, 두개 hinges, 두개 whiskers)와 모든 이상치 포인트를 각각 비주얼화한다.
facet_wrap(~variable, scales="free_y")	패널의 첫번째를 두번째로 덮어씌운다. 이는 facet_grid() 보다 스크린 스페이스를 더 잘 사용한다. 이는 대부분 디스플레이가 거친 직사각형이기 때문이다.

[처리결과화면]

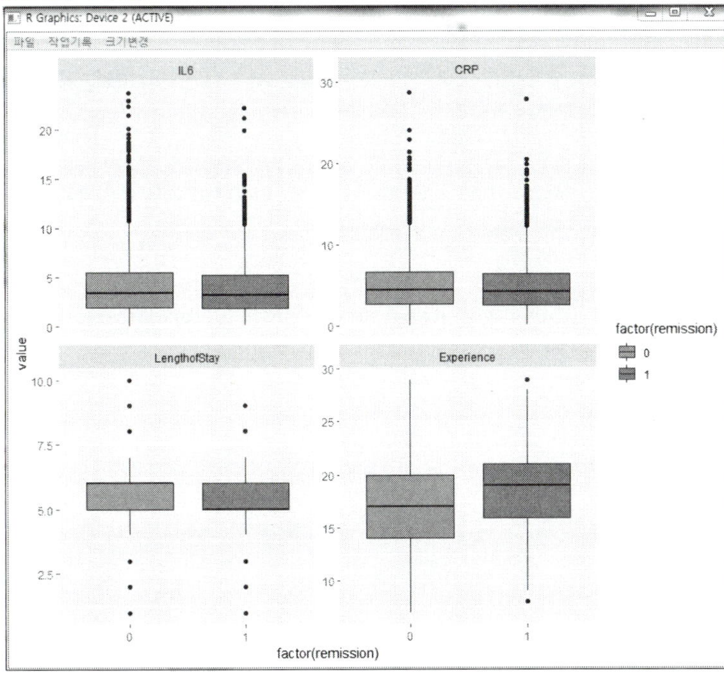

해석

처리 결과 화면을 보면, 4개의 그래프 화면이 나타나고 각각 두가지 요인에 대한 박스플롯이 생성됨을 확인할 수 있다.

5) 잔차 비주얼화: plot( ), qqnorm(resid( )), qqline(resid( ))

제대로 된 연구모형은 잔차가 정규분포를 따르고, 특별한 추세를 보이지 않아야 한다. 잔차가 특별한 추세를 보인다면 연구모형에 포함되어야 할 어떤 정보가 누락되었다는 의미이다. 이러한 사실을 확인하는 작업을 비주얼화해 보자.

우선 연습 데이터인 OLS_4.dta를 사용하여 다중선형회귀분석을 실시하자. 다중회귀분석 처리파일명을 "residual1"으로 하고, 회귀분석 처리 명령어인 lm( ) 함수식을 사용하여, 종속변수 LN_Sales와 독립변수(roa, debtratio, institutionalinvestors_5per_nu, TMT_stock_ratio_B, foreign_insti_investor_ratio)에 대해 다중선형회귀분석을 실시하자. 데이터파일명은 "OLS_4"이다.

명령어

```
회귀분석처리파일명 <- lm(종속변수~독립변수1+독립변수2+독립변수3, data=데이터파일명) 또는 lm(종속변수~., data=데이터파일명)
```

```
> residual1 <- lm(LN_Sales ~ roa + debtratio + institutionalinvestors_5per_nu + TMT_stock_ratio_B + foreign_insti_investor_ratio, data=OLS_4)
```

```
> residual1 <- lm(LN_Sales ~ roa + debtratio + institutionalinvestors_5per_nu + TMT_stock_ratio_B + foreign_insti_investor_ratio, data=OLS_4)
```

다음에는 여러 개의 그래프를 한 그림에 나타내는 명령어를 작성하자. 정확히는 가로 2개, 세로 2개 총 4개의 그래프를 한 그림에 그리라는 명령어이다.

명령어

```
> par(mfrow=c(2, 2))
```

```
> par(mfrow=c(2, 2))
```

이렇게 처리된 residual1 파일에 대해 다음과 같은 명령어를 통해 Normal Q-Q plot을 도출해보자. 이렇게 도출된 그래프는 잔차가 정규분포를 따르는지 검정할 수 있다. Normal Q-Q plot 그래프가 직선에 가깝고 어떤 추세를 보이지 않아야 한다.

명령어

```
> win.graph()
> qqnorm(resid(residual1))
> qqline(resid(residual1))
```

```
> win.graph()
> qqnorm(resid(residual1))
> qqline(resid(residual1))
```

[처리결과화면]

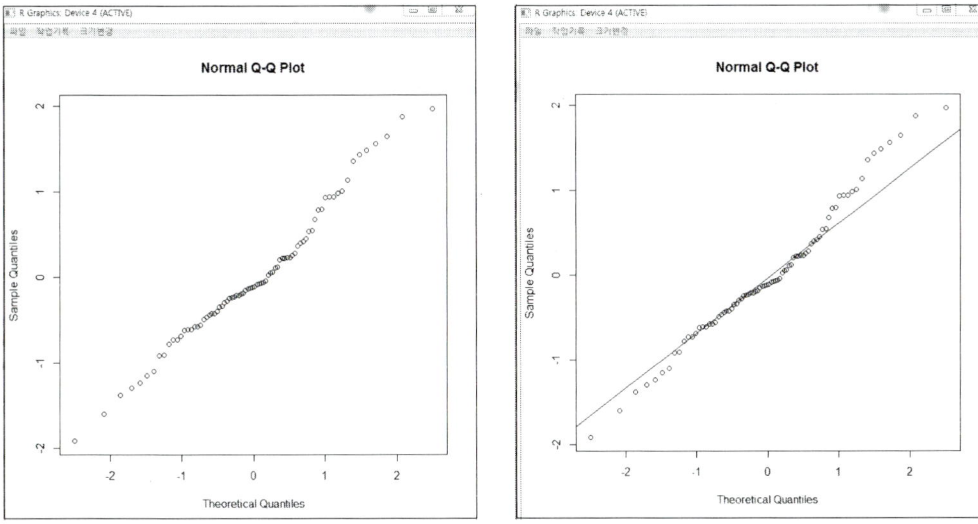

해석

처리 결과 화면을 보면, normal Q-Q plot 그래프가 직선에 가깝고, 표준화된 모양을 보임을 알 수 있다.

이번에는 plot( ) 함수를 사용해서 전체 잔차 관련 그래프를 도출해 보자. 모두 4개의 그래프가 자동으로 도출되니, plot( ) 함수를 실행하기에 앞서 가로 2개, 세로 2개 총 4개의 그래프를 한 그림에 그리라는 명령어를 작성하도록 하자.

명령어

```
> par(mfrow=c(2, 2))
> plot(residual1)
```


```
> par(mfrow=c(2, 2))
> plot(residual1)
```

[처리결과화면]

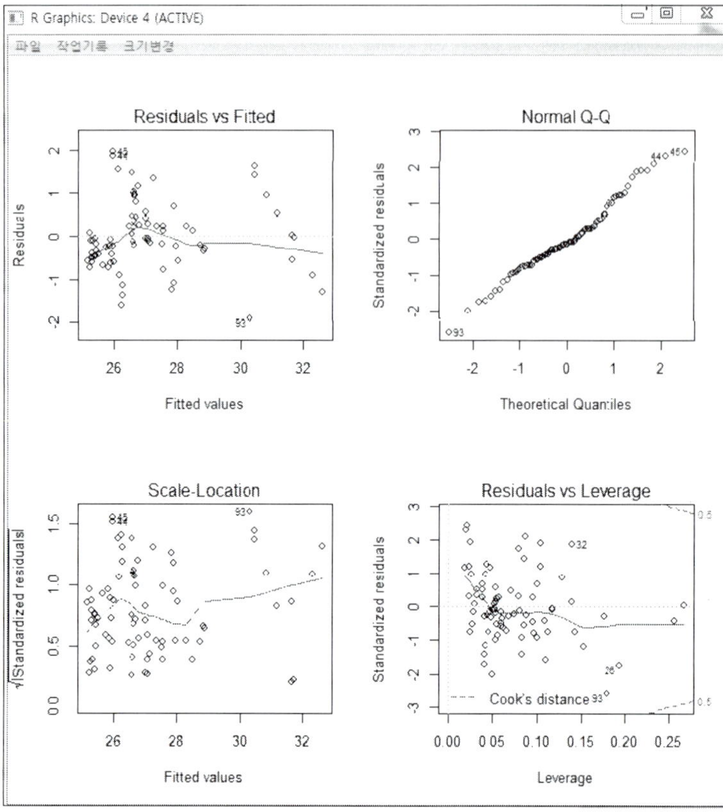

해석

처리 결과 화면을 보면, "Residuals vs Fitted", "Normal Q-Q", "Scale-Location", "Residuals vs Leverage" 등 총 4개의 그래프가 도출된다. 각 그래프의 내용을 살펴보면 다음과 같다.

- "Residuals vs Fitted": Residual이 0 값을 기준으로 상하로 고르게 분포되어 있지 못한 것으로 나타났다. 0값을 기준으로 상하로 고르게 분포된 경우 연구모형이 안정적이라고 판단할 수 있다. 그래프에 나와 있는 수치는 이상치(outlier)에 대한 라벨(해당 관측치의 순번)이 표시된 것이다.
- "Normal Q-Q": 이 그래프는 분석 결과의 Residual이 정규분포를 이루는 지 여부를 판단하기 위해 이론적 분포와 비교하는 그래프이다. 그래프를 보면, 45도 기준선을 따라 데이터가 몰려 있고, 기준선 바깥에는 매우 적은 수의 데이터가 위치할 때 이론적 퀀타일(theoretical quantiles)과 유사한 것으로 판단할 수 있다.
- "Scale-Location": Fitted values가 갖는 범위별 표준화 잔차가 보여주는 변형 값(잔차의

절대값의 제곱근 값)이 어느 범위에 들어 있는지를 보여주는 그래프이다. 기울기가 0인 직선이 이상적이고 만약 특정 위치에서 0에서 멀리 떨어진 값이 관찰된다면 표준화 잔차가 크다고 볼 수 있다. 이러한 점들은 이상치일 가능성이 있다.

- "Residuals vs Leverage": 표준화 잔차가 연구모형이 안정적임을 보여주는 기준선을 넘지 않고 있다. 여기서 말하는 기준선은 Cook's Distance(0.5선), Cook's Contour(1.0선) 등이다. 위 그래프는 Cook's Distance(0.5선)를 넘어서지 않고 있다. 해당 선은 x축(Cook's Distance를 나타내는 축)에 나와 있는 수치를 기준으로 한다.

6) 요인분석으로 기업 그루핑하기(요인분석 biplot 그래프): factanal( ) + plot( ) + text( ) + abline( )

연구대상 기업들을 특정한 기준으로 매트릭스를 그리는 방법을 연습해보자. 여기서는 두 개의 축(즉 두 개의 기준항목)으로 구성된 2X2 매트릭스를 연습한다. 앞서 단순상관관계를 그리는데 사용된 실습파일(secu1)을 사용하여 거기서 도출된 두 개의 기준인 안정성과 수익성을 사용하여 연습을 해보자.

우선 실습파일(secu1)에 대해 요인분석을 실시하여 안정성과 수익성을 기준으로 데이터 변수를 묶어 보자. 요인분석으로 도출된 scores 값이 있어야 이를 사용하여 연구대상인 기업들을 분류할 수 있기 때문이다. 요인분석을 위해 분산을 최대화하는 직교회전방법(varimax)을 사용해서, 주성분에해당되는 요인 개수 2개를 지정해주고, 요인분석을 실시해보자. 요인분석 결과를 저장할 파일명은 "secu_factanal"로 하자. 사용할 함수식은 factanal( )이다.

명령어

```
> 새로저장할파일명 <-factanal(본파일명[, 2:6],
+                factors=숫자,
+                rotation="회전방법",
+                scores="regression")

> secu_factanal <-factanal(secu1[, 2:6],
+                factors=2,
+                rotation="varimax",
+                scores="regression")
```

```
> secu_factanal <-factanal(secu1[, 2:6],
```

```
+                          factors=2,
+                          rotation="varimax",
+                          scores="regression")
```

이제 요인분석 결과를 상세히 들여다보자. 해당 명령어는 print( )이다.

명령어

```
> print(secu_factanal)
```

```
> print(secu_factanal)

Call:
factanal(x = secu1[, 2:6], factors = 2, scores = "regression",    rotation = "varimax
")

Uniquenesses:
 V1_s  V2_s  V3_s V4_s2  V5_s
0.005 0.026 0.036 0.083 0.660

Loadings:
      Factor1 Factor2
V1_s   0.252   0.965
V2_s  -0.588   0.792
V3_s   0.979
V4_s2  0.950   0.120
V5_s  -0.562   0.155

               Factor1 Factor2
SS loadings      2.586   1.604
Proportion Var   0.517   0.321
Cumulative Var   0.517   0.838

Test of the hypothesis that 2 factors are sufficient.
The chi square statistic is 1.59 on 1 degree of freedom.
The p-value is 0.207
```

해석

처리 결과 화면을 보면, V3_s의 Factor2 값이 비어 있다. 이에 cutoff=0을 부여하여 모두 나타나게 하면 다음과 같다.

명령어

```
> print(secu_factanal$loadings, cutoff=0)
```

```
> print(secu_factanal$loadings, cutoff=0) # display every loadings

Loadings:
      Factor1 Factor2
V1_s   0.252   0.965
V2_s  -0.588   0.792
V3_s   0.979   0.080
V4_s2  0.950   0.120
V5_s  -0.562   0.155

               Factor1 Factor2
SS loadings      2.586   1.604
Proportion Var   0.517   0.321
Cumulative Var   0.517   0.838
```

해석

처리 결과 화면을 보면, Factor1은 V3_s(자기자본비율)과 V4_s2(방향전환된 부채비율)가 같이 묶이는 것으로 나타났고(∵각각 0.979, 0.950으로 로딩값이 추출), Factor2는 V1_s(총자본순이익율)와 V2_s(자기자본순이익율)가 같이 묶이는 것으로 나타났다(∵각각 0.965, 0.792로 로딩값이 추출). V5_s(자기자본회전율)는 어떤 요인에도 묶이지 않는 것으로 판단할 수 있다. 결국 Factor1은 안정성, Factor2는 수익성을 나타내는 요소로 구분된다.

이제 요인분석 Biplot으로 어떤 기업이 수익성과 안정성을 특징으로 하는지 그래프로 구분해 보자. 이를 위해 우선 scores를 알아본다. 그리고 나서 scores를 가지고 플롯 그래프를 그린다.

명령어

```
> secu_factanal$scores
> plot(secu_factanal$scores)
```

```
> secu_factanal$scores
```

```
          Factor1     Factor2
 [1,] -1.01782141 -0.28535410
 [2,] -0.17230586  0.08808775
 [3,] -0.13294211 -0.71511403
 [4,] -1.03557284  2.77950626
 [5,] -0.34416962 -1.21841127
 [6,] -0.01993668  0.44223954
 [7,] -0.62177426  1.26909067
 [8,]  1.79002399  0.28314793
 [9,]  1.60353334  0.52158445
[10,] -0.55591603 -0.12331881
[11,]  0.55387868 -1.03939155
[12,] -0.93740279 -0.74332879
[13,]  0.45680247  0.06433085
[14,] -1.13490535 -0.63034122
[15,]  1.36209539 -0.98147959
[16,]  1.57141053  0.89812864
[17,] -0.56190944  0.38006982
[18,] -0.80308800 -0.98944656
```

[처리결과화면]

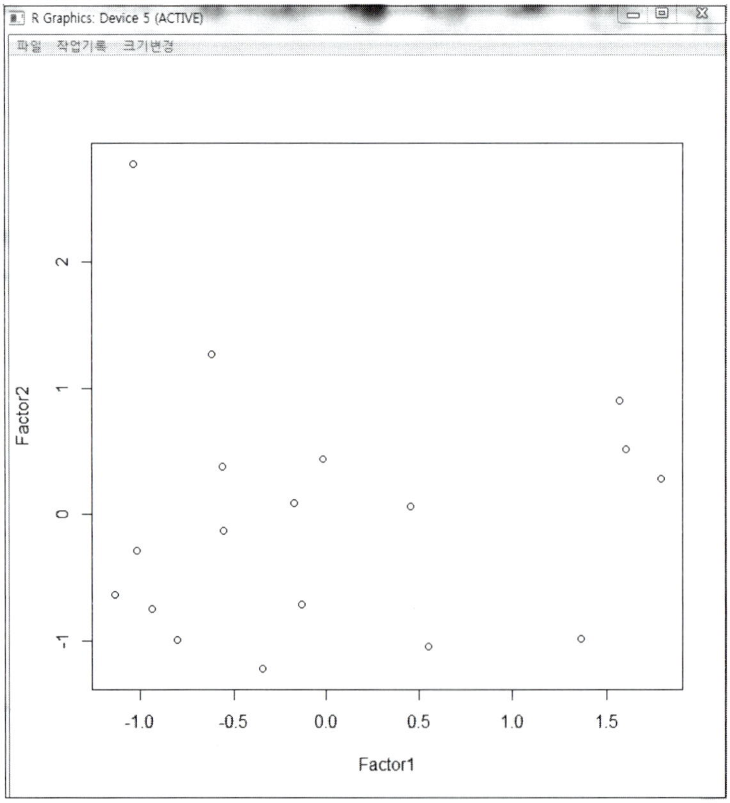

자 이제 관측치별 기업 이름을 매칭시켜 어떤 기업이 안정성이 뛰어나고 어떤 기업이 수익성이 뛰어난지 구분해 보자. 기업명의 색깔은 파란색으로 한다. 사용할 함수는 text( )이다. 여기서 유의할 점은 앞서 그린 그래프를 win.graph( ) 상태에서 그대로 유지한 채 다음 명령어를 처리해야 기업명이 도출된다는 점이다. 기업명을 나타낼 데이터 파일은 secu1이다.

명령어

```
> text(secu_factanal$scores[, 1], secu_factanal$scores[, 2],
+              labels= 본래파일명$나타낼변수명,
+              cex=숫자,
+              pos=숫자,
+              col="색깔")

> text(secu_factanal$scores[, 1], secu_factanal$scores[, 2],
+              labels= secu1$company,
+              cex=0.7,
+              pos=3,
+              col="blue")
```

```
> text(secu_factanal$scores[, 1], secu_factanal$scores[, 2],
+              labels= secu1$company,
+              cex=0.7,
+              pos=3,
+              col="blue")
```

[처리결과화면]

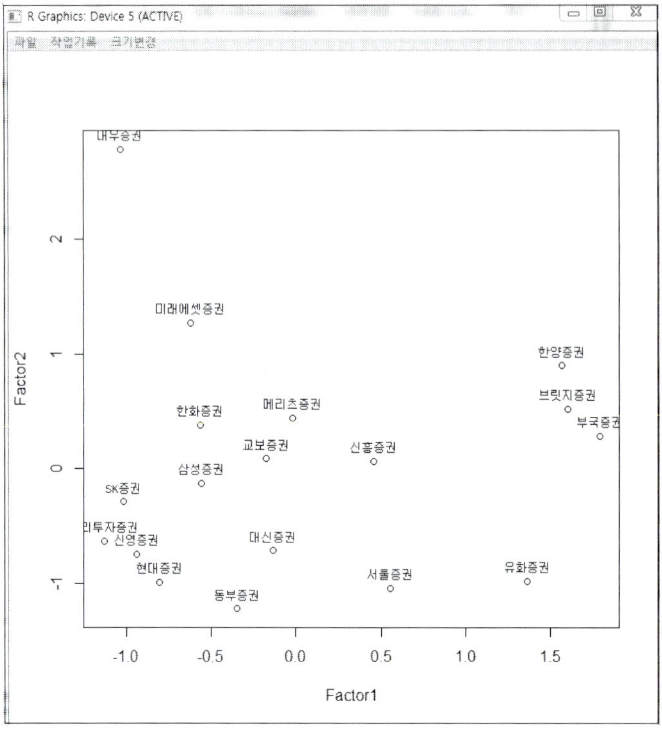

해석

처리 결과 화면을 보면, x축(가로축)이 Factor1(안정성)이고, y축(세로축)이 Factor2(수익성)이므로, 가로축 오른쪽에 있는 한양증권, 브릿지증권, 부국증권, 유화증권 등이 안정성이 높은 기업이고, 세로축 상부에 있는 대우증권, 미래에셋증권, 한화증권, 메리츠증권, 교보증권, 신흥증권, 삼성증권 등이 수익성이 높은 기업임을 알 수 있다. 또한 한향증권, 브릿지증권, 부국증권 등은 안정성이 높은 동시에 수익성이 높은 기업으로 분류할 수 있다.

이렇게 완성된 요인분석 Biplot 그래프에서 연구대상 기업들을 그루핑하는 2X2 매트릭스를 최종적으로 완성해보자. 매트릭스 완성에 필요한 마지막 작업은 앞서 연습한 그래프에 사사분면을 구분하는 선을 추가하는 것이다. 이 작업은 관찰 대상을 네 가지 유형으로 구분할 때 필요한 작업이다. 즉 사사분면으로 구분하게 되면 두 개의 기준(x축과 y축을 대표하는 두 개의 변수)을 중심으로 네 가지 유형으로 그룹핑이 가능해진다. abline( ) 함수식이다. 여러 가지 방식 가운데 수평선과 수직선을 그려서 네 가지 유형으로 구분할 수 있는 그룹핑을 위한 작업을 실습해 보자. 여기서는 x축의 평균값과 y축의 평균값을 사용하여 사사분면으로 나누어 보자. 평균값을 사용하려면 함수식 mean( )이 필요하다. 옵션에서 v는 수직선으로 x축 위에 그려지게 되고, h는 수평선으로 y축 위에 그려지게 된다. x축 위에 그릴 수직선은 빨간색(red), y축 위에 그릴 수평선은 파란색(blue)으로 그려보자. 수직선과 수평선의 굵기는 디폴트의 3배(lwd=3)로 그려보자. 명령어에서 factor숫자는 두 개의 factor(즉 Factor 1과 Factor2)가 추출된 상태이므로 각각 1과 2를 적어주면 된다. 즉 factor[, 1], factor[, 2]로 처리하면 된다.

[abline( ) 모수]

모수	기능
abline(a, b)	절편이 a, 기울기가 b인 직선
abline(coef=)	절편과 기울기로 이루어진 벡터(coef)
abline(h=)	수평선. Y값
abline(v=)	수직선. X값
abline(reg=)	회귀직선. 함수 lm( )과 연계

명령어

```
> abline(v=mean(x축변수), lwd=숫자, col="색깔") 또는 v=숫자
> abline(h=mean(y축변수), lwd=숫자, col="색깔") 또는 h=숫자
또는
> abline(v=mean(요인분석처리파일명$scores[, factor숫자]), lwd=숫자, col="색깔") 또는
v=숫자
> abline(h=mean(요인분석처리파일명$scores[, factor숫자]), lwd=숫자, col="색깔") 또는
h=숫자

> abline(v=mean(secu_factanal$scores[, 1]), lwd=3, col="red")
> abline(h=mean(secu_factanal$scores[, 2]), lwd=3, col="blue")
```


```
> abline(v=mean(secu_factanal$scores[, 1]), lwd=3, col="red")
> abline(h=mean(secu_factanal$scores[, 2]), lwd=3, col="blue")
```

[처리결과화면]

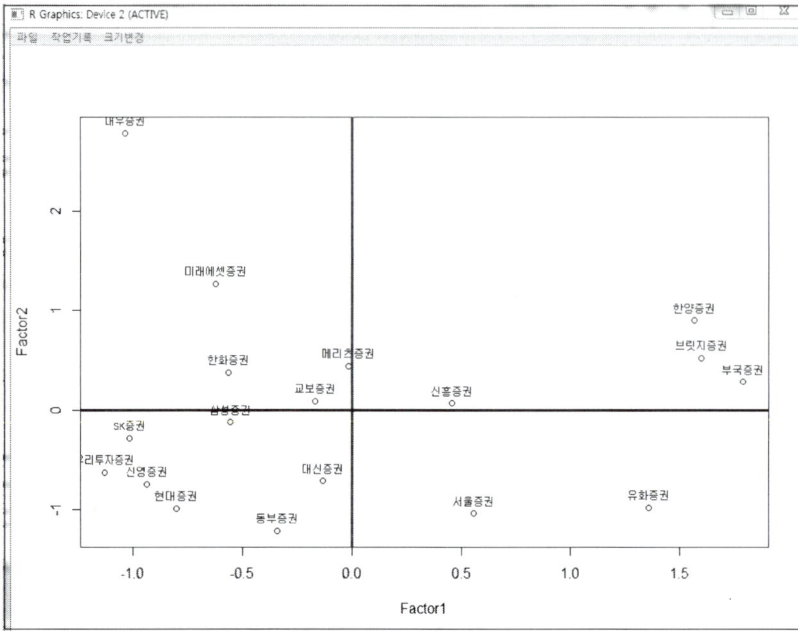

해석

처리 결과 화면을 보면, 앞서 도출된 Biplot 그래프, 즉 x축(가로축)이 Factor1(안정성)이고, y축(세로축)이 Factor2(수익성)이다. 이제는 각 축의 평균값을 기준으로 4개의 집단으로 구분이 가능한 2X2 매트릭스가 완성되었다. 오른쪽 상단에 있는 그룹은 안정성과 수익성이 모두 높은 집단으로 구분되며 이에는 신흥증권, 한양증권, 브릿지증권, 부국증권 등이 속한다. 왼쪽 하단에는 안정성과 수익성이 모두 낮은 집단으로 SK증권, 우리투자증권, 신영증권, 현대증권, 동부증권, 대신증권, 삼성증권 등이 속한다.

7) 모형 적합성 시각화: ROCR & Lift Chart

여러가지 경쟁하는 모델에서 최적 모델을 선택하는데 필요한 작업이 있다. 그 가운데 ROC와 Lift Chart 작성을 통해 비교하는 방법을 연습해보자. 선형회귀, 의사결정트리, 신경망 모형 등 각각의 모형마다 비주얼화 방식이 다르다.

① 선형회귀모형

우선 R이 제공하는 실습파일(Boston)을 불러오고, 필요한 패키지(MASS, ggplot2)를 설치한 후 library( ) 명령어로 모두 불러들이자.

명령어

```
> library(ggplot2)
> attach(Boston)
> set.seed(1)
> data <-Boston
> train=sample(1:nrow(Boston), nrow(Boston)/2)
> boston.test1=Boston[-train,]
> boston.test2=Boston[-train, "medv"]
```

```
> library(ggplot2)
> attach(Boston)
> set.seed(1)
> data <-Boston
> train=sample(1:nrow(Boston), nrow(Boston)/2)
> boston.test1=Boston[-train,]
```

명령어

```
> row.number <- sample(1:nrow(Boston), 0.8*nrow(Boston))
> train = Boston[row.number,]
> test = Boston[-row.number,]
```

```
> row.number <- sample(1:nrow(Boston), 0.8*nrow(Boston))#80%로 먼저 나누기
> train = Boston[row.number,]
> test = Boston[-row.number,]
```

명령어

```
> win.graph()
> ggplot(Boston, aes(medv)) + geom_density(fill="blue")
> ggplot(train, aes(log(medv))) + geom_density(fill="blue")
```

```
> win.graph()
> ggplot(Boston, aes(medv)) + geom_density(fill="blue")
> ggplot(train, aes(log(medv))) + geom_density(fill="blue")
```

[처리결과화면]

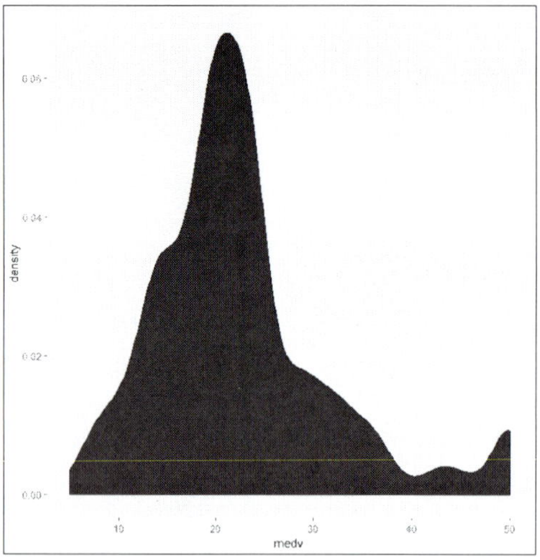

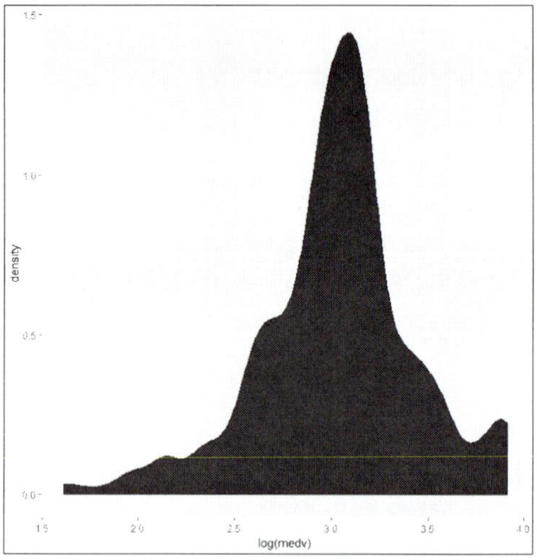

해석

처리 결과 화면을 보면, 종속변수 medv를 로그처리한 데이터가 정규분포에 가깝게 분포하는 것을 알 수 있다.

명령어

```
> model3 = lm(log(medv)~crim+chas+nox+rm+dis+rad+tax+ptratio+
+              black+lstat+ I(crim^2)+ I(chas^2)+I(nox^2)+ I(rm^2)+ I(dis^2)+
+            I(rad^2)+ I(tax^2)+ I(ptratio^2)+ I(black^2)+ I(lstat^2), data=train)
> summary(model3)
```

```
> model3 = lm(log(medv)~crim+chas+nox+rm+dis+rad+tax+ptratio+
+              black+lstat+ I(crim^2)+ I(chas^2)+I(nox^2)+ I(rm^2)+ I(dis^2)+
+            I(rad^2)+ I(tax^2)+ I(ptratio^2)+ I(black^2)+ I(lstat^2), data=train)
> summary(model3)#회귀 결과 보기
Call:
lm(formula = log(medv) ~ crim + chas + nox + rm + dis + rad +
    tax + ptratio + black + lstat + I(crim^2) + I(chas^2) + I(nox^2) +
    I(rm^2) + I(dis^2) + I(rad^2) + I(tax^2) + I(ptratio^2) +
    I(black^2) + I(lstat^2), data = train)

Residuals:
     Min       1Q   Median       3Q      Max
-0.79712 -0.08737 -0.00403  0.08681  0.78096
```

```
Coefficients: (1 not defined because of singularities)
              Estimate Std. Error t value Pr(>|t|)
(Intercept)  8.535e+00  1.016e+00   8.402 8.60e-16 ***
crim        -2.822e-02  4.061e-03  -6.950 1.57e-11 ***
chas         1.211e-01  3.743e-02   3.235 0.001324 **
nox         -7.276e-01  1.099e+00  -0.662 0.508306
rm          -7.114e-01  1.523e-01  -4.671 4.16e-06 ***
dis         -1.142e-01  2.499e-02  -4.569 6.61e-06 ***
rad          1.018e-02  1.023e-02   0.995 0.320291
tax         -1.691e-04  6.109e-04  -0.277 0.782067
ptratio     -2.111e-01  7.996e-02  -2.640 0.008628 **
black        1.163e-03  5.385e-04   2.159 0.031492 *
lstat       -4.890e-02  5.853e-03  -8.355 1.21e-15 ***
I(crim^2)    2.260e-04  5.173e-05   4.368 1.62e-05 ***
I(chas^2)           NA         NA      NA       NA
I(nox^2)    -3.014e-01  8.219e-01  -0.367 0.714070
I(rm^2)      5.999e-02  1.171e-02   5.122 4.80e-07 ***
I(dis^2)     5.951e-03  1.995e-03   2.983 0.003041 **
I(rad^2)     4.470e-04  4.224e-04   1.058 0.290586
I(tax^2)    -5.960e-07  7.921e-07  -0.752 0.452299
I(ptratio^2) 5.004e-03  2.265e-03   2.209 0.027772 *
I(black^2)  -2.030e-06  1.189e-06  -1.707 0.088710 .
I(lstat^2)   6.136e-04  1.605e-04   3.824 0.000153 ***
---
Signif. codes:  0 '***' 0.001 '**' 0.01 '*' 0.05 '.' 0.1 ' ' 1

Residual standard error: 0.1733 on 384 degrees of freedom
Multiple R-squared:  0.8262,	Adjusted R-squared:  0.8176 
F-statistic:  96.1 on 19 and 384 DF,  p-value: < 2.2e-16
```

해석

처리 결과 화면을 보면, 각 변수별로 통계량을 확인할 수 있고, 이를 통해 변수 각 변수가 유의미한지 아닌지를 파악할 수 있다.

이제 분석결과를 보고 연구자가 판단하여 별이 없는 변수를 골라 기입해주고 이를 다시 모델 처리(여기서는 model4로 지칭)를 해보자.

명령어

```
> model4=update(model3, ~.-nox-rad-tax-I(crim^2)-I(chas^2)-I(rad^2)-
+                   I(tax^2)-I(ptratio^2)-I(black^2))
> summary(model4)
```

```
> model4=update(model3, ~.-nox-rad-tax-I(crim^2)-I(chas^2)-I(rad^2)-
+                   I(tax^2)-I(ptratio^2)-I(black^2))
> summary(model4)

Call:
lm(formula = log(medv) ~ crim + chas + rm + dis + ptratio + black +
    lstat + I(nox^2) + I(rm^2) + I(dis^2) + I(lstat^2), data = train)

Residuals:
     Min       1Q   Median       3Q      Max
-0.76787 -0.08282 -0.00450  0.08825  0.84765

Coefficients:
              Estimate Std. Error t value Pr(>|t|)
(Intercept)  6.3127119  0.5138106  12.286  < 2e-16 ***
crim        -0.0099108  0.0012054  -8.222 2.97e-15 ***
chas         0.1364502  0.0385729   3.537 0.000452 ***
rm          -0.6829017  0.1568537  -4.354 1.71e-05 ***
dis         -0.0785943  0.0233304  -3.369 0.000830 ***
ptratio     -0.0297135  0.0049726  -5.975 5.16e-09 ***
black        0.0002807  0.0001131   2.481 0.013502 *
lstat       -0.0457508  0.0058714  -7.792 5.98e-14 ***
I(nox^2)    -0.6632067  0.1197304  -5.539 5.58e-08 ***
I(rm^2)      0.0602305  0.0120706   4.990 9.10e-07 ***
I(dis^2)     0.0035087  0.0019742   1.777 0.076296 .
I(lstat^2)   0.0005002  0.0001606   3.114 0.001978 **
---
Signif. codes:  0 '***' 0.001 '**' 0.01 '*' 0.05 '.' 0.1 ' ' 1

Residual standard error: 0.1822 on 392 degrees of freedom
Multiple R-squared:  0.8041,	Adjusted R-squared:  0.7986
F-statistic: 146.2 on 11 and 392 DF,  p-value: < 2.2e-16
```

다음으로 이 결과에 대한 시각화를 진행해보자.

명령어

```
> par(mfrow=c(2,2)) #그래프 도화지를 2X2 매트릭스로 나누기
> plot(model4)
```



```
> par(mfrow=c(2,2)) #그래프 도화지를 2X2 매트릭스로 나누기
> plot(model4)
```


[처리결과화면]

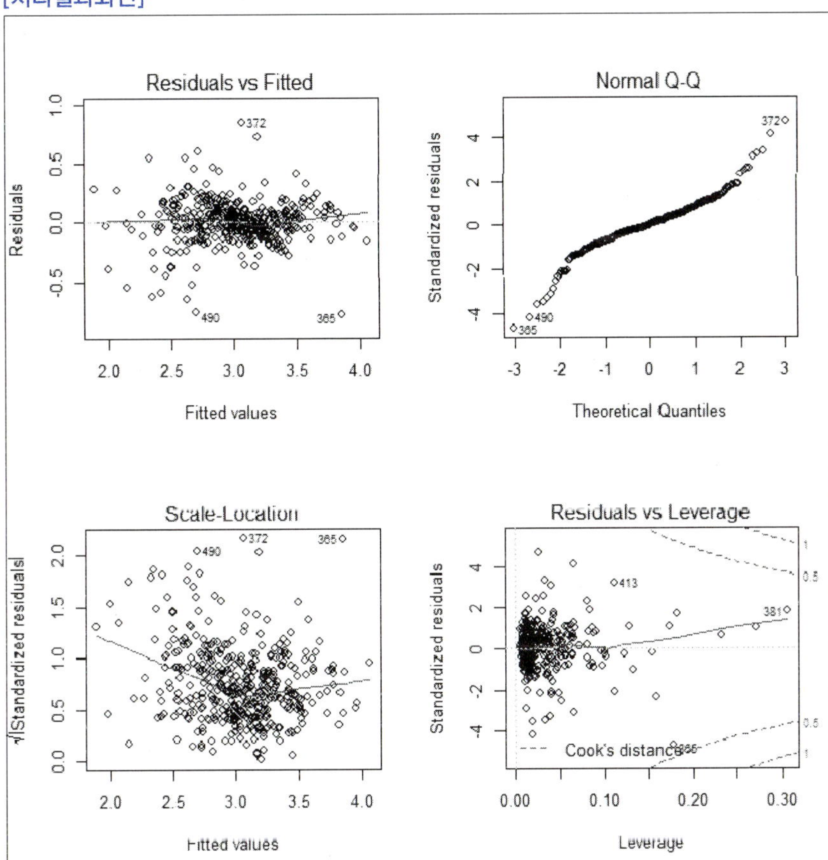

해석

처리 결과 화면을 보면, “Residuals vs Fitted”, “Normal Q-Q”, “Scale-Location”, “Residuals vs Leverage” 등 총 4개의 그래프가 도출된다.

다음으로는 model4 데이터에 대한 예측이다.

명령어

```
> pred1 <- predict(model4, newdata = test)
> rmse <- sqrt(sum((exp(pred1) - test$medv)^2)/length(test$medv)) #[1] 3.682556
> c(RMSE = rmse, R2=summary(model4)$r.squared)
> par(mfrow=c(1,1))
> plot(test$medv, exp(pred1))
```


```
> pred1 <- predict(model4, newdata = test)
> rmse <- sqrt(sum((exp(pred1) - test$medv)^2)/length(test$medv)) #[1] 3.682556
> c(RMSE = rmse, R2=summary(model4)$r.squared)
> par(mfrow=c(1,1))
> plot(test$medv, exp(pred1))
```


[처리결과화면]

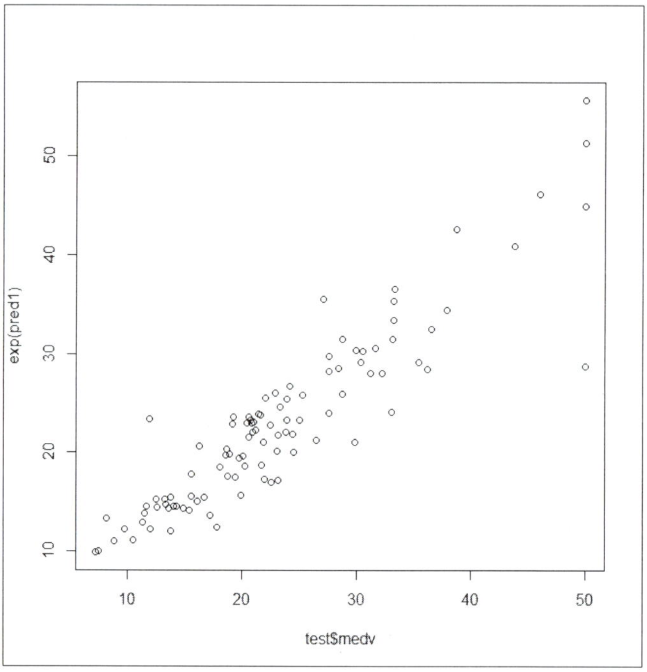

해석

처리 결과 화면을 보면 test 데이터의 pred1 결과에서 선형적 모양을 보여준다. 그러므로 테스트 model1이 잘 학습된 모델임을 알 수 있다.

자 이제 위 모델 처리 결과에 대해 ROC 곡선을 도출해보자. ROC 커브를 그리면 곡선이 하나 생기는데 곡선을 기준으로 밑의 면적을 AUC(Area Under Curve)라고 한다. AUC가

넓을 수록 측정의 정확도가 높다고 볼 수 있다. 즉 민감도가 높고, 특이도가 높다는 것인데, 예를들어, 여러 사람들의 특징을 학습하여 사람들의 애인이 있는지 없는지 예측한다고 할 때, 실제 애인이 있는지 없는지를 정확하게 맞췄을 경우가, 못 맞춘 경우보다 비율적으로 많다는 것이다. X축은 1-특이도, Y축은 민감도이다.

명령어

```
> library(ROCR)
> attach(test)
> test$medv <- ifelse(medv>=23, 1, 0) #종속변수를 바이너리로 전환
> pred2 <-prediction(pred1, test$medv)
> perf <- performance(pred2,"tpr","fpr")
> win.graph()
> plot(perf, main="ROC curve", colorize=T)
```


```
> library(ROCR)
> attach(test)
> test$medv <- ifelse(medv>=23, 1, 0) #종속변수를 바이너리로 전환
> pred2 <-prediction(pred1, test$medv)
> perf <- performance(pred2,"tpr","fpr")
> win.graph()
> plot(perf, main="ROC curve", colorize=T)
```


[처리결과화면]

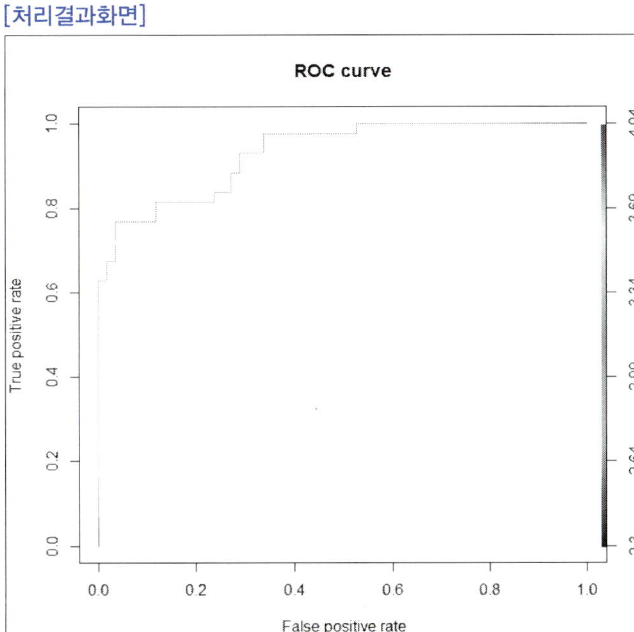

해석

처리 결과 화면을 보면, AUC 면적이 넓은 것을 확인할 수 있다. 이는 모델의 정확성이 높다는 것을 내포한다. 일반적으로 면적은 0.5보다 커야하고 0.7 이상일 때 수용할 만한 수준이라 평가한다.

명령어

```
> plot(performance(pred2, "tpr", "fpr")) #short-cut command for ROC Curve
```



```
> plot(performance(pred2, "tpr", "fpr")) #short-cut command for ROC Curve
```


[처리결과화면]

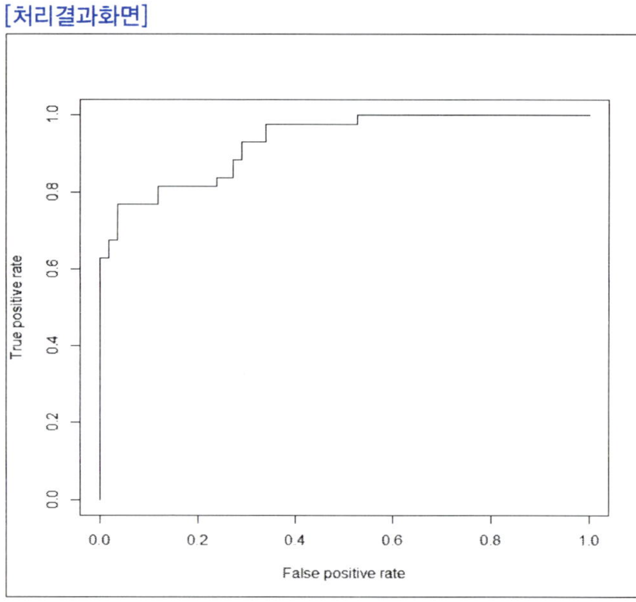

해석

처리 결과 화면을 보면, 앞선 시각화와 달리 검은색으로만 처리되어있다.

아래 명령어에서는 acc와 cutoff를 인자로 지정한 경우이다. Acc는 정확도, cutoff는 분류 기준값인데 보통 두 집단을 분류하는 모형의 기본 분류기준값은 0.5이다.

명령어

```
> plot(performance(pred2, "acc", "cutoff"))
```

```
> plot(performance(pred2, "acc", "cutoff"))
```

[처리결과화면]

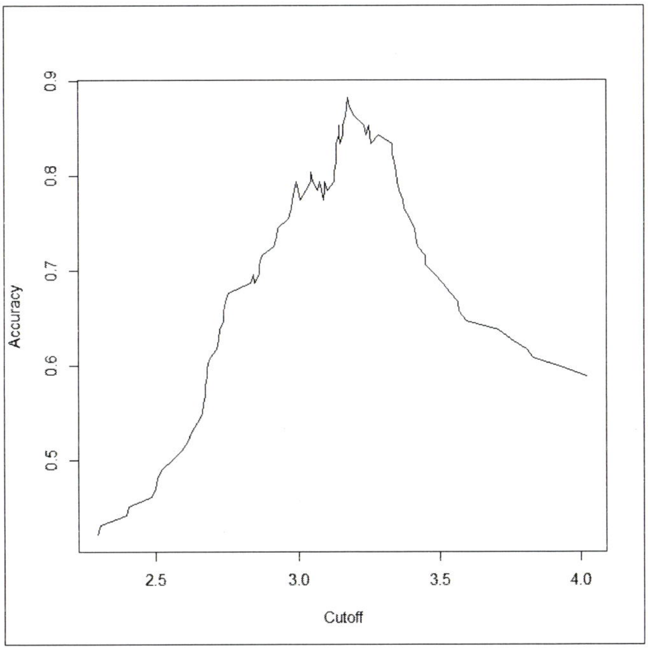

해석

처리 결과 화면을 보면, 분류기준값이 약 3.3에서 가장 정확도가 높게 나오는 것을 알 수 있다.

AUC(Area Under the Curve)는 auc 인자를 지정하고 y.values를 보면 된다.

명령어

```
> performance(pred2, "auc")
```

```
> performance(pred2, "auc")#[1] 0.955721
An object of class "performance"
Slot "x.name":
[1] "None"
Slot "y.name":
[1] "Area under the ROC curve"
Slot "alpha.name":
[1] "none"
```

```
Slot "x.values":
list()
Slot "y.values":
[[1]]
[1] 0.9310209
Slot "alpha.values":
list()
```

이번에는 리프트 커브를 시각화해보자. 리프트커브도 모형의 성능을 평가하는데 사용되는데 좋은 모델일수록 곡선이 빠르게 하강한다.

명령어

```
> perf <- performance(pred2,"lift","rpp")
> plot(perf, main="lift curve", colorize=T)
```


```
> perf <- performance(pred2,"lift","rpp")
> plot(perf, main="lift curve", colorize=T)
```


[처리결과화면]

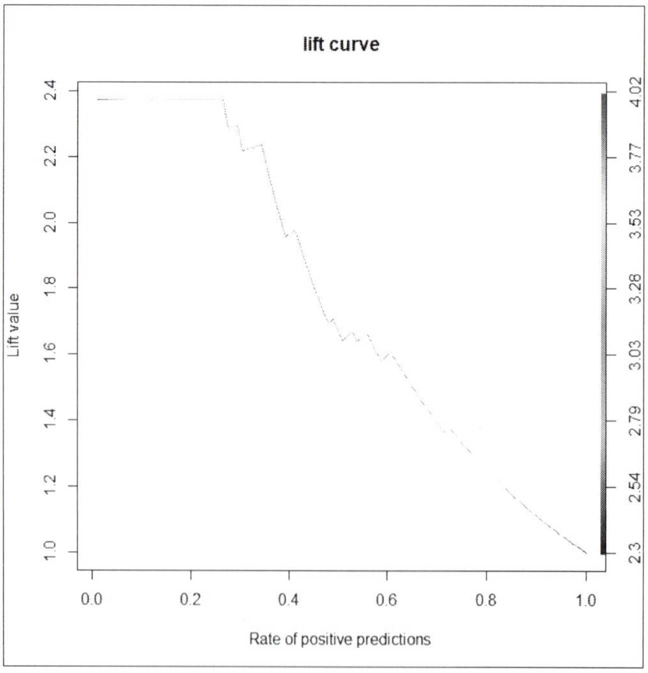

해석

처리 결과 화면을 보면, x값이 약 0.3에서부터 급격하게 하강하는것을 확인할 수 있다.

② 의사결정트리모형

의사결정트리 모형에서 사용되는 그래프들이 있다. 이 역시 시각화의 하나이므로 연습해 보자.

명령어

```
> library(tree)
> library(ISLR)
> library(MASS)
> set.seed(1)
> train=sample(1:nrow(Boston),nrow(Boston)/2)
> test=Boston[-train]
> tree.boston=tree(medv~., Boston, subset=train)
> summary(tree.boston)
```

```
> library(tree)
> library(ISLR)
> library(MASS)
> set.seed(1)
> train=sample(1:nrow(Boston),nrow(Boston)/2)
> test=Boston[-train]
> tree.boston=tree(medv~., Boston, subset=train)
> summary(tree.boston)
Regression tree:
tree(formula = medv ~ ., data = Boston, subset = train)
Variables actually used in tree construction:
[1] "lstat" "rm"    "dis"
Number of terminal nodes:  8
Residual mean deviance:  12.65 = 3099 / 245
Distribution of residuals:
     Min.   1st Qu.    Median      Mean   3rd Qu.      Max.
-14.10000 -2.04200 -0.05357  0.00000  1.96000  12.60000
```

명령어

```
> win.graph()
> plot(tree.boston)
> text(tree.boston)
```

```
> win.graph()
> plot(tree.boston)
> text(tree.boston)
```

[처리결과화면]

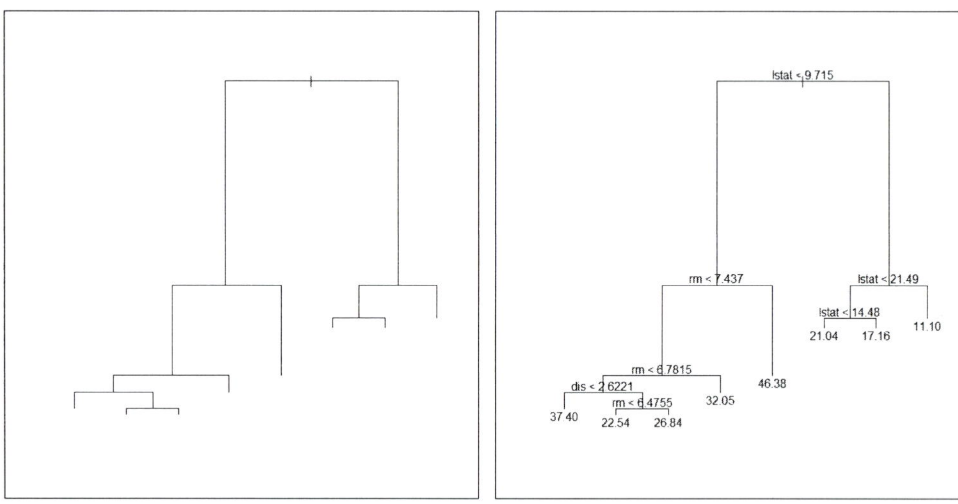

해석

처리 결과 화면을 보면, 가지가 형성 되고 결과 값을 확인할 수 있다.

명령어

```
> require(rpart)
> require(ROCR)
```

```
> require(rpart)
필요한 패키지를 로딩중입니다: rpart
> require(ROCR)
```

이제 종속변수를 평균값을 기준으로 1, 0 값으로 양분하자. 평균값 확인은 mean( ) 함수를 사용할 수 있다. 평균값을 구체적으로 확인한 뒤 이를 기준으로 종속변수 medv가 큰 경우에는 1, 작은 경우에는 0 값을 투입하도록 명령어를 처리하자.

명령어

```
> mean(medv)
> attach(data)
> data$medv <- ifelse(medv>=23, 1, 0) #종속변수를 바이너리로 전환: 앞서 확인한 평균값으로
23을 적용
```

```
> mean(medv)
Error: unexpected numeric constant in "mean(medv) [1] 22.53281"
> attach(data)
The following objects are masked from data (pos = 3):
    age, black, chas, crim, dis, indus, lstat, medv, nox, ptratio, rad, rm, tax,
zn
The following objects are masked from Boston (pos = 4):
    age, black, chas, crim, dis, indus, lstat, medv, nox, ptratio, rad, rm, tax,
zn
The following objects are masked from test:
    age, black, chas, crim, dis, indus, lstat, medv, nox, ptratio, rad, rm, tax,
zn
The following objects are masked from Boston (pos = 9):
    age, black, chas, crim, dis, indus, lstat, medv, nox, ptratio, rad, rm, tax,
zn
> data$medv <- ifelse(medv>=23, 1, 0) #종속변수를 바이너리로 전환: 앞서 확인한 평균값으로
23을 적용
```

이번에는 랜덤으로 테스트데이터와 훈련데이터로 나누어주자.

명령어

```
> x <- Boston[sample(1:nrow(Boston), nrow(Boston), replace = F),]
> x.train <- Boston[1:floor(nrow(x)*.75), ]
> x.evaluate <- Boston[(floor(nrow(x)*.75)+1):nrow(x), ]
> attach(x.train)
> x.train$medv <- ifelse(medv>=23, 1, 0) #종속변수를 바이너리로 전환
```

```
> x <- Boston[sample(1:nrow(Boston), nrow(Boston), replace = F),]
> x.train <- Boston[1:floor(nrow(x)*.75), ]
> x.evaluate <- Boston[(floor(nrow(x)*.75)+1):nrow(x), ]
> attach(x.train)
The following objects are masked from data (pos = 3):
   age, black, chas, crim, dis, indus, lstat, medv, nox, ptratio, rad, rm, tax, zn
The following objects are masked from data (pos = 4):
   age, black, chas, crim, dis, indus, lstat, medv, nox, ptratio, rad, rm, tax, zn
The following objects are masked from Boston (pos = 5):
   age, black, chas, crim, dis, indus, lstat, medv, nox, ptratio, rad, rm, tax, zn
The following objects are masked from test:
   age, black, chas, crim, dis, indus, lstat, medv, nox, ptratio, rad, rm, tax, zn
The following objects are masked from Boston (pos = 10):
   age, black, chas, crim, dis, indus, lstat, medv, nox, ptratio, rad, rm, tax, zn
> x.train$medv <- ifelse(medv>=23, 1, 0) #종속변수를 바이너리로 전환
```

명령어

```
> attach(x.evaluate)
> x.evaluate$medv <- ifelse(medv>=23, 1, 0) #종속변수를 바이너리로 전환
> require(party)
```

```
> attach(x.evaluate)
The following objects are masked from x.train:
   age, black, chas, crim, dis, indus, lstat, medv, nox, ptratio, rad, rm, tax, zn
The following objects are masked from data (pos = 4):
   age, black, chas, crim, dis, indus, lstat, medv, nox, ptratio, rad, rm, tax, zn
The following objects are masked from data (pos = 5):
   age, black, chas, crim, dis, indus, lstat, medv, nox, ptratio, rad, rm, tax, zn
The following objects are masked from Boston (pos = 6):
   age, black, chas, crim, dis, indus, lstat, medv, nox, ptratio, rad, rm, tax, zn
The following objects are masked from test:
   age, black, chas, crim, dis, indus, lstat, medv, nox, ptratio, rad, rm, tax, zn
The following objects are masked from Boston (pos = 11):
   age, black, chas, crim, dis, indus, lstat, medv, nox, ptratio, rad, rm, tax, zn
> x.evaluate$medv <- ifelse(medv>=23, 1, 0) #종속변수를 바이너리로 전환
> require(party)
필요한 패키지를 로딩중입니다: party
필요한 패키지를 로딩중입니다: grid
필요한 패키지를 로딩중입니다: mvtnorm
필요한 패키지를 로딩중입니다: modeltools
```

```
필요한 패키지를 로딩중입니다: stats4
필요한 패키지를 로딩중입니다: strucchange
필요한 패키지를 로딩중입니다: zoo
다음의 패키지를 부착합니다: 'zoo'
The following objects are masked from 'package:base':
    as.Date, as.Date.numeric
필요한 패키지를 로딩중입니다: sandwich
```

이제 cforest 함수를 이용해 랜덤포리스트를 구현해보자

명령어

```
> x.model <- cforest(medv ~crim+zn+indus+nox+rm+age+dis+tax+ptratio+black+lstat,
data=x.train,
+                       control = cforest_unbiased(mtry = 3))
> x.evaluate$prediction <- predict(x.model, newdata=x.evaluate)
```


```
> x.model <- cforest(medv ~crim+zn+indus+nox+rm+age+dis+tax+ptratio+black+lstat,
data=x.train,
+                       control = cforest_unbiased(mtry = 3))
> x.evaluate$prediction <- predict(x.model, newdata=x.evaluate)
```


이제 처리한 모형 결과의 전반적인 정확도(overall accuracy)를 측정해보자.

명령어

```
> x.evaluate$correct <- x.evaluate$prediction == x.evaluate$medv #두 변수가 일치하는
경우 TRUE, 불일치하는 경우 FALSE로 저장
> print(paste("% of predicted classifications correct", mean(x.evaluate$correct
)))
```

```
> x.evaluate$correct <- x.evaluate$prediction == x.evaluate$medv #두 변수가 일치하는
경우 TRUE, 불일치하는 경우 FALSE로 저장
> print(paste("% of predicted classifications correct", mean(x.evaluate$correct
)))
[1] "% of predicted classifications correct 0"
```

이번에는 클래스 확률(class probabilities)를 추출한다.

명령어

```
> x.evaluate$probabilities <- 1- unlist(treeresponse(x.model,
+                                              newdata=x.evaluate), use.names=F)[seq(1,nrow(x.e
valuate)*2,2)]
```


```
> x.evaluate$probabilities <- 1- unlist(treeresponse(x.model,
+                                              newdata=x.evaluate), use.names=F)[seq(1,nrow(x.ev
aluate)*2,2)]
```


이제 추정한 모델의 성과를 측정하기 위해서 ROC 곡선을 추출하고자 한다.

명령어

```
> require(ROCR)
> pred <- prediction(x.evaluate$probabilities, x.evaluate$medv)
> perf <- performance(pred,"tpr","fpr")
> plot(perf, main="ROC curve", colorize=T)
```


```
> require(ROCR)
> pred <- prediction(x.evaluate$probabilities, x.evaluate$medv)
> perf <- performance(pred,"tpr","fpr")
> plot(perf, main="ROC curve", colorize=T)
```


[처리결과화면]

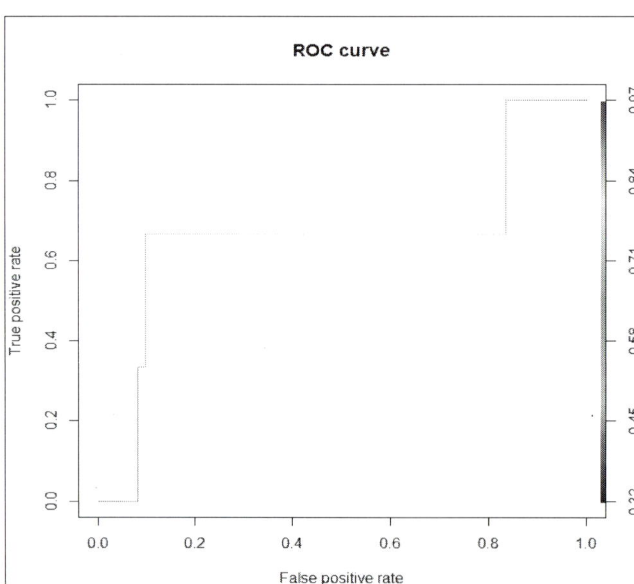

해석

처리 결과 화면을 보면, AUC 면적이 넓음을 확인할 수 있다. 이는 결과값의 정확도가 높음을 의미한다.

자 이제 또 다른 모델 성과 측정을 위해 리프트 차트(lift chart)를 만들어보자.

명령어

```
> perf <- performance(pred,"lift","rpp")
> plot(perf, main="lift curve", colorize=T)
```


```
> perf <- performance(pred,"lift","rpp")
> plot(perf, main="lift curve", colorize=T)
```


[처리결과화면]

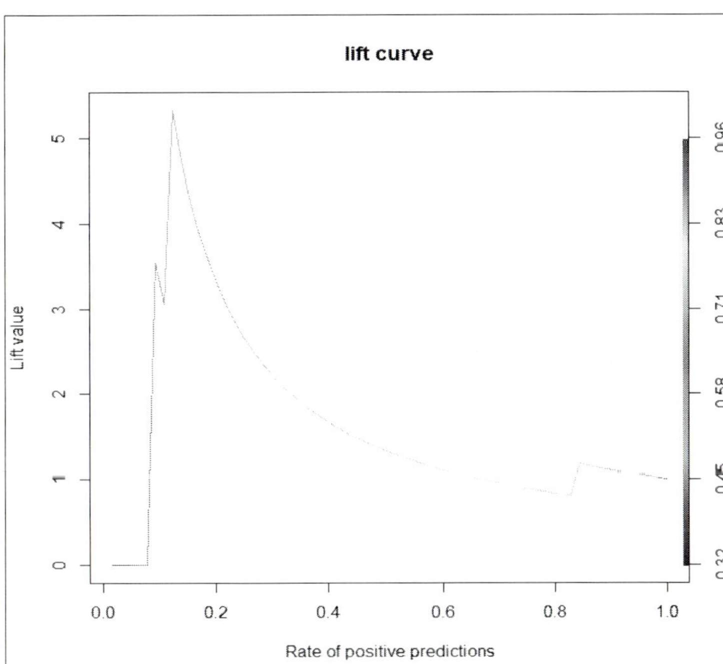

해석

처리 결과 화면을 보면, 0.1에서 급상승하여 바로 급하강하는 것을 확인할 수 있다.

③ **인공신경망모형**

인공신경망모형의 모형 적합도는 종속변수가 연속형 변수일 때와 멀티노미얼(multinomial) 변수일 때로 구분하여 살펴보자.

가. 종속변수가 연속형 변수일 때

우선 연습에 필요한 인공신경망 모형을 처리하도록 하자. 처리할 명령어 내용은 다음과 같다.

명령어

```
> set.seed(500) # use dataset
> apply(data, 2, function(x) sum(is.na(x))) # there is no missing data.
> index <- sample(1:nrow(data), round(0.75*nrow(data)))
> train <- data[index, ]
> test <- data[-index, ]
> lm.fit <- glm(medv~., data = train)
> summary(lm.fit)
> pr.lm <- predict(lm.fit, test)
> MSE.lm <- sum((pr.lm - test$medv)^2)/nrow(test)
```

```
> set.seed(500) # use dataset
> apply(data, 2, function(x) sum(is.na(x))) # there is no missing data.
   crim      zn   indus    chas     nox      rm     age     dis     rad     tax ptratio
 black
      0       0       0       0       0       0       0       0       0       0
     0       0
  lstat    medv
      0       0
> index <- sample(1:nrow(data), round(0.75*nrow(data)))
> train <- data[index, ]
> test <- data[-index, ]
> lm.fit <- glm(medv~., data = train)
> summary(lm.fit)

Call:
glm(formula = medv ~ ., data = train)

Deviance Residuals:
     Min        1Q    Median        3Q       Max
```

```
-0.83000  -0.24184  -0.03469   0.21208   0.95724

Coefficients:
              Estimate Std. Error t value Pr(>|t|)
(Intercept)  2.0084936  0.4314614   4.655 4.54e-06 ***
crim         0.0014834  0.0040389   0.367 0.713620
zn           0.0028245  0.0011300   2.500 0.012868 *
indus       -0.0004427  0.0050300  -0.088 0.929918
chas         0.0814944  0.0770608   1.058 0.290966
nox         -1.0742849  0.3234365  -3.321 0.000986 ***
rm           0.1167930  0.0334153   3.495 0.000532 ***
age         -0.0019822  0.0010673  -1.857 0.064099 .
dis         -0.0737003  0.0166434  -4.428 1.26e-05 ***
rad          0.0196890  0.0060464   3.256 0.001234 **
tax         -0.0006258  0.0003253  -1.924 0.055181 .
ptratio     -0.0617499  0.0110142  -5.606 4.07e-08 ***
black        0.0001959  0.0002177   0.900 0.368764
lstat       -0.0206297  0.0040250  -5.125 4.82e-07 ***
---
Signif. codes:  0 '***' 0.001 '**' 0.01 '*' 0.05 '.' 0.1 ' ' 1

(Dispersion parameter for gaussian family taken to be 0.1164176)

    Null deviance: 89.187  on 379  degrees of freedom
Residual deviance: 42.609  on 366  degrees of freedom
AIC: 276.91

Number of Fisher Scoring iterations: 2
> pr.lm <- predict(lm.fit, test)
> MSE.lm <- sum((pr.lm - test$medv)^2)/nrow(test)
```

명령어

```
> maxs <- apply(data, 2, max)
> mins <- apply(data, 2, min)
> scaled <- as.data.frame(scale(data, center = mins, scale = maxs - mins))
> train_ <- scaled[index,]
> test_ <- scaled[-index,]
> library(neuralnet)
> n <- names(train_)
> f <- as.formula(paste("medv ~", paste(n[!n %in% "medv"], collapse = " + ")))
> nn <- neuralnet(f,data=train_,hidden=c(5,3),linear.output=T)
```

```
> win.graph()
> plot(nn)
```

```
> maxs <- apply(data, 2, max)
> mins <- apply(data, 2, min)
> scaled <- as.data.frame(scale(data, center = mins, scale = maxs - mins))
> train_ <- scaled[index,]
> test_ <- scaled[-index,]
> library(neuralnet)
다음의 패키지를 부착합니다: 'neuralnet'
The following object is masked from 'package:ROCR':
    prediction
> n <- names(train_)
> f <- as.formula(paste("medv ~", paste(n[!n %in% "medv"], collapse = " + ")))
> nn <- neuralnet(f,data=train_,hidden=c(5,3),linear.output=T)
> win.graph()
> plot(nn)
```

[처리결과화면]

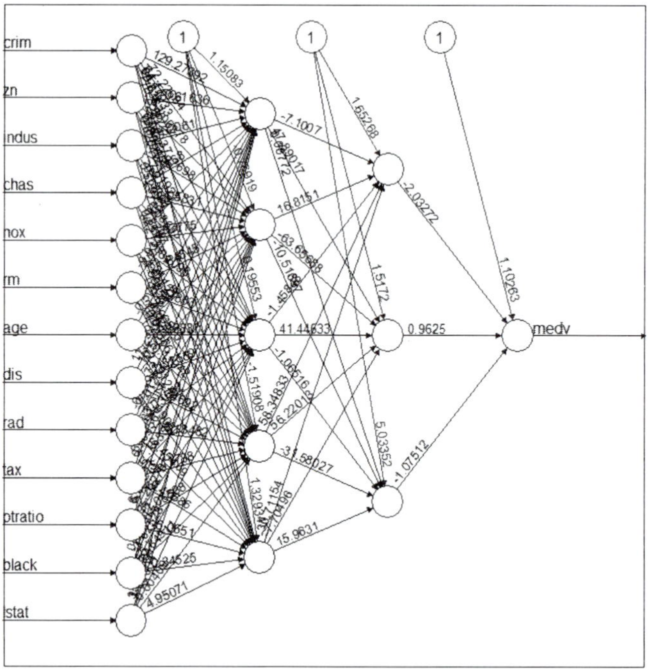

해석

처리 결과 화면을 보면, 신경망이 독립변수에서 종속변수로 형성되어있고 입력층(input

layers), 출력층(output layer)과 은닉층(hidden layer)로 시각화되어 있는 것을 알 수 있다.

자 이제 신경망모형의 ROC 곡선을 만들기 위해 전처리 과정을 진행하도록 하자.

명령어

```
> attach(test_)
> test_$medv <- ifelse(test_$medv >= 0.37, 1, 0)
```

```
> attach(test_)
The following objects are masked from test (pos = 3):
   age, black, chas, crim, dis, indus, lstat, medv, nox, ptratio, rad, rm, tax, zn
The following objects are masked from test (pos = 4):
   age, black, chas, crim, dis, indus, lstat, medv, nox, ptratio, rad, rm, tax, zn
The following objects are masked from test (pos = 5):
   age, black, chas, crim, dis, indus, lstat, medv, nox, ptratio, rad, rm, tax, zn
The following objects are masked from x.evaluate:
   age, black, chas, crim, dis, indus, lstat, medv, nox, ptratio, rad, rm, tax, zn
The following objects are masked from x.train:
   age, black, chas, crim, dis, indus, lstat, medv, nox, ptratio, rad, rm, tax, zn
The following objects are masked from data (pos = 17):
   age, black, chas, crim, dis, indus, lstat, medv, nox, ptratio, rad, rm, tax, zn
The following objects are masked from data (pos = 18):
   age, black, chas, crim, dis, indus, lstat, medv, nox, ptratio, rad, rm, tax, zn
The following objects are masked from Boston (pos = 19):
   age, black, chas, crim, dis, indus, lstat, medv, nox, ptratio, rad, rm, tax, zn
The following objects are masked from test (pos = 23):
   age, black, chas, crim, dis, indus, lstat, medv, nox, ptratio, rad, rm, tax, zn
The following objects are masked from Boston (pos = 24):
   age, black, chas, crim, dis, indus, lstat, medv, nox, ptratio, rad, rm, tax, zn
> test_$medv <- ifelse(test_$medv >= 0.37, 1, 0)
```

자 이제 신경망 모형에서 ROC 곡선을 도출하기 직전에 필요한 매우 중요한 조치를 실시하도록 하자. 다름아닌 신경망과 ROCR은 동시에 탑재가 불가능하다는 사실이다. 따라서 한 쪽을 먼저 디태치(detach)시켜야 한다.[7]

7 https://stackoverflow.com/questions/43173011/plot-a-neural-net-curve-using-neuralnet-and-rocr-package

명령어

```
> yhat <- predict(nn, newdata= test_)
> detach(package:neuralnet,unload = T)
> require(ROCR)
```

```
> yhat <- predict(nn, newdata= test_)
> detach(package:neuralnet,unload = T)
> require(ROCR)
```

명령어

```
> attach(test_)
> prob <- prediction(yhat, test_$medv) # pro
> perf <- performance(prob,"tpr","fpr")
> plot(perf, main="ROC curve", colorize=T)
```

```
> attach(test_)
The following objects are masked from test_ (pos = 3):
    age, black, chas, crim, dis, indus, lstat, medv, nox, ptratio, rad, rm, tax, zn
The following objects are masked from test (pos = 4):
    age, black, chas, crim, dis, indus, lstat, medv, nox, ptratio, rad, rm, tax, zn
The following objects are masked from test (pos = 5):
    age, black, chas, crim, dis, indus, lstat, medv, nox, ptratio, rad, rm, tax, zn
The following objects are masked from test (pos = 6):
    age, black, chas, crim, dis, indus, lstat, medv, nox, ptratio, rad, rm, tax, zn
The following objects are masked from x.evaluate:
    age, black, chas, crim, dis, indus, lstat, medv, nox, ptratio, rad, rm, tax, zn
The following objects are masked from x.train:
    age, black, chas, crim, dis, indus, lstat, medv, nox, ptratio, rad, rm, tax, zn
The following objects are masked from data (pos = 17):
    age, black, chas, crim, dis, indus, lstat, medv, nox, ptratio, rad, rm, tax, zn
The following objects are masked from data (pos = 18):
    age, black, chas, crim, dis, indus, lstat, medv, nox, ptratio, rad, rm, tax, zn
The following objects are masked from Boston (pos = 19):
    age, black, chas, crim, dis, indus, lstat, medv, nox, ptratio, rad, rm, tax, zn
The following objects are masked from test (pos = 23):
    age, black, chas, crim, dis, indus, lstat, medv, nox, ptratio, rad, rm, tax, zn
The following objects are masked from Boston (pos = 24):
    age, black, chas, crim, dis, indus, lstat, medv, nox, ptratio, rad, rm, tax, zn
> prob <- prediction(yhat, test_$medv) # pro
```

```
> perf <- performance(prob,"tpr","fpr")
> plot(perf, main="ROC curve", colorize=T)
```

[처리결과화면]

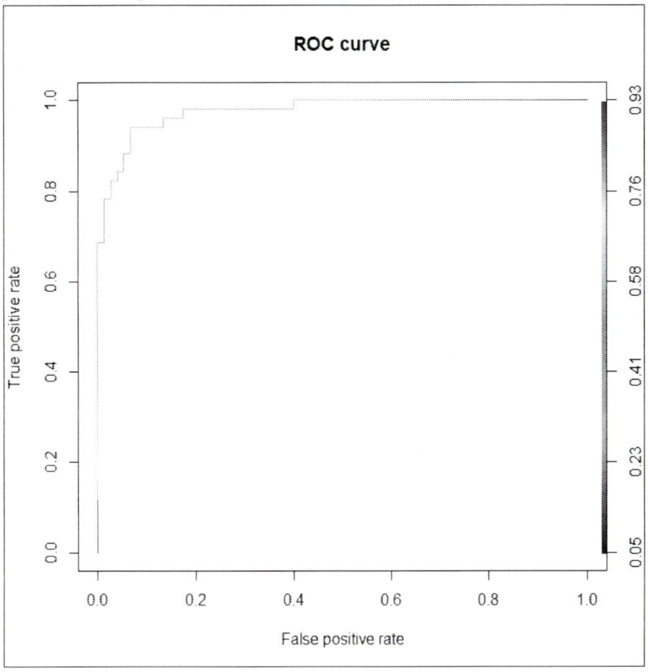

해석

처리 결과 화면을 보면, 정확도가 상당히 높게 나옴을 확인할 수 있다. 리프트 차트도 확인해 보자.

이번에는 리프트 차트를 추출해보자.

명령어

```
> perf <- performance(prob,"lift","rpp")
> plot(perf, main="lift curve", colorize=T)
```



```
> perf <- performance(prob,"lift","rpp")
> plot(perf, main="lift curve", colorize=T)
```

[처리결과화면]

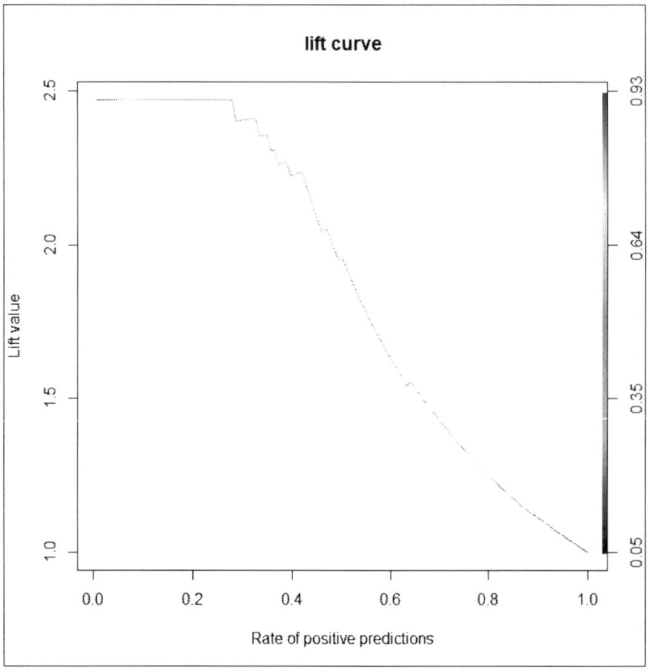

해석

처리 결과 화면을 보면, 커브가 빠르게 강하하는 것을 보아 모델의 성능이 좋은 것을 알 수 있다.

나. 종속변수가 멀티노미얼(multinomial) 변수일 때

앞서 실습한 Boston 데이터셋은 종속변수가 연속형 변수였다. 이와 달리 종속변수가 multinomial 유형일때는 처리 방식이 조금 다르다. R에서 주어진 IRIS 데이터셋으로 이 경우를 실습해보자. 데이터셋을 불러 온 후 관련 패키지를 불러들이고, formula를 설정 한 뒤 neuralnet( ) 함수를 이용하여 multi_model을 처리해보자.

명령어

```
> iris <-iris
> formula <- as.formula(paste('Species ~ ', paste(names(iris)[-length(iris)], coll
apse='+')))
> library(neuralnet)
> library(NeuralNetTools)
> multi_model <- neuralnet(formula, iris, hidden=3, linear.output=FALSE)
```

```
> iris <-iris
> formula <- as.formula(paste('Species ~ ', paste(names(iris)[-length(iris)], coll
apse='+')))
> library(neuralnet)
> library(NeuralNetTools)
> multi_model <- neuralnet(formula, iris, hidden=3, linear.output=FALSE)
경고메시지(들):
Algorithm did not converge in 1 of 1 repetition(s) within the stepmax.
```

[처리결과화면]

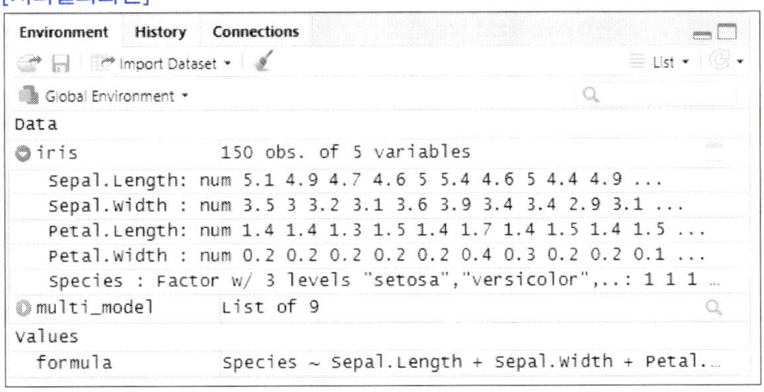

해석

처리 결과 화면을 보면, Species의 내용이 3개의 유형으로 된 3 levels로 표기되어 있음을 알 수 있다.

처리 결과 에러 메시지가 나타난다. 종속변수가 연속형이 아니기 때문이다. 자 이제 종속변수를 3개의 유형으로 나누어서 다시 formula를 작성해보자.

명령어

```
> formula <- as.formula(paste('setosa + versicolor + virginica ~ ', paste(names(iri
s)[-length(iris)], collapse='+')))
```

다음으로는 Species열에 있는 세개의 값 “setosa, “versicolor”, “virginica”을 더미변수로 만들어 세개의 열로써 존재하게 해보자.

```
[2,] 1.0000555 -5.766251e-05 -4.443148e-05
[3,] 1.0000438 -4.847731e-05  3.917628e-05
[4,] 1.0001290 -1.258143e-04 -2.272781e-04
[5,] 0.9999911 -5.891160e-07  2.037624e-04
[6,] 1.0001052 -1.048937e-04 -1.303293e-04
```

④ 모형별 ROC 곡선을 한 그래프에 합치기

모형별로 도출된 ROC 곡선을 한 그래프에 합칠 수 있다. 우선 각 모형별로 ROC 곡선을 도출하자. 도출과정은 앞서 연습하였기 때문에 여기서는 축약하기로 한다.

가. 선형회귀모형 ROC 곡선 도출

```
> library(ggplot2)
> library(MASS)
> data <-Boston
> attach(Boston)
> set.seed(1)
> train=sample(1:nrow(Boston), nrow(Boston)/2)
> boston.test1=Boston[-train,]
> boston.test2=Boston[-train, "medv"]
> row.number <- sample(1:nrow(Boston), 0.8*nrow(Boston))#80%로 먼저 나누기
> train = Boston[row.number,]
> test = Boston[-row.number,]
> model4=update(model3, ~.-nox-rad-tax-I(crim^2)-I(chas^2)-I(rad^2)-
+                    +                 I(tax^2)-I(ptratio^2)-I(black^2))
> par(mfrow=c(2,2)) #그래프 도화지를 2X2 매트릭스로 나누기
> plot(model4)
> pred1 <- predict(model4, newdata = test)
> rmse <- sqrt(sum((exp(pred1) - test$medv)^2)/length(test$medv)) #[1] 3.682556
> c(RMSE = rmse, R2=summary(model4)$r.squared)
    RMSE       R2
4.191401 0.813786
> par(mfrow=c(1,1))
> plot(test$medv, exp(pred1))
> library(ROCR)
> attach(test)
> test$medv <- ifelse(medv>=23, 1, 0) #종속변수를 바이너리로 전환
> pred2 <-prediction(pred1, test$medv)
> perf_linear <- performance(pred2,"tpr","fpr") #모형간 비교를 위해 perf_linear로 수정
> plot(perf_linear, main="ROC curve", colorize=T)
```

[처리결과화면]

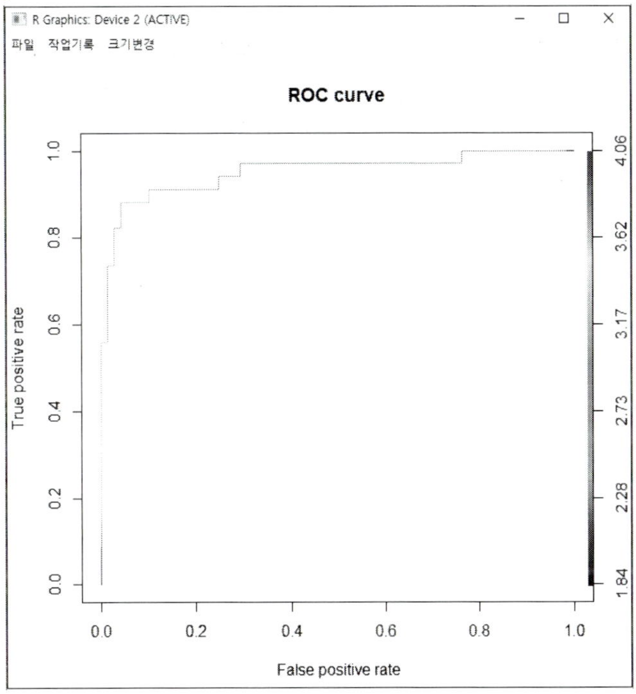

나. 의사결정트리모형 ROC 곡선 도출

```
> library(tree)
> library(ISLR)
> library(MASS)
> set.seed(1)
> train=sample(1:nrow(Boston),nrow(Boston)/2)
> test=Boston[-train]
> tree.boston=tree(medv~., Boston, subset=train)
> summary(tree.boston)
> win.graph()
> plot(tree.boston)
> text(tree.boston)
> require(rpart)
> require(ROCR)
> require(party)

> mean(medv)
> attach(data)
> data$medv <- ifelse(medv>=23, 1, 0) #종속변수를 바이너리로 전환: 앞서 확인한 평균값으로
23을 적용
> x <- Boston[sample(1:nrow(Boston), nrow(Boston), replace = F),]
```

```
> x.train <- Boston[1:floor(nrow(x)*.75), ]
> x.evaluate <- Boston[(floor(nrow(x)*.75)+1):nrow(x), ]
> attach(x.train)
> x.train$medv <- ifelse(medv>=23, 1, 0) #종속변수를 바이너리로 전환

> attach(x.evaluate)
> x.evaluate$medv <- ifelse(medv>=23, 1, 0) #종속변수를 바이너리로 전환
> x.model <- cforest(medv ~crim+zn+indus+nox+rm+age+dis+tax+ptratio+black+lstat,
data=x.train,
+                     control=cforest_unbiased(mtry = 3))
> x.evaluate$prediction <- predict(x.model, newdata=x.evaluate)

> x.evaluate$correct <- x.evaluate$prediction == x.evaluate$medv #두 변수가 일치하는
경우 TRUE, 불일치하는 경우 FALSE로 저장
> print(paste("% of predicted classifications correct", mean(x.evaluate$correct
)))
> x.evaluate$probabilities <- 1- unlist(treeresponse(x.model,
+                                    newdata=x.evaluate), use.names=F)[seq(1,nrow(x.ev
aluate)*2,2)]

> pred <- prediction(x.evaluate$probabilities, x.evaluate$medv)
> perf_tree <- performance(pred,"tpr","fpr") #비교를 위해 perf_tree로 명칭 변경
> plot(perf_tree, main="ROC curve", colorize=T)
```

[처리결과화면]

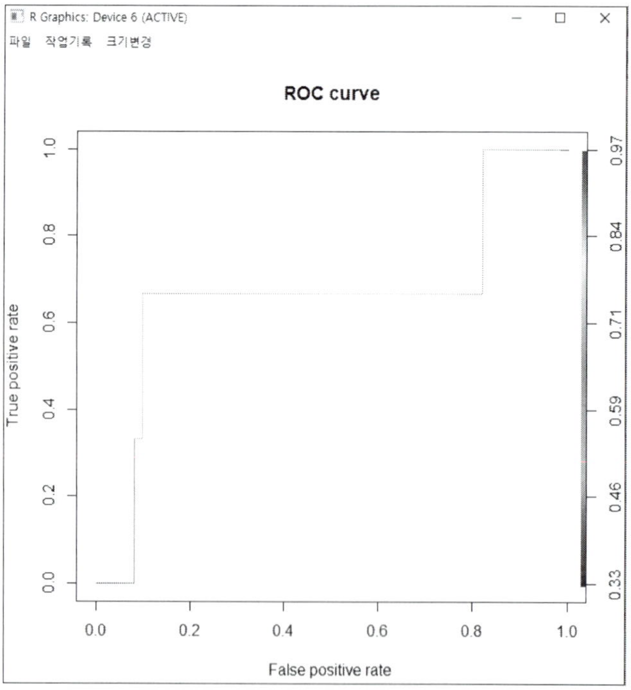

다. 인공신경망모형 ROC 곡선 도출

```
> library(neuralnet)
> set.seed(500) # use dataset
> apply(data, 2, function(x) sum(is.na(x))) # there is no missing data.
> index <- sample(1:nrow(data), round(0.75*nrow(data)))
> train <- data[index, ]
> test <- data[-index, ]
> lm.fit <- glm(medv~., data = train)
> pr.lm <- predict(lm.fit, test)
> MSE.lm <- sum((pr.lm - test$medv)^2)/nrow(test)
>
> maxs <- apply(data, 2, max)
> mins <- apply(data, 2, min)
> scaled <- as.data.frame(scale(data, center = mins, scale = maxs - mins))
> train_ <- scaled[index,]
> test_ <- scaled[-index,]

> n <- names(train_)
> f <- as.formula(paste("medv ~", paste(n[!n %in% "medv"], collapse = " + ")))
> nn <- neuralnet(f,data=train_,hidden=c(5,3),linear.output=T)
> win.graph()
> plot(nn)
> attach(test_)
> test_$medv <- ifelse(test_$medv >= 0.37, 1, 0)
> yhat <- predict(nn, newdata= test_)
> detach(package:neuralnet,unload = T)
> require(ROCR)
> attach(test_)
> prob <- prediction(yhat, test_$medv) # pro
> perf_neural <- performance(prob,"tpr","fpr") #비교를 위해 perf_neural로 명칭 변경
> plot(perf_neural, main="ROC curve", colorize=T)
```

[처리결과화면]

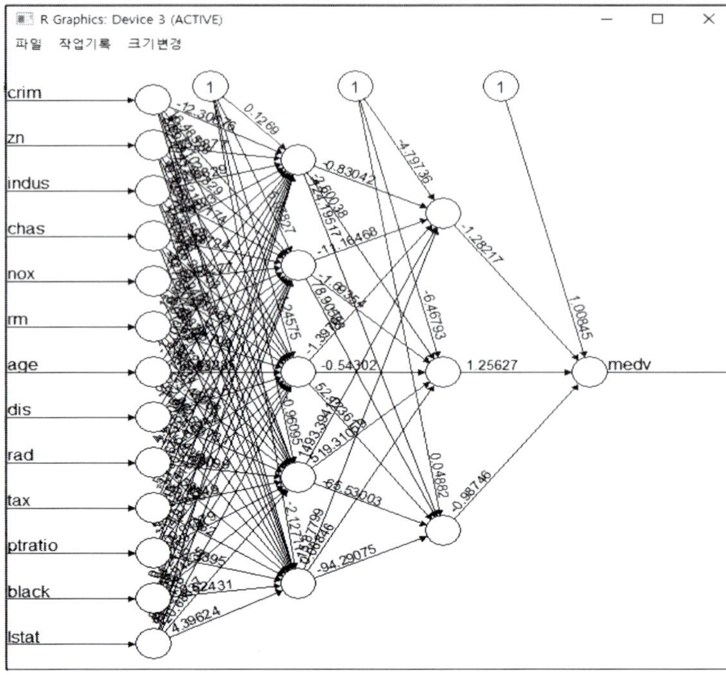

라. ROC 곡선 비교 및 합치기

명령어

```
> plot(perf_linear, col="red")
> plot(perf_tree, col="green", add=T)
> plot(perf_neural, col="blue", add=T)
> legend(0.6, 0.7, c("perf_linear", "perf_tree", "perf_neural"), cex=0.9, col=c("r
ed", "green", "blue"), lty=1)
```


```
> plot(perf_linear, col="red")
> plot(perf_tree, col="green", add=T)
> plot(perf_neural, col="blue", add=T)
> legend(0.6, 0.7, c("perf_linear", "perf_tree", "perf_neural"), cex=0.9, col=c("r
ed", "green", "blue"), lty=1)
```

[처리결과화면: perf_linear, perf_tree]

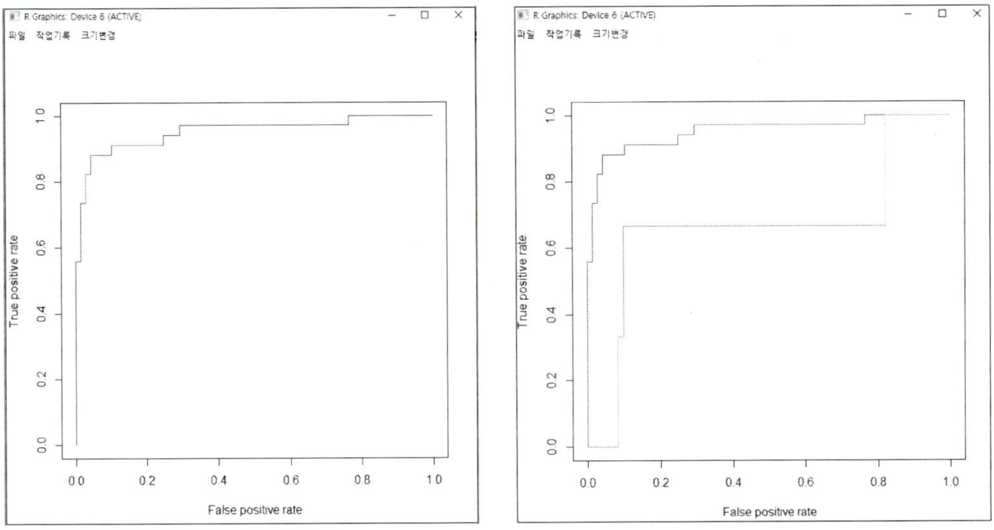

[처리결과화면: perf_neural, legend]

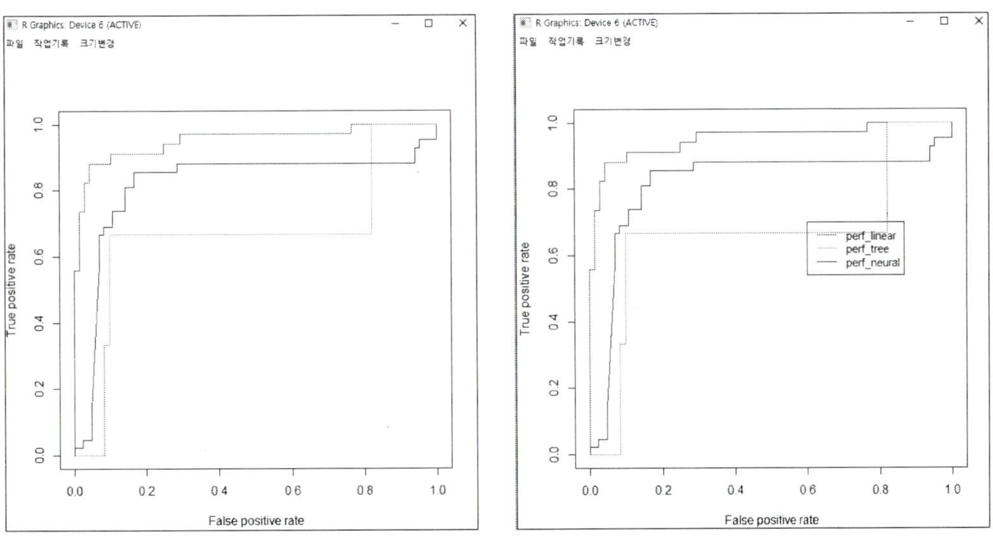

해석

처리 결과 화면을 보면, 차례대로 색깔별로 추가되면서 최종적으로 색인이 첨부되었음을 볼 수 있다.

⑤ 적용 사례: 환율모형

연습데이터(exchange_threemodelcompare2.csv)를 불러와 실습을 해보자. 필요한 패키지를 설치하고 불러온다. 그리고 나서 종속변수(fe_st)를 1, 0 값으로 양분하고, 데이터를 분할하는 작업을 실시하자. 종속변수의 평균값을 측정하여 이를 기준으로 1, 0 값을 형성시키자.

명령어

```
> library(nnet)
> library(ROCR)
> library(caret)
> attach(data)
> apply(data, 2, function(x) sum(is.na(x))) # there is no missing data.
> mean(fe_st)
> data$fe_st <- ifelse(data$fe_st >= 5.462184e-12, 1, 0)
> set.seed(500) # use dataset
> index <- sample(1:nrow(data), round(0.75*nrow(data)))
> train <- data[index, ]
> test <- data[-index, ]
```

```
> library(nnet)
> library(ROCR)
> library(caret)
필요한 패키지를 로딩중입니다: lattice
> attach(data)
> apply(data, 2, function(x) sum(is.na(x))) # there is no missing data.
 fe_st  lt_st  st_st  m1_st  m3_st  ip_st cpi_st  sp_st
     0      0      0      0      0      0      0      0
> mean(fe_st)
[1] 5.462184e-12
> data$fe_st <- ifelse(data$fe_st >= 5.462184e-12, 1, 0)
> set.seed(500) # use dataset
> index <- sample(1:nrow(data), round(0.75*nrow(data)))
> train <- data[index, ]
> test <- data[-index, ]
```

해석

결과적으로 train 데이터가 약 75%, test 데이터가 약 25%로 분할 된 것을 알 수 있다.

이제 분리한 데이터셋을 대상으로 스케일 조정을 하고, 기본 신경망 모형을 처리하도록 하자.

명령어

```
> maxs <- apply(data, 2, max)
> mins <- apply(data, 2, min)
> scaled <- as.data.frame(scale(data, center = mins, scale = maxs - mins))
> train_ <- scaled[index,]
> test_ <- scaled[-index,]
> library(neuralnet)
> n <- names(train_)
> f <- as.formula(paste("fe_st ~", paste(n[!n %in% "fe_st"], collapse = " + ")))
> nn <- neuralnet(f,data=train_,linear.output=T)
> yhat <- predict(nn, newdata = test_)
```

```
> maxs <- apply(data, 2, max)
> mins <- apply(data, 2, min)
> scaled <- as.data.frame(scale(data, center = mins, scale = maxs - mins))
> train_ <- scaled[index,]
> test_ <- scaled[-index,]
> library(neuralnet)
다음의 패키지를 부착합니다: 'neuralnet'
The following object is masked from 'package:ROCR':
    prediction
> n <- names(train_)
> f <- as.formula(paste("fe_st ~", paste(n[!n %in% "fe_st"], collapse = " + ")))
> nn <- neuralnet(f,data=train_,linear.output=T)
> yhat <- predict(nn, newdata = test_)
```

해석

처리 결과 화면을 보면, 훈련데이터로 학습한 회귀결과를 이용해, 새로 주어진 실습데이터의 회귀분석을 실시한 y값이 yhat에 저장된다.

이제 중요한 처리가 필요하다. 앞서 다룬 바와 같이 neuralnet과 ROCR 패키지는 서로 충돌하기 때문에 동시에 가동시킬 수 없다. 따라서 한쪽을 detach시켜야 한다. 여기서는 neuralnet 패키지를 detach시키고 ROCR 패키지를 불러 들이도록 하자.

명령어

```
> detach(package:neuralnet,unload = T)
> require(ROCR)> attach(test_)
> prob <- prediction(yhat, test_$fe_st)
> perf <- performance(prob,"tpr","fpr")
> win.graph()> plot(perf, main="ROC curve", colorize=T)
```

```
> detach(package:neuralnet,unload = T)
> require(ROCR)
> attach(test_)
The following objects are masked from test_ (pos = 3):
    cpi_st, fe_st, ip_st, lt_st, m1_st, m3_st, sp_st, st_st
The following objects are masked from data (pos = 4):
    cpi_st, fe_st, ip_st, lt_st, m1_st, m3_st, sp_st, st_st
> prob <- prediction(yhat, test_$fe_st)
> perf <- performance(prob,"tpr","fpr")
> win.graph()
> plot(perf, main="ROC curve", colorize=T)
```

[처리결과화면]

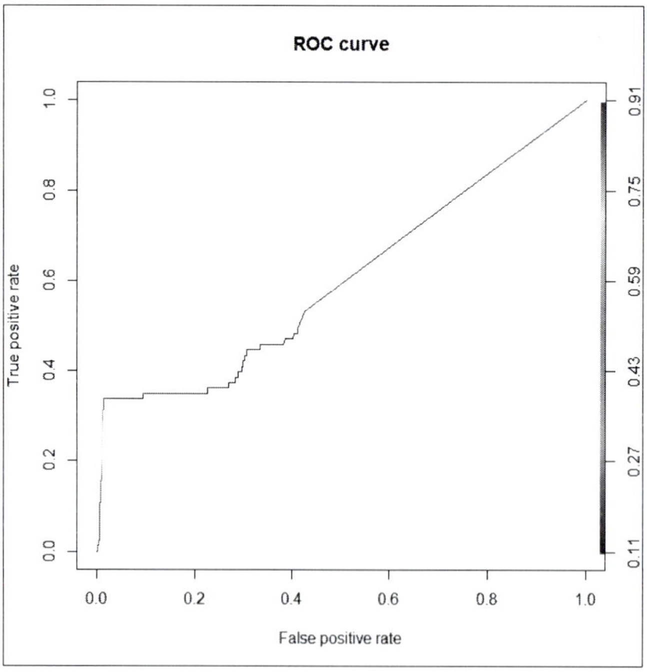

해석

처리 결과 화면을 보면, ROC커브 왼쪽면이 비교적 넓은 것을 볼 때, 모델 성능이 초기에는 좋았다가 살짝 꺾이는 것을 알 수 있다.

이번에는 리프트 차트(lift chart)를 도출해보자.

명령어

```
> perf <- performance(prob,"lift","rpp")
> plot(perf, main="lift curve", colorize=T)
```


```
> perf <- performance(prob,"lift","rpp")
> plot(perf, main="lift curve", colorize=T)
```


[처리결과화면]

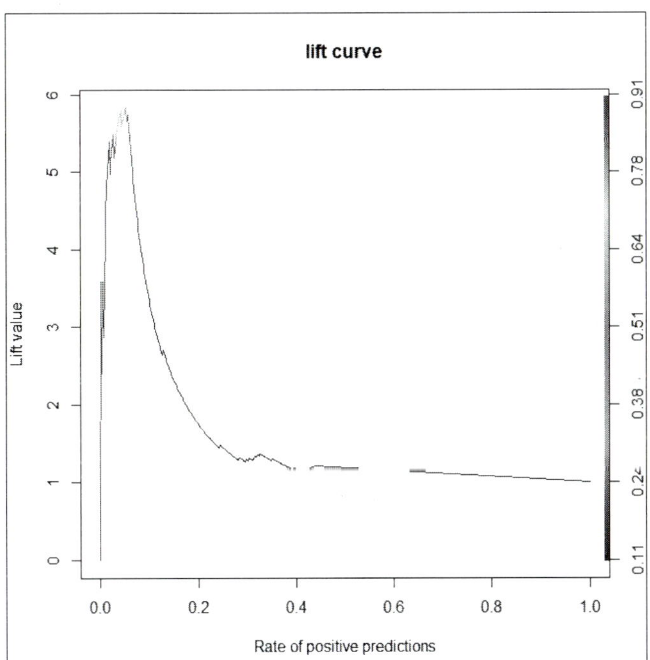

해석

처리 결과 화면을 보면, ROC커브의 결과와 비슷하게 성능을 설명하고 있다.

8) 랜덤포레스트(RandomForest) 모형 시각화: reprtree:::plot.getTree( )

일반 회귀모형의 대안으로 제시되고 있는 의사결정트리 모형 가운데 랜덤포레스트(randomForest) 모형의 결과물을 시각화하는 작업을 연습해보자. 우선 시각화에 필요한 패키지를 설치하자. 설치할 패키지는 "reprtree"이며, github를 통해 설치해야 한다. 일부 다른 방법이 있으나 필자의 경우 다음 방식이 가장 에러 메시지가 없는 깔끔한 방법이었다. 화면에서 "Enter one or more numbers separated by spaces, or an empty line to cancel"이라는 메시지가 나오면 "1"을 입력할 경우 "Invalid input, please try again"이라는 메시지가 생성된다. 따라서 아무런 숫자도 입력하지 않고 Enter를 치게 되면 win-library의 3.5 폴더 아래에 reprtree가 설치 및 생성된다.

명령어

```
 options(repos='http://cran.rstudio.org')
> have.packages <- installed.packages()
> cran.packages <- c('devtools','plotrix','randomForest','tree')
> to.install <- setdiff(cran.packages, have.packages[,1])
> if(length(to.install)>0) install.packages(to.install)
> library(devtools)
> devtools::install_github('skinner927/reprtree')
```

```
> options(repos='http://cran.rstudio.org')
> have.packages <- installed.packages()
> cran.packages <- c('devtools','plotrix','randomForest','tree')
> to.install <- setdiff(cran.packages, have.packages[,1])
> if(length(to.install)>0) install.packages(to.install)
> library(devtools)
> devtools::install_github('skinner927/reprtree')
Downloading GitHub repo skinner927/reprtree@master
These packages have more recent versions available.
Which would you like to update?

1:   plotrix (3.7-5 -> 3.7-8) [CRAN]

Enter one or more numbers separated by spaces, or an empty line to cancel
1: library(reprtree)
1: 1
Invalid input, please try again
1:
```

```
√ checking for file 'C:\Users\OSYang\AppData\Local\Temp\RtmpSC5CEt\remotes29f85
dd27cfb\Skinner927-reprtree-213d622/DESCRIPTION' ...
- preparing 'reprtree':
√ checking DESCRIPTION meta-information ...
- checking for LF line-endings in source and make files and shell scripts
- checking for empty or unneeded directories
- building 'reprtree_0.6.tar.gz'

Installing package into 'C:/Users/OSYang/Documents/R/win-library/3.5'
(as 'lib' is unspecified)
* installing *source* package 'reprtree' ...
** R
** byte-compile and prepare package for lazy loading
경고: package 'randomForest' was built under R version 3.5.2
경고: package 'tree' was built under R version 3.5.2
경고: package 'plotrix' was built under R version 3.5.3
** help
No man pages found in package  'reprtree'
*** installing help indices
** building package indices
** testing if installed package can be loaded
경고: package 'randomForest' was built under R version 3.5.2
경고: package 'tree' was built under R version 3.5.2
경고: package 'plotrix' was built under R version 3.5.3
* DONE (reprtree)
In R CMD INSTALL
```

다음에는 연습데이터(apptrain2Category_st_finalfinal.csv)를 불러들이고, 필요한 라이브러리(randomForest)를 불러오자.

명령어

```
> setwd("C:/Users/osyan/")
> apptrain2_st <-read.csv(file.choose()) #파일선택할 수 있는 명령어
> library(randomForest)
```

```
> setwd("C:/Users/osyan/")
> apptrain2_st <-read.csv(file.choose()) #파일선택할 수 있는 명령어
> library(randomForest)
randomForest 4.6-14
Type rfNews() to see new features/changes/bug fixes.
```

이제 랜덤포레스트 모형을 처리하기 위해 다시 데이터셋을 양분한다. 데이터셋을 보면 전체 6526개의 관측치가 있고, 이를 다시 3263개로 분할하자.

명령어

```
> attach(apptrain2_st)
> set.seed(1)
> train=sample(6526, 3263)
```



```
> attach(apptrain2_st)
> set.seed(1)
> train=sample(6526, 3263)
```


[처리결과화면]

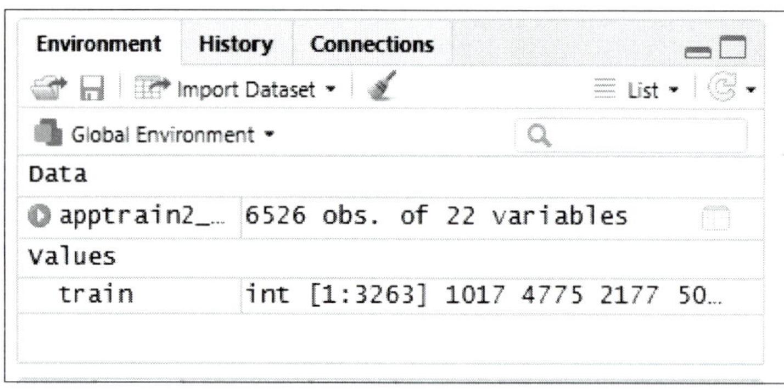

해석

처리 결과 화면을 보면, 3263개로 분할되었음을 볼 수 있다.

분할된 데이터셋을 대상으로 랜덤포레스트 트리 모형을 처리해보자. 종속변수는 Rating_st, 독립변수는 Reviews_st, Installs_st, Price_st, Polarity_st, Subjectivity_st, Interaction1이고, 통제변수는 Category, Size, Type, Content.Rating으로 하자. 그리고 시각화에 필요한 패키지(reprtree)를 불러오자.

명령어

```
> rftrain=randomForest(Rating_st~Reviews_st+Installs_st+Price_st+Polarity_st+Su
```

```
bjectivity_st+Interaction1+Category+Size+Type+Content.Rating,  data=apptrain2_s
t, subset=train, mtry=6, importance=TRUE)
> library(reprtree)
```

```
> rftrain=randomForest(Rating_st~Reviews_st+Installs_st+Price_st+Polarity_st+Su
bjectivity_st+Interaction1+Category+Size+Type+Content.Rating,  data=apptrain2_s
t, subset=train, mtry=6, importance=TRUE)
> library(reprtree)
필요한 패키지를 로딩중입니다: tree
Registered S3 method overwritten by 'tree':
  method     from
  print.tree cli
필요한 패키지를 로딩중입니다: plotrix
Registered S3 method overwritten by 'reprtree':
  method    from
  text.tree tree
```

이제 도화지(win.graph( ))를 올려 놓고 앞서 작업한 랜덤포레스트 처리 결과(rftrain)를 시각화 시켜 보자.

명령어

```
> win.graph()
> reprtree:::plot.getTree(rftrain)
```

```
> win.graph()
> reprtree:::plot.getTree(rftrain)
50건 이상의 경고들을 발견되었습니다 (이들 중 처음 50건을 확인하기 위해서는 warnings()를 이용
하시길 바랍니다).
```

[처리결과화면]

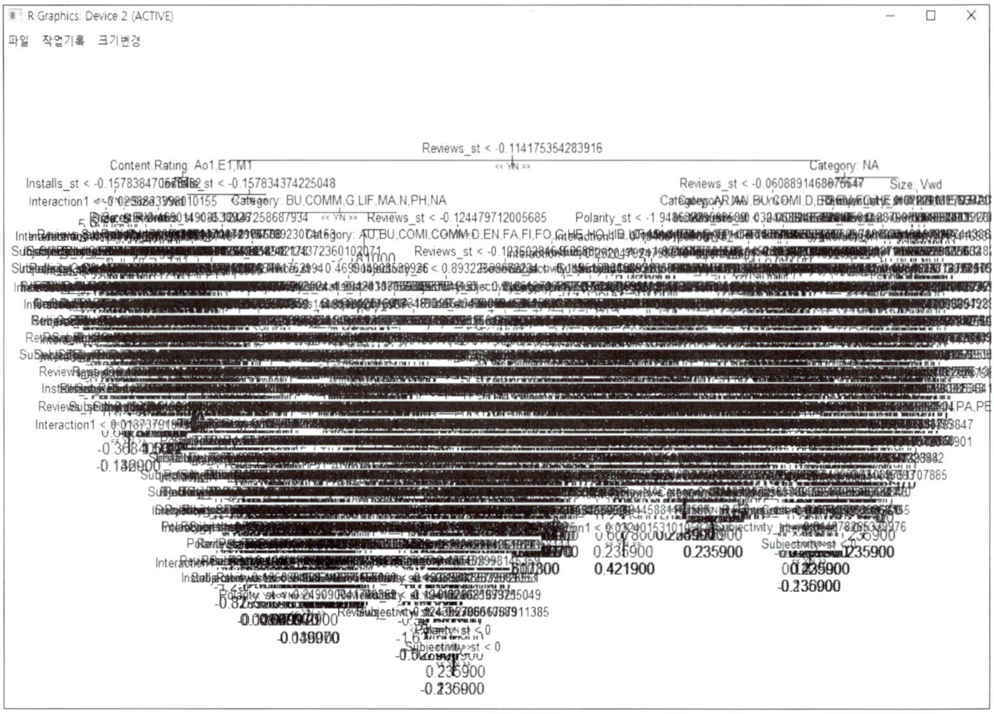

해석

처리 결과 화면을 보면, 엄청난 크기의 랜덤포레스트 트리가 생성되고 있음을 볼 수 있다. 시각화 결과를 간단하고 가독성을 높이기 위해서는 트리 개수부터 재조정이 필요하다. 여기서는 초기 작업 결과를 그대로 보여주었다.

Chapter 3. R찬 중급 통계

1. 포아송 회귀분석

1) 포아송 회귀분석 기초 처리

발생률이 낮은 비율을 보이는 사건에 대해 연구할 때 사용되는 연구모형 중 하나가 포아송 회귀분석이다. 단위 인구당 발생한 개체수를 말할 때 포아송 회귀분석 모형을 떠올리게 된다. 포아송 회귀분석은 종속변수(dependent variable)가 포아송 분포를 따른다고 가정한다. 포아송 분포(poisson distribution)란 단위 시간 안에 어떤 사건이 몇 번 발생할 것인지를 표현하는 이산확률 분포를 말한다. 포아송 회귀분석은 주로 종속변수가 가산자료(count data)일때 사용되며, 구간에서 발생하는 사건의 횟수를 추정하는데 유용하다. 연습을 위해 UCLA에서 제공된 poisson_sim.csv 파일을 우선 불러오자. 확장자가 csv인 파일은 read.csv( ) 함수로 불러온다. 작업디렉토리와 불러올 파일명은 "https://stats.idre.ucla.edu/stat/data/poisson_sim.csv"이다.

#작업디렉토리 지정: setwd("작업디렉토리")#

특정 파일을 개별적으로 사용할 때는 작업디렉토리(필자의 작업디렉토리는 C:/Users/User 또는 C:/Users/OSYang)를 미리 지정해 주고, 작업디렉토리에 넣어 둔 연습파일을 불러오면 편리하다. 작업디렉토리는 사용자마다 다르고, 사용자가 사용하는 컴퓨터마다 다르다.

명령어

```
> setwd("C:/Users/User/") 또는 setwd("C:/Users/OSYang/")
```

명령어

```
> poisson1 <-read.csv("https://stats.idre.ucla.edu/stat/data/poisson_sim.csv")
```

불러온 데이터 파일의 내용을 살펴보자.

명령어

```
> poisson1
```

```
> poisson1
     id num_awards prog math
1    45          0    3   41
2   108          0    1   41
3    15          0    3   44
4    67          0    3   42
5   153          0    3   40
6    51          0    1   42
7   164          0    3   46
8   133          0    3   40
9     2          0    3   33
(중간생략)
194  95          5    2   71
195  61          1    2   60
196 100          2    2   71
197 143          2    3   75
198  68          1    2   71
199  57          0    2   72
200 132          3    2   73
```

데이터에는 num_awards, prog, math 등의 변수가 저장되어 있다. Num_awards는 수치형 산출물 변수(outcome variable)로 해당 학생이 고등학교 시절 연간 수상횟수이고, prog는 범주형 예측변수(predictor variable)로 세 개의 수준으로 구분되며 해당 학생이 등록한 프로그램 유형을 말한다(1=General, 2=Academic, 3=Vocational). math는 연속형 예측변수로 수학 최종 시험 점수를 나타낸다.

자 이제 factor( ) 함수를 사용하여 범주형 데이터의 순위를 결정해주자.

명령어

```
> poisson1 <-within(poisson1, {
      prog <-factor(prog, levels=1:3, labels=c("General", "Academic", "Vocational
"))
      id <-factor(id)
})
```

```
> poisson1 <-within(poisson1, {
+  prog <-factor(prog, levels=1:3, labels=c("General", "Academic", "Vocational"))
+   id <-factor(id)
+ })
```

factor( ) 함수로 전환한 데이터 상태를 원래 데이터와 비교해 보자.

명령어

```
> poisson1
```

```
> poisson1
     id num_awards       prog math
1    45          0 Vocational   41
2   108          0    General   41
3    15          0 Vocational   44
4    67          0 Vocational   42
5   153          0 Vocational   40
6    51          0    General   42
7   164          0 Vocational   46
8   133          0 Vocational   40
9     2          0 Vocational   33
       (중간 생략)
190 200          1   Academic   75
191 180          0   Academic   69
192  82          1   Academic   65
193 174          2   Academic   71
194  95          5   Academic   71
195  61          1   Academic   60
196 100          2   Academic   71
197 143          2 Vocational   75
198  68          1   Academic   71
199  57          0   Academic   72
200 132          3   Academic   73
```

해석

처리 결과 화면을 보면, 원래 데이터 파일에는 prog가 숫자로 표시되어 있던 것이, 처리 후에는 각 숫자에 맞는 유형화로 구분되어 General(1), Academic(2), Vocational(3) 등으로 표시되어 있음을 볼 수 있다. 또한 id는 특정한 유형으로 구분하여 명목형으로 표기하라는 명령어를 주지 않았기 때문에 숫자 그대로 나타나 있지만 사실 factor로 전환된 상태이다.

Factor 전환된 데이터 파일을 요약하면 다음과 같다.

명령어

```
> summary(poisson1)
```

```
> summary(poisson1)
      id        num_awards          prog          math
 1      :  1   Min.   :0.00   General   : 45   Min.   :33.00
 2      :  1   1st Qu.:0.00   Academic  :105   1st Qu.:45.00
 3      :  1   Median :0.00   Vocational: 50   Median :52.00
 4      :  1   Mean   :0.63                    Mean   :52.65
 5      :  1   3rd Qu.:1.00                    3rd Qu.:59.00
 6      :  1   Max.   :6.00                    Max.   :75.00
 (Other):194
```

해석

처리 결과 화면을 보면, prog 변수에서 보여주듯이 General 45, Academic 105, Vocational 50해서 총 200개의 관측치가 나타났다. 개수의 차이는 있으나 상당히 분포(Academic 105 vs non-Academic 95)가 괜찮은 것으로 판단할 수 있다. 한편 Math 변수에서 보여주듯이 평균이 52.65, 중앙값이 52로 최저치(33)와 최고치(75) 사이에 고르게 분포되어 있는 것으로 판단할 수 있다.

데이터 파일을 불러 온 후 작업에 필요한 패키지를 설치하고 패키지를 열자. 사용할 패키지는 ggplot2, sandwich, msm 등이다. 여기서는 ggplot2는 이미 설치되어 있어, sandwich와 msm만 새로 설치한다(ggplot2가 설치되지 않은 경우 세 가지 모두 설치해야 한다).

명령어

```
> install.packages("ggplot2")
> install.packages("sandwich")
> install.packages("msm")
```

```
> install.packages("sandwich")
Installing package into 'C:/Users/OSYang/Documents/R/win-library/3.5'
(as 'lib' is unspecified)
trying URL 'https://cran.rstudio.com/bin/windows/contrib/3.5/sandwich_2.5-0.zip'
Content type 'application/zip' length 1408505 bytes (1.3 MB)
downloaded 1.3 MB
package 'sandwich' successfully unpacked and MD5 sums checked
The downloaded binary packages are in
      C:\Users\OSYang\AppData\Local\Temp\Rtmpu0uvdD\downloaded_packages
> install.packages("msm")
Installing package into 'C:/Users/OSYang/Documents/R/win-library/3.5'
(as 'lib' is unspecified)
also installing the dependencies 'mvtnorm', 'expm'
trying URL 'https://cran.rstudio.com/bin/windows/contrib/3.5/mvtnorm_1.0-8.zip'
Content type 'application/zip' length 270167 bytes (263 KB)
downloaded 263 KB
trying URL 'https://cran.rstudio.com/bin/windows/contrib/3.5/expm_0.999-3.zip'
Content type 'application/zip' length 456418 bytes (445 KB)
downloaded 445 KB
trying URL 'https://cran.rstudio.com/bin/windows/contrib/3.5/msm_1.6.6.zip'
Content type 'application/zip' length 1496231 bytes (1.4 MB)
downloaded 1.4 MB
package 'mvtnorm' successfully unpacked and MD5 sums checked
package 'expm' successfully unpacked and MD5 sums checked
package 'msm' successfully unpacked and MD5 sums checked

The downloaded binary packages are in
      C:\Users\OSYang\AppData\Local\Temp\Rtmpu0uvdD\downloaded_packages
```

설치한 패키지 불러오기를 하자. 사용할 명령어는 require( )이다.

명령어

```
> require(ggplot2)
> require(sandwich)
> require(msm)
```

```
> require(ggplot2)
> require(sandwich)
필요한 패키지를 로딩중입니다: sandwich
```

```
Warning message:
패키지 'sandwich'는 R 버전 3.5.1에서 작성되었습니다
> require(msm)
필요한 패키지를 로딩중입니다: msm
Warning message:
패키지 'msm'는 R 버전 3.5.1에서 작성되었습니다
```

이제 앞에서 살펴본 기술통계 내용을 세 가지 prog 유형별로 구분해서 나타내도록 명령어를 작성해 보자.사용할 명령어는 tapply( ), with( ), function( ) 등이다. 결과변수인 num_awards와 예측변수의 하나인 prog를 대상으로, prog 유형별로 num_awards의 평균(mean)과 표준편차(sd)를 나타내도록 하자.

명령어

```
 with(poisson1, tapply(num_awards, prog, function(x) {
  sprintf("M(SD)=%1.2f (%1.2f)", mean(x), sd(x))
}))
```

```
> with(poisson1, tapply(num_awards, prog, function(x) {
+   sprintf("M(SD)=%1.2f (%1.2f)", mean(x), sd(x))
+ }))
             General              Academic            Vocational
"M(SD)=0.20 (0.40)" "M(SD)=1.00 (1.28)" "M(SD)=0.24 (0.52)"
```

해석

처리 결과 화면을 보면, prog의 유형별로 평균과 표준편차를 보여주고 있다. 이는 유형별로 나누기 전, num_awards의 평균(0.63)과 차이를 보여준다. ( ) 안의 수치는 표준편차이다.

이를 ggplot( ) 그래프로 나타내면 다음과 같다. 명령어 ggplot( )을 실시하기 전에 win.graph( )을 먼저 실행시키자. 주의할 점은 일반 워드작업에서 쓰는 큰따옴표가 R에서는 받아들여지지 않는다는 사실이다. 반드시 " "을 사용해야 한다.

명령어

```
> win.graph()
> ggplot(poisson1, aes(num_awards, fill=prog)) + geom_histogram(binwidth=.5, posi
tion="dodge")
```

```
> win.graph()
> ggplot(poisson1, aes(num_awards, fill=prog)) + geom_histogram(binwidth=.5, posi
tion="dodge")
```

[처리결과화면]

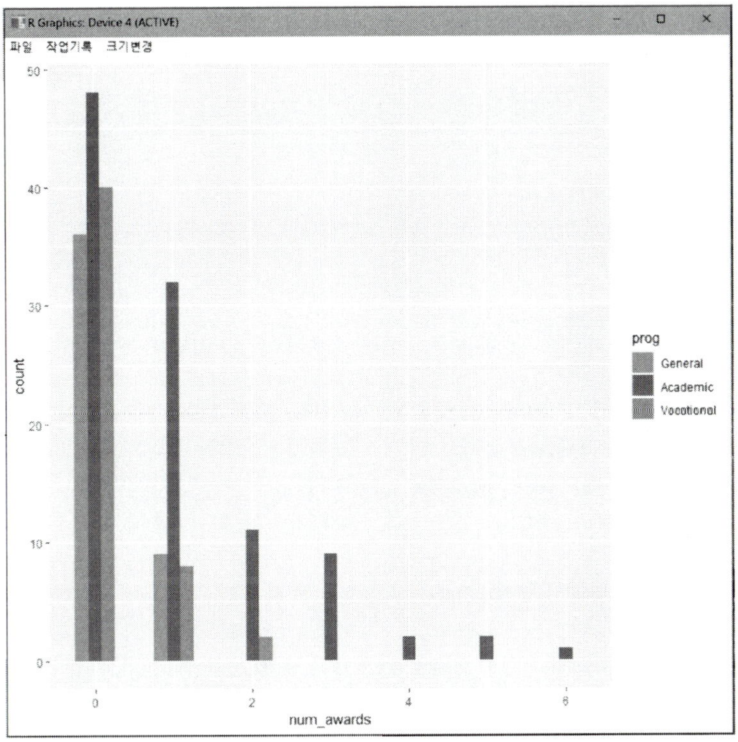

해석

처리 결과 화면을 보면, 포아송분포 모양을 띠고 있는 것을 알 수 있다.

이제 데이터에 관한 고찰이 끝났다. 최종적으로 포아송 회귀분석을 실시해 보자. 포아송 회귀분석은 glm( ) 함수와 family="poisson"을 사용한다. 종속변수는 num_awards, 예측변수는 prog, math이다. 포아송 회귀분석 결과를 저장할 파일명은 poisson2로 하자. 데이터는 factor 작업이 끝난 poisson1이다(원래 데이터 파일인 poisson1이 아니라).

명령어

```
> 저장할파일명 <-glm(종속변수~예측변수1+예측변수2, family="poisson", data=데이터파일명)

> poisson2 <-glm(num_awards~prog+math, family="poisson", data=poisson1)
```

포아송 회귀분석이 끝난 결과를 저장한 파일명의 세부 내용을 summary( ) 함수로 살펴보면 다음과 같다.

명령어

```
> summary(poisson2)
```

```
> summary(poisson2)

Call:
glm(formula = num_awards ~ prog + math, family = "poisson", data = poisson1)

Deviance Residuals:
    Min       1Q   Median       3Q      Max
-2.2043  -0.8436  -0.5106   0.2558   2.6796

Coefficients:
               Estimate Std. Error z value Pr(>|z|)
(Intercept)    -5.24712    0.65845  -7.969 1.60e-15 ***
progAcademic    1.08386    0.35825   3.025  0.00248 **
progVocational  0.36981    0.44107   0.838  0.40179
math            0.07015    0.01060   6.619 3.63e-11 ***
---
Signif. codes:  0 '***' 0.001 '**' 0.01 '*' 0.05 '.' 0.1 ' ' 1

(Dispersion parameter for poisson family taken to be 1)

    Null deviance: 287.67  on 199  degrees of freedom
Residual deviance: 189.45  on 196  degrees of freedom
AIC: 373.5

Number of Fisher Scoring iterations: 6
```

해석

처리 결과 화면을 보면, Deviance Residuals로 시작되고 있다. Deviance Residuals는 연구모형이 적합하다면 준 정규분포를 따른다. 이 분석결과에서는 중앙값(Median)이 "0"이 아닌 것으로 나타났다. 따라서 skeweness가 다소 있는 것으로 판단된다. 다음에는 포아송 회귀분석 coefficients가 나와 있다. progAcademic은 prog="Academic"와 prog="General"을 비교하는 기대차이(expected difference)이다. progVocational은 prog="Vocational"과 prog="General"을 비교하는 기대차이이다. 한편 Pr(>|z|) 값이 통계적 유의도가 나타나고 있는 항목은 progAcademic와 math이다. 각각 유의수준 0.001(**), 0.0001(***)에서 통계적으로 유의한 영향을 미치는 것으로 나타났다. Estimates 수치에서 알 수 있듯이 progAcademic와 math 모두 영향을 미치는 방향(즉 관계)은 모두 양(+)의 방향인 것으로 나타났다. 이와 달리 progVocational은 통계적으로 유의한 영향을 미치지 않는 것으로 나타났다. Math의 coefficient는 0.07인데 이는 Math 1단위 증가 시 기대로그카운트(expected log count)가 0.07임을 의미한다(즉 num_awards가 0.07 증가). progAcademic의 expected log count는 약 1.1로, 즉 progAcademic 1단위 증가 시 num_awards가 약 1.1 증가함을 의미한다. Residual deviance는 현행 모델의 deviance와 이상형 모델(예측치와 관측치가 동일한)의 최대 deviance 간 차이를 보여준다. Residual deviance는 적합도(the goodness of fit) 검정에 사용된다. Residual deviance가 작으면, 적합도검정이 통계적 유의도를 보이지 않게 되는데, 이는 모델이 데이터에 적합함을 의미한다.

#회귀분석 결과를 요약하는 것까지 처리하는 명령어#

앞선 두 개의 단계를 한꺼번에 명령어로 처리할 수도 있다.

명령어

```
> summary(poisson2 <-glm(num awards~prog+math, family="poisson", data=poisson
1))
Call:
glm(formula = num_awards ~ prog + math, family = "poisson", data = poisson1)
Deviance Residuals:
    Min       1Q   Median       3Q      Max
-2.2043  -0.8436  -0.5106   0.2558   2.6796
Coefficients:
               Estimate Std. Error z value Pr(>|z|)
(Intercept)    -5.24712    0.65845  -7.969 1.60e-15 ***
progAcademic    1.08386    0.35825   3.025  0.00248 **
```

```
progVocational  0.36981    0.44107    0.838  0.40179
math            0.07015    0.01060    6.619 3.63e-11 ***
Signif. codes:  0 '***' 0.001 '**' 0.01 '*' 0.05 '.' 0.1 ' ' 1
(Dispersion parameter for poisson family taken to be 1)
    Null deviance: 287.67  on 199  degrees of freedom
Residual deviance: 189.45  on 196  degrees of freedom
AIC: 373.5
Number of Fisher Scoring iterations: 6
```

해석

처리 결과 화면을 보면, 앞서 실행한 두 단계의 결과와 동일한 것으로 나타났다.

2) 포아송 회귀분석 심화 처리: 강건한 표준오차 사용(sandwich 패키지[8])

포아송 회귀분석 모형을 처리할 때 좀 더 강건한 방법으로 진행하는 접근법이 있다. Cameron and Trivedi(2009)가 주장한 내용인데, 파라미터 추정을 위해 강건한 표준오차를 사용하게 되면, "분산은 평균과 동일하다(the variance equals the mean)"는 분포 가정에서 나타나는 미세한 변동(violation)을 통제할 수 있다. 이를 위해 강건한 표준오차를 사용해서 p 값을 계산해 내는 sandwich 패키지를 사용해보자. 이 패키지는 95% 신뢰구간을 보여준다. 사용할 함수는 vcovHC( ) 함수이다.

명령어

```
> 저장할파일명 <-vcovHC(데이터파일명, type = "유형")

> cov.poisson2 <-vcovHC(poisson2, type = "HC")
```

arg(type)

```
> cov.poisson2 <-vcovHC(poisson2, type="HCO")
Error in match.arg(type) :
  'arg' should be one of "HC3", "const", "HC", "HC0", "HC1", "HC2", "HC4", "HC4m",
"HC5"
```

8 이 부분에 대한 내용은 UCLA에서 공개적으로 제공하고 있는 통계방법론 내용에 크게 의존한다. 아래 참조 (https://stats.idre.ucla.edu/r/dae/poisson-regression/)(검색일: 2018년 10월 9일).

```
> cov.poisson2 <-vcovHC(poisson2, type = "HC")   # vcovHC와 맞춰서 HC로 하니 돌아감
```

다음에는 표준오차를 구하고 cbind( ) 함수, pnorm( ) 함수를 사용하여 강건한 표준오차를 추정하자. 강건한 표준오차를 구하기 위한 계산식은 다음과 같다. 계산 결과를 저장할 파일명은 std.err(강건한 표준오차 결과 저장)과 강건한 표준오차를 사용하여 추정한 결과를 저장할 파일명은 r.est로 한다.

명령어

```
> std.err <- sqrt(diag(cov.poisson2))
> r.est <-cbind(Estimate=coef(poisson2), "Robust SE"=std.err, "Pr(>|z|)"=2*pnorm
(abs(coef(poisson2)/std.err), lower.tail=FALSE), LL=coef(poisson2)-1.96*std.er
r, UL=coef(poisson2)+1.96*std.err)
```

```
> std.err <- sqrt(diag(cov.poisson2))
> r.est <-cbind(Estimate=coef(poisson2), "Robust SE"=std.err, "Pr(>|z|)"=2*pnorm
(abs(coef(poisson2)/std.err), lower.tail=FALSE),
+               LL=coef(poisson2)-1.96*std.err,
+               UL=coef(poisson2)+1.96*std.err)
```

추정이 끝나면 최종적으로 내용을 열람해보자.

명령어

```
> r.est
```

```
> r.est
                 Estimate  Robust SE     Pr(>|z|)          LL          UL
(Intercept)    -5.2471244 0.64599839 4.566630e-16 -6.51328124 -3.98096756
progAcademic    1.0838591 0.32104816 7.354745e-04  0.45460476  1.71311353
progVocational  0.3698092 0.40041731 3.557157e-01 -0.41500870  1.15462716
math            0.0701524 0.01043516 1.783975e-11  0.04969947  0.09060532
```

3) 포아송 회귀분석 심화 처리: 추가 검정[9]

① 적합도 카이제곱 검정(the goodness of fit chi-squared test)

앞서 실행한 포아송 회귀분석 결과에서 보여주는 자료 가운데, Residual deviance는 현행 모델의 deviance와 이상형 모델(예측치와 관측치가 동일한)의 최대 deviance 간 차이를 보여준다. Residual deviance는 적합도(the goodness of fit) 검정에 사용된다. Residual deviance가 작으면, 적합도검정이 통계적 유의도를 보이지 않게 되는데, 이는 모델이 데이터에 적합함을 의미한다.

적합도 카이제곱(chi-squared) 검정이 통계적으로 유의함을 보이지 않는다면, 모델이 적합한 것으로 결론내릴 수 있다. 반대로 검정이 통계적으로 유의한 것으로 나타난다면 데이터가 모델에 적합하지 않음을 의미하므로, 이럴 경우에는 누락된 예측변수가 있거나 선형가정이 무너졌거나 과대산포(overdispersion) 문제가 존재하는 것으로 봐야 한다.

Residual deviance를 사용하여 다음 명령어로 적합도 카이제곱 검정을 실시해보자. 사용할 함수는 with( )와 cbind( )이다.

명령어

```
> with(poisson2, cbind(res.deviance=deviance, df=df.residual, p=pchisq(deviance,
df.residual1, lower.tail=FALSE)
```

```
> with(poisson2, cbind(res.deviance=deviance, df=df.residual, p=pchisq(deviance,
df.residual, lower.tail=FALSE)))
     res.deviance  df         p
[1,]     189.4496 196 0.6182274
```

해석

처리 결과 화면을 보면, p값이 0.001(0.1%), 0.01(1%), 0.05(5%), 0.10(10%) 등 모든 통계적 유의도 수준에서 유의하지 않은 것으로 나타났다. 따라서 적합도 카이제곱 검정은 유의하지 않아 데이터가 모델에 적합한 것으로 최종 판단할 수 있다.

9 이 부분에 대한 내용은 UCLA에서 공개적으로 제공하고 있는 통계방법론 내용에 크게 의존한다. 아래 참조 (https://stats.idre.ucla.edu/r/dae/poisson-regression/)(검색일: 2018년 10월 9일).

② **완전모델, 감소모델 비교: 자유도 검정을 위한 ANOVA**

또한 prog의 전반적인 효과를 검정할 수 있다. 이는 완전모델(full model)의 deviance를 prog를 뺀 모델의deviance와 비교하는 작업으로 이루어진다. 여기서는 두 번의 자유도(degree-of-freedom) 검정 결과를 통해 prog가 종속변수(num_awards)에 대해 통계적으로 유의한 예측변수 인가를 확인할 수 있다. 사용할 함수는 update( )와 anova( )이다. 우선 완전모델(prog가 포함된 데이터파일, 즉 poisson2)과 감소모델(prog 변수를 뺀 데이터파일)을 만들기 위해 해당 변수인 prog를 뺀 데이터를 새로운 파일명 poisson3로 저장하자.

명령어

```
> poisson3 <-update(poisson2, .~. - prog)
```

```
> poisson3 <-update(poisson2, .~. - prog)
```

이렇게 새롭게 저장한 파일(poisson3)과 이전 파일(poisson2)을 가지고 이번에는 anova( ) 함수를 사용하여 두 모델을 비교해 보자. Anova( )는 카이제곱 검정으로 두 모델 간 차이를 검정한다.

명령어

```
> anova(poisson3, poisson2, test="Chisq")
```

```
> anova(poisson3, poisson2, test="Chisq")
Analysis of Deviance Table

Model 1: num_awards ~ math
Model 2: num_awards ~ prog + math
  Resid. Df Resid. Dev Df Deviance  Pr(>Chi)
1       198     204.02
2       196     189.45  2   14.572 0.0006852 ***
---
Signif. codes:  0 '***' 0.001 '**' 0.01 '*' 0.05 '.' 0.1 ' ' 1
```

해석

처리 결과 화면을 보면, 완전모델(Model 2)과 감소모델(Model 1)에 대한 두 번의 자유도(degree-of-freedom) 검정 결과, Pr(>Chi) 값이 통계적 유의수준 0.0001(***)에서 유의한 것으로 나타났다. 따라서 두 모델 간 차이가 분명함을 말하며, 결국 prog는 종속변수(num_awards)를 결정하는 유의한 예측변수인 것으로 판단할 수 있다.

③ msm 패키지, deltamethod( ) 함수

회귀분석 결과를 신뢰구간과 더불어 incident rate ratios와 표준오차로 표현하는 것이 일반적이다. Incident rate ratios를 위한 표준오차를 계산하려면 Delta 방법을 사용한다. R 패키지인 msm에서는 deltamethod( ) 함수로 작동한다. 처리 결과를 저장할 파일명은 delta1으로 한다.

명령어

```
> delta1 <-deltamethod(list(~ exp(x1), ~ exp(x2), ~ exp(x3), ~ exp(x4)), coef(poisson2), cov.poisson2)
```



```
> delta1 <-deltamethod(list(~ exp(x1), ~ exp(x2), ~ exp(x3), ~ exp(x4)), coef(poisson2), cov.poisson2)
```


다음으로는 강건한 표준오차를 사용하여 추정한 결과를 저장한 파일(r.est)을 대상으로, p값을 드랍(drop)시키고 앞선추정치(old estimates)를 거듭제곱(즉 지수 함수 구하기)하고, 거듭제곱한 계수(coefficients) 추정치로 표준오차를 대체하자. 작업을 마치면 대체된 rexp.est 파일의 내용을 열람해 보자.

#거듭제곱(exponentiate)#
거듭제곱을 한다는 것은 지수함수(exponential function)를 구하는 것이다. 자연대수의 밑(e)을 n제곱할 때, exp(n)으로 표기하며 이것이 지수함수이다.

명령어

```
> rexp.est <-exp(r.est[, -3])
```

```
> rexp.est[, "Robust SE"] <- delta1
> rexp.est
```

```
> rexp.est <-exp(r.est[, -3])
> rexp.est[, "Robust SE"] <-delta1
> rexp.est
                Estimate  Robust SE          LL          UL
(Intercept)     0.00526263 0.00339965 0.001483604 0.01866757
progAcademic    2.95606545 0.94903937 1.575550534 5.54620292
progVocational  1.44745846 0.57958742 0.660334536 3.17284023
math            1.07267164 0.01119351 1.050955210 1.09483681
```

해석

처리 결과 화면을 보면, prog="Academic"의 incident rate은 Reference group인 prog="General"의 indicent rate의 2.96배이다. 또한 prog="Vocational"의 incident rate은 reference group의 incident rate의 1.45배이다.[10]

④ 기대한계평균(expected marginal means)과 사건예측수: data.frame( ) + predict( )

이번에는 기대한계평균(expected marginal means)을 살펴보자. 수학 점수가 전체 평균(overall mean)이 되는 프로그램 유형별 expected counts를 구하려면, predict( ) 함수를 사용한다. 이를 위해 우선 소규모 데이터 셋을 만들어 predict( ) 함수를 적용하도록 하자. 처리 결과를 저장할 파일명은 delta2로 하며, factor 처리한 poission1 파일에 대해 명령어를 작성해보자.

명령어

```
> delta2 <-data.frame(math=mean(poisson1$math), prog=factor(1:3, levels=1:3, labe
ls = levels(poisson1$prog))))
```

```
> (delta2 <-data.frame(math=mean(poisson1$math), prog=factor(1:3, levels=1:3, lab
els=levels(poisson1$prog))))
```

10 아래 참조. Long, J. Scott and Freese, Jeremy(2006), *Regression Models for Categorical Dependent Variables Using Stata*, Second Edition.

```
     math       prog
1 52.645    General
2 52.645   Academic
3 52.645 Vocational
```

이어서 처리된 delta2 파일에 대해, predict( ) 명령어를 내려보자. 포아송 회귀분석을 실시한 결과를 저장한 poisson2 파일에 대해, 다음 명령어를 작성한다.

명령어

```
> predict(poisson2, delta2, type="response", se.fit=TRUE)
```

```
> predict(poisson2, delta2, type="response", se.fit=TRUE)
$`fit`
        1         2         3
0.2114109 0.6249446 0.3060086

$se.fit
         1          2          3
0.07050108 0.08628117 0.08833706

$residual.scale
[1] 1
```

해석

처리 결과 화면을 보면, prog의 1 수준(level)에서는 수학점수를 평균으로 만드는 사건의 예측수(predicted number of events)가 약 0.21이다. Prog의 2 수준에서 사건의 예측수는 조금 더 높은데, 0.62이다. 3 수준에서는 약 0.31이다. 이들 예측수(predicted counts)의 배수(ratio)(0.211에 대한 0.625=2.96, 0.211에 대한 0.306=1.45)는 IRR에서 본 것과 일치한다.

⑤ 사건 예측수 그래프 그리기

사건예측수를 그래프로 그려보자. 우선 포아송 회귀분석 결과를 저장한 poisson2 파일에 대해, phat을 구한다(즉 predicted values를 추정한다). 그리고 이것을 factor 처리한 poisson1 파일에 새로운 변수(변수명 phat)로 저장하자(즉 추정한 predicted values를 저장한다).

명령어

```
> poisson1$phat <-predict(poisson2, type="response")
```

```
> poisson1$phat <-predict(poisson2, type="response")
```

다음에는 prog별로 order( )를 처리하고, math로 order( )를 처리한다. Factor 처리한 poisson1 파일에 대해 작업하자.

명령어

```
> poisson1 <-poisson1[with(poisson1, order(prog, math)),]
```

```
> poisson1$phat <-predict(poisson2, type="response")
> poisson1 <-poisson1[with(poisson1, order(prog, math)),]
```

이제 최종적으로 plot 그래프를 도출해 보자. 우선 win.graph( )로 그래프를 그릴 준비를 한다. 사용할 명령어는 ggplot( )이다. 새로운 변수 phat을 포함하고 있는 factor 처리한 데이터 파일, 즉 poisson1에 대해 명령어를 작성한다. x축은 math, y축은 phat(즉 수상의 기대치)으로 셋팅하자. 이때 geom_point( )와 geom_line( ) 함수를 동시에 사용하여 그래프를 꾸며 보자. x축의 이름은 "Math Score"로 하고, y축의 이름은 "Expected number of awards"로 나타내도록 하자.

명령어

```
> win.graph()
> ggplot(poisson1, aes(x=math, y=phat, colour=prog))+
  geom_point(aes(y=num_awards), alpha=.5, position=position_jitter(h=.2))+
  geom_line(size=1)+
  labs(x="Math Score", y="Expected number of awards")
```

```
> win.graph()
> ggplot(poisson1, aes(x=math, y=phat, colour=prog))+
+   geom_point(aes(y=num_awards), alpha=.5, position=position_jitter(h=.2))+
```

```
+    geom_line(size=1)
+    labs(x="Math Score", y="Expected number of awards")
```

[처리결과화면]

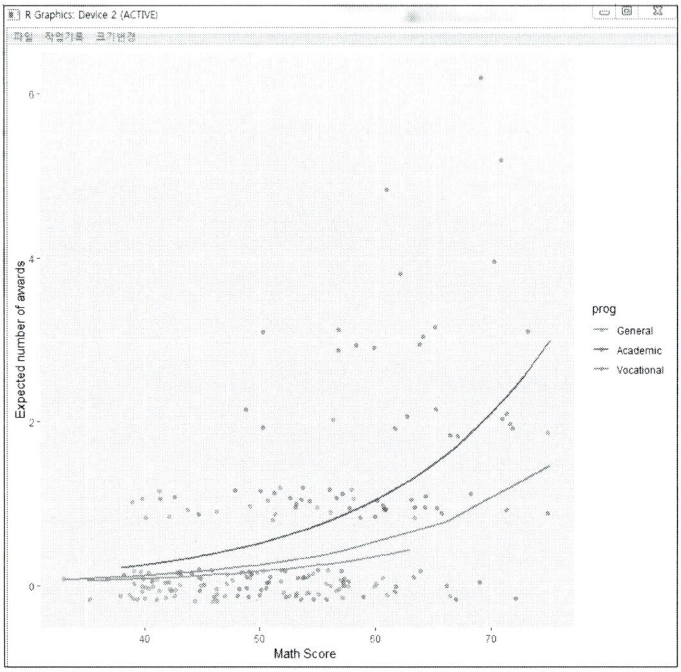

해석

처리 결과 화면을 보면, 그래프를 통해 최다 수상을 예측할 수 있다. 최다 수상은 prog 유형 가운데 Academic program(prog=2) 인 것으로 나타났다(특히 학생들이 수학 점수가 높을 때). 예측되는 수상의 최저 수는 General program(prog=1)인 것으로 나타났다. 또한 오버플로팅(overplotting)을 완화하고자 소량의 random noise가 수직적으로 첨부되었는데, 그럼에도 불구하고 기대값 직선이 실측치와 겹친다.

#백색잡음과 랜덤잡음#

가시광선의 경우 여러 색상이 겹치면 백색이 된다고 한다. 이처럼 모든 주파수 성분을 다 포함하기 때문에 '백색'이라고 부른다. 백색잡음은 자기상관이 없는 시계열인데 랜덤잡음이다.

[백색잡음 사례]

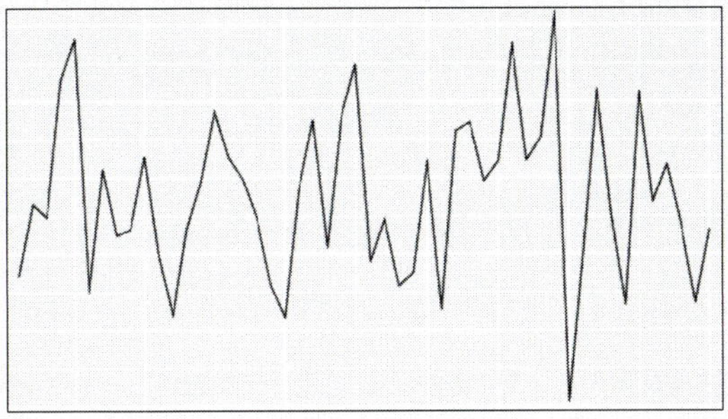

2. 군집분석

군집분석은 비지도학습(unsupervised learning)의 하나로, 사전 정보없이 자료를 제시하고 유사한 대상끼리 그룹핑을 지으라는 분석 기법이다. 대상 간의 유사도와 거리를 측정하는 방법에 따라 K-평균(k-means) 군집, 퍼지 군집, 계층적 군집 분석 등 다양한 기법이 존재한다.

1) k-평균(k-means) 군집모형

① 일반 실습

K-평균 군집모형은 계산량이 적어 대용량 자료도 쉽고 빠르게 처리할 수 있으며, 프로토타입에 근거한 모형으로 연속형 데이터에 적용할 수 있다. 각 데이터의 거리가가장 가까운 군집중심이 있는 군집으로 분류하여 중심을 계산하고 원하는 군집 개수(K값)로 나눈다. 군집의 중심으로는 데이터의 평균을 이용하며 k개의 군집 중심점을 임의추출(랜덤)로 선정한다. 여기서 데이터는 R의 연습데이터 "Boston"을 사용하였고 변수는 medv, lstat 변수를 이용하여 분석하였다.

명령어

```
> library(graphics)
> library(MASS)
> Boston = Boston #데이터 불러오기
> kmeandata <- data.frame(Boston$medv, Boston$lstat)
```

```
> library(graphics)
```

```
> library(MASS)
> Boston <- Boston #데이터 불러오기
> kmeandata <- data.frame(Boston$medv, Boston$lstat)
```

다음에는 데이터를 표준화하는 작업을 실행하자. K-means 군집 분석은 관측치 간의 거리를 이용하기 때문에 변수의 단위가 결과에 큰 영향을 미친다. 따라서 모든 변수 데이터를 표준화 하는 작업이 필요하다. 여기서 표준화 작업은 scale 함수를 사용하자.

명령어

```
> kmeandata <- scale(kmeandata) #스케일 조정
> summary(kmeandata)
```

```
> kmeandata <- scale(kmeandata) #스케일 조정
> summary(kmeandata)
  Boston.medv        Boston.lstat
 Min.    :-1.9063   Min.    :-1.5296
 1st Qu.:-0.5989   1st Qu.:-0.7986
 Median :-0.1449   Median :-0.1811
 Mean    : 0.0000   Mean    : 0.0000
 3rd Qu.: 0.2683   3rd Qu.: 0.6024
 Max.    : 2.9865   Max.    : 3.5453
```

이어서 kmeans( ) 함수를 사용하여 세 개의 군집을 만들어 보자.

명령어

```
> kcl <- kmeans(kmeandata,3)  # 세 개의 군집 만듦
> kcl
```

```
> kcl <- kmeans(kmeandata,3)  # 세 개의 군집 만듦
> kcl
K-means clustering with 3 clusters of sizes 81, 288, 137
Cluster means:
  Boston.medv Boston.lstat
1    39.08889     4.822593
2    22.18194    10.420278
```

```
3     13.48175     21.976496
Clustering vector:
  [1] 2 2 1 1 1 2 2 2 3 3 3 2 2 2 2 2 2 2 2 2 3 2 3 3 3 3 2 3 2 2 3 2 3 3 3 2 2 2
2 1 1 2 2 2 2 2 2 3 3 2
 [51] 2 2 2 2 2 1 2 1 2 2 2 2 2 2 1 2 2 2 2 2 2 2 2 2 2 2 2 2 2 2 2 2 2 2 2 2 2 2
2 2 2 2 2 2 2 2 1 1 1
[101] 2 2 2 2 2 2 3 2 2 2 2 2 2 3 2 2 2 2 2 2 2 2 3 3 2 3 3 2 3 2 2 2 2 3 3 3 2
3 3 3 3 3 3 3 3 3 3 3 3
[151] 2 2 2 2 2 3 3 1 2 2 2 1 1 1 2 2 1 2 2 2 2 2 2 2 2 2 2 2 2 1 1 1 1 1 2 2 1 1
1 1 1 1 1 1 2 1 1 2 1 1
[201] 1 2 1 1 1 2 2 2 2 3 2 3 2 2 3 2 2 2 2 2 2 3 2 2 1 1 1 1 1 1 2 1 1 1 2 2 2 1
2 2 2 2 2 2 2 3 2 2 2 2
[251] 2 2 1 1 2 2 1 1 1 2 1 1 1 2 1 2 2 1 1 2 2 2 2 1 1 1 1 1 2 1 1 1 1 1 1 2 2 2
2 2 2 1 2 2 2 2 2 2 2 2
[301] 2 2 2 1 1 2 1 2 2 2 2 2 2 2 2 2 3 2 2 2 2 2 2 2 2 2 2 2 2 2 2 2 2 2 2 2 2 2
2 2 2 1 2 2 1 2 2 2 2 2
[351] 2 2 2 1 2 2 3 2 2 2 2 2 2 2 2 2 2 2 1 1 1 1 1 3 3 2 3 3 3 3 3 3 3 3 3 3 3 3
3 3 3 2 3 3 3 3 3 3 3 3
[401] 3 3 3 3 3 3 3 2 3 2 2 3 3 3 3 3 3 3 3 3 2 3 2 3 3 3 3 3 3 3 3 3 2 3 3 3 3 3
3 3 3 3 2 3 3 3 3 3 3 3
[451] 3 3 3 3 3 3 3 3 3 2 3 2 2 2 2 2 3 3 3 2 2 2 2 2 3 3 3 3 3 2 2 2 2 2 2 2 2 2
3 3 3 3 2 2 2 2 3 2 2 2
[501] 2 2 2 2 2 2
Within cluster sum of squares by cluster:
[1] 4373.553 6738.367 5584.293
 (between_SS / total_SS =  75.6 %)
Available components:
[1] "cluster"     "centers"     "totss"       "withinss"     "tot.withinss" "betweenss"

[7] "size"         "iter"         "ifault"
```

여기서 중요한 명령어, 즉 군집분석을 해주는 "kmeans(kmeandata, 3)"이다. "Kmeandata"는 분석할 데이터이고, "3"은 생성할 군집갯수를 지정해주는것이다. 이후 시각화할 때에는 n개의 군집으로 나눌 경우, col = 1:n, cex = n으로 지정해주면 되고 pch = 8은 "*"모양으로 군집중심을 표시해준다.

명령어

```
> win.graph()
> plot(kmeandata, col = kcl$cluster)
> points(kcl$centers, col = 1:3, pch = 8, cex = 3)   # 세 군집의 중심을 표시
```

```
> win.graph()
> plot(kmeandata, col = kcl$cluster)
> points(kcl$centers, col = 1:3, pch = 8, cex = 3)   # 세 군집의 중심을 표시
```

[처리결과화면: plot]

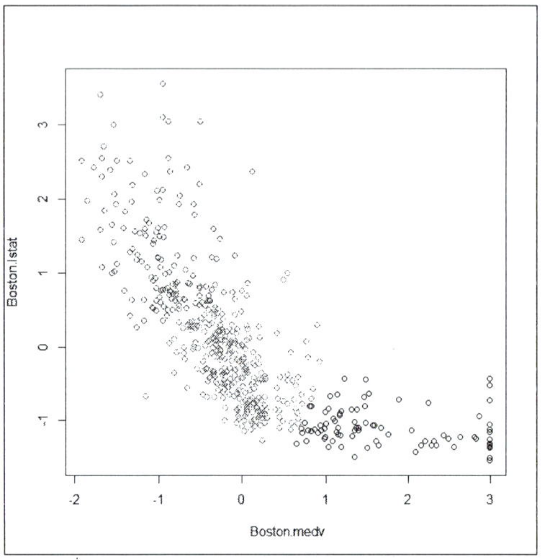

[처리결과화면: points]

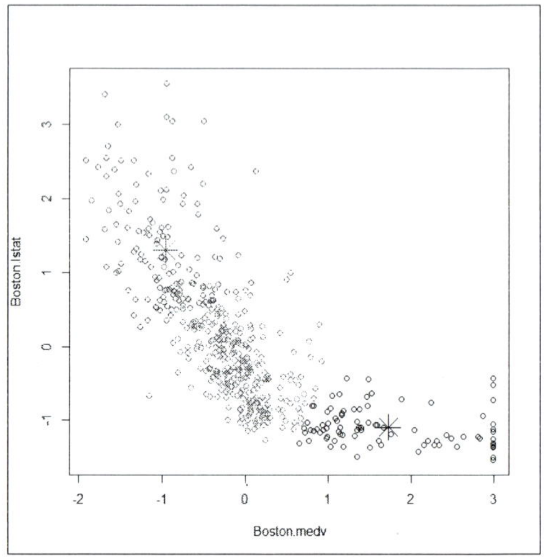

세 개의 군집을 만들라는 명령어를 조금 다르게 표현해 보자.

명령어

```
> kcl.kmeans <- kmeans(kmeandata, centers = 3, iter.max = 10000)
> kcl.kmeans$centers
> plot(kmeandata, col = kcl.kmeans$cluster)
> points(kcl.kmeans$centers, col = 1:3, pch = 8, cex = 3)   # 세 군집의 중심을 표시
```

```
> kcl.kmeans <- kmeans(kmeandata, centers = 3, iter.max = 10000)
> kcl.kmeans$centers
  Boston.medv Boston.lstat
1  -0.0554378   -0.3096558
2   1.7269877   -1.0922529
3  -0.9627199    1.2958569
> plot(kmeandata, col = kcl.kmeans$cluster)
> points(kcl.kmeans$centers, col = 1:3, pch = 8, cex = 3)   # 세 군집의 중심을 표시
```

[처리결과화면: plot]

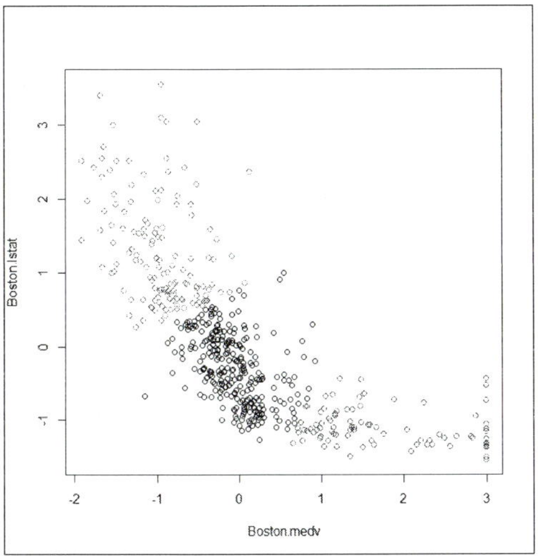

[처리결과화면: point]

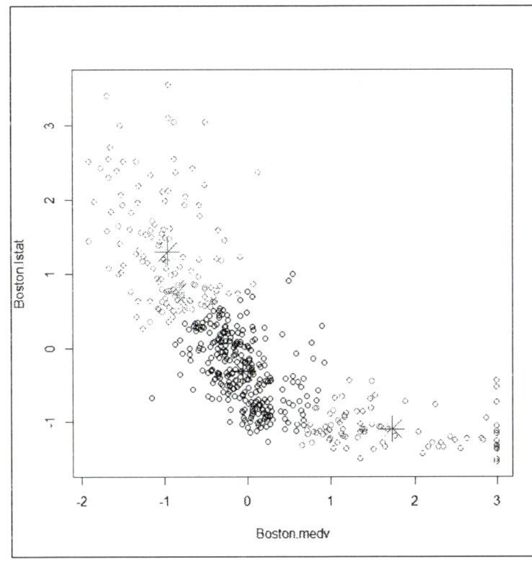

이번에는 시각화를 또 다른 방식으로 진행해보자. 군집분석 결과를 kmeandata 데이터셋에 할당(kcl$cluster를 kmeandata$cluster로 할당)하고, Boston.lstat와 Boston.medv 두 변수를 각각 x축과 y축으로 하여 시각화하라는 명령어 방식이다. 우선 kmeandata 데이터셋을 as.data.frame( ) 함수로 전환시키자. 이후 cluster 할당 명령어를 작성하고, qplot( ) 함수로 시각화하자.

명령어

```
> kmeandata=as.data.frame(kmeandata)
> kmeandata$cluster <- as.factor(kcl$cluster)
> qplot(Boston.lstat, Boston.medv, colour = cluster, data = kmeandata)
```


```
> kmeandata=as.data.frame(kmeandata)
> kmeandata$cluster <- as.factor(kcl$cluster)
> qplot(Boston.lstat, Boston.medv, colour = cluster, data = kmeandata)
```

[처리결과화면]

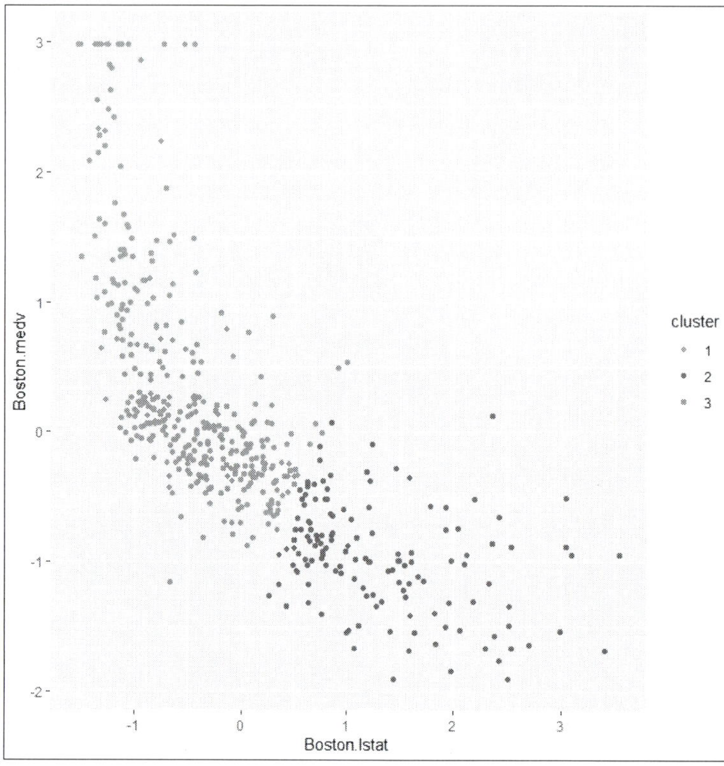

이번에는 다차원 척도법(multidimensional scaling)을 수행하여 데이터를 2차원적으로 사용해 보자. 이는 데이터가 고차원적 특성을 지니기 때문에 K-평균 군집화 결과를 플로팅하기 어려울 때 사용하는 기법이다. 이를 위한 작업에는 useful 패키지와 plot( ) 함수를 사용한다.

명령어

```
> install.packages("useful")
> require(useful)
> plot(kcl.kmeans, data=kmeandata)
```

```
> install.packages("useful")
WARNING: Rtools is required to build R packages but is not currently installed. Pleas
e download and install the appropriate version of Rtools before proceeding:
https://cran.rstudio.com/bin/windows/Rtools/
Installing package into ‘C:/Users/yangohsuk/Documents/R/win-library/3.5’
(as ‘lib’ is unspecified)
```

```
trying URL 'https://cran.rstudio.com/bin/windows/contrib/3.5/useful_1.2.6.zip'
Content type 'application/zip' length 160351 bytes (156 KB)
downloaded 156 KB
package ‘useful’ successfully unpacked and MD5 sums checked
The downloaded binary packages are in
      C:\Users\yangohsuk\AppData\Local\Temp\RtmpQraORo\downloaded_packages
> require(useful)
필요한 패키지를 로딩중입니다: useful
필요한 패키지를 로딩중입니다: ggplot2
> plot(kcl.kmeans, data=kmeandata)
```

[처리결과화면]

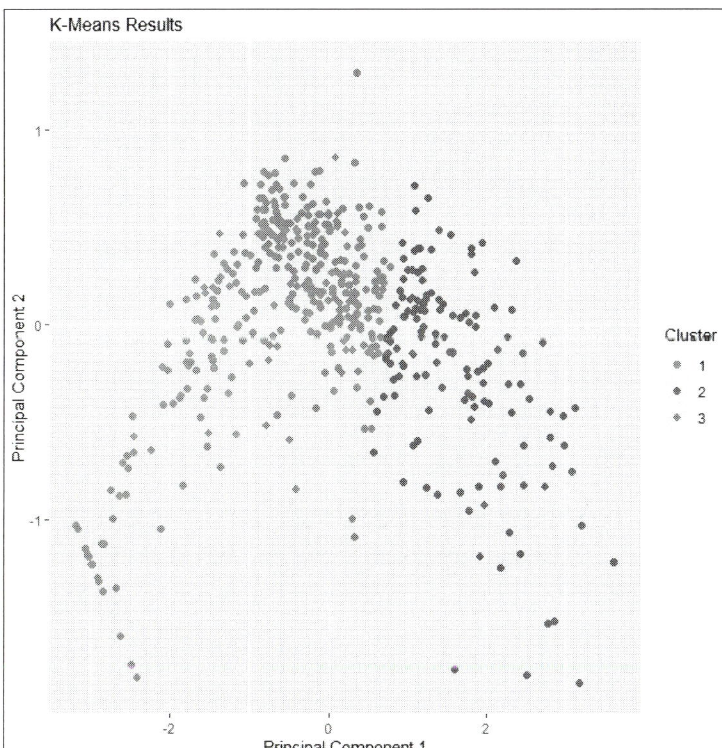

해석

처리 결과 화면을 보면, 군집 멤버십에 따라 점들에 다른 색깔이 입혀져 있음을 볼 수 있다.

② 심화: 강건성

가. 임의의 시작점

K-평균은 임의의 시작 조건에 따라 다양하게 바뀔 수 있다. 따라서 여러 번에 걸쳐 임의의 시작점으로 알고리즘을 실행해야 한다. 이를 위해 nstart를 사용하여 명령어를 작성해보자. 우선 임의의 시작점 값을 25를 부여해 보고, 시작점 1값의 경우와 군집 크기 결과를 대조해 보자.

명령어

```
> kcl.kmeansN25 <- kmeans(kmeandata, centers = 3, nstart=25)
> kcl.kmeans$size
> kcl.kmeansN25$size
```

```
> kcl.kmeansN25 <- kmeans(kmeandata, centers = 3, nstart=25)
> kcl.kmeans$size
[1] 288 137  81
> kcl.kmeansN25$size
[1] 137  81 288
```

해석

처리 결과 화면을 보면, 임의의 시작점 값을 25로 한 경우와 1의 경우 군집 크기가 달라짐을 알 수 있다. 따라서 이 데이터셋의 경우에는 임의의 시작점이 중요한 영향을 미친다고 판단된다.

나. 중심 개수

여기서 잠깐 중요한 이슈를 다루어보자. 군집분석은 중심 개수를 구하는 작업이 매우 중요한데, 몇 개의 군집이 적당한 지 연구자가 스스로 판단하기 어렵기 때문이다. 중심 개수를 구하는 방법도 다양한데, 이 가운데 흔히 사용되는 NbClust 방법과 군집 내 sum of squares를 사용하는 방법을 연습해보자. 우선 필요한 패키지로 NbClust를 설치하고 불러오자.

명령어

```
> install.packages("NbClust")
> library(NbClust)
```

```
> install.packages("NbClust")
WARNING: Rtools is required to build R packages but is not currently installed. Pleas
e download and install the appropriate version of Rtools before proceeding:
https://cran.rstudio.com/bin/windows/Rtools/
Installing package into 'C:/Users/yangohsuk/Documents/R/win-library/3.5'
(as 'lib' is unspecified)
trying URL 'https://cran.rstudio.com/bin/windows/contrib/3.5/NbClust_3.0.zip'
Content type 'application/zip' length 122117 bytes (119 KB)
downloaded 119 KB
package 'NbClust' successfully unpacked and MD5 sums checked
The downloaded binary packages are in
      C:\Users\yangohsuk\AppData\Local\Temp\RtmpgPE1jH\downloaded_packages
> library(NbClust)
```

다음으로 그래프 도출에 필요한 win.graph( ) 함수를 불러오고, NbClust 함수를 사용하여 최적 군집 중심 개수를 추정하라는 명령어를 작성해보자.

명령어

```
> win.graph()
> nc <- NbClust(kmeandata, min.nc = 2, max.nc = 15, method = "kmeans")
```

```
> win.graph()
> nc <- NbClust(kmeandata, min.nc = 2, max.nc = 15, method = "kmeans")
*** : The Hubert index is a graphical method of determining the number of clusters.
                In the plot of Hubert index, we seek a significant knee that corresp
onds to a
                significant increase of the value of the measure i.e the significan
t peak in Hubert
                index second differences plot.
*** : The D index is a graphical method of determining the number of clusters.
                In the plot of D index, we seek a significant knee (the significant
peak in Dindex
                second differences plot) that corresponds to a significant increas
e of the value of
```

```
                the measure.
*******************************************************************
* Among all indices:
* 4 proposed 2 as the best number of clusters
* 10 proposed 3 as the best number of clusters
* 2 proposed 5 as the best number of clusters
* 1 proposed 6 as the best number of clusters
* 2 proposed 13 as the best number of clusters
* 1 proposed 14 as the best number of clusters
* 3 proposed 15 as the best number of clusters
                   ***** Conclusion *****
* According to the majority rule, the best number of clusters is  3
*******************************************************************
```

해석

처리 결과 화면을 보면, 최적 클러스터 숫자는 3개라고 나와 있음을 볼 수 있다.

[처리결과화면]

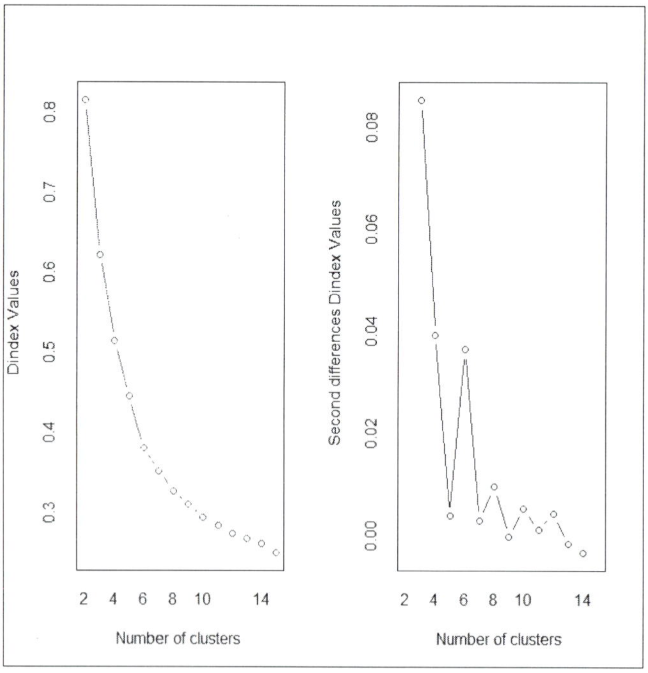

이번에는 중심 개수의 최적 수치를 추정하는 작업을 시각화를 통해 연습해보자.

명령어

```
> win.graph()
> par(mfrow=c(1,1))
> barplot(table(nc$Best.n[1,]),
+         xlab="Numer of Clusters", ylab="Number of Criteria",
+         main="Number of Clusters Chosen")
```


```
> win.graph()
> par(mfrow=c(1,1))
> barplot(table(nc$Best.n[1,]),
+         xlab="Numer of Clusters", ylab="Number of Criteria",
+         main="Number of Clusters Chosen")
```


[처리결과화면]

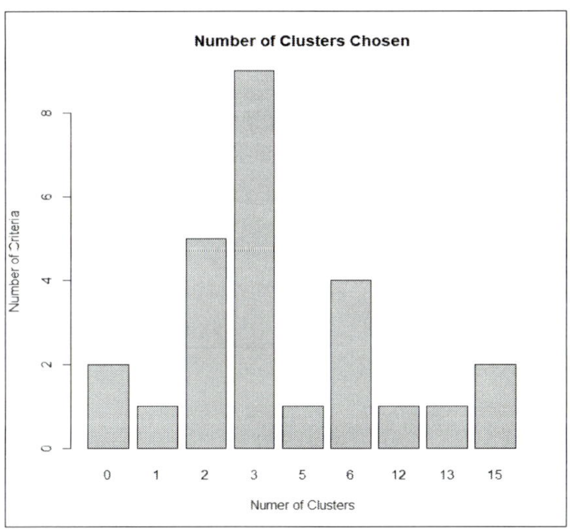

해석

처리 결과 화면을 보면, 중심 개수의 최적 상태가 '3'에서 막대 그래프로 잘 보여지고 있다.

다음으로 sum of squares 방식으로 중심 개수의 최적 수치를 추정하는 작업을 연습해보자. 명령어 구성을 보면 반복문으로 이루어져 있음을 알 수 있다. 내용을 살펴보자면 Centers가 1부터 15까지 반복되고, 각 Centers값에서 kmeans의 분산 합을 wss에 차례대로 저장하라는 명령어이다. 이렇게 저장된 분산 합을 plot( ) 함수로 한꺼번에 보여달라는 시각화 명령어로 짜여져 있다. x축은 군집 개수, y축은 분산 합(wss)으로 되어 있다.

명령어

```
> wssplot <- function(data, nc = 15, seed = 1234) {
+   wss <- (nrow(data) - 1) * sum(apply(data, 2, var))
+   for (i in 2:nc) {
+     set.seed(seed)
+     wss[i] <- sum(kmeans(data, centers=i)$withinss)}
+   plot(1:nc, wss, type="b", xlab = "Number of Clusters",
+        ylab = "Within groups sum of squares")}
> wssplot(kmeandata)
```


```
> wssplot <- function(data, nc = 15, seed = 1234) {
+   wss <- (nrow(data) - 1) * sum(apply(data, 2, var))
+   for (i in 2:nc) {
+     set.seed(seed)
+     wss[i] <- sum(kmeans(data, centers=i)$withinss)}
+   plot(1:nc, wss, type="b", xlab = "Number of Clusters",
+        ylab = "Within groups sum of squares")}
> wssplot(kmeandata)
```


[처리결과화면]

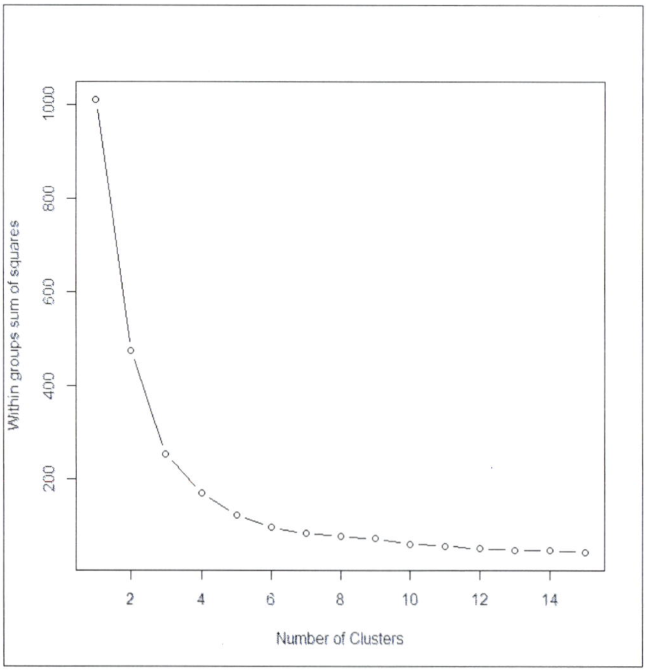

해석

처리 결과 화면을 보면, 군집 숫자가 1-3까지는 혁혁하게 차이를 보이다가, 군집 숫자가 3을 넘어가면서부터는 그룹 내 Some of Squares(즉 분산합) 수준이 혁혁하게 떨어지지 않는 것을 볼 수 있다. 군집 간 격차가 크게 줄어들고 있다는 의미이다. 이에 궁극적으로는 해당 데이터는 최적 군집 숫자가 3임을 판단할 수 있다.

이번에는 최적의 군집 수를 결정하는 하티건 룰(Hartigan's Rule)을 적용하는 방법을 살펴보자. 이 방법은 k군집과 k+1 군집의 군집화에 대한 군집 내 제곱합(within-cluster sum of squares: WCSS)의 비율을 비교하여 행과 군집의 수를 설명하는 방식이다. 하티건 값이 10보다 크면 k+1 군집을 사용하는 것이 가치가 있다고 판단할 수 있다. 이에 필요한 패키지는 FitKMeans( ) 함수가 들어 있는 useful 패키지이다.

명령어

```
> require(useful)
> kclbest <- FitKMeans(kmeandata, max.clusters=30, nstart=25, seed=1234)
> kclbest
```

```
> kclbest <- FitKMeans(kmeandata, max.clusters=30, nstart=25, seed=1234)
> kclbest
   Clusters    Hartigan AddCluster
1         2 541.629001       TRUE
2         3 491.247881       TRUE
3         4 214.722959       TRUE
4         5 222.310905       TRUE
5         6 126.723638       TRUE
(중간생략)
25       26   8.349553      FALSE
26       27  14.157893       TRUE
27       28  19.871221       TRUE
28       29  20.450024       TRUE
29       30  32.978959       TRUE
```

해석

처리 결과 화면을 보면, 이 데이터셋의 경우 20개의 군집을 사용해야 한다(20개에서 TRUE가 나타나고 21개에서 FALSE가 나타났기 때문).

FitKMeans( ) 함수를 처리한 결과를 시각화하자면 다음과 같다.

명령어

```
> PlotHartigan(kclbest)
```

```
> PlotHartigan(kclbest)
```

[처리결과화면]

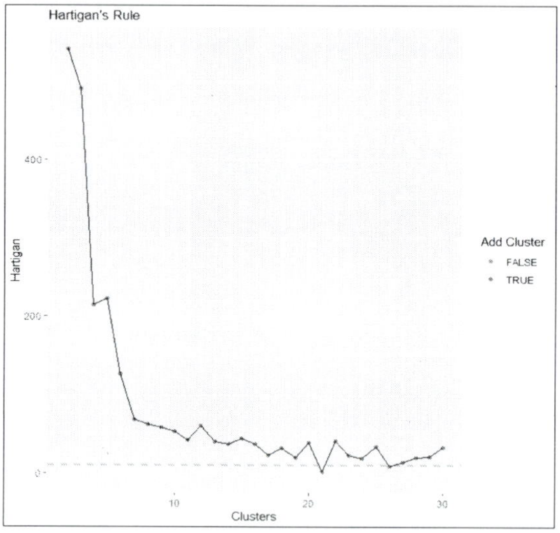

해석

처리 결과 화면을 보면, 군집 개수가 20 이후 False값으로 나타남을 시각화하여 보여준다.

2) 퍼지 군집(Fuzzy Clustering) 모형

퍼지군집모형은 K-평균 군집 모형을 퍼지집합이론을 기반으로 확장한 모형이다. 이 모형은 한 데이터가 모든 군집에 속할 가능성을 염두에 두고, 각 군집에 속할 가능성을 가중치로 표현한다. 즉 각 관측치가 하나의 군집에만 속하는 것이 아니라 여러 군집에 속할 수 있으며, 이를 각 군집에 속할 가능성(possibility)과 확률(probability)로 제시해준다. 퍼지 군집모형은 분할적 군집화(Partitional Clustering) 기법 중에서 프로토타입 기반(Prototype-based) 군집화 기법이다. 혼합 분포 군집(Mixture Distribution Clustering)과 더불어 "Soft

Clustering"이라고도 부른다.

#퍼지 논리#

고전 논리 연산(Boolean Logic)에서는 1(참, Truth) 아니면 0(거짓, False)으로 군집을 단순 명쾌하게 구분하고자 한다. 반면 Fuzzy 논리는 진리값(Truth Value)이 0~1 사이의 실수값(real nummber between 0 and 1)으로 스칼라처럼 펼쳐진다. 이 가운데 소속도(degrees of membership)에 대한 애매모호한 정도, 가능성의 정도(degrees of possibility)를 제시해준다.

그렇다면 K-평균 군집모형과 비교해서 퍼지 군집모형이 제시하는 결과는 어떤 것이 더 신뢰성을 지닐까? 이에 대한 답은 아마도 연구자가 어떤 데이터셋을 사용하는가에 달려 있다. 예를 들어 관측치 중에서 각 군집과 군집의 중간 사이에 위치해서 특정 군집에 할당하기에 애매 모호한 관측치가 많은 데이터셋이라면 '여러 집단에 속할 가능성'을 제시해주는 퍼지 군집(Fuzzy Clustering)모형이 1과 0으로 분류하는 배타적으로(exclusively) 방식의 K-중심군집(K-Centroid Clustering)보다 상대적으로 더 적합하다고 판단할 수 있다. 물론 전통적인 '간결성(parsimony)'을 중시하는 입장에서 이러한 퍼지 논리는 연구자에 의해 충분히 거절당할 수 있다.

여기서도 데이터는 R의 연습데이터 "Boston"을 사용하였고 변수는 medv, lstat 변수를 이용하여 분석하였다.

명령어

```
> library(cluster)
> library(MASS)
> fuzzydata <- data.frame(Boston$medv, Boston$lstat)
> attach(fuzzydata)          # fuzzydata 의 변수명을 이용하기 위한 명령어
> win.graph()
> fcl <- fanny(fuzzydata, 3)    # 컬럼 두개, 첫번째 컬럼 y값, 두번째 컬럼 x값, k= 군집
개수
```

앞서 k-평균중심 모형과 같은 방식으로 fanny() 함수를 이용해 퍼지 군집분석을 해준다. 군집개수 역시 본인의 판단하에 설정해주면 된다. summary(fcl) 함수를 통해 퍼지군집 분석 결과를 확인할 수 있다.

명령어

```
> summary(fcl)
```

```
> summary(fcl)
Fuzzy Clustering object of class 'fanny' :
m.ship.expon.        2
objective     1062.455
tolerance        1e-15
iterations          38
converged            1
maxit              500
n                  506
Membership coefficients (in %, rounded):
       [,1] [,2] [,3]
  [1,]   47   38   15
  [2,]   74   14   12
  [3,]   17   74   10
  [4,]   18   72   10
  [5,]   17   72   10
  [6,]   25   64   11
   (중략)
[332,]   51   14   35
[333,]   64   18   18
 [ reached getOption("max.print") -- omitted 173 rows ]
Fuzzyness coefficients:
dunn_coeff normalized
 0.4782467  0.2173700
Closest hard clustering:
  [1] 1 1 2 2 2 2 1 1 3 3 3 1 1 1 1 1 1 3 1 1 3 1 3 3 3 3 3 3 1 1 3 3 3 3 3 1 1 1
1 2 2 2 1 1 1 1 1 3 3 3
 [51] 1 1 1 1 1 2 1 2 1 1 1 3 1 1 2 1 1 1 1 1 1 1 1 1 1 1 1 1 1 1 2 1 1 1 1 2 1 1
1 2 1 1 1 1 1 2 1 2 2 2
[101] 2 2 1 1 1 3 3 1 1 1 1 1 3 3 1 3 1 1 1 1 1 1 3 3 3 1 3 3 3 3 1 1 1 3 3 3 3 3
3 3 3 3 3 3 3 3 3 3 3 3
(중략)
Silhouette plot information:
    cluster neighbor    sil_width
302       1        3  0.747638827
502       1        3  0.747559901
2         1        3  0.744927082
(중략)
306       2        1 -0.188135713
186       2        1 -0.201900345
161       2        1 -0.210993820
366       2        1 -0.225819491
 [ reached getOption("max.print") -- omitted 173 rows ]
Average silhouette width per cluster:
[1] 0.5875589 0.2996914 0.3489828
Average silhouette width of total data set:
[1] 0.444712
```

```
Available components:
 [1] "membership" "coeff"      "memb.exp"    "clustering" "k.crisp"     "objective"
 "convergence"
 [8] "diss"          "call"          "silinfo"      "data"
```

이제 결과를 시각화해보자.

명령어

```
> plot(fcl)
```

```
> plot(fcl)
```

[처리결과화면]

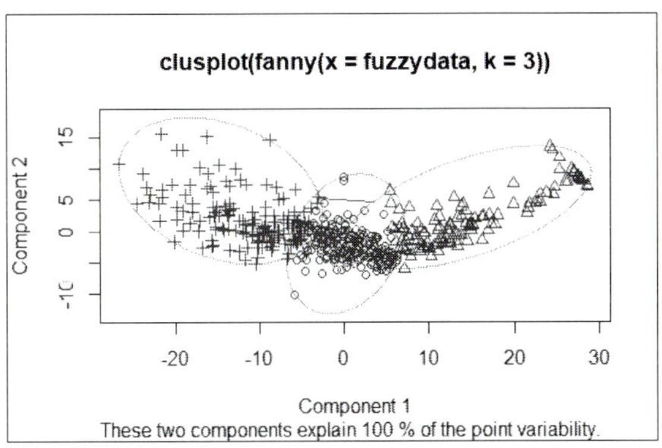

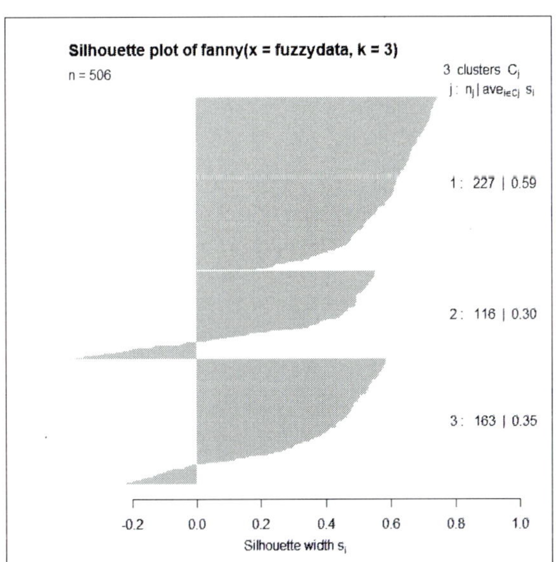

3. 자료포락분석(Data Envelopment Analysis: DEA)

DEA는 비모수적 방법으로 경영 효율성을 측정한다. 효율성이란 적은 양의 투입으로 많은 양의 산출을 얻고자 하는 활동이다. DEA는 CCR 모형과 BCC 모형으로 크게 양분된다. CCR 모형은 규모에 대한 수익 불변(CRS: Constant Returns to Scale)을 가정으로 하는 모형(Charnes et al., 1978)으로 투입과 산출이 비례한다고 본다. 반면 이를 보완한 모형이 BCC 모형이다. BCC 모형은 규모에 대한 수익가변(VRS: Variable Return to Scale)을 가정한다(Banker et al., 1984).

#DEA 비모수 추정#

일반적으로 경제분석에서는 콥더글라스 생산함수처럼 특정 형태의 생산함수를 가정하고 관측치를 기초로 모수를 추정한다. 이와 달리 DEA는 콥더글라스 생산함수와 같은 형태의 가정을 부여하지 않고, 주어진 자료만으로 투입-산출 생산관계를 비모수적으로 추정한다. 즉 연구자의 자의적 판단에 따른 함수형태의 설정에 따른 오류를 피할 수 있다(이정동, 오동현, 2012, p. 3).

#DEA 모형 유형#

DEA 모형 구분 기준은 다양하다: 1) 투입-산출 관계를 불변규모수익기술(constant returns to scale technology), 가변규모수익기술(variable returns to scale technology)로 구분, 2) 효율성 측정 시 투입기준(input-based)일지 산출기준(output-based)일 지, 3) 효율성 측정 시 효율개선 방향을 방사형(radial)으로 할지 비방사형(non-radial)으로 할지, 4) 물량자료만 활용할 지 가격자료를 추가적으로 활용할 지 등의 여부가 있다. 그 밖에 추가적인 분류기준들이 있다. 이상 다양한 모형 구분 기준을 적용하여 크게 두 가지로 분류할 수 있다: 하나는 CCR 모형이고, 다른 하나는 BCC 모형이다. 전자는 불변규모수익기술 + 투입기준 + 방사형 + 물량모형에 기초한다. 반면 후자는 가변규모수익기술 + 투입기준 + 방사형 + 물량모형에 기초한다.

1) 전처리

우선 필요한 패키지를 설치하도록 하자. CCR은 Benchmarking 패키지가 필요하고, BCC는 dear 패키지가 필요하다.

명령어

```
> install.packages("Benchmarking")
> library(Benchmarking)
```

```
> install.packages("Benchmarking")
Installing package into 'C:/Users/OSYang/Documents/R/win-library/4.0'
(as 'lib' is unspecified)
also installing the dependencies 'lpSolveAPI', 'ucminf'

URL  'https://cran.rstudio.com/bin/windows/contrib/4.0/lpSolveAPI_5.5.2.0-17.7.z
ip'을 시도합니다
Content type 'application/zip' length 916517 bytes (895 KB)
downloaded 895 KB

URL  'https://cran.rstudio.com/bin/windows/contrib/4.0/ucminf_1.1-4.zip'을 시도합
니다
Content type 'application/zip' length 189508 bytes (185 KB)
downloaded 185 KB

URL   'https://cran.rstudio.com/bin/windows/contrib/4.0/Benchmarking_0.29.zip'을
시도합니다
Content type 'application/zip' length 1248350 bytes (1.2 MB)
downloaded 1.2 MB

package 'lpSolveAPI' successfully unpacked and MD5 sums checked
package 'ucminf' successfully unpacked and MD5 sums checked
package 'Benchmarking' successfully unpacked and MD5 sums checked

The downloaded binary packages are in
      C:\Users\Public\Documents\ESTsoft\CreatorTemp\Rtmp6BwlEe\downloaded_packa
ges
경고메시지(들):
In fun(libname, pkgname) :
  Java home setting is INVALID, it will be ignored.
Please do NOT set it unless you want to override system settings.
> library(Benchmarking)
필요한 패키지를 로딩중입니다: lpSolveAPI
필요한 패키지를 로딩중입니다: ucminf
필요한 패키지를 로딩중입니다: quadprog
경고메시지(들):
1: 패키지 'Benchmarking'는 R 버전 4.0.3에서 작성되었습니다
2: 패키지 'lpSolveAPI'는 R 버전 4.0.3에서 작성되었습니다
3: 패키지 'ucminf'는 R 버전 4.0.3에서 작성되었습니다
```

명령어

```
> set.seed(1004)
> library(dplyr)
```

```
> set.seed(1004)
> library(dplyr)

다음의 패키지를 부착합니다: 'dplyr'

The following objects are masked from 'package:stats':

    filter, lag

The following objects are masked from 'package:base':

    intersect, setdiff, setequal, union

경고메시지(들):
패키지 'dplyr'는 R 버전 4.0.2에서 작성되었습니다
```

자 이제 작업디렉토리를 지정해주고 작업디렉토리에 저장되어 있는 실습데이터(투입산출.csv)를 불러오자.

명령어

```
> setwd("C:/Users/media/")
> data <- read.csv("투입산출.csv")
> data
```

```
> setwd("C:/Users/media/")
> data <- read.csv("투입산출.csv")
> data
  region    x1    x2    x3   x4  x5    y1    y2    y3    y4
1   서울  0.92 121.4 10310 31.6 1.3 27527 20596 510.7 14.18
2   부산  0.89  42.0  1810 31.6 2.3  3061  2335 100.0  8.13
3   대구  1.11  47.9  1651 34.5 3.7  2612  1938  66.7  5.97
4   인천  0.48  67.2  2469 37.1 1.3  3400  1607  55.6 18.82
5   광주  1.18  51.6   807 32.3 5.3  1694  1722 101.5  7.49
6   대전 13.72 234.0  1420 36.5 0.4  6503  4734 537.5 22.39
7   울산  0.37  67.4   521 35.4 4.0  1269   986  26.8  0.28
```

```
8    세종  3.98 154.8   154  9.4 0.1   307   231   1.5  7.53
9    경기  0.58 135.0 15180 41.0 0.5 24820  6751 484.4 52.47
10   강원  0.61  43.8   541 25.0 4.3  1459  1366  22.5 14.92
11   충북  0.83  76.6  1389 36.2 0.9  1861  1003  59.7 34.28
12   충남  0.42  79.6  1681 42.7 3.0  3492  1146  65.8 37.32
13   전북  1.55  49.9   889 16.7 2.0  1860  1455  35.8  3.67
14   전남  0.37  25.0   669 36.3 7.6  1616   438  76.9  0.20
15   경북  0.59  72.3  1683 47.8 4.0  4633  2230  74.8 40.28
16   경남  1.17  58.6  2187 26.5 1.8  3738  1453 140.3  5.70
17   제주  0.62  28.9   149 23.0 6.0   384   319   6.7  1.08
```

명령어

```
> X <- data %>%
+   select(starts_with("x")) %>%
+   as.matrix
> Y <- data %>%
+   select(starts_with("y")) %>%
+   as.matrix
```

```
> X <- data %>%
+   select(starts_with("x")) %>%
+   as.matrix
> Y <- data %>%
+   select(starts_with("y")) %>%
+   as.matrix
```

[처리결과화면]

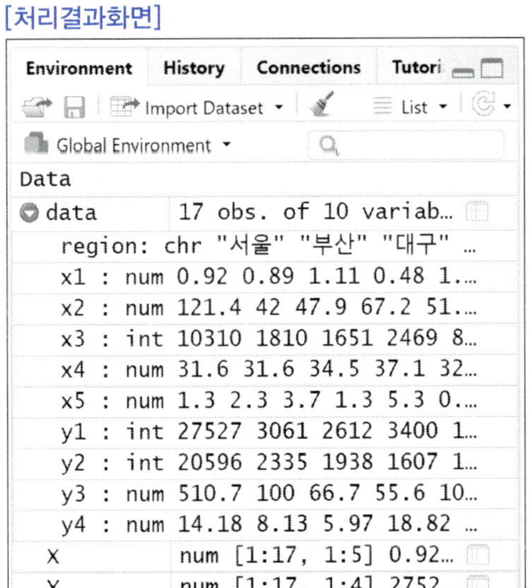

2) 모형 처리하기

① BCC 모형 처리하기

이제 투입변수와 산출변수가 지정되었으니 본격적으로 기초 DEA를 처리해보자. 특별히 지정해주지 않으면, 디폴트 옵션으로 RTS="vrs", ORIENTATION="in"으로 지정되어 있다. 여기서 유념할 것은 RTS="crs"이면 CCR모형이고, RTS="vrs"이면 BCC모형이다.

명령어

```
> dea_res <- dea(X, Y)
```

```
> dea_res <- dea(X, Y)
```

[처리결과화면]

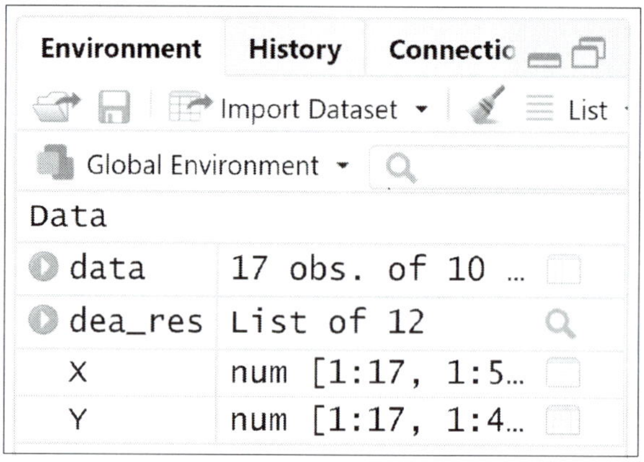

명령어

```
> dea_res
```

```
> dea_res
 [1] 1.0000 1.0000 0.8545 1.0000 1.0000 1.0000 1.0000 1.0000 1.0000 1.0000
[11] 1.0000 1.0000 1.0000 1.0000 1.0000 1.0000 1.0000
```

[처리결과화면]

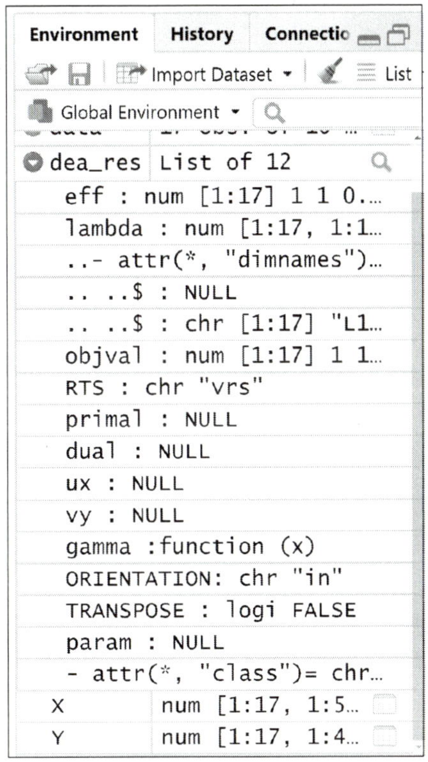

명령어

```
> dea_res$eff
```

```
> dea_res$eff
 [1] 1.00000 1.00000 0.85452 1.00000 1.00000 1.00000 1.00000 1.00000 1.00000
[10] 1.00000 1.00000 1.00000 1.00000 1.00000 1.00000 1.00000 1.00000
```

명령어

```
> data.frame(region_site_name=data$region, Efficiencies=dea_res$eff)
```

```
> data.frame(region_site_name=data$region, Efficiencies=dea_res$eff)
  region_site_name Efficiencies
1             서울      1.00000
2             부산      1.00000
3             대구      0.85452
4             인천      1.00000
```

```
5         광주     1.00000
6         대전     1.00000
7         울산     1.00000
8         세종     1.00000
9         경기     1.00000
10        강원     1.00000
11        충북     1.00000
12        충남     1.00000
13        전북     1.00000
14        전남     1.00000
15        경북     1.00000
16        경남     1.00000
17        제주     1.00000
```

명령어

```
> regioneff <-data.frame(region_site_name=data$region, Efficiencies=dea_res$eff)
> write.csv(regioneff, "C:/Users/media/regioneff.csv")
```


```
> regioneff <-data.frame(region_site_name=data$region, Efficiencies=dea_res$eff)
> write.csv(regioneff, "C:/Users/media/regioneff.csv")
```


[처리결과화면]

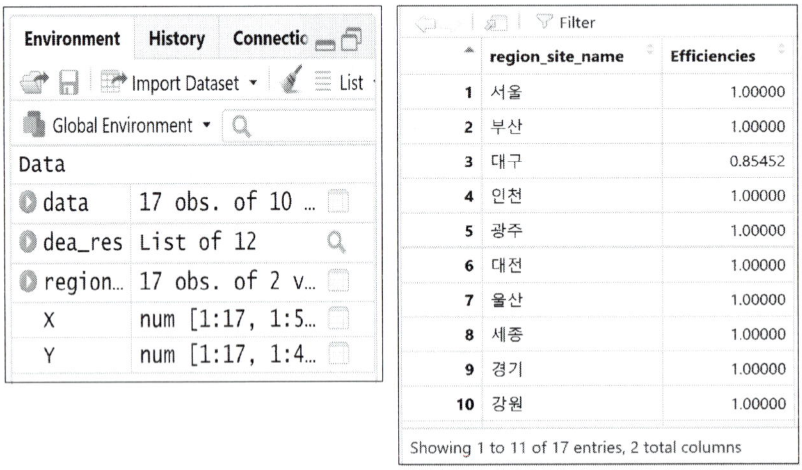

오른쪽 결과 창에서 특정한 항목의 수치를 다운하고 싶을때는 View( )를 사용하여 들어가서, 각 항목의 맨 오른쪽에 커서를 가져가면, 화살표() 그림이 생성된다. 이 화살표를

클릭하면 아래쪽 콘솔 박스에 자동으로 명령어가 생성된다. 이때 클릭을 해주면 해당 자료를 직접 볼 수 있다.

명령어

```
> View(dea_res)
> dea_res[["lambda"]]
> dea_res[["objval"]]
> dea_res[["eff"]]
```

```
> View(dea_res)
> dea_res[["lambda"]]
             L1              L2 L3 L4 L5 L6 L7 L8 L9      L10 L11 L12         L13
 [1,] 1.00000000 0.0000000  0  0  0  0  0  0  0 0.00000000   0   0 0.0000000
 [2,] 0.00000000 1.0000000  0  0  0  0  0  0  0 0.00000000   0   0 0.0000000
 [3,] 0.01468496 0.6144538  0  0  0  0  0  0  0 0.00350977   0   0 0.1224528
 [4,] 0.00000000 0.0000000  0  1  0  0  0  0  0 0.00000000   0   0 0.0000000
 [5,] 0.00000000 0.0000000  0  0  1  0  0  0  0 0.00000000   0   0 0.0000000
 [6,] 0.00000000 0.0000000  0  0  0  1  0  0  0 0.00000000   0   0 0.0000000
 [7,] 0.00000000 0.0000000  0  0  0  0  1  0  0 0.00000000   0   0 0.0000000
 [8,] 0.00000000 0.0000000  0  0  0  0  0  1  0 0.00000000   0   0 0.0000000
 [9,] 0.00000000 0.0000000  0  0  0  0  0  0  1 0.00000000   0   0 0.0000000
[10,] 0.00000000 0.0000000  0  0  0  0  0  0  0 1.00000000   0   0 0.0000000
[11,] 0.00000000 0.0000000  0  0  0  0  0  0  0 0.00000000   1   0 0.0000000
[12,] 0.00000000 0.0000000  0  0  0  0  0  0  0 0.00000000   0   1 0.0000000
[13,] 0.00000000 0.0000000  0  0  0  0  0  0  0 0.00000000   0   0 1.0000000
[14,] 0.00000000 0.0000000  0  0  0  0  0  0  0 0.00000000   0   0 0.0000000
[15,] 0.00000000 0.0000000  0  0  0  0  0  0  0 0.00000000   0   0 0.0000000
[16,] 0.00000000 0.0000000  0  0  0  0  0  0  0 0.00000000   0   0 0.0000000
[17,] 0.00000000 0.0000000  0  0  0  0  0  0  0 0.00000000   0   0 0.0000000
      L14 L15 L16       L17
 [1,]   0   0   0 0.0000000
 [2,]   0   0   0 0.0000000
 [3,]   0   0   0 0.2448987
 [4,]   0   0   0 0.0000000
 [5,]   0   0   0 0.0000000
 [6,]   0   0   0 0.0000000
 [7,]   0   0   0 0.0000000
 [8,]   0   0   0 0.0000000
 [9,]   0   0   0 0.0000000
[10,]   0   0   0 0.0000000
[11,]   0   0   0 0.0000000
```

```
[12,]   0   0   0 0.0000000
[13,]   0   0   0 0.0000000
[14,]   1   0   0 0.0000000
[15,]   0   1   0 0.0000000
[16,]   0   0   1 0.0000000
[17,]   0   0   0 1.0000000
> dea_res[["objval"]]
 [1] 1.00000 1.00000 0.85452 1.00000 1.00000 1.00000 1.00000 1.00000 1.00000
[10] 1.00000 1.00000 1.00000 1.00000 1.00000 1.00000 1.00000 1.00000
> dea_res[["eff"]]
 [1] 1.00000 1.00000 0.85452 1.00000 1.00000 1.00000 1.00000 1.00000 1.00000
[10] 1.00000 1.00000 1.00000 1.00000 1.00000 1.00000 1.00000 1.00000
```

[처리결과화면]

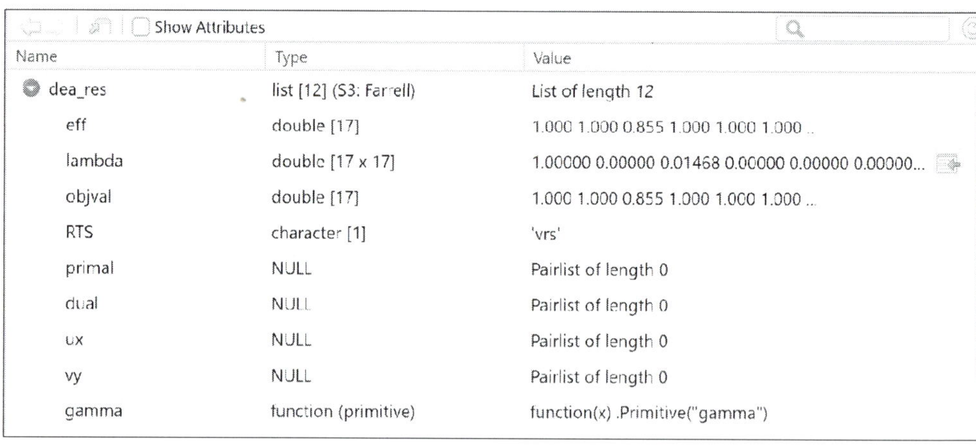

결과 값을 지역별로 표시해보자.

명령어

```
> data.frame(region_site_name=data$region, Efficiencies=dea_res$eff)
```

```
> data.frame(region_site_name=data$region, Efficiencies=dea_res$eff)
  region_site_name Efficiencies
1             서울      1.00000
2             부산      1.00000
3             대구      0.85452
4             인천      1.00000
5             광주      1.00000
```

```
6          대전     1.00000
7          울산     1.00000
8          세종     1.00000
9          경기     1.00000
10         강원     1.00000
11         충북     1.00000
12         충남     1.00000
13         전북     1.00000
14         전남     1.00000
15         경북     1.00000
16         경남     1.00000
17         제주     1.00000
```

해석

Efficiency 값이 1인 지역은 투입 대비 산출, 즉 효율성이 전체 17개의 DMU 와 상대적으로 비교했을 때 가장 높다고 할 수 있다. 하지만 이는 절대적인 효율성 평가가 아닌 상대적 효율성 평가이다. 따라서 Efficiency 값이 1 미만인 지역은 1의 값을 가진 지역보다 비효율성이 발생하고 있다는 것을 의미하며 그 값이 작으면 작을수록 비효율성이 크다고 해석은 가능하다.

이 결과를 가지고 최적 프론티어를 시각화하여 상대적인 효율성을 비교해보자.

명령어

```
> win.graph()
> dea.plot.frontier(X, Y, txt=T)
```


```
> win.graph()
> dea.plot.frontier(X, Y, txt=T)
```

[처리결과화면]

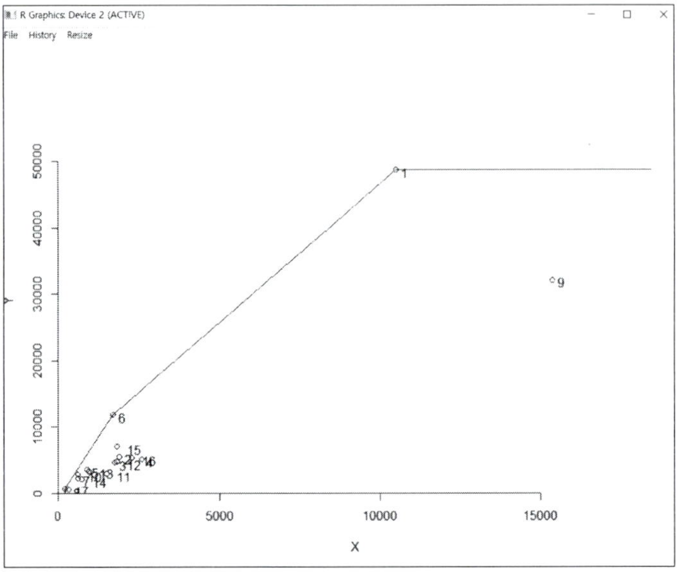

이번에는 input 기준 효율성과 output 기준 효율성을 구해보도록 하자. 간단하다. 옵션으로 ORIENTATION="in" 또는 "out"을 지정해주면 된다. RTS를 별도로 지정하지 않으면 디폴트로 vrs 방식이 채택된다.

명령어

```
> input <- dea(X, Y, ORIENTATION="in")
> output <- dea(X, Y, ORIENTATION="out")
> input
> output
```

```
> input <- dea(X, Y, ORIENTATION="in")
> output <- dea(X, Y, ORIENTATION="out")
> input
 [1] 1.0000 1.0000 0.8545 1.0000 1.0000 1.0000 1.0000 1.0000 1.0000 1.0000
[11] 1.0000 1.0000 1.0000 1.0000 1.0000 1.0000 1.0000
> output
 [1] 1.000 1.000 1.442 1.000 1.000 1.000 1.000 1.000 1.000 1.000 1.000 1.000
[13] 1.000 1.000 1.000 1.000 1.000
```

명령어

```
> super <- sdea(X, Y, ORIENTATION="in") #디폴트는 RTS="vrs"
```


```
> super <- sdea(X, Y, ORIENTATION="in") #디폴트는 RTS="vrs"
```


[처리결과화면]

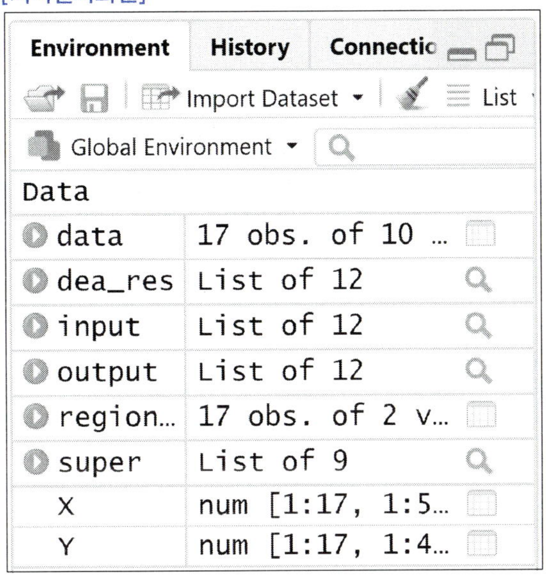

해석

input값과 output 값, 그리고 "super"이 저장됨을 알 수 있다.

다음으로는 저장한 값들을 데이터프레임으로 만들어보자.

명령어

```
> BCC <-data.frame(cbind(data$region, input$eff, output$eff, super$eff)
> View(BCC)
```


```
> BCC <-data.frame(cbind(data$region, input$eff, output$eff, super$eff)
> View(BCC)
```

[처리결과화면]

	X1	X2	X3	X4
1	서울	1	1	Inf
2	부산	1	1	1.27498306849987
3	대구	0.854519991702106	1.44226314367841	0.854519991702067
4	인천	1	1	1.31424224661034
5	광주	1	1	1.20134288650475
6	대전	1	1	Inf
7	울산	1	1	1.35252854995494
8	세종	1	1	8.29515859766307
9	경기	1	1	Inf
10	강원	1	1	1.51697489530509
11	충북	1	1	2.3270163189954

Showing 1 to 12 of 17 entries, 4 total columns

② 모형 한번에 처리하기: CCR과 BCC

앞서 진행한 연습을 바탕으로 CCR 모형과 BCC 모형을 한번에 처리하는 방식을 연습해 보자. 필요한패키지를 불러오고 연습데이터(투입산출.csv)를 불러온 후, 먼저 input 변수들을 X에 모아주고, output 변수들을 Y에 모아주자.

명령어

```
> library(Benchmarking)
> set.seed(1004)
> library(dplyr)
> data <- read.csv("C:/Users/media/투입산출.csv")
> X <- data %>%
+   select(starts_with("x")) %>%
+   as.matrix
> Y <- data %>%
+   select(starts_with("y")) %>%
+   as.matrix
```

```
> library(Benchmarking)
Loading required package: lpSolveAPI
Loading required package: ucminf
Loading required package: quadprog
```

```
> set.seed(1004)
> library(dplyr)

Attaching package: 'dplyr'

The following objects are masked from 'package:stats':

    filter, lag

The following objects are masked from 'package:base':

    intersect, setdiff, setequal, union

> data <- read.csv("C:/Users/media/투입산출.csv")
> X <- data %>%
+   select(starts_with("x")) %>%
+   as.matrix
> Y <- data %>%
+   select(starts_with("y")) %>%
+   as.matrix
```

RTS="crs"를 옵션으로 지정해서 결과값을 비교해보자. RTS="crs"를 조건부로 계산하게 되면 CCR모델을 이용한다. input, output, super 효율성까지 모두 측정하라는 명령어를 작성하도록 하자.

명령어

```
> c_dea_in <- dea(X, Y, RTS="crs", ORIENTATION="in")
> c_dea_out <-dea(X, Y, RTS="crs", ORIENTATION="out")
> c_esuper_in <- sdea(X, Y, RTS="crs", ORIENTATION="in")
> c_esuper_out <- sdea(X, Y, RTS="crs", ORIENTATION="out")
> c_res <- data.frame(data$region, c_dea_in$eff, c_dea_out$eff, c_esuper_in$eff,
c_esuper_out$eff)
```


```
> c_dea_in <- dea(X, Y, RTS="crs", ORIENTATION="in")
> c_dea_out <-dea(X, Y, RTS="crs", ORIENTATION="out")
> c_esuper_in <- sdea(X, Y, RTS="crs", ORIENTATION="in")
> c_esuper_out <- sdea(X, Y, RTS="crs", ORIENTATION="out")
> c_res <- data.frame(data$region, c_dea_in$eff, c_dea_out$eff, c_esuper_in$eff,
c_esuper_out$eff)
```

[처리결과화면]

	data.region	c_dea_in.eff	c_dea_out.eff	c_esuper_in.eff	c_esuper_out.eff
1	서울	1.0000000	1.000000	4.2166547	0.2371548
2	부산	0.8647053	1.156463	0.8647053	1.1564634
3	대구	0.5847563	1.710114	0.5847563	1.7101142
4	인천	0.7170255	1.394651	0.7170255	1.3946506
5	광주	1.0000000	1.000000	1.1976508	0.8349679
6	대전	1.0000000	1.000000	7.2261611	0.1383861
7	울산	0.8812258	1.134783	0.8812258	1.1347829
8	세종	1.0000000	1.000000	1.9894356	0.5026551
9	경기	1.0000000	1.000000	4.2381250	0.2359534
10	강원	1.0000000	1.000000	1.4928166	0.6698746

Showing 1 to 11 of 17 entries, 5 total columns

이번에는 BCC모형의 input, output, super를 측정하는 명령어를 작성해보자.

명령어

```
> b_dea_in <- dea(X, Y, RTS="vrs", ORIENTATION="in")
> b_dea_out <- dea(X, Y, RTS="vrs", ORIENTATION="out")
> b_esuper_in <- sdea(X, Y, RTS="vrs", ORIENTATION="in")
> b_esuper_out <- sdea(X, Y, RTS="vrs", ORIENTATION="out")
> b_res <- data.frame(data$region, b_dea_in$eff, b_dea_out$eff, b_esuper_in$eff,
b_esuper_out$eff)
```


```
> b_dea_in <- dea(X, Y, RTS="vrs", ORIENTATION="in")
> b_dea_out <- dea(X, Y, RTS="vrs", ORIENTATION="out")
> b_esuper_in <- sdea(X, Y, RTS="vrs", ORIENTATION="in")
> b_esuper_out <- sdea(X, Y, RTS="vrs", ORIENTATION="out")
> b_res <- data.frame(data$region, b_dea_in$eff, b_dea_out$eff, b_esuper_in$eff,
b_esuper_out$eff)
```


다음으로 결과값을 result에 cbind()를 이용해 묶어서 저장해주자.

명령어

```
> result <-cbind(c_res,b_res)
> result1 <-cbind(c_res,b_res[c(2,3,4,5)])
```

```
> result <-cbind(c_res,b_res)
> result1 <-cbind(c_res,b_res[c(2,3,4,5)])
```

[처리결과화면: View(result)]

	data.region	c_dea_in.eff	c_dea_out.eff	c_esuper_in.eff	c_esuper_out.eff	data.region	b_dea_in.eff	b_dea_out.eff
1	서울	1.0000000	1.000000	4.2166547	0.2371548	서울	1.00000	1.000000
2	부산	0.8647053	1.156463	0.8647053	1.1564634	부산	1.00000	1.000000
3	대구	0.5847563	1.710114	0.5847563	1.7101142	대구	0.85452	1.442263
4	인천	0.7170255	1.394651	0.7170255	1.3946506	인천	1.00000	1.000000
5	광주	1.0000000	1.000000	1.1976508	0.8349679	광주	1.00000	1.000000
6	대전	1.0000000	1.000000	7.2261611	0.1383861	대전	1.00000	1.000000
7	울산	0.8812258	1.134783	0.8812258	1.1347829	울산	1.00000	1.000000
8	세종	1.0000000	1.000000	1.9894356	0.5026551	세종	1.00000	1.000000
9	경기	1.0000000	1.000000	4.2381250	0.2359534	경기	1.00000	1.000000
10	강원	1.0000000	1.000000	1.4928166	0.6698746	강원	1.00000	1.000000

Showing 1 to 11 of 17 entries, 10 total columns

[처리결과화면: View(result1)]

	data.region	c_dea_in.eff	c_dea_out.eff	c_esuper_in.eff	c_esuper_out.eff	b_dea_in.eff	b_dea_out.eff	b_esuper_in.eff
1	서울	1.0000000	1.000000	4.2166547	0.2371548	1.00000	1.000000	
2	부산	0.8647053	1.156463	0.8647053	1.1564634	1.00000	1.000000	1.27
3	대구	0.5847563	1.710114	0.5847563	1.7101142	0.85452	1.442263	0.85
4	인천	0.7170255	1.394651	0.7170255	1.3946506	1.00000	1.000000	1.31
5	광주	1.0000000	1.000000	1.1976508	0.8349679	1.00000	1.000000	1.20
6	대전	1.0000000	1.000000	7.2261611	0.1383861	1.00000	1.000000	
7	울산	0.8812258	1.134783	0.8812258	1.1347829	1.00000	1.000000	1.35
8	세종	1.0000000	1.000000	1.9894356	0.5026551	1.00000	1.000000	8.29
9	경기	1.0000000	1.000000	4.2381250	0.2359534	1.00000	1.000000	
10	강원	1.0000000	1.000000	1.4928166	0.6698746	1.00000	1.000000	1.51

Showing 1 to 11 of 17 entries, 9 total columns

3) 부트스트래핑 방식으로 처리하기

다음으로는 전통적인 DEA 모형과 다른 부트스트래핑 기법을 이용한 자료포락분석(DEA)을 진행해보자. 기존 DEA 약점인 통계적 신뢰성을 검토할 수 있는 것이 이 기법의 장점이다. 기법은 다르지만 알고리즘의 진행 과정은 비슷하기 때문에 어렵지 않게 시도해 볼 수 있을 것이다. 우선 필요한 패키지로 deaR을 설치하고 불러오자.

명령어

```
> install.packages("deaR")
> library(deaR)
```

```
> install.packages("deaR")
WARNING: Rtools is required to build R packages but is not currently installed. Pleas
e download and install the appropriate version of Rtools before proceeding:

https://cran.rstudio.com/bin/windows/Rtools/
Installing package into 'C:/Users/media/Documents/R/win-library/4.0'
(as 'lib' is unspecified)
also installing the dependencies 'later', 'hexbin', 'lazyeval', 'crosstalk', 'prom
ises', 'lpSolve', 'plotly', 'igraph'
trying URL 'https://cran.rstudio.com/bin/windows/contrib/4.0/later_1.1.0.1.zip'
Content type 'application/zip' length 867425 bytes (847 KB)
downloaded 847 KB
trying URL 'https://cran.rstudio.com/bin/windows/contrib/4.0/hexbin_1.28.1.zip'
Content type 'application/zip' length 1066829 bytes (1.0 MB)
downloaded 1.0 MB
trying URL 'https://cran.rstudio.com/bin/windows/contrib/4.0/lazyeval_0.2.2.zip'
Content type 'application/zip' length 171872 bytes (167 KB)
downloaded 167 KB
trying URL 'https://cran.rstudio.com/bin/windows/contrib/4.0/crosstalk_1.1.0.1.z
ip'
Content type 'application/zip' length 776478 bytes (758 KB)
downloaded 758 KB
trying URL 'https://cran.rstudio.com/bin/windows/contrib/4.0/promises_1.1.1.zip'
Content type 'application/zip' length 1970761 bytes (1.9 MB)
downloaded 1.9 MB
trying URL 'https://cran.rstudio.com/bin/windows/contrib/4.0/lpSolve_5.6.15.zip'
Content type 'application/zip' length 698199 bytes (681 KB)
downloaded 681 KB
trying URL 'https://cran.rstudio.com/bin/windows/contrib/4.0/plotly_4.9.2.2.zip'
Content type 'application/zip' length 3041381 bytes (2.9 MB)
downloaded 2.9 MB
trying URL 'https://cran.rstudio.com/bin/windows/contrib/4.0/igraph_1.2.6.zip'
Content type 'application/zip' length 9342861 bytes (8.9 MB)
downloaded 8.9 MB
trying URL 'https://cran.rstudio.com/bin/windows/contrib/4.0/deaR_1.2.2.zip'
Content type 'application/zip' length 618145 bytes (603 KB)
downloaded 603 KB
```

```
package 'later' successfully unpacked and MD5 sums checked
package 'hexbin' successfully unpacked and MD5 sums checked
package 'lazyeval' successfully unpacked and MD5 sums checked
package 'crosstalk' successfully unpacked and MD5 sums checked
package 'promises' successfully unpacked and MD5 sums checked
package 'lpSolve' successfully unpacked and MD5 sums checked
package 'plotly' successfully unpacked and MD5 sums checked
package 'igraph' successfully unpacked and MD5 sums checked
package 'deaR' successfully unpacked and MD5 sums checked

The downloaded binary packages are in
      C:\Users\media\AppData\Local\Temp\Rtmp0arvyO\downloaded_packages
> library(deaR)

Attaching package: 'deaR'

The following object is masked from 'package:Benchmarking':

    efficiencies
```

먼저 데이터를 불러오는데, 그와 동시에 input 데이터들과 output 데이터들을 지정해줄 수 있다. 다음과 같이 지정해서 불러오자.

명령어

```
> data <- read.csv("투입산출.csv")
> data_example <-read_data(data, inputs=2:6, outputs=7:10)
```

다음으로 bootstrap_basic() 함수를 이용해, 데이터를 지정해주고, BCC 모형을 돌려주자. 함수안에서 "B"를 지정해줘야하는데 이는 부트스트랩에서 반복하는 횟수이다.

명령어

```
> result <- bootstrap_basic(datadea=data_example, orientation="io", rts="vrs", B=
100)
> result$score
```

```
> result <- bootstrap_basic(datadea=data_example, orientation="io", rts="v
```

```
rs", B=100)
> result$score
   서울    부산    대구    인천    광주    대전    울산    세종    경기    강원
1.00000 1.00000 0.85452 1.00000 1.00000 1.00000 1.00000 1.00000 1.00000 1.00000
   충북    충남    전북    전남    경북    경남    제주
1.00000 1.00000 1.00000 1.00000 1.00000 1.00000 1.00000
```

[처리결과화면]

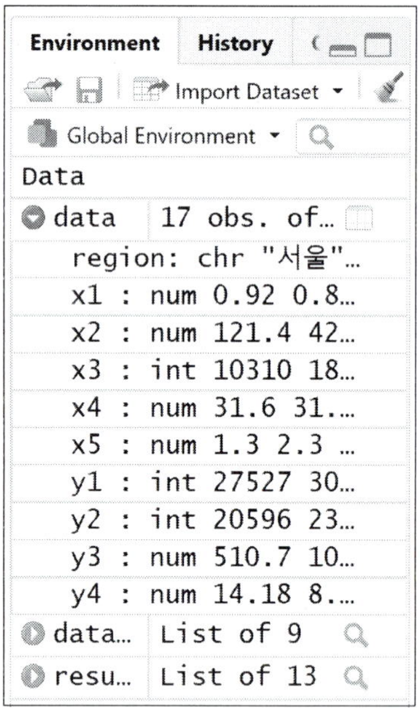

이제 bootstrap_basic() 함수로 처리한 결과와 dea( ) 함수로 처리한 결과를 비교해보자.

명령어

```
> model <- dea(XREF=inp_var, YREF=out_var,
+              X=inp_var[,], Y=out_var[,], model="input",
+              RTS="constant")
```

명령어

```
> model
```

```
> model
$feasible
```

```
 [1] TRUE TRUE TRUE TRUE TRUE TRUE TRUE TRUE TRUE TRUE TRUE TRUE TRUE TRUE
[15] TRUE TRUE TRUE

$thetaOpt
 [1] 1.0000000 0.8647053 0.5847563 0.7170255 1.0000000 1.0000000 0.8812258
 [8] 1.0000000 1.0000000 1.0000000 1.0000000 1.0000000 0.7070146 1.0000000
[15] 1.0000000 0.9451527 0.7643929

$lambda
               [,1] [,2] [,3] [,4]         [,5]          [,6] [,7] [,8]
 [1,]  1.000000e+00    0    0    0 0.000000e+00  0.000000e+00    0    0
 [2,]  1.157149e-01    0    0    0 0.000000e+00  3.901461e-02    0    0
 [3,]  6.724526e-02    0    0    0 1.101039e-01  2.768921e-02    0    0
 [4,]  4.104137e-02    0    0    0 0.000000e+00  0.000000e+00    0    0
 [5,]  0.000000e+00    0    0    0 1.000000e+00  0.000000e+00    0    0
 [6,]  6.546700e-18    0    0    0 0.000000e+00  1.000000e+00    0    0
 [7,]  3.507520e-02    0    0    0 0.000000e+00  1.517107e-02    0    0
 [8,]  0.000000e+00    0    0    0 0.000000e+00 -8.429554e-32    0    1
 [9,]  0.000000e+00    0    0    0 0.000000e+00  0.000000e+00    0    0
[10,]  1.635536e-19    0    0    0 0.000000e+00 -6.163978e-19    0    0
[11,] -9.244464e-33    0    0    0 4.930381e-32 -1.540744e-32    0    0
[12,] -2.206828e-18    0    0    0 0.000000e+00  0.000000e+00    0    0
[13,]  3.815682e-02    0    0    0 0.000000e+00  6.565281e-02    0    0
[14,]  9.395344e-18    0    0    0 -1.352775e-16  1.274135e-17    0    0
[15,] -3.381291e-18    0    0    0 0.000000e+00 -1.188341e-18    0    0
[16,]  1.720289e-01    0    0    0 2.744286e-01  4.511776e-02    0    0
[17,]  2.993002e-04    0    0    0 0.000000e+00  2.877382e-02    0    0
              [,9]        [,10]       [,11]     [,12] [,13]     [,14]
 [1,] 0.000000e+00 0.000000e+00 0.000000000 0.0000000     0 0.0000000
 [2,] 0.000000e+00 0.000000e+00 0.000000000 0.0000000     0 0.1242129
 [3,] 0.000000e+00 6.406045e-02 0.000000000 0.0000000     0 0.0000000
 [4,] 4.378550e-02 0.000000e+00 0.228770528 0.2169977     0 0.0000000
 [5,] 0.000000e+00 0.000000e+00 0.000000000 0.0000000     0 0.0000000
 [6,] 0.000000e+00 0.000000e+00 0.000000000 0.0000000     0 0.0000000
 [7,] 0.000000e+00 1.403890e-01 0.000000000 0.0000000     0 0.0000000
 [8,] 0.000000e+00 1.170965e-31 0.000000000 0.0000000     0 0.0000000
 [9,] 1.000000e+00 0.000000e+00 0.000000000 0.0000000     0 0.0000000
[10,] 0.000000e+00 1.000000e+00 0.000000000 0.0000000     0 0.0000000
[11,] 0.000000e+00 0.000000e+00 1.000000000 0.0000000     0 0.0000000
[12,] 4.251475e-19 0.000000e+00 0.000000000 1.0000000     0 0.0000000
[13,] 0.000000e+00 2.623146e-01 0.000000000 0.0000000     0 0.0000000
[14,] 0.000000e+00 0.000000e+00 0.000000000 0.0000000     0 1.0000000
[15,] 0.000000e+00 0.000000e+00 0.000000000 0.0000000     0 0.0000000
[16,] 0.000000e+00 0.000000e+00 0.005687686 0.0000000     0 0.0000000
```

```
[17,] 0.000000e+00 1.292975e-01 0.000000000 0.0000000     0 0.0000000
              [,15] [,16] [,17]
 [1,]  0.000000e+00     0     0
 [2,]  1.387980e-01     0     0
 [3,]  6.494639e-02     0     0
 [4,]  0.000000e+00     0     0
 [5,]  0.000000e+00     0     0
 [6,]  0.000000e+00     0     0
 [7,]  0.000000e+00     0     0
 [8,]  0.000000e+00     0     0
 [9,]  0.000000e+00     0     0
[10,] -2.063483e-17     0     0
[11,] -1.972152e-31     0     0
[12,]  1.714018e-17     0     0
[13,]  0.000000e+00     0     0
[14,]  0.000000e+00     0     0
[15,]  1.000000e+00     0     0
[16,]  0.000000e+00     0     0
[17,]  0.000000e+00     0     0

$lambda_sum
 [1] 1.0000000 0.4177404 0.3340452 0.5305951 1.0000000 1.0000000 0.1906353
 [8] 1.0000000 1.0000000 1.0000000 1.0000000 1.0000000 0.3661242 1.0000000
[15] 1.0000000 0.4972629 0.1583706
```

결과물인 model안에서 보여주는 지표가 4개이니까 숫자 4를 사용하여 다음과 같은 명령어를 작성하도록 하자.

명령어

```
> result <-cbind(round(model$thetaOpt, 4),
+                round(model$lambda, 4))
> rownames(result) <-dea[[1]] #dea의 첫번째 줄
> colnames(result) <-c("Efficiency", rownames(result)) #칼럼 첫번째는 Efficiency,
그 다음은 result의 row이름으로
> library(knitr)
> kable(result[,])
```

```
> kable(result[,])

|     | Efficiency| 서울| 부산| 대구| 인천| 광주| 대전| 울산| 세종| 경기| 강원| 충북| 충남| 전북| 전남| 경북| 경남| 제주|
```

```
|:----|----------:|------:|----:|----:|----:|------:|------:|----:|----:|------:|------:|------:|-----:|----:|------:|------:|----:|----:|
|서울 |     1.0000| 1.0000|    0|    0|    0| 0.0000| 0.0000|    0|    0| 0.0000| 0.0000| 0.0000| 0.000|    0| 0.0000| 0.0000|    0|    0|
|부산 |     0.8647| 0.1157|    0|    0|    0| 0.0000| 0.0390|    0|    0| 0.0000| 0.0000| 0.0000| 0.000|    0| 0.1242| 0.1388|    0|    0|
|대구 |     0.5848| 0.0672|    0|    0|    0| 0.1101| 0.0277|    0|    0| 0.0000| 0.0641| 0.0000| 0.000|    0| 0.0000| 0.0649|    0|    0|
|인천 |     0.7170| 0.0410|    0|    0|    0| 0.0000| 0.0000|    0|    0| 0.0438| 0.0000| 0.2288| 0.217|    0| 0.0000| 0.0000|    0|    0|
|광주 |     1.0000| 0.0000|    0|    0|    0| 1.0000| 0.0000|    0|    0| 0.0000| 0.0000| 0.0000| 0.000|    0| 0.0000| 0.0000|    0|    0|
|대전 |     1.0000| 0.0000|    0|    0|    0| 0.0000| 1.0000|    0|    0| 0.0000| 0.0000| 0.0000| 0.000|    0| 0.0000| 0.0000|    0|    0|
|울산 |     0.8812| 0.0351|    0|    0|    0| 0.0000| 0.0152|    0|    0| 0.0000| 0.1404| 0.0000| 0.000|    0| 0.0000| 0.0000|    0|    0|
|세종 |     1.0000| 0.0000|    0|    0|    0| 0.0000| 0.0000|    0|    1| 0.0000| 0.0000| 0.0000| 0.000|    0| 0.0000| 0.0000|    0|    0|
|경기 |     1.0000| 0.0000|    0|    0|    0| 0.0000| 0.0000|    0|    0| 1.0000| 0.0000| 0.0000| 0.000|    0| 0.0000| 0.0000|    0|    0|
|강원 |     1.0000| 0.0000|    0|    0|    0| 0.0000| 0.0000|    0|    0| 0.0000| 1.0000| 0.0000| 0.000|    0| 0.0000| 0.0000|    0|    0|
|충북 |     1.0000| 0.0000|    0|    0|    0| 0.0000| 0.0000|    0|    0| 0.0000| 0.0000| 1.0000| 0.000|    0| 0.0000| 0.0000|    0|    0|
|충남 |     1.0000| 0.0000|    0|    0|    0| 0.0000| 0.0000|    0|    0| 0.0000| 0.0000| 0.0000| 1.000|    0| 0.0000| 0.0000|    0|    0|
|전북 |     0.7070| 0.0382|    0|    0|    0| 0.0000| 0.0657|    0|    0| 0.0000| 0.2623| 0.0000| 0.000|    0| 0.0000| 0.0000|    0|    0|
|전남 |     1.0000| 0.0000|    0|    0|    0| 0.0000| 0.0000|    0|    0| 0.0000| 0.0000| 0.0000| 0.000|    0| 1.0000| 0.0000|    0|    0|
|경북 |     1.0000| 0.0000|    0|    0|    0| 0.0000| 0.0000|    0|    0| 0.0000| 0.0000| 0.0000| 0.000|    0| 0.0000| 1.0000|    0|    0|
|경남 |     0.9452| 0.1720|    0|    0|    0| 0.2744| 0.0451|    0|    0| 0.0000| 0.0000| 0.0057| 0.000|    0| 0.0000| 0.0000|    0|    0|
|제주 |     0.7644| 0.0003|    0|    0|    0| 0.0000| 0.0288|    0|    0| 0.0000| 0.1293| 0.0000| 0.000|    0| 0.0000| 0.0000|    0|    0|
```

해석

Efficiency 값을 보면 1값이 아닌 지역이 비효율적인 지역이다. 따라서 부산, 대구, 인천, 울산, 전북, 경남, 제주 등이 비효율적인 지역이다.

이제 결과물인 result를 데이터프레임으로 전환하여 작업디렉토리에 파일로 저장하도록 하자.

명령어

```
> res.df <- data.frame(result) # dataframe of the result
> setwd("C:/Users/OSYang/")
> write.csv(res.df, "res.df.csv")
```

결과 가운데 효율성이 1보다 작은, 즉 비효율적인 경우만 따로 추출하려면 다음과 같이 명령어를 작성하면 된다.

명령어

```
> res.sub <- subset(res.df, Efficiency < 1) # dataframe of the result with efficienc
```

```
y < 1
```

이번에는 프론티어 시각화를 시작해보자. 이를통해 DEA 결과를 시각화하여 효율성을 파악할 수 있다.

명령어

```
> library(Benchmarking)
> X <-inp_var
> Y <-out_var
> dea.plot.frontier(X[, 4][!is.na(X[, 4])], X[, 5][!is.na(X[, 5])], txt=TRUE) # In
put 함수의 4, 5번째 변수 plot of the frontier
```

```
> library(Benchmarking)
Loading required package: lpSolveAPI
Loading required package: ucminf
Loading required package: quadprog

Attaching package: 'Benchmarking'

The following object is masked from 'package:rDEA':

    dea
> X <-inp_var
> Y <-out_var
> dea.plot.frontier(X[, 4][!is.na(X[, 4])], X[, 5][!is.na(X[, 5])], txt=TRUE) # Inp
ut 함수의 4, 5번째 변수 plot of the frontier
Error in plot.new() : figure margins too large
```

해석

나타내려는 그래프를 띄워줄 도화지가 적다는 말이니까 win.graph( )를 사용하여 전문 도화지를 열어주도록 하자.

명령어

```
> win.graph()
> dea.plot.frontier(X[, 4][!is.na(X[, 4])], X[, 5][!is.na(X[, 5])], txt=TRUE) # In
```

put 함수의 4, 5번째 변수 plot of the frontier

```
> win.graph()
> dea.plot.frontier(X[, 4][!is.na(X[, 4])], X[, 5][!is.na(X[, 5])], txt=TRUE) # Inp
ut 함수의 4, 5번째 변수 plot of the frontier
```

[처리결과화면]

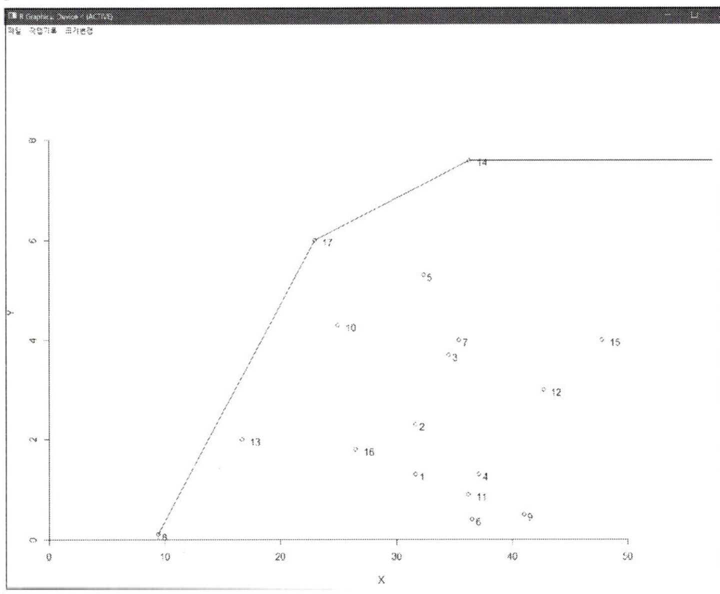

명령어

> dea.plot.frontier(Y[, 1][!is.na(Y[, 1])], Y[, 2][!is.na(Y[, 2])], txt=TRUE) # Output 함수의 1, 2째 변수 plot of the frontier

```
> dea.plot.frontier(Y[, 1][!is.na(Y[, 1])], Y[, 2][!is.na(Y[, 2])], txt=TRUE) # Out
put 함수의 1, 2째 변수 plot of the frontier
```

[처리결과화면]

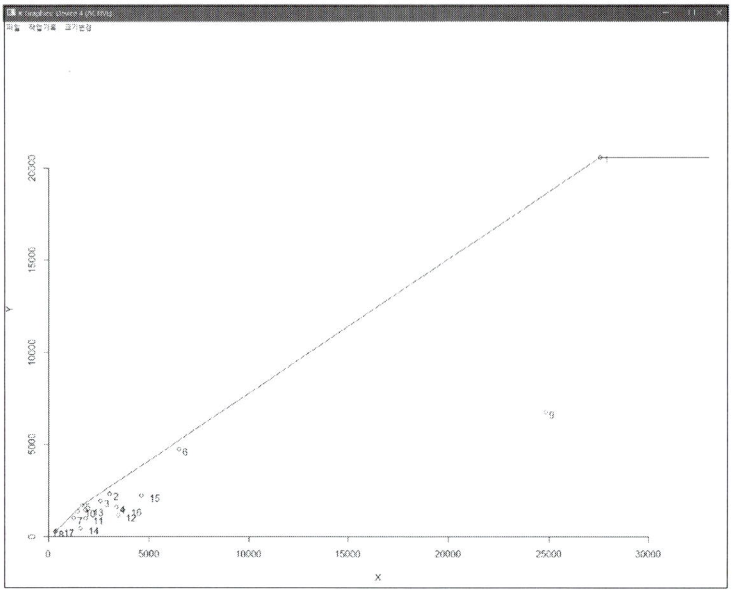

명령어

```
> dea.plot.frontier(X, Y, RTS="crs")
```

```
> dea.plot.frontier(X, Y, RTS="crs")
에러: 'x' is not a numeric matrix (or numeric data.frame)
```

해석

변수 중 일부가 numeric이 아니라는 경고 메시지가 나왔다. 따라서 해당 변수를 numeric으로 전환시켜주자.

일부 변수가 numeric 형태가 아니므로 이를 numeric 형식으로 전환시켜주자.

명령어

```
> X$x3 <-as.numeric(X$x3)
> Y$y1 <-as.numeric(Y$y1)
> Y$y2 <-as.numeric(Y$y2)
```

```
> X$x3 <-as.numeric(X$x3)
> Y$y1 <-as.numeric(Y$y1)
> Y$y2 <-as.numeric(Y$y2)
```

[처리결과화면]

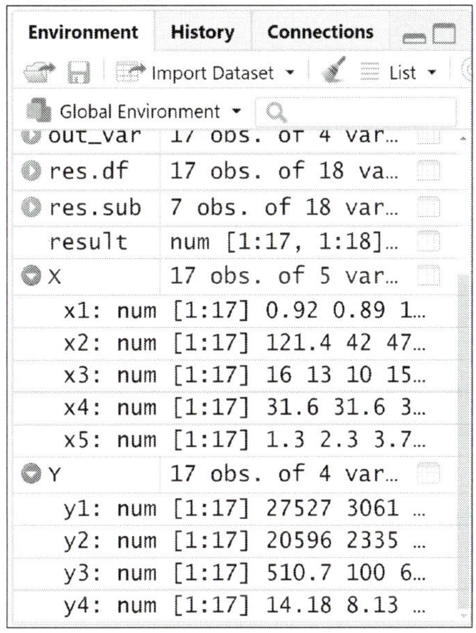

이번에는 Input 변수 모두에 대해 시각화해보자.

명령어

> dea.plot.frontier(X[,][!is.na(X[,])], X[,][!is.na(X[,])], txt=TRUE) # Input 함수의 모든 변수 대상

```
> dea.plot.frontier(X[, ][!is.na(X[, ])], X[, ][!is.na(X[, ])], txt=TRUE) # Input 
함수의 모든 변수 대상
```

[처리결과화면]

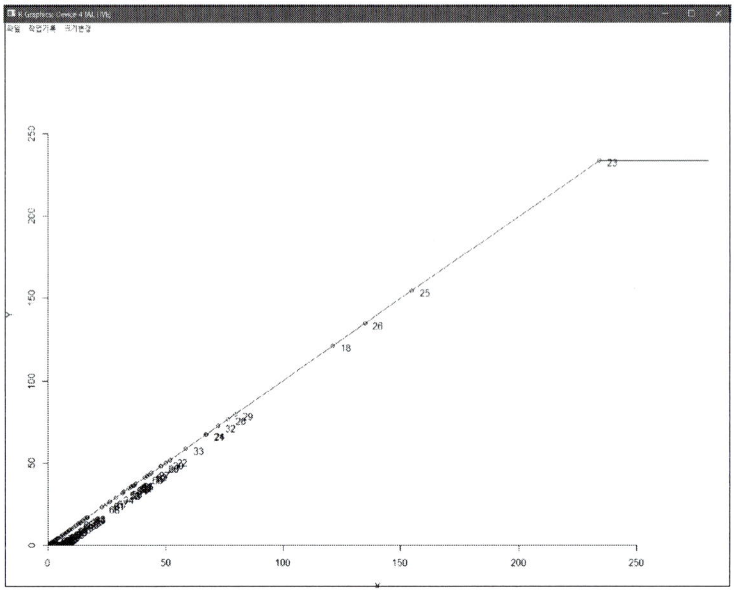

4) 시각화 완성하기

자 이제 충분히 연습이 되었으니 본격적으로 각 17개 지역에 대해 효율적 프런티어 시각화를 작성해보자. 우선 불러온 데이터셋 dea에서 투입요소, 산출요소, DMU(즉 지자체, 여기서는 region)를 별도로 분리하여 저장하자.

명령어

```
> x <-with(dea, cbind(x1,x2,x3,x4,x5))
> y <-with(dea, cbind(y1,y2,y3,y4))
> t <- with(dea, c(region))
```


```
> x <-with(dea, cbind(x1,x2,x3,x4,x5))
> y <-with(dea, cbind(y1,y2,y3,y4))
> t <- with(dea, c(region))
```

[처리결과화면]

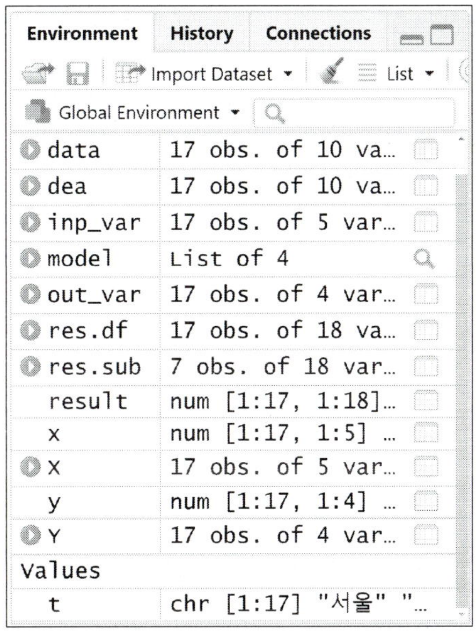

이제 투입요소에 대한 효율적 프런티어 시각화 명령어를 작성해보자. 여기서는 연습으로 2개의 투입요소를 상대로 작성해보자. 전체 투입요소 가운데 x1과 x2를 사용한 경우를 작성해보자. 우선 CCR 모형으로 작성하자.

명령어

```
> dea.plot.frontier(x[,1],x[,2], RTS="crs", txt=t, GRID=TRUE,
+                   xlab="Input Elements (x1)",
+                   ylab="Input Elements (x2)",
+                   lwd=1, col="blue")      # CCR 모형
```


```
> dea.plot.frontier(x[,1],x[,2], RTS="crs", txt=t, GRID=TRUE,
+                   xlab="Input Elements (x1)",
+                   ylab="Input Elements (x2)",
+                   lwd=1, col="blue")      # CCR 모형
```

[처리결과화면]

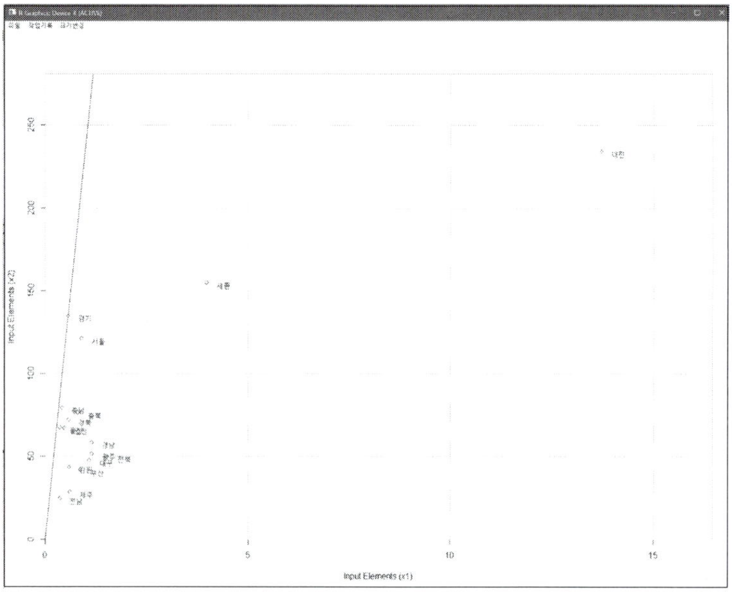

원점 방향으로 가깝게 군집을 형성하는 경우 해당 지역은 상대적으로 적은 투입요소를 사용하고 있다는 것을 의미한다. 대전과 세종이 원점에서 멀리 있어 해당 지역은 투입요소를 다른 지자체에 비해 상대적으로 많이 투입하고 있다는 것으로 해석이 가능하다. 다음으로는 경기와 서울이 투입요소를 상대적으로 많이 사용하는 것으로 나타났다.

[선 유형]

명령어	유형
Lty=0	투명선
Lty=1	실선
Lty=2	대쉬선
Lty=3	점선
Lty=4	점선+대쉬
Lty=5	긴 대쉬
Lty=6	두개 대쉬

이제 BCC 모형을 처리하여 그 결과를 앞서 작성한 CCR 모형 그래프에 추가시켜보자. 추가시킬 선은 색깔을 red로 지정해주자. 또는 선의 모양을 바꾸려면 "lty=5" 옵션을 사용하도록 하자.

명령어

```
> dea.plot.frontier(x[,1],x[,2], RTS="crs", txt=t, GRID=TRUE,
+                    xlab="Input Elements (x1)",
+                    ylab="Input Elements (x2)",
+                    lwd=1, col="blue")      # CCR 모형
> dea.plot.frontier(x[,1], x[,2], RTS="vrs", add=TRUE, lwd=1, col="red", lty=5) #
긴 대쉬
```

```
> dea.plot.frontier(x[,1],x[,2], RTS="crs", txt=t, GRID=TRUE,
+                    xlab="Input Elements (x1)",
+                    ylab="Input Elements (x2)",
+                    lwd=1, col="blue")      # CCR 모형
> dea.plot.frontier(x[,1], x[,2], RTS="vrs", add=TRUE, lwd=1, col="red", lty=5) #긴
대쉬
```

[처리결과화면]

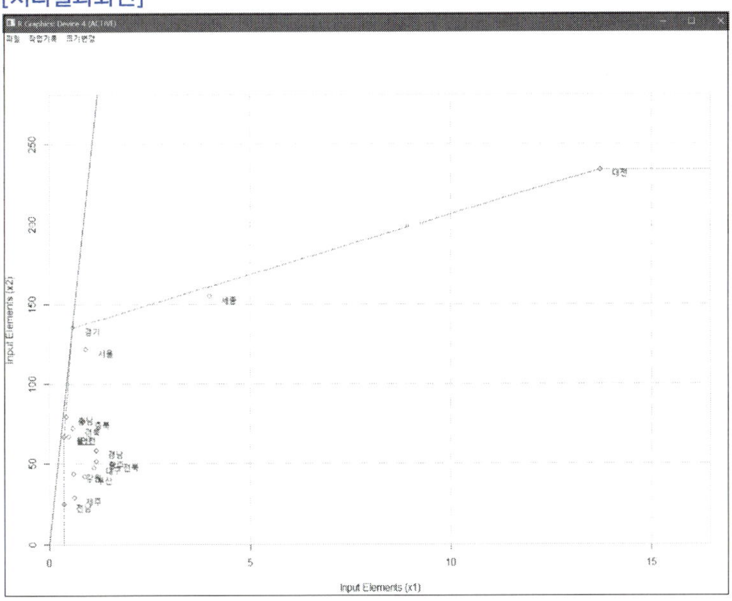

이번에는 산출변수를 중심으로 효율적 프런티어 시각화를 시도해보자. 여기서는 연습으로 y1과 y2에 대해 시각화를 작성해보자.

명령어

```
> dea.plot.frontier(y[,1],y[,2], RTS="crs", txt=t, GRID=TRUE,
+                    xlab="Output Elements (y1)",
```

```
+                     ylab="Output Elements (y2)",
+                     lwd=1, col="blue")      # CCR 모형
```

```
> dea.plot.frontier(y[,1],y[,2], RTS="crs", txt=t, GRID=TRUE,
+                     xlab="Output Elements (y1)",
+                     ylab="Output Elements (y2)",
+                     lwd=1, col="blue")      # CCR 모형
```

[처리결과화면]

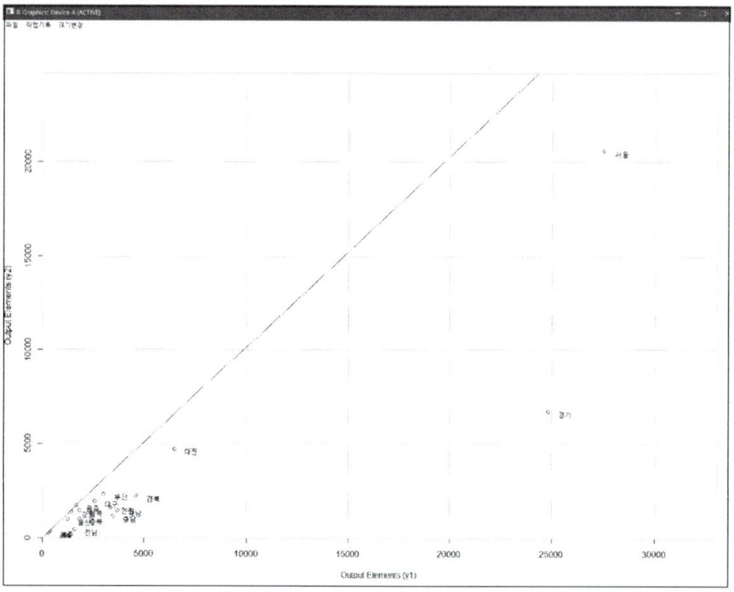

원점 방향에서 멀리 군집을 형성하는 경우 해당 지역은 상대적으로 많은 산출요소를 획득하고 있다는 것을 의미한다. 서울과 경기가 원점에서 멀리 있어 해당 지역은 산출요소를 다른 지자체에 비해 상대적으로 많이 획득하고 있다는 것으로 해석이 가능하다.

이제 BCC 모형을 처리하여 그 결과를 앞서 작성한 CCR 모형 그래프에 추가시켜보자. 추가시킬 선은 색깔을 red로 지정해주자. 또는 선의 모양을 바꾸려면 "lty=5" 옵션을 사용하도록 하자.

명령어

```
> dea.plot.frontier(y[,1],y[,2], RTS="crs", txt=t, GRID=TRUE,
+                     xlab="Output Elements (y1)",
+                     ylab="Output Elements (y2)",
```

```
+                    lwd=1, col="blue")      # CCR 모형
> dea.plot.frontier(y[,1], y[,2], RTS="vrs", add=TRUE, lwd=1, col="red", lty=5) #
긴 대쉬
```

```
> dea.plot.frontier(y[,1],y[,2], RTS="crs", txt=t, GRID=TRUE,
+                    xlab="Output Elements (y1)",
+                    ylab="Output Elements (y2)",
+                    lwd=1, col="blue")      # CCR 모형
> dea.plot.frontier(y[,1], y[,2], RTS="vrs", add=TRUE, lwd=1, col="red", lty=5) #긴
대쉬
```

[처리결과화면]

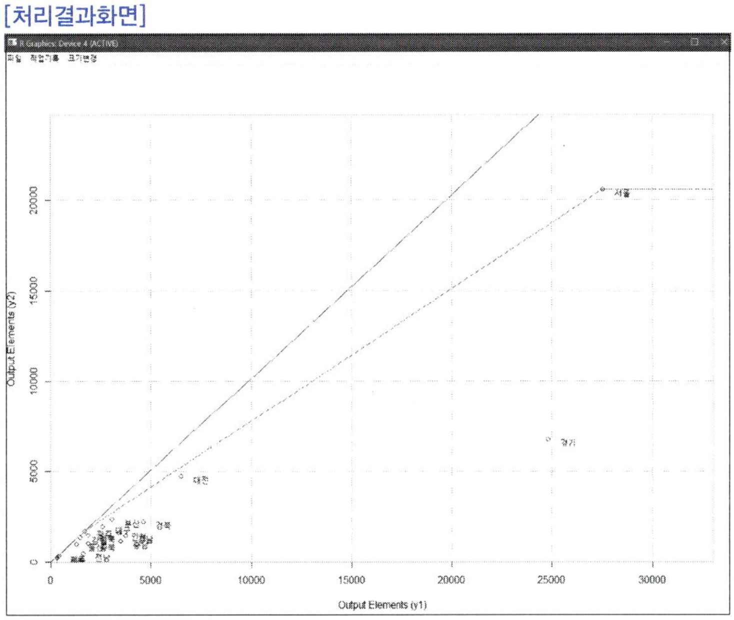

이번에는 전체 투입요소와 산출요소를 가지고 효율적 프런티어 시각화를 작성해보자. 우선 CCR 모형의 효율적 프론티어 시각화를 작성해보자.

명령어

```
> x <-with(dea, cbind(x1,x2,x3,x4,x5))
> y <-with(dea, cbind(y1,y2,y3,y4))
> t <- with(dea, c(region))
> dea.plot.frontier(x, y, RTS="crs", txt=t, GRID=TRUE,
+                    xlab="Input Elements",
+                    ylab="Output Elements",
+                    lwd=1, col="blue")      # CCR 모형
```

```
> x <-with(dea, cbind(x1,x2,x3,x4,x5))
> y <-with(dea, cbind(y1,y2,y3,y4))
> t <- with(dea, c(region))
> dea.plot.frontier(x, y, RTS="crs", txt=t, GRID=TRUE,
+                   xlab="Input Elements",
+                   ylab="Output Elements",
+                   lwd=1, col="blue")      # CCR 모형
```

[처리결과화면]

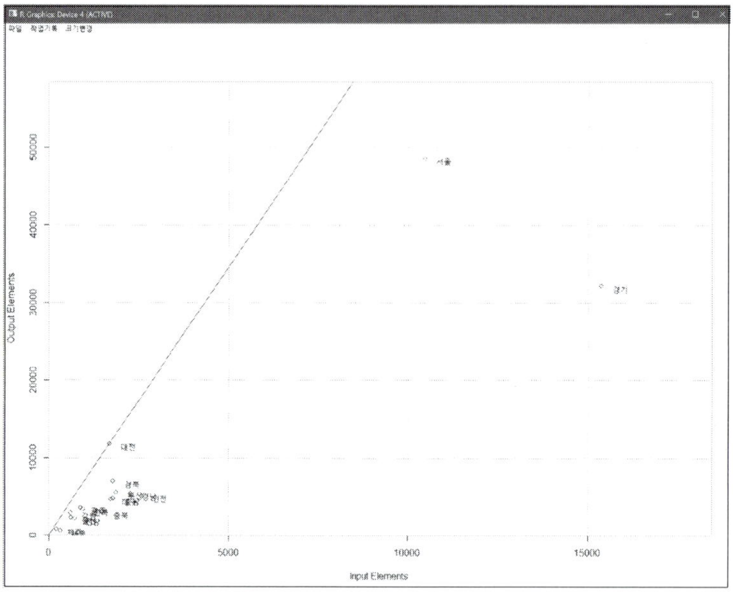

이제 CCR 모형으로 작성한 투입-산출 효율적 프런티어 시각화 그래프에 BCC 모형 결과를 추가해보자. 사용할 옵션은 add이다. 추가할 그래프선은 색깔을 red로 결정해주자.

명령어

```
> dea.plot.frontier(x, y, RTS="crs", txt=t, GRID=TRUE,
+                   xlab="Input Elements",
+                   ylab="Output Elements",
+                   lwd=1, col="blue")      # CCR 모형
> dea.plot.frontier(x, y, RTS="vrs", add=TRUE, lwd=1, col="red")
```

```
> dea.plot.frontier(x, y, RTS="crs", txt=t, GRID=TRUE,
+                   xlab="Input Elements",
+                   ylab="Output Elements",
```

```
+                      lwd=1, col="blue")      # CCR 모형
> dea.plot.frontier(x, y, RTS="vrs", add=TRUE, lwd=1, col="red")
```

[처리결과화면: add 전]

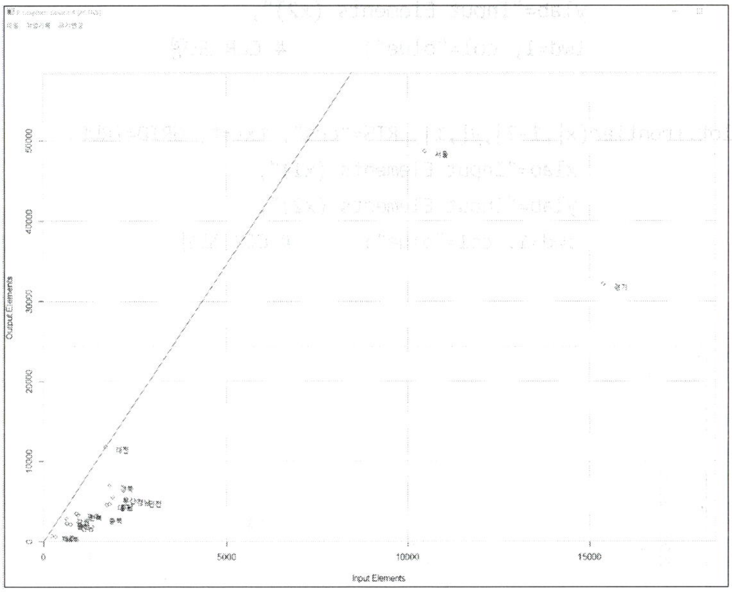

[처리결과화면: add 후]

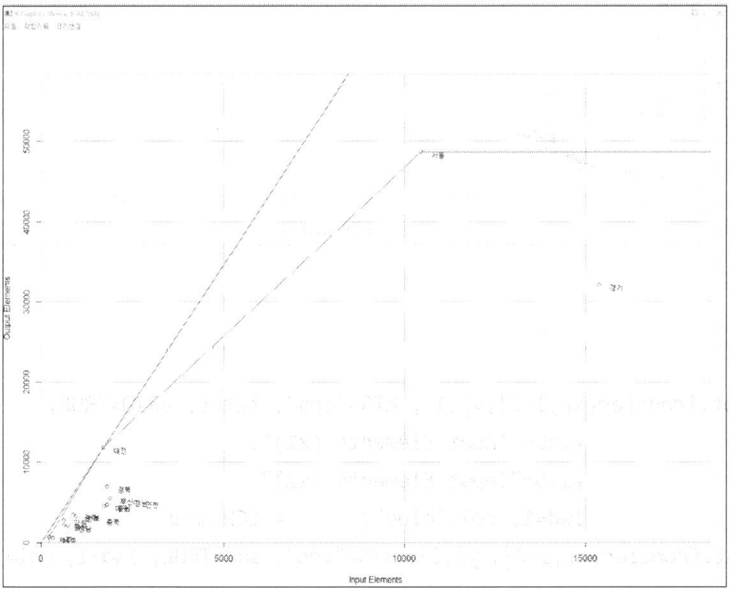

2개의 투입요소와 1개의 산출요소에 대한 시각화를 나타내보자.

명령어

```
> dea.plot.frontier(x[,1-2],y[,1], RTS="crs", txt=t, GRID=TRUE,
+                   xlab="Input Elements (x1)",
+                   ylab="Input Elements (x2)",
+                   lwd=1, col="blue")      # CCR 모형
```


```
> dea.plot.frontier(x[,1-2],y[,1], RTS="crs", txt=t, GRID=TRUE,
+                   xlab="Input Elements (x1)",
+                   ylab="Input Elements (x2)",
+                   lwd=1, col="blue")      # CCR 모형
```


[처리결과화면]

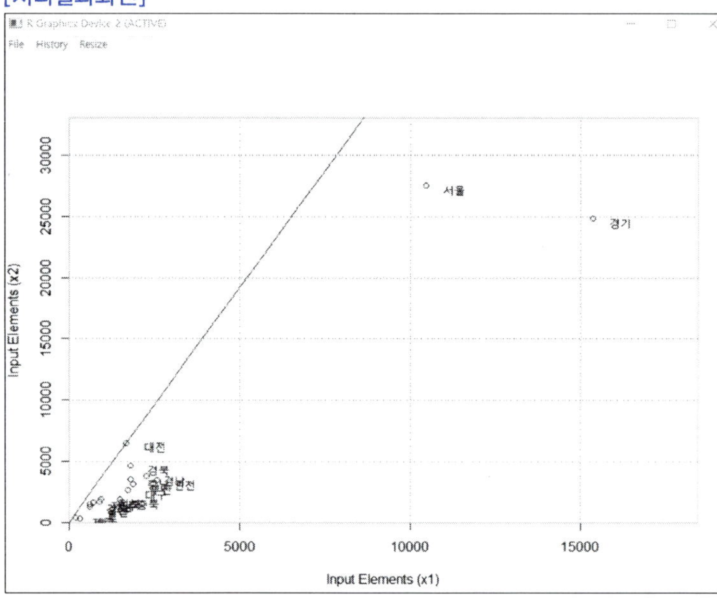

명령어

```
> dea.plot.frontier(x[,1-2],y[,1], RTS="crs", txt=t, GRID=TRUE,
+                   xlab="Input Elements (x1)",
+                   ylab="Input Elements (x2)",
+                   lwd=1, col="blue")      # CCR 모형
> dea.plot.frontier(x[,1-2], y[,1], RTS="vrs", add=TRUE, lwd=1, col="red", lty=5)
#긴 대쉬
```


```
> dea.plot.frontier(x[,1-2],y[,1], RTS="crs", txt=t, GRID=TRUE,
+                   xlab="Input Elements (x1)",
```

```
+                   ylab="Input Elements (x2)",
+                   lwd=1, col="blue")      # CCR 모형
> dea.plot.frontier(x[,1-2], y[,1], RTS="vrs", add=TRUE, lwd=1, col="red", lty=5)
#긴 대쉬
```

[처리결과화면]

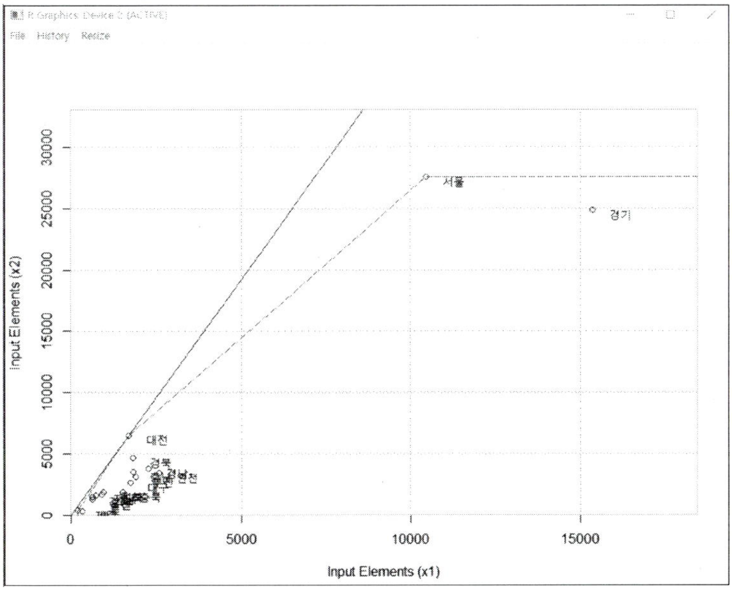

서울의 경우 CCR 모형 기준으로는 프론티어에서 상당히 거리를 두고 있지만, BCC 모형 기준으로는 프론티어 상에 놓여 있다. 경기의 경우 CCR 모형 기준으로는 프론티어에서 상당히 거리를 두고 있지만, BCC 모형 기준으로는 프론티어에 가까이 위치하고 있다.

5) 슬랙 추정하기: 완전 효율성 확인

이번에는 슬랙을 추정해보자.

명령어

```
> library(lpSolveAPI)
> library(ucminf)
> library(quadprog)
> library(Benchmarking)
> library(dplyr)
```

```
> library(lpSolveAPI)
> library(ucminf)
> library(quadprog)
> library(Benchmarking)
> library(dplyr)

Attaching package: 'dplyr'

The following objects are masked from 'package:stats':

    filter, lag

The following objects are masked from 'package:base':

    intersect, setdiff, setequal, union
```

명령어

```
> set.seed(1004)
> setwd("C:/Users/media/")
> data <- read.csv("투입산출.csv")
```

명령어

```
> x <-with(data, cbind(x1,x2,x3,x4,x5))
> y <-with(data, cbind(y1,y2,y3,y4))
> t <- with(data, c(region))
```

우선 효율성을 추정하도록 하자.

명령어

```
> dea_re <- dea(x, y)
```

```
> dea_re <- dea(x, y)
```

[처리결과화면]

Name	Type	Value
dea_re	list [12] (S3: Farrell)	List of length 12
eff	double [17]	1.000 1.000 0.855 1.000 1.000 1.000 ...
lambda	double [17 x 17]	1.00000 0.00000 0.01468 0.00000 0.00000 0.00000 0.00000 1.00000 0.61445 0.00000 ...
objval	double [17]	1.000 1.000 0.855 1.000 1.000 1.000 ...
RTS	character [1]	'vrs'
primal	NULL	Pairlist of length 0
dual	NULL	Pairlist of length 0
ux	NULL	Pairlist of length 0
vy	NULL	Pairlist of length 0
gamma	function (primitive)	function(x) .Primitive("gamma")
ORIENTATION	character [1]	'in'
TRANSPOSE	logical [1]	FALSE
param	NULL	Pairlist of length 0

(No selection)

명령어

```
> (1-dea_re$eff)*x
```

```
> (1-dea_re$eff)*x
             x1       x2       x3      x4       x5
 [1,] 0.0000000 0.000000   0.0000 0.00000 0.000000
 [2,] 0.0000000 0.000000   0.0000 0.00000 0.000000
 [3,] 0.1614828 6.968492 240.1875 5.01906 0.538276
 [4,] 0.0000000 0.000000   0.0000 0.00000 0.000000
 [5,] 0.0000000 0.000000   0.0000 0.00000 0.000000
 [6,] 0.0000000 0.000000   0.0000 0.00000 0.000000
 [7,] 0.0000000 0.000000   0.0000 0.00000 0.000000
 [8,] 0.0000000 0.000000   0.0000 0.00000 0.000000
 [9,] 0.0000000 0.000000   0.0000 0.00000 0.000000
[10,] 0.0000000 0.000000   0.0000 0.00000 0.000000
[11,] 0.0000000 0.000000   0.0000 0.00000 0.000000
[12,] 0.0000000 0.000000   0.0000 0.00000 0.000000
[13,] 0.0000000 0.000000   0.0000 0.00000 0.000000
[14,] 0.0000000 0.000000   0.0000 0.00000 0.000000
[15,] 0.0000000 0.000000   0.0000 0.00000 0.000000
[16,] 0.0000000 0.000000   0.0000 0.00000 0.000000
[17,] 0.0000000 0.000000   0.0000 0.00000 0.000000
```

이제 본격적으로 슬랙을 추정해보자.

명령어

```
> e1 <-dea(x,y, SLACK = TRUE)
```

```
> e1 <-dea(x,y, SLACK = TRUE)
```

[처리결과화면]

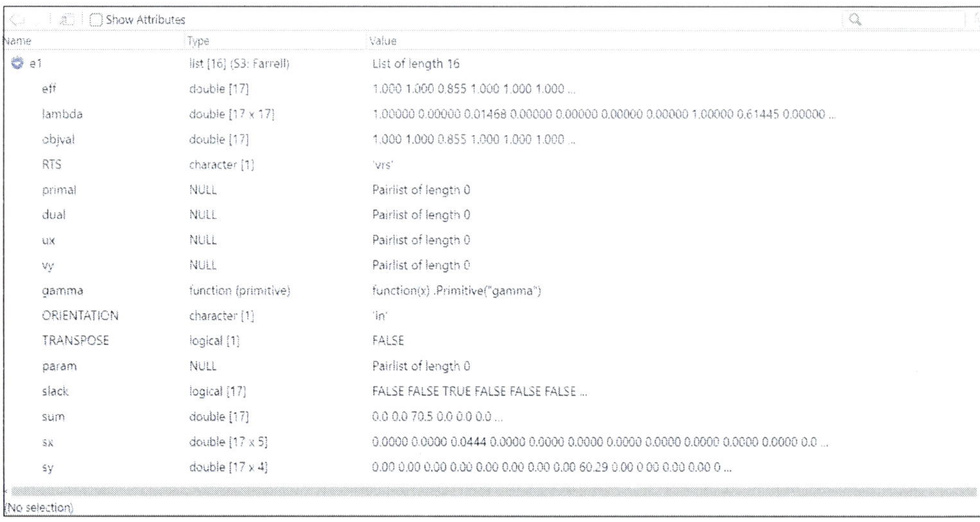

해석

처리결과 화면을 살펴보면, eff, lambda, slack, sx, sy 등의 자료가 포함되어 있음을 볼 수 있다.

이제 도출된 결과에서 Region, Efficiencies, eff, slack, sx, sy 값을 추출해서 별도로 regioneff에 저장해보자. 형태는 데이터프레임으로 하자.

명령어

```
> data.frame(dea_re$eff, e1$eff, e1$slack, e1$sx, e1$sy)
```

```
> data.frame(dea_re$eff, e1$eff, e1$slack, e1$sx, e1$sy)
  dea_re.eff  e1.eff e1.slack        sx1 sx2 sx3     sx4 sx5 sy1      sy2      sy3 sy4
1    1.00000 1.00000    FALSE 0.00000000   0   0 0.00000   0   0 0.00000 0.000000   0
```

```
2     1.00000 1.00000   FALSE 0.00000000  0   0 0.00000  0   0  0.00000 0.000000  0
3     0.85452 0.85452    TRUE 0.04436319  0   0 1.83478  0   0 60.28688 8.348588  0
4     1.00000 1.00000   FALSE 0.00000000  0   0 0.00000  0   0  0.00000 0.000000  0
5     1.00000 1.00000   FALSE 0.00000000  0   0 0.00000  0   0  0.00000 0.000000  0
6     1.00000 1.00000   FALSE 0.00000000  0   0 0.00000  0   0  0.00000 0.000000  0
7     1.00000 1.00000   FALSE 0.00000000  0   0 0.00000  0   0  0.00000 0.000000  0
8     1.00000 1.00000   FALSE 0.00000000  0   0 0.00000  0   0  0.00000 0.000000  0
9     1.00000 1.00000   FALSE 0.00000000  0   0 0.00000  0   0  0.00000 0.000000  0
10    1.00000 1.00000   FALSE 0.00000000  0   0 0.00000  0   0  0.00000 0.000000  0
11    1.00000 1.00000   FALSE 0.00000000  0   0 0.00000  0   0  0.00000 0.000000  0
12    1.00000 1.00000   FALSE 0.00000000  0   0 0.00000  0   0  0.00000 0.000000  0
13    1.00000 1.00000   FALSE 0.00000000  0   0 0.00000  0   0  0.00000 0.000000  0
14    1.00000 1.00000   FALSE 0.00000000  0   0 0.00000  0   0  0.00000 0.000000  0
15    1.00000 1.00000   FALSE 0.00000000  0   0 0.00000  0   0  0.00000 0.000000  0
16    1.00000 1.00000   FALSE 0.00000000  0   0 0.00000  0   0  0.00000 0.000000  0
17    1.00000 1.00000   FALSE 0.00000000  0   0 0.00000  0   0  0.00000 0.000000  0
```

명령어

```
> regioneff <-data.frame(Region=data$region, Efficiencies=dea_re$eff, e1$eff, e1
$slack, e1$sx, e1$sy)
> View(regioneff)
```


```
> regioneff <-data.frame(Region=data$region, Efficiencies=dea_re$eff, e1$eff, e1
$slack, e1$sx, e1$sy)
> View(regioneff)
```


[처리결과화면: View(regioneff)]

Filter

	Region	Efficiencies	e1.eff	e1.slack	sx1	sx2	sx3	sx4	sx5	sy1	sy2	sy3	sy4
1	서울	1.00000	1.00000	FALSE	0.00000000	0	0	0.00000	0	0	0.00000	0.000000	0
2	부산	1.00000	1.00000	FALSE	0.00000000	0	0	0.00000	0	0	0.00000	0.000000	0
3	대구	0.85452	0.85452	TRUE	0.04436319	0	0	1.83478	0	0	60.28688	8.348588	0
4	인천	1.00000	1.00000	FALSE	0.00000000	0	0	0.00000	0	0	0.00000	0.000000	0
5	광주	1.00000	1.00000	FALSE	0.00000000	0	0	0.00000	0	0	0.00000	0.000000	0
6	대전	1.00000	1.00000	FALSE	0.00000000	0	0	0.00000	0	0	0.00000	0.000000	0
7	울산	1.00000	1.00000	FALSE	0.00000000	0	0	0.00000	0	0	0.00000	0.000000	0
8	세종	1.00000	1.00000	FALSE	0.00000000	0	0	0.00000	0	0	0.00000	0.000000	0
9	경기	1.00000	1.00000	FALSE	0.00000000	0	0	0.00000	0	0	0.00000	0.000000	0
10	강원	1.00000	1.00000	FALSE	0.00000000	0	0	0.00000	0	0	0.00000	0.000000	0
11	충북	1.00000	1.00000	FALSE	0.00000000	0	0	0.00000	0	0	0.00000	0.000000	0
12	충남	1.00000	1.00000	FALSE	0.00000000	0	0	0.00000	0	0	0.00000	0.000000	0
13	전북	1.00000	1.00000	FALSE	0.00000000	0	0	0.00000	0	0	0.00000	0.000000	0
14	전남	1.00000	1.00000	FALSE	0.00000000	0	0	0.00000	0	0	0.00000	0.000000	0
15	경북	1.00000	1.00000	FALSE	0.00000000	0	0	0.00000	0	0	0.00000	0.000000	0
16	경남	1.00000	1.00000	FALSE	0.00000000	0	0	0.00000	0	0	0.00000	0.000000	0
17	제주	1.00000	1.00000	FALSE	0.00000000	0	0	0.00000	0	0	0.00000	0.000000	0

Showing 1 to 17 of 17 entries, 13 total columns

해석

처리결과 화면을 살펴보면, Region, Efficiencies, eff, slack, sx1~sx5, sy1~sy4까지의 정보가 생성되어 있음을 볼 수 있다.

이제 완전효율성(강효율성, fully efficient units)을 보이는 지자체를 도출해보자. 완전효율성 조건은 effieicney가 1이고, slack이 0인 경우이다.

명령어

```
> which(eff(dea_re)==1 & !e1$slack)
```

```
> which(eff(dea_re)==1 & !e1$slack)
 [1]  1  2  4  5  6  7  8  9 10 11 12 13 14 15 16 17
```

각 지자체의 투입 및 산출변수의 slack의 총합을 뽑아보자.

명령어

```
> print(dea_re$sum)
> print(e1$sum)
```

```
> print(dea_re$sum)
NULL
> print(e1$sum)
 [1]  0.00000  0.00000 70.51461  0.00000  0.00000  0.00000  0.00000  0.00000  0.00000
0.00000  0.00000  0.00000
[13]  0.00000  0.00000  0.00000  0.00000  0.00000
```

해석

처리결과를 살펴보면, dea_re에서는 sum 데이터가 부재하고, e1에서만 sum 자료가 제시되어 있음을 볼 수 있다.

6) 투영점(Projection Point) 추정

자 이번에는 투영점(projection point)을 추정해보자. 투영점이란 해당 관측치의 비효율성이 모두 제거된 상태를 의미하며, 효율성을 개선하고자 하는 최종 목표치를 의미한다.

명령어

```
> projection <- data.frame(x1=c(data$x1*e1$eff-e1$sx[, 1]),
+                          x2=c(data$x2*e1$eff-e1$sx[, 2]),
+                          x3=c(data$x3*e1$eff-e1$sx[, 3]),
+                          x4=c(data$x4*e1$eff-e1$sx[, 4]),
+                          x5=c(data$x5*e1$eff-e1$sx[, 5]),
+                          y1=c(data$y1+e1$sy[, 1]),
+                          y2=c(data$y2+e1$sy[, 2]),
+                          y3=c(data$y3+e1$sy[, 3]),
+                          y4=c(data$y4+e1$sy[, 4])
+ )
```

※벡터 표현의 중요성※

여기서 sx1, sx2는 직접 인식되지 않고 sx 아래에 있는 벡터이다. 따라서 벡터방식으로 표기해야 인식이 된다. 벡터 양식으로 지정하지 않은 명령어는 어떻게 처리되는지 그 결과를 비교해보자.

명령어

```
> projection1 <-data.frame(x1=c(data$x1*e1$eff-e1$sx1),
+                          x2=c(data$x2*e1$eff-e1$sx2),
+                          x3=c(data$x3*e1$eff-e1$sx3),
+                          x4=c(data$x4*e1$eff-e1$sx4),
+                          x5=c(data$x5*e1$eff-e1$sx5),
+                          y1=c(data$y1+e1$sy1),
+                          y2=c(data$y2+e1$sy2),
+                          y3=c(data$y3+e1$sy3),
+                          y4=c(data$y4+e1$sy4)
+                          )
```

[처리결과화면]

Filter

	x1	x2	x3	x4	x5	y1	y2	y3	y4
No data available in table									

해석

처리결과 화면을 살펴보면, 벡터 양식으로 표기되지 않아 처리할 자료를 정확히 지정을 받지 못해 최종 처리가 안되었음을 보여주고 있다.

[처리결과화면: View(projection)]

Filter

	x1	x2	x3	x4	x5	y1	y2	y3	y4
1	0.920000	121.40000	10310.000	31.60000	1.300000	27527	20596.000	510.70000	14.18
2	0.890000	42.00000	1810.000	31.60000	2.300000	3061	2335.000	100.00000	8.13
3	0.904154	40.93151	1410.813	27.64616	3.161724	2612	1998.287	75.04859	5.97
4	0.480000	67.20000	2469.000	37.10000	1.300000	3400	1607.000	55.60000	18.82
5	1.180000	51.60000	807.000	32.30000	5.300000	1694	1722.000	101.50000	7.49
6	13.720000	234.00000	1420.000	36.50000	0.400000	6503	4734.000	537.50000	22.39
7	0.370000	67.40000	521.000	35.40000	4.000000	1269	986.000	26.80000	0.28
8	3.980000	154.80000	154.000	9.40000	0.100000	307	231.000	1.50000	7.53
9	0.580000	135.00000	15180.000	41.00000	0.500000	24820	6751.000	484.40000	52.47
10	0.610000	43.80000	541.000	25.00000	4.300000	1459	1366.000	22.50000	14.92
11	0.830000	76.60000	1389.000	36.20000	0.900000	1861	1003.000	59.70000	34.28
12	0.420000	79.60000	1681.000	42.70000	3.000000	3492	1146.000	65.80000	37.32
13	1.550000	49.90000	889.000	16.70000	2.000000	1860	1455.000	35.80000	3.67
14	0.370000	25.00000	669.000	36.30000	7.600000	1616	438.000	76.90000	0.20
15	0.590000	72.30000	1683.000	47.80000	4.000000	4633	2230.000	74.80000	40.28
16	1.170000	58.60000	2187.000	26.50000	1.800000	3738	1453.000	140.30000	5.70
17	0.620000	28.90000	149.000	23.00000	6.000000	384	319.000	6.70000	1.08

Showing 1 to 17 of 17 entries, 9 total columns

자 이제 최종표를 만들어보자. 필요한 정보는 DMU(각 지자체), Efficiencies, 투입/산출요소의 데이터값, 프로젝션(투영점)값이다. 이를 우선 데이터프레임 양식으로 모아두고, 거기서 투영점(목표값)과 실제 투입, 산출값의 차이를 구해보자. 이제 각 투입변수와 산출변수의 결과값을 가지고 하나의 데이터프레임으로 합쳐서 최종 결과표를 생성시켜보자.

명령어

```
> project_x1 <-data.frame(DMU=data$region, Eff=e1$eff, Data=c(data$x1),
+                         Projection=c(projection$x1))
> project_x1$Diff <-0
> project_x1$Diff <-c(project_x1$Projection-project_x1$Data)
> project_x2 <-data.frame(DMU=data$region, Eff=e1$eff, Data=c(data$x2),
+                         Projection=c(projection$x2))
> project_x2$Diff <-0
> project_x2$Diff <-c(project_x2$Projection-project_x2$Data)
> project_x3 <-data.frame(DMU=data$region, Eff=e1$eff, Data=c(data$x3),
+                         Projection=c(projection$x3))
> project_x3$Diff <-0
> project_x3$Diff <-c(project_x3$Projection-project_x3$Data)
> project_x4 <-data.frame(DMU=data$region, Eff=e1$eff, Data=c(data$x4),
+                         Projection=c(projection$x4))
> project_x4$Diff <-0
> project_x4$Diff <-c(project_x4$Projection-project_x4$Data)
```

```
> project_x5 <-data.frame(DMU=data$region, Eff=e1$eff, Data=c(data$x5),
+                         Projection=c(projection$x5))
> project_x5$Diff <-0
> project_x5$Diff <-c(project_x5$Projection-project_x5$Data)
> project_y1 <-data.frame(DMU=data$region, Eff=e1$eff, Data=c(data$y1),
+                         Projection=c(projection$y1))
> project_y1$Diff <-0
> project_y1$Diff <-c(project_y1$Projection-project_y1$Data)
> project_y2 <-data.frame(DMU=data$region, Eff=e1$eff, Data=c(data$y2),
+                         Projection=c(projection$y2))
> project_y2$Diff <-0
> project_y2$Diff <-c(project_y2$Projection-project_y2$Data)
> project_y3 <-data.frame(DMU=data$region, Eff=e1$eff, Data=c(data$y3),
+                         Projection=c(projection$y3))
> project_y3$Diff <-0
> project_y3$Diff <-c(project_y3$Projection-project_y3$Data)
> project_y4 <-data.frame(DMU=data$region, Eff=e1$eff, Data=c(data$y4),
+                         Projection=c(projection$y4))
> project_y4$Diff <-0
> project_y4$Diff <-c(project_y4$Projection-project_y4$Data)
> project_all <-cbind(project_x1,project_x2,project_x3,project_x4,project_x5,pr
oject_y1,project_y2,project_y3,project_y4)
```

[처리결과화면]

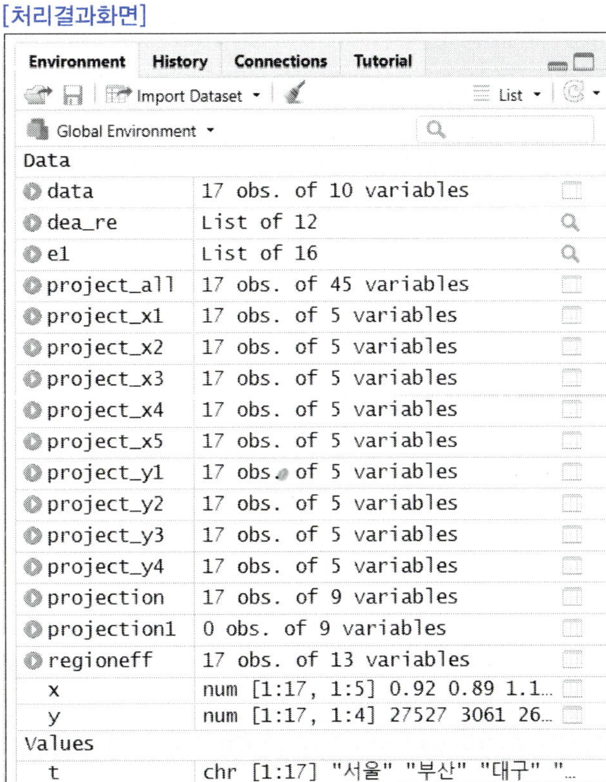

[처리결과화면: View(project_all)]

Filter

	DMU	Eff	Data	Projection	Diff	DMU	Eff	Data	Projection	Diff	DMU	Eff	Data
1	서울	1.00000	0.92	0.920000	0.000000	서울	1.00000	121.4	121.40000	0.000000	서울	1.00000	[illegible]
2	부산	1.00000	0.89	0.890000	0.000000	부산	1.00000	42.0	42.00000	0.000000	부산	1.00000	[illegible]
3	대구	0.85452	1.11	0.904154	-0.205846	대구	0.85452	47.9	40.93151	-6.968492	대구	0.85452	[illegible]
4	인천	1.00000	0.48	0.480000	0.000000	인천	1.00000	67.2	67.20000	0.000000	인천	1.00000	[illegible]
5	광주	1.00000	1.18	1.180000	0.000000	광주	1.00000	51.6	51.60000	0.000000	광주	1.00000	
6	대전	1.00000	13.72	13.720000	0.000000	대전	1.00000	234.0	234.00000	0.000000	대전	1.00000	[illegible]
7	울산	1.00000	0.37	0.370000	0.000000	울산	1.00000	67.4	67.40000	0.000000	울산	1.00000	
8	세종	1.00000	3.98	3.980000	0.000000	세종	1.00000	154.8	154.80000	0.000000	세종	1.00000	
9	경기	1.00000	0.58	0.580000	0.000000	경기	1.00000	135.0	135.00000	0.000000	경기	1.00000	[illegible]
10	강원	1.00000	0.61	0.610000	0.000000	강원	1.00000	43.8	43.80000	0.000000	강원	1.00000	

Showing 1 to 11 of 17 entries, 45 total columns

이번에는 이 작업을 한꺼번에 하도록 명령어를 작성해보자.

명령어

```
> diff <- data.frame(x1=c((projection$x1/data$x1-1)*100),
+                    x2=c((projection$x2/data$x2-1)*100),
+                    x3=c((projection$x3/data$x3-1)*100),
+                    x4=c((projection$x4/data$x4-1)*100),
+                    x5=c((projection$x5/data$x5-1)*100),
+                    y1=c((projection$y1/data$y1-1)*100),
+                    y2=c((projection$y2/data$y2-1)*100),
+                    y3=c((projection$y3/data$y3-1)*100),
+                    y4=c((projection$y4/data$y4-1)*100)
+ )
> pro_result <- data.frame(Region=data$region, Efficiencies=e1$eff,
+                      data$x1, projection$x1, diff$x1,
+                      data$x2, projection$x2, diff$x2,
+                      data$x3, projection$x3, diff$x3,
+                      data$x4, projection$x4, diff$x4,
+                      data$x5, projection$x5, diff$x5,
+                      data$y1, projection$y1, diff$y1,
+                      data$y2, projection$y2, diff$y2,
+                      data$y3, projection$y3, diff$y3,
+                      data$y4, projection$y4, diff$y4
+ )
```

[처리결과화면: View(diff)]

	x1	x2	x3	x4	x5	y1	y2	y3	y4
1	0.00000	0.000	0.000	0.0000	0.000	0	0.000000	0.00000	0
2	0.00000	0.000	0.000	0.0000	0.000	0	0.000000	0.00000	0
3	-18.54468	-14.548	-14.548	-19.8662	-14.548	0	3.110778	12.51662	0
4	0.00000	0.000	0.000	0.0000	0.000	0	0.000000	0.00000	0
5	0.00000	0.000	0.000	0.0000	0.000	0	0.000000	0.00000	0
6	0.00000	0.000	0.000	0.0000	0.000	0	0.000000	0.00000	0
7	0.00000	0.000	0.000	0.0000	0.000	0	0.000000	0.00000	0
8	0.00000	0.000	0.000	0.0000	0.000	0	0.000000	0.00000	0
9	0.00000	0.000	0.000	0.0000	0.000	0	0.000000	0.00000	0
10	0.00000	0.000	0.000	0.0000	0.000	0	0.000000	0.00000	0
11	0.00000	0.000	0.000	0.0000	0.000	0	0.000000	0.00000	0
12	0.00000	0.000	0.000	0.0000	0.000	0	0.000000	0.00000	0
13	0.00000	0.000	0.000	0.0000	0.000	0	0.000000	0.00000	0
14	0.00000	0.000	0.000	0.0000	0.000	0	0.000000	0.00000	0
15	0.00000	0.000	0.000	0.0000	0.000	0	0.000000	0.00000	0
16	0.00000	0.000	0.000	0.0000	0.000	0	0.000000	0.00000	0
17	0.00000	0.000	0.000	0.0000	0.000	0	0.000000	0.00000	0

Showing 1 to 17 of 17 entries, 9 total columns

[처리결과화면: View(pro_result)]

	Region	Efficiencies	data.x1	projection.x1	diff.x1	data.x2	projection.x2	diff.x2	data.x3	projection.x3	diff.x3
1	서울	1.00000	0.92	0.920000	0.00000	121.4	121.40000	0.000	10310	10310.000	0.00
2	부산	1.00000	0.89	0.890000	0.00000	42.0	42.00000	0.000	1810	1810.000	0.00
3	대구	0.85452	1.11	0.904154	-18.54468	47.9	40.93151	-14.548	1851	1410.813	-14.54
4	인천	1.00000	0.48	0.480000	0.00000	67.2	67.20000	0.000	2469	2469.000	0.00
5	광주	1.00000	1.18	1.180000	0.00000	51.6	51.60000	0.000	807	807.000	0.00
6	대전	1.00000	13.72	13.720000	0.00000	234.0	234.00000	0.000	1420	1420.000	0.00
7	울산	1.00000	0.37	0.370000	0.00000	67.4	67.40000	0.000	521	521.000	0.00
8	세종	1.00000	3.98	3.980000	0.00000	154.8	154.80000	0.000	154	154.000	0.00
9	경기	1.00000	0.58	0.580000	0.00000	135.0	135.00000	0.000	15180	15180.000	0.00
10	강원	1.00000	0.61	0.610000	0.00000	43.8	43.80000	0.000	541	541.000	0.00

Showing 1 to 11 of 17 entries, 29 total columns

처리결과 회면을 살펴보면, 각 투입변수의 산출변수들의 항목별 변수명이 자동으로 data.x1과 같은 형식으로 생성되어 있음을 볼 수 있다. 각 변수의 해당 항목 수치들이 오른쪽으로 가면서 순서대로 펼쳐져 있다.

이제 결과물을 작업디렉토리에 저장해주자.

명령어

```
> setwd("C:/Users/OSYang/")
```

```
> wirte.csv(pro_result, "Efficiency Improvement.csv")
```

```
> setwd("C:/Users/OSYang/")
> wirte.csv(pro_result, "Efficiency Improvement.csv")
```

[처리결과화면]

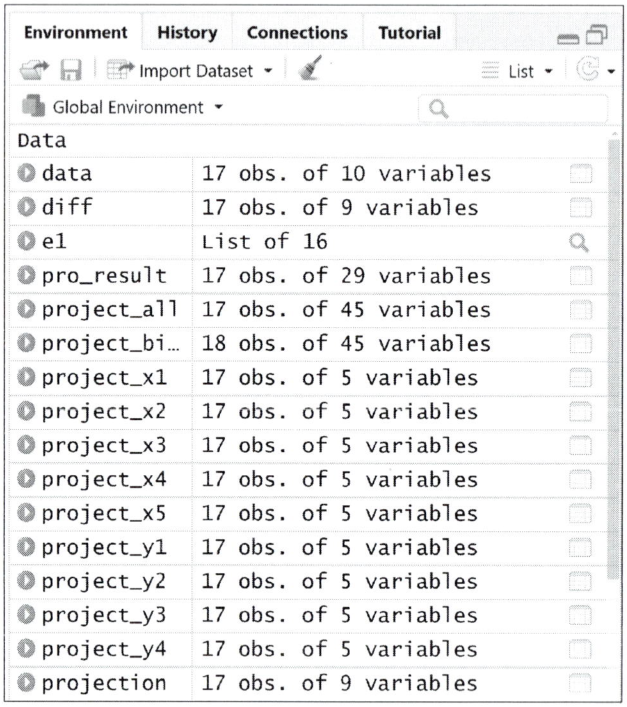

4. 충격-반응 분석

1) 전처리

이번에는 충격-반응 분석을 R에서 어떻게 하는지 알아보자. 먼저 분석에 필요한 패키지를 다운받아 설치해주자.

명령어

```
> install.packages("vars")
> install.packages("forecast")
> install.packages("ggfortify")
```

```
> install.packages("vars")
WARNING: Rtools is required to build R packages but is not currently installed. Pleas
e download and install the appropriate version of Rtools before proceeding:

https://cran.rstudio.com/bin/windows/Rtools/
Installing package into 'C:/Users/media/Documents/R/win-library/4.0'
(as 'lib' is unspecified)
also installing the dependencies 'urca', 'lmtest'

trying URL 'https://cran.rstudio.com/bin/windows/contrib/4.0/urca_1.3-0.zip'
Content type 'application/zip' length 1109319 bytes (1.1 MB)
downloaded 1.1 MB
trying URL 'https://cran.rstudio.com/bin/windows/contrib/4.0/lmtest_0.9-38.zip'
Content type 'application/zip' length 411679 bytes (402 KB)
downloaded 402 KB
trying URL 'https://cran.rstudio.com/bin/windows/contrib/4.0/vars_1.5-3.zip'
Content type 'application/zip' length 965464 bytes (942 KB)
downloaded 942 KB

package 'urca' successfully unpacked and MD5 sums checked
package 'lmtest' successfully unpacked and MD5 sums checked
package 'vars' successfully unpacked and MD5 sums checked

The downloaded binary packages are in
      C:\Users\media\AppData\Local\Temp\RtmpIBerSf\downloaded_packages

> install.packages("forecast")
WARNING: Rtools is required to build R packages but is not currently installed. Pleas
e download and install the appropriate version of Rtools before proceeding:

https://cran.rstudio.com/bin/windows/Rtools/
Installing package into 'C:/Users/media/Documents/R/win-library/4.0'
(as 'lib' is unspecified)
also installing the dependencies 'fracdiff', 'tseries'

trying URL 'https://cran.rstudio.com/bin/windows/contrib/4.0/fracdiff_1.5-1.zip'
Content type 'application/zip' length 135874 bytes (132 KB)
downloaded 132 KB
trying URL 'https://cran.rstudio.com/bin/windows/contrib/4.0/tseries_0.10-48.zip'
Content type 'application/zip' length 409507 bytes (399 KB)
downloaded 399 KB
trying URL 'https://cran.rstudio.com/bin/windows/contrib/4.0/forecast_8.13.zip'
Content type 'application/zip' length 2537123 bytes (2.4 MB)
downloaded 2.4 MB
```

```
package 'fracdiff' successfully unpacked and MD5 sums checked
package 'tseries' successfully unpacked and MD5 sums checked
package 'forecast' successfully unpacked and MD5 sums checked

The downloaded binary packages are in
      C:\Users\media\AppData\Local\Temp\RtmpIBerSf\downloaded_packages

> install.packages("ggfortify")
WARNING: Rtools is required to build R packages but is not currently installed. Pleas
e download and install the appropriate version of Rtools before proceeding:

https://cran.rstudio.com/bin/windows/Rtools/
Installing package into 'C:/Users/media/Documents/R/win-library/4.0'
(as 'lib' is unspecified)
trying URL 'https://cran.rstudio.com/bin/windows/contrib/4.0/ggfortify_0.4.11.zip'
Content type 'application/zip' length 2364440 bytes (2.3 MB)
downloaded 2.3 MB

package 'ggfortify' successfully unpacked and MD5 sums checked

The downloaded binary packages are in
      C:\Users\media\AppData\Local\Temp\RtmpIBerSf\downloaded_packages
```

명령어

```
> library(ggfortify)
> library(dplyr)
> library(vars)
> library(forecast)
```

```
> library(ggfortify)
Loading required package: ggplot2
> library(dplyr)
> library(vars)
Loading required package: MASS

Attaching package: 'MASS'

The following object is masked from 'package:dplyr':

    select
```

```
Loading required package: strucchange
Loading required package: zoo

Attaching package: 'zoo'

The following objects are masked from 'package:base':

    as.Date, as.Date.numeric

Loading required package: sandwich
Loading required package: urca
Loading required package: lmtest
> library(forecast)
Registered S3 method overwritten by 'quantmod':
  method            from
  as.zoo.data.frame zoo
Registered S3 methods overwritten by 'forecast':
  method                 from
  autoplot.Arima         ggfortify
  autoplot.acf           ggfortify
  autoplot.ar            ggfortify
  autoplot.bats          ggfortify
  autoplot.decomposed.ts ggfortify
  autoplot.ets           ggfortify
  autoplot.forecast      ggfortify
  autoplot.stl           ggfortify
  autoplot.ts            ggfortify
  fitted.ar              ggfortify
  fortify.ts             ggfortify
  residuals.ar           ggfortify
```

필요한 라이브러리를 불러온 뒤 작업디렉토리에서 실습데이터셋(All_Country_Data.csv)을 불러오자. 불러온 데이터셋에서 특정한 국가 자료만을 추출해서 작업을 할 예정이다. 추출할 국가 자료는 순번에 따라 18, 1, 12, 3, 15, 4, 26, 6, 19, 11, 13, 9, 21, 10, 5, 22, 16 등이다. 데이터셋에서 러시아(18번째), 글로벌(1번째), 인도(12번째), 호주(3번째), 일본(15번째), 브라질(4번째), 멕시코(26번째), 칠레(6번째), 스페인(19번째), 그리스(11번째), 아일랜드(13번째), 프랑스(9번째), 영국(21번째), 독일(10번째), 캐나다(5번째), 미국(22번째), 한국(16번째) 자료만을 대상으로 모형을 처리해보자. 이들 국가를 선택한 이유는 러시아가 타국에 미치는 충격-반응을 고찰할 때 대륙별로 비교하기 위함이다.

[처리결과화면]

Filter

	Year	Month	GEPU_current	GEPU_ppp	Australia	Brazil	Canada	Chile	China	Colombia	France	Germany	Greece
1	2003	1	127.91190	117.66557	123.80209	88.15092	162.84676	133.46736	92.77051	130.27816	196.79140	84.12832	11
2	2003	2	135.81049	125.11016	226.22443	120.28104	175.13614	144.07649	57.40008	132.62795	210.70569	230.90956	14
3	2003	3	168.72473	158.44638	230.92506	133.68872	195.87244	184.38036	128.23459	133.33235	227.44423	230.06302	17
4	2003	4	135.90211	128.75777	202.98833	96.79193	138.47827	192.31561	122.00202	153.03518	163.98830	155.81583	13
5	2003	5	106.57978	101.50742	140.88017	85.23053	125.34247	123.63509	90.46434	116.15262	112.24477	120.43968	13
6	2003	6	90.18326	83.12855	65.23032	56.87833	98.47302	111.19852	74.80662	52.51334	110.51319	78.66608	8
7	2003	7	80.13288	80.05205	60.74309	89.61538	76.99554	92.87344	97.22044	54.93407	90.50468	59.33775	7
8	2003	8	68.84464	70.27346	39.28984	136.32253	61.89989	82.87069	79.75953	69.34113	30.62037	59.89029	7
9	2003	9	81.52290	78.72468	49.09207	54.87196	71.95837	77.12238	89.02927	78.15046	95.08573	89.45636	10
10	2003	10	76.99975	78.71409	37.67953	125.54226	85.79253	57.87241	88.45388	87.89272	80.04884	87.12671	9

Showing 1 to 11 of 217 entries, 28 total columns

데이터셋 내용을 살펴보면 첫번째와 두번째 데이터는 Year와 Month자료이다. 이 자료를 제거하고 우선 전체 데이터를 시계열 자료로 만들어주자. 사용할 함수는 ts( )이다. 실제 데이터는 2003년 1월부터 2021년 1월까지의 자료이다. 따라서 시계열을 start=c(2003, 1), end=c(2021, 1)로 명시해주자. 당연히 월 단위 자료이기 때문에 frequency=12로 지정해주어야 한다.

명령어

```
> data <- read.csv("All_Country_Data.csv")
> data <- ts(data[, -c(1, 2)], start=c(2003, 1), end=c(2021, 1), frequency=12) #
Transform to timeseries, -c(1,2)는 첫번째와 두번째 자료를 제거하라는 의미
> data <- data[, c(18, 1, 12, 3, 15, 4, 26, 6, 19, 11, 13, 9, 21, 10, 5, 22, 16)]
> View(data)
```


```
> data <- read.csv("All_Country_Data.csv")
> data <- ts(data[, -c(1, 2)], start=c(2003, 1), end=c(2021, 1), frequency=12) #
Transform to timeseries, -c(1,2)는 첫번째와 두번째 자료를 제거하라는 의미
> data <- data[, c(18, 1, 12, 3, 15, 4, 26, 6, 19, 11, 13, 9, 21, 10, 5, 22, 16)]
> View(data)
```


[처리결과화면]

Filter

	GEPU_current	GEPU_ppp	Australia	Brazil	Canada	Chile	China	Colombia	France	Germany	Greece	India	Ireland	Italy	Japan
1	127.91190	117.66557	123.80209	88.15092	162.84676	133.46736	92.77051	130.27816	196.79140	84.12832	113.98895	49.28184	172.10846	126.10831	100.9413
2	135.81049	125.11016	226.22443	120.28104	175.13614	144.07649	57.40008	132.62795	210.70569	230.90956	142.32097	69.26014	164.62217	125.58943	99.8443
3	168.72473	158.44638	230.92506	133.68872	195.87244	184.38036	128.23459	133.33235	227.44423	230.06302	179.12493	113.41907	90.52303	142.61328	128.4231
4	135.90211	128.75777	202.98833	96.79193	138.47827	192.31561	122.00202	153.03518	163.98830	155.81583	138.05069	80.29345	134.19801	110.27615	120.1167
5	106.57978	101.50742	140.88017	85.23053	125.34247	123.63509	90.46434	116.15262	112.24477	120.43968	135.24177	62.98458	102.19324	150.13940	132.7691
6	90.18326	83.12855	65.23032	56.87833	98.47302	111.19852	74.80662	52.51334	110.51319	78.66608	80.74968	57.71823	91.72467	82.60994	111.0588
7	80.13288	80.05205	60.74309	89.61538	76.99554	92.87344	97.22044	54.93407	90.50468	59.33775	78.58704	63.98774	93.08080	95.04330	87.7359
8	68.84464	70.27346	39.28984	136.32253	61.89989	82.87069	79.75953	69.34113	30.62037	59.89029	78.94315	59.84917	72.61797	79.42847	67.1467
9	81.52290	78.72468	49.09207	54.87196	71.95837	77.12238	89.02927	78.15046	95.08573	89.45636	107.06095	53.42519	88.54263	88.49613	89.5893
10	76.99975	78.71409	37.67953	125.54226	85.79253	57.87241	88.45388	87.89272	80.04884	87.12671	91.10838	64.71464	101.95786	102.58530	105.8579

Showing 1 to 11 of 217 entries, 26 total columns

[처리결과화면]

Filter

	Russia	GEPU_current	India	Australia	Japan	Brazil	Mexico	Chile	Spain	Greece	Ireland	France	UK	Germany	Canada	US
1	68.20256	127.91190	49.28184	123.80209	100.94130	88.15092	369.957001	133.46736	94.36716	113.96895	172.10846	196.79140	194.32832	84.12832	162.84676	18
2	108.11005	135.81049	69.26014	226.22443	99.84434	120.28104	364.076263	144.07649	115.29332	142.32097	164.62217	210.70569	220.16109	230.90956	175.13614	16
3	87.96466	168.72473	113.41907	230.92506	128.42312	133.68872	428.725433	184.38036	99.81377	179.12493	90.52303	227.44423	273.18542	230.06302	195.87244	22
4	86.38860	135.90211	80.29345	202.98833	120.11676	96.79193	234.807297	192.31561	112.58624	138.05069	134.19801	163.98830	226.82066	155.81583	138.47827	17
5	95.07604	106.57978	62.98458	140.88017	132.76918	85.23053	139.317932	123.63509	103.77159	135.24177	102.19324	112.24477	124.13572	120.43968	125.34247	12
6	24.11119	90.18326	57.71823	65.23032	111.05881	56.87833	89.696281	111.19852	95.58781	80.74968	91.72467	110.51319	125.28983	78.66608	98.47302	11
7	70.33056	80.13288	63.98774	60.74309	87.73597	69.61538	112.152184	92.87344	91.59560	78.58704	93.08080	90.50468	73.56979	59.33775	76.99554	10
8	59.18589	68.84464	59.84917	39.28984	67.14678	136.32253	113.355987	82.87069	78.77228	78.94315	72.61797	30.62037	90.74358	59.89029	61.89989	9
9	62.63549	81.52290	53.42519	49.09207	89.58934	54.87196	101.916939	77.12238	88.26130	107.06095	88.54263	95.08573	58.72573	89.45636	71.95837	10
10	96.27272	76.99975	64.71464	37.67953	105.85793	125.54226	80.293915	57.87241	86.33527	91.10838	101.95786	80.04884	73.45626	87.12671	85.79253	7

Showing 1 to 11 of 217 entries, 17 total columns

명령어

```
> summary(data)
```

```
> summary(data)
     Russia          GEPU_current        India           Australia           Japan     
         Brazil            Mexico      
 Min.   : 24.11   Min.   : 48.82   Min.   : 24.94   Min.   : 25.66   Min.   : 48.57  
 Min.    : 22.30   Min.    :  8.509  
 1st Qu.: 87.96   1st Qu.: 88.81   1st Qu.: 58.07   1st Qu.: 65.17   1st Qu.: 83.04  
 1st Qu.: 97.79   1st Qu.: 44.026  
 Median :128.99   Median :122.80   Median : 79.91   Median : 90.88   Median :103.47  
 Median :141.01   Median : 63.942  
 Mean   :170.11   Mean   :139.69   Mean   : 93.08   Mean   :108.47   Mean   :106.81  
 Mean    :165.64   Mean    : 71.500  
 3rd Qu.:217.16   3rd Qu.:167.13   3rd Qu.:115.65   3rd Qu.:135.13   3rd Qu.:123.98  
 3rd Qu.:196.01   3rd Qu.: 83.455  
 Max.   :793.63   Max.   :429.43   Max.   :283.69   Max.   :337.04   Max.   :236.24  
 Max.    :676.96   Max.    :428.725  
     Chile            Spain            Greece           Ireland            France     
           UK             Germany      
 Min.   : 31.60   Min.   : 54.16   Min.   : 37.70   Min.   : 22.97   Min.   : 30.62  
 Min.    :  30.47   Min.    : 28.43  
 1st Qu.: 70.59   1st Qu.: 89.19   1st Qu.: 80.26   1st Qu.: 87.44   1st Qu.:122.15  
 1st Qu.: 114.80   1st Qu.: 93.78  
 Median : 96.99   Median :112.42   Median : 94.65   Median :130.06   Median :200.98  
 Median : 205.93   Median :139.85  
 Mean   :113.15   Mean   :117.66   Mean   : 99.79   Mean   :136.16   Mean   :204.80  
 Mean    : 234.71   Mean    :152.69  
 3rd Qu.:133.47   3rd Qu.:136.23   3rd Qu.:114.84   3rd Qu.:175.77   3rd Qu.:267.55  
 3rd Qu.: 322.87   3rd Qu.:193.55  
 Max.   :344.58   Max.   :261.61   Max.   :188.70   Max.   :367.34   Max.   :574.63  
```

```
Max.   :1141.80   Max.   :498.06
    Canada            US              Korea
Min.   : 40.44   Min.   : 44.78   Min.   : 37.31
1st Qu.: 90.74   1st Qu.: 90.01   1st Qu.: 95.60
Median :164.46   Median :116.62   Median :129.99
Mean   :188.84   Mean   :137.45   Mean   :146.65
3rd Qu.:258.17   3rd Qu.:164.76   3rd Qu.:172.99
Max.   :678.82   Max.   :503.96   Max.   :538.18
```

명령어

```
> model <- VAR(data_, lag.max=2, type="none") # Estnbimate model + 2년 래그
> win.graph()
```


```
> model <- VAR(data_, lag.max=2, type="none") # Estnbimate model + 2년 래그
> win.graph()
```


[처리결과화면]

Show Attributes

Name	Type	Value
model	list [10] (S3: varest)	List of length 10
varresult	list [17]	List of length 17
datamat	list [216 x 34] (S3: data.frame)	A data.frame with 216 rows and 34 columns
y	double [217 x 17] (S3: mts, ts, mɛ	68.2 108.1 88.0 86.4 95.1 24.1 127.9 135.8 168.7 135.9 106.6 90.2 49.3 6 ...
type	character [1]	'none'
p	integer [1]	1
K	integer [1]	17
obs	integer [1]	216
totobs	integer [1]	217
restrictions	NULL	Pairlist of length 0
call	language	VAR(y = data, type = "none", lag.max = 2)

(No selection)

해석

처리결과 화면을 살펴보면, datamat 항목이 눈에 들어온다. A data.frame with 216 rows and 34 columns로 나와 있어 이를 열람해보자.

명령어

```
> model$datamat
```

```
> model$datamat
     Russia   GEPU_current India    Australia Japan    Brazil    Mexico    Chile     Spain     Greece
1    108.11005 135.81049  69.26014 226.22443  99.84434 120.28104 364.07626 144.07649 115.29332 142.32097
2     87.96466 168.72473 113.41907 230.92506 128.42312 133.68872 428.72543 184.38036  99.81377 179.12493
3     86.38860 135.90211  80.29345 202.98833 120.11676  96.79193 234.80730 192.31561 112.58624 138.05069
4     95.07604 106.57978  62.98458 140.88017 132.76918  85.23053 139.31793 123.63509 103.77159 135.24177
5     24.11119  90.18326  57.71823  65.23032 111.05881  56.87833  89.69628 111.19852  95.58781  80.74968
                                           (중간생략)
24    54.96221  47.26328  66.53288  93.93433
25    48.37984  45.85582  66.73434 107.98382
26    53.16243  40.44013  51.69569  49.75831
27    40.66996  43.26983  49.30864  59.18798
28    34.60283  90.73813  78.39587  47.20574
29    66.39906  96.50500  75.09077  68.58766
 [ reached 'max' / getOption("max.print") -- omitted 187 rows ]
```

명령어

```
> summary(model) # Look at summary statistics
```

```
> summary(model) # Look at summary statistics

VAR Estimation Results:
=========================
Endogenous variables: Russia, GEPU_current, India, Australia, Japan, Brazil, Mexic
o, Chile, Spain, Greece, Ireland, France, UK, Germany, Canada, US, Korea
Deterministic variables: none
Sample size: 216
Log Likelihood: -17972.865
Roots of the characteristic polynomial:
0.9938 0.9366 0.8457 0.7944 0.7425 0.6005 0.6005 0.5157 0.5157 0.5123 0.3572 0.294
0.1915 0.1915 0.04065 0.04065 0.00899
Call:
VAR(y = data, type = "none", lag.max = 2)

Estimation results for equation Russia:
=========================================
Russia = Russia.l1 + GEPU_current.l1 + India.l1 + Australia.l1 + Japan.l1 + Brazil.l
1 + Mexico.l1 + Chile.l1 + Spain.l1 + Greece.l1 + Ireland.l1 + France.l1 + UK.l1
+ Germany.l1 + Canada.l1 + US.l1 + Korea.l1

                Estimate Std. Error t value Pr(>|t|)
Russia.l1       0.180385   0.072511   2.488  0.01368 *
GEPU_current.l1 0.504550   0.306307   1.647  0.10109
```

```
India.l1        -0.100562  0.155087  -0.648  0.51746
Australia.l1    -0.015567  0.150393  -0.104  0.91766
Japan.l1        -0.059404  0.243845  -0.244  0.80778
Brazil.l1        0.072439  0.066739   1.085  0.27906
Mexico.l1       -0.225029  0.123816  -1.817  0.07065 .
Chile.l1         0.674147  0.141037   4.780  3.4e-06 ***
Spain.l1         0.313126  0.225143   1.391  0.16584
Greece.l1       -0.019708  0.213422  -0.092  0.92652
Ireland.l1       0.113575  0.104159   1.090  0.27685
France.l1       -0.282092  0.097550  -2.892  0.00426 **
UK.l1           -0.061020  0.057157  -1.068  0.28700
Germany.l1       0.177090  0.131268   1.349  0.17885
Canada.l1        0.288272  0.107425   2.683  0.00790 **
US.l1           -0.341500  0.194025  -1.760  0.07993 .
Korea.l1         0.009986  0.123392   0.081  0.93558
---
Signif. codes:  0 '***' 0.001 '**' 0.01 '*' 0.05 '.' 0.1 ' ' 1


Residual standard error: 71.52 on 199 degrees of freedom
Multiple R-Squared: 0.8939,       Adjusted R-squared: 0.8848
F-statistic: 98.59 on 17 and 199 DF,  p-value: < 2.2e-16

(중간생략)
Covariance matrix of residuals:
              Russia GEPU_current   India Australia Japan  Brazil Mexico  Chile
Spain Greece Ireland France
Russia      5113.88       662.9  334.06     361.7 340.6  768.94 126.11  519.5 505.32
193.08  552.80  827.7
GEPU_current  662.89      821.0  261.61     723.2 396.6  826.81 245.41  462.0 233.47
149.05  377.76 1038.9
India        334.06       261.6 1129.07     630.5 341.9  331.06 129.28  283.3 198.46
172.81   54.83  395.7
Australia     361.66      723.2  630.53    1913.2 629.9  649.50 329.31  611.1 294.73
282.63  226.94 1086.0
(중간생략)
Correlation matrix of residuals:
                Russia GEPU_current  India Australia  Japan  Brazil  Mexico  Chile
Spain   Greece  Ireland
Russia       1.000000      0.3235 0.13902    0.1156 0.2043 0.15706 0.05820 0.2145
0.3463  0.12720  0.16435
GEPU_current  0.323512     1.0000 0.27172    0.5770 0.5936 0.42149 0.28264 0.4760
0.3994  0.24507  0.28029
India        0.139023      0.2717 1.00000    0.4290 0.4364 0.14392 0.12697 0.2489
```

```
0.2895  0.24229  0.03469
Australia     0.115621      0.5770 0.42900    1.0000 0.6176 0.21690 0.24845 0.4124
0.3303  0.30441  0.11031
```

2) 그래프 도출

이제 준비된 자료를 사용하여 그래프를 도출해보자.

명령어

```
> feir <- irf(model, impulse="Russia", response="GEPU_current", n.ahead=12, ortho=
FALSE, runs=1000)
> plot(feir)
```



```
> feir <- irf(model, impulse="Russia", response="GEPU_current", n.ahead=12, ortho=
FALSE, runs=1000)
> plot(feir)
```


[처리결과화면: type=none]

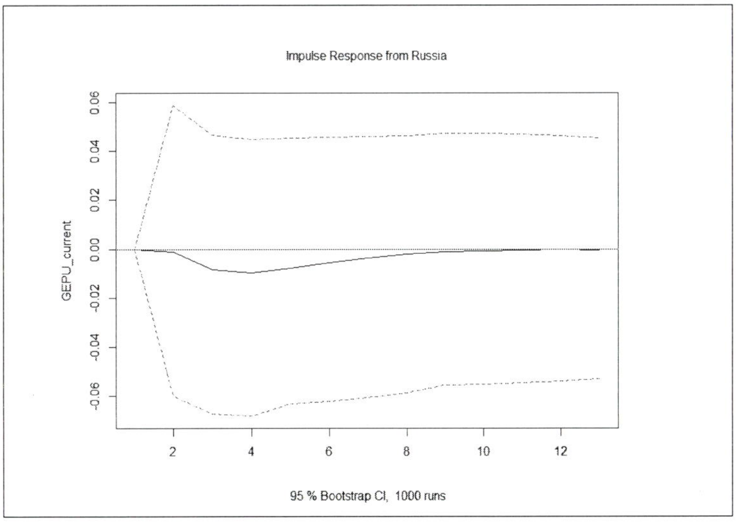

이번에는 옵션을 달리해서 처리해보자.

명령어

```
> model1 <- VAR(data, lag.max=2, type=c("const"), ic=c("SC")) # Estimate model with
lag.max=2
> View(model1)
> feir <- irf(model1, impulse="Russia", response="GEPU_current", n.ahead=12, ortho
=FALSE, runs=1000)
> plot(feir)
```


```
> model1 <- VAR(data, lag.max=2, type=c("const"), ic=c("SC")) # Estimate model with
lag.max=2
> View(model1)
> feir <- irf(model1, impulse="Russia", response="GEPU_current", n.ahead=12, ortho
=FALSE, runs=1000)
> plot(feir)
```


[처리결과화면: type=const]

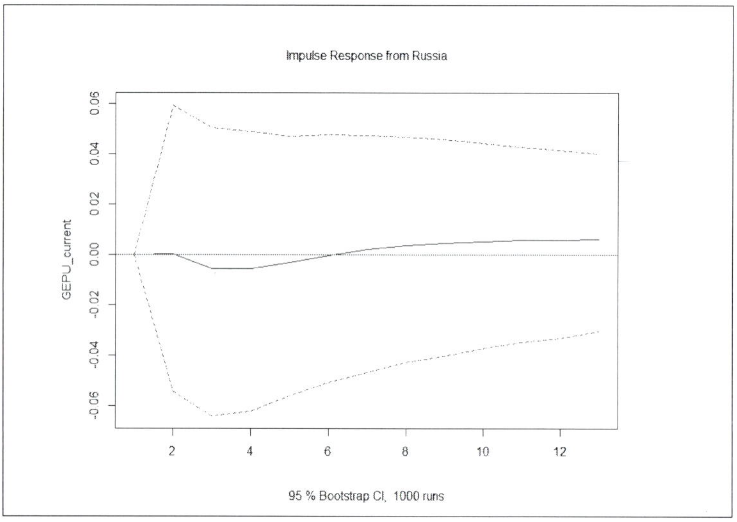

이번에는 러시아를 대상으로 default single plot을 도출해보자.

명령어

```
> irf_Russia <- irf(model, impulse="Russia", response="Russia", n.ahead=12, ortho=
TRUE, cumulative=FALSE, boot=TRUE, ci=0.9, runs=100)
> plot(irf_Russia)
```

```
> irf_Russia <- irf(model, impulse="Russia", response="Russia", n.ahead=12, ortho=
TRUE, cumulative=FALSE, boot=TRUE, ci=0.9, runs=100)
> plot(irf_Russia)
```

[처리결과화면]

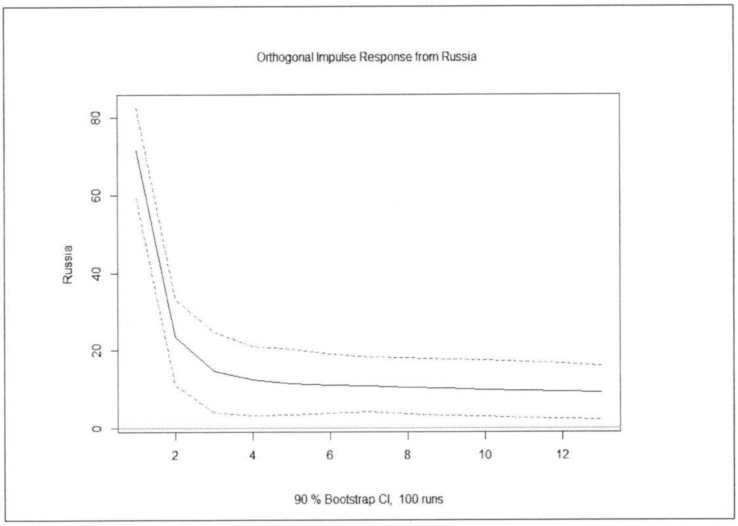

이번에는 default multiple plots을 시도해보자. 역시 대상은 러시아이다.

명령어

```
> irf_all <- irf(model, impulse = "Russia", n.ahead = 12, ortho = TRUE,
+                cumulative = FALSE, boot = TRUE, ci = 0.9, runs = 50)
> plot(irf_all)
```


```
> irf_all <- irf(model, impulse = "Russia", n.ahead = 12, ortho = TRUE,
+                cumulative = FALSE, boot = TRUE, ci = 0.9, runs = 50)
> plot(irf_all)
```

[처리결과화면]

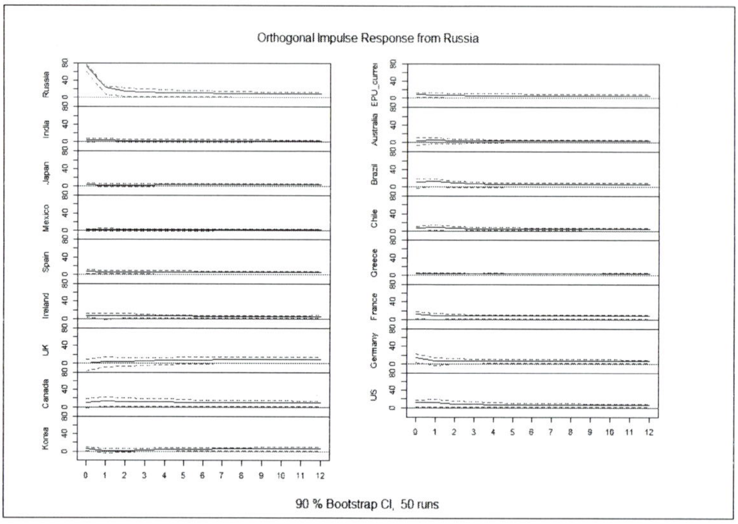

3) 또 다른 시각화: ggplot( )

이번에는 extract varirf를 사용하여 ggplot을 활용한 그래프를 도출해보자. 필요한 패키지를 찾아 설치해주자. 패키지 devtools를 사용하여 source_url을 통해 설치가 필요하다. 이후 추가적으로 필요한 패키지를 불러들이자.

명령어

```
> library(usethis)
> library(devtools)
> source_url("https://raw.githubusercontent.com/anguyen1210/var-tools/master/R/
extract_varirf.R")
> library(ggfortify)
> library(dplyr)
> library(vars)
> library(forecast)
```

```
> library(usethis)
> library(devtools)
>  source_url("https://raw.githubusercontent.com/anguyen1210/var-tools/master/R/
extract_varirf.R")
SHA-1 hash of file is cb23ce6a462d73b67920ae56dc83c828d18fe7e4
> library(ggfortify)
Loading required package: ggplot2
```

```
> library(dplyr)

Attaching package: ‘dplyr’

The following object is masked from ‘package:MASS’:

    select

The following objects are masked from ‘package:stats’:

    filter, lag

The following objects are masked from ‘package:base’:

    intersect, setdiff, setequal, union

> library(vars)
> library(forecast)
Registered S3 method overwritten by 'quantmod':
  method            from
  as.zoo.data.frame zoo
Registered S3 methods overwritten by 'forecast':
  method                 from
  autoplot.Arima         ggfortify
  autoplot.acf           ggfortify
  autoplot.ar            ggfortify
  autoplot.bats          ggfortify
  autoplot.decomposed.ts ggfortify
  autoplot.ets           ggfortify
  autoplot.forecast      ggfortify
  autoplot.stl           ggfortify
  autoplot.ts            ggfortify
  fitted.ar              ggfortify
  fortify.ts             ggfortify
  residuals.ar           ggfortify
```

이후 필요한 과정을 차례로 진행해보자.

명령어

```
> irf_Korea <- irf(model, impulse = "Russia", response = "Korea", n.ahead = 12, orth
o = TRUE,
```

```
+                   cumulative = FALSE, boot = TRUE, ci = 0.9, runs = 100)
> win.graph()
> plot(irf_Korea)
```

```
> irf_Korea <- irf(model, impulse = "Russia", response = "Korea", n.ahead = 12, ortho
= TRUE,
+                   cumulative = FALSE, boot = TRUE, ci = 0.9, runs = 100)
> win.graph()
> plot(irf_Korea)
```

[처리결과화면]

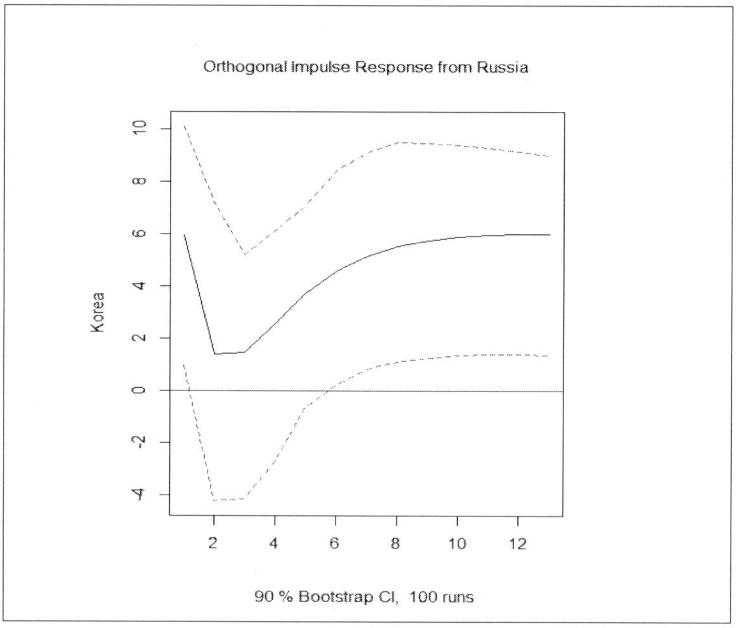

이제 single varirf와 multiple varirf를 작업하자.

명령어

```
> single_varirf <- extract_varirf(irf_Korea)
> single_varirf_grouped <- extract_varirf(irf_Russia, irf_Korea)
> multiple_varirf <- extract_varirf(irf_all)
```

작업한 multiple_varirf의 머리부분을 살펴보자.

명령어

```
> head(multiple_varirf)
```

```
> head(multiple_varirf)
  period irf_russia_russia irf_russia_gepu_current irf_russia_india irf_russia_australia irf_russia_japan
1      0          71.52396                9.274269         4.680095             5.039722         4.777271
2      1          23.40549                8.069904         4.476455             5.273759         2.444383
3      2          14.74825                7.241122         3.059105             3.445399         2.500874
4      3          12.42866                6.957792         2.717393             3.415411         2.844660
5      4          11.55710                6.944724         2.811398             3.682102         3.133271
6      5          11.12055                6.989593         2.971065             3.911456         3.349157
  irf_russia_brazil irf_russia_mexico irf_russia_chile irf_russia_spain irf_russia_greece irf_russia_ireland
1         10.764171          1.780283         7.276491         7.079446          2.716828           7.742877
2         12.125476          2.021333         8.443512         6.095815          3.254052           6.050098
3          8.760112          1.282361         6.897550         5.823995          2.904521           7.499631
4          6.771172          1.258310         6.395489         5.709587          2.835591           6.823129
5          5.910045          1.395975         6.232112         5.558508          2.809953           6.414720
6          5.626182          1.559123         6.116422         5.402363          2.801258           6.146804
  irf_russia_france    irf_russia_uk irf_russia_germany irf_russia_canada    irf_russia_us irf_russia_korea
1         11.571287       -0.2383268          14.234267          10.38147        11.693471         5.959056
2          8.206011        3.8900471           6.281332          12.98893        11.226193         1.387367
3          8.759035        3.2800609           6.304878          12.27772         8.752227         1.452112
4          8.265694        4.6205595           6.420565          11.70203         7.754525         2.575398
5          7.953158        5.8472999           6.600968          11.20044         7.336752         3.713327
6          7.847355        6.7142919           6.717212          10.82734         7.118474         4.567181
  lower_russia_russia lower_russia_gepu_current lower_russia_india lower_russia_australia lower_russia_japan
1           58.793533                 2.7359018       -0.365282195           -6.320920449         -0.3220410
2            8.064624                 1.8073159        0.009382789           -2.536686365         -1.7245268
3            3.257349                 1.3686314       -1.603792880           -2.072574647         -1.5796445
4            2.396731                 1.0863105       -1.227824386           -0.831833128         -0.8911420
5            1.863296                 1.0157068       -0.914393227           -0.264955313         -0.4582196
6            2.329769                 0.9950043       -0.589359892            0.008139112         -0.1046616
  lower_russia_brazil lower_russia_mexico lower_russia_chile lower_russia_spain lower_russia_greece
1         -2.46358912           -1.451093          0.3070134          2.1669506         -0.05360340
2          0.07107573           -1.180285          1.7144058          1.8050135          0.01215958
3         -0.91554168           -1.842635          1.0682724          1.4055419         -0.20847072
4         -0.94666374           -1.801817          1.3500474          1.1233305         -0.46646924
5         -0.95392437           -1.696859          1.3072249          0.8693298         -0.57344789
6         -0.42674211           -1.445425          1.2387872          0.8651931         -0.53964706
  lower_russia_ireland lower_russia_france lower_russia_uk lower_russia_germany lower_russia_canada
1            3.5526583           0.6985396      -17.525236           2.2796088           -2.196682
2           -2.7166094          -0.1663703      -10.106755          -3.4790856            1.917297
3            0.9986381           1.4594538       -7.848189          -0.5762205            1.701749
4            0.7957026           1.1361630       -5.269578           0.4365730            1.541066
```

```
5        0.7896210           1.0177763           -3.384529          0.9049280          1.252956
6        0.8481910           1.1369157           -2.146359          1.0922321          1.167178
  lower_russia_us lower_russia_korea upper_russia_russia upper_russia_gepu_current upper_russia_india
1        1.5209688           0.8142929           76.33996           13.13014           7.487328
2        1.6833208          -3.9949756           27.87944           13.26796           8.391310
3        1.0573483          -2.7912107           22.39075           12.02756           6.647990
4        0.9308283          -1.3954192           20.28381           11.18606           5.698257
5        1.1323133          -0.4250469           18.72422           10.86977           5.131037
6        1.3192303           0.2488709           17.72182           10.66441           5.306162
  upper_russia_australia upper_russia_japan upper_russia_brazil upper_russia_mexico upper_russia_chile
1        10.698118           7.737295           19.082025          3.990009          11.015270
2        11.693847           5.318473           17.611228          5.023993          13.629883
3         8.575488           5.416676           12.777058          4.269296          11.129638
4         7.298298           5.598918           10.571834          3.830400           9.843706
5         6.672057           5.796425            9.548991          3.420719           9.023031
6         6.418985           5.788775            8.900616          3.453070           8.500160
  upper_russia_spain upper_russia_greece upper_russia_ireland upper_russia_france   upper_russia_uk
1        10.776108           4.722984           11.475021          17.88827           8.982706
2         9.211708           4.944451           12.389824          13.33689          13.468252
3         8.871060           4.596889           12.062821          12.43538          11.767310
4         8.668755           4.448137           10.242745          11.26511          11.664540
5         8.393947           4.534973            8.536563          10.86831          12.387085
6         8.134500           4.422202            7.815933          10.98662          13.677269
  upper_russia_germany upper_russia_canada   upper_russia_us upper_russia_korea
1        22.159392          19.05811           16.91509           9.490256
2        13.801756          22.22276           18.30173           6.640885
3        11.818358          21.36068           15.02042           5.872275
4        10.226396          19.85339           12.77101           6.415240
5         9.564136          18.15320           11.52356           7.301360
6         9.437206          16.81905           10.71368           7.879737
```

명령어

```
> russia_korea <- single_varirf_grouped %>%
+  ggplot(aes(x=period, y=irf_russia_korea, ymin=lower_russia_korea, ymax=upper_
russia_korea)) +
+   geom_hline(yintercept = 0, color="red") +
+   geom_ribbon(fill="grey", alpha=0.2) +
+   geom_line() +
+   theme_light() +
+   ggtitle("Orthogonal impulse response, Russialum - Korealum")+
+   ylab("log(total Russialum flow)")+
```

```
+   xlab("") +
+   theme(plot.title = element_text(size = 11, hjust=0.5),
+          axis.title.y = element_text(size=11))
```

```
> russia_korea <- single_varirf_grouped %>%
+  ggplot(aes(x=period, y=irf_russia_korea, ymin=lower_russia_korea, ymax=upper_
russia_korea)) +
+   geom_hline(yintercept = 0, color="red") +
+   geom_ribbon(fill="grey", alpha=0.2) +
+   geom_line() +
+   theme_light() +
+   ggtitle("Orthogonal impulse response, Russialum - Korealum")+
+   ylab("log(total Russialum flow)")+
+   xlab("") +
+   theme(plot.title = element_text(size = 11, hjust=0.5),
+          axis.title.y = element_text(size=11))
```

[처리결과화면]

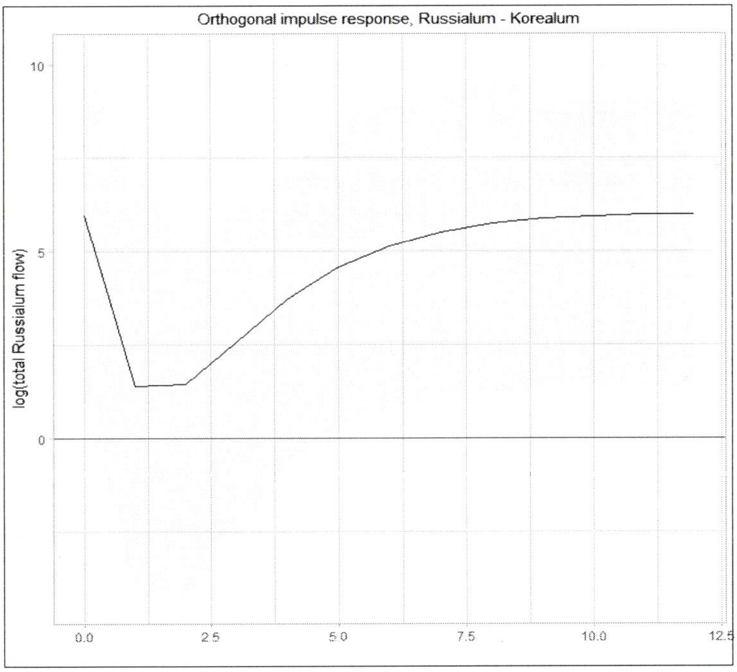

이번에는 러시아의 경제 불확실성에 따른 충격이 러시아에 미치는 충격-반응 함수를 그려 보자.

명령어

```
> russia_russia <- single_varirf_grouped %>%
+  ggplot(aes(x=period, y=irf_russia_russia, ymin=lower_russia_russia, ymax=uppe
r_russia_russia)) +
+   geom_hline(yintercept = 0, color="red") +
+   geom_ribbon(fill="grey", alpha=0.2) +
+   geom_line() +
+   theme_light() +
+   ggtitle("Orthogonal impulse response, Russialum - Russialum")+
+   ylab("log(total Russialum flow)")+
+   xlab("") +
+   theme(plot.title = element_text(size = 11, hjust=0.5),
+         axis.title.y = element_text(size=11))
```


```
> russia_russia <- single_varirf_grouped %>%
+  ggplot(aes(x=period, y=irf_russia_russia, ymin=lower_russia_russia, ymax=uppe
r_russia_russia)) +
+   geom_hline(yintercept = 0, color="red") +
+   geom_ribbon(fill="grey", alpha=0.2) +
+   geom_line() +
+   theme_light() +
+   ggtitle("Orthogonal impulse response, Russialum - Russialum")+
+   ylab("log(total Russialum flow)")+
+   xlab("") +
+   theme(plot.title = element_text(size = 11, hjust=0.5),
+         axis.title.y = element_text(size=11))
```


[처리결과화면]

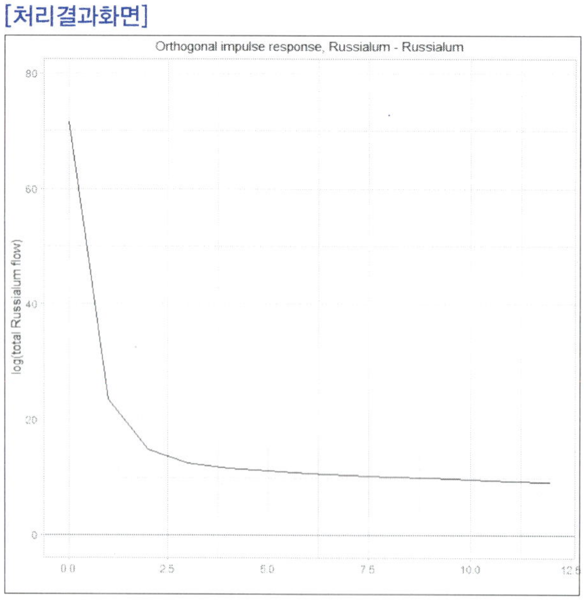

자 다음으로 러시아-한국 충격반응을 multiple varirf를 사용하여 표현해보자. 동일한 조건에 대해 함수만 대체하여 그려보는 작업이다. 두 그림간 차이가 있는지 주목해서 살펴보자.

명령어

```
> russia_korea2 <- multiple_varirf %>%
+  ggplot(aes(x=period, y=irf_russia_korea, ymin=lower_russia_korea, ymax=upper_
russia_korea)) +
+   geom_hline(yintercept = 0, color="red") +
+   geom_ribbon(fill="grey", alpha=0.2) +
+   geom_line() +
+   theme_light() +
+   ggtitle("Orthogonal impulse response, Russialum - Korealum")+
+   ylab("log(total Russialum flow)")+
+   xlab("") +
+   theme(plot.title = element_text(size = 11, hjust=0.5),
+          axis.title.y = element_text(size=11))
> russia_korea2
```


```
> russia_korea2 <- multiple_varirf %>%
+  ggplot(aes(x=period, y=irf_russia_korea, ymin=lower_russia_korea, ymax=upper_
russia_korea)) +
+   geom_hline(yintercept = 0, color="red") +
+   geom_ribbon(fill="grey", alpha=0.2) +
+   geom_line() +
+   theme_light() +
+   ggtitle("Orthogonal impulse response, Russialum - Korealum")+
+   ylab("log(total Russialum flow)")+
+   xlab("") +
+   theme(plot.title = element_text(size = 11, hjust=0.5),
+          axis.title.y = element_text(size=11))
> russia_korea2
```

[처리결과화면]

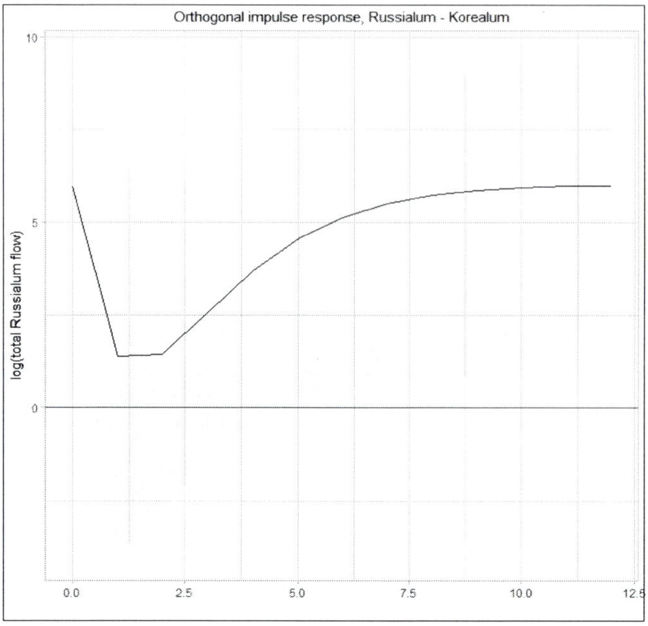

이제 지금까지 도출한 그래프를 한자리에 모아보자. 이 작업에 사용할 수 있는 함수는 gridExtra( ), cowplot( ) 등이 있으며 이번에 소개할 patchwork 패키지 함수도 있다.

명령어

```
> install.packages("patchwork")
> library(patchwork)
> p_irf <- russia_korea / russia_korea2 / russia_russia
```

```
> install.packages("patchwork")
WARNING: Rtools is required to build R packages but is not currently installed. Pleas
e download and install the appropriate version of Rtools before proceeding:

https://cran.rstudio.com/bin/windows/Rtools/
Installing package into 'C:/Users/media/Documents/R/win-library/4.0'
(as 'lib' is unspecified)
trying URL 'https://cran.rstudio.com/bin/windows/contrib/4.0/patchwork_1.1.1.zip
'
Content type 'application/zip' length 3240916 bytes (3.1 MB)
downloaded 3.1 MB
```

```
package 'patchwork' successfully unpacked and MD5 sums checked

The downloaded binary packages are in
      C:\Users\media\AppData\Local\Temp\RtmpK4fUwQ\downloaded_packages
> library(patchwork)

Attaching package: 'patchwork'

The following object is masked from 'package:MASS':

    area
> p_irf <- russia_korea / russia_korea2 / russia_russia
```

[처리결과화면]

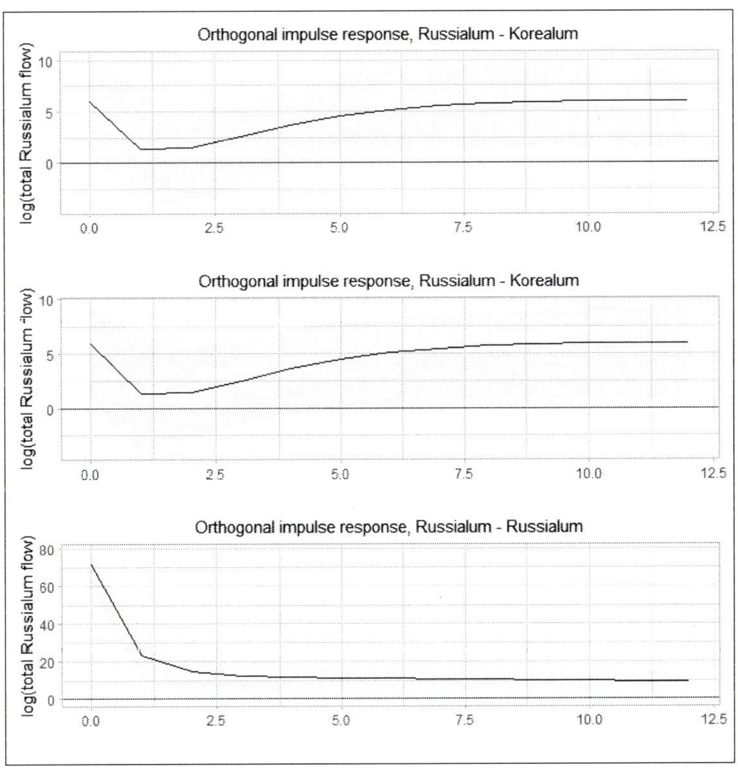

5. 주성분 분석

어떤 지표가 있는데 이 지표를 대표하는 수치들이 여러 종류일 때가 있다. 예를 들면 경제불확실성 지표가 그렇다. 경제불확실성이라는 개념은 환율불확실성, 금리불확실성, 주가불확실성, 인플레이션불확실성 등 다양한 조작적 정의를 통해 대표될 수 있다. 이처럼 대표성을 띤 수치를 연구자가 골라야 하는 경우 좀 더 객관적인 수치를 고를 수 있게 해주는 방법이 주성분 분석(Principal Component Analysis: PCA)이다.

좀 더 방법론적으로 그럴듯하게 설명하자면, 주성분이란 상호관계가 있는 변수를 상호관계가 없는 변수인 직교(orthogonal)변수로 전환한 것을 말한다. 상호관계가 있는 변수를 소그룹으로 만들 필요가 있을 때 주성분 분석을 실시하며, 이렇게 소그룹을 만든 뒤 소그룹에 속한 변수는 '공통 요소'가 되는데, 이를 주성분이라고 한다. 당연히 주성분은 초기 설명변수 숫자보다 적다. 모든 상호관계가 없는 변수, 즉 주성분은 초기설명변수의 선형결합으로, PC1, PC2, PC3, ..., PC15로 표시된다. 기술적으로 개발은 15개의 주성분으로 이루어져 있지만, 실제로 사용되는 것은 관찰된 현상을 설명하는데 충분한 몇 개에 불과하다.

1) 전처리

주성분 분석(Principal Component Analysis)을 해보자. 주성분 분석은 고차원의 데이터를 저차원의 데이터로 환원시키는 기법으로 선형대수학에서 배우는 개념 중 하나이지만 실제 데이터 분석에서 많이 활용된다. 때문에 주성분 분석은 특별한 알고리즘이 아니라 수학적 기초 개념이기 때문에 명령어가 단순하니까, 알아두는 것이 좋다. 일단 분석할 실습데이터(한국경제불확실성지수.csv)를 불러들이고 라이브러리를 불러주자. 사용할 패키지는 "psych"이다.

명령어

```
> setwd("C:/Users/media/")
> data <- read.csv("한국경제불확실성지수.csv")
```


```
> setwd("C:/Users/media/")
> data <- read.csv("한국경제불확실성지수.csv")
```

[처리결과화면: View(data)]

	X	X2012.03.01	X2012.04.01	X2012.05.01	X2012.06.01	X2012.07.01	X2012.08.01	X2012.09.01	X2012.10.01	X2012.11.01
1	환율	1118.72500	1127.90000	1130.12500	1177.70000	1146.0500	1126.62500	1131.05000	1111.42500	1092.25000
2	생산자 신뢰지수	82.00000	84.00000	86.00000	83.00000	79.0000	70.00000	72.00000	69.00000	69.00000
3	주가지수	2014.04000	1981.99000	1843.47000	1854.01000	1881.9900	1905.12000	1996.21000	1912.06000	1932.90000
4	인플레이션율	2.70000	2.60000	2.50000	2.20000	1.5000	1.30000	2.10000	2.10000	1.60000
5	신용 스프레드	0.80000	0.69000	0.60000	0.57000	0.5900	0.50000	0.51000	0.52000	0.52000
6	제조업-BSI	14.48553	14.60838	18.06232	19.66673	23.1000	26.43467	23.08496	24.46779	22.87909
7	비제조업-BSI	14.94452	13.76945	17.23354	17.59796	21.6000	19.89002	18.26869	19.08526	19.65769
8	경제정책불확실성-중국	242.72800	155.82893	216.25195	304.55273	301.5229	215.31752	161.97899	300.70209	306.33585
9	경제정책불확실성-미국	137.55312	136.59669	158.56197	194.61058	184.8797	152.35345	175.27705	165.94449	187.49065
10	경제정책불확실성-유럽	177.49716	216.99821	234.75780	244.50285	206.9820	150.67778	209.91315	219.08463	233.56180
11	CDS 스프레드(만기5년물)	116.45600	125.15200	136.40000	117.92000	117.3600	106.25000	71.89000	80.75299	65.35999
12	콜금리	3.25000	3.25000	3.26000	3.26000	3.1000	3.00000	3.00000	2.82000	2.76000

Showing 1 to 12 of 12 entries, 54 total columns

데이터를 살펴보면 1열에 다양한 변수 명칭들이 적혀 있는 것을 알 수 있다. 주성분분석을 위해 데이터 행 이름을 없애주고, 주성분분석에 활용할 열만 남기고 행렬데이터로 만들어주자.

명령어

```
> datamat <- t(as.matrix(data[, 2:53])) # t(): 전치
> datamat
```

```
> datamat <- t(as.matrix(data[, 2:53])) # t(): 전치
> datamat
                [,1] [,2]    [,3] [,4]  [,5]     [,6]     [,7]      [,8]      [,9]
X2012.03.01 1118.725   82 2014.04  2.7 0.800 14.48553 14.94452 242.72800 137.55312
X2012.04.01 1127.900   84 1981.99  2.6 0.690 14.60838 13.76945 155.82893 136.59669
X2012.05.01 1130.125   86 1843.47  2.5 0.600 18.06232 17.23354 216.25195 158.56197
X2012.06.01 1177.700   83 1854.01  2.2 0.570 19.66673 17.59796 304.55273 194.61058
X2012.07.01 1146.050   79 1881.99  1.5 0.590 23.10000 21.60000 301.52292 184.87970
X2012.08.01 1126.625   70 1905.12  1.3 0.500 26.43467 19.89002 215.31752 152.35345
X2012.09.01 1131.050   72 1996.21  2.1 0.510 23.08496 18.26869 161.97899 175.27705
(중간생략)
X2015.11.01 164.4048  60.26999  1.49
X2015.12.01 147.4218  59.76999  1.47
X2016.01.01 209.7428  69.89999  1.49
X2016.02.01 227.7961  73.34999  1.49
X2016.03.01 227.7572  61.25000  1.49
X2016.04.01 207.0230  63.53999  1.48
X2016.05.01 198.4911  64.28000  1.49
X2016.06.01 434.3388  63.51999  1.30
```

2) principal( ) 함수로 주성분 분석

재료가 잘 다듬어졌으니 요리만 하면 된다. 다음 단계에서는 일곱 가지 지표의 조건부이분산 값에 대해 주성분분석을 실시하여 각 구성지표가 주성분에 기여하는 정도를 나타내는 부하량(Loading) 수치가 높은 주성분을 추출해보자. 사용할 함수는 principal( )이고, 'nfactors'는 요인갯수, 'rotate'는 회전방식을 설정해주는 것이다. 반환할 변수명은 pca로 해주자. 주성분 분석은 두 가지 함수를 사용하는데 하나는 공분산 행렬을 이용하는 것이고, 다른 하나는 상관계수행렬을 이용하는 함수이다.

명령어

```
> library(psych)
> pca <- principal(datamat, nfactors=7, rotate="none")  # default : 공분산 행렬을 이용한 선형 결합
> pca
```

```
> library(psych)
> pca <- principal(datamat, nfactors=7, rotate="none")
> pca
Principal Components Analysis
Call: principal(r = datamat, nfactors = 7, rotate = "none")
Standardized loadings (pattern matrix) based upon correlation matrix
     PC1   PC2   PC3   PC4   PC5   PC6   PC7   h2     u2 com
1   0.44 -0.64  0.42 -0.27  0.14  0.18  0.24 0.96 0.0367 3.8
2   0.15  0.72  0.39  0.07  0.51  0.05 -0.10 0.97 0.0341 2.6
3  -0.69  0.10 -0.01  0.55 -0.02  0.43  0.14 0.99 0.0068 2.8
4   0.68  0.58  0.02  0.04 -0.34  0.04  0.08 0.92 0.0760 2.5
5   0.77  0.36  0.24 -0.02 -0.28  0.13  0.17 0.91 0.0899 2.1
6   0.46 -0.65 -0.43 -0.10  0.17  0.20 -0.01 0.91 0.0921 3.1
7   0.72 -0.21 -0.58  0.02  0.02  0.01  0.09 0.90 0.0970 2.1
8   0.49 -0.56  0.40  0.14 -0.28  0.11 -0.40 0.98 0.0170 4.5
9   0.81 -0.18 -0.18  0.36  0.21  0.03 -0.15 0.91 0.0891 1.9
10  0.54 -0.43  0.30  0.50  0.07 -0.34  0.21 0.98 0.0168 4.7
11  0.85  0.32  0.20 -0.22  0.16  0.11 -0.02 0.94 0.0571 1.7
12  0.60  0.68 -0.37  0.10  0.00 -0.01 -0.06 0.97 0.0337 2.6

PC1  PC2  PC3  PC4  PC5  PC6  PC7
SS loadings           4.74 2.95 1.37 0.85 0.66 0.42 0.36
Proportion Var        0.40 0.25 0.11 0.07 0.06 0.04 0.03
Cumulative Var        0.40 0.64 0.76 0.83 0.88 0.92 0.95
```

```
Proportion Explained  0.42 0.26 0.12 0.08 0.06 0.04 0.03
Cumulative Proportion 0.42 0.68 0.80 0.87 0.93 0.97 1.00

Mean item complexity =  2.9
Test of the hypothesis that 7 components are sufficient.

The root mean square of the residuals (RMSR) is  0.02
 with the empirical chi square  2.64  with prob <  0.45

Fit based upon off diagonal values = 1
```

해석

추출 결과 총 일곱 개의 주성분이 추출되었고, 첫 번째 주성분(PC1)은 SS loadings값이 4.74로 모든 변수의 전체 분산 중 40%를 차지하였다. 두 번째 주성분(PC2)은 SS loadings값이 2.95로 전체 분산의 25%를 차지하였다. 이들 두 주성분의 비중을 합치면 65%로 전체 주성분 가운데 대표성을 띤다고 판단하기에 충분하다.

[처리결과화면]

Show Attributes

Name	Type	Value
pca	list [29] (S3: psych, principal)	List of length 29
values	double [12]	4.744 2.953 1.365 0.852 0.661 0.423 ...
rotation	character [1]	'none'
n.obs	integer [1]	52
communality	double [12]	0.963 0.966 0.993 0.924 0.910 0.908 ...
loadings	double [12 x 7] (S3: loadings)	0.4393 0.1532 -0.6909 0.6789 0.7745 0.4643 -0.6386 0.7155 0.0970 0.5800 ...
fit	double [1]	0.9971726
fit.off	double [1]	0.9977585
fn	character [1]	'principal'
Call	language	principal(r = datamat, nfactors = 7, rotate = "none")
uniquenesses	double [12]	0.03671 0.03408 0.00685 0.07604 0.08985 0.09209 ...
complexity	double [12]	3.78 2.64 2.79 2.52 2.14 3.10 ...
chi	double [1]	2.640637
EPVAL	double [1]	0.4504099
R2	double [7]	1 1 1 1 1 1 ...
objective	double [1]	1.62868
residual	double [12 x 12]	3.67e-02 -9.70e-03 1.80e-03 1.83e-02 -3.53e-02 -3.91e-02 -9.70e-03 3.41e-02 ...
rms	double [1]	0.01961398
factors	integer [1]	7

pca

부하량(loadings) 값을 별도로 열람해보면 다음과 같다.

명령어

```
> pca$loadings
```

```
> pca$loadings

Loadings:
       PC1    PC2    PC3    PC4    PC5    PC6    PC7
 [1,]  0.439 -0.639  0.422 -0.271  0.142  0.184  0.238
 [2,]  0.153  0.716  0.390         0.511
 [3,] -0.691                0.549         0.432  0.137
 [4,]  0.679  0.580               -0.341
 [5,]  0.775  0.355  0.243        -0.282  0.130  0.168
 [6,]  0.464 -0.654 -0.431 -0.104  0.171  0.199
 [7,]  0.718 -0.208 -0.578
 [8,]  0.486 -0.562  0.402  0.143 -0.282  0.111 -0.396
 [9,]  0.807 -0.181 -0.177  0.359  0.207        -0.147
[10,]  0.545 -0.425  0.298  0.502        -0.340  0.211
[11,]  0.847  0.317  0.195 -0.216  0.163  0.114
[12,]  0.597  0.678 -0.370  0.103

                 PC1   PC2   PC3   PC4   PC5   PC6   PC7
SS loadings    4.744 2.953 1.365 0.852 0.661 0.423 0.355
Proportion Var 0.395 0.246 0.114 0.071 0.055 0.035 0.030
Cumulative Var 0.395 0.641 0.755 0.826 0.881 0.917 0.946
```

한국 경제불확실성 주성분에 대한 주요 구성 지표를 살펴보면 각 설명변수가 주성분에 기여하는 정도를 나타내는 부하량(loadings)을 시각화해보자. 우선 pc1과 pc2의 값만 가지고 별도로 저장해서 각 변수의 loadings을 비교하는 그래프를 만들어보자.

명령어

```
> pca_loadings <- pca$loadings[, c(1, 2)] #주성분 구성요소 로딩값 pc1, pc2만
> pca_loadings <- cbind(data[,1], pca_loadings) #pca_loadings에 변수명 넣기
> write.csv(pca_loadings, "pca_loadings.csv")
```


```
> pca_loadings <- pca$loadings[, c(1, 2)] #주성분 구성요소 로딩값 pc1, pc2만
> pca_loadings <- cbind(data[,1], pca_loadings) #pca_loadings에 변수명 넣기
> write.csv(pca_loadings, "pca_loadings.csv")
```

[처리결과화면: View(pca_loadings)]

	V1	PC1	PC2
1	환율	0.439273462451859	-0.638553392279192
2	생산자 신뢰지수	0.153185704852892	0.715530828343347
3	주가지수	-0.690927092167952	0.0969781663280146
4	인플레이션율	0.678872101404844	0.580035650574017
5	신용 스프레드	0.774535885155167	0.355068248289921
6	제조업-BSI	0.464349134033146	-0.653566696653923
7	비제조업-BSI	0.718249786597142	-0.20822508060896
8	경제정책불확실성-중국	0.485733052989367	-0.562470624810714
9	경제정책불확실성-미국	0.807489923159823	-0.181379189251778
10	경제정책불확실성-유럽	0.544666748921618	-0.425256849468711
11	CDS 스프레드(만기5년물)	0.846935715819102	0.317497415441937
12	콜금리	0.596506077388846	0.678197184740267

Showing 1 to 12 of 12 entries, 3 total columns

이제 저장된 pca_loadings.csv를 가지고 개별 변수들이 차지하는 loadings 값의 비중을 그래프로 시각화해보자.

추가로 pc1~pc7까지 loadings 값을 저장해보자.

명령어

```
> pca_loadings2 <- pca$loadings[, c(1,2,3,4,5,6,7)] #주성분 구성요소 로딩값 pc1~pc7
> pca_loadings2 <- cbind(data[,1], pca_loadings2) #pca_loadings에 변수명 넣기
```


```
> pca_loadings2 <- pca$loadings[, c(1,2,3,4,5,6,7)] #주성분 구성요소 로딩값 pc1~pc7
> pca_loadings2 <- cbind(data[,1], pca_loadings2) #pca_loadings에 변수명 넣기
```


[처리결과화면: View(pca_loadings2)]

	V1	PC1	PC2	PC3	PC4	PC5	PC6	PC7
1	환율	0.439273462451859	-0.638553392279192	0.421705039693009	-0.271488222985861	0.142358672633683	0.184215108313377	0.238413016031875
2	생산자 신뢰지수	0.153185704852892	0.715530828343347	0.389818328863996	0.0749610200208626	0.510746154820722	0.0495169759023247	-0.0978952144001256
3	주가지수	-0.690927092167952	0.0969781663280146	-0.0112894705530038	0.548561882269344	-0.0150079332329563	0.431697153785575	0.136870834263987
4	인플레이션율	0.678872101404844	0.580035650574017	0.0219819050107401	0.0380494311447491	-0.341024392634674	0.0399201063170057	0.0826440614139714
5	신용 스프레드	0.774535885155167	0.355068248289921	0.242838836099805	-0.0223990975040735	-0.282364025868595	0.129821119760503	0.167670008401004
6	제조업-BSI	0.464349134033146	-0.653566696653923	-0.430803463952238	-0.104124103334176	0.170923206462037	0.198543431785379	-0.00879778386974894
7	비제조업-BSI	0.718249786597142	-0.20822508060896	-0.577829235440879	0.0212163748229828	0.022791569800408	0.00692214768412626	0.0943073339954908
8	경제정책불확실성-중국	0.485733052989367	-0.562470624810714	0.401861097514199	0.143153210263632	-0.282228291482823	0.111407317366563	-0.395769248966166
9	경제정책불확실성-미국	0.807489923159823	-0.181379189251778	-0.177138215589828	0.359102400479643	0.206958507050158	0.0341140838554962	-0.146972512288534
10	경제정책불확실성-유럽	0.544666748921618	-0.425256849468711	0.298153671713112	0.502047151985647	0.0683439454171473	-0.339828227004839	0.211218326420908
11	CDS 스프레드(만기5년물)	0.846935715819102	0.317497415441937	0.195040192638875	-0.215956310591407	0.163353741758096	0.114435877317384	-0.0179681529595689
12	콜금리	0.596506077388846	0.678197184740267	-0.369553273889024	0.102877872324483	-0.00380875042312233	-0.0143160279221144	-0.0564880443493632

Showing 1 to 12 of 12 entries, 8 total columns

[처리결과화면]

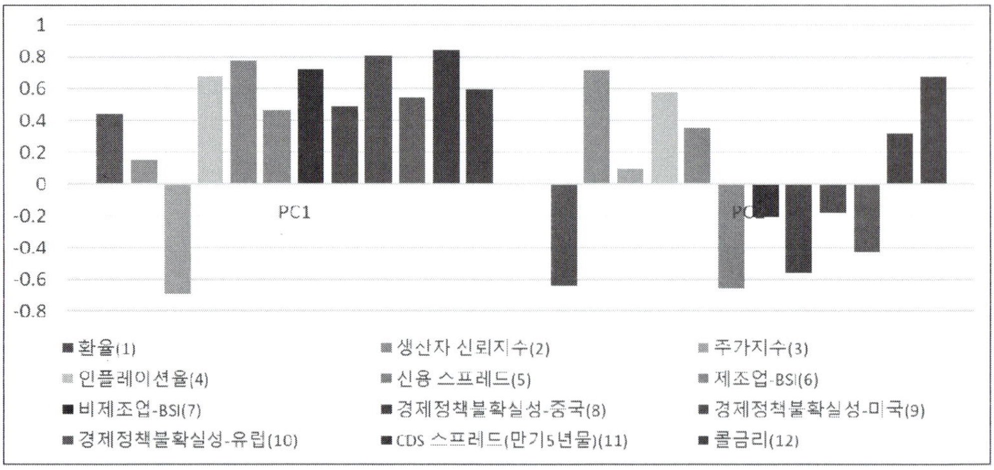

해석

처리결과를 살펴보면, 주성분 PC1의 경우 CDS 스프레드(0.84), 경제정책불확실성_미국(0.80), 신용스프레드(0.77), 비제조업_BSI(0.71) 등이 기여도가 높은 것으로 나타났다. PC2에 대해서는 생산자 신뢰지수(0.71), 콜금리(0.67), 인플레이션율(0.58), 신용스프레드(0.35) 등이 기여도가 높은 구성지표임을 알 수 있다.

3) prcomp( ) 함수로 주성분 분석

다음에는 또 다른 주성분 분석 함수를 실습해보자. 동일한 데이터셋에 대해 작업을 시작한다. 이번 함수는 prcomp( )이며 이 함수는 모든 데이터가 수치형으로 되어 있어야 한다. 따라서 본 실습데이터셋에서 첫번째 행이 변수명이므로 이를 제거해서 시작하도록 하자.

명령어

```
> model <- prcomp(data, scale = TRUE) #주성분
> data1 <- cbind(data[,-1])
> View(data1)
```

```
> model <- prcomp(data, scale = TRUE) #주성분
Error in colMeans(x, na.rm = TRUE) : 'x' must be numeric
> data1 <- cbind(data[,-1])
> View(data1)
```

이제 데이터셋이 준비되었으니 prcomp( ) 함수를 사용하여 주성분 분석을 시도해보자.

명령어

```
> model <- prcomp(data1, scale = TRUE) #주성분
> summary(model)
```

```
> model <- prcomp(data1, scale = TRUE) #주성분
> summary(model)
Importance of components:
                          PC1     PC2     PC3     PC4     PC5     PC6     PC7
   PC8      PC9       PC10      PC11
Standard deviation      7.2665 0.36746 0.18045 0.13990 0.09334 0.05003 0.01199 0.00508
3 0.004209 0.0007377 0.0005129
Proportion of Variance 0.9962 0.00255 0.00061 0.00037 0.00016 0.00005 0.00000 0.000
000 0.000000 0.0000000 0.0000000
Cumulative Proportion  0.9962 0.99880 0.99942 0.99978 0.99995 1.00000 1.00000 1.000
000 1.000000 1.0000000 1.0000000
                            PC12
Standard deviation      3.155e-16
Proportion of Variance 0.000e+00
Cumulative Proportion  1.000e+00
```

[처리결과화면]

	X2012.03.01	X2012.04.01	X2012.05.01	X2012.06.01	X2012.07.01	X2012.08.01	X2012.09.01	X2012.10.01	X2012.11.01	X2012.12.01
1	1118.72500	1127.90000	1130.12500	1177.70000	1146.0500	1126.62500	1131.05000	1111.42500	1092.25000	1083.10000
2	82.00000	84.00000	86.00000	83.00000	79.0000	70.00000	72.00000	69.00000	69.00000	66.00000
3	2014.04000	1981.99000	1843.47000	1854.01000	1881.9900	1905.12000	1996.21000	1912.06000	1932.90000	1997.05000
4	2.70000	2.60000	2.50000	2.20000	1.5000	1.30000	2.10000	2.10000	1.60000	1.40000
5	0.80000	0.69000	0.60000	0.57000	0.5900	0.50000	0.51000	0.52000	0.52000	0.47000
6	14.48553	14.60838	18.06232	19.66673	23.1000	26.43467	23.08496	24.46779	22.87909	21.29381
7	14.94452	13.76945	17.23354	17.59796	21.6000	19.89002	18.26869	19.08526	19.65769	22.18840
8	242.72800	155.82893	216.25195	304.55273	301.5229	215.31752	161.97899	300.70209	306.33585	192.76840
9	137.55312	136.59669	158.56197	194.61058	184.8797	152.35345	175.27705	165.94449	187.49065	192.82516
10	177.49716	216.99821	234.75780	244.50285	206.9820	150.67778	209.91315	219.08463	233.56180	215.67064
11	116.45600	125.15200	136.40000	117.92000	117.3600	106.25000	71.89000	80.75299	65.35999	61.50099
12	3.25000	3.25000	3.26000	3.26000	3.1000	3.00000	3.00000	2.82000	2.76000	2.75000

Showing 1 to 12 of 12 entries, 53 total columns

이제 주성분 분석 결과를 시각화하는 작업을 진행해보자. 시각화 작업에는 screeplot( ) 함수와 biplot( ) 함수를 사용한다.

명령어

```
> win.graph()
> screeplot(model, main = "", col = "green", type = "lines", pch = 1, npcs = length(m
odel$sdev))
```


```
> win.graph()
> screeplot(model, main = "", col = "green", type = "lines", pch = 1, npcs = length(mo
del$sdev))
```


[처리결과화면]

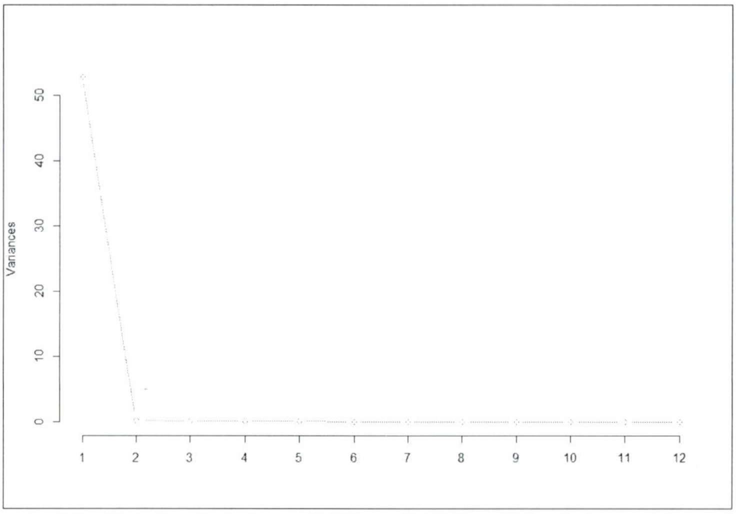

명령어

```
> biplot(model)
```


```
> biplot(model)
```

[처리결과화면]

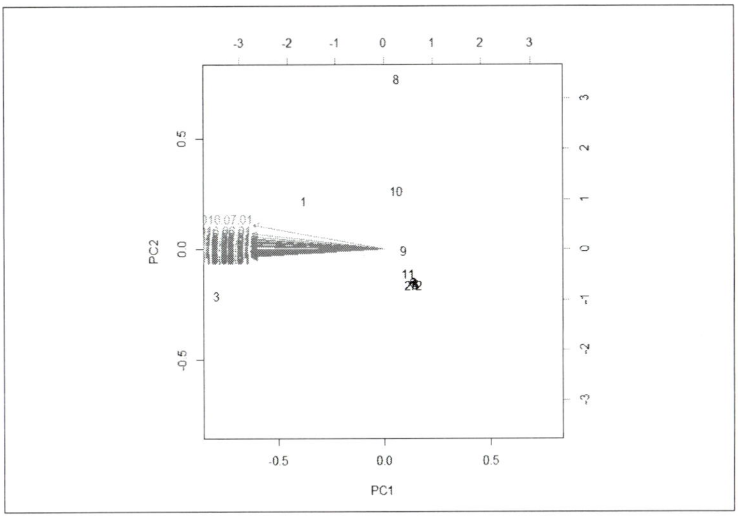

이번에는 공분산 행렬과 상관계수행렬을 이용한 주성분 분석을 시도해보자. 우선 공분산 행렬을 이용한 주성분 분석 처리를 해보자.

명령어

```
> require(graphics)
> data1 <- cbind(data[,-1])
> model1 <- prcomp(data1) # default : 공분산 행렬을 이용한 선형 결합
> summary(model1)
```

```
> require(graphics)
> data1 <- cbind(data[,-1])
> model1 <- prcomp(data1) # default : 공분산 행렬을 이용한 선형 결합
> summary(model1)
Importance of components:
                           PC1       PC2       PC3      PC4      PC5      PC6
 PC7    PC8    PC9    PC10    PC11
Standard deviation     4427.6967 224.84005 109.51848 85.43326 56.24934 30.13495 7.23
1 3.103 2.566 0.4469 0.3126
Proportion of Variance    0.9962   0.00257   0.00061  0.00037  0.00016  0.00005 0.000
0.000 0.000 0.0000 0.0000
Cumulative Proportion     0.9962   0.99881   0.99942  0.99979  0.99995  1.00000 1.000
1.000 1.000 1.0000 1.0000
                            PC12
Standard deviation     2.237e-13
```

```
Proportion of Variance 0.000e+00
Cumulative Proportion  1.000e+00
```

다음에는 상관계수행렬을 이용한 주성분 분석을 실시해보자.

명령어

```
> model2 <- prcomp(data1, scale = TRUE) #상관계수행렬을 이용
> summary(model2)
```

```
> model2 <- prcomp(data1, scale = TRUE) #상관계수행렬을 이용
> summary(model2)
Importance of components:
                          PC1     PC2     PC3     PC4     PC5     PC6     PC7
   PC8      PC9       PC10      PC11
Standard deviation     7.2665 0.36746 0.18045 0.13990 0.09334 0.05003 0.01199 0.00508
3 0.004209 0.0007377 0.0005129
Proportion of Variance 0.9962 0.00255 0.00061 0.00037 0.00016 0.00005 0.00000 0.000
000 0.000000 0.0000000 0.0000000
Cumulative Proportion  0.9962 0.99880 0.99942 0.99978 0.99995 1.00000 1.00000 1.000
000 1.000000 1.0000000 1.0000000
                            PC12
Standard deviation     3.155e-16
Proportion of Variance 0.000e+00
Cumulative Proportion  1.000e+00
```

6. 예측모형 분석: 선형회귀, 의사결정트리, 신경망 모형

1) 전처리

① 스케일 조정: scale( )

앞서실습데이터 apptrain2.csv를 사용하여 예측모형의 예측력을 비교해 보자. 우선 데이터를 작업디렉토리에서 불러와 각 변수의 스케일을 조정해야 한다. 불러온 데이터셋을 반납하는 파일명은 apptrain2로 하자.

명령어

```
> setwd("C:/Users/OSYang/") #작업디렉토리 지정
> apptrain2 <-read.csv(file.choose()) #파일을 직접 폴더에서 선택 - apptrain2를 찾아 클릭
```

[처리결과화면]

```
Environment  History  Connections
Import Dataset                                        List
Global Environment
Data
apptrain2               6560 obs. of 12 variables
   App : Factor w/ 6560 levels "#NAME?",".R",..: 4373 6550 10 11 12 13 14 15 16 ...
   Category : Factor w/ 33 levels "ART_AND_DESIGN",..: 15 22 30 28 12 19 20 12 2...
   Reviews : int 1305050 44274 19 22098 6073 2225 12572 36268 117 438 ...
   Size : Factor w/ 3 levels "Big","Small",..: 3 2 2 1 2 1 1 1 2 2 ...
   Installs : num 5e+07 1e+06 1e+04 1e+06 1e+05 1e+05 1e+06 1e+06 1e+04 1e+04 ...
   Type : Factor w/ 2 levels "Free","Paid": 1 1 1 1 1 1 1 1 1 1 ...
   Price : num 0 0 0 0 0 0 0 0 0 0 ...
   Content.Rating: Factor w/ 6 levels "Adults only 18+",..: 3 2 2 2 4 2 2 5 2 2 ...
   Last.Updated : Factor w/ 1205 levels "2010-05-21","2011-01-30",..: 1195 1203 ...
   Polarity : num 0.154 0.205 0.292 0.126 0.136 ...
   Subjectivity : num 0.534 0.479 0.59 0.546 0.547 ...
   Rating : num 4.3 4.5 4 4.6 4.7 4.7 4.2 4.4 3.9 4.6 ...
```

해석

처리 결과 화면을 보면, App, Category, Reviews, Size, Installs, Type, Price, Content.Rating, Last.Updated, Polarity, Subjectivity, Rating 등의 변수가 들어있음을 알 수 있다.

이제 각 변수의 스케일을 조정하는 명령어를 처리해 보자. 사용되는 함수는 scale( )이다. 각 변수를 스케일하여 "변수명_st"라는 변수를 새롭게 저장하라는 명령어를 처리해보자.

명령어

```
> attach(apptrain2) #작업 파일 고정
> apptrain2$Reviews_st <-scale(Reviews) #save scaled variable
> apptrain2$Installs_st <-scale(Installs) #save scaled variable
> apptrain2$Price_st <-scale(Price) #save scaled variable
> apptrain2$Polarity_st <-scale(Polarity) # save scaled variable
> apptrain2$Subjectivity_st <-scale(Subjectivity) #save scaled variable
> apptrain2$Rating_st <-scale(Rating) # save scaled variable
```

```
> attach(apptrain2)
The following objects are masked from apptrain2 (pos = 3):

    App, Category, Content.Rating, Installs, Last.Updated, Polarity, Price, Ratin
g, Reviews, Size,
    Subjectivity, Type
> apptrain2$Reviews_st <-scale(Reviews) #save scaled variable
> apptrain2$Installs_st <-scale(Installs) #save scaled variable
> apptrain2$Price_st <-scale(Price) #save scaled variable
> apptrain2$Polarity_st <-scale(Polarity) # save scaled variable
> apptrain2$Subjectivity_st <-scale(Subjectivity) #save scaled variable
> apptrain2$Rating_st <-scale(Rating) # save scaled variable
```

[처리결과화면]

```
Environment  History  Connections
Import Dataset ▾                                   List ▾
Global Environment ▾
Data
apptrain2            6560 obs. of 18 variables
  App : Factor w/ 6560 levels "#NAME?",".R",..: 4373 6550 10 11 12 13 14 15 16 ...
  Category : Factor w/ 33 levels "ART_AND_DESIGN",..: 15 22 30 28 12 19 20 12 2...
  Reviews : int 1305050 44274 19 22098 6073 2225 12572 36268 117 438 ...
  Size : Factor w/ 3 levels "Big","Small",..: 3 2 2 1 2 1 1 1 2 2 ...
  Installs : num 5e+07 1e+06 1e+04 1e+06 1e+05 1e+05 1e+06 1e+06 1e+04 1e+04 ...
  Type : Factor w/ 2 levels "Free","Paid": 1 1 1 1 1 1 1 1 1 1 ...
  Price : num 0 0 0 0 0 0 0 0 0 0 ...
  Content.Rating : Factor w/ 6 levels "Adults only 18+",..: 3 2 2 2 4 2 2 5 2 2...
  Last.Updated : Factor w/ 1205 levels "2010-05-21","2011-01-30",..: 1195 1203 ...
  Polarity : num 0.154 0.205 0.292 0.126 0.136 ...
  Subjectivity : num 0.534 0.479 0.59 0.546 0.547 ...
  Rating : num 4.3 4.5 4 4.6 4.7 4.7 4.2 4.4 3.9 4.6 ...
  Reviews_st : num [1:6560, 1] 0.495 -0.103 -0.124 -0.114 -0.122 ...
  ..- attr(*, "scaled:center")= num 262060
  ..- attr(*, "scaled:scale")= num 2105226
  Installs_st : num [1:6560, 1] 0.678 -0.141 -0.158 -0.141 -0.156 ...
  ..- attr(*, "scaled:center")= num 9440263
  ..- attr(*, "scaled:scale")= num 59809297
  Price_st : num [1:6560, 1] -0.161 -0.161 -0.161 -0.161 -0.161 ...
  ..- attr(*, "scaled:center")= num 0.317
  ..- attr(*, "scaled:scale")= num 1.97
  Polarity_st : num [1:6560, 1] -0.2817 0.0413 0.6041 -0.4632 -0.402 ...
  ..- attr(*, "scaled:center")= num 0.198
  ..- attr(*, "scaled:scale")= num 0.156
  Subjectivity_st: num [1:6560, 1] 0.479 -0.225 1.186 0.628 0.646 ...
  ..- attr(*, "scaled:center")= num 0.496
  ..- attr(*, "scaled:scale")= num 0.0786
  Rating_st : num [1:6560, 1] 0.236 0.608 -0.322 0.794 0.98 ...
  ..- attr(*, "scaled:center")= num 4.17
  ..- attr(*, "scaled:scale")= num 0.538
```

해석

처리 결과 화면을 보면, 각 변수의 스케일 조정한 변수들이 새롭게 생성된 것을 볼 수 있다.

이번에는 실습데이터인 apptest2를 불러와 앞서 실행한 것과 동일하게 각 변수를 스케일하여 새롭게 변수를 저장해 보자. 주의할 점은 apptrain2와 달리 apptest2에서는 변수 가운데 Rating 변수가 없다는 사실이다. 이는 앞선 훈련(train) 데이터셋을 통해 최종적으로 찾게 될 예측모형을 사용하여 궁극적으로는 검정(test) 데이터셋에 적용하여 종속변수 값을 예측하고자 하는 예측 모형이기 때문이다.

명령어

```
> apptest2 <-read.csv(file.choose()) #파일을 직접 폴더에서 선택 - apptest2를 찾아 클릭
> attach(apptest2) #작업 파일 고정
> apptest2$Reviews_st <-scale(Reviews) #save scaled variable
> apptest2$Installs_st <-scale(Installs) #save scaled variable
> apptest2$Price_st <-scale(Price) #save scaled variable
> apptest2$Polarity_st <-scale(Polarity) # save scaled variable
> apptest2$Subjectivity_st <-scale(Subjectivity) #save scaled variable
```

[처리결과화면]

```
Environment   History   Connections
Import Dataset ▾                                                    List ▾
Global Environment ▾
Data
apptest2               827 obs. of 16 variables
  App : Factor w/ 827 levels "Call of Mini\xe2꿃 Zombies 2",..: 823 114 115 116...
  Category : Factor w/ 130 levels " 2016,0.319070513,0.6011644345\nDU Emoji Key...
  Reviews : num 490 278 212 619 130 95 145 599 179 431 ...
  Size : Factor w/ 99 levels " 2018,0.214646464636364,0.566743827194444\nGuess ...
  Installs : num 94 96 102 94 96 92 94 103 96 93 ...
  Type : Factor w/ 97 levels " 2018,0.239766988030303,0.396737213407407\nSweetL...
  Price : num 89 89 89 89 89 92 89 89 89 89 ...
  Content.Rating : Factor w/ 98 levels " 2018,0.196451049416667,0.3967372134074...
  Last.Updated : Factor w/ 461 levels " 2016,0.252170915575758,0.35906625786111...
  Polarity : num 131 231 202 199 222 133 231 127 176 213 ...
  Subjectivity : num 151 114 146 163 177 98 123 178 204 146 ...
  Reviews_st : num [1:827, 1] 0.771 -0.334 -0.678 1.444 -1.106 ...
  ..- attr(*, "scaled:center")= num 342
  ..- attr(*, "scaled:scale")= num 192
  Installs_st : num [1:827, 1] 0.127 0.23 0.542 0.127 0.23 ...
  ..- attr(*, "scaled:center")= num 91.6
  ..- attr(*, "scaled:scale")= num 19.3
  Price_st : num [1:827, 1] 0.25 0.25 0.25 0.25 0.25 ...
  ..- attr(*, "scaled:center")= num 84.7
  ..- attr(*, "scaled:scale")= num 17.3
  Polarity_st : num [1:827, 1] -0.324 1.075 0.669 0.627 0.949 ...
  ..- attr(*, "scaled:center")= num 154
  ..- attr(*, "scaled:scale")= num 71.5
  Subjectivity_st: num [1:827, 1] -0.01 -0.6459 -0.0959 0.1962 0.4369 ...
  ..- attr(*, "scaled:center")= num 152
  ..- attr(*, "scaled:scale")= num 58.2
```

해석

처리 결과 화면을 보면, 조정된 변수들이 들어간 것을 확인할 수 있다.

이렇게 스케일 조정을 마친 훈련데이터셋과 검정데이터셋을 저장해서 새로 추가로 불러오자.

명령어

```
> setwd("C:/Users/OSYang/") #작업디렉토리 지정
> write.csv(apptrain2, file = "apptrain2_st.csv", row.names = F)#save new dataset
to working directory
> write.csv(apptest2, file = "apptest2_st.csv", row.names = F)#save new dataset to
```

```
working directory
> setwd("C:/Users/OSYang/") #작업디렉토리 지정
> apptrain2_st <-read.csv(file.choose()) #파일을 직접 폴더에서 선택 - apptrain2_st를 찾아 클릭
> apptest2_st <-read.csv(file.choose()) #파일을 직접 폴더에서 선택 - apptest2_st를 찾아 클릭
```

[처리결과화면]

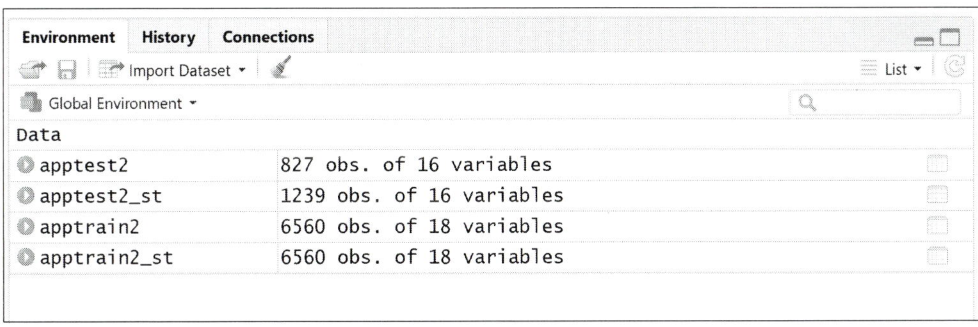

② 더미변수 처리: contrasts( )

이번에는 더미변수로 처리할 변수 작업을 진행하자. 대상은 Category, Size, Type, Content.Rating 등이다. 사용할 함수는 contrasts( )이다. 훈련셋과 검정셋 모두에 대해 더미변수 처리를 실행하자.

명령어

```
> contrasts(파일명$변수명)
> contrasts(apptrain2_st$Category)
> contrasts(apptrain2_st$Size)
> contrasts(apptrain2_st$Type)
> contrasts(apptrain2_st$Content.Rating)
> contrasts(apptest2_st$Category)
> contrasts(apptest2_st$Size)
> contrasts(apptest2_st$Type)
> contrasts(apptest2_st$Content.Rating)
```

```
> contrasts(apptrain2_st$Category)
                    AUTO_AND_VEHICLES BEAUTY BOOKS_AND_REFERENCE BUSINESS COMICS
COMMUNICATION DATING EDUCATION
ART_AND_DESIGN         0      0      0      0      0      0      0      0
AUTO_AND_VEHICLES      1      0      0      0      0      0      0      0
BEAUTY                 0      1      0      0      0      0      0      0
BOOKS_AND_REFERENCE    0      0      1      0      0      0      0      0
BUSINESS               0      0      0      1      0      0      0      0
COMICS                 0      0      0      0      1      0      0      0
COMMUNICATION          0      0      0      0      0      1      0      0
DATING                 0      0      0      0      0      0      1      0
EDUCATION              0      0      0      0      0      0      0      1
                              (중 략)

PHOTOGRAPHY            0      1      0      0      0      0      0      0
PRODUCTIVITY           0      0      1      0      0      0      0      0
SHOPPING               0      0      0      1      0      0      0      0
SOCIAL                 0      0      0      0      1      0      0      0
SPORTS                 0      0      0      0      0      1      0      0
TOOLS                  0      0      0      0      0      0      1      0
TRAVEL_AND_LOCAL       0      0      0      0      0      0      0      1

                              (중 략)
[ reached getOption("max.print") -- omitted 2 rows ]
```

*나머지 변수에 대한 처리는 지면 문제로 생략.

2) 모형 진단 : 교차 검증(Cross-Validation)

① 다중선형회귀모형

자 이제 전처리로 준비된 apptrain2_st.csv 데이터셋을 가지고 경쟁하는 예측모형을 차례대로 살펴보기로하자. 우선 다중선형회귀모형을 처리해 보자. 여기서는 더미변수(Category, Size, Type, Content.Rating)를 넣지 않거나, 하나씩 차례로 넣거나, 모두 한꺼번에 투입하는 방식으로 구분하여 몇 가지 모형으로 세분하여 돌려보자.

명령어

```
> lm.fit1 <-lm(Rating_st~Reviews_st+Installs_st+Price_st+Polarity_st+Subjectivi
ty_st, data=apptrain2_st)
> lm.fit2 <-lm(Rating_st~Reviews_st+Installs_st+Price_st+Polarity_st+Subjectivi
ty_st+Category, data=apptrain2_st)
> lm.fit3 <-lm(Rating_st~Reviews_st+Installs_st+Price_st+Polarity_st+Subjectivi
```

```
ty_st+Size, data=apptrain2_st)
> lm.fit4 <-lm(Rating_st~Reviews_st+Installs_st+Price_st+Polarity_st+Subjectivi
ty_st+Type, data=apptrain2_st)
> lm.fit5 <-lm(Rating_st~Reviews_st+Installs_st+Price_st+Polarity_st+Subjectivi
ty_st+Content.Rating, data=apptrain2_st)
> lm.fit6 <-lm(Rating_st~Reviews_st+Installs_st+Price_st+Polarity_st+Subjectivi
ty_st+Category+Size+Type+Content.Rating, data=apptrain2_st)
```

[처리결과화면]

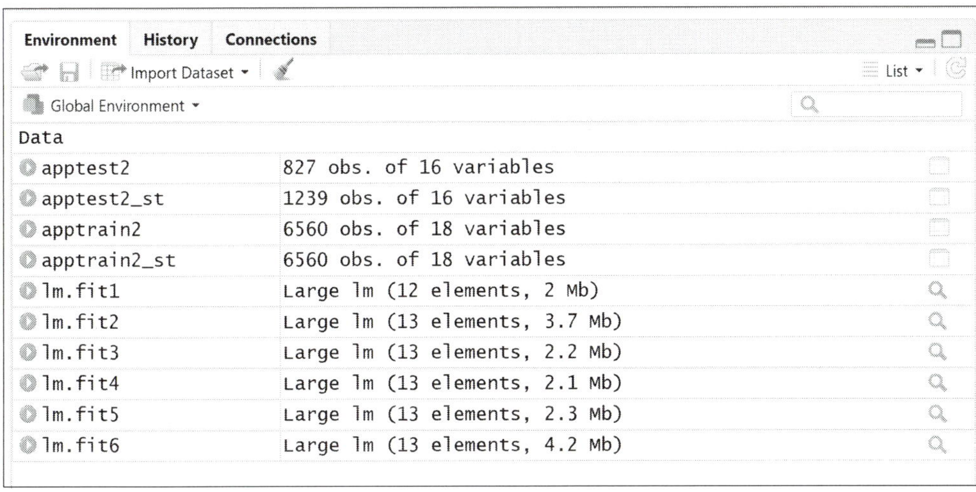

해석

처리 결과 화면을 보면, 서로 다른 6개의 회귀분석 결과가 생성됨을 알 수 있다.

이제 필요한 패키지를 설치하고 패키지를 불러들이자. 필요한 패키지는 dplyr, tidyr, broom, tidytext 등이다.

명령어

```
> install.packages("dplyr")
> install.packages("tidyr")
> install.packages("broom")
> install.packages("tidytext")
> library(dplyr)
> library(tidyr)
> library(broom)
> library(tidytext)
```

```
> library(dplyr)
다음의 패키지를 부착합니다: 'dplyr'
The following objects are masked from 'package:stats':
    filter, lag
The following objects are masked from 'package:base':
    intersect, setdiff, setequal, union
Warning message:
패키지 'dplyr'는 R 버전 3.5.3에서 작성되었습니다
> library(tidyr)
Warning message:
패키지 'tidyr'는 R 버전 3.5.3에서 작성되었습니다
> library(broom)
Warning message:
패키지 'broom'는 R 버전 3.5.3에서 작성되었습니다
> library(tidytext)
Warning message:
패키지 'tidytext'는 R 버전 3.5.3에서 작성되었습니다
```

이제 다중선형회귀모형에서 경쟁하는 각 모델들의 결과를 한자리에 불러모아보자. 경쟁하는 모델 간 적합성 여부는 R2 값을 통해 이루어진다. 모델 비교를 위해 tidy( ) 함수를 사용하여 변수명, 모수, 표준편차, 통계량, p-value 등을 요약정리하고, 그 결과를 각각 저장한 뒤 한 자리에 불러모으라는 명령어를 처리하자.

명령어

```
> m1 <-tidy(lm.fit1)
> m2 <-tidy(lm.fit2)
> m3 <-tidy(lm.fit3)
> m4 <-tidy(lm.fit4)
> m5 <-tidy(lm.fit5)
> m6 <-tidy(lm.fit6)
> all_models <-bind_rows(m1 %>% mutate(R2=summary(lm.fit1)$r.squared) %>% mutate(model=1),
+                   m2 %>% mutate(R2=summary(lm.fit2)$r.squared) %>% mutate(model=2),
+                   m3 %>% mutate(R2=summary(lm.fit3)$r.squared) %>% mutate(model=3),
+                   m4 %>% mutate(R2=summary(lm.fit4)$r.squared) %>% mutate(model=4),
+                   m5 %>% mutate(R2=summary(lm.fit5)$r.squared) %>% mutate(model=5),
+                   m6 %>% mutate(R2=summary(lm.fit6)$r.squared) %>% mutate(model=6))
```

[처리결과화면]

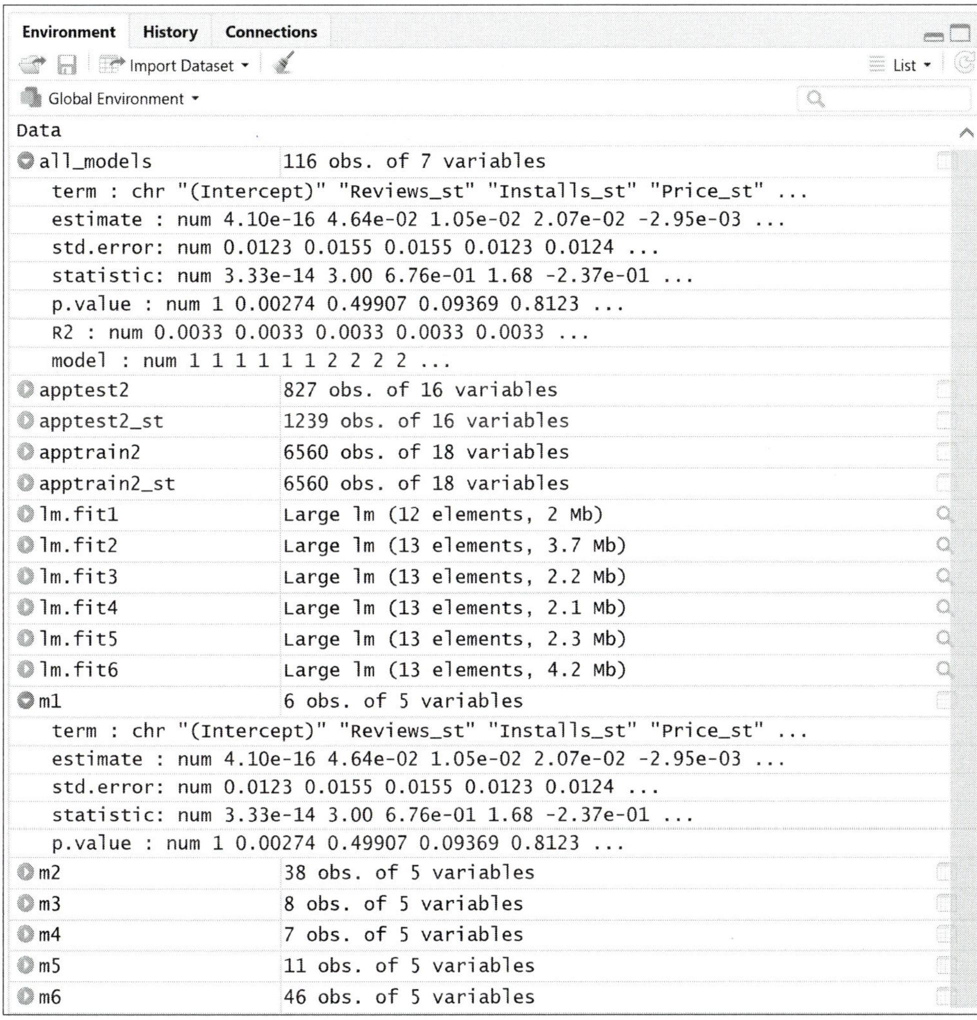

해석

처리 결과 화면을 보면, m1의 경우 term, estimate, std.error, statistic, p.value 등의 정보가 요약되어 있다. 또한 all_models에서는 R2 값이 추가적으로 나타나 있다.

이렇게 한 자리에 불러 모은 처리 결과를 열람해 보면 각 모델의 R2 값을 한 눈에 비교할 수 있다.

명령어

```
> all_models
```

```
> all_models
# A tibble: 116 x 7
   term             estimate std.error statistic p.value      R2 model
   <chr>               <dbl>     <dbl>     <dbl>   <dbl>   <dbl> <dbl>
 1 (Intercept)      4.10e-16    0.0123  3.33e-14 1.000   0.00330     1
 2 Reviews_st       4.64e- 2    0.0155  3.00e+ 0 0.00274 0.00330     1
 3 Installs_st      1.05e- 2    0.0155  6.76e- 1 0.499   0.00330     1
 4 Price_st         2.07e- 2    0.0123  1.68e+ 0 0.0937  0.00330     1
 5 Polarity_st     -2.95e- 3    0.0124 -2.37e- 1 0.812   0.00330     1
 6 Subjectivity_st 7.46e- 3    0.0124  6.03e- 1 0.546   0.00330     1
 7 (Intercept)      2.53e- 1    0.141   1.80e+ 0 0.0726  0.0312      2
 8 Reviews_st       4.14e- 2    0.0154  2.69e+ 0 0.00710 0.0312      2
 9 Installs_st      1.42e- 2    0.0154  9.22e- 1 0.357   0.0312      2
10 Price_st         2.01e- 2    0.0124  1.62e+ 0 0.106   0.0312      2
# ... with 106 more rows
```

이때 all_models 결과 내용을 한눈에 보기가 어려우므로 이런 경우에는 오른쪽 상단에 있는 “all_models”를 직접 클릭하면 분석 결과가 표로 생성된다.

[처리결과화면: View(all_models)]

Filter

	term	estimate	std.error	statistic	p.value	R2	model
102	CategorySHOPPING	-1.921546e-01	0.16316990	-1.177635e+00	2.389851e-01	0.036397834	6
103	CategorySOCIAL	-1.735527e-01	0.16255666	-1.067644e+00	2.857207e-01	0.036397834	6
104	CategorySPORTS	-2.001909e-01	0.15671265	-1.277439e+00	2.014928e-01	0.036397834	6
105	CategoryTOOLS	-5.487296e-01	0.14677406	-3.738601e+00	1.866334e-04	0.036397834	6
106	CategoryTRAVEL_AND_LOCAL	-4.914098e-01	0.16238268	-3.026245e+00	2.485788e-03	0.036397834	6
107	CategoryVIDEO_PLAYERS	-5.403158e-01	0.16746369	-3.226465e+00	1.259492e-03	0.036397834	6
108	CategoryWEATHER	-1.621130e-01	0.19137046	-8.471159e-01	3.969616e-01	0.036397834	6
109	SizeSmall	-2.122168e-02	0.02835138	-7.485236e-01	4.541714e-01	0.036397834	6
110	SizeVaries with device	1.462383e-01	0.03932165	3.719028e+00	2.016711e-04	0.036397834	6
111	TypePaid	2.182894e-01	0.06000955	3.637578e+00	2.773418e-04	0.036397834	6
112	Content.RatingEveryone	-2.908397e-01	0.57832001	-5.029044e-01	6.150485e-01	0.036397834	6
113	Content.RatingEveryone 10+	-2.817167e-01	0.58146814	-4.844920e-01	6.280530e-01	0.036397834	6

Showing 105 to 116 of 116 entries

해석

처리 결과 화면을 보면, 각 모델에서 R2값이 반복적으로 보여지고 있음(한 모델 안에서는 반복되는 R2값이 동일함)을 알 수 있다. R2값이 각각 0.0033(모델 1), 0.0312(모델 2), 0.0066(모델 3), 0.0059(모델 4), 0.0053(모델 5), 0.0363(모델 6) 등으로 나타났다. 따라서 가장 R2값이 높은 모델 2를 채택하는 것이 바람직하다.

자 이번에는 연구자가 관찰하고 싶은 연구모형을 몇 가지 설정해서 비교해 보자. 비교를 위해 연구자가 설정한 경쟁 모델은 다음과 같다:

명령어

```
> lm.fit11 <-lm(Rating_st~Reviews_st+Installs_st+Price_st+Polarity_st+Subjectiv
ity_st, data=apptrain2_st)
> lm.fit12 <-lm(Rating_st~Reviews_st+Installs_st+Price_st+Polarity_st+Subjectiv
ity_st+Category+Size+Type+Content.Rating, data=apptrain2_st)
> lm.fit13 <-lm(Rating_st~Reviews_st+Installs_st+Price_st+Polarity_st+Subjectiv
ity_st+Installs_st*Polarity_st+Category+Size+Type+Content.Rating, data=apptrain
2_st)
> lm.fit14 <-lm(Rating_st~Reviews_st+Installs_st+Price_st+Polarity_st+Subjectiv
ity_st+Installs_st*Subjectivity_st+Category+Size+Type+Content.Rating, data=appt
rain2_st)
> lm.fit15 <-lm(Rating_st~Reviews_st+Installs_st+Price_st+Polarity_st+Subjectiv
ity_st+Reviews_st*Polarity_st+Category+Size+Type+Content.Rating, data=apptrain2
_st)
> lm.fit16 <-lm(Rating_st~Reviews_st+Installs_st+Price_st+Polarity_st+Subjectiv
ity_st+Reviews_st*Subjectivity_st+Category+Size+Type+Content.Rating, data=apptr
ain2_st)
> lm.fit17 <-lm(Rating_st~Reviews_st+Installs_st+Price_st+Polarity_st+Subjectiv
ity_st+Polarity_st*Subjectivity_st+Category+Size+Type+Content.Rating, data=appt
rain2_st)
```

이들 설정한 경쟁 모델을 처리한 뒤 요약하여 결과를 한 곳에 모아보자.

명령어

```
> m11 <-tidy(lm.fit11)
> m12 <-tidy(lm.fit12)
> m13 <-tidy(lm.fit13)
> m14 <-tidy(lm.fit14)
> m15 <-tidy(lm.fit15)
> m16 <-tidy(lm.fit16)
> m17 <-tidy(lm.fit17)
> all_models <-bind_rows(
  m11 %>% mutate(R2=summary(lm.fit11)$r.squared) %>% mutate(model=1),
  m12 %>% mutate(R2=summary(lm.fit12)$r.squared) %>% mutate(model=2),
  m13 %>% mutate(R2=summary(lm.fit13)$r.squared) %>% mutate(model=3),
```

```
m14 %>% mutate(R2=summary(lm.fit14)$r.squared) %>% mutate(model=4),
m15 %>% mutate(R2=summary(lm.fit15)$r.squared) %>% mutate(model=5),
m16 %>% mutate(R2=summary(lm.fit16)$r.squared) %>% mutate(model=6),
m17 %>% mutate(R2=summary(lm.fit17)$r.squared) %>% mutate(model=7))
```

이제 한 곳에 모은 분석결과를 열람해보자. 함수 View( )를 사용하거나 오른쪽 상단의 all_models를 직접 클릭하면 볼 수 있다.

명령어

```
> View(all_models)
```

[처리결과화면]

Filter

	term	estimate	std.error	statistic	p.value	R2	model
1	(Intercept)	4.100297e-16	0.01233093	3.325213e-14	1.0000000000	0.003300054	1
2	Reviews_st	4.635800e-02	0.01547014	2.996612e+00	0.0027401993	0.003300054	1
3	Installs_st	1.046295e-02	0.01547803	6.759869e-01	0.4990728191	0.003300054	1
4	Price_st	2.069032e-02	0.01234145	1.676490e+00	0.0936900051	0.003300054	1
5	Polarity_st	-2.946121e-03	0.01240611	-2.374734e-01	0.8122969544	0.003300054	1
6	Subjectivity_st	7.463399e-03	0.01237592	6.030580e-01	0.5464909409	0.003300054	1
7	(Intercept)	5.394246e-01	0.59543507	9.059336e-01	0.3650045090	0.036397834	2
8	Reviews_st	3.987920e-02	0.01535676	2.596850e+00	0.0094294502	0.036397834	2
9	Installs_st	5.037306e-03	0.01556085	3.237167e-01	0.7461629229	0.036397834	2
10	Price_st	-1.203676e-02	0.01526554	-7.884925e-01	0.4304373654	0.036397834	2
11	Polarity_st	-2.612231e-03	0.01228564	-2.126247e-01	0.8316263628	0.036397834	2
12	Subjectivity_st	7.075364e-03	0.01223005	5.785230e-01	0.5629310613	0.036397834	2

Showing 1 to 13 of 287 entries

해석

처리 결과 화면을 보면, 각 모델에서 R2값이 반복적으로 보여지고 있음(한 모델 안에서는 반복되는 R2값이 동일함)을 알 수 있다. R2값이 각각 0.0033(모델 1), 0.0363(모델 2), 0.0365(모델 3), 0.0363(모델 4), 0.0388(모델 5), 0.0364(모델 6), 0.0364(모델 7) 등으로 나타났다. 따라서 가장 R2값이 높은 모델 5를 채택하는 것이 바람직하다.

② 예측모형 검정

가. 다중선형회귀모형

자 이제 다중선형회귀모형에서 최종적으로 확인된 기초회귀식을 가지고 경쟁하는 의사결정트리모형과 신경망모형 중 어느 것이 가장 예측력이 좋은지 비교 검토하는 단계로 넘어가자. 이를 위해 우선 훈련 데이터셋(apptrain2_st_final.csv)을 나누는 작업이 필요하다. 필요한 패키지를 설치하고 불러오도록 하자. ※데이터셋을 정확한 것으로 사용해야 한다.

명령어

```
> library(ISLR)
> attach(apptrain2_st_final)
> set.seed(1)
> train=sample(6526, 3280)
```

```
> library(ISLR)
Warning message:
패키지 'ISLR'는 R 버전 3.5.2에서 작성되었습니다
> attach(apptrain2_st_final)
> set.seed(1)
> train=sample(6526, 3280)
```

다음에는 앞서 확인한 기초회귀식에 따라 통계분석을 실시하고 MSE값과 RMSE값을 확인하도록 하자. 반환하는 파일명은 lm.fitSub7으로 하자.

명령어

```
> lm.fitSub7 <-lm(Rating_st~Reviews_st+Installs_st+Price_st+Polarity_st+Subject
ivity_st+Reviews_st*Polarity_st+Category+Size+Type+Content.Rating, data=apptrai
n2_st, subset=train)
> mean((Rating-predict(lm.fitSub7, apptrain2_st))[-train]^2)  #MSE
> sqrt(mean((Rating-predict(lm.fitSub7, apptrain2_st))[-train]^2) ) #RMSE
```

```
> lm.fitSub7 <-lm(Rating_st~Reviews_st+Installs_st+Price_st+Polarity_st+Subjecti
vity_st+Reviews_st*Polarity_st+Category+Size+Type+Content.Rating, data=apptrain
2_st, subset=train)
> mean((Rating-predict(lm.fitSub7, apptrain2_st))[-train]^2)  #MSE=[1] 17.69517
[1] 17.69517
> sqrt(mean((Rating-predict(lm.fitSub7, apptrain2_st))[-train]^2) ) #RMSE=4.20656
3
[1] 4.206563
```

해석

처리 결과 화면을 보면, 기초회귀식인 다중선형회귀모형 처리 결과, MSE는 17.69517,

RMSE는 4.206563 값을 보이는 것으로 나타났다. 이 수치는 연구 경우에 따라 조금의 차이는 있을 수 있다.

나. 다중선형회귀트리모형

자 이제 다중선형회귀트리 모형을 돌려보자. 작업화일을 고정시키고, 트리모형에서는 상호작용항이 자동으로 처리되기 어려우므로 상호작용항을 별도로 만들어서 새로운 변수로 저장해주는 작업이 필요하다. 여기서 상호작용항은 Reviews_st*Polarity_st가 된다. 상호작용항 명칭은 Interaction1으로 하자. 사용할 실습데이터셋은 앞서 사용된 것과 동일하다. 그대로 이어서 다음 작업을 수행하자.

명령어

```
> attach(apptrain2_st)
> apptrain2_st$Interaction1 <-Reviews_st*Polarity_st
```

```
> attach(apptrain2_st)
The following objects are masked from apptrain2_st (pos = 3):

    App, Category, Content.Rating, Installs, Installs_st, Last.Updated, Polarity,
Polarity_st, Price, Price_st, Rating,
    Rating_st, Reviews, Reviews_st, Size, Subjectivity, Subjectivity_st, Type
> apptrain2_st$Interaction1 <-Reviews_st*Polarity_st
```

이제 다중회귀트리모형을 처리해 보자. 필요한 패키지로 ISLR을 설치하고 불러오자.

명령어

```
> install.packages("ISLR")
> library(ISLR)
```

```
> install.packages("ISLR")
Installing package into ‘C:/Users/OSYang/Documents/R/win-library/3.5’
(as ‘lib’ is unspecified)
trying URL 'https://cran.rstudio.com/bin/windows/contrib/3.5/ISLR_1.2.zip'
Content type 'application/zip' length 2923586 bytes (2.8 MB)
downloaded 2.8 MB
```

```
package 'ISLR' successfully unpacked and MD5 sums checked

The downloaded binary packages are in
      C:\Users\Public\Documents\ESTsoft\CreatorTemp\RtmpyoMfXJ\downloaded_packages
> library(ISLR)
Warning message:
패키지 'ISLR'는 R 버전 3.5.3에서 작성되었습니다
```

이번엔 필요한 패키지로 tree를 설치하고 불러오자.

명령어

```
> install.packages("tree")
> library(tree)
```

```
> install.packages("tree")
Installing package into 'C:/Users/media/Documents/R/win-library/4.0'
(as 'lib' is unspecified)
trying URL 'https://cran.rstudio.com/bin/windows/contrib/4.0/tree_1.0-40.zip'
Content type 'application/zip' length 178377 bytes (174 KB)
downloaded 174 KB

package 'tree' successfully unpacked and MD5 sums checked

The downloaded binary packages are in
      C:\Users\media\AppData\Local\Temp\RtmpGov6UW\downloaded_packages
> library(tree)
Registered S3 method overwritten by 'tree':
  method     from
  print.tree cli
Warning message:
package 'tree' was built under R version 4.0.4
```

필요한 패키지가 모두 설치되었으면 이제 다중회귀트리모형을 처리해 보자.

명령어

```
> treetrain=tree(Rating_st~Reviews_st+Installs_st+Price_st+Polarity_st+Subjecti
vity_st+Interaction1+Category+Size+Type+Content.Rating, apptrain2_st, subset=tr
```

```
ain)
```

```
> treetrain=tree(Rating_st~Reviews_st+Installs_st+Price_st+Polarity_st+Subjecti
vity_st+Interaction1+Category+Size+Type+Content.Rating, apptrain2_st, subset=tra
in) #final choice
Error in tree(Rating_st ~ Reviews_st + Installs_st + Price_st + Polarity_st +  :
  factor predictors must have at most 32 levels
```

해석

처리 결과 화면을 보면, 항목별 최대 레벨(level)이 32개라고 나와 있다. 이는 특정 항목의 레벨이 33개 이상인 상태라는 지적이다. 이에 레벨 조정이 필요하다. 여기서는 Category가 33 레벨이므로 Category의 레벨 중 가장 작은 수치를 보이는 BEAUTY를 제거하는 방식으로 조정하였다.

다중선형회귀트리모형을 처리하기 위해 레벨을 조정하여 새로 저장한 실습데이터(apptrain2Category_st.csv)를 불러 들이자. 반환할 파일명은 apptrain2_st로 하자.

명령어

```
> setwd("C:/Users/OSYang/")
> apptrain2_st <-read.csv(file.choose()) #파일선택할 수 있는 명령어(apptrain2Categor
y_st.csv를 클릭)
```

불러들인 실습데이터(apptrain2Category_st.csv)를 이제 절반으로 나누어 train으로 저장하자. 저장한 후 train을 대상으로 다중선형회귀트리모형을 처리해보자.

명령어

```
> set.seed(1)
> train=sample(6560, 3280)
> treetrain=tree(Rating_st~Reviews_st+Installs_st+Price_st+Polarity_st+Subjecti
vity_st+Interaction1+Category+Size+Type+Content.Rating, apptrain2_st, subset=tr
ain) #final choice
```

이제 처리한 다중선형회귀트리모형 결과를 그래프로 시각화해보자.

명령어

```
> win.graph()
> plot(treetrain)
> text(treetrain)
```

```
> win.graph()
> plot(treetrain)
> text(treetrain)
```

[처리결과화면: plot(treetrain)]

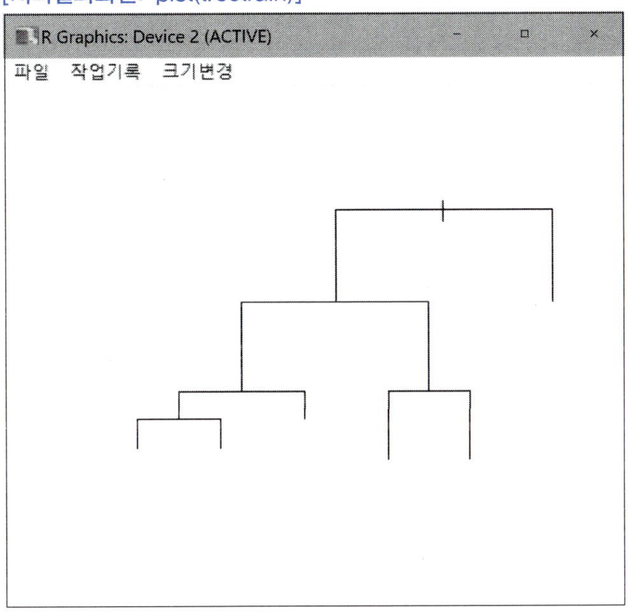

해석

처리화면을 보면, 트리모형을 위한 가지 형태만이 나타나 있다.

[처리결과화면: text(treetrain)]

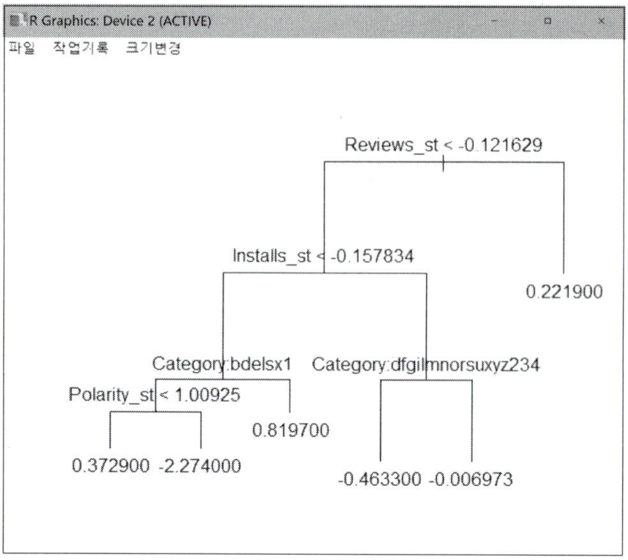

해석

처리결과화면을 보면, 트리모형을 위한 가지만 있던 화면에 각 가지별로 수치가 표시되어 있음을 볼 수 있다.

다음으로 다중선형회귀트리모형의 예측력을 검토해 보자. 이를 위해 훈련데이터셋을 뺀 나머지 데이터셋(newdata)에 대해 predict( ) 함수를 사용하여 yhat 값을 추정하고, MSE와 RMSE를 구해보자. 여기서 말하는 newdata는 apptrain2_st[-train,] 명령어로 처리하며, 이를 다시 검정데이터셋 파일로 저장하도록 한다.

명령어

```
> yhat=predict(treetrain, newdata=apptrain2_st[-train,])
> test=apptrain2_st[-train,] #method 1 - final choice
> mean((yhat-test$Rating_st)^2) #MNE
> sqrt(mean((yhat-test$Rating_st)^2)) #RMNE
```

```
> yhat=predict(treetrain, newdata=apptrain2_st[-train,])
> test=apptrain2_st[-train,] #method 1 - final choice
> mean((yhat-test$Rating_st)^2) #MNE= 1.020608
[1] 1.020608
```

```
> sqrt(mean((yhat-test$Rating_st)^2)) #RMNE=1.010251
[1] 1.010251
```

[처리결과화면]

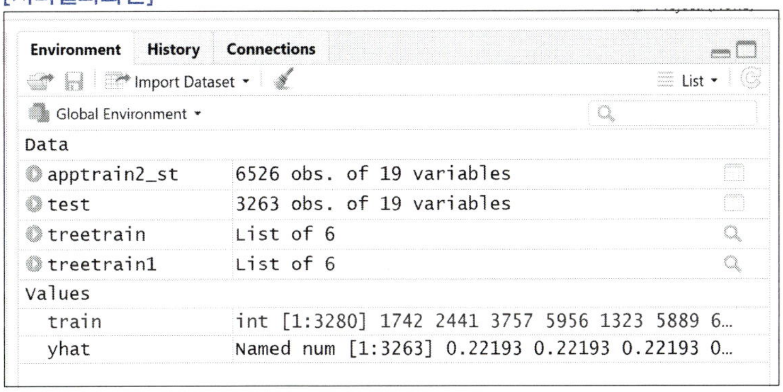

해석

처리화면을 보면, yhat 값이 추정되었고, train 데이터셋과 이를 제외한 나머지 데이터셋인 test 데이터셋이 형성되어 있음을 볼 수 있다. 처리결과 MSE는 1.0120, RMSE는 1.0060인 것으로 나타났다.

이번에는 가지치기(pruning)를 통해 과적합 문제를 해결해보자. 여기서는 classification (즉 FUN=prune.misclass를 포함)과 non-classification 방식(즉 FUN=prune.misclass를 포함하지 않음)으로 구분된다. 지금은 종속변수가 1, 0 값이 아니라 연속형 자료이므로 non-classification tree로 처리하도록 하자.

명령어

```
> cv.trees <-cv.tree(treetrain) # for non-classification decision tree
> plot(cv.trees)
```


```
> cv.trees <-cv.tree(treetrain) # for non-classification decision tree
> plot(cv.trees)
```

[처리결과화면]

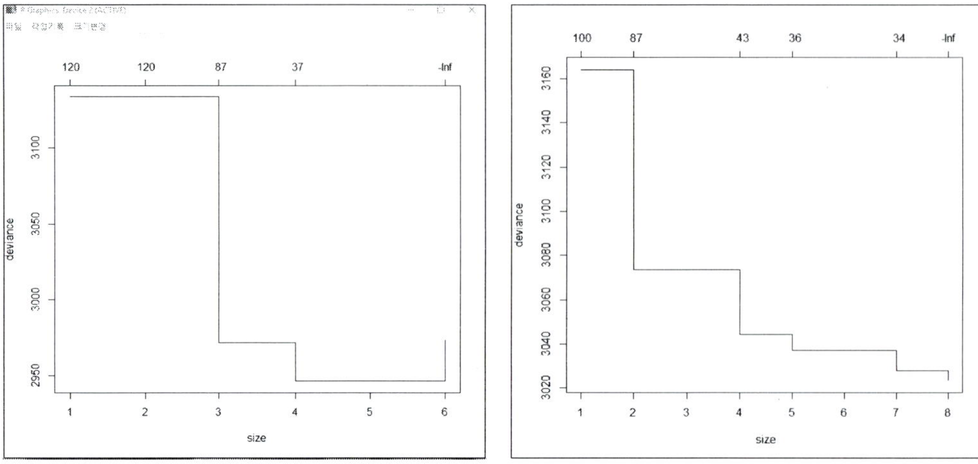

해석

처리화면을 보면, dev. 값이 5개로 노드가 5개일 때 최적임을 알 수 있다. 이에 best=5를 명령어로 처리해서 트리모형의 최적 상태를 확인하게 된다. 두 그래프로 보여주는 것은 통계 처리할 때마다 부트스트래핑 방식으로 작동하기 때문에 결과에 다소 차이를 보이기 때문이다(그러나 최종 결과가 크게 달라지지는 않는다).

이 그래프는 연구자가 이해하기 어려울 수 있다. 따라서 이 그래프를 다른 방식으로 구현해 보자. 두 그래프로 보여주는 것은 통계 처리할 때마다 부트스트래핑 방식으로 작동하기 때문에 결과에 다소 차이를 보이기 때문이다(그러나 최종 결과가 크게 달라지지는 않는다).

명령어

```
> plot(cv.trees$size, cv.trees$dev, type='b')
```



```
> plot(cv.trees$size, cv.trees$dev, type='b')
```

[처리결과화면]

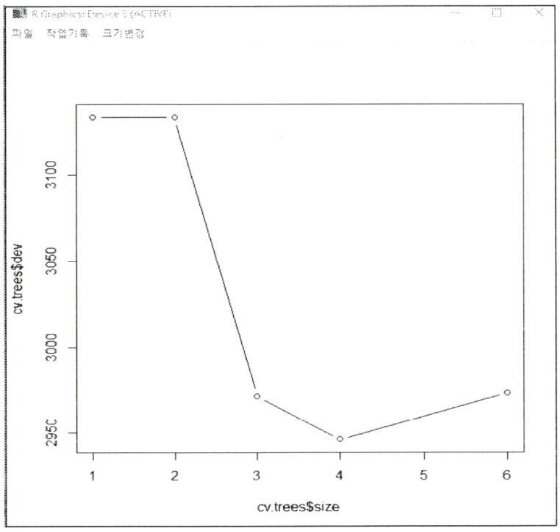

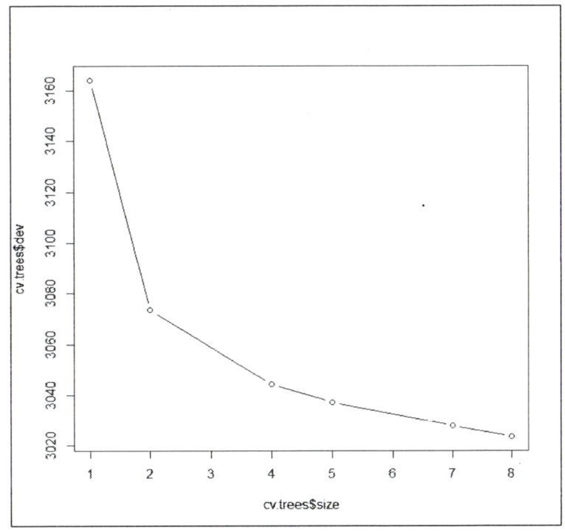

이제 가지치기를 하고 노드 최적값을 5로 해서 트리모형을 처리해보자. 이를 위해 best=5를 추가로 실행한다. 이때 사용하는 명령어는 종속변수가 연속형인 경우에는 prune.tree( ) 함수를 사용하고, 종속변수가 1, 0 값으로 되어 있는 경우에는 prune.misclass( ) 함수를 사용한다. 여기서는 종속변수가 연속형이므로 prune.tree( ) 함수를 사용하였다. 명령어를 처리한 뒤 시각화를 이행하도록 하자.

명령어

```
> prune.trees <- prune.tree(treetrain, best=5)  # for regression decision tree, use
prune.tree function
                              # 연속형 종속변수는 prune.tree // 1,0 종속변수는 prune.misclass
> plot(prune.trees)
> text(prune.trees, pretty=0)
```


```
> prune.trees <- prune.tree(treetrain, best=5)  # for regression decision tree, use
prune.tree function
                              # 연속형 종속변수는 prune.tree // 1,0 종속변수는 prune.misclass
> plot(prune.trees)
> text(prune.trees, pretty=0)
```

[처리결과화면]

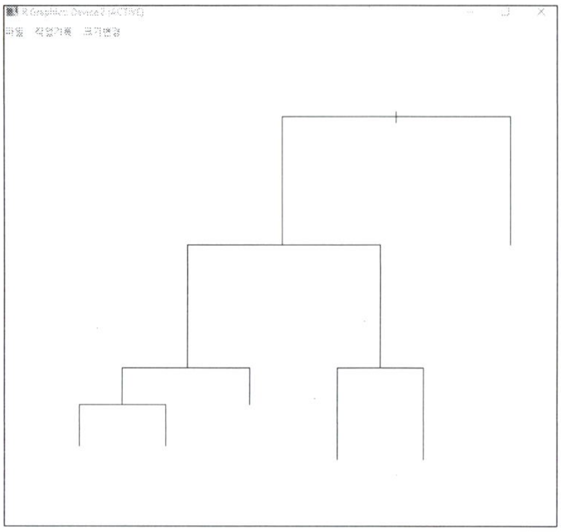

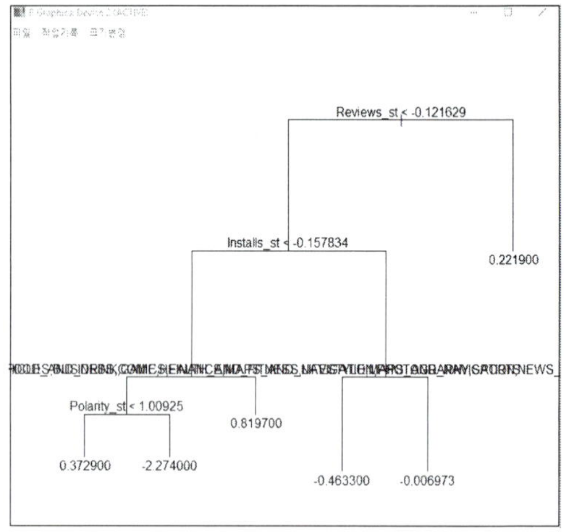

다음으로 prunetree 모형의 예측력을 검토해 보자. 이를 위해 훈련데이터셋을 뺀 나머지 데이터셋에 대해 predict( ) 함수를 사용하여 yhat 값을 추정하고, MSE와 RMSE를 구해보자. 여기서 말하는 나머지 데이터셋은 apptrain2_st[-train,] 명령어로 처리하며, 이를 다시 검정데이터셋 파일로 저장하도록 한다.

명령어

```
> yhat1=predict(prune.trees, newdata=apptrain2_st[-train,])
> test=apptrain2_st[-train,] #method 1 - final choice
> mean((yhat-test$Rating_st)^2) #MNE= 0.9117127 [1] 1.012075, 1.020608
> sqrt(mean((yhat-test$Rating_st)^2)) #RMNE=0.9548365 [1] 1.00602
```

```
> yhat1=predict(prune.trees, newdata=apptrain2_st[-train,])
> test=apptrain2_st[-train,] #method 1 - final choice
> mean((yhat-test$Rating_st)^2) #MNE= 0.9117127 [1] 1.012075
[1] 1.020608
> sqrt(mean((yhat-test$Rating_st)^2)) #RMNE=0.9548365 [1] 1.00602, 1.010251
[1] 1.010251
```

해석

처리화면을 보면, MNE값이 1.020608, RMNE 값이 1.010251로 나타났다.

다. 랜덤포리스트(Random Forest)모형

자 이제 트리 모형의 또 다른 형태인 랜덤포래스트모형을 돌려보자. 우선 랜덤포리스트모형의 특수 형태인 배깅(Bagging)모형을 돌려보자. 배깅트리모형은 분산을 줄이기 위한 범용 절차의 하나이다. 처리에 필요한 패키지를 설치하고 불러 들이자.

명령어

```
> install.packages("randomForest")
> library(randomForest)
```

```
> install.packages("randomForest")
WARNING: Rtools is required to build R packages but is not currently installed. Pleas
e download and install the appropriate version of Rtools before proceeding:
https://cran.rstudio.com/bin/windows/Rtools/
Installing package into 'C:/Users/yangohsuk/Documents/R/win-library/3.5'
(as 'lib' is unspecified)
trying URL 'https://cran.rstudio.com/bin/windows/contrib/3.5/randomForest_4.6-1
4.zip'
Content type 'application/zip' length 248102 bytes (242 KB)
downloaded 242 KB
package 'randomForest' successfully unpacked and MD5 sums checked
The downloaded binary packages are in
      C:\Users\yangohsuk\AppData\Local\Temp\RtmpaE83nm\downloaded_packages
> library(randomForest)
randomForest 4.6-14
Type rfNews() to see new features/changes/bug fixes.

#또는 다음과 같은 내용이 나타난다.
> library(randomForest)
randomForest 4.6-14
Type rfNews() to see new features/changes/bug fixes.
다음의 패키지를 부착합니다: 'randomForest'
The following object is masked from 'package:dplyr':
    combine
Warning message:
패키지 'randomForest'는 R 버전 3.5.2에서 작성되었습니다
```

작업디렉토리에서 연습데이터인 apptrain2Category_st.csv를 불러오고 필요한 패키지를 불러들이자.

명령어

```
> setwd("C:/Users/OSYang/") #작업디렉토리 지정
> apptrain2_st <-read.csv(file.choose()) #파일선택할 수 있는 명령어 - 잘 됨 : apptrain2
Category_st.csv 불러오기
```

이제 불러온 데이터셋을 분할하도록 한다.

명령어

```
> set.seed(1)
> train=sample(6526, 3263)
```

랜덤 포리스트 모델은 예측변수(독립변수) 숫자 만큼만 mtry를 지정해준다. 여기서는 모두 예측변수가 6개이므로 mtry=6으로 지정해주자. 배깅과 랜덤 포리스트 모형은 모두 randomForest( ) 함수를 사용한다. 배깅은 설명변수를 모두 투입하는 방식이고, 랜덤 포리스트 모형은 설명변수가 모두 고려되지 않고 적은 숫자로 고려된다. 즉 배깅과 랜덤 포리스트 모형은 모양이 동일하면서도 고려하는 설명변수의 숫자가 다를 뿐이다(곧 mtry 수치를 의미). 대체로 랜덤 포리스트 모형이 고려하는 설명변수 숫자는 회귀트리의 경우에는 '전체 설명변수/3' 정도로, 분류트리의 경우에는 "설명변수의 제곱근" 수치로 이해되고 있다.

```
#랜덤포리스트 모델의 기본구성#
randomForest::randomForest(
  formula,          # 모델 포뮬러
  data,             # 포뮬러를 적용할 데이터
  ntree=500,        # 나무의 개수
  mtry,             # 노드를 나눌 기준을 정할 때 고려할 변수의 수
```

배깅 트리모형을 처리한 후 결과를 시각화로 나타내보자. 사용할 함수는 plot( )이다.

명령어

```
> rftrain=randomForest(Rating_st~Reviews_st+Installs_st+Price_st+Polarity_st+Su
bjectivity_st+Interaction1+Category+Size+Type+Content.Rating,  data=apptrain2_s
t, subset=train, mtry=6, importance=TRUE)
```

```
> win.graph()
> plot(rftrain)
```

[처리결과화면]

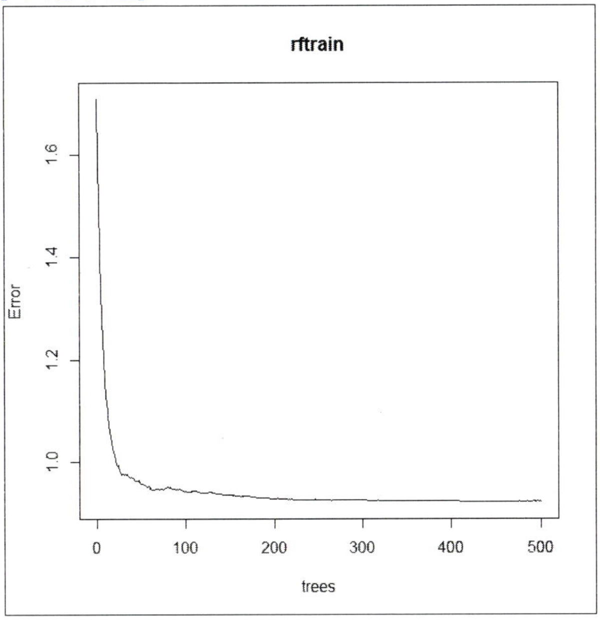

해석

처리화면을 보면, 랜덤포리스트 트리모형의 오차율은 약 1.6이상임을 보여준다. 랜덤포리스트는 매번 분할을 수행할 때마다 설명변수들의 일부분만을 고려함으로써 분산을 줄이는데 기여한다.

이제 예측력을 살펴보자. 이를 위해 train 데이터 셋 외에 검정 데이터셋(test.csv)을 만들어야 한다.

명령어

```
> test=apptrain2_st[-train,] #method 1 - final choice
> yhat.rf=predict(rftrain, newdata=test)
> mean((yhat.rf-test$Rating_st)^2) #MNE
> sqrt(mean((yhat.rf-test$Rating_st)^2)) #RMNE
```

```
> test=apptrain2_st[-train,] #method 1 - final choice
> yhat.rf=predict(rftrain, newdata=test)
> mean((yhat.rf-test$Rating_st)^2) #MNE 0.8791266
[1] 0.9192053
> sqrt(mean((yhat.rf-test$Rating_st)^2)) #RMNE 0.9376175
[1] 0.9587519
```

해석

처리결과 화면을 보면, 랜덤 포리스트 모델의 MSE 값은 0.87912이고, RMSE 값은 0.93761인 것으로 나타났다.

이제 importance( ) 함수를 사용하여 모형에서 나타나는 변수의 중요도를 살펴보도록 하자.

명령어

```
> importance(rftrain)
```

```
> importance(rftrain)
                  %IncMSE IncNodePurity
Reviews_st      40.1181225     692.54262
Installs_st     33.3183472     304.27045
Price_st        -1.4380770      56.44257
Polarity_st     16.3111987     319.38832
Subjectivity_st -2.1384989     470.82630
Interaction1    18.0663313     341.68946
Category        14.9332727     568.31832
Size            14.0853483      89.18471
Type            -0.1649597      14.30908
Content.Rating   6.9911535      59.98638
```

변수의 중요도를 시각화해 보자. 사용할 함수는 varImpPlot( )이다.

명령어

```
> varImpPlot(rftrain)
```

[처리결과화면]

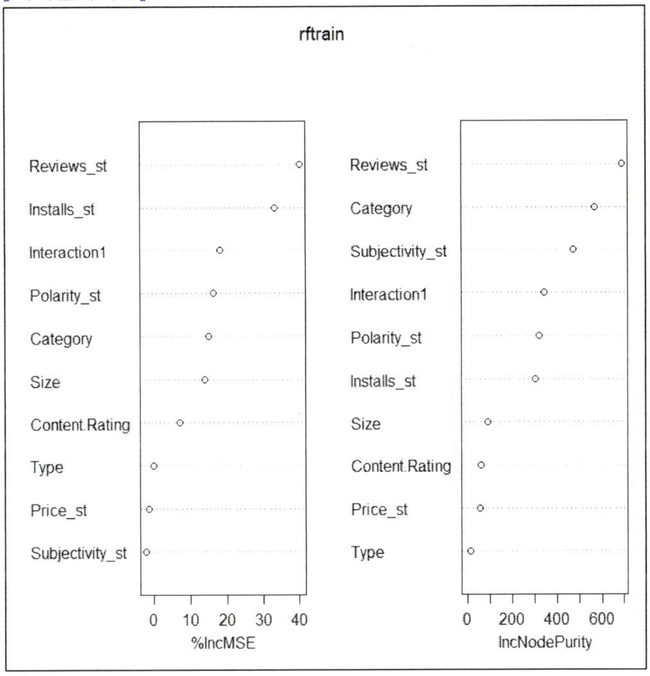

해석

처리결과 화면을 보면 Reviews_st가 40.11%, Installs_st가 33.31%이 중요도를 보여주고 있다. 처리결과 도출된 그래프에서는 변수의 중요도에 대해 두 가지 측도가 제공되고 있다. 우선 왼쪽에서는 개별 변수가 모델에서 제외될 때 배깅되지 않은 표본에 대한 예측 정확도의 평균 감소량을 기반으로 한다. 한편 오른쪽에서는 개별 변수에 대한 분할로 인한 노드 impurity의 총 감소량을 모든 트리에 대해 평균한 것이다.

라. 인공신경망(Neural Network) 모형

자 이제 인공신경망 모형을 처리해보자. 실습데이터로 apptrain2Category_st3.csv(이 데이터셋에는 더미변수가 없다)를 불러들이고, 처리에 필요한 패키지를 설치하고 불러 들이자.

명령어

```
> setwd("C:/Users/OSYang/")
> apptrain2_st <-read.csv(file.choose()) #파일선택할 수 있는 명령어 - 잘 됨 : apptrain2
Category_st3.csv 불러오기
> library(neuralnet)
```

```
> setwd("C:/Users/OSYang/")
> apptrain2_st <-read.csv(file.choose()) #파일선택할 수 있는 명령어 - 잘 됨 : apptrain2
Category_st3.csv 불러오기
> library(neuralnet)
```

불러온 데이터셋을 대상으로 스케일 조정을 실시한다. 신경망 모형은 변수들이 스케일 조정이 되어 있어야 제대로 쉽게 처리된다. 스케일 조정과 동시에 데이터셋을 train과 test 데이터셋으로 분할하자.

명령어

```
> apply(apptrain2_st,2,function(x) sum(is.na(x)))
> maxs <- apply(apptrain2_st, 2, max)
> mins <- apply(apptrain2_st, 2, min)
> scaled <- as.data.frame(scale(apptrain2_st, center = mins, scale = maxs - mins))
> set.seed(1)
> index <- sample(6526, 3263)
> train_ <- scaled[index,]
> test_ <- scaled[-index,]
```

```
> apply(apptrain2_st,2,function(x) sum(is.na(x)))
     Reviews_st     Installs_st        Price_st     Polarity_st Subjectivity_st
      Rating_st    Interaction1
              0               0               0               0               0
              0               0
> maxs <- apply(apptrain2_st, 2, max)
> mins <- apply(apptrain2_st, 2, min)
> scaled <- as.data.frame(scale(apptrain2_st, center = mins, scale = maxs - mins))
> set.seed(1)
> index <- sample(6526, 3263)
> train_ <- scaled[index,]
> test_ <- scaled[-index,]
```

이렇게 스케일 조정하고 분할한 데이터셋 상태에서, 스케일 된 훈련데이터셋(train_)을 대상으로 신경망 모델을 처리해보자. 그리고 처리한 결과를 시각화 해보자.

명령어

```
> n <- names(train_)
> f <- as.formula(paste("Rating_st ~", paste(n[!n %in% "Rating_st"], collapse = "
+ ")))
> nn <- neuralnet(f,data=train_,hidden=c(5,3),linear.output=T)
> win.graph()
> plot(nn)
```


```
> n <- names(train_)
> f <- as.formula(paste("Rating_st ~", paste(n[!n %in% "Rating_st"], collapse = "
+ ")))
> nn <- neuralnet(f,data=train_,hidden=c(5,3),linear.output=T)
> win.graph()
> plot(nn)
```


[처리결과화면]

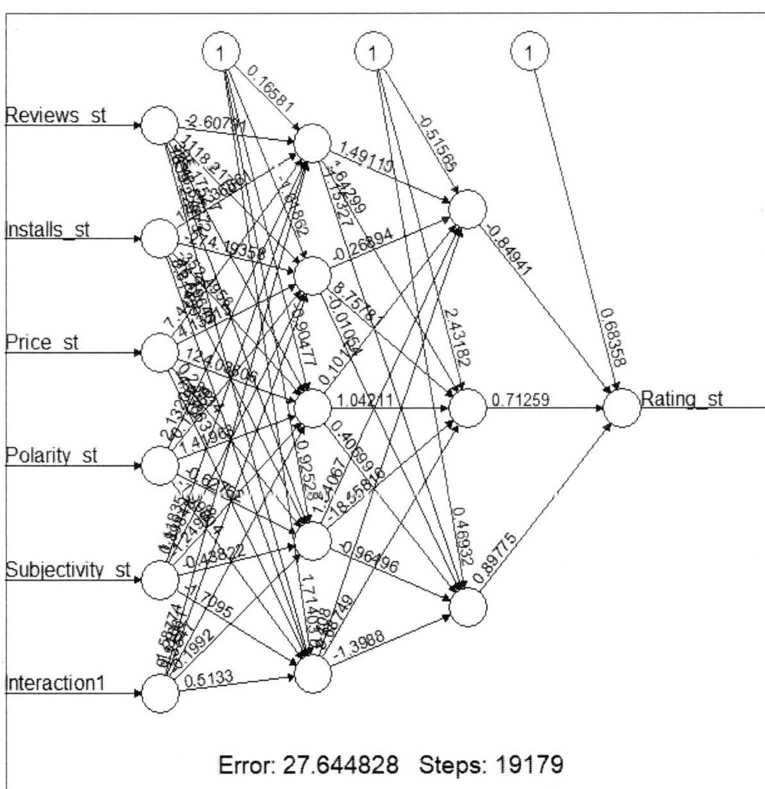

이제는 처리된 신경망 모델의 세부적인 통계 수치들을 확인해보자. 가장 중요한 예측력 검정 수치인 MSE와 RMSE 값을 찾아보자.

명령어

```
> pr.nn <- compute(nn,test_[,1:7]) #변수 숫치를 살펴보고 바꿔주어야 함
> pr.nn_ <- pr.nn$net.result*(max(apptrain2_st$Rating_st)-min(apptrain2_st$Ratin
g_st))+min(apptrain2_st$Rating_st)
> test.r <- (test_$Rating_st)*(max(apptrain2_st$Rating_st)-min(apptrain2_st$Rati
ng_st))+min(apptrain2_st$Rating_st)
> MSE.nn <- sum((test.r - pr.nn_)^2)/nrow(test_)
> MSE.nn
> sqrt(MSE.nn)
```

```
> pr.nn <- compute(nn,test_[,1:7]) #변수 숫치를 살펴보고 바꿔주어야 함
> pr.nn_ <- pr.nn$net.result*(max(apptrain2_st$Rating_st)-min(apptrain2_st$Ratin
g_st))+min(apptrain2_st$Rating_st)
> test.r <- (test_$Rating_st)*(max(apptrain2_st$Rating_st)-min(apptrain2_st$Rati
ng_st))+min(apptrain2_st$Rating_st)
> MSE.nn <- sum((test.r - pr.nn_)^2)/nrow(test_)
> MSE.nn
[1] 0.9035874
> sqrt(MSE.nn)
[1] 0.9505722
```

이제 신경망 모델에 대한 ROC 곡선을 도출해보자. 이를 위해 우선 종속변수인 Rating_st를 평균값을 기준으로 상하로 나누어 1, 0 값으로 양분하도록 하자.

명령어

```
> attach(apptrain2_st)
> mean(Rating_st) #
> apptrain2_st$Rating_st <- ifelse(apptrain2_st$Rating_st >= -0.0007447216, 1, 0)
```

```
> attach(apptrain2_st)
The following objects are masked from apptrain2_st (pos = 3):
```

```
    Installs_st, Interaction1, Polarity_st, Price_st, Rating_st, Reviews_st, Subj
ectivity_st
(중략)
The following objects are masked from apptrain2_st (pos = 43):
    Installs_st, Interaction1, Polarity_st, Price_st, Rating_st, Reviews_st, Subj
ectivity_st
The following objects are masked from apptrain2_st (pos = 45):
    Installs_st, Polarity_st, Price_st, Rating_st, Reviews_st, Subjectivity_st
> mean(Rating_st) #
[1] -0.0007447216
> apptrain2_st$Rating_st <- ifelse(apptrain2_st$Rating_st >= -0.0007447216, 1, 0)
```

다음에는 데이터셋을 분할하도록 하자.

명령어

```
set.seed(500) # use dataset
> apply(apptrain2_st, 2, function(x) sum(is.na(x))) # there is no missing data.
> index <- sample(6526,3263)
> train <- apptrain2_st[index, ]
> test <- apptrain2_st[-index, ]
> maxs <- apply(apptrain2_st, 2, max)
> mins <- apply(apptrain2_st, 2, min)
> scaled <- as.data.frame(scale(apptrain2_st, center = mins, scale = maxs - mins))
> train_ <- scaled[index,]
> test_ <- scaled[-index,]
```

```
> set.seed(500) # use dataset
> apply(apptrain2_st, 2, function(x) sum(is.na(x))) # there is no missing data.
Reviews_st  Installs_st Price_st  Polarity_st Subjectivity_st Rating_st   Interaction1
         0            0        0            0               0         0              0
> index <- sample(6526,3263)
> train <- apptrain2_st[index, ]
> test <- apptrain2_st[-index, ]
> maxs <- apply(apptrain2_st, 2, max)
> mins <- apply(apptrain2_st, 2, min)
> scaled <- as.data.frame(scale(apptrain2_st, center = mins, scale = maxs - mins))
> train_ <- scaled[index,]
> test_ <- scaled[-index,]
```

이번에는 neuralnet 패키지를 불러온 상태에서, 훈련 데이터셋을 대상으로 신경망 모델을 처리한다.

명령어

```
> library(neuralnet)
> n <- names(train_)
> f <- as.formula(paste("Rating_st ~", paste(n[!n %in% "Rating_st"], collapse = "
+ ")))
> nn <- neuralnet(f,data=train_,hidden=c(5,3),linear.output=T) # 실패
> nn <- neuralnet(f,data=train_,linear.output=T) # success!!!
```

```
> library(neuralnet)
> n <- names(train_)
> f <- as.formula(paste("Rating_st ~", paste(n[!n %in% "Rating_st"], collapse = "
+ ")))
> nn <- neuralnet(f,data=train_,hidden=c(5,3),linear.output=T) # 실패
Warning message:
Algorithm did not converge in 1 of 1 repetition(s) within the stepmax.
> nn <- neuralnet(f,data=train_,linear.output=T) # success!!!
```

이제 검정 데이터셋(test_)에 대해 예측 추정(predict해서 yhat 저장)을 하고, 상충관계에 있는 ROCR과 Neuralnet 패키지 문제를해결하기 위해 neuralnet 패키지를 detach 시키고, ROCR을 불러들이자.

명령어

```
> yhat <- predict(nn, newdata = test_)
> detach(package:neuralnet,unload = T)
> require(ROCR)
```

```
> yhat <- predict(nn, newdata = test_)
> detach(package:neuralnet,unload = T)
> require(ROCR)
필요한 패키지를 로딩중입니다: ROCR
필요한 패키지를 로딩중입니다: gplots
다음의 패키지를 부착합니다: 'gplots'
```

```
The following object is masked from 'package:stats':
    lowess
Warning messages:
1: 패키지 'ROCR'는 R 버전 3.5.2에서 작성되었습니다
2: 패키지 'gplots'는 R 버전 3.5.2에서 작성되었습니다
```

이제 마지막으로 신경망 모델에 대한 ROC 곡선 도출을 실행해보자.

명령어

```
> attach(test_)
> prob <- prediction(yhat, test_$Rating_st) # pro
> perf <- performance(prob,"tpr","fpr")
> win.graph()
> plot(perf, main="ROC curve", colorize=T)
```

```
> attach(test_)
The following objects are masked from apptrain2_st (pos = 5):
    Installs_st, Interaction1, Polarity_st, Price_st, Rating_st, Reviews_st, Subj
ectivity_st
                                        (중략)
The following objects are masked from apptrain2_st (pos = 45):
    Installs_st, Interaction1, Polarity_st, Price_st, Rating_st, Reviews_st, Subj
ectivity_st
The following objects are masked from apptrain2_st (pos = 47):
    Installs_st, Polarity_st, Price_st, Rating_st, Reviews_st, Subjectivity_st
> prob <- prediction(yhat, test_$Rating_st) # pro
> perf <- performance(prob,"tpr","fpr")
> win.graph()
> plot(perf, main="ROC curve", colorize=T)
```

[처리결과화면]

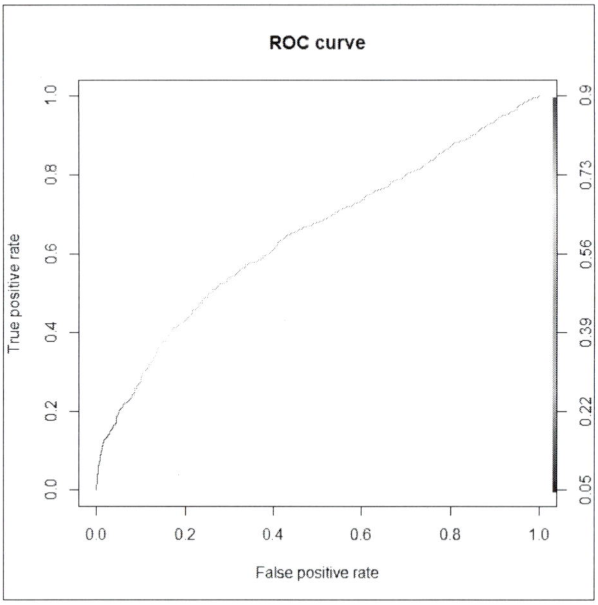

해석

처리화면을 보면, 곡선이 좌측상단으로 살짝 수렴하는 모습을 보이고 있다. X축은 False Positive Rate을 보여주며, 예측 Positive/ 실측 Negative 비율을 말한다. 즉 실측 Negative 중에 모델이 Positive라고 잘못 예측한 것의 비율이다. 한편 Y축은 True Positive Rate로 실측 Positive/실측 Positive 비율이며, 실측 Positive 중에 Positive로 예측한 것의 비율을 말한다. 한마디로 X축은 잘못 예측한 것의 비율(실측 Negative 기준)이고 Y축은 제대로 예측한 것의 비율(실측 Positive 기준)이다.

#ROC(Receiver Operating Characteristic) 곡선#

ROC 곡선은 이진분류시스템에 대한 성능을 평가하는 그래프 시각화 기법이다. 분류 작업은 정확도, 민감도, 특이도 등이 중요하다. 정확도를 기본 지표로 관찰하며, 민감도와 특이도는 추가적 지표라고 보면 된다. 민감도와 특이도는 임계치(threshold)를 가지고 살펴본다. 임계치의 변화에 따른 민감도와 1-특이도를 나타낸 그래프가 ROC 곡선이다. 의사결정트리모형의 경우 임계치에 따라 노드가 변하고 로짓모형이나 인공신경망모형에 비해 각진 계단의 모양을 보인다. 보다 정확히 말하자면 로짓모형은 하나의 선택이 다른 선택을 0값으로 만들기 때문에 Loss Function을 갖는다. 따라서 유연한 모양의 형태를 띠게 된다. 또한 여기서는 인공신경망모형이기 때문에 각진 계단이 아니라 유연한 곡선의 모양을 보이고 있다. 그래프를 해석하는 방법은 우선 좌측상단으로 수렴하는 형태의 곡선일수록 민감도와 특이도가 모두 좋은 수치를 보이는 모델이라고 보면 된다. 이 그래프의 경우 매우 높지는 않지만 좌측상단으로 수렴하려는 모습을 보이고 있다. 또한 곡선의 아래쪽 면적을 AUC(Area Under the Curve)라고 하며 이 면적이 넓을수록 모델의 정확도가 높다는 의미이다.

또한 lift chart를 도출하기 위한 명령어를 처리하면 다음과 같이 그래프가 도출된다.

명령어

```
> perf <- performance(prob,"lift","rpp")
> plot(perf, main="lift curve", colorize=T)
```


```
> perf <- performance(prob,"lift","rpp")
> plot(perf, main="lift curve", colorize=T)
```


[처리결과화면]

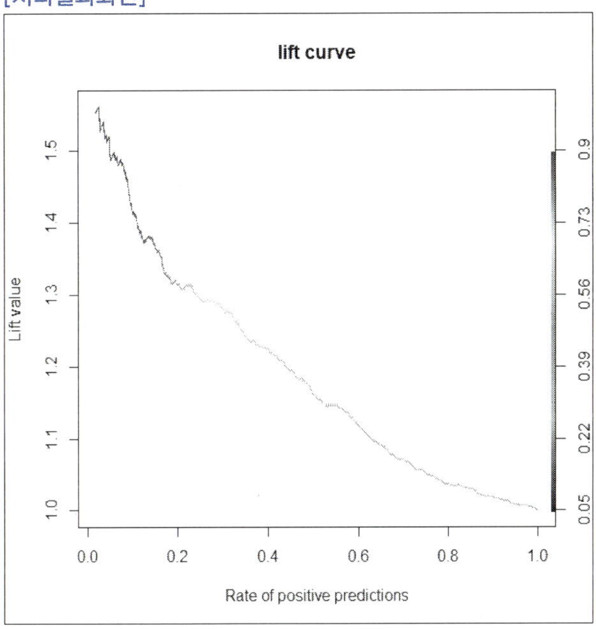

해석

처리화면을 보면, 분류자가 매우 높은 향상도를 보이다가 점점 무작위 분류자의 성능에 가까워지는 것을 보여주고 있다(오른쪽으로 이동할수록).

#Lift(향상도) 곡선#

관측치가 목표집단에 속하는지 여부를 판별하는 분류모형의 성능을 평가하는 그래프 분석방법의 하나이다. 누적응답곡선(Cumulative Response Curve)이라고도 불리우는데 그래프 표기 방식은 다르다. x축은 모집단에서 타겟팅한 객체의 비율이고, y축은 향상도를 나타낸다. 여기서 말하는 향상도란 누적응답곡선 x값 점에서 대각선값(무작위 분류자의 성능)으로 나눈 값이 된다. 무작위 분류자의 성능은 누적응답곡선에서는 우상향 대각선으로 나타내는데, 향상도 곡선에서는 y=1인 수평선으로 나타낸다.

찾아보기

국문

[ㅅ]

[ㅇ]

[ㅈ]

[ㅊ]

• 영문